ऐतिहासिक भाषाविज्ञान और हिन्दी भाषा

ऐतिहासिक भाषाविज्ञान और हिन्दी भाषा

डॉ. रामविलास शर्मा

सम्पादक

डॉ. राजमल बोरा

राजकमल प्रकाशन

ISBN : 978-81-267-0308-1

मूल्य : ₹995

पहला संस्करण : 2001
तीसरा संस्करण : 2017
पहली आवृत्ति : 2023

प्रकाशक : राजकमल प्रकाशन प्रा.लि.
1-बी, नेताजी सुभाष मार्ग, दरियागंज
नई दिल्ली-110 002

शाखाएँ : अशोक राजपथ, साइंस कॉलेज के सामने, पटना-800 006
पहली मंजिल, दरबारी बिल्डिंग, महात्मा गांधी मार्ग, प्रयागराज-211 001

वेबसाइट : www.rajkamalprakashan.com
ई-मेल : info@rajkamalprakashan.com

मुद्रक : बी.के. ऑफसेट
नवीन शाहदरा, दिल्ली-110 032

ETIHASIK BHASHA VIGYAN AUR HINDI BHASHA
by Dr. Ram Bilas Sharma

अनुक्रम

सम्पादकीय भूमिका 9-29

ऐतिहासिक भाषाविज्ञान 9-19

हिन्दी भाषा 20-29

1. विषय-प्रवेश 31-74

ऐतिहासिक भाषाविज्ञान की उपेक्षा। भारत के भाषा परिवार। ऐतिहासिक भाषाविज्ञान के निष्कर्ष। ऐतिहासिक भाषाविज्ञान की प्रतिक्रिया। *भाषा और समाज* पुस्तक में प्रस्तुत मान्यताएँ। ऐतिहासिक भाषाविज्ञान और विवरणात्मक भाषाविज्ञान। विवरणात्मक भाषाविज्ञान। परिणामी भाषाविज्ञान। भाषा में परिवर्तन क्यों ? जातीय भाषा के निर्माण की प्रक्रिया। हिन्दी क्षेत्र में भाषा का गठन और प्रसार। पादरियों के हिन्दी व्याकरण। व्याकरणों के निष्कर्ष हिन्दी के प्रसार को बतलाते हैं। रूसी कलाकार लेबेदेव का व्याकरण। समाज भाषाविज्ञान। भारत की भाषा समस्याएँ। हिन्दी जाति और राष्ट्रीय एकता। जातीय भाषा और बोली। ऐतिहासिक भाषाविज्ञान का अध्ययन क्यों आवश्यक है ?

2. भारत के प्राचीन भाषा-परिवार और हिन्दी 75-90

1. भाषा-परिवारों का नामकरण : आर्य भाषा-परिवार या आर्य भाषा-समुदाय। द्रविड़ : आर्य और द्रविड़। कोल। चीनी-तिब्बती, तिब्बती-बर्मी। भाषा परिवारों के नाम और भाषाओं के नाम। **2. प्राचीन संसार का सांस्कृतिक और भाषायी भूगोल :** सिन्धु घाटी की सभ्यता। सुमेरी सभ्यता। सामी भाषा समुदाय। मिस्री सभ्यता। मिनोअन सभ्यता। असीरिया। तुर्किस्तान। सामी और गैर सामी। **3. सामन्ती समाज और गण समाज। 4. ऐतिहासिक भाषाविज्ञान और ध्वनितंत्र।**

3. हिन्दी ध्वनितंत्र 91-121

संस्कृत की मूर्द्धन्य ध्वनियाँ। ष्, ऋ तथा क्ष्। तालव्य श्। संयुक्त ध्वनियाँ।

ऋ स्वर। विकास की मंज़िलें। मूर्द्धन्य ध्वनियों के केन्द्र। ष्, क्ष्, ऋ स्वर। र्, तालव्य ध्वनियाँ। लकार का प्रसार। तालव्यीकरण का विस्तार। सकार और शकार। सघोष महाप्राण ध्वनियाँ—घ्, ध्, भ्। घ् तथा ध्। विकास केन्द्र। **विशिष्ट ध्वनियों के केन्द्र :** च्, ज्, झ्, झ्, ट्। ट् वर्ग, प् वर्ग : बकार और वकार, च्, ज् और क् ग्। वर्ण संकोच। समाहार।

4. हिन्दी शब्दतंत्र **122-142**

1. प्रस्तावना। 2. हिन्दी शब्द-रूपों की प्राचीनता—पालि के शब्द। प्राकृत के शब्द। आधुनिक आर्य भाषाओं के शब्द। पालि-प्राकृत का सम्बन्ध आधुनिक आर्य भाषाओं से है। ध्वनि परिवर्तन और अर्थ परिवर्तन। **3. तद्भवीकरण की प्रक्रिया :** संस्कृत-प्राकृत-अपभ्रंश की मंज़िलें। संस्कृत का ऋ स्वर। प्राकृतों के अइ, अउ का ए, ओ। प्राकृतों में दो स्वरों के बीच स्पर्श व्यंजन का लोप। घ्, ध्, भ् का ह्। चूलिका पैशाची महाप्राणता की रक्षा करती है। अघोष स्पर्श सघोष में परिवर्तित। ण् का व्यवहार। श्, ष् के स्थान पर स्। तद्भवीकरण का व्यापक सन्दर्भ। **4. शब्द निर्माण-प्रक्रिया**—उपसर्गों का प्रयोग कम। प्रत्ययों का प्रयोग अधिक। संस्कृत तथा देशज प्रत्यय। दो शब्दों को मिलाकर नया अर्थ देनेवाले शब्द। आदिस्थानीय व्यंजनों की आवृत्तिवाले शब्द। हिन्दी शब्द-भंडार के अनेक स्रोत हैं।

5. हिन्दी रूपतंत्र **143-169**

1. संश्लिष्ट-विश्लिष्ट भेद। 2. कारक रचना—संस्कृत तथा हिन्दी। रूप-विन्यास तथा वाक्य-विन्यास। कारक और प्रिपोजीशन (अग्र सम्बंधक)। कारक का प्रयोजन और समस्या। **3. सर्वनाम और कारक चिह्न**—क् सर्वनाम। त् सर्वनाम। पर। म् के सर्वनाम। न् के सर्वनाम। स् के सर्वनाम। व् और य् के सर्वनाम। कारक और विभक्तियाँ। **4. क्रियापद रचना : तिङन्त और कृदन्त।** पठामि—तिङन्त है। तिङन्त और कृदन्त का भेद। तुलसीदास और जायसी के वाक्य क्रिया से आरम्भ होते हैं। तुलसीदास और सूरदास : अवधी और ब्रजभाषा। कृदन्त रूपों का व्यवहार। परिनिष्ठित हिन्दी में कृदन्त रूपों का व्यवहार। **5. हिन्दी जनपदों के प्राचीन रूप**—रामचरितमानस और पद्मावत में भूत और भविष्य के जो क्रिया रूप तिङन्त प्रतीत होते हैं, वे वास्तव में कृदन्त हैं। अवधी के क्रिया रूप अपभ्रंशों से मिलते हैं। क्रिया रूपों में सर्वनाम तथा संज्ञा। क्रियार्थक संज्ञा। हिन्दी का ग् कृदन्त प्रत्यय। भविष्यसूचक कृदन्त ग् तथा ब्। संयुक्त क्रियाएँ। **6. हिन्दी और संस्कृत का रूप-तंत्र।**

6. मगही 170-186

जनपदीय भाषाएँ। मगही। ह्रस्व अ का उच्चारण। एकार का उच्चारण। ह्रस्व-दीर्घ स्वरों का भेद। ब् का व्यापक व्यवहार। शकार का व्यवहार। रकार का लकार। घ्, ध्, भ्. के केन्द्र। जनभाषा-प्राकृतभाषा-मूलभाषा। लिङ्ग-भेद। मगही और पश्चिमी आर्य भाषाएँ। मगही के क्रिया रूप। पूर्वी भाषाएँ—मागधी और मगही।

7. मैथिली 187-206

मगही और मैथिली। 'छि' क्रियारूप। अस् और छ्। श्, ष्, स् के छ् ह् महाप्राणता। मगही और मैथिली। ध्वनियों का स्वच्छन्द संचरण। मैथिली और बँगला। शब्दतंत्र—सर्वनाम। शब्दतंत्र—लिङ्ग भेद। मैथिली कारक रचना। मैथिली क्रियापद-रचना। वर्णरत्नाकर की मैथिली।

8. भोजपुरी 207-218

मागधी समुदाय की भाषा। ग्रियर्सन के विचार। व्याकरणिक रूप। पश्चिमी प्रभाव। बँगला और भोजपुरी। विशेष क्रिया 'होख', 'नइखे' तथा 'रह'। सर्वनाम। 'राउर' शब्द। अइसन, जइसन रूप। परिमाण और संख्यासूचक रूप। सर्वनाम के पुराने रूपों की रक्षा।

9. कोसली : अवधी 219-245

प्राचीन सम्पर्क भाषा—कोसली। देशी भाषाएँ और प्राकृत। अपभ्रंश और अवधी। उक्ति-व्यक्ति-प्रकरण। पुरानी साहित्यिक अवधी। चांदायन। मृगावती। पद्मावत। रामचरितमानस। तुलसीदास की भाषा में अवधी और ब्रजभाषा। अवधी का मूलाधार प्राचीन कोसली समुदाय की गणभाषाएँ।

10. ब्रज 246-252

आधुनिक हिन्दी के विकास का मूल आधार। शूरसेनी भाषा-समुदाय और मागधी भाषा-समुदाय। राजस्थानी, गुजराती और ब्रज। अवधी, बाँगरू और ब्रज। बाँगरू और ब्रजभाषा।

11. बाँगरू 253-262

कुरु जनपद। बाँगरू ने ब्रजभाषा के प्रभाव से हिन्दी रूप धारण किया। मूर्द्धन्य ध्वनियों का व्यवहार। मध्यवर्ती य्, व् का लोप। एकार की प्रवृत्ति। मानक हिन्दी और बाँगरू।

12. पुरानी साहित्यिक हिन्दी और जनपदीय भाषाएँ **263-277**

मानक हिन्दी की रूपरचना, पुरानी हिन्दी पर ब्रजभाषा का प्रभाव। दक्खिनी रूप। कबीर और कुतुबशतक की भाषा। नामदेव की भाषा। गुरुमुखी लिपि में हिन्दी गद्य।

13. पंजाबी, बाँगरू और हिन्दी **278-287**

पंजाबी और बाँगरू। पंजाबी में तीन स्वरतान। पश्चिमी पंजाबी। लहँदा। हिन्दी और पंजाबी।

14. राजस्थानी और मालवी **288-294**

राजस्थानी क्षेत्र की विशेष ध्वनियाँ। राजस्थानी और हिन्दी। राजस्थानी, मालवी और हिन्दी।

15. आधुनिक आर्यभाषाओं का वर्गीकरण और हिन्दी **295-311**

आधुनिक आर्यभाषाएँ। ग्रियर्सन का सर्वेक्षण। डॉ. सुनीतिकुमार चाटुर्ज्या। चाटुर्ज्या की मान्यताएँ। ब्रज भाषा और हिन्दी। विशेष ध्वनियों के केन्द्र। क्रियापद-रचना और संख्यावाचक रूप। जनपदीय भाषाओं का उभरना।

सम्पादकीय भूमिका

ऐतिहासिक भाषाविज्ञान

श्री देवप्रसाद बन्द्योपाध्याय ने I J DL (International Journal of Dravidian Linguistics) के जून 1999 के अंक में 'Why Do I Forsake Historical Linguistics?' शीर्षक लेख लिखा है। इस लेख में ऐतिहासिक भाषाविज्ञान के दोष तो बतलाए गए हैं किन्तु इसके जो लाभ हैं, उन्हें छोड़ दिया गया है। इसमें बन्द्योपाध्याय को ही दोष क्यों दें? हिन्दी में भी इस ओर आज के भारत के भाषाविदों का ध्यान नहीं है। और इसीलिए भाषाविज्ञान के क्षेत्र में महत्त्वपूर्ण और ऐतिहासिक महत्त्व का काम करने पर भी डॉ. रामविलास शर्मा को भाषाविद् के रूप में हिन्दी में अब तक मान्यता नहीं मिली। उनकी भाषाविज्ञान पर लिखी हुई पुस्तकों को विद्वान् पढ़ते तो हैं किन्तु उन्हें पाठ्यक्रम में रखना ठीक नहीं मानते। ऐसा क्यों है? **भाषा और समाज** पुस्तक का प्रथम संस्करण 1960 ई. में छपा था। 1976 ई. में उसका दूसरा संस्करण छपा और इस वर्ष 2000 ई. में उसका चौथा संस्करण छपा है; इसका तात्पर्य, उनकी पुस्तकें पाठकों के और विद्वानों के बीच पहुँचती हैं। **भारत के प्राचीन भाषा परिवार और हिन्दी** के तीनों भागं पुनः छपे हैं और उपलब्ध हैं। भाषाविज्ञान पर उनकी और भी पुस्तकें छपी हैं। किन्तु मूल पुस्तक **भाषा और समाज** है। इस पुस्तक को सच देखा जाए तो बहुत पहले से पाठ्यक्रम में रख देना चाहिए था। किन्तु ऐसा नहीं हुआ। इसका कारण बतलाते हुए स्वयं डॉ. रामविलास शर्मा ने लिखा :

> ''मैं एक दिन कन्हैयालाल माणिकलाल मुंशी के दफ़्तर में बैठा काम कर रहा था। मसूरी से कुछ लोग मिलने आए। उनमें एक ने कहा : मैं वहाँ लोकसेवा के उम्मीदवारों को भाषाविज्ञान पढ़ाता हूँ। आपकी पुस्तक के आधार पर उनको भाषाविज्ञान समझाता हूँ लेकिन मैं उस पुस्तक का नाम नहीं लेता। नाम लेने से लोग समझेंगे कि हमें मार्क्सवाद सिखा रहे हैं। मैंने उन्हें धन्यवाद दिया और कहा, आप नाम न लीजिए, आपको मेरी बातें सही लगती हैं तो अवश्य छात्रों को समझाइए। **भाषा और समाज** पुस्तक कुछ कम्युनिस्ट नेताओं ने पढ़ी थी। वे उसकी स्थापनाओं से सहमत थे, पर उनका अमल दूसरे ढंग का था। पुरानी समस्याएँ अब और पेचीदा हो गई हैं।''
>
> (**अपनी धरती, अपने लोग,** भाग-2, पृ. 125)

2

मसूरी के प्राध्यापक की बात ही नहीं है। ऐसे और लोग भी हैं, जो डॉ. रामविलास शर्मा की पुस्तकें उनका नाम लिये बिना कक्षाओं में पढ़ाते आ रहे हैं। बात यह है कि डॉ. रामविलास शर्मा को मार्क्सवादी मान लिया गया। इसीलिए उन्हें लखनऊ विश्वविद्यालय का अंग्रेज़ी विभाग छोड़कर आगरा के कॉलेज में जाना पड़ा। उनकी ख्याति आरम्भ में मार्क्सवादी लेखक के रूप में अधिक हुई। इसका प्रभाव उनके भाषाविज्ञान पर किए गए कार्य पर भी रहा है। मार्क्सवादी आलोचक भाषाविज्ञान का उत्तम कार्य भी कर सकता है, ऐसा सोचना कठिन लगता। भाषाविज्ञान पर लिखी गई प्रथम क्रान्तिकारी पुस्तक **भाषा और समाज** की जो प्रतिक्रियाएँ हुई हैं, वे इस बात को ठीक से प्रमाणित करती हैं। ये प्रतिक्रियाएँ उनकी आत्मकथा के दूसरे भाग में हैं। भाषा के सम्बन्ध में उन्होंने पहला लेख 1949 ई. में लिखा। लिखते हैं :

> "सन् 1949 में मैंने **भारत की भाषा समस्या** पर लेख लिखा जो कम्युनिस्ट पार्टी के मुखपत्र **कम्युनिस्ट** में प्रकाशित हुआ। वह लेख अंग्रेज़ी में था। यह पहला लेख था जिसमें मैंने मार्क्सवाद का सैद्धान्तिक विवेचन किया था और उसे भाषा के मामले में लागू किया था। 1853 ई. में मार्क्स ने जो लेख लिखे थे, उनमें उन्होंने भारत को ग्रामसमाजों का देश माना था। यहाँ उद्योग और व्यापार के विकास की कोई गुंजाइश नहीं थी, इसलिए जातियों के निर्माण का भी कोई सवाल न था। मैंने इस लेख में कहा कि एक हिन्दीभाषी जाति है। एक जाति की एक ही भाषा होती है। हिन्दी-उर्दू दो भाषाएँ नहीं हैं, मूलतः वे एक भाषा हैं। इनमें अलगाव के जो कारण हैं, उन्हें हमें समझना चाहिए और इन दोनों को मिलाने का प्रयत्न करना चाहिए।"

(**अपनी धरती, अपने लोग,** भाग-2, पृ. 132)

3

भाषा और समाज पुस्तक क्यों लिखी? इसका कारण बतलाते हुए डॉ. रामविलास शर्मा लिखते हैं :

> "काफ़ी दिन मैं भाषाओं के बारे में सोचता रहा था। आगरे में कन्हैयालाल माणिकलाल मुंशी विद्यापीठ खुल गया था। वहाँ के अध्यापकों से मेरा सम्पर्क बना हुआ था। कभी वहाँ के पुस्तकालय से मैं पुस्तकें भी ले आता था। इसके सिवा कम्युनिस्ट पार्टी और प्रगतिशील लेखक संघ में काम करते हुए भाषा सम्बन्धी कई समस्याएँ मेरे सामने आई थीं। इन सब चीज़ों पर विचार करते हुए मैंने **भाषा और समाज** नाम से पुस्तक लिखी।"

(**अपनी धरती, अपने लोग,** भाग-2, पृ. 116)

4

भाषा और समाज पुस्तक लिखते समय ध्यान **ऐतिहासिक भाषाविज्ञान** पर था। ऐतिहासिक भाषाविज्ञान पर जो काम हिन्दी में हुआ था, उसे समझने का प्रयत्न किया गया। प्रथम संस्करण (1960) की भूमिका में डॉ. रामविलास शर्मा कहते हैं : "आख़िर, मैं एक आलोचक हूँ, भाषाविज्ञान का अध्यापक नहीं। आलोचना में विषय विवेचन और शैली के मेरे जो भी गुण-अवगुण हैं, वे सब इस पुस्तक में भी विद्यमान हैं!"

(**भाषा और समाज,** चतुर्थ संस्करण, पृ. 18)

5

आचार्य किशोरीदास वाजपेयी के विचारों का डॉ. रामविलास शर्मा समर्थन करते हैं। ऐतिहासिक भाषाविज्ञान की दृष्टि से वाजपेयीजी के विचार क्रान्तिकारी हैं। डॉ. धीरेन्द्र वर्मा के विचारों का प्रथमतः खुलकर विरोध वाजपेयीजी ने किया। वाजपेयीजी का कहना है कि हिन्दी संस्कृत की पुत्री नहीं है। इस कथन में डॉ. रामविलास शर्मा को सच्चाई जान पड़ी। इस कथन को वे बौद्धिक ईमानदारी कहते हैं। स्वयं आचार्य किशोरीदास वाजपेयी ने लिखा—

> "मैं डॉ. रामविलास शर्मा को साधुवाद देता हूँ, जिनकी ज़ोरदार कलम ने इसके प्रति वैसा आकर्षण पैदा कर दिया! मेरी इसी कृति को यह सम्मान मिला कि एक दबंग और सुविज्ञ 'डॉक्टर' ने इसे ससम्मान अपनाया। लोगों का ध्यान तब विशेष रूप से गया। सुयोग्य सन्तति ने मुझे भी चमका दिया। यह पहला ही अवसर है कि एक 'डॉक्टर' ने अपने ग्रंथ में मेरा नाम लिया—**हिन्दी शब्दानुशासन** के उद्धरण अपने मत की पुष्टि में दिए। डॉ. रामविलास शर्मा का ग्रंथ **भाषा और समाज** इस ग्रंथ के उद्धरणों से परिप्लुत है!"

(**हिन्दी शब्दानुशासन,** द्वितीय संस्करण, निवेदन, पृ. 9)

6

'ऐतिहासिक भाषाविज्ञान' भारत के प्रायः सभी विश्वविद्यालयों में पढ़ाया जाता है। इस विषय को पाठ्यक्रम में प्राथमिक स्थान दिया गया है और इसे पाठ्यक्रम से हटाना चाहनेवाले भी हटाने में असमर्थ हैं। जो ऐतिहासिक भाषाविज्ञान पढ़ाना नहीं चाहते और इसे अध्ययन- अध्यापन का मुख्य विषय नहीं मानते, वे भी इसे पढ़ाने के लिए विवश हैं। आप हिन्दी पढ़ते हैं तो **हिन्दी भाषा का इतिहास** पढ़ना ही है। अब आप उसे **हिन्दी भाषा का विकास** कह लीजिए या **हिन्दी भाषा का उद्‌भव** कह लीजिए। बात एक ही है। हिन्दी का संस्कृत भाषा के साथ ठीक-ठीक सम्बन्ध बतलाना ऐतिहासिक भाषाविज्ञान का काम है। भाषाओं का वर्गीकरण करना, भाषा परिवारों की स्वतंत्र पहचान करना

और उनका विश्लेषण विवेचन करना, शब्दों का इतिहास बतलाना, व्युत्पत्ति बतलाना—यह सब ऐतिहासिक भाषाविज्ञान का काम है। तुलनात्मक ढंग से भाषाओं का विवेचन करना भी ऐतिहासिक भाषाविज्ञान का काम है। इसी आधार पर ही भाषा परिवारों को पहचानने के प्रयत्न हुए हैं। इस दृष्टि से हमारे यहाँ भाषाविज्ञान के पाठ्यक्रम में आज जो कुछ भी पढ़ाया जा रहा है, वह सब उन्नीसवीं शती के भाषाविज्ञान पर ही आधारित है। विदेशी विद्वानों ने इस सम्बन्ध में जो कुछ बतलाया, समझाया और लिखा, वह सब आज भी पाठ्यक्रम में है। विदेशियों ने कहा कि आर्य लोग यहाँ पर बाहर से आए और दो बार आए। जार्ज अब्राहम ग्रियर्सन ने आधुनिक आर्य भाषाओं का जो वर्गीकरण प्रस्तुत किया, उसको आज भी बतलाया जाता है। डॉ. सुनीतिकुमार चाटुर्ज्या ने ग्रियर्सन के सिद्धान्तों के आधार पर ही, ग्रियर्सन के दोष बतलाए किन्तु मूल ऐतिहासिक अवधारणा और सिद्धान्त में विशेष अन्तर नहीं है। डॉ. धीरेन्द्र वर्मा **हिन्दी भाषा का इतिहास** में पुरानी अवधारणाओं को स्वीकार करके चलते हैं। वे मानते हैं कि मूल भाषा संस्कृत है और आधुनिक आर्यभाषाएँ संस्कृत से पारिवारिक रूप में (मूल माता के रूप में) जुड़ी हुई हैं। संस्कृत से प्राकृत, प्राकृत से अपभ्रंश और अपभ्रंश से देशी भाषाएँ—इसी रूप में ऐतिहासिक विकास-क्रम बतलाना वे ठीक समझते हैं। इस मामले में सबसे क्रान्तिकारी विरोध आचार्य किशोरीदास वाजपेयी ने किया और उसका समर्थन डॉ. रामविलास शर्मा ने किया है।

7

डॉ. धीरेन्द्र वर्मा की पुस्तक **हिन्दी भाषा का इतिहास** है। उसमें प्रधान रूप से खड़ी बोली (हिन्दी का मानक रूप) का ऐतिहासिक सम्बन्ध लौकिक संस्कृत से (वैदिक संस्कृत से नहीं) दिखलाया गया है। बीच की कड़ियों में वे प्राकृत और अपभ्रंश को बतलाते हैं किन्तु प्राकृतों और अपभ्रंशों के उदाहरण सब जगह नहीं दे पाते। वे हिन्दी के मूल शब्द-समूह (तद्भव रूप कहना चाहिए) के सम्बन्ध में ही विचार करते हैं। तत्सम रूप तो संस्कृत के हैं और उन पर ऐतिहासिक दृष्टि से विचार किया भी नहीं जा सकता। डॉ. धीरेन्द्र वर्मा इस बात को स्वीकार करते हैं कि हिन्दी का भौगोलिक विस्तार हुआ है। उनके वर्गीकरण में राजस्थानी, पश्चिमी हिन्दी, पूर्वी हिन्दी, बिहारी और पहाड़ी भाषाएँ हैं। पूर्व की बिहारी को और पश्चिम की राजस्थानी को उन्होंने हिन्दी के भौगोलिक विस्तार में बतला दिया है और ऐसा मानचित्र भी अपनी पुस्तक में दिया है। ग्रियर्सन की तुलना में वे सुनीतिकुमार चाटुर्ज्या के विचारों को अधिक ठीक मानते हैं और वर्गीकरण में भौगोलिक आधार को स्वीकार करते हैं।

8

यहाँ पर मैं प्रसिद्ध इतिहासकार जयचन्द्र विद्यालंकार का उल्लेख विशेष रूप से करना चाहूँगा। उन्होंने ग्रियर्सन के सर्वेक्षण के तुरन्त बाद में अपनी प्रतिक्रियाएँ व्यक्त की हैं। उनके द्वारा इस दृष्टि से लिखी हुई प्रसिद्ध पुस्तक का नाम है—**भारत भूमि और उसके निवासी** अथवा **भारतीय इतिहास का भौगोलिक आधार**। इसका प्रथम संस्करण 1925 ई. में लिखा गया। दूसरा संस्करण 1931 ई. में छपा है। डॉ. धीरेन्द्र वर्मा की पुस्तक **हिन्दी भाषा का इतिहास** का प्रथम संस्करण 1933 ई. में छपा है। यों जयचन्द्र विद्यालंकार की पुस्तक भाषाविज्ञान की पुस्तक नहीं है। इस पर भी मैं उसे भारतीय भाषाओं का भौगोलिक विवेचन करने वाली (मेरे पढ़ने में आई) प्रथम पुस्तक मानता हूँ। उसे भाषा-भूगोल की पुस्तक भी कह सकते हैं। हिन्दी भाषा के जातीय आधार को सबसे पहले उनकी पुस्तक ही ठीक ढंग से अनकहे ही प्रस्तुत करती है। भाषा के साथ जातीयता का सम्बन्ध डॉ. रामविलास शर्मा बतलाते हैं। वह ठीक है।

9

जयचन्द्र विद्यालंकार ब्रिटिशों के समय के भारत के राजनीतिक विभागों का ध्यान रखते हुए भाषाओं का विवेचन करते हैं। भाषाओं के आधार पर उस समय देश का विभाजन नहीं हुआ था। इस पर भी उन्होंने हिन्दी के भौगोलिक विस्तार को बतला दिया। आरम्भ में प्रस्तावना में डॉ. हीरालाल जैन अपनी बात कहते हैं—

> ''वर्तमान अवस्था में भाषाओं द्वारा **एक जातीयता** की परख अधिक दृढ़तापूर्वक की जा सकती है। मुख्यतः उन्हीं के आधार पर ग्रंथकर्त्ता ने वर्तमान भारत को पूरे एक कोड़ी प्रदेशों में बाँटने का उद्योग किया है; वह इस प्रकार है—
>
> हिन्दी खंड में (1) अन्तर्वेद अर्थात् संयुक्त प्रान्त का बहुत-सा भाग
> (2) राजस्थान अर्थात् राजपूताना, आदि
> (3) चेदि कोशल अर्थात् मध्य प्रदेश व मध्य भारत का बहुत-सा भाग
> (4) बिहार
> (5) नेपाल''

(**भारत भूमि और उसके निवासी,** जयचन्द्र विद्यालंकार, 1931 ई. पृ. 13-14)

डॉ. हीरालाल जैन ने पूरे देश का राजनीतिक विभाजन प्रस्तुत किया और उनकी भाषाएँ बतलाईं। यह सब जयचन्द्र विद्यालंकार के अनुसार बतलाया है। जयचन्द्र विद्यालंकार ने देश का भौगोलिक विभाजन प्राचीन नामों का उल्लेख करते हुए किया है। शंकाएँ प्रस्तुत करते हुए समाधान देने का प्रयत्न किया है। भाषाओं के नामकरण प्रायः भौगोलिक होते हैं। इस दृष्टि से भौगोलिक आधार भाषाओं को समझने में सहायक है। ऐसा आधार प्रस्तुत करने का प्रयत्न जयचन्द्र विद्यालंकार का रहा है।

10

डॉ. रामविलास शर्मा ने जयचन्द्र विद्यालंकार की उक्त पुस्तक पढ़ी या नहीं, मैं नहीं जानता। यदि वे पढ़ते तो उसके सम्बन्ध में अवश्य लिखते। ऐसा न होने पर भी **भाषा की जातीयता** की बात को डॉ. रामविलास शर्मा ने बहुत आगे बढ़ाया है। इस बात पर उनका विरोध हुआ है। उस विरोध की कथा स्वयं डॉ. रामविलास शर्मा ने अपनी आत्मकथा के दूसरे भाग में लिख भी दी है।

11

जयचन्द्र विद्यालंकार ने अंग्रेज़ी में एक पुस्तक लिखी है—The Language and Script Problem in Punjab—इसका प्रकाशन हिन्दी भवन, जालन्धर से 1966 ई. में हुआ। यह पुस्तक हिन्दी और पंजाबी भाषाओं के तुलनात्मक स्वरूप को समझने-समझाने में सहायक है। यों हिन्दी और पंजाबी में भेद का प्रमुख कारण लिपिभेद भी है। गुरुमुखी लिपि ने पंजाबी को स्वतंत्र भाषा का स्वरूप देने में सहायता दी है। जयचन्द्र विद्यालंकार की उक्त पुस्तक पढ़ने से स्थिति स्पष्ट हो जाती है। यह बात ठीक वैसे ही है जैसे हिन्दी-उर्दू का जातीय स्वरूप एक होने पर भी दोनों के अलगाव का प्रधान कारण लिपि है। इस तथ्य को **भाषा और समाज** पुस्तक में डॉ. रामविलास शर्मा ने विस्तार से बतलाने का प्रयत्न किया है। **भाषा और समाज** पुस्तक में 'जातीय भाषाओं का विकास और उर्दू' उनके कथनों को स्पष्ट करने वाला अध्याय है। उसके बाद का एक और अध्याय है—'साम्राज्यवादी भेद नीति और हिन्दी-उर्दू की एकता' यह अध्याय भी हिन्दी-उर्दू के जातीय स्वरूप को उजागर करता है।

12

यहाँ पुनः लिखना चाहूँगा कि **भाषा और समाज** पुस्तक के लेखन काल में डॉ. रामविलास शर्मा कम्युनिस्ट पार्टी में काम करते थे। प्रगतिशील लेखक संघ में काम करते थे। हिन्दी भाषा के जातीय स्वरूप को समझने-समझाने के प्रयत्न में पुस्तक लिखी गई। इस पुस्तक का प्रकाशन 'पीपुल्स पब्लिशिंग हाउस' (प्रा.) लिमिटेड, रानी झाँसी रोड, नई दिल्ली से हुआ। पुस्तक का लेखन 1960 ई. में समाप्त हुआ। प्रकाशन 1961 ई. में हुआ। उस समय डॉ. रामविलास शर्मा आगरा में थे। पुस्तक के प्रकाशन के बाद में उनका कार्य रुका नहीं। लगातार भाषा-विज्ञान की नवीनतम उपलब्ध पुस्तकें पढ़ते गए। लिखित सामग्री पर पुनर्विचार करते रहे। इस बीच उन्होंने भाषाओं के अध्ययन की नई योजना बनाई। **भारत के प्राचीन भाषा परिवार और हिन्दी** के तीनों भागों की योजना इन्हीं दिनों में बनी है। इस चिन्तन पर उनकी पंक्तियाँ इस प्रकार हैं—

"अपने आर्थिक सांस्कृतिक विकास के कारण भारत एशिया और यूरुप की अनेक भाषाओं को प्रभावित कर सका था। भारत के आर्य-द्रविड़ भाषा परिवारों का सम्बन्ध एशियाई परिवारों से अलग-अलग तरह का है। एशिया और यूरुप की भाषाओं के विकास में भारत की भूमिका किस तरह की है, इसे समझने का प्रयत्न मैंने अपनी पुस्तक में किया। आदिम आर्य भाषाओं की मूल विकास भूमि हिन्दी प्रदेश की थी, इसलिए मैंने पुस्तक का नाम रखा–**भारत के प्राचीन भाषा परिवार और हिन्दी।** इस हिन्दी प्रदेश को केन्द्र बनाकर मैंने यह समझने का प्रयत्न किया कि आर्य भाषाओं का विकास कैसे हुआ, द्रविड़ भाषाओं से उनका सम्बन्ध किस तरह का था और भारतीय भाषाओं ने एशिया और यूरुप में किस तरह की भूमिका निभाई।"

(**अपनी धरती, अपने लोग,** भाग-2, पृ. 130)

13

भाषा और समाज–आरम्भ है और उसका अन्त या विकास कहिए **भारत के प्राचीन भाषा परिवार और हिन्दी** के तीनों भाग हैं। इनके बीच में अपनी योजना बनाकर काम करने से पूर्व डॉ. रामविलास शर्मा ने **भाषा और समाज** पुस्तक के द्वितीय संस्करण की भूमिका लिखी। यह भूमिका आगरा में ही 1976 ई. में लिखी गई। यह भूमिका बहुत महत्त्वपूर्ण है। इस भूमिका में आगे के कार्य की योजना के संकेत हैं और जो काम पहले हुआ है उसको अगले कार्य के क्रम में रखने और उसकी पुष्टि के भी विचार हैं। यह भूमिका चालीस पृष्ठों की है। नए सिरे से लिखी गई है।

14

1976 की भूमिका में ऐतिहासिक भाषाविज्ञान की उपेक्षा के कारण बतलाते हुए उसके अध्ययन के महत्त्व को शामिल किया गया है। स्वतंत्र भारत के 25 वर्षों में भाषाविज्ञान के क्षेत्र में जो नया काम देश-विदेश में हुआ है और भाषाविज्ञान में जिन नए विषयों (शाखाओं) पर काम हुआ है और कार्य जारी है, उस सबका आकलन इस भूमिका में किया गया है। ऐतिहासिक भाषाविज्ञान के साथ-साथ विवरणात्मक भाषाविज्ञान, परिमाणी भाषाविज्ञान, समाज भाषाविज्ञान के क्षेत्र में जो कार्य हुआ है, उससे ऐतिहासिक भाषाविज्ञान को क्या लाभ हो सकता है, यह सब दिखलाया गया है। ऐतिहासिक भाषाविज्ञान को नए परिप्रेक्ष्य में बदलने के लिए क्या कुछ करना चाहिए, वह सब लिखा है। अपनी योजना में किस पद्धति को अपनाया गया है और किस पद्धति से करने का विचार है, वह सब अलग-अलग बिन्दुओं में साफ-साफ लिखा है। अपनी समझ को स्पष्ट करते हुए उन्होंने लिखा है–

"ऐतिहासिक भाषाविज्ञान की प्रचलित पद्धति के विपरीत इस पुस्तक में मैंने जिस मार्ग का अनुसरण किया है, उसकी विशेषताएँ इस प्रकार हैं—

1. कोई भी भाषा परिवार अपनी मूल विशेषताएँ एकान्त शून्य में विकसित नहीं करता। इसलिए किसी भी भाषा परिवार के उद्भव और विकास का अध्ययन अन्य भाषा परिवारों के उद्भव और विकास से अलग न करना चाहिए।
2. किसी भी भाषा परिवार की आदिभाषा की कल्पित विशेषताएँ खोजने के स्थान पर उसके निर्माण में अनेक भाषा मूलों के तत्त्वों की प्राप्ति के लिए तैयार रहना चाहिए।
3. एक ही परिवार की भाषाओं के सामान्य तत्त्वों का अध्ययन करते हुए उनमें जो तत्त्व असामान्य हैं, उन पर भी पूरा ध्यान रखना चाहिए।
4. प्राचीन लिखित भाषाओं की सामग्री का उपयोग करते समय जहाँ भी समकालीन उपभाषाओं, बोलियों आदि की सामग्री प्राप्त हो, वहाँ उस पर भी ध्यान देना चाहिए। इसी तरह आधुनिक परिनिष्ठित भाषाओं की सामग्री का उपयोग करते हुए उनकी बोलियों के भाषा तत्त्वों पर निरन्तर ध्यान देना चाहिए।
5. प्राचीन भाषाओं के अध्ययन में आधुनिक भाषाओं और बोलियों का अध्ययन सहायक होता है। संस्कृत के अध्ययन से यदि हिन्दी की विशेषताएँ पहचानी जा सकती हैं, तो हिन्दी के अध्ययन से संस्कृत की भी अनेक विशेषताएँ पहचानी जा सकती हैं।
6. भारत भाषा-तत्त्वों का आयात-केन्द्र ही नहीं रहा, वह इन तत्त्वों का निर्यात-केन्द्र भी रहा है, इस सम्भावना को पहले से ही अमान्य ठहराकर विवेचन आरम्भ न करना चाहिए।
7. आधुनिक या प्राचीन भाषाओं का विश्लेषण करते समय ध्वनियों के यान्त्रिक वर्गीकरण के बदले उनकी समग्रता का ध्यान रखकर भाषाओं की ध्वनि-प्रकृति का विवेचन करना उचित है। किसी भी भाषा में प्रयुक्त सभी ध्वनियों का—शब्द में उनकी स्थिति और प्रयोग में उनकी निरन्तरता के विचार से—समान महत्त्व नहीं होता। इसलिए भाषाओं की प्रकृति पहचानने के लिए यह विवेक आवश्यक है कि किसी भाषा की व्यवस्था में कौन-सी ध्वनियाँ अधिक महत्त्वपूर्ण हैं और कौन-सी कम।
8. इसी तरह वाक्य-रचना, रूप-विचार, शब्द-निर्माण-प्रक्रिया और व्याकरण की अन्य विशेषताओं को अलग-अलग विभागों में न रखकर उनकी समग्रता में, भाषा की एक ही भाव प्रकृति के अन्तर्गत, उन पर विचार करना चाहिए।
9. ध्वनियों की तरह शब्दो में भी विवेक करना उचित है कि शब्द भंडार का कौन-सा भाग मूल और कौन-सा भाग गौण है। किसी भी भाषा के मूल शब्द भंडार का विश्लेषण किए बिना उसका विवेचन अधूरा रहेगा।
10. भाषा निरन्तर परिवर्तनशील है और विकासमान है। विरोध और भिन्नता के

बिना भाषा न गतिशील हो सकती है, न उसका विकास ही हो सकता है। इसलिए किसी भी भाषा की व्यवस्था में, भाषा के किसी भी स्तर पर—ध्वनि प्रकृति, भाव प्रकृति और शब्द भंडार, किसी भी विभाग में—विरोधी प्रवृत्तियों और विरोधी तत्त्वों के सहअस्तित्व की सम्भावनाओं के लिए भाषाविज्ञानी को प्रस्तुत रहना चाहिए।

इन बातों को ध्यान में रखते हुए ऐतिहासिक भाषाविज्ञान के क्षेत्र में अनुसन्धान नहीं किया गया। उन्हें ध्यान में रखकर अनुसन्धान किया जाए तो नए निष्कर्ष निकल सकते हैं, पुरानी मान्यताओं की सीमाएँ पहचानी जा सकती हैं, विशेष रूप से भारत की प्राचीन भाषा सम्पदा पहचानने में बड़ी सहायता मिल सकती है, इसके यथेष्ट प्रमाण इस पुस्तक में मिल सकते हैं।"

(**भाषा और समाज**, द्वितीय संस्करण की भूमिका, पृ. 24-25)

15

भारत के प्राचीन भाषा परिवार और हिन्दी के तीनों भाग क्रमशः 1979, 1980 और 1981 में प्रकाशित हुए। 1976 ई. में भूमिका में अपनी आगामी योजना में कार्य करने की पद्धति बतलाने के बाद में तीनों भाग लिखे गए हैं। तीनों ही भाग—ऐतिहासिक भाषा विज्ञान के हैं। ये तीनों ही भाग पढ़े तो गए हैं, अन्यथा दूसरी बार छपते ही नहीं। इस पर भी भाषाविज्ञान के पाठ्यक्रम में डॉ. रामविलास शर्मा की कोई पुस्तक नहीं रखी गई है। ऐतिहासिक भाषाविज्ञान—विषय की उपेक्षा होने लगी है। डॉ. रवीन्द्रनाथ श्रीवास्तव और उनकी नई शिष्यमंडली ने इस ओर ध्यान नहीं दिया। पुराने विद्वानों में डॉ. भोलानाथ तिवारी और उनके समान अन्य विद्वान् डॉ. धीरेन्द्र वर्मा को ही ठीक मानते रहे हैं। अन्तर केवल इस बात में है कि सामग्री में विस्तार हुआ है। मूल सिद्धान्त में कोई परिवर्तन नहीं हुआ है। इस बात को डॉ. रामविलास शर्मा स्वयं जानते थे। उन्हें तो इस बात से प्रसन्नता थी कि लोग उनकी पुस्तकें पढ़ रहे हैं और बिना नाम लिए उनके विचारों का उपयोग कक्षाओं में करते आ रहे हैं।

16

डॉ. रामविलास शर्मा की पुस्तकें छात्रों को पढ़ाने की दृष्टि से नहीं लिखी गई हैं। वे विषयपरक हैं। पुस्तकों में व्यावहारिक तथ्य हैं और उन्हें सैद्धान्तिक आधार पर परखने का प्रयत्न है। ध्वनिविज्ञान, शब्दविज्ञान, रूपविज्ञान, वाक्यविज्ञान के सैद्धान्तिक आधारों पर भाषाओं में उपलब्ध तथ्यों की मीमांसा व्यावहारिक रूप में है। जो विषय का ज्ञाता है, सिद्धान्तों को समझने में समर्थ है और व्याकरणों के पारिभाषिक शब्दों को भली-भाँति जानता है, वह ही उनकी पुस्तकों को समझ सकता है। दूसरी बात यह है कि वे केवल

प्रधान प्रवृत्तियाँ बतलाते हैं। किसी को नियम नहीं कहते। जो उपलब्ध है, वह बात ही कहते हैं। किसी सिद्धान्त का या नियम का आरोपण नहीं करते। और फिर वे प्रवृत्तियों को परखने के लिए देशी-विदेशी सभी भाषाओं के उदाहरण देते हैं।

17

भारतीय भाषाओं की ध्वनि-प्रवृत्तियों पर डॉ. रामविलास शर्मा ने विस्तार से लिखा है। आर्य परिवार और द्रविड़ परिवार—दोनों परिवारों की ध्वनि-प्रवृत्तियों का विवेचन उन्होंने किया है। उनके निष्कर्षों में एक बड़ा निष्कर्ष यह भी है कि सघोष महाप्राण ध्वनियाँ भारत की और विशेष रूप से आर्य परिवार की विशेष ध्वनियाँ हैं। इनका अस्तित्व इस बात को प्रमाणित करने के लिए काफ़ी है कि आर्य बाहर से नहीं आए। लिखा है—

> "इन **घ्, ध्, भ्** ध्वनियों के अस्तित्व की कल्पना आदि इंडोयूरोपियन भाषा में की गई है। किसी कारण इन ध्वनियों का व्यवहार भारत ही में सीमित रह गया। भारत से बाहर ईरान से लेकर इंग्लैंड और आइसलैंड तक कहीं भी इन भाषाओं के व्यवहार का प्रमाण नहीं है। जिन भाषाओं को वैदिकभाषा से भी प्राचीन माना जाता है, जैसे हित्तीभाषा, उसके दस्तावेज़ों में भी इन ध्वनियों का व्यवहार नहीं है। इससे यह निष्कर्ष निकालना चाहिए कि **ये ध्वनियाँ विशुद्ध भारतीय हैं** और **भारत के बाहर केवल** इनके प्रतिरूप दिखाई देते हैं, वहाँ उनका व्यवहार न होता था।"
>
> (**भारत के प्राचीन भाषा परिवार और हिन्दी,** खंड-2, प्रथम संस्करण, पृ. 16)

ऐसे कई और निष्कर्ष हैं, जिनके आधार पर भाषाओं के आदान-प्रदान को पहचाना गया है। डॉ. रामविलास शर्मा सर्वेक्षण को बहुत महत्त्व देते हैं। सर्वेक्षण के आधार पर उपलब्ध तथ्यों का विवेचन तथा विश्लेषण करना वे उत्तम समझते हैं। पूर्वाग्रही होकर लिखना वे ठीक नहीं समझते।

18

ग्रियर्सन का आधुनिक आर्यभाषाओं का वर्गीकरण आर्यों के बाहर से आगमन पर निर्भर है और जब यह बात प्रमाणित हो जाती है (ध्वनिविज्ञान के प्रमाण पर) कि आर्य बाहर से आए नहीं तो वर्गीकरण का स्वरूप बदल जाता है। विदेशियों ने आर्यों को बाहर से आना तो बतलाया ही, बल्कि उसके बाद में द्रविड़ों को और अन्य भाषा परिवारों के समुदायों को बाहर से आना बतलाया है और हमारे देश के विद्वान् इस दृष्टि से छानबीन करना छोड़कर उन्हीं विचारों को दोहराए जा रहे हैं। इस स्थिति में परिवर्तन उसी समय हो सकेगा, जब ऐतिहासिक भाषाविज्ञान की ओर ध्यान दिया जाएगा।

19

संस्कृत भाषा का भारतीय भाषाओं के साथ ऐतिहासिक सम्बन्ध को समझने की आवश्यकता है। एक ओर आर्य परिवार के साथ संस्कृत का पारिवारिक सम्बन्ध जोड़ा गया है तो दूसरी ओर द्रविड़ परिवार के साथ उसके सम्बन्ध को पारिवारिक स्वरूप का नहीं माना जाता। संस्कृत भाषा को आधार मानकर दोनों परिवारों को अलगाने का कार्य काल्डवेल का है। क्या यह ठीक है? डॉ. रामविलास शर्मा ऐसी मान्यता का विरोध करते हैं। सच तो यह है कि संस्कृत का जो सम्बन्ध आर्य परिवार की भाषाओं के साथ है, वैसा ही सम्बन्ध द्रविड़ परिवार की भाषाओं के साथ भी है। फिर दोनों परिवारों के बीच संस्कृत भाषा शताब्दियों से रही है। उससे कटकर न तो आर्य परिवार की भाषाओं पर विचार करना संभव है और न ही द्रविड़ परिवार की भाषाओं पर भी। स्वयं काल्डवेल को भी ऐसा करने के लिए संस्कृत का अध्ययन करना पड़ा है। वह संस्कृत के महत्त्व को और द्रविड़ परिवार की भाषाओं के साथ द्रविड़ भाषाओं के सम्बन्धों को खूब जानता था। संस्कृत के सम्बन्ध में उसने जो कुछ लिखा है, वह संस्कृत को मृत भाषा मानकर नहीं, अपितु संस्कृत की गतिमान (काल-क्रम में उसके बने रहने को स्वीकार करते हुए कहना चाहिए) स्थिति को उजागर करते हुए सब कुछ लिखा है। उसके लेखन में छद्मता का दोष है, जिसे आज के द्रविड़ भाषाओं के विद्वान् समझने का प्रयत्न नहीं करते। सच तो यह है कि भारतीय भाषाओं में संस्कृत ही एकमात्र ऐसी भाषा है जो जितनी चिर प्राचीन है, उतनी ही चिर नवीन भी है। संस्कृत की नवीनता के कारण संस्कृत भाषा आज भी समस्त भारतीय भाषाओं के गले का हार है। उसे उतारकर रख देने पर किसी भी भारतीय भाषा का ठीक-ठीक अध्ययन संभव नहीं है। डॉ. रामविलास शर्मा इस बात को बहुत अच्छी तरह जानते थे और इसलिए उनकी भाषाविज्ञान से सम्बन्धित पुस्तकों को वे लोग ही ठीक से समझ सकते हैं, जिनकी गति संस्कृत भाषा में है। संस्कृत—मात्र, उत्तर भारत की भाषा नहीं अपितु वह दक्षिण भारत के लिए भी उतनी ही अपनी है। इस बात को दक्षिण भारत के विद्वान् आज भी अच्छी तरह जानते हैं किन्तु आधुनिक विद्वान् जो द्रविड़ भाषाओं का अध्ययन कर रहे हैं, उन अध्ययनों में (काल्डवेल के कारण) संस्कृत भाषा का त्याग कर रहे हैं। यह विडम्बना की बात है। पंडित काशीराम शर्मा ने इस बात की ओर ध्यान दिलाने का प्रयत्न बहुत पहले (1968 ई. में) **द्रविड़ परिवार की भाषा हिन्दी** पुस्तक लिखकर किया था। अस्तु।

20

मैं तो यह मानता हूँ कि ऐतिहासिक दृष्टि से डॉ. रामविलास शर्मा का कार्य भारतीय भाषाओं के वर्तमान स्वरूप को समझने में बहुत उपयोगी है।

उनका सारा लेखन हिन्दी में होने के कारण (अंग्रेज़ी में उनका अनुवाद उपलब्ध

न होने के कारण) अन्य भाषाओं के विद्वान् उनके कार्य को ठीक से नहीं जानते। यदि अंग्रेज़ी में अनुवाद उपलब्ध होते तो विदेशों में उनका नाम होता और तब हमारे देश के विद्वान् उनकी पुस्तकों को पढ़ना ठीक समझते।

हिन्दी भाषा

डॉ. रामविलास शर्मा ने **हिन्दी भाषा का इतिहास** पुस्तक नहीं लिखी है। डॉ. धीरेन्द्र वर्मा ने इस शीर्षक से पुस्तक लिखी है। पाठ्यक्रम में पढ़ाने के दृष्टिकोण से और विषय का व्यवस्थित विवेचन प्रस्तुत करने के कारण विचार पुराने होने पर भी डॉ. धीरेन्द्र वर्मा की पुस्तक को उत्तम कहना ठीक होगा। उस ढंग की व्यवस्थित पुस्तक आज भी हिन्दी में दूसरी नहीं है। डॉ. धीरेन्द्र वर्मा के बाद में **हिन्दी भाषा के इतिहास** पर जो भी पुस्तकें शीर्षक बदलकर लिखी गईं, वे सब डॉ. धीरेन्द्र वर्मा के विचारों को ही पुष्ट करने वाली हैं। डॉ. भोलानाथ तिवारी तथा डॉ. उदयनारायण तिवारी की पुस्तकों में सामग्री का विस्तार है किन्तु चिन्तन में कोई परिवर्तन नहीं है। सब लोग यह मानकर चलते हैं कि मूल भाषा संस्कृत है और आर्य परिवार की सभी आधुनिक भाषाओं की जननी है और हिन्दी भी संस्कृत की पुत्री है। पारिवारिक सम्बन्ध यही है। इस मान्यता को स्वीकार करके ही **हिन्दी भाषा का इतिहास** लिखा गया है। इस दृष्टि से अकेले डॉ. रामविलास शर्मा ऐसे विद्वान् हैं, जो इस मूल मान्यता का विरोध करते हैं। वे आचार्य किशोरीदास वाजपेयी के विचारों का समर्थन करते हैं और तदनुसार हिन्दी भाषा के गठन और उसके प्रचार-प्रसार का ऐतिहासिक स्वरूप प्रथमतः पुष्ट प्रमाणों के आधार पर उजागर करते हैं।

2

हिन्दी भाषा के सम्बन्ध में अपना क्रान्तिकारी विचार सर्वप्रथम **भाषा और समाज** में (1961 ई.) व्यक्त किया। उसका संशोधित दूसरा संस्करण (1976 ई.) 15 वर्ष बाद प्रकाशित हुआ। 1979 ई. में **भारत के प्राचीन भाषा परिवार और हिन्दी,** खंड-1, प्रकाशित हुआ। 1980 ई. में दूसरा खंड और 1981 ई. में तीसरा छपा है। इन पुस्तकों में उनका ध्यान ऐतिहासिक भाषाविज्ञान के बदलते स्वरूप पर रहा है और इस बदलते स्वरूप के अनुसार ही उन्होंने हिन्दी भाषा के गठन और प्रसार पर भी ध्यान रखा है। डॉ. रामविलास शर्मा डॉ. धीरेन्द्र वर्मा की तरह **हिन्दी भाषा का इतिहास** नहीं लिखते। इसके स्थान पर यदि कोई नए सिरे से हिन्दी भाषा के इतिहास लेखन के लिए नवीनतम सामग्री चाहे तो वह उपलब्ध है। अपनी सामग्री को वे बदली हुई मान्यताओं के रूप में विचारार्थ प्रस्तुत करते हैं। यदि हम चाहें तो उनकी प्रकाशित इन पुस्तकों में से **हिन्दी भाषा का इतिहास** के लिए आवश्यक सामग्री को अलग करके उनकी स्वतंत्र पुस्तक का सम्पादन कर सकते हैं। ऐसा कार्य मैंने किया है। उसी का विवरण आगे प्रस्तुत कर रहा हूँ।

बात यह है कि नवम्बर 1999 में दिल्ली गया था। उस समय राजकमल प्रकाशन के कार्यालय में अशोक महेश्वरी से बात हुई। उन्होंने मुझसे पूछा कि डॉ. रामविलास शर्मा की भाषाविज्ञान की पुस्तकों को पाठ्यक्रम में क्यों नहीं रखा जाता ? कारण जानना चाहा। कहा कि क्या पाठ्यक्रम में रखने जैसी सामग्री उनकी पुस्तकों में नहीं है। मैं पाँच-दस मिनट में उत्तर नहीं दे सकता था। फिर भी मैंने कहा कि उनकी पुस्तकों में बहुत-सी सामग्री ऐसी है, जो पाठ्यक्रम में रखी जा सकती है किन्तु ऐसी सामग्री का चयन कर अलग से पुस्तक सम्पादित करना होगा। अशोक महेश्वरी ने तुरन्त कहा कि आप हमें ऐसी सामग्री का चयन कर पुस्तक तैयार कर दीजिए। हम डॉ. रामविलास शर्मा की पुस्तक तुरन्त छाप देंगे। तदनुसार मैंने डॉ. रामविलास शर्मा से बात की और अनुमति चाही। उन्होंने सहर्ष अनुमति दी। बाद में पुस्तक का स्वरूप कैसा होगा, इस सम्बन्ध में मैंने डॉ. रामविलास शर्मा को पत्र लिखा। पत्र इस प्रकार है—

पत्र क्रमांक 680-1999 **दिनांक : 3 दिसम्बर 1999**

आदरणीय डॉक्टर साहब,
सादर प्रणाम
आपके ग्रंथ के सम्बन्ध में अलग से पत्र लिखा है।
16 नवम्बर 1999 का श्री अशोक महेश्वरी का पत्र मिला है। वे लिखते हैं—"आप भाषाविज्ञान से सम्बन्धित डॉ. रामविलास शर्मा की पुस्तक तैयार कर हमें देंगे। कृपया बताएँ कि यह आप हमें कब तक देंगे।"
उक्त पत्र विलम्ब से कल 2 दिसम्बर को यहाँ पर मिला है।
मौखिक रूप में बातचीत के समय (12 नवम्बर 1999 को) आपने अनुमति दी है। इस सम्बन्ध में मेरा ध्यान विशेष रूप से सम्पादन के समय जो रहेगा, वह लिख रहा हूँ।

1. भाषाविज्ञान की उस सामग्री का (आपकी पुस्तकों से) चयन करना है, जिनका उपयोग पाठ्य-पुस्तकों में होता है।
2. आपकी पुस्तकों में शीर्षक-उपशीर्षक नहीं हैं। चयन की गई सामग्री को शीर्षक देने का, उन्हें क्रम देने का (अध्यायों के शीर्षक देने का भी) —आवश्यकतानुसार—काम मैं करूँगा।
3. पुस्तक के मूल अंश में कहीं कोई (किसी भी वाक्य में) परिवर्तन नहीं किया जाएगा। सब कुछ आपका लिखा हुआ होगा।
4. पुस्तक के मुखपृष्ठ पर भीतर की सामग्री के अनुसार शीर्षक होगा। मुखपृष्ठ पर लेखक के रूप में आपका नाम ही होगा।

5. पुस्तक को नया स्वरूप सम्पादन में जिस तरह दिया जाएगा, उसको बतलाने के लिए आठ-दस पृष्ठों की सम्पादकीय टिप्पणी मेरी होगी।
6. पुस्तक के भीतरी मुखपृष्ठ पर आपके नाम के नीचे सम्पादक के रूप में मेरा नाम होगा।
7. पुस्तक तैयार होने पर प्रथमतः आपके अवलोकनार्थ पांडुलिपि भेजी जाएगी। आप अपनी ओर से उसमें परिवर्तन कर सकते हैं।
8. प्रकाशक को इस सम्बन्ध में पत्र लिख रहा हूँ। पत्र की प्रतिलिपि इस पत्र के साथ जोड़ रहा हूँ।
9. आपकी ओर से अनुमति मिलने के बाद और प्रकाशक की ओर से अनुबन्ध बन जाने पर तीन महीने में पांडुलिपि तैयार कर दूँगा और चाहूँगा कि प्रकाशक भी पांडुलिपि को प्राप्त करने के उपरान्त छः महीने में उसे प्रकाशित कर दें। आपने यही कहा था।

आपके अनुमति-पत्र की प्रतीक्षा करूँगा।

आशा है आप सानन्द हैं। स्वस्थ हैं।

विनीत

(राजमल बोरा)

पत्र का उत्तर मिला। उत्तर इस प्रकार है—

3/12 का पत्र मिला।

आप मेरी पुस्तकों से सामग्री लेकर भाषाविज्ञान विषयक एक संकलन तैयार करना चाहते हैं, इसके लिए मैं आपको अनुमति देता हूँ। उसके सम्पादन के सम्बन्ध में आपकी बातों से मैं सहमत हूँ। मेरी नई पुस्तक आप ध्यान से पढ़ रहे हैं, यह देखकर प्रसन्नता हुई, सुविधा से पढ़ें। मुझे पत्र लिखने के लिए ही श्रम न करें। मैं जानता हूँ, उसे पढ़ना अपने धैर्य की परीक्षा लेना है।

रा. वि. शर्मा

12-12 99

पत्र मिलने के बाद मैंने अपना कार्य आरम्भ कर दिया।

4

पुस्तक का नाम संकलन की सामग्री के अनुरूप रखा गया है। नाम है--**ऐतिहासिक भाषाविज्ञान और हिन्दी भाषा**। हिन्दी भाषा को ध्यान में रखते हुए सामग्री का चयन किया है। पाठ्यक्रम में **हिन्दी भाषा का इतिहास** पढ़ाया जाता है। इस नाते हिन्दी भाषा पर ऐसी सामग्री का संकलन किया जिसमें हिन्दी भाषा की ऐतिहासिक सामग्री हो।

5

डॉ धीरेन्द्र वर्मा ने **हिन्दी भाषा का इतिहास** लिखा है, उसमें मात्र खड़ी बोली को केन्द्र में रखा गया है। संस्कृत के साथ सम्बन्ध बतलाते समय डॉ. धीरेन्द्र वर्मा 'लौकिक संस्कृत' का उपयोग अधिक करते हैं। एक ओर वे वैदिक संस्कृत का उपयोग नहीं करते तो दूसरी ओर वे प्राकृत रूपों को भी पूरी तरह नहीं लिखते। लौकिक संस्कृत के रूप लिखकर उसके तद्भव रूप हिन्दी में दे देते हैं। अपने दृष्टिकोण को स्पष्ट करते हुए दूसरे अध्याय—'हिन्दी ध्वनियों का इतिहास' में वे लिखते हैं—

> ''इस अध्याय में आधुनिक साहित्यिक हिन्दी में प्रयुक्त ध्वनियों का इतिहास देने का यत्न किया जाएगा। बोलियों में प्रयुक्त विशेष ध्वनियों के सम्बन्ध में ऐतिहासिक सामग्री की कमी के कारण बोली-ध्वनि का इतिहास नहीं दिया जा सका है...इस अध्याय में प्राचीन भारतीय आर्य-ध्वनियों के उद्भव से आई हुई ध्वनियों पर ही विचार किया गया है।...आधुनिक साहित्यिक हिन्दी में तत्सम शब्दों का प्रयोग बहुत बढ़ गया है। क्योंकि ध्वनियों के इतिहास का अध्ययन केवल तद्भव शब्दों में ही हो सकता है, अतः इस अध्याय के उदाहरण के अंशों में प्रायः ऐसे शब्द दिखलाई पड़ेंगे जिनका प्रयोग साहित्यिक हिन्दी की अपेक्षा हिन्दी की बोलियों में विशेष होता है।''[1]

और फिर इस इतिहास में प्रायः डॉ. धीरेन्द्र वर्मा यह मानकर चलते हैं कि हिन्दी का मूल शब्द-समूह प्रधान रूप से तद्भव है और इतिहास तद्भव रूपों का ही लिखा जा सकता है। उनका मानना है कि वैदिक संस्कृत से लौकिक संस्कृत और लौकिक संस्कृत से प्राकृत (उनके विविध रूप) तथा प्राकृत से अपभ्रंश (उनके भी विविध रूप) और अन्ततः देशी भाषाएँ (आधुनिक भाषाएँ)—विकसित हुई हैं। इसे ऐतिहासिक क्रम के रूप में स्वीकार किया गया है। सैद्धान्तिक रूप में इस विकास-क्रम को ऐतिहासिक क्रम में स्वीकार किया गया है और इस ऐतिहासिक विकास को बतलाने में लौकिक संस्कृत को मूल माना गया है और खड़ी बोली—मानक हिन्दी—कहिए मात्र के उदाहरण दिए गए हैं। डॉ. रामविलास शर्मा सैद्धान्तिक रूप में इस प्रकार की मान्यता को स्वीकार नहीं करते। जहाँ पर मान्यता के अनुरूप डॉ. धीरेन्द्र वर्मा को उदाहरण नहीं मिले, वहाँ पर उन्होंने कल्पित रूप दिए हैं। और कल्पित रूप देना सम्भव प्रतीत नहीं हुआ तो वस्तुस्थिति को बतला दिया है। सिद्धान्तों पर दृढ़ रहने के कारण उन्हें ऐसा करना पड़ा है।

---

1. *हिन्दी भाषा का इतिहास*, डॉ. धीरेन्द्र वर्मा, हिन्दुस्तानी एकेडेमी, इलाहाबाद, नवम् संस्करण 1973 ई., पृ. 128 तथा 129।

6

डॉ. रामविलास शर्मा भारतवर्ष की भाषाओं के पारिवारिक वर्गीकरण को नामकरण की दृष्टि से यथावत् स्वीकार करते हैं। वे प्रधान चार परिवार बतलाते हैं। हिन्दी को आर्य परिवार के अन्तर्गत मानते हैं, हिन्दी भाषा के साथ भारत की अन्य भाषाओं का सम्बन्ध बतलाने के लिए और फिर भारत की भाषाओं का भारत के बाहर की भाषाओं से सम्बन्ध बतलाते हुए हिन्दी का ऐतिहासिक विकास क्रम बतलाते हैं। भाषाओं का स्वरूप और विकास बतलाने में उनका ध्यान प्रधान रूप से हिन्दी भाषा पर रहा है। इसीलिए उन्होंने अपने ग्रंथ का नाम **भारत के प्राचीन भाषा परिवार और हिन्दी** रखा है। तीनों खंडों में—हिन्दी भाषा केन्द्र में है। इस पर भी स्वतंत्र रूप से हिन्दी के सम्बन्ध में उन्होंने प्रथम भाग में ही विस्तार से लिखा है। इस पुस्तक के केन्द्र में प्रधान रूप से प्रथम भाग ही है। इन तीनों खंडों को लिखने से पूर्व भाषाओं के अध्ययन की योजना उन्होंने बनाई थी। उस योजना का सम्बन्ध **भाषा और समाज** पुस्तक से है। उस पुस्तक के दूसरे संस्करण के समय उन्होंने जो भूमिका लिखी, वह इस पुस्तक में **विषय-प्रवेश** के रूप में प्रस्तुत है। उक्त पुस्तक के दूसरे संस्करण का समय बीतने तक (लगभग सोलह वर्ष) उनके विचार अपेक्षाकृत अधिक स्थिर हो गए थे और इस आधार पर उन्होंने आगे कार्य भी किया है। इसलिए डॉ. रामविलास शर्मा की मान्यताओं को समझने में **विषय-प्रवेश** महत्त्वपूर्ण है।

7

दूसरा अध्याय **भारत के प्राचीन भाषा परिवार और हिन्दी** है। यह अध्याय तीसरे खंड से लिया गया है। मान्य—भाषा परिवारों का परिचय इसमें है।

8

बाद के तीनों अध्याय—ध्वनितंत्र, शब्द तंत्र और रूप तंत्र—हिन्दी भाषा के स्वरूप को सैद्धान्तिक तथा ऐतिहासिक स्तर पर पहचानने में उपयोगी हैं। इन तीनों अध्यायों को यथावत् नहीं दिया गया है। सामग्री के विस्तार भय से बचने के लिए सामान्य प्रवृत्तियों मात्र को बतलाया गया है। ये तीनों ही अध्याय प्रथम खंड से सम्बन्ध रखते हैं।

9

शेष दस अध्याय हिन्दी के विकास-क्रम को समझने में उपयोगी हैं। वे हैं—मगही/मैथिली/भोजपुरी/कोसली-अवधी/ब्रज/ बाँगरू/पुरानी साहित्यिक हिन्दी और जनपदीय,

भाषाएँ/पंजाबी-बाँगरू और हिन्दी/राजस्थानी और मालवी/और अन्त में आधुनिक आर्य भाषाओं का वर्गीकरण और हिन्दी/है। ये सभी दस अध्याय प्रथम खंड से ही सम्बन्ध रखते हैं। उन अध्यायों को भी विस्तार से यथावत् न लिखते हुए, उनको संक्षेप में ही प्रस्तुत किया गया है।

10

मगही से लेकर अन्त तक के सभी दस अध्याय—प्रथम खंड के चौथे अध्याय के हैं। इसका तात्पर्य यह भी है कि ये सारी सामग्री हिन्दी की है। दूसरे शब्दों में हिन्दी के भौगोलिक विस्तार को बतलाने वाली है। उसमें मगही, मैथिली, भोजपुरी, कोसली-अवधी, ब्रज, बाँगरू, पंजाबी-बाँगरू, राजस्थानी-मालवी—सभी भाषाएँ हैं। हिन्दी का यह भौगोलिक विस्तार है। हिन्दी जाति का स्वरूप समझने में ये सब उपयोगी हैं। ऐसा मानने के कारण ही इन सबको उन्होंने एक ही अध्याय के अन्तर्गत रखा है। इसका नाम उन्होंने—**आर्य भाषा केन्द्र और हिन्दी जनपद** दिया। इन भाषा-बोलियों का सम्बन्ध वे हिन्दी से मानते हैं। इनकी भौगोलिक पहचान बतलाते हुए वे इन सबको **हिन्दी जनपद** कहते हैं। मगध, मिथिला, भोजपुरी क्षेत्र, कोसल, ब्रज, कुरु जनपद...आदि को वे **हिन्दी जनपद** कहते हैं। पंजाब, राजस्थान और मालवा भी इसमें सम्मिलित हैं। डॉ. रामविलास शर्मा ने अपनी बात को स्पष्ट करने के लिए विशेष शब्दावली का उपयोग किया है। उसमें **हिन्दी जनपद** और **हिन्दी जाति** मुख्य है। यद्यपि दोनों ही शब्द एक-दूसरे के पूरक हैं फिर भी एक भौगोलिक नामकरण है और दूसरा भाषा से सम्बन्धित नामकरण है। हिन्दी जनपद का समाहार हिन्दी जाति में होता है और ये हिन्दी मानक (स्तरीय) हिन्दी है। हिन्दी के इस मानक स्वरूप तक पहुँचने का इतिहास डॉ. रामविलास शर्मा ने लिखा है। डॉ. धीरेन्द्र वर्मा ने यह सब नहीं बतलाया। दोनों की पुस्तकों में इस मौलिक अन्तर को समझना चाहिए।

11

आचार्य रामचन्द्र शुक्ल ने **हिन्दी साहित्य का इतिहास** लिखा है। इस साहित्य में पूर्व की ओर से मैथिली (विद्यापति) का समाहार है तो पश्चिम की ओर से राजस्थानी (डिंगल-पिंगल) का समाहार है। केन्द्र में पूर्व की ओर से अवधी और पश्चिम की ओर से ब्रज है। इन सब जनपदों के साहित्य को शुक्लजी ने हिन्दी साहित्य के इतिहास में सम्मिलित किया है। फिर उन्होंने इन सबसे सम्बद्ध भौगोलिक विस्तार को भी बतलाया है। तात्पर्य यह कि डॉ. धीरेन्द्र वर्मा ने बोलियों के माध्यम से हिन्दी के भौगोलिक विस्तार को नहीं बतलाया। वे मानक रूप को वैज्ञानिक पद्धति से बतलाते हैं। उनकी वैज्ञानिक पद्धति ठीक है किन्तु उसमें इतिहास और भूगोल दोनों उपेक्षित हैं। डॉ. रामविलास शर्मा ने इतिहास और भूगोल दोनों का ध्यान रखा है।

12

डॉ. रामविलास शर्मा ने उन बोलियों पर विस्तार से लिखा है, जिनमें साहित्यिक रचनाएँ लिखी गई हैं। सबसे अधिक उन्होंने अवधी पर लिखा है। कवियों की भाषाओं पर विचार किया है और विचार करते समय ऐतिहासिक क्रम को ध्यान में रखा है। साहित्य का इतिहास न लिखकर साहित्यिक बोलियों का इतिहास, साहित्यिक एवं व्याकरण के ग्रंथों के आधार पर लिखा है। इनमें वे केन्द्र में अवधी को रखते हैं। जायसी तथा तुलसी दोनों की भाषाओं का अन्तर बतलाते हैं। जायसी की अवधी ठेठ है तो तुलसी की अवधी में साहित्यिक संस्कार है और फिर तुलसी की ब्रजभाषा में अवधी का संस्कार भी है। तुलसी के माध्यम से अवधी का विस्तार ब्रज क्षेत्र में होता है। ब्रजभाषा को अवधी का बल मिला है। और बाद में तो सबसे ज्यादा भौगोलिक विस्तार ब्रजभाषा को ही मिलता है। मुगल काल की वह प्रतिनिधि साहित्यिक हिन्दी है। ब्रज का भौगोलिक विस्तार मुगल राज्य की सीमाओं तक होता है। दक्षिण भारत, बंगाल और असम तक ब्रजभाषा पहुँचती है और इंसी तरह गुजरात और उड़ीसा में भी उसका विस्तार होता है। ब्रजभाषा का संस्कार पुनः बाँगरू तथा पंजाबी को प्राप्त होता है और हिन्दी का मानक रूप बाँगरू के ढाँचे को स्वीकार करते हुए ब्रज को अपनाते हुए आगे विकसित होता है। साहित्य के इतिहास में भी ब्रजभाषा और खड़ी बोली का द्वन्द्व चलता है। और देखिए भाषा—शब्द ब्रज के साथ जुड़ता है। हम ब्रजभाषा कहते हैं। ब्रज बोली नहीं कहते और खड़ीभाषा न कहकर आज भी उसे खड़ी बोली कहते हैं। पारम्परिक रूप में ब्रज को भाषा का स्थान प्राप्त है। पुरानी साहित्यिक हिन्दी में जनपदीय बोलियों का सम्मिश्रण है। इसीलिए डॉ. रामविलास शर्मा ने इससे सम्बन्धित स्वतंत्र अध्याय लिखा भी है। राजस्थानी-मालवी—वाला अध्याय पहले है और उसके बाद पंजाबी-बाँगरू वाला अध्याय है।

13

पंजाबी-हिन्दी-उर्दू—आपस में लगभग समान हैं किन्तु भौगोलिक एवं ऐतिहासिक कारणों से उनमें अलगाव आ गया है। हिन्दी से पंजाबी और उर्दू के अलगाव का प्रधान कारण लिपियाँ भी हैं। पंजाबी की लिपि गुरुमुखी और उर्दू की लिपि फारसी है। यदि देवनागरी लिपि में ये सब लिखी जातीं तो मात्र भौगोलिक भेद रह जाता। उर्दू के सम्बन्ध में डॉ. रामविलास शर्मा ने **भाषा और समाज** पुस्तक में विस्तार से लिखा है। विस्तार-भय से उर्दू से सम्बन्धित सामग्री इस पुस्तक में नहीं दी गई है। हिन्दी में पंजाबी, बाँगरू के माध्यम से सम्मिलित हुई है। हिन्दी का मूल आकार (दिल्ली-मेरठ) बाँगरू का होने पर भी इस आकार में बाँगरू के माध्यम से पंजाबी भी सम्मिलित है। दिल्ली की हिन्दी पंजाबी से मुक्त नहीं है। दिल्ली की हिन्दी के उच्चारण में पंजाबी का लहजा मौजूद है।

14

डॉ. रामविलास शर्मा बोली विशेष पर लिखते समय, बोली का विवेचन अन्य बोलियों के साथ तुलनात्मक अध्ययन प्रस्तुत करते हुए करते हैं। वे शब्द रूपों, व्याकरणिक रूपों को ध्वनियों के माध्यम से समझाते हैं। उनके विवेचनों को समझने के लिए 'ध्वनि रूपों' की पहचान आवश्यक है। ध्वनियों के माध्यम से ही वे सारा विश्लेषण करते हैं। वे ध्वनि-परिवर्तन को ऐतिहासिक क्रम में प्रस्तुत न कर, वे उसे प्रवृत्तियों का स्वरूप समझाने के लिए करते हैं। संस्कृत भाषा का उपयोग, जहाँ भी आवश्यक हो, करते रहते हैं किन्तु वे संस्कृत को मूल जननी के रूप में स्वीकार नहीं करते।

15

सब कुछ यथातथ्य के रूप में वैज्ञानिक पद्धति से प्रवृत्तियों को पहचानने का प्रयत्न डॉ. रामविलास शर्मा करते हैं। उन प्रवृत्तियों को वे नियम नहीं कहते। कहीं पर भी दृढ़ आग्रह नहीं है। जो है, उसे स्वीकार करते हैं और उन्हें उसी रूप में उजागर करने का प्रयत्न उनका रहता है। यदि वही प्रवृत्ति अन्य भाषाओं में भी मिलती है तो उन सबका उल्लेख क्रमशः करते हैं। वे यह मानते हैं कि भारत की भाषाएँ एक दूसरे के (चाहे वे किसी परिवार की हों) लगातार सम्पर्क में रही हैं, इसलिए ऐतिहासिक क्रम में आदान-प्रदान दोनों हुआ है और उस आदान-प्रदान को पहचानना हमारा काम है। किसी एक पक्ष को लेकर किसी भाषा का विवेचन करना वे ठीक नहीं मानते।

16

डॉ. रामविलास शर्मा ने अपनी पुस्तकों में भूमिकाएँ लिखी हैं। ये भूमिकाएँ उनके दृष्टिकोण और लेखन-पद्धति को उजागर करती हैं। प्रथम खंड की भूमिका में उन्होंने लिखा—

> "किसी एक भाषा परिवार पर ध्यान केन्द्रित न करके पूरे भाषायी क्षेत्र पर ध्यान दें। उसमें यह मान्यता निहित है कि भाषा परिवार स्थिर इकाई नहीं है, वह गतिशील है, वह अन्य भाषा परिवारों से अलग-थलग शून्य में अपना विकास नहीं करता, उसका विकास अन्य परिवारों के सम्पर्क में होता है। भारत को भाषायी क्षेत्र मानकर, आर्य-द्रविड़ परिवारों के परस्पर सम्बन्धों का अध्ययन करते हुए, ऐतिहासिक भाषाविज्ञान के विकास के लिए नए तथ्यों का पता लगाया जा सकता है, भाषा परिवारों के विकास और उनके सम्बन्धों के बारे में नई जानकारी प्राप्त की जा सकती है, नई स्थापनाएँ प्रस्तुत की जा सकती हैं, न केवल भाषा परिवारों के बारे में वरन् इन परिवारों की भाषाएँ बोलनेवाले मानव-समुदायों के

बारे में पुरानी मान्यताएँ बदली जा सकती हैं, ऐतिहासिक भाषाविज्ञान के सैद्धान्तिक आधार में मूलभूत परिवर्तन किया जा सकता है।''

और हम देखते हैं कि परिवर्तन की संभावनाओं के लिए द्वार खुला रखते हुए उन्होंने सब कुछ लिखा है। किसी नियम का विशेष आग्रह नहीं है।

17

पुस्तकों के लेखन में डॉ. रामविलास शर्मा ने भाषाविज्ञान की तकनीकी पद्धति का अनुसरण नहीं किया। इस सम्बन्ध में अपनी सफाई में लिखा भी है–

> ''भाषायी विवेचन एक कौशल है, यह कौशल यन्त्रवत् निश्चित किया जा सकता है। जैसे उद्योग-धन्धों की एक टेक्नोलॉजी है, वैसे ही भाषा वैज्ञानिक धन्धे की एक टेक्नोलॉजी है। टेक्नोलॉजी स्वयं विज्ञान नहीं है, वैसे ही भाषा विवेचन का कौशल भाषाविज्ञान नहीं है। जब भाषायी टेक्नोलॉजी में टेक्नीकल शब्दावली की भरमार हो तो उसे विज्ञान समझने के भ्रम से बचना और भी ज़रूरी है। प्रत्येक विज्ञान में अनुसन्धानकर्त्ता का सम्वेदनशील होना उस विज्ञान के विकास की पहली शर्त है। भाषाविज्ञान के विकास के लिए यह सम्वेदनशीलता और भी आवश्यक है।'' (भूमिका, पृ. 22)

डॉ. धीरेन्द्र वर्मा की पुस्तक **हिन्दी भाषा का इतिहास** तकनीकी पद्धति से लिखी हुई है। इस रूप में डॉ. रामविलास शर्मा ने अपनी पुस्तकें नहीं लिखी हैं। संभवतः इस कारण से भाषाविदों का ध्यान डॉ. रामविलास शर्मा की पुस्तकों की ओर नहीं गया हो। उनको भाषाविद् नहीं माना गया। मैंने उनकी लेखन पद्धति में कोई परिवर्तन नहीं किया है। सब कुछ उन्हीं की पद्धति से बिना परिवर्तन यथावत् प्रस्तुत है।

18

अपनी स्थापनाओं की चर्चा करने के बाद उन्होंने पाठकों से निवेदन के रूप में कहा है–

> ''यदि (पाठक) सहमत हों कि ऐतिहासिक भाषाविज्ञान का पुराना पथ छोड़ना आवश्यक है तो मैं समझूँगा, मुझे आंशिक सफलता मिल गई। यदि उन्हें यह बात तर्कसंगत लगे कि इंडोयूरोपियन आदिभाषा जैसी कोई आदिभाषा नहीं थी, यूरुप की भाषाओं के निर्माण में भारतीय आर्यभाषाओं के अलावा आर्येतर भाषाओं की भूमिका भी महत्त्वपूर्ण थी, तो मैं समझूँगा मुझे पूर्ण सफलता मिल गई। अन्य स्थापनाओं के बारे में चाहे जितना मतभेद हो, आपके लिए तब यह अनिवार्य को जाएगा कि आप किसी-न-किसी रूप में विवेचन की वह पद्धति अपनाएँ जिसका निदर्शन इस पुस्तक में है।'' (पृ. 23)

19

और फिर ये पुस्तकें (तीनों खंड) हिन्दी को केन्द्र में रखते हुए लिखने पर, इनको लिखते समय भारतवर्ष की प्रायः सभी भाषाओं को ध्यान में रखते हुए लिखी हैं। कहा है—

> "यह पुस्तक मैंने उन सभी हिन्दी-अहिन्दीभाषी पाठकों को ध्यान में रखकर लिखी है, जिन्हें इस देश की भाषाओं से प्रेम है और जो उनका आपसी सम्बन्ध तथा ऐतिहासिक विकास समझना चाहते हैं।" (पृ. 25)

20

इस पुस्तक में **हिन्दी भाषा** मात्र की सामग्री संकलित है किन्तु इस सामग्री के लेखन में भी डॉ. रामविलास शर्मा का ध्यान भारत की समस्त भाषाओं पर रहा है। यदि इस सामग्री को पढ़कर उनके तीनों खंड पढ़ने की इच्छा किसी के मन में जाग्रत हो जाए तो मैं समझूँगा कि मेरा श्रम सार्थक हो गया।

—राजमल बोरा

14 जुलाई, 2000
'रत्नदीप'
5, मनीषा नगर, केसरसिंह पुरा
औरंगाबाद (महाराष्ट्र)-431 005

1

विषय-प्रवेश

ऐतिहासिक भाषाविज्ञान की उपेक्षा

पिछले 25 साल में भाषाविज्ञान में बहुत काम हुआ है। ये पिछले 25 साल दूसरे महायुद्ध के बाद के हैं। इस महायुद्ध से पहले आधुनिक भाषाविज्ञान के मुख्य केन्द्र यूरुप में थे, युद्ध के बाद संयुक्त राज्य अमरीका भाषाविज्ञान का मुख्य केन्द्र बना। नाज़ियों के अत्याचार से पीड़ित जैसे बहुत से भौतिकविज्ञानी अमरीका पहुँच गए, वैसे ही बहुत से भाषाविज्ञानी भी वहाँ पहुँचे। इनमें जर्मन-भाषी यहूदियों की संख्या काफी थी। अमरीका में बहुत से स्लाव भाषाएँ बोलनेवाले भी एकत्र हुए जिन्हें साम्यवादी व्यवस्था नापसन्द थी या जिनके लिए उस व्यवस्था में रहकर काम करना सम्भव नहीं था। इसके सिवा दूसरे महायुद्ध के बाद संयुक्त राज्य अमरीका विश्व पूँजीवाद का भी केन्द्र बना। एक ओर पूँजी का केन्द्रीकरण, दूसरी ओर भाषाविज्ञानियों का एकत्रीकरण, ये दोनों प्रक्रियाएँ नितान्त असम्बद्ध नहीं हैं।

दूसरे महायुद्ध के बाद जो नया काम हुआ है, वह दो हिस्सों में बाँटा जा सकता है। पहला हिस्सा विवरणात्मक भाषाविज्ञान का है जो महायुद्ध से पहले आरम्भ हो चुका था, जिसके प्रमुख आचार्य अमरीकी भाषाविद् ब्लूमफील्ड थे। दूसरा हिस्सा मुख्यतः विन्यास (वाक्य विन्यास अथवा वाक्य रचना) से सम्बन्धित है जो वर्णनात्मक भाषाविज्ञान की प्रतिक्रिया के रूप में विकसित हुआ और जिसके मुख्य अमरीकी आचार्य चोम्स्की हैं। भारत के भाषाविज्ञानी इस सारे विकास से प्रभावित हुए हैं। जो भाषाविज्ञानी दूसरे महायुद्ध से पहले ब्रिटेन से प्रशिक्षित होकर आए थे, वे सब पीछे छूट गए हैं। नए भाषाविज्ञानी संस्थाओं-सम्मेलनों आदि में उनका उपयोग कर लेते हैं किन्तु चलते हैं अपने रास्ते। यहाँ पहला प्रश्न यह उठता है कि इस सारे विकास से क्या पुराने—यानी 19वीं सदी के—ऐतिहासिक भाषाविज्ञान की मान्यताओं में कोई मौलिक परिवर्तन हुआ है?

उक्त प्रश्न से हमारी दिलचस्पी का कारण यह है कि भारत एक पुराणपन्थी पिछड़ा हुआ देश है जहाँ लोगों को इस बात की बड़ी चिन्ता है कि आर्य लोग यहाँ के मूल

निवासी थे या नहीं, और उन्होंने द्रविड़ों आदि को जीतकर उनकी भाषाओं का नाश किया या नहीं, और आधुनिक भारतीय भाषाओं का सम्बन्ध संस्कृत से किस तरह का है, इन भाषाओं का विकास कैसे हुआ है, इत्यादि। यह देखकर बड़ा आश्चर्य होता है कि पिछले 25 वर्षों में भाषाविज्ञान का इतना विकास होने पर भी 19वीं सदी के ऐतिहासिक भाषाविज्ञान की मान्यताएँ ज्यों की त्यों प्रतिष्ठित हैं। भाषाविज्ञानी चाहे ब्लूमफील्ड-सम्प्रदाय का हो, चाहे चोम्स्की-सम्प्रदाय का, ऐतिहासिक भाषाविज्ञान के नाम पर वह उन्हीं मान्यताओं को दोहराता है। आधुनिक भाषाविज्ञान में ध्वनितंत्र और वाक्य तंत्र, इन्हीं दो तंत्रों पर सबसे ज़्यादा ध्यान दिया गया है। जहाँ तक ऐतिहासिक भाषाविज्ञान का सम्बन्ध है, इन दोनों तंत्रों पर जो भी काम हुआ है, उसका होना न होना बराबर है। पुरानी मान्यताएँ जिस पुराने ध्वनितंत्र और वाक्यतंत्र के आधार पर निश्चित की गई थीं, वह पुराना तंत्र ऐसा बुरा नहीं था क्योंकि उसमें बहुत बड़ी खामियाँ होतीं, तो भाषाओं के तुलनात्मक अध्ययन से जो नतीजे निकाले गए थे, वे रद्द हो जाते। पर ऐसा नहीं हुआ। इस तरह ऐतिहासिक भाषाविज्ञान के संदर्भ में आधुनिक भाषाविज्ञान के इस समस्त विकास की व्यर्थता स्वयंसिद्ध है।

भारत के भाषा परिवार

एक इंडोयूरोपियन परिवार है। इस परिवार की प्राचीन और नवीन भाषाएँ एक आदि-इंडोयूरोपियन भाषा से उत्पन्न हुई हैं। इस आदिभाषा की अनेक शाखाएँ हुईं। उनमें से एक शाखा से सम्बद्ध लोग भारत आए। ये भारतीय आर्य थे। आदिइंडोयूरोपियन भाषा कहाँ बोली जाती थी, इसका पता नहीं, पर वह भारत में न बोली जाती थी। भारत में आने पर आर्य विजेताओं ने यहाँ के मूल निवासियों को उनकी भूमि से या तो हटा दिया या उन्हें परास्त करके दासों की तरह जीवन बिताने पर बाध्य किया। भारतीय आर्य भाषा से क्रमशः प्राकृतों और अपभ्रंशों का विकास हुआ। इसी विकास अथवा ह्रास का परिणाम हैं आधुनिक भारतीय आर्य भाषाएँ। 19वीं सदी के ऐतिहासिक भाषाविज्ञान की ये मान्यताएँ अपनी जगह स्थिर हैं, अचल हैं।

दुनिया में सबसे ज़्यादा काम इंडोयूरोपियन भाषा-परिवार पर हुआ है। वह काम अन्य भाषा-परिवारों का अध्ययन करनेवालों के लिए एक आदर्श नमूना बन गया। उसी के अनुरूप द्रविड़ भाषा-परिवार पर कार्य हुआ। एक आदि द्रविड़ भाषा से आधुनिक द्रविड़ भाषाओं का जन्म हुआ। यहाँ प्राकृतों जैसी सामग्री उपलब्ध नहीं थी। एक-आध भाषाविज्ञानी ने प्रयत्न किया कि आदि आर्य भाषा, मध्य आर्य भाषा और नव्य आर्य भाषा की तीन मंज़िलों की तरह आदि द्रविड़, मध्य द्रविड़ और नव्य द्रविड़, इन तीन मंज़िलों का निर्माण कर दिया जाए, पर उपयुक्त सामग्री के अभाव में मंज़िलें निश्चित करने का यह प्रयत्न असफल हुआ। पर इस बारे में किसी को सन्देह नहीं है कि एक आदि द्रविड़ भाषा थी और उससे वर्तमान द्रविड़ भाषाओं का उद्भव हुआ है। इसी

तरह कोल अथवा मुंडा परिवार की भाषाओं के विकास को समझने का प्रयत्न किया गया है।

जहाँ तक द्रविड़ भाषाओं का सम्बन्ध है, इनके विकास के बारे में काल्डवेल ने 19वीं शताब्दी में जो रूपरेखा बनाई थी, वह अपनी जगह कायम है। द्रविड़ लोग भी बाहर से आए थे, यह स्थापना उन्हीं की है। द्रविड़ भाषा-परिवार किसी और बड़े भाषा-परिवार की एक शाखा है, यह और बड़ा भाषा-परिवार एक जाति के लोगों का है, यह स्थापना भी काल्डवेल की थी। कुछ आधुनिक विशेषज्ञ एक परिवार को अतिव्यापक मानकर, उसे सीमित करके, फिनो उग्रियन परिवार की बात करते हैं। इससे काल्डवेल की मूल स्थापना में बहुत बड़ा फर्क नहीं पड़ जाता। तत्त्व की बात यह है कि द्रविड़ भाषा-भाषी जन-समुदाय उत्तर पश्चिम से भारत में आए और बाद को आर्यों ने उन्हें पराजित किया तथा दक्षिण भारत में ठेल दिया। इस तत्त्व के बारे में किसी ऐतिहासिक भाषाविज्ञानी को सन्देह नहीं है। यदि सन्देह था तो काल्डवेल को ही था क्योंकि विजित द्रविड़ भाषाओं के क्रियापद आदि उन्हें विजेता (नवीन या प्राचीन) आर्य भाषाओं में दिखाई न देते थे।

रह गया कोल या मुंडा भाषा-परिवार। वह भी एक अन्य बड़े भाषा-परिवार की शाखा है। इस बड़े भाषा-परिवार का नाम है आस्ट्रो-एशियाटिक। यह नामकरण इसलिए हुआ कि इस बड़े परिवार की भाषाएँ दक्षिण-पूर्वी एशिया से लेकर आस्ट्रेलिया तक अनेक द्वीपों और द्वीप-समूहों और महाद्वीपों में बोली जाती हैं। कुछ भाषाविज्ञानियों को इस बारे में सन्देह है कि ये सारी भाषाएँ आस्ट्रो-एशियाटिक परिवार के अन्तर्गत हैं किन्तु इस बारे में किसी को सन्देह नहीं है कि भारत की मुंडा भाषाएँ किसी आदि मुंडा भाषा से उत्पन्न हुई हैं। इस परिवार से सम्बन्धित मान्यताएँ भी काफी पुरानी हैं यद्यपि उतनी पुरानी नहीं हैं जितनी आर्य या द्रविड़ भाषा-परिवारों से सम्बन्धित मान्यताएँ हैं।

भारत में एक परिवार की भाषाएँ और बोली जाती हैं। इसे लोग चीनी-तिब्बती परिवार कहते हैं। नागालैंड की भाषाएँ इसी परिवार की हैं। इस परिवार पर सबसे कम काम हुआ है। फिर भी ऐतिहासिक विकास के अध्ययन के लिए एक आदि चीनी-तिब्बती भाषा यहाँ भी पूर्वकल्पित है। जैसा कि इस परिवार के नाम से विज्ञापित है, उससे सम्बद्ध भाषाओं का स्रोत भी भारत से कहीं बाहर था।

ऐतिहासिक भाषाविज्ञान के निष्कर्ष

इस तरह मुख्यतः 19वीं सदी, और आंशिक रूप से 20वीं सदी में विकसित होनेवाले ऐतिहासिक भाषाविज्ञान का एक महत्त्वपूर्ण निष्कर्ष यह है कि सभी भारतीय भाषा-परिवारों के स्रोत भारत से बाहर के हैं, और भारत की अपनी कोई भी प्राचीन भाषा-सम्पदा नहीं है।

दूसरा निष्कर्ष यह निकलता है कि ये सभी भाषा-परिवार अपनी मूल विशेषताएँ

कहीं ऐसे एकान्त स्थान में विकसित कर लेते हैं जहाँ किसी भी दूसरे भाषा-परिवार से उनका सम्पर्क नहीं होता। जिस समय आदि इंडोयूरोपियन भाषा का निर्माण हुआ, उस समय उसे बोलनेवाले किसी भी अन्य परिवार की भाषाएँ बोलनेवालों के सम्पर्क में नहीं आए। इसलिए वह आदि भाषा अपनी विशेषताएँ, किसी भी अन्य भाषा-परिवार से संयुक्त हुए बिना निश्चित करती है। सम्पर्क तब होता है जब आदि भाषा विघटित हो जाती है और उसकी शाखाएँ विभिन्न प्रदेशों में फैल ज़ाती हैं। यही स्थिति आदि द्रविड़ भाषा तथा अन्य परिवारों की आदि भाषाओं के निर्माण की है।

पिछले कुछ वर्षों से भारत के सन्दर्भ में ऐतिहासिक भाषाविज्ञान की मान्यताएँ थोड़ी-सी बदली हुई जान पड़ती हैं। यह तब्दीली इस दिशा में है। भारत के अनेक भाषा-परिवार शताब्दियों से एक साथ रहते आए हैं। इसलिए इन्होंने एक-दूसरे को प्रभावित करके ऐसी विशेषताएँ निर्मित की हैं जो भारत के अन्दर इन परिवारों में सामान्य हैं, किन्तु भारत के बाहर उन्हीं परिवारों की भाषाओं में वे विशेषताएँ नहीं मिलतीं। इसलिए भारत एक भाषायी क्षेत्र है और उसके भाषा-परिवारों का इतिहास, उनके क्षेत्रीय सम्पर्क को ध्यान में रखकर, करना चाहिए।

दरअसल यहाँ भी कोई बुनियादी तब्दीली नहीं की गई। भारत में आकर आर्य लोग द्रविड़, मुंडा आदि भाषाएँ बोलनेवालों के सम्पर्क में आए। इन आर्येतर परिवारों के अनेक भाषा तत्त्व संस्कृत में दाखिल हो गए। यह मान्यता और अध्ययन की यह पद्धति बहुत पुरानी है। जो लोग भारत को भाषायी क्षेत्र घोषित करते हैं, वे आर्यों द्वारा द्रविड़ों और कोलों की पराजय की बात मानकर आगे चलते हैं, और व्यवहार में उनका क्षेत्रीय अध्ययन—विजेता आर्यों की भाषा पर विजित द्रविड़ों और कोलों की भाषा के प्रभाव के अध्ययन से आगे नहीं बढ़ पाता। इस तरह भाषायी क्षेत्र वाला अध्ययन नवीन प्रगति का सूचक नहीं है; वह नई शब्दावली का प्रयोग करके पुरानी पद्धति का अनुसरण मात्र करता है।

ऐतिहासिक भाषाविज्ञान की प्रतिक्रिया

19वीं सदी में ही ऐतिहासिक भाषाविज्ञान की मान्यताओं और उसकी विश्लेषण-पद्धति को अनेक विद्वान चुनौती देने लगे थे। इनमें बोलीविज्ञान के विशेषज्ञ प्रमुख थे। जर्मनी और फ्रान्स, इन दोनों देशों में बोलीविज्ञान को लेकर महत्त्वपूर्ण कार्य हुआ। इस कार्य की विशेषता यह थी कि लिखित भाषाओं और परिनिष्ठित भाषाओं की अपेक्षा व्यवहार में आनेवाली शहरों और गाँवों की बोलियों पर ध्यान केन्द्रित किया जाता था। बोलियों का अध्ययन करने से यह सत्य प्रत्यक्ष हो जाता था कि व्यवहार जगत् में बहुसंख्यक बोलियों की प्रधानता है, अल्पसंख्यक लिखित भाषाओं की नहीं। उधर ऐतिहासिक भाषाविज्ञान का सारा विवेचन अल्पसंख्यक लिखित भाषाओं पर ही निर्भर था। बोलीविज्ञान वाले उस पद्धति से किए हुए अध्ययन के निष्कर्षों को अमान्य ठहराते थे। पर उनके

पास इस बात का कोई जवाब नहीं था कि ग्रीक, लैटिन, संस्कृत, जर्मन, आदि भाषाओं में जो सामान्य तत्त्व दिखाई देते हैं, उनके अस्तित्व का कारण क्या है। ऐतिहासिक भाषाविज्ञान ने जो विकास की रूपरेखा बनाई थी, उसका विकल्प बोलीविज्ञान वालों के पास नहीं था। इनके उत्तराधिकारी कुछ नव्य भाषाविज्ञानी इटली में हैं और उनके सम्प्रदाय के समर्थक अमरीका में हैं। पर इन सब लोगों ने ऐतिहासिक भाषाविज्ञान की जो आलोचना की है, वह नकारात्मक अधिक है, किसी एक भाषा या भाषा-परिवार का इतिहास प्रस्तुत करने में ये लोग अक्षम सिद्ध हुए हैं। इसलिए ऐतिहासिक भाषाविज्ञान की पद्धति या मान्यताओं में ये लोग कोई उल्लेखनीय परिवर्तन नहीं कर सके।

ऐतिहासिक भाषाविज्ञान की विश्लेषण-पद्धति की आलोचना अमरीकी समाजविज्ञान के प्रवर्त्तक बोआस ने भी की थी। विशेष रूप से एक ही आदि भाषा से किसी परिवार की अनेक भाषाओं के उत्पन्न होने के सिद्धान्त का उन्होंने खंडन किया था। पहले वह स्वयं ही इस आदि भाषा वाले सिद्धान्त को मानते थे। पर समाजशास्त्र सम्बन्धी अपने अनुसंधान-क्रम में उन्होंने देखा कि यह सिद्धान्त भ्रामक है। इसलिए उन्होंने उस प्रचलित मान्यता का खंडन किया। बोआस की यह आलोचना महत्त्वपूर्ण है। वह समाजशास्त्र के अलावा आधुनिक भाषाविज्ञान के भी प्रवर्त्तक अमरीकी थे। आदिवासियों की भाषाओं पर उन्होंने विशेष ध्यान दिया था। यह दुर्भाग्य की बात है कि अमरीकी भाषाविज्ञानियों ने उनकी आलोचना-पद्धति को आगे विकसित नहीं किया और वे अधिकतर 19वीं सदी के जर्मन भाषाविज्ञान की स्थापनाएँ दोहराते रहे।

'भाषा और समाज' पुस्तक में प्रस्तुत मान्यताएँ

भाषा और समाज पुस्तक में मैंने ऐतिहासिक भाषाविज्ञान की मान्यताओं को अस्वीकार किया। इंडोयूरोपियन भाषा के लिए एक आदि भाषा की जगह मैंने अनेक स्रोत-भाषाओं का सिद्धान्त प्रतिपादित किया। ध्वनि-प्रकृति, शब्द-भंडार और भाव-प्रकृति के अनेक तत्त्व उदाहरण-रूप में प्रस्तुत करके मैंने यह सिद्ध करने का प्रयत्न किया कि भारतीय और यूरुपीय अनेक भाषा-स्रोतों के परस्पर सम्पर्क से इस परिवार का निर्माण हुआ है। इस सम्बन्ध में मैंने जो भी प्रमाण दिए थे, किसी ने उनका खंडन नहीं किया, कम से कम ऐसा खंडन मेरे देखने में नहीं आया। मैंने यह भी प्रमाणित किया कि द्रविड़ भाषाओं की कुछ विशेषताएँ यूरुप की भाषाओं में मिलती हैं। किसी भाषा-परिवार के मूल तत्त्व किसी अन्य भाषा-परिवार के मूल तत्त्वों से प्रभावित होते हैं, इस बात का यह पहला उल्लेख है। दरअसल किसी एक आदि भाषा का एकान्त शून्य में विकसित होना तभी सम्भव है जब हम यह मानें कि उस आदि भाषा के बोलने वाले किसी एक ख़ास नस्ल के एकान्तवासी लोग थे। इंडोयूरोपियन भाषा-परिवार के विवेचन पर प्रत्यक्ष या अप्रत्यक्ष रूप से नस्ल के सिद्धान्त का प्रभाव है। **भाषा और समाज** में मैंने इस सिद्धान्त का खंडन किया है। इसके साथ मैंने इस बात के यथेष्ट प्रमाण दिए हैं कि भारत की अपनी

भाषा-सम्पदा भी है। यदि ऐतिहासिक भाषाविज्ञान की सभी स्थापनाएँ स्वीकार कर ली जाएँ तो भी यह प्रश्न रह जाता है कि संस्कृत के जो तत्त्व न तो यूरुप की भाषाओं में हैं और न द्रविड़-कोल भाषाओं में हैं, वे उसके अपने तत्त्व हैं या नहीं। इस प्रश्न के उत्तर में मैंने जिन तत्त्वों को प्रमाण रूप में प्रस्तुत किया है, उनका खंडन किसी ने नहीं किया।

ऐतिहासिक भाषाविज्ञान की प्रचलित पद्धति के विपरीत इस पुस्तक में मैंने जिस मार्ग का अनुसरण किया है, उसकी विशेषताएँ इस प्रकार हैं :

1. कोई भी भाषा-परिवार अपनी मूल विशेषताएँ एकान्त शून्य में विकसित नहीं करता। इसलिए किसी भी भाषा-परिवार के उद्भव और विकास का अध्ययन अन्य भाषा-परिवारों के उद्भव और विकास से अलग न करना चाहिए।

2. किसी भी भाषा-परिवार की आदि भाषा की कल्पित विशेषताएँ खोजने के स्थान पर उसके निर्माण में अनेक भाषा-मूलों के तत्त्वों की प्राप्ति के लिए तैयार रहना चाहिए।

3. एक ही परिवार की भाषाओं के सामान्य तत्त्वों का अध्ययन करते हुए उनमें जो तत्त्व असामान्य हैं, उन पर भी पूरा ध्यान देना चाहिए।

4. प्राचीन लिखित भाषाओं की सामग्री का उपयोग करते समय जहाँ भी समकालीन उपभाषाओं, बोलियों आदि की सामग्री प्राप्त हो, वहाँ उस पर भी ध्यान देना चाहिए। इसी तरह आधुनिक परिनिष्ठित भाषाओं की सामग्री का उपयोग करते हुए उनकी बोलियों के भाषा तत्त्वों पर निरन्तर ध्यान देना चाहिए।

5. प्राचीन भाषाओं के अध्ययन में आधुनिक भाषाओं और बोलियों का अध्ययन सहायक होता है। संस्कृत के अध्ययन से यदि हिन्दी की विशेषताएँ पहचानी जा सकती हैं, तो हिन्दी के अध्ययन से संस्कृत की भी अनेक विशेषताएँ पहचानी जा सकती हैं।

6. भारत भाषा तत्त्वों का आयात-केन्द्र ही नहीं रहा, वह इन तत्त्वों का निर्यात-केन्द्र भी रहा है, इस सम्भावना को पहले से ही अमान्य ठहराकर, विवेचन आरम्भ न करना चाहिए।

7. आधुनिक या प्राचीन भाषाओं का विश्लेषण करते समय ध्वनियों के यांत्रिक वर्गीकरण के बदले उनकी समग्रता का ध्यान रखकर भाषाओं की ध्वनि प्रकृति का विवेचन करना उचित है। किसी भी भाषा में प्रयुक्त सभी ध्वनियों का—शब्द में उनकी स्थिति और प्रयोग में उनकी निरन्तरता के विचार से—समान महत्त्व नहीं होता। इसलिए भाषाओं की प्रकृति पहचानने के लिए यह विवेक आवश्यक है कि किसी भाषा की व्यवस्था में कौन-सी ध्वनियाँ अधिक महत्त्वपूर्ण हैं और कौन-सी कम।

8. इसी तरह वाक्य रचना, रूप विकार, शब्द निर्माण प्रक्रिया और व्याकरण की अन्य विशेषताओं को अलग-अलग विभागों में न रखकर उनकी समग्रता में, भाषा की एक ही भाव प्रकृति के अन्तर्गत, उन पर विचार करना चाहिए।

9. ध्वनियों की तरह शब्दों में भी विवेक करना उचित है कि शब्द भंडार का कौन-सा भाग मूल है और कौन-सा भाग गौण है। किसी भी भाषा के मूल शब्द भंडार का

विश्लेषण किए बिना उसका विवेचन अधूरा रहेगा।

10. भाषा निरन्तर परिवर्तनशील है और विकासमान है। विरोध और भिन्नता के बिना भाषा न गतिशील हो सकती है, न उसका विकास हो सकता है। इसलिए किसी भी भाषा की व्यवस्था में, भाषा के किसी भी स्तर पर—ध्वनि प्रकृति, भाव प्रकृति और शब्द भंडार, किसी भी विभाग में—विरोधी प्रवृत्तियों और विरोधी तत्त्वों के सह-अस्तित्व की सम्भावना के लिए भाषाविज्ञानी को प्रस्तुत रहना चाहिए।

इन बातों को ध्यान में रखते हुए ऐतिहासिक भाषाविज्ञान के क्षेत्र में अनुसंधान नहीं किया गया। उन्हें ध्यान में रखकर अनुसंधान किया जाए तो नए निष्कर्ष निकल सकते हैं, पुरानी मान्यताओं की सीमाएँ पहचानी जा सकती हैं, विशेष रूप से भारत की प्राचीन भाषा-सम्पदा पहचानने में बड़ी सहायता मिल सकती है, इसके यथेष्ट प्रमाण इस पुस्तक में दे दिए गए हैं।

ऐतिहासिक भाषाविज्ञान और विवरणात्मक भाषाविज्ञान

ऐतिहासिक भाषाविज्ञान ने प्राचीन और आधुनिक भाषाओं के नए ज्ञान से मानव संस्कृति को समृद्ध किया। 19वीं सदी में समाज सम्बन्धी विज्ञानों में जैसा महत्त्व भाषाविज्ञान को प्राप्त हुआ, वैसा अन्य किसी विज्ञान को नहीं। इस समग्र विकास में भारत के प्राचीन भाषाविज्ञान की भूमिका निर्णायक थी। यह कल्पना करना कठिन है कि पाणिनि के व्याकरण के बिना ऐतिहासिक भाषाविज्ञान और आधुनिक भाषाविज्ञान की क्या स्थिति होती। यही नहीं कि संस्कृत के ज्ञान से यूरुप के विद्वानों को एक नया संसार दिखाई दिया वरन् उस संसार की पूरी पहचान के लिए पाणिनि के रूप में उन्हें एक महान् मार्गदर्शक भी मिला। उन्हें खेद इसी बात का था कि पाणिनि ने जैसा भरा-पूरा और वैज्ञानिक विवरण संस्कृत का प्रस्तुत किया था, वैसा यूरुप की किसी भाषा का प्रस्तुत न किया गया था। वैसे तो पाश्चात्य विद्वान् और उनके भारतीय अनुयायी हर क्षेत्र में भारत को यूनान, सुमेर या बाबुल की सभ्यताओं से अनेक प्रकार की विद्याएँ सीखता हुआ मानते हैं। इनमें भी यूनानियों की प्रतिभा का कहना ही क्या! पर व्याकरण के क्षेत्र में किसी को यह कहने का साहस नहीं हुआ कि पाणिनि ने व्याकरण-रचना-कौशल यूनानियों से सीखा था।

पाणिनि से प्रभावित 19वीं सदी के ऐतिहासिक भाषाविज्ञान ने भाषाओं का नई रीति से विश्लेषण आरम्भ किया। यह रीति यूरुप में पहले नहीं थी। भारत की इस प्राचीन रीति का पुनर्जन्म 19वीं सदी के यूरुप में हुआ। इस रीति पर चलनेवाले ऐतिहासिक भाषाविज्ञान ने 20वीं सदी के विवरणात्मक भाषाविज्ञान को प्रभावित किया। इस आधुनिकविज्ञान का सूत्रपात 19वीं सदी के अन्तिम चरण में फ्रांसीसी भाषा-भाषी विद्वान् सोस्योर ने किया। वह संस्कृत के विद्वान् थे और उनका मूल कार्य-क्षेत्र ऐतिहासिक भाषाविज्ञान ही था। उनके बाद 20वीं सदी में विवरणात्मक भाषाविज्ञान

को व्यवस्थित रूप अमरीकी विद्वान् ब्लूमफील्ड ने दिया। उनका प्रशिक्षण जर्मनी में हुआ था, उनके गुरु प्रोकोश अमरीका निवासी जर्मन थे और ऐतिहासिक भाषाविज्ञान के विशेषज्ञ थे। ख़ास बात यह कि ब्लूमफील्ड पाणिनि के प्रेमी और विशेषज्ञ थे। अमरीकी आदिवासियों की भाषाओं के विवेचन में उन्होंने पाणिनीय पद्धति का उपयोग किया था। उनके बाद जब इस विवरणात्मक सम्प्रदाय के विरोध में चोम्स्की ने विद्रोह का झंडा उठाया, तब पाणिनि से अपना सम्बन्ध उन्होंने भी जोड़ा। उनकी व्याकरण-पद्धति को जेनेरेटिव या ट्रान्सफोर्मेशनल कहते हैं, हिन्दी में हम उसे परिणामी व्याकरण कह सकते हैं क्योंकि परिणाम का एक अर्थ वही है जो अंग्रेजी में ट्रान्सफोर्मेशन का है। इस प्रकार लगभग 200 वर्ष का पाश्चात्य भाषावैज्ञानिक विकास किसी न किसी रूप में भारत से और पाणिनि से सम्बद्ध है। पर स्वयं भारत में पाणिनि का जो पुनर्मूल्यांकन अपेक्षित था, वह नहीं हुआ। पाणिनि और संस्कृत के भाषावैज्ञानिक रिक्थ से प्रेरित होकर भारतीय भाषाविज्ञान को जो प्रगति करनी चाहिए थी, वह उसने नहीं की। इसका मुख्य सामाजिक कारण भारतीय सामन्तवाद का ह्रास और उसके ह्रास काल में यहाँ अंग्रेजों का प्रभुत्व था। संस्कृत और पाणिनि के अध्ययन-अध्यापन की पद्धति वही पुराने ढंग की बनी रही। यूरुप के भाषाविज्ञानी न केवल समाज सम्बन्धी विज्ञानों से परिचित थे वरन् वे भौतिकविज्ञान से भी परिचित थे और विशेषकर जीवविज्ञान से वे प्रभावित हुए थे। ज्ञान के इस आधुनिक विकास से भारत के रूढ़िवादी विद्वान् अपरिचित थे। उनके विरोध में जो भी नई प्रवृत्तियाँ उभरती थीं, वे उनका दमन बड़ी कट्टरता से करते थे।

पर इसमें सन्देह है कि 19वीं सदी के विज्ञान से प्रभावित आधुनिक भाषाविज्ञान पाणिनि का सही मूल्यांकन कर सका है। 19वीं सदी के समाजविज्ञान और उसके भौतिकविज्ञान की युगान्तरकारी उपलब्धियों के साथ उसकी सीमाएँ हैं और वे सीमाएँ इस पुनर्मूल्यांकन में दिखाई देती हैं। ऊपर मैंने जिस पद्धति का उल्लेख किया है, उसके अनुरूप द्वन्द्वात्मक विश्लेषण पद्धति अपनाकर ही हम अपने देश के भाषावैज्ञानिक रिक्थ का सही मूल्यांकन प्रस्तुत कर सकते हैं।

विवरणात्मक भाषाविज्ञान

विवरणात्मक भाषाविज्ञान ने भाषाओं के विवरण प्रस्तुत करने के कौशल को खूब परिष्कृत किया। विशेष रूप से उसने ध्वनितंत्र पर बड़ा काम किया और यह काम इतना महत्त्वपूर्ण माना गया कि उसने भाषाविज्ञान के सभी विभागों को प्रभावित किया। किन्तु यह विवरणात्मक भाषाविज्ञान एक विशेष दर्शन से प्रभावित था। उसे हम यान्त्रिक भौतिकवाद कह सकते हैं। यह एक प्रकार का भौतिकवाद है किन्तु वह द्वन्द्वात्मक न होकर यान्त्रिक है। इससे प्रभावित भाषाविज्ञान की एक विशेषता यह थी कि वह भाषा को रूप मात्र मानकर उसका विवेचन करता था। अर्थ की चिन्ता किए बिना वह भाषा

के पूरे तंत्र के विश्लेषण का दावा करता था। इस रीति पर चलने में उसे सबसे अधिक सुगमता ध्वनिविज्ञान में थी। ब्लूमफील्ड के यहाँ यह प्रवृत्ति अभी जन्म ले रही थी। उसे पुष्ट और परिवर्धित किया उनके शिष्यों ने। इस रूपवादी पद्धति की संक्षिप्त आलोचना इस पुस्तक के प्रथम संस्करण की भूमिका में है।

विवरणात्मक भाषाविज्ञान की सबसे बड़ी उपलब्धि उसका सैद्धान्तिक विवेचन नहीं है। यदि पाणिनि की पद्धति से संस्कृत का श्रेष्ठ व्याकरण रचा जा सकता था तो यह पूछा जा सकता है कि इस समस्त सैद्धान्तिक विवेचन के बाद, भाषाओं का विवरण प्रस्तुत करने के लिए, आपने किस नए कौशल की सृष्टि की है, जिसके उपयोग के फलस्वरूप आप किसी भी भाषा का ऐसा विवरण प्रस्तुत कर सके हैं जो पाणिनि के संस्कृत सम्बन्धी विवरण से अधिक भरा-पूरा हो। विवरणात्मक भाषाविज्ञान की बहुत बड़ी सफलता यह है कि उसने अनेक महाद्वीपों की पचीसों भाषाओं के नए विवरण प्रस्तुत किए जिनके बारे में पहले कुछ भी सामग्री उपलब्ध न थी। इस सामग्री का उपयोग तुलनात्मक और ऐतिहासिक भाषाविज्ञान के लिए किया जा सकता था और आंशिक रूप में किया भी गया। 19वीं सदी के बाद ऐतिहासिक भाषाविज्ञान को जो नई सामग्री प्राप्त हुई है, वह इस विवरणात्मक भाषाविज्ञान से ही प्राप्त हुई है।

परिणामी भाषाविज्ञान

इस विवरणात्मक भाषाविज्ञान की प्रतिक्रिया के रूप में परिणामी भाषाविज्ञान का विकास हुआ। ब्लूमफील्ड यदि यांत्रिक भौतिकवाद से प्रभावित थे तो चोम्स्की भाववाद (आइडियलिज़्म) से प्रभावित हैं। उनकी मूल धारणा यह है कि एक विश्वजनीन व्याकरण का ढाँचा प्रत्येक मनुष्य की चेतना में विद्यमान रहता है। इस विश्वजनीन आधार पर विभिन्न भाषाओं के व्याकरण का प्रतिफलन होता है। चोम्स्की की मान्यताएँ 19वीं सदी और उससे पहले के भाववादी पाश्चात्य वैयाकरणों के चिन्तन पर आधारित हैं। चोम्स्की ने विवरणात्मक भाषाविज्ञान की जो आलोचना की है, वह अनेक रूपों में महत्त्वपूर्ण और सारगर्भित है। उन्होंने और उनके सहयोगियों ने भाषाओं के विश्लेषण में ऐसी अनेक बातें कही हैं जिनसे पुराने विवरणात्मक भाषाविज्ञान की कुछ खामियाँ दूर की जा सकती हैं। पर यह परिणामी व्याकरण शास्त्र है उसी विवरणात्मक भाषाविज्ञान का अंग। उसका लक्ष्य है किसी भी भाषा का सम्पूर्ण और वैज्ञानिक विवेचन प्रस्तुत करना।

द्वन्द्ववादी दृष्टि से, चाहे व्याकरण हो चाहे अन्य कोई विज्ञान, किसी भी प्रपंच के विश्लेषण में व्याप्ति और पृथकता, इन दोनों पक्षों पर ध्यान देना उचित है। चोम्स्की की विचारधारा में व्याप्ति पर ही जोर है, पृथकतः आभासमात्र है, एक मिथ्या प्रतीति है, जिसका विश्वजनीन मूल भाषा स्तर से वही सम्बन्ध है जो विश्व में व्याप्त ब्रह्म का क्षण-भंगुर संसार से है। स्वभावतः यह दृष्टि विकासवाद की विरोधी है। भाषाओं की भिन्नता, उनकी अपनी विशेषताएँ, व्यंजना की उनकी अपनी पद्धतियाँ यहाँ अनावश्यक

प्रपंच मात्र हैं। भाषाविज्ञान में उनकी भूमिका महत्त्वपूर्ण नहीं है; महत्त्वपूर्ण भूमिका है केवल उन व्यापक तत्त्वों की जो सनातन काल से मानव चेतना में विद्यमान थे और रहेंगे।

भाषा और समाज लिखने के समय परिणामी वैयाकरण सम्प्रदाय का जन्म हो रहा था। उसका विकास बाद को हुआ। किन्तु इस पुस्तक के पहले अध्याय में जहाँ इस मत का खंडन किया गया है कि मनुष्य भाषा की रचना अपनी विशेष बुद्धि के कारण करता है, वहाँ उस भाववाद का भी खंडन किया गया है जो परिणामी सम्प्रदाय की आधारभूमि है।

चोम्स्की के कुछ अनुयायी उनके विरोध में उठ खड़े हुए हैं और उन्होंने अर्थ-विचार पर बहुत बल दिया है। उनकी इस आलोचना का आधार भी एक तरह का रूपवाद है जो अर्थ-विचार को सामाजिक विकास-संदर्भ से दूर रखकर, उसमें विश्वजनीन, अपरिवर्तनशील तत्त्वों का अनुसंधान करता है। रूपवाद को प्रेरणा यांत्रिक भौतिकवाद से ही नहीं मिलती, भाववाद से भी मिलती है। इसलिए चोम्स्की और ब्लूमफील्ड के विवेचन में सतह पर बड़ी भिन्नता है, पर आधारभूत अनेक समानताएँ भी हैं। इसी तरह चोम्स्की के विरोध में उनके जो अनुयायी उठ खड़े हुए हैं, उनमें और चोम्स्की में आधारभूत समानताएँ हैं; जो विरोध दिखाई देता है वह सतह पर है।

परिणामी व्याकरण पद्धति भी भाषा का विवरण प्रस्तुत करती है। उसमें सिद्धान्त-चर्चा बहुत हुई है। जहाँ भाषाओं का विश्लेषण किया गया है, जैसे अंग्रेज़ी का, वहाँ यह विचारणीय है कि अंग्रेज़ी या अन्य किसी भाषा के विश्लेषण से हमें कौन-सी नई जानकारी प्राप्त हुई है जो पहले प्राप्त नहीं थी। विवरणात्मक भाषाविज्ञान ने अनेक नई भाषाओं के विवरण प्रस्तुत किए। परिणामी वैयाकरणों ने ऐसा उल्लेखनीय कुछ नहीं किया।

परिणामी वैयाकरणों का दावा है कि वे किसी भी भाषा के व्याकरण-सम्बन्धी नियम बहुत ही संक्षिप्त रूप में प्रस्तुत कर सकते हैं। नियमों के लिए गणित के-से फार्मूले बनाना उनके विश्लेषण-कौशल की अपनी विशेषता है। सम्भव है इस कौशल पर भारत की पुरानी सूत्र-पद्धति का प्रभाव हो। दोनों में अन्तर यह है कि सूत्र आसानी से रट लिये जाते थे; इन फार्मूलों को रटना बीजगणित के फार्मूलों को रटने से बहुत ज़्यादा मुश्किल है। गणित के-से फ़ार्मूलों के अलावा आधुनिक भाषाविज्ञान में गणित ने, अपने विशुद्ध रूप में, बड़े पैमाने पर प्रवेश किया है। आधुनिक भाषाविज्ञान में ही नहीं, अनेक सामाजिक विज्ञानों में गणित का ऐसा ही उपयोग किया जा रहा है। गणित में सारी बातें एकदम नपे-तुले ढंग से कही जाती हैं। इसलिए विज्ञान-प्रेमी विद्वानों का कहना है कि चिन्तन को अस्पष्टता से बचाने के लिए गणित की एक नई भाषा का व्यवहार करना जरूरी है। यदि चिन्तन को नपा-तुला और वैज्ञानिक बनाया जाए तो यह बात स्वागत करने के योग्य है। किन्तु गणित उतना नपा-तुला होता नहीं है जितना कुछ विशेषज्ञ उसे मानते हैं। जिस संसार का अध्ययन करना है, यदि उसकी नियमबद्धता सापेक्ष हो

तो उसका विवरण निरपेक्षतः नियमबद्ध कैसे हो जाएगा? पुराने तर्कशास्त्र से गणित के इस तथाकथित नपे-तुलेपन का बहुत बड़ा सम्बन्ध है। वास्तव में गणित का सामाजिक विज्ञानों में प्रसार पुराने तर्कशास्त्र का ही आविर्भाव है। और, यह तर्कशास्त्र द्वन्द्ववादी तर्क-पद्धति का विरोधी है।

भारत में तर्कशास्त्र के एक सम्प्रदाय का नाम पुराने ज़माने में अनेकान्तवाद था। अनेकान्तवाद का सारतत्त्व यह है कि एक ही प्रपंच विभिन्न दृष्टिकोणों से भिन्न-भिन्न रूपों में प्रतीत हो सकता है। यह संसार अनित्य है क्योंकि प्रतिक्षण परिवर्तनशील है। यह संसार नित्य है क्योंकि जो अनादि और अनन्त है, उसकी समग्रता में परिवर्तन हो नहीं सकता। इसलिए संसार नित्य है, अनित्य भी है। इस धारणा में हम द्वन्द्ववाद का यह लक्षण देखते हैं कि संसार में परस्परविरोधी तत्त्वों का सामंजस्य है। तर्कशास्त्र की जो पद्धति इससे भिन्न है, उसे हम एकान्तवादी कह सकते हैं। इस एकान्तवादी तर्क पद्धति के अनुसार संसार या तो नित्य है या अनित्य है, दोनों बातें एक साथ नहीं हो सकतीं। यह बात बहुत पुरानी नपी-तुली जान पड़ती है, गणित के दो दूनी चार की तरह सत्य जान पड़ती है, पर है मिथ्या। यूरुप में अरस्तू से लेकर सोलहवीं सदी तक इस एकान्तवादी तर्कशास्त्र का बोलबाला रहा। बेकन ने इसकी जगह नई तर्क-पद्धति का चलन किया। बाद को हेगल ने द्वन्द्ववादी तर्क-पद्धति को भाववादी भूमि पर और अधिक विकसित किया। मार्क्स और एंगेल्स ने भौतिकवाद की ज़मीन पर द्वन्द्ववाद को नया रूप दिया। सामाजिक विज्ञानों में जिस गणित का प्रसार हो रहा है, वह इस एकान्तवादी तर्कशास्त्र का जोड़ीदार है। बात बहुत नपे-तुले ढंग से कही जा रही है, इसका आभास मात्र इन सामाजिक विज्ञानों में होता है। विरोधी और गतिशील तत्त्व इस विश्लेषण की पकड़ से बाहर रह जाते हैं। जैसे नई कविता के कुछ लेखक भाषा मात्र के व्यवहार को व्यर्थ समझते हैं, कुछ-कुछ वैसा ही यह गणित का आडम्बर है जो सामान्य भाषा को अशक्त और अनुपयोगी मानकर गणित की नई भाषा के व्यवहार पर ज़ोर देता है। इसे आधुनिक पूँजीवादी संस्कृति के संकट का एक लक्षण ही समझना चाहिए। पर यह लक्षण सबसे ज़्यादा अंग्रेज़ी-भाषी दुनिया में दिखाई देता है। जहाँ गणित की भाषा का व्यवहार नहीं होता, वहाँ भी अंग्रेज़ी-भाषी संसार में भाषाविज्ञान का विवेचन निरन्तर दुरूह बनता जाता है।

हर देश की पूँजीवादी संस्कृति एक-सी नहीं है। पूँजीवादी संसार के जिस हिस्से में फ्रांसीसी और इतालवी भाषाओं का चलन है, वहाँ विवेचन की पद्धति सामान्यतः दूसरे ढंग की है। इन भाषावैज्ञानिकों का विवेचन प्रसादगुणयुक्त होता है, वे प्रयत्न करके विवेचन को दुरूह बनने से बचाते हैं; तर्क-शृंखला को स्पष्ट रखते हुए वे अभिव्यंजना को सुबोध बनाए रखते हैं। भारत के भाषाविज्ञानी उनसे बहुत कुछ सीख सकते हैं। यह दुर्भाग्य की बात है कि भारत के अधिकांश भाषाविज्ञानी आधुनिक भाषाविज्ञान से केवल अंग्रेज़ी द्वारा परिचित होते हैं। अंग्रेज़ी के अलावा विश्व संस्कृति से परिचित होने के लिए दो-एक खिड़कियाँ और खोल दी जाएँ तो इससे भारतीय

संस्कृति को लाभ होगा।

अपनी एकान्तवादी दृष्टि के कारण परिणामी व्याकरण नियमों को स्थिर इकाइयों के रूप में प्रस्तुत करता है। एक नियम की जगह जब दूसरा नियम आ जाता है तब समझना चाहिए कि एक स्थिर इकाई की जगह दूसरी स्थिर इकाई आ गई। किन्तु यह इकाई स्वयं सापेक्ष रूप में ही स्थिर है। भाषा की व्यवस्था में परस्परविरोधी अनेक व्यवस्थाएँ समाहित होती हैं। अन्तर्विरोधों से युक्त निरन्तर गतिशील भाषा नाम के प्रपंच के नियम सापेक्ष रूप में ही स्थिर होते हैं। जो भाषाविज्ञान नियमों की प्रवहमानता नहीं पहचानता, वह एकान्तवादी स्थिति को भाषा पर आरोपित करता है, जबकि भाषागत यथार्थ इससे नितान्त भिन्न है। जिस समय जातीय भाषा अपने निर्माण की आरम्भिक अवस्था में होती है, जिस समय अनेक जनपदीय उपभाषाएँ बोलनेवाले लोग नगरों में सिमट जाते हैं और अपने भिन्न-भिन्न रूपों से जातीय भाषा को प्रभावित करते हैं, जिस समय बीसियों वैकल्पिक प्रयोगों में से कुछ चुने जाते हैं, कुछ छोड़े जाते हैं, और व्यवहार में बहुत दिनों तक वैकल्पिक प्रयोगों की बहुलता बनी रहती है, उस समय नियमों की प्रवहमानता—महावीरप्रसाद द्विवेदी के शब्दों में, भाषा की अनस्थिरता—स्पष्ट देखी जा सकती है। 18वीं सदी से लेकर 19वीं सदी के प्रथम चरण तक इस प्रयोगबहुलता और भाषा की अनस्थिरता के बहुत से उदाहरण मेरी पुस्तक **भारतेन्दु युग और हिन्दी भाषा की विकास-परम्परा** में दिए हुए हैं। उससे मिलती-जुलती स्थिति जातीय भाषा के प्रारम्भिक विकास के समय अन्यत्र भी देखी जा सकती है। परिणामी व्याकरण भाषा की इस गतिशील स्थिति को विश्लेषित करने में असफल रहा है।

भाषा में परिवर्तन क्यों?

भाषाविज्ञान का कोई भी सम्प्रदाय हो, एक प्रश्न का उत्तर उसे देना ही होगा और वह प्रश्न यह है कि भाषा में परिवर्तन क्यों होता है। सामाजिक सन्दर्भ से भाषा को अलग करके इस प्रश्न का उत्तर नहीं दिया जा सकता। भाषाविज्ञानी जो उत्तर देते रहे हैं, वह अधिकतर यह है कि प्रत्येक मनुष्य की भाषा उसकी आयु के अनुसार कुछ-न-कुछ बदलती रहती है। एक ही समाज के लोग अपने-अपने ढंग से भाषा का व्यवहार करते हैं। छोटे-छोटे परिवर्तन क्रमशः एकत्र होकर बड़े परिवर्तनों का रूप ले लेते हैं। इसलिए कुछ भाषाविज्ञानी किसी मनुष्य की व्यक्तिगत बोली (ईडियोलेक्ट) को भाषा की एकमात्र यथार्थ इकाई मानते हैं।

मनुष्य भाषा का व्यवहार स्वयं से ही बातचीत करने के लिए नहीं करता, मूलतः भाषा एक से अधिक मनुष्यों के बीच बातें कहने-सुनने का साधन है। इसलिए एक ही व्यक्ति जीवन की विभिन्न अवस्थाओं में अपनी बोली में चाहे जितने परिवर्तन करे, जिस समाज में वह रहता है, उसमें उसकी बोली समझ ली जाती है। इसी तरह वह दूसरों की बोली समझ लेता है। इसलिए महत्त्व व्यक्ति द्वारा व्यवहृत बोली का नहीं है, समुदाय

द्वारा व्यवहृत बोली का है। जैसे भाषा का व्यवहार करते हुए मनुष्य जब ध्वनियों से काम लेता है, तब अपनी बात कहने और दूसरे की बात समझने के लिए इन ध्वनियों के सभी भौतिक लक्षण उसके लिए उपयोगी नहीं होते, वह उनमें से कुछ लक्षणों पर ही ध्यान देता है जो सामाजिक स्तर पर आदान-प्रदान के लिए महत्त्वपूर्ण होते हैं, वैसे ही व्यक्तिगत स्तर पर वह भाषा में जो भी परिवर्तन करता है, वह महत्त्वपूर्ण नहीं होता; महत्त्वपूर्ण वह परिवर्तन होता है जो सामाजिक स्तर पर भाषा के बोलनेवाले समुदाय के लिए आवश्यक होता है। भाषा में ध्वनियों का प्रयोग जहाँ सार्थक होता है, वहीं वह भाषाविज्ञान के लिए विवेच्य होता है; भाषा सम्बन्धी परिवर्तन जहाँ समाज के लिए सार्थक होते हैं, भाषा बोलनेवाले समुदाय के लिए महत्त्वपूर्ण होते हैं, वहीं वे भाषाविज्ञान के लिए विवेच्य होते हैं।

पुराने भाषाशास्त्री कहीं-न-कहीं सतयुग वाली कल्पना से प्रभावित थे। हज़रत आदम जब खुल्द में रहते थे, तब मेहनत न करनी पड़ती थी और जीवन बड़ा सुखी था। जब आर्य लोगों का रक्त शुद्ध था, तब उनकी ध्वनियों में पौरुष था; जब अनार्य रक्त का मिश्रण हुआ, तब यह पौरुष नष्ट हो गया। सतयुग की भाषा में अपूर्व व्यंजना-क्षमता थी। जैसे-जैसे कलियुग की ओर बढ़े, वैसे-वैसे भाषा के प्रत्येक स्तर पर ह्रास होता गया। इस स्थापना को अब इसी ढंग से कोई नहीं दोहराता, पर अप्रत्यक्ष रूप से वह अनेक भाषाविज्ञानियों को अब भी प्रभावित करती है। इस धारणा का एक परिणाम यह है कि हिन्दी शुद्ध लिखना हो तो अधिक-से-अधिक संस्कृत का अनुकरण करना चाहिए।

सामाजिक विकास सन्दर्भ से भाषा को अलग हटाकर उसका विवेचन करना एक तरह का रूपवाद है जहाँ रूप को विषयवस्तु से अलग कर दिया जाता है। इस रूपवाद को प्रश्रय देने वाले चाहे भौतिकवादी हों, चाहे भाववादी, है वह रूपवाद। इसीलिए सबसे पहले यह देखना आवश्यक होता है कि मनुष्य अपने विकास-क्रम में पशुओं से अलग कैसे हुआ, मानव की अवस्था में विकसित होने के साथ-साथ किस बाध्यता के कारण पशुओं से भिन्न स्तर पर वह ध्वनि-संकेतों से काम लेने लगा, सामाजिक विकास की अनेक मंज़िलें पार करता हुआ सामाजिक गठन के जिन रूपों से वह गुज़रता है, उनमें भाषा की स्थिति क्या होती है।

इस पुस्तक में भाषागत परिवर्तनों के दो तरह के कारण बताए गए हैं : आन्तरिक और बाह्य। भाषा बोलनेवाला समुदाय अन्तर्विरोधों से मुक्त नहीं होता। इन आन्तरिक विरोधों के कारण उसमें परिवर्तन होते हैं, वह गतिशील बनता है। इसके साथ बाह्य विरोध हैं। समाज-विशेष अपने से भिन्न समाजों के सम्पर्क में आता है और यह स्थिति उसकी भाषा को प्रभावित करती है।

मनुष्य निरन्तर प्रकृति के संसर्ग में अपना विकास करता रहा है और निरन्तर इस प्रकृति पर हावी होने का प्रयत्न करता रहा है। मनुष्य और प्रकृति का अन्तर्विरोध सनातन है। समस्त सभ्यता का विकास इस अन्तर्विरोध को हल करने का परिणाम है।

जीवित रहने के लिए मनुष्य जिस प्रकृति के मुक़ाबले खड़ा होता है उस पर वह सामुदायिक प्रयत्न से ही क्रमशः विजय पाता है। उसके जीवन की आवश्यकताएँ निरन्तर बढ़ती जाती हैं, प्रकृति का ज्ञान प्राप्त करने, उस पर विजय प्राप्त करने की आवश्यकताएँ निरन्तर बढ़ती जाती हैं। भाषा में परिवर्तन और विकास का यह मुख्य कारण है।

समाज में व्यक्तिगत सम्पत्ति के उद्भव, नए श्रम-विभाजन के चलन और वर्गों के निर्माण के साथ समाज के भीतर नए अन्तर्विरोध उत्पन्न होते हैं। सभ्यता और ज्ञान के प्रसार के साथ भाषा में परिवर्तन और विकास अपेक्षित होता है। यह दूसरी तरह का अन्तर्विरोध भाषागत परिवर्तन का दूसरा कारण है।

भाषा बोलनेवाला समुदाय विकास की विभिन्न अवस्थाओं में एकरूप नहीं रहता। मनुष्य पहले छोटे-छोटे गण-समाजों में संगठित होते हैं, फिर ये विभिन्न गण-समाज अपने गण-संघ बनाते हैं। गण-संघ बनाने के समय किसी भी गण-विशेष की भाषा की वही स्थिति न रहेगी जो उसके अलगाव के समय में थी। परस्पर विनिमय के बढ़ने के साथ भाषा-तत्त्वों का विनिमय भी बढ़ता है। गणव्यवस्था समाप्त होने पर सामन्ती व्यवस्था का चलन होता है। रक्त-सम्बन्ध पर आधारित गण-समाज टूट जाते हैं या बड़े समाजों में समेट लिये जाते हैं। वर्णाश्रम धर्मवाला यह छोटे पैमाने का उत्पादन करनेवाला समाज जनपदों में गठित होता है। पुनः व्यापार के प्रसार और पूँजीवादी सम्बन्धों के निर्माण के साथ ये जनपद अलगाव की स्थिति में नहीं रह जाते। सामन्ती व्यवस्था के जनपद टूट जाते हैं या और बड़े संगठनों में समेट लिये जाते हैं। इस नए संगठन का नाम है जाति (नेशन)। किसी भी भाषा बोलनेवाले समुदाय का विघटित होना और ऐसे अनेक समुदायों के मिलने से किसी और बड़े समुदाय का निर्मित होना भाषा की स्थिति को प्रभावित करेगा ही। भाषावैज्ञानिक विवेचन में इस विकास-प्रक्रिया के सन्दर्भ में भाषा-सम्बन्धी परिवर्तनों पर विचार नहीं किया गया। मार्क्सवादी समाजशास्त्र में सामाजिक विकास की जो मंज़िलें निश्चित की गई हैं, उनमें दासप्रथा को लेकर बड़ी भ्रान्ति है। गण-समाजों के टूटने पर छोटे पैमाने के उत्पादन वाली सामन्ती व्यवस्था ही पुरानी गण-व्यवस्था का स्थान लेती है। दास-प्रथा का चलन व्यापक रूप में तब होता है जब बड़े पैमाने पर उत्पादन आवश्यक होता है, जब समाज में व्यापारी वर्ग ऐसी वस्तुओं की माँग करता है जो मुनाफ़े के लिए देश-देशान्तर में बेची जा सकें। इसके लिए आवश्यक होता है कि द्रव्य का चलन व्यापक रूप से हुआ हो और न केवल तैयार माल द्रव्य लेकर बेचा जाए वरन् उसे तैयार करनेवाले दास का भी क्रय-विक्रय द्रव्य के माध्यम से हो।

जातीय भाषा के निर्माण की प्रक्रिया

मार्क्सवादी समाजशास्त्र में गण-समाजों का उल्लेख होता है और आधुनिक जातियों का उल्लेख होता है। इन दोनों के बीच सामन्ती व्यवस्था में सामाजिक गठन का रूप क्या

होता है, इस समस्या के विवेचन का प्रायः अभाव है। किन्तु इस विवेचन के अभाव में इस बात की व्याख्या नहीं की जा सकती कि आधुनिक जातियों का निर्माण किन तत्त्वों से होता है। आधुनिक जातियों का निर्माण समझने के लिए, इस निर्माण-क्रम में जो समस्याएँ उत्पन्न होती हैं, उनके समाधान के लिए सामन्ती व्यवस्था वाले सामाजिक गठन के रूप को समझ लेना आवश्यक है। इस पुस्तक में इस सामन्ती समाज के गठन के रूप की व्याख्या करने का प्रयत्न किया गया है। हिन्दी प्रदेश में कौन-सी समस्याएँ पुराने गठन के नष्ट होने पर, जातीय निर्माण-क्रम में उत्पन्न होती हैं, सामान्य सैद्धान्तिक स्तर पर उनका विवेचन यहाँ प्रस्तुत किया गया है।

जातीय भाषा के निर्माण की जो प्रक्रिया यहाँ बताई गई है, बंगला के सन्दर्भ में उससे भिन्न प्रक्रिया डा. सुनीतिकुमार चाटुर्ज्या ने प्रतिपादित की है। सबसे पहले इस बात पर ध्यान देना चाहिए कि हिन्दी प्रदेश की तरह बंगाल भी जनपदों में विभाजित था। डा. चाटुर्ज्या ने इनके ये नाम लिखे हैं : राढ, पुंड्र अथवा वरेन्द्र, वंग, और कामरूप। इन जनपदों का एकीकरण कैसे हुआ? डा. चाटुर्ज्या कहते हैं कि बोलियों की भिन्नता के बावजूद राजनीतिक और सामाजिक कारणों से वर्तमान भाषायी एकता कायम हुई। स्पष्ट है कि विशुद्ध भाषावैज्ञानिक कारणों से ऐसी एकता कायम नहीं होती यानी जातीय भाषा का प्रसार नहीं होता पर ये राजनीतिक और सामाजिक कारण कौन से हैं? डा. चाटुर्ज्या का कहना है कि बंगाल में एक बौद्धिक अभिजात वर्ग था जिसमें ब्राह्मण वर्ण के लोग थे। ज़मींदारों में कायस्थ थे। ब्राह्मणों और कायस्थों ने मिलकर बंगाल के जनपदों को संयुक्त किया, ''जहाँ के जनसाधारण को अपनी एकता और परस्पर सम्बन्धों का कोई ज्ञान न हो सकता था।'' **(ऑरीजिन एंड डिवेलपमेंट ऑफ़ द बेंगाली लैंग्वेज,** पृष्ठ 146)।

जातीय क्षेत्र का गठन और जातीय भाषा का प्रसार कोई ऐसा प्रपंच नहीं है जो उन्हीं देशों में घटित होता हो जहाँ भारत की-सी वर्ण-व्यवस्था का चलन हो, जहाँ अभिजात वर्ग में ब्राह्मणों और कायस्थों की प्रधानता हो। यह प्रपंच उन सभी देशों में घटित होता है जो सामन्ती व्यवस्था की सीमाएँ लाँघकर पूँजीवादी व्यवस्था की ओर बढ़ते हैं। यह सामाजिक विकास की सामान्य प्रक्रिया है, इसलिए उसके नियम भी सामान्य होने चाहिए। डा. चाटुर्ज्या की सामन्ती अभिजातवर्गीय दृष्टि नए पूँजीवादी विकास को समझने में असमर्थ सिद्ध होती है। वास्तव में वर्ण-व्यवस्था भी सामन्तवाद की सामान्य विशेषता है यद्यपि विभिन्न देशों में उसका रूप अलग-अलग तरह का होता है। पूँजीवादी सम्बन्धों के प्रसार के साथ यह वर्ण-व्यवस्था टूटने लगती है; अतः सामन्ती अभिजात वर्ग जातीय गठन की नवीन प्रक्रिया में मुख्य भूमिका नहीं निबाह सकता। यह भूमिका व्यापारियों की होती है। इसका कारण यह है कि उत्पादन के क्षेत्र में पूँजीवादी पद्धति के चलन से पहले वितरण के क्षेत्र में घरेलू बाज़ार का निर्माण आवश्यक होता है। सामन्ती व्यवस्था में भी शहरों, कस्बों और बड़े गाँवों में छोटे-बड़े बाज़ार होते हैं, विशेष अवसरों पर मेले होते हैं, जहाँ दूर-दूर से आकर लोग क्रय-विक्रय करते हैं। पर

ये सब बाज़ार बिखरे हुए होते हैं। इन सब बाज़ारों को मिलाकर एक बड़ा बाज़ार कायम करना, सब जगह एक से सिक्कों से काम लेना, तौलने के लिए एक से बाँटों का व्यवहार होना, आदि बातें पूँजीवादी व्यापार की विशेषताएँ हैं। जातीय प्रदेश का एकीकरण पूँजीवादी व्यापार के प्रसार से जुड़ा हुआ है। इसीलिए इस प्रक्रिया में भूस्वामियों और पुरोहित वर्ग की भूमिका प्रमुख नहीं होती, प्रमुख भूमिका होती है व्यापारियों की, वे चाहे हिन्दू हों चाहे मुसलमान, बनिए हों, चाहे खत्री हों, चाहे किसी और बिरादरी के हों। वास्तव में ज़मींदार और पुरोहित व्यापार के इस प्रसार में तरह-तरह की बाधाएँ डालते हैं क्योंकि इससे उन्हें अपना प्रभुत्व खतरे में पड़ता दिखाई देता है।

इस प्रक्रिया में व्यापारियों के साथ कारीगरों का वर्ग भी होता है। जैसे-जैसे व्यापार का प्रसार होता है, वैसे-वैसे आवश्यक होता है कि कारीगर कुछ केन्द्रों में इकट्ठे होकर माल तैयार करें और उसे व्यापारियों को दें। इसलिए जातीय निर्माण में केवल व्यापारियों की भूमिका नहीं होती। जैसे-जैसे छोटे बाज़ार बड़े बाज़ारों के रूप में गठित होते हैं, वैसे-वैसे किसानों के रूप में ग्राहकों का एक बड़ा समुदाय विनिमय की व्यापक प्रक्रिया से सम्बद्ध हो जाता है। इस तरह जातीय निर्माण की प्रक्रिया से वह भी सम्बद्ध होता है। शहर और देहात के रईस भी इस प्रक्रिया में सिमट आते हैं। डा. चाटुर्ज्या ने जातीय निर्माण की प्रक्रिया से जनसाधारण को एकदम बाहर रखा है।

हिन्दी क्षेत्र में भाषा का गठन और प्रसार

जातीय भाषा के गठन और प्रसार में जनसाधारण की भूमिका का एक प्रमाण हिन्दी क्षेत्र में लोकसाहित्य रचनेवालों द्वारा खड़ी बोली का व्यवहार है। पुराने समय से ब्रज जनपद खड़ी बोली के इस साहित्य का प्रसार केन्द्र रहा है। इस विषय पर श्रीधर पाठक ने प्रथम हिन्दी साहित्य सम्मेलन में एक निबन्ध पढ़ा था जो नवम्बर 1910 की **मर्यादा** में छपा था। इसमें उन्होंने लिखा था :

"हरिद्वार, कनखल, ज्वालापुर, मेरठ, मुरादाबाद, बुलन्दशहर, हाथरस, आगरा आदि स्थानों में 'भगत' और 'स्वाँग' नामक परम रोचक और अवलोकनीय अभिनय इस बोली के गद्य-पद्य में स्मरणातीत समय से होते चले आए हैं। इस लेख को आरम्भ करने के पहले मैं समझे हुए था कि ये काव्य हाथ की लिखी पोथियों में अथवा पात्रों के कंठों ही में विद्यमान हैं, ग्रन्थाकार मुद्रित नहीं हुए, किन्तु विशेष अनुसन्धान से ज्ञात हुआ कि कई एक प्रकाशित हो गए हैं। परन्तु जो मेरे देखने में आए हैं उसमें बहुत संशोधन अपेक्षित है; कुछ एक के नाम नीचे लिखे जाते हैं।

ग्रंथ	रचयिता
1. श्रवण चरित्र	चिरंजीलाल नाथराम हाथरस
2. सांगीत चित्रकूट चरित्र	,, ,,

3. सांगीत भैन भैया — ला. गोबिन्दराम
4. सांगीत पूरनमल — मातादीन चौबे (औरैया)
5. सुदामा चरित्र दुखार — ” ”
6. सांगीत हरिश्चन्द — ” ”

“इन सबमें ब्रजभाषा और खड़ी बोली, दोनों का मिश्रण है, जहाँ-तहाँ विशुद्ध खड़ी बोली के भी पद्य पाए जाते हैं। पहले तीन में दूसरे तीन की अपेक्षा ब्रज भाषा का सम्पर्क अधिक है। पहले तीन एक हाथरस निवासी के रचे हुए हैं, अतः उनका अभिनय अवश्य हाथरस वा उसके निकट के नगरों में अधिक होता होगा। यह नहीं कहा जा सकता कि हरिद्वार, मेरठ, मुरादाबाद आदि उत्तरीय स्थानों में जो अभिनय होते हैं उनके पद्य में ब्रज भाषा का योग होता है, किन्तु यदि होता है तो मिस प्ररिमाण (परिमाण) में होता होगा (।) मेरा अनुमान है कि इन स्थानों के ब्रजभूमि से वहुत दूर होने के कारण वहाँ के पद्यों में ब्रज भाषा का मेल बहुत थोड़ा होता होगा।

“इस प्रकार के साधारण लोकप्रिय काव्यों की रचना प्रायः अर्द्धशिक्षित व्यक्तियों द्वारा होती है जो प्रायः पदयोजना में भाषा की विशुद्धता के विशेष पक्षपाती नहीं होते। यह खड़ी बोली की पद्य रचना सम्बन्धिनी प्राचीन लोकप्रथा है; अतः यदि इस बोली की कविता प्राचीन और नवीन, नामक दो शैलियों में विभक्त की जाए तो इस ढंग की रचनाओं को प्राचीन शैली में रखना पड़ेगा, चाहे वह वर्तमान में भी क्यों न की गई हों।

“उक्त पुस्तकों में से मिश्रित और शुद्ध, दोनों प्रकार की बोली के पद्य नीचे उद्धृत किए जाते हैं।

(मिश्रित भाषा)

लावनी

उद्यान ऋषी खुश हो धन माल लुटाए।
गौदान दिए कोटिन द्विजराज जिमाए।।
महाराज दान नित ऐसो भारी होत।
निरमुख कोई न जात भिखारी लेते दो 2 पोत।।
एक साल भयौ अति उत्सव खुशी समायन।
घुटअन चल सरवन डोलन लागे पायन।।
महाराज मात पितु करते प्यार महान।
लाड़ लड़ावैं गोद खिलावैं करैं निछावर प्रान।।

(श्रवण चरित्र)

दोहा

सुन इतनी जल लायकर, तनक न करी अबार।
बिहसि 2 रघुवीर पद, केवट लिए पखार।

दुबोला

पग धोय पान कीनौ केवट,
त्रिय सहित सकल परिवारा है।
आगे के पुरखा स्वर्ग गए,
शिव उमा से वचन उचारा है।।
(सांगीत चित्रकूट)

दोहा

उदत भानु भयौ भामिनी, अब मैं जाऊँ ज़रूर।
सिर पर मंजिल चढ़ रही, मुझे पहुँचना दूर।।

कड़ा

मैं असगुन सगुन विचार रही,
लड़ मुक्त माँग खिड़ जाती है।
दक्षिण दृग फड़क गिरत नूपुर,
और धड़क रही मम छाती है।।
(सांगीत भैन भैया)

(शुद्ध बोली पद्य)

तबील

हरिश्चन्द के सत्य से ज्ञानी सुनो,
मंजुआसन सुरेन्द्र का हिलने लगा।
जाना मन में कि राज्य हमारा गया,
सोच बस होके हाथों को मलने लगा।।
हुआ सत्य के भानु का तेज जभी,
पाप रूपी अँधेरा खिसलने लगा।
सभी प्रजा आनन्द से रहने लगी,
नया सृष्टि का रंग ढंग बदलने लगा।।
(हरिश्चन्द्र सत्य मंजरी)

चौबोला

तन चाहे बिक जाए पिताजी
सत्य न त्यागन कीजै
हम तुम माता बिकैं हाट में
कंचन द्विज को दीजै।।

धीरज धर्म मित्र अरु नारी
दुख में अजमा लीजै।
पूरन काम हो गया हित से
राम नाम रस पीजै।।
(सैव)

चौबोला

करो नाथ निर्मूल अशुभ गण
कहता सीस नवाके।
रचूँ चरित पूरनमल जन का
तुमको आदि मनाके।।
वक्र तुंड एक रदन बदन लख
मदन जाय शरमा के।
करुना अयन शयन कीजै मम
हृदय कमल में आके।।
(सांगीत पूरनमल)

दोहा

सुनो दास दासी सकल, चित दे मेरी बात।
कहाँ हमारे तात हैं, कहाँ हमारी मात?।।

चौबोला

कहाँ हमारी मात
माथ चरणों पर जाय नवाऊँ।
दीजै शीघ्र बताय
दरस करके कृतार्थ हो जाऊँ।।
है अधीर बस तन मन
व्याकुल बार 2 बलि जाऊँ।
रूप सुधारस निरख सुभग
नैनों की प्यास बुझाऊँ।।
(सैव)

"यहाँ पर यह कह देना आवश्यक है कि शुद्ध खड़ी बोली के पद्य जो ऊपर दिए गए हैं वह रचयिता की शुद्ध बोली व्यवहार करने की ओर विशेष चेष्टा का फल नहीं हैं, किन्तु अनायास ही इस रूप में उस्से बन गए होंगे, ऐसा समझना असंगत प्रतीत नहीं होता।"

इसके बाद कबीर, रहीम, नागरीदास से प्राचीन शैली के पुराने पद्यों के उदाहरण देते हैं। इन्हीं के बीच कुछ लोककाव्य के उदाहरण भी देते हैं जो दिलचस्प हैं।

बड़े बड़ाई कभी न करते
छोटे मुख से कहें वचन।
अपने मन में सभी बड़े
यों मोती बिनोले लगे लड़न।

(मोती बिनोले का झगड़ा)

बाग के फाटक खोल दे सुन माली की बेटी
सैर करने दै (रे) बाग के माहीं।।

(हीर-राँझा लोकगीत)

एक अचम्भा देखो चल
सूखी लकड़ी लागा फल।
जो कोई उस फल को खाए
पेड़ छोड़ वह अनत न जाए।।

(पहेली)

सोने की तेरी कलम है, हीरे जड़ी दवात।
गोरे गोरे तेरे हाथ हैं, काले अक्षर डाल।।
अब उदय भान और रानी केतकी दोनों मिले।
आस के जो फूल कुम्हलाए हुए थे फिर खिले।।
घर बसा जिस रात उनका तब मदनवान् उस घड़ी
कह गई दूलह दूल्हन् से ऐसी सौ बातें कड़ी।।

अन्तिम तीन उदाहरण किस तरह के लोककाव्य से लिए गए हैं, इसका उल्लेख नहीं है। खड़ी बोली के प्रसार और उस पर स्थानीय बोलियों के प्रभाव के बारे में श्रीधर पाठक आगे कहते हैं : "उन स्थानों में जहाँ कि यह बोली विशुद्ध रूप में रमण करती है लोकगीत (जैसे हीर-राँझा) स्थानिक गीत, और स्त्रियों के गीत प्राचीन शैली के पद्य में पाए जाते हैं। मैं आजकल ऐसे स्थान में हूँ कि उदाहरण नहीं दे सकता। इन गीतों में कभी-कभी मारवाड़ी, शूरसेनी, पंजाबी, पूर्वी, बुन्देलखंडी शब्दों का मेल देखने में आता है। यह पड़ोस का प्रभाव है। आगरे (नगर) के गीतों में ब्रज भाषा और मारवाड़ी और देहली या मेरठ के पद्य में पंजाबी शब्दों का आ जाना सहज है। उदाहरण :

(आगरे का गीत)

ठाड़े रहियो परदेसी सामने (रे)
चोट सम्हारौ म्हारे नैनों की
तुझे मोरचा लगा ढाल का
मुझे ओट पट घूँघट की।

(मेरठ का गीत)

सुन सुन रे पीतम खुशहाल,
मैं भी चलूँगी तेरे नाल।
तेरा हाल सो मेरा हवाल,
मुझे दुनिया में बदनाम किया॥

जातीय भाषा का सहज प्रसार इस तरह होता है। लोकसाहित्य के माध्यम से ानसाधारण उसे चारों ओर फैलाते हैं। विभिन्न जनपदीय भाषाएँ इस जातीय माध्यम ो प्रभावित करती हैं। संस्कृति पर अभिजात वर्ग का इजारा टूट जाता है। जातीय ीवन पुरानी सीमाएँ लाँघकर नई शक्ति से प्रवाहित होता है।

ादरियों के हिन्दी व्याकरण

976 में एक महत्त्वपूर्ण पुस्तक छपी है–**हिन्दी के तीन प्रारम्भिक व्याकरण**[1] (संत पौलुस काशन, इलाहाबाद)। ये तीन व्याकरण हिन्दी भाषा के हैं और सत्रहवीं तथा अठारहवीं ाताब्दियों में विदेशियों द्वारा लिखे गए थे। इन व्याकरणों से खड़ी बोली हिन्दी के प्रसार ौर उसके रूपों के बारे में कुछ बहुत दिलचस्प तथ्य हमारे सामने आते हैं। इनमें पहला याकरण जौन जोशुआ केटलेर का है। केटलेर पादरी थे और उनका सम्बन्ध डच ईस्ट डिया कम्पनी से था। उन्होंने यह व्याकरण पहले डच में लिखा था। लैटिन में उसका ानुवाद 1698 ई. में हुआ। इसका अर्थ यह हुआ कि 'इसकी रचना सन् 1698 के पहले ई थी।' (पृष्ठ 20)। अनुमान से कह सकते हैं कि यह व्याकरण सत्रहवीं सदी के मध्य किसी समय लिखा गया होगा और उसमें भाषा की जिस अवस्था का वर्णन है, वह म-से-कम 16वीं सदी के उत्तरार्द्ध की है। दूसरा व्याकरण बेंजामिन शुल्ज़ का है जो 745 में प्रकाशित हुआ था। इनका विशेष सम्बन्ध हैदराबाद से था, इसलिए उनकी स्तक को दक्खिनी हिन्दी का व्याकरण भी कह सकते हैं। तीसरा व्याकरण कासिआनो लीगात्ती का है और इनका सम्बन्ध बिहार से विशेष था।

ये तीनों व्यक्ति पादरी थे। यूरुप के विभिन्न देशों से यहाँ आए थे, ईसाई धर्म ा प्रचार करना इनका मुख्य उद्देश्य था, इसके लिए इन्होंने हिन्दुस्तानी अथवा हिन्दी ाषा सीखी थी और अपने सहयोगियों के लिए उसका व्याकरण लिखा था। दो व्याकरण लतः लैटिन में लिखे गए थे और केटलेर का व्याकरण लैटिन में अनुवादित हुआ। उस मय लैटिन ही ईसाइयों की अन्तरराष्ट्रीय धर्म-भाषा थी।

पहली बात ध्यान देने की यह है कि ये तीनों पादरी नागरी लिपि का परिचय देते और बेलीगात्ती ने तो अपनी पुस्तक केवल इस लिपि का परिचय देने के लिए लिखी

यह पुस्तक तथा आगे लेबेदेव की जिस पुस्तक का उल्लेख है वह, मुझे डा. रामेश्वर प्रसाद अग्रवाल से पढ़ने को मिलीं, इसके लिए उन्हें धन्यवाद है।

है। इससे 17वीं और 18वीं सदियों में नागरी लिपि के व्यापक व्यवहार का ज्ञान होता है। पादरी चाहे हैदराबाद में काम करे, चाहे पटना में, और चाहे आगरे में, उसे नागरी लिपि का ज्ञान अवश्य होना चाहिए। केटलेर ने इस लिपि के बारे में लिखा है : "हिन्दुस्तान के लोग, जिनकी भाषा जनता की भाषा कही जाती है, अपनी लिपि को नागरी या नागरिक वर्णमाला कहते हैं।" (पृष्ठ 44)। शुल्ज़ का विचार था कि हिन्दुस्तानी भाषा 'बर्बरों की भाषा' है; धर्म-प्रचार के लिए इस भाषा को और उसकी लिपि को सीखना आवश्यक है। (पृष्ठ 71)। धर्म-प्रचारकों को चाहिए कि 'अशिक्षितों की बोलचाल की भाषाएँ सीखें', उन भाषाओं के द्वारा अपने धर्म के नियम लोगों को समझाएँ और 'उनकी लिपि में उन्हें प्रस्तुत करें'। (पृष्ठ 71)। शुल्ज़ ने मुसलमानों द्वारा फ़ारसी लिपि के व्यवहार की बात लिखी है। 18वीं सदी में फ़ारसी भाषा और फ़ारसी लिपि का प्रसार पहले की अपेक्षा बढ़ गया था। पर इससे पहले स्थिति क्या थी? जैसे बंगाल के मुसलमान बंगला लिपि का व्यवहार करते थे, वैसे ही हिन्दी प्रदेश के मुसलमान कभी हिन्दी लिपि का व्यवहार करते थे या नहीं? शुल्ज़ कहते हैं : "समय की प्रगति से यह प्रथा इतनी प्रबल हो गई कि पुरानी देवनागरी लिपि को यहाँ के मुसलमान भूल गए हैं।" (पृष्ठ 78)। इसका अर्थ यह हुआ कि इससे पहले हिन्दी प्रदेश के मुसलमान नागरी लिपि का व्यवहार करते थे। जायसी ने अखरावट में जो वर्ण क्रम दिया है, उससे भी इस तथ्य की पुष्टि होती है। मुगल साम्राज्य के विघटन काल में यह स्थिति बदल गई।

बेलीगात्ती हिन्दुस्तानी भाषा और नागरी लिपि के व्यवहार क्षेत्र के बारे में कहते हैं : "हिन्दुस्तानी भाषा जो नागरी लिपियों में लिखी जाती है पटना के आसपास ही नहीं बोली जाती अपितु विदेशी यात्रियों द्वारा भी जो या तो व्यापार या तीर्थाटन के लिए भारत आते हैं, प्रयुक्त होती है।" बेलीगात्ती का ध्यान केवल नागरी लिपि की ओर है। फ़ारसी लिपि की चर्चा उनके लिए अनावश्यक है। पटना फ़ारसी भाषा का केन्द्र नहीं है। आगरा भी फ़ारसी का केन्द्र नहीं रहा। फ़ारसी का केन्द्र बना दिल्ली शहर, औरंगज़ेब के शासन काल में। इससे पहले फ़ारसी राजभाषा रह चुकी थी किन्तु उसका व्यवहार बहुत सीमित था। इससे सिद्ध हुआ कि दिल्ली जैसे कुछ केन्द्र छोड़कर हिन्दी प्रदेश में व्यापक रूप से नागरी लिपि का ही व्यवहार होता था। जो लोग समझते हैं कि मुसलमानों की भाषा फ़ारसी थी, उर्दू के रूप में फ़ारसी लिपि के सहारे खड़ी बोली का प्रसार उन्होंने किया, उनकी धारणा इस तथ्य से खंडित हो जाती है।

इन व्याकरणों से दूसरा निष्कर्ष यह निकलता है कि 17वीं-18वीं सदियों में जातीय भाषा के रूप में हिन्दी का व्यापक प्रसार हो चुका था। विभिन्न जनपदों में वहाँ की उपभाषाओं के बीच जो भाषा परस्पर आदान-प्रदान के काम में आ रही थी, वह हिन्दी थी। इन व्याकरणों पर मैथ्यु वेच्चुर ने उदय नारायण तिवारी के निर्देशन में कार्य किया है। तिवारीजी भोजपुरी भाषा को हिन्दी से स्वतंत्र भाषा मानते हैं। वह उसे जनपदीय उपभाषा अथवा हिन्दी की बोली का दर्जा नहीं देते। उन्हें और उन जैसे व्यक्तियों को

इस तथ्य पर ध्यान देना चाहिए कि शुल्ज़ के अनुसार हिन्दुस्तानी भाषा ''बिहार या पटना और आसपास के प्रदेशों में बोली जाती है।'' (पृष्ठ 122)। जातीय भाषा के प्रसार की यह प्रक्रिया दो शताब्दियों से अब तक चली आ रही है। खेद की बात है कि जातीय भाषा के विकास और प्रसार की प्रक्रिया बिल्कुल न समझकर ग्रियर्सन का अनुसरण करते हुए तिवारीजी भोजपुरी को हिन्दी से स्वतंत्र भाषा घोषित करते हैं, यद्यपि उनका अपना सारा लेखन और अध्यापन-कार्य हिन्दी के माध्यम से होता है।

तीसरा निष्कर्ष यह निकलता है कि जिस हिन्दी का प्रसार हो रहा है, वह विभिन्न जनपदों में जाकर, वहाँ की उपभाषाओं से प्रभावित होकर, स्थानीय रूप ग्रहण करती है। कोई भी भाषा जो सहज रूप से जातीय भाषा बनती है, इसी तरह स्थानीय रूप ग्रहण करती है। फ़ारसी की स्थिति इससे भिन्न है। वह यहाँ की जनता के लिए किताबी भाषा है। इसलिए पटना, आगरे और हैदराबाद की फ़ारसी में अन्तर न होगा पर इन स्थानों की हिन्दी में होगा। यह हिन्दी के सहज प्रसार का प्रमाण है।

जिस समय पूरे जातीय क्षेत्र का गठन न हो पाया हो और जातीय भाषा अपने मानक रूप में सभी शिक्षित जनों के बीच व्यवहार में न आने लगी हो, उस समय साहित्य में उसके विभिन्न स्थानीय रूपों का प्रयुक्त होना स्वाभाविक है। दकनी इसी तरह साहित्य में और राजकाज में प्रयुक्त हुई थी। अभी ज़बाने देहली अपने परिमार्जित रूप से हैदराबाद न पहुँची थी। साहित्य में हिन्दी के स्थानीय रूप दकनी का व्यवहार कोई आश्चर्यजनक अपवाद नहीं है। प्रसिद्ध है कि आगरे के लल्लूजी लाल की खड़ी बोली पर ब्रज भाषा की छाप है। लल्लूजी लाल से पहले दिल्ली के अनेक मुसलमान लेखकों के गद्य-पद्य पर ब्रज भाषा की छाप है। हैदराबादी हिन्दी और आगरे की हिन्दी—ये दो स्थानीय रूप साहित्य में बहुत दिनों तक और बहुत बड़े क्षेत्र में प्रयुक्त होते रहे। इन स्थानीय रूपों के क्षेत्र में क्रमशः परिनिष्ठित उर्दू और हिन्दी ने प्रवेश किया, पहले उर्दू ने, फिर हिन्दी ने। इसी प्रक्रिया को कुछ लोग यों समझते हैं कि खड़ी बोली का प्रसार मुसलमानों ने किया यानी जातीय भाषा के निर्माण और प्रसार को वे धर्म विशेष से जोड़ देते हैं। इस उर्दू ने हैदराबाद में स्वयं को मानक भाषा के रूप में प्रतिष्ठित किया। दकनी ने उस मानक भाषा की बोली का दर्जा पाया। इसी तरह आगरे में ब्रज प्रभावित खड़ी बोली के साथ मानक हिन्दी प्रतिष्ठित हुई; आगरे की वह पुरानी हिन्दी स्थानीय बोली के समान व्यवहार में आती रही। किसी आरोपित भाषा—यथा फ़ारसी—से भिन्न इस विकास-प्रक्रिया की विशेषता यह है कि जातीय भाषा के अनेक स्थानीय भेद बने और वे तब भी व्यवहार में आते रहे जब मानक भाषा का व्यवहार व्यापक रूप से होने लगा। दरअसल नए-नए स्थानीय रूप बाद को भी कायम होते रहे। अब पटना की हिन्दी के अलावा कलकत्ते की हिन्दी और बम्बई की हिन्दी भी अलग पहचानी जाती हैं और जहाँ पहले ज़बाने-देहली का चलन था, वहाँ—उस दिल्ली में—अब पंजाबी प्रभावित हिन्दी का राज्य है। जातीय भाषा के रूप में हिन्दी भाषा की विकास-प्रक्रिया अभी समाप्त नहीं हुई। परिनिष्ठित भाषा के दो प्रमुख रूप अभी प्रचलित हैं—हिन्दी और उर्दू। इनमें हिन्दी

क्रमशः प्रमुख मानक रूप बन गई है और उर्दू ने उसकी एक विशिष्ट बोली का रूप ले लिया है। इस बोली के लिए नहीं कहा जा सकता कि वह जातीय भाषा का कोई स्थानीय रूप है। वह फ़ारसी-अरबी प्रभावित जातीय भाषा का एक विशिष्ट रूप है जिसके विकास और व्यवहार के कारण सामाजिक और सांस्कृतिक हैं। हिन्दी के उक्त तीन प्रारम्भिक व्याकरणों के सन्दर्भ में हिन्दी-उर्दू की समस्या पर विचार करें तो यह समस्या एक दीर्घकालीन ऐतिहासिक प्रक्रिया के अन्तर्गत अपने गतिशील रूप में दिखाई देगी और यह ज्ञान हो जाएगा कि इसके समाधान की दिशा कौन-सी है।

जिस समय हिन्दी जातीय भाषा के रूप में विभिन्न जनपदों में फैल रही थी, उस समय विभिन्न भारतीय भाषाओं के बीच राष्ट्रभाषा के रूप में भी उसका व्यवहार बढ़ता जा रहा था। इस तथ्य को बेलीगात्ती ने देखा और स्वीकार किया था। उन्होंने लिखा था : ''हम इसके लिए यह कह सकते हैं कि यह भारत की राष्ट्रभाषा (Lingua media) है। इसके अध्ययन से देश की अन्य भाषाओं का अध्ययन भी सुगम हो जाता है।'' जो भाषा इस प्रकार सम्पर्क-भाषा का काम देती थी, वह केवल लिखित भाषा न थी, वह बोलचाल की भाषा थी और अपने स्थानीय रूपों में ही व्यवहार में आती थी। इन रूपों में दकनी का विशेष महत्त्व था। दक्षिण भारत में वह सम्पर्क भाषा की तरह इस्तेमाल की जाती थी। इसीलिए जिन क्षेत्रों में तमिल, तेलुगु आदि द्रविड़ भाषाएँ बोली जाती थीं, वहाँ अंग्रेज़ों ने अपने फौजी अफसरों के लिए इस भाषा का ज्ञान अनिवार्य कर दिया था और इसके लिए उन्होंने दकनी की पाठ्य-पुस्तकें भी तैयार कराई थीं। जातीय भाषा की तरह राष्ट्रभाषा हिन्दी के भी स्थानीय रूप बनते रहे हैं। इन्हीं के अन्तर्गत बम्बइया हिन्दी और कलकतिया हिन्दी को मानना चाहिए। इनके साथ द्रविड़ क्षेत्रों में जिस हिन्दी का व्यवहार हो रहा है, उसका रूप भी क्रमशः स्पष्ट होता जा रहा है। जातीय भाषा के समान राष्ट्रभाषा के भी ये स्थानीय रूप सिद्ध करते हैं कि यह भाषा दूसरों पर लादी नहीं गई वरन् परस्पर सम्पर्क की आवश्यकता पूरी करने के लिए एक सहज विकास का परिणाम है।

जिस समय ये व्याकरण लिखे गए थे, उस समय आधुनिक विज्ञान की शिक्षा का प्रसार नहीं के बराबर था।

व्याकरणों के निष्कर्ष हिन्दी के प्रसार को बतलाते हैं

राष्ट्रभाषा के रूप में प्रयुक्त होने के अलावा इस सम्बन्ध में एक विशेष बात यह थी कि विदेशी भी यहाँ आकर इसे सीखते थे और व्यापार आदि के लिए इसका व्यवहार करते थे। उस समय अंग्रेज़ी राजभाषा न बनी थी और उसके प्रति किसी की यह धारणा न थी कि इसके बिना भारत में देशी या विदेशी जनों का काम ही नहीं चल सकता। इसीलिए बेलीगात्ती का यह कथन अत्यन्त महत्त्वपूर्ण है कि ''हिन्दुस्तानी भाषा जो नागरी लिपियों में लिखी जाती है, पटना के आसपास ही नहीं बोली जाती अपितु विदेशी

यात्रियों द्वारा भी जो या तो व्यापार या तीर्थाटन के लिए भारत आते हैं, प्रयुक्त होती है।" इस कथन की पुष्टि अन्य तथ्यों से भी होती है जिनका उल्लेख मैंने अपनी पुस्तक **भारतेन्दु युग और हिन्दी भाषा की विकास परम्परा** में किया है।

यह भी उल्लेखनीय है कि उस समय हिन्दी भाषा वैसी दरिद्र न समझी जाती थी जैसी आज के अर्द्धशिक्षित राजनीतिज्ञों और विद्वानों के लिए वह है। न केवल अंग्रेज़ी के मुकाबले, वरन् उस लैटिन के मुकाबले भी, जो अंग्रेज़ी के ज्ञानमय शब्दकोष का मुख्य स्रोत है, हिन्दी भाषा समृद्ध मानी जाती थी। लैटिन भाषा में प्रशिक्षित ये पादरी जब हिन्दी का व्यावहारिक शब्दकोष बनाने बैठते थे, तब वे यह देखकर चकित रह जाते थे कि लैटिन के एक ही शब्द के अनेक पर्याय यहाँ प्रचलित हैं। ऐसे ही एक शब्दकोश के बारे में बेलीगात्ती ने लिखा है : "एक लैटिन शब्द के लिए प्रायः दो या तीन हिन्दुस्तानी शब्द दिए गए हैं क्योंकि इस भाषा का शब्दकोष अति विस्तृत है।" (पृष्ठ 127)। उस समय अंग्रेज़ों समेत यूरुपवासियों को व्यापार और धर्म-प्रचार, दोनों तरह के कामों के लिए हिन्दुस्तानी भाषा की ज़रूरत पड़ती थी। चाहे व्यापार सम्बन्धी शब्दावली हो, चाहे धर्म सम्बन्धी शब्दावली, दोनों ही स्तरों पर लैटिन की अपेक्षा उन्हें हिन्दुस्तानी भाषा का शब्दकोष अति विस्तृत जान पड़ता था। जब भारत ब्रिटिश साम्राज्य का अंग बन गया और अमरीकी साम्राज्यवाद के प्रसार के साथ अंग्रेज़ी एक मात्र ज्ञान-विज्ञान की विश्वभाषा मानी जाने लगी, तब यह स्थिति बदल गई। इस बदली हुई स्थिति में विदेशी विद्वान् तो चाहे हिन्दी को भारत की सम्पर्क भाषा मान भी लें, उसे आधुनिक ज्ञान-विज्ञान के प्रसार के लिए उपयुक्त माध्यम मान भी लें, पर इस देश की अखिल भारतीय सेवाओं में, अखिल भारतीय संगठनों के केन्द्रों में, उच्च शिक्षा के संस्थानों में हिन्दी या किसी भी अन्य भारतीय भाषा की व्यापक स्वीकृति असम्भव हो गई है।

इन तीनों पुस्तकों में ईसाइयों की कुछ प्रार्थनाओं का अनुवाद दिया गया है। यह अनुवाद उस समय की हिन्दी का नमूना माना जा सकता है। किन्तु यह अनुवाद है, भाषा का सहज रूप नहीं। जैसे आज भी अंग्रेज़ी से हिन्दी में किसी पुस्तक का अनुवाद करने वाला बहुधा हिन्दी के सहज प्रवाह की रक्षा नहीं कर पाता, वैसे ही लैटिन से किए हुए ये हिन्दी अनुवाद भाषा का सहज रूप प्रकट नहीं करते। फिर इन अनुवादकों की मातृभाषा न तो लैटिन थी और न हिन्दी। हिन्दी की अपेक्षा वे लैटिन से ही अधिक परिचित थे। लैटिन से अनुवाद करते समय हिन्दी के सहज रूप की रक्षा करना उनके लिए सम्भव नहीं था। इसलिए केटलेर जब एक प्रार्थना इस तरह शुरू करते हैं—"इमने रखतों खुदा बाबते सब सक्ते पैदा करने वाला आसमान और जमीन का।"—तो यह न समझना चाहिए कि 17वीं सदी में लोग इसी तरह की हिन्दी बोलते थे। भाषा के सहज रूप के ज्यादा अच्छे नमूने व्याकरण लिखते समय दिए गए हैं। उदाहरण देते समय कहीं-कहीं लेखकों से कुछ गलतियाँ हो गई हैं। किन्तु कुल मिलाकर इन उदाहरणों से यह अच्छी तरह विदित हो जाता है कि हिन्दी के जिन रूपों का चलन था, वे खड़ी बोली के ही थे और अन्य बोलियों से स्पष्ट रूप में भिन्न थे।

इनमें से कुछ उदाहरण यहाँ उद्धृत किए जाते हैं। केटलेर के व्याकरण से : तू चाकर है। तू मेरा गुलाम है। मत गाली दे। मत शोर कर। (पृष्ठ 50)। आदमी घोड़ा से खूब है। हाथी बैल से बड़ा है। (पृष्ठ 54)। हम हो गये। तुम हो गये। इन्ने हो गये। (पृष्ठ 55)। हम कर चुके। हम किये थे। हम करोंगे। मे करता था। मे काम किया था। मे काम करेगा। तद हम खाय चुके। तद वह खाय चुके। (पृष्ठ 61)।

अन्तिम दो उदाहरणों में तद और खाय रूप लल्लूजी लाल की याद दिलाते हैं। केटलेर ने 'जी' के प्रयोग का उल्लेख करते हुए उसे स्नेह और श्रद्धा का द्योतक बताया है। इसके उदाहरणों में मा जी, बहन जी, भाई जी, साहब जी आदि पढ़कर ऐसा लगता है कि यह हमारी आज की ही सरस और परिचित हिन्दी है। शब्द-निर्माण प्रक्रिया के अन्तर्गत जब केटलेर नंगा से नंगई शब्द बनाते हैं, तब लगता है, यह हिन्दुस्तानी जनपदीय भाषाओं के बहुत नज़दीक है।

अब कुछ उदाहरण शुल्ज़ के व्याकरण से : मेघ पड़ा तो भी अनाज सस्ता करने का नहीं। खूब आदमी भिखारी हो रहा तो भी बदबखत नहीं। (पृष्ठ 99)। अल्लाह के हाथ में सब है। आसमान के नीचे जानवरां जीवते हैं। कोतवाल के आगे खामोश रहना। मौत के पीछे इनसाफ चुकाने का दिन होगा। बच्चे सारे मा के कने खड़े रहे (पृष्ठ 102)। ये शराब खोर पीता है पन और कुछ भी करता नहीं। ये हरामखोर हरामकारी करता पन वफादारी करता नहीं। (पृष्ठ 107)। ये घोड़ियाँ बहुत पानी पीतियां हैं। मेरा बाप बहुत काम करता है। मेरी मा बहुत मेहनत करती है। (पृष्ठ 108)। अनाज मोल लेने कु बहुत सौदागरा (सौदागरां?) इस गाँव में आये। मेहनत करने के वास्ते अल्लाह आदमीआकु पैदा किया। दिन दिन के कामा सब आखिर होने के पीछे रात में नींद करना। (पृष्ठ 110)।

ये सब उदाहरण दकनी हिन्दी की झलक दिखाते हैं। इनसे उस समय की बोलचाल की हिन्दी के नमूने अच्छी तरह समझ में आ जाते हैं। बेलीगात्ती की पुस्तक में ऐसे नमूने नहीं हैं क्योंकि उन्होंने व्याकरण नहीं लिखा, केवल लिपि का परिचय दिया है। किन्तु उन्होंने भी उदाहरण रूप कुछ शब्द दिए हैं जिनसे इतना तो सिद्ध हो जाएगा कि हिन्दी गद्य फोर्ट विलियम कालेज की देन नहीं है। बेलीगात्ती ने जिन शब्दों को सामान्य व्यवहार में सुना था, उनमें इस तरह के शब्द भी थे : अवग्या, कस्ट, ग्यानगोष्टि, व्याकुल, विद्या-वंद, वीस्वास, मुग्धा, होना, इस्त्री, अधर्म्मीष्ट, शास्त्रवंत इत्यादि। (पृष्ठ 146)। इससे ज्ञात होता है कि संस्कृत के काफी शब्द तद्‌भव रूपों में प्रयुक्त होते थे। ऐसा नहीं हुआ कि उर्दू से बोलचाल के सरल शब्द निकालकर उनकी जगह कठिन शब्द रख दिए गए और इस तरह उर्दू को बिगाड़कर हिन्दी भाषा का विकास हुआ। बेलीगात्ती के शिक्षक पटना और बेतिया के निवासी थे। साधारण व्यवहार में जो शब्द आते थे, वही ईसाई पादरी को सिखाए गए थे।

इन तीनों व्याकरणों से सिद्ध हुआ कि अंग्रेज़ी राज कायम होने से पहले जातीय भाषा और राष्ट्रभाषा के रूप में दूर-दूर तक हिन्दी का प्रसार हो चुका था।

इन तीनों व्याकरणों से भिन्न रूसी कलाकार लेबेदेव की पुस्तक है—पूर्व भारतीय विशुद्ध और मिश्र बोलियों का व्याकरण (A Grammar of the Pure and Mixed East Indian Dialects, by Herasim Lebedeff; कलकत्ता, 1963)। यह पुस्तक 1801 में लंदन से प्रकाशित हुई थी। उद्देश्य यह था कि इसे पढ़कर भारत आने वाले अंग्रेज़ तथा अन्य यूरुपवासी हिन्दुस्तानी भाषा सीख जाएँगे और यहाँ के ज्ञान और साहित्य के अलावा व्यापार आदि के लिए उसका उपयोग कर सकेंगे। उपर्युक्त तीन व्याकरणों के लेखक पादरी थे, उनका उद्देश्य ईसाई धर्म का प्रचार करना था। चाहे धर्म का प्रचार करना हो, चाहे व्यापार करना हो, चाहे भारतीय साहित्य की जानकारी प्राप्त करना हो, हालैंड, इटली, रूस आदि यूरुप के विभिन्न देशों के लोग जिस भाषा को सीखना सबसे अधिक आवश्यक समझते थे, वह हिन्दी या हिन्दुस्तानी थी। बेलीगात्ती के समान लेबेदेव के लिए भी नागरी लिपि और संस्कृत वर्णमाला का महत्त्व अन्य सभी लिपियों और वर्णमालाओं से बढ़कर था। अभी तक किसी यूरुपवासी को यह न सूझा था कि नागरी लिपि को अवैज्ञानिक करार देकर रोमन लिपि के व्यवहार की बात करे। यूरुपवालों को, खासकर अंग्रेज़ों को, हिन्दी भाषा से परिचित कराने के लिए रोमन लिपि का व्यवहार करना किसी सीमा तक आवश्यक था। इस लिपि का व्यवहार करते समय लेबेदेव के सामने अनेक कठिनाइयाँ थीं। कलाकार होने के नाते हिन्दी की ध्वनियों के लिए उन्होंने निश्चित रोमन वर्णों के बारे में कोई नियम नहीं बनाए। जहाँ जैसा सूझ गया, वहाँ वैसा लिख दिया। उन्होंने जो लिखा, उसका सही उच्चारण उस समय क्या था, यह जानना हमेशा आसान नहीं होता। पर जिन लोगों ने अपनी पुस्तकें लैटिन में लिखी थीं, या जिनकी पुस्तकें लैटिन में अनुवादित हुई थीं, उनकी लिखाई भी कुछ बहुत व्यवस्थित नहीं है। उनके लिखे हुए शब्द ठीक-ठीक कैसे बोले जाते थे, यह कठिनाई लेबेदेव की अपेक्षा वहाँ कुछ अधिक ही है। भारतीय ध्वनियों को रोमन लिपि द्वारा कैसे व्यक्त किया जाए, इस समस्या पर विचार होना अभी आरम्भ ही हुआ था।

लेबेदेव के व्याकरण के अनेक दोष पुस्तक की भूमिका में डा. सुनीतिकुमार चाटुर्ज्या ने बताए हैं। इनमें से अधिकांश की ओर उनसे पहले ही ग्रियर्सन, और ग्रियर्सन से पहले एशिआटिक ऐनुअल रजिस्टर में उनकी पुस्तक के आलोचक ने ध्यान दिया था। यह सब आलोचना सही है। लेबेदेव में पर्याप्त धैर्य और आवश्यक अध्ययन की कमी थी। सामग्री उन्होंने कलकत्ते में इकट्ठा की थी और उसे पुस्तक का रूप दिया था लंदन में। जो सुना, उसे जहाँ-तहाँ गलत लिखा, जो नहीं सुना और किताब लिखते समय उन्हें आवश्यक जान पड़ा, उसे उन्होंने अपने मन से गढ़कर जोड़ दिया। लड़का लोग, गोरा लोग के साथ इन्होंने कुत्ता लोग और घर लोग भी बहुवचन बनाने की प्रक्रिया में दिखा दिए यद्यपि आगे उन्होंने लिखा कि जहाज़ लोग लिखना-बोलना गलत है। यह आपत्ति

सही नहीं है कि उन्होंने गोलकनाथदास की सूचनाओं पर बहुत भरोसा किया। उनकी पुस्तक में खुदा और बहिश्त का अनेक बार उल्लेख है। इसका कारण गोलकनाथदास न रहे होंगे। सम्भव है, कुछ हिन्दुस्तानी लेबेदेव ने अपने बावर्ची लस्कर मुहम्मद से सीखी हो। यदि उन्होंने केवल गोलकनाथदास या लस्कर मुहम्मद से हिन्दुस्तानी सीखी होती तो उनकी पुस्तक एक विशेष देशकाल में एक व्यक्ति विशेष की बोली का विवरण देने वाला अनुपम दस्तावेज होती। वैसा नहीं हुआ। उन्होंने अनेक सूत्रों से अनेक क्षेत्रों में व्यवहार में आनेवाली हिन्दुस्तानी के नमूने इकट्ठे किए। इससे उनकी पुस्तक का महत्त्व और भी बढ़ गया। विशुद्ध भाषाविज्ञानी उसमें बहुत से दोष पाएँगे पर जो लोग सामाजिक सन्दर्भ में भाषा का अध्ययन करते हैं, उनके लिए उस समय के अन्य हिन्दी व्याकरणों की तुलना में यह पुस्तक अधिक मूल्यवान सिद्ध होगी।

पुस्तक में दिए हुए उदाहरण फ़ारसी के प्रचलित शब्दों का बहिष्कार नहीं करते। लेबेदेव मिली-जुली बोली का व्याकरण लिख रहे हैं। बोली मिश्रित है पर लिपि अमिश्रित है। कारण यह है कि फोर्ट विलियम कालेज की स्थापना अभी नहीं हुई। नागरी लिपि को अपदस्थ करके बड़े पैमाने पर फ़ारसी लिपि चलाने का प्रयत्न अभी सफल नहीं हुआ। फ़ारसी लिपि का व्यवहार होता है पर बहुत सीमित क्षेत्रों में। व्यापक रूप से व्यवहार अभी नागरी लिपि का ही होता है। यही कारण है कि लेबेदेव संस्कृत वर्णमाला और नागरी लिपि सीखने पर इतना ज़ोर देते हैं। इनके मुख्य शिक्षक बंगाली हैं। वह संस्कृत बंगाली ढंग से पढ़ते हैं, तत्सम शब्दों का बंगाली ढंग से उच्चारण करते हैं पर कलकत्ते के बुद्धिजीवियों ने अभी हिन्दी और नागरी लिपि से घृणा करना नहीं सीखा। 18वीं सदी के अन्तिम चरण में एक रूसी कलाकार को एक बंगाली सज्जन हिन्दी सिखा रहे हैं, और पुस्तक लंदन में छप रही है, यह घटना अपने आपमें अन्तरराष्ट्रीय महत्त्व की है।

आज बंगाल उन प्रदेशों की पाँति में सबसे आगे है जिनमें पूँजीवादी अन्ध जातीयता का विष चारों तरफ बुरी तरह फैल गया है। लेबेदेव के समय कलकत्ते की जो भाषायी स्थिति थी, आज के भद्र लोक उसकी कल्पना नहीं कर सकते। लेबेदेव से पहले हैडले और फर्गुसन नाम के दो अंग्रेज़ों ने हिन्दुस्तानी का व्याकरण लिखा था। डा. चाटुर्ज्या के अनुसार ये व्याकरण बाज़ार हिन्दुस्तानी के थे। उसी बाज़ार हिन्दुस्तानी का व्याकरण लेबेदेव ने भी लिखा। डा. चाटुर्ज्या ने बहुत सही लिखा है कि कलकत्ते में बंगाली तथा अन्य जन जिस बाज़ार हिन्दुस्तानी का प्रयोग करते थे, ख़ास तौर से यूरुपवालों के साथ जिसका व्यवहार करते थे, उसकी स्थिति के बारे में विवेकशील अनुसंधानकर्त्ता को लेबेदेव की पुस्तक से कुछ मूल्यवान बातें मालूम होंगी। यहाँ ध्यान देने की बात है कि कलकत्ता जैसे बहुजातीय, बहुभाषाभाषी नगर में जो भाषा देशी और विदेशी सभी तरह के लोगों के आपसी व्यवहार की भाषा थी, वह बाज़ार हिन्दुस्तानी थी। डा. चाटुर्ज्या ने लिखा है कि कलकत्ते की जो भाषायी स्थिति उस समय लेबेदेव ने अपने मन में बनाई, वह यह थी कि वहाँ एक मिश्रित बोली का चलन है, जिसे हम अब कलकत्ते की बाज़ार

हिन्दुस्तानी कहेंगे, और वह समझते थे कि इस मिश्रित बोली के अधिक शुद्ध रूप भी कहीं विद्यमान हैं, "किन्तु उनकी पुस्तक से पता चलता है कि उन्हें मानक या सही हिन्दुस्तानी का ज्ञान नहीं था। यह एक तरह से बंगाली और संस्कृत के साथ मिलाई हुई बोली है।" डा. चाटुर्ज्या के अनुसार गोलकनाथदास को शुद्ध व्याकरण-सम्मत हिन्दुस्तानी का ज्ञान नहीं था। बातचीत के जो उदाहरण दिए गए हैं, उनसे पता चलता है कि व्याकरण लिखनेवाले की पकड़ भाषा पर ढीली है "और बंगाली शब्द और बंगालीपन की मिसालें बार-बार देखने को मिलती हैं।"

ये सारे दोष एक तरह से पुस्तक के गुण हैं। जहाँ भी हिन्दी अपने प्रदेश से बाहर व्यवहार में आई है, वहाँ उसने स्थानीय भाषाओं का प्रभाव ग्रहण किया है। शुद्धतावादी विद्वान् इस प्रक्रिया का महत्त्व नहीं समझ पाते। बम्बइया हिन्दुस्तानी की तरह कलकतिया हिन्दुस्तानी, राष्ट्रभाषा के रूप में, हिन्दी के सहज विकास का सबसे पुष्ट प्रमाण है। यह पुष्ट प्रमाण-18वीं सदी के उत्तरार्द्ध में, जब भारत पर पूरी तरह अंग्रेज़ी राज कायम न हुआ था, बहुत साफ दिखाई देता है। राष्ट्रभाषा के रूप में इस प्रक्रिया को उलट देने की भरपूर कोशिश अंग्रेज़ों ने की। उस साम्राज्यवादी परम्परा से प्रभावित भारत के आधुनिक बुद्धिजीवी यह समझने में असमर्थ हैं कि सरतोड़ कोशिश करने पर भी अंग्रेज़, बम्बइया हिन्दुस्तानी या कलकतिया हिन्दुस्तानी या दक्षिण भारत की दकनी के रूप में व्यवहृत, राष्ट्रभाषा हिन्दी का अस्तित्व मिटा नहीं पाए। इस राष्ट्रभाषा का एक मानक रूप है जैसे ब्रिटिश अंग्रेज़ी का एक मानक रूप है। पर उसके साथ जनसाधारण के व्यवहार में, अन्य भाषाओं के तत्त्व लेती हुई, अनेक रूपों में राष्ट्रभाषा हिन्दी प्रचलित है। इस सारी सहज, ऐतिहासिक रूप से अनिवार्य, प्रक्रिया के विरोध में राजनीति और भाषाविज्ञान के पंडितों द्वारा अंग्रेज़ी भाषा खड़ी की गई है।

लेबेदेव के व्याकरण में शब्दों का उच्चारण भी अधिकतर बंगाली ढंग का है। वेदान्त, वर्ण, व्याकरण रूप बदलकर वेदान्तो, बोर्नो, बेइआकोरोन दिखाई देते हैं। विसर्ग और कारक वेशोर्गो, कारोक बन जाते हैं। महाप्राणता अधिकतर अल्पप्राणता में बदल जाती है। पहला शब्द का रूप बदलकर पोइला या पइला हो जाता है। इसी तरह खजान्ची—कजान्ची, जगन्नाथ—जगन्नात, बहुत—बोउत हो जाते हैं। यकार का रूप-परिवर्तन बेइआकोरोन के अलावा दोइआशेन्धो (दयासिन्धु) में देखा जाता है। बंगला का जातीय उच्चारण तत्सम, तद्भव, फ़ारसी शब्दों को समभाव से देखता है। बित्तो, चित्तो, पुत्रो, नोपून्शोक लीड़्.गो के साथ मोरोद, जोबान, खोदा, जोमीन जैसे शब्द रूप हैं। बंगला के कोछ (कुछ), जेग्गेशा (जिज्ञासा) तो हैं ही। हमारा जोबान हय, हम होने सकूता, हम होने सकेगा—इस तरह के वाक्य कलकत्ते में सुनने को अब भी मिल सकते हैं, कलकत्ते के बाहर भी। इनके साथ तुम होने सकूतो, ऊअ (वह) होने सकूतय—इस तरह के वाक्य लेबेदेव के गढ़े हुए जान पड़ते हैं। व्याकरण में स्त्रीलिंग की चर्चा बहुत कम है। बंगाल में सामग्री संग्रह करने के कारण यह भी स्वाभाविक है। किन्तु कुछ वाक्यों में लेबेदेव ने कर्मकारक क्रिया के बाद रखा है : हम पिआर कोरके भोलोनात। यहाँ भोला का भोलो

भी उन्होंने अपने मन से किया है और क्रिया के बाद भोलानाथ की स्थापना अंग्रेज़ी वाक्य विन्यास की नकल करते हुए की है। इस वाक्य का अंग्रेज़ी रूपान्तर दिया है : I love Bholo Nat!

यूरुपवाले भारत की जिस विशेषता से बहुत आकर्षित थे, वह लेबेदेव के इस वाक्य में प्रतिबिम्बित है : पूरुब का मुलोक में बोथ (बहुत) दौलत हय। पश्चिम के मुल्कों में भी दौलत है पर बहुत दौलत तो पूरब में ही है। इसलिए पश्चिम का व्यापारी भारत में आकर इस तरह के वाक्य सीखता है : यह एक हुंडी तुमारे पास आता है; अब तोक इसका वक्त गया नय साहब; तो कब तोक इसका मुद्दोत असगेन (Then when will it be due?); आठ रोज़ बाद। (ये वाक्य रोमन लिपि से ज्यों के त्यों नागरी में रूपान्तरित नहीं किए गए। उद्देश्य हुंडी सम्बन्धी बातचीत से परिचित कराना भर है।) हुंडी और व्यापार के अलावा कलकत्ता अंग्रेज़ी फौज का अड्डा था। बंगाल आर्मी में हिन्दी प्रदेश के सिपाही थे। फौज में हिन्दी शब्दों का चलन था। ख़बरदार कंधा सामने, ख़बरदार घूमने को आदमी लोग; चलने का छोटा कदम; सरदार लोग हुकुम देओ; चले जा बराबर; खड़े हो सीधा; देखो दाहिने—इस तरह के वाक्यों से उस समय फौज के भीतर हिन्दी के व्यवहार का पता चलता है। व्यापार से लेकर फौज तक सारी सूचनाएँ अनेक सूत्रों से प्राप्त की होंगी। किन्तु निम्न प्रकार के वाक्य उन्होंने बाज़ार में सुने होंगे : क्या सुथरा वक्त है आज; हम लोग घर में रहेंगे; महरबान, यह राह है कलकत्ता में जाने को; देखाओ राह हमको; तुमारा मेहनत का वास्ते हम कुछ देओगे तुमको (यहाँ भी रोमन लिपि से वाक्यों का रूपान्तर ज्यों का त्यों नहीं किया गया।)

पुस्तक के अन्त में लेबेदेव ने कुछ उपयोगी शब्दों की सूची दे दी है। इनमें दियासलाई, जहाज़, किश्ती, धरती, नगर, ग्राम, हाट, बाज़ार आदि शब्द हैं जो कलकत्ते के बाज़ार में रोज़ सुने जा सकते थे। लंगर छोड़ देना, लंगर उठाना जैसे कुछ पारिभाषिक मुहावरे हैं जिनके लिए 1950 के बाद भारत में कुछ लोगों ने नए पर्यायवाची शब्द अवश्य गढ़े होंगे। लेबेदेव जब खजाने को काजना लिखते हैं तब प्रथम वर्ण पर बलाघात उनके बंगाली सूचनादाता की ओर संकेत करता है। फौज से सम्बन्धित शब्दावली उन्हें गोलकनाथदास से न मिली होगी, भले ही फौज से सम्बन्धित किसी अन्य बंगाली ने उन्हें ये शब्द बताए हों। हिरावल, गिरदावर, कुर्ती का झब्बा, टोंटा, बुकनी जैसे शब्द इस ज़माने में कुछ लोगों को अजनबी लग सकते हैं। बन्दूक का गोली के साथ तोपेर गुली भी है जो बंगाली स्रोत की ओर संकेत करती है।

लेबेदेव कलाकार थे। कलकत्ते में कुछ अंग्रेज़ों को संगीत की शिक्षा देते थे। कलकत्ते में नाटकघर बनवाकर बंगला भाषा में दो अंग्रेज़ी नाटकों के अनुवाद उन्होंने मंच पर दिखाए थे। ये अनुवाद अवश्य ही उन्होंने किसी दूसरे से कराए होंगे। उनकी योजना थी कि नाटकघर में अंग्रेज़ी नाटक भी दिखाएँ किन्तु ईस्ट इंडिया कम्पनी के अंग्रेज़ों का अपना नाटकघर था। शायद व्यापार में होड़ से डरकर कुछ तरकीबों से काम लेकर अंग्रेज़ों ने इन्हें कलकत्ता छोड़ने पर विवश किया। लेबेदेव को अंग्रेज़ी राज पसन्द

नहीं था और उन्होंने अन्यत्र उसकी कड़ी आलोचना की है। साथ ही भारतीय जनता के हृदय में उस समय भी अंग्रेज़ों के प्रति जो तीव्र घृणा का भाव था, उसका उल्लेख किया है। साथ ही वह कोई साम्राज्यविरोधी लेखक न थे। उन्हें विश्वास था कि भारत पर रूसियों का आधिपत्य होगा। इस सन्दर्भ में उन्होंने कुस्तुन्तुनिया के बाद शाह लियो की घोषणा का ज़िक्र किया है कि सुनहले बालों वाली जाति मुसलमानों को निकाल बाहर करेगी और किन्हीं डाक्टर प्रिदोस की भविष्यवाणी का उल्लेख किया है कि मौस्कोवाले विजेता होंगे। (पृष्ठ 18)। पर भाषा-सम्बन्धी कुछ बातें उनकी कलाकार दृष्टि देख लेती थी जिन्हें पादरी लोग न देख पाते थे। जिस हिन्दुस्तानी भाषा का उन्होंने अध्ययन किया था, उसके बारे में उन्होंने अन्यत्र यह भी लिखा था कि इस भाषा का व्यवहार सारे भारत में ही नहीं होता वरन् उन जिप्सियों के बीच भी होता है जो सारी दुनिया में फैले हुए हैं और जिनका उद्‌भव हिन्दुस्तानी कबीलों से हुआ है। (पृष्ठ 11)। मुझे नहीं मालूम, लेबेदेव से पहले किसी ने यूरुप की जिप्सी भाषाओं से हिन्दी का सम्बन्ध जोड़ा था या नहीं। जोड़ा हो, तो भी लेबेदेव का यह कथन ऐसे प्राथमिक उल्लेखों में होगा। जिप्सियों के भारतीय उद्‌भव के बारे में लोग जानते थे, विशेषता यहाँ हिन्दी से सम्बन्ध जोड़ने में है। ख़ासतौर से जो जिप्सी रूस में बस गए थे, उनकी भाषा का मूलाधार हिन्दी थी, जिस पर प्रसिद्ध रूसी विद्वान् बरान्निंकोव ने शोध-कार्य किया था। शोध की उस दिशा की ओर पहले लेबेदेव ने संकेत किया था।

समाज-भाषाविज्ञान

पिछले कुछ वर्षों में भाषाविज्ञान की एक नई शाखा का उद्‌भव और विकास हुआ है। इसे सोशियोलिंग्विस्टिक्स अथवा समाजी भाषाविज्ञान नाम दिया गया है। चोम्स्की से आरम्भ होकर जो भाववादी विश्लेषण-पद्धति आगे बढ़ी थी, इसे उसकी प्रतिक्रिया कहा जा सकता है। यदि भाषा का व्याकरण सार्वदेशिक और सार्वकालिक है, उसके मूल तत्त्व अपरिवर्तनशील हैं, तो व्याकरण के लिए बदलते हुए सामाजिक सन्दर्भों का कोई महत्त्व नहीं है। इसके सिवा चोम्स्की और उनके अनुवर्ती भाषाविज्ञानी जब अंग्रेज़ी, रूसी या अन्य किसी भाषा का विश्लेषण करने बैठते हैं, तब वे भाषा का एक आदर्श मानक रूप सामने रखते हैं जो व्यवहार की दृष्टि से बहुत कुछ कल्पित होता है। विलियम ब्राइट ने 'सोशियोलिंग्विस्टिक्स' (मूटों, हेग, 1971) में इस बात की ओर ध्यान दिलाया है कि पुराना भाषाविज्ञान भाषा की संरचना को समरूपी मानकर चलता था। किसी भी भाषा के बोलनेवाले समाज में जो व्यवहारगत अनेक भेद दिखाई देते हैं, उन्हें अवांछनीय समझकर एक ओर हटा दिया जाता था। समाजी भाषाविज्ञान ने दावा किया कि ये भेद अकारण नहीं हैं, वरन् समाजगत भेदों से उनका सम्बन्ध है और इस तरह के सम्बन्ध का विश्लेषण करके उसे नियमबद्ध किया जा सकता है। समाजी भाषाविज्ञान ने समरूपता के स्थान पर विषमरूपता पर जोर दिया। बोलीविज्ञान-विशारद इसी बात पर

19वीं सदी से ज़ोर देते आ रहे थे।

19वीं सदी में, विशेषकर उस शताब्दी के उत्तरार्द्ध में, जिस ऐतिहासिक भाषाविज्ञान का विकास हुआ, उसमें भाषा की आदर्श समरूपता पर ही ज़ोर दिया गया था। दरअसल वर्णनात्मक भाषाविज्ञान और परिणामी भाषाविज्ञान के आचार्यों ने—ब्लूमफील्ड और चोम्स्की ने—अपनी विश्लेषण-पद्धति में भाषा के प्रति प्रायः वही दृष्टिकोण अपनाया था जो 19वीं सदी के ऐतिहासिक भाषाविज्ञानियों में प्रचलित था। यह भी एक कारण है कि आधुनिक भाषाविज्ञान में नई-नई विश्लेषण-पद्धतियों का विकास हो जाने पर भी ऐतिहासिक भाषाविज्ञान की मान्यताओं में—उसके मुख्य निष्कर्षों में—अभी तक कोई परिवर्तन नहीं हुआ। कुछ समाजी भाषाविज्ञानी यह अनुभव करने लगे हैं कि 19वीं सदी से भाषाविज्ञान का जो सिलसिला चला आ रहा है, वह भाषा की व्यवहारगत विविधता की उपेक्षा करने के कारण दोषपूर्ण है। यह अनुभव गुम्पर्ज़ के लेखन में साफ़ दिखाई देता है। गुम्पर्ज़ और हाइम्स ने एक पुस्तक सम्पादित की है—**डिरेक्शन्स इन सोशियोलिंग्विस्टिक्स** (होल्ट, राइन हार्ट एण्ड विन्स्टन, 1972)। इसकी भूमिका में गुम्पर्ज़ ने लिखा है कि 19वीं सदी के नव्य व्याकरणपन्थियों ने ध्वनि-परिवर्तन सम्बन्धी जो सिद्धान्त स्थिर किए, उनसे भाषाओं का प्रत्यक्ष विवरण देने की प्रेरणा मिली अर्थात् भाषाविज्ञानियों ने समकालीन भाषाओं का अध्ययन, व्यवहार क्षेत्र में उनका परिचय पाकर, किया। नव्य व्याकरणपन्थी समझते थे कि ध्वनि-परिवर्तन-सम्बन्धी नियम प्राकृतिक विज्ञान के नियमों के समान अटल हैं और उनमें कोई अपवाद नहीं होता। तब बोलीविज्ञान-विशारदों ने कहा कि किसी भाषा के प्राचीन रूप नियमानुसार बदलते रहे हैं तो बोलियों की सीमाएँ साफ़-साफ़ और अलग-अलग दिखाई देनी चाहिए, और ये सीमाएँ उन्हीं नियमित ध्वनि-परिवर्तनों के अनुरूप होनी चाहिए, परन्तु व्यवहार जगत् में स्थिति इससे भिन्न थी। कुछ विद्वान् नव्य व्याकरणपन्थियों की पद्धति अस्वीकार करते थे और उन्होंने मानव-समुदायों के अभियानों, एक प्रदेश छोड़कर दूसरे प्रदेश में उनके आवास, एक समाज द्वारा दूसरे समाज को पराजित किया जाना, दो भाषाओं का मिश्रित होना आदि बातों पर ज़ोर दिया। गुम्पर्ज़ कहते हैं कि 1875 से 1940 तक इन समस्याओं पर जो कुछ लिखा गया है, वह अक्सर अटकलपन्थी है और प्रमाण रूप में तथ्य-सामग्री बहुत कम है, फिर भी उससे यह विदित हो गया कि भाषा मूलतः एक सामाजिक प्रपंच है, इसलिए भाषा-सम्बन्धी परिवर्तन के लिए सामाजिक उपादानों का विवरण प्रस्तुत करना आवश्यक है; इस तरह पहले प्राणिशास्त्रीय या भौगोलिक नियमितता की जो धारणाएँ प्रचलित थीं, वे ग़लत साबित हुईं। दूसरे शब्दों में समाजों के आपसी सम्बन्धों को और सामाजिक विकास की प्रक्रिया को समझे बिना भाषा का ऐतिहासिक विवेचन करना सम्भव नहीं है।

बोलीविज्ञान और समाजी भाषाविज्ञान में गहरा सम्बन्ध है, इसका प्रमाण उक्त भूमिका में गुम्पर्ज़ द्वारा इस बात का उल्लेख भी है कि भाषागत परिवर्तन जहाँ सामाजिक उपादानों के कारण हुए हैं, वहाँ आधुनिक समाजविज्ञानी के लिए सबसे दिलचस्प

तथ्य-सामग्री, और सबसे विस्तृत विवरण वाली सामग्री, बोलियों के उस सर्वेक्षण से प्राप्त हुई है जो 20वीं सदी के प्रथम चरण में किया गया था। इसलिए यह कहना असंगत न होगा कि नव्य व्याकरण-पन्थियों के अनुवर्ती हैं विवरणात्मक भाषाविज्ञान वाले तथा परिणामी व्याकरण वाले; बोलीविज्ञान और बोली सर्वेक्षण वालों के अनुवर्ती हैं ये समाजी भाषाविज्ञान वाले। किन्तु इनमें कुछ लोग जहाँ भाषा की विविधता का विश्लेषण करते हुए बोलियों पर ध्यान देते हैं, वहाँ दूसरे लोग जिस तरह की विविधता का विवेचन करते हैं, उसे शैली तात्त्विक विवेचन कहा जा सकता है। बोली शब्द की स्पष्ट परिभाषा का यहाँ अभाव है क्योंकि जातीय गठन सम्बन्धी विवेचन किया ही नहीं गया। जिसे मानक भाषा कहा जाता है, वह आधुनिक समाजों में जातीय भाषा होती है। इस जातीय भाषा के अनेक रूप हो सकते हैं, पुरानी लघु जातियों की भाषाएँ विद्यमान हो सकती हैं। दकनी जातीय भाषा हिन्दी की एक बोली है। कलकतिया हिन्दी, बम्बइया हिन्दी जातीय भाषा के दो रूप हैं, हिन्दी की दो बोलियाँ हैं। इनसे भिन्न कोटि में ब्रजभाषा, अवधी, भोजपुरी आदि पुरानी लघु जातियों की भाषाएँ हैं जो अब जातीय भाषा हिन्दी की उपभाषाएँ अथवा बोलियाँ बन गई हैं। किसी भी तरह की बोली हो, जातीय भाषा से भिन्न उसका बोली होना इस बात पर निर्भर है कि उसके ध्वनि-तंत्र, शब्द-भंडार और वाक्यतंत्र की अपनी विशेषताएँ हैं। किन्तु यदि कोई व्यक्ति एक सामाजिक सन्दर्भ में तू सर्वनाम का व्यवहार करता है और अन्य संदर्भ में तुम या आप का व्यवहार करता है, तो यह व्यवहार-भेद एक ही भाषा अथवा एक ही बोली के अन्तर्गत माना जाएगा, उसे बोली-भेद न कहकर शैली-भेद कहना अधिक उपयुक्त होगा। ब्राइट द्वारा सम्पादित **सोशियोलिंग्विस्टिक्स** पुस्तक में रूसी सर्वनामों के व्यवहार पर जो लेख प्रकाशित है, उसमें इसी तरह का शैली तात्त्विक विवेचन है। गुम्पर्ज़ द्वारा सम्पादित पुस्तक में बर्न्स्टाइन ने अपने निबन्ध में यह बताया है कि किसी भी समाज में मनुष्य जो कुछ कहता है, उसे कैसे कहता है ,और कब कहता है, यह सामाजिक सम्बन्धों पर निर्भर है; ये सम्बन्ध निश्चित करते हैं कि शब्द-चयन और वाक्य-रचना के स्तर पर वह किस तरह की भाषा सामग्री का व्यवहार करता है। यहाँ स्पष्ट है कि विवेचन का ध्यान सामाजिक सन्दर्भ के अनुसार, एक ही भाषा या बोली के व्यवहार में, शैलीगत भेद की ओर है। शैली-भेद और बोली-भेद को साफ़-साफ़ अलग न करने के कारण समाजी भाषाविज्ञान में उलझनें पैदा होना स्वाभाविक था।

कुछ समाजशास्त्री पहले समाजी भाषाविज्ञान की ओर झुके, फिर उन्होंने इसे अपूर्ण समझकर भाषा के समाजशास्त्र का नाम देकर विवेचन को अधिक व्यापक और वैज्ञानिक बनाने का प्रयत्न किया। फिशमैन ने इस विषय की एक पुस्तक दो खंडों में सम्पादित की है जिसका नाम है—**ऐडवान्सेज़ इन द सोशियोलौजी ऑफ लैंग्वेज** (मूटों, हेग़, 1971)। इसकी भूमिका में उन्होंने इस बात की कैफियत दी है कि सोशियोलिंग्विस्टिक्स की जगह सोशियोलौजी ऑफ लैंग्वेज का व्यवहार करना क्यों अधिक उपयुक्त है। उनका कहना है कि समाजी भाषाविज्ञानी यह मानने लगे हैं कि जब सामान्यतः

भाषाविज्ञान यह स्वीकार कर लेगा कि सामाजिक सन्दर्भों के बिना भाषा का विश्लेषण सम्भव नहीं है, तब भाषाविज्ञान शब्द से ही काम चल जाएगा, लिंग्विस्टिक्स में अलग से सोशियो जोड़ने की आवश्यकता न होगी। फिशमैन के मत से, जिन लोगों ने समाजी भाषाविज्ञान का नामकरण संस्कार किया था, वही अब उसे निरस्त कर रहे हैं, या आगे कर देंगे। पर समाजशास्त्र के निरस्त होने का प्रश्न नहीं है, अतः 'भाषा का समाजशास्त्र' नाम चलेगा। भाषा के समाजशास्त्र ने इस बात पर ज़ोर दिया है कि भाषाविज्ञान और समाजशास्त्र, इन दोनों विज्ञानों को मिलकर काम करना चाहिए। यह धारणा स्वागत योग्य है। क्या प्रकृति में और क्या मानव समाज में, कोई भी प्रपंच किसी अन्य कोटि या वर्ग के प्रपंच से पूर्णतः भिन्न नहीं होता। अमरीकी भाषाविज्ञान का जन्म समाजशास्त्र की दुनिया में हुआ था। बोआस उस वैज्ञानिक विश्लेषण पद्धति के जनक हैं जिसमें भाषा और समाज के परस्पर सम्बन्ध को—अतः भाषाविज्ञान और समाजशास्त्र की परस्पर सम्बद्धता को—विवेचन का आधार बनाया गया है। फिशमैन उसी जगह लौट आए हैं जहाँ 70 साल पहले बोआस मौजूद थे। कोई ऐसी निषेध-भावना काम कर रही है जो अमरीकी भाषाविज्ञान को पुरानी राहों में चक्कर खिलाकर यह भ्रम उत्पन्न करती है कि वह बड़ी तेज़ी से प्रगति कर रहा है। इस निषेध भावना का सामाजिक सन्दर्भ पूँजीवादी व्यवस्था है जिसकी सीमाएँ लाँघने में समाजशास्त्री और भाषाविज्ञानी स्वयं को असमर्थ पाते हैं।

भारत की भाषा-समस्याएँ

बोआस से लेकर फिशमैन तक—ब्लूमफील्ड और चोम्स्की समेत—किसी भाषाविज्ञानी ने अभी सामाजिक सन्दर्भ में भाषा के प्रत्येक स्तर, भाषाविज्ञान के प्रत्येक विभाग का विवेचन प्रस्तुत नहीं किया। किसी भी भाषा में जिन ध्वनियों का व्यवहार होता है और जिस ढंग से होता है, वह सब एक विकास-प्रक्रिया का परिणाम है। प्रत्येक भाषा का जो मूल शब्द-भंडार है, उसकी जो व्याकरण-व्यवस्था है, वह भी विकास-प्रक्रिया का परिणाम है। यह प्रक्रिया आन्तरिक विरोधों से प्रेरित होती है और बाह्य विरोधों से भी। कोई भी भाषा या भाषा-परिवार एकान्त शून्य में निर्मित और विकसित नहीं होता। सामाजिक सन्दर्भ की यह विशेषता समझे बिना जब भाषाविज्ञानी भाषागत परिवर्तनों की व्याख्या करने चलते हैं तब ब्यौरे के रूप में छोटी-मोटी बातें वे अवश्य इकट्ठी कर लेते हैं पर किसी भी भाषा के विकास की व्याख्या नहीं कर पाते।

भारत में अनेक भाषा-समस्याएँ ऐसी हैं जिनका सम्बन्ध ऐतिहासिक भाषाविज्ञान से है। आर्य भाषा-परिवार और द्रविड़ भाषा-परिवार, दो भिन्न, निरपेक्षतः अलग जन-समुदायों के भाषा-परिवार हैं या अपने उद्भव काल से ही परस्पर सम्बद्ध रहे हैं? भारत के लिए यह समाजशास्त्र और भाषाविज्ञान दोनों का महत्त्वपूर्ण प्रश्न है। अमरीकी और ब्रिटिश भाषाविज्ञानियों के विवेचन में यह प्रवृत्ति और यह लक्ष्य अत्यन्त स्पष्ट है

कि द्रविड़ भाषा-समुदाय को विजित समाजों की भाषा सिद्ध किया जाए और द्रविड़ भारत को आर्य भारत से अलग किया जाए। किसी भी सम्प्रदाय का भाषाविज्ञानी हो, वह वर्तमान भारतीय सन्दर्भ में पुरानी मान्यताएँ दोहराता चला जाता है।

हमारे देश में साम्राज्यवादी प्रभुत्व और सामन्ती अवशेषों के कारण जातीय निर्माण की प्रक्रिया अवरुद्ध रही है। इसलिए यहाँ इस तरह के प्रश्न महत्त्वपूर्ण हैं कि ब्रज या बुन्देलखंड की भाषा किसी स्वतन्त्र जाति की भाषा है या हिन्दी भाषा की बोली है। सामन्ती व्यवस्था में लघु जातियों के निर्माण और पूँजीवादी व्यवस्था में उनके विघटन की प्रक्रिया समझे बिना इस प्रश्न का उत्तर नहीं दिया जा सकता। किन्तु अमरीकी-ब्रिटिश समाजशास्त्र और भाषाविज्ञान में यह समस्या सही-सही प्रस्तुत नहीं की गई, न उसका विवेचन किया गया है। यह एक सामान्य प्रक्रिया है जो पश्चिमी देशों में भी घटित हुई है, इस ओर उनका ध्यान नहीं गया।

हमारे यहाँ एक समस्या हिन्दी-उर्दू की है। इस समस्या पर गुम्पर्ज़ और नईम ने कुछ लिखा। फिर उस मार्ग पर चलते हुए पूना के अशोक रामचन्द्र केलकर ने जो कुछ लिखा, उसमें इस बात की पहचान नहीं है कि हिन्दी और उर्दू किसी एक जाति की भाषा हैं। **स्टडीज़ इन हिन्दी-उर्दू** (पूना, 1968) में सुनीतिकुमार चाटुर्ज्या की तरह केलकर हिन्दी जाति का अस्तित्व अस्वीकार करते हैं। उनका कहना है कि पंजाबी, सिन्धी, गुजराती, मराठी आदि भाषाओं के सुनिश्चित प्रदेश हैं किन्तु हिन्दी-उर्दू का कोई अपना प्रदेश नहीं है। हिन्दी क्षेत्र की जनपदीय भाषाओं का उल्लेख वह स्वतन्त्र जातीय भाषाओं के रूप में करते हैं। इस सन्दर्भ में डा. सुनीतिकुमार और डा. केलकर में अन्तर यह है कि डा. सुनीतिकुमार पहले हिन्दी जाति और उसके क्षेत्र का अस्तित्व बहुत अच्छी तरह जानते-पहचानते थे और उसका स्पष्ट वर्णन करते थे। स्वाधीनता प्राप्ति के बाद जैसे-जैसे प्रादेशिक पूँजीवादी राष्ट्रवाद ने सिर उठाया, वैसे-वैसे ये पुरानी मान्यताएँ बदलने लगीं। डा. केलकर ने इस समस्या पर तब लिखा जब यह प्रादेशिक पूँजीवादी राष्ट्रवाद हिन्दी द्वेष की आग भड़का रहा था और अमरीकी साम्राज्यवाद को इस बात से विशेष दिलचस्पी हो गई थी कि भारत सुदृढ़ और शक्तिशाली राष्ट्र के रूप में संगठित होकर आगे न बढ़े।

समाजी भाषाविज्ञानी भाषा के सामाजिक सन्दर्भ पर बहुत जोर देते हैं पर भारतीय सन्दर्भ के विवेचन में वे एक बात का उल्लेख नहीं करते : भारत में अंग्रेज़ी भाषा सिखाने पर कितना अमरीकी और ब्रिटिश धन व्यय किया गया है, भारत के अर्थतंत्र, राज्यतंत्र को अमरीकी प्रभाव क्षेत्र में लाने के लिए कितना प्रयत्न किया गया है, और भारत के शिक्षा-केन्द्रों में अमरीकी प्रभाव का विस्तार करने के लिए निरन्तर कितना प्रयास किया जा रहा है। फलतः विश्वविद्यालयों में पढ़ाया जाने वाला भाषाविज्ञान और इन विद्यालयों से सम्बद्ध भाषावैज्ञानिक शोधकार्य अधिकांशतः अमरीकी भाषाविज्ञान की शाखा मात्र बनकर रह गया है। जहाँ सामाजिक सन्दर्भों के विश्लेषण की बात आती है, वहाँ इन भारतीय भाषाशास्त्रियों के विज्ञान में और अमरीकी पंडितों के ज्ञान में ज़्यादा अन्तर नहीं रह जाता। कुछ बातों में भारतीय शिष्य गुरु से भी आगे बढ़ जाता है। अमरीकी

भाषाविज्ञानी भले ही 'इंडिया' को एक भाषागत इकाई मानें, अशोक रामचन्द्र केलकर को इस तरह इंडिया शब्द का प्रयोग पसन्द नहीं है, उसकी जगह वह साउथ एशिया लिखना पसन्द करते हैं। ["In the linguistic (as well as cultural) area of **South Asia** (don't loosely call it India, as some do)..." पृ. 18]।

हिन्दी जाति और राष्ट्रीय एकता

यह बात अब बहुत साफ़ है कि जो लोग हिन्दी जाति का अस्तित्व अस्वीकार करते हैं और हिन्दी भाषा की एकता खंडित करना चाहते हैं, वे कहीं न कहीं भारत की राष्ट्रीय एकता का भी विरोध करते हैं। कारण यह है कि इस राष्ट्रीय एकता को सुदृढ़ करने का माध्यम हिन्दी है। ब्राइट द्वारा सम्पादित **सोशियोलिंग्विस्टिक्स** में एक निबन्ध केली का हिन्दी की लिंगुआ-फ्रान्का स्थिति पर है। जनगणना के आँकड़ों के आधार पर उन्होंने यह मत प्रकट किया है कि मद्रास तथा कलकत्ता जैसे नगरों में हिन्दी के लिंगुआ-फ्रान्का होने का कोई प्रमाण नहीं हैं। निबन्ध पर विचार-विनिमय के दौरान साइनबोर्डों की बात आई और केली ने कहा कि ये प्रादेशिक भाषाओं में होते हैं और अंग्रेज़ी में होते हैं, "और शायद यह इस बात का बहुत अच्छा सूचक है कि लिंगुआ-फ्रान्का के रूप में अंग्रेज़ी भाषा कायम रखी जाएगी।" ऊपर से देखने में लगता है कि यह परिस्थिति का तटस्थ और यथार्थवादी विवरण है किन्तु इस परिस्थिति को उत्पन्न करने के लिए करोड़ों डालर पहले ही खर्च किए जा चुके थे, यह बात गुप्त रखी जाती है। जब तमिलनाडु में हिन्दी-विरोधी और अलगाववादी आन्दोलन चला, तब उसे प्रत्यक्ष और अप्रत्यक्ष रूप से बढ़ावा देने में अमरीकी साम्राज्यवादी सबसे आगे थे।

देखना चाहिए कि सोवियत संघ के बारे में, वहाँ की भाषा समस्या के बारे में इन विद्वानों के क्या विचार हैं। फिशमैन द्वारा सम्पादित, ऊपर उल्लिखित पुस्तक के दूसरे खंड में लीविस का एक लेख है जिसमें आबादी के स्थानान्तरित होने के सन्दर्भ में भाषा-समस्या पर विचार किया गया है। लेखक ने यह दिखाने का प्रयत्न किया है कि रूसी भाषा हर जगह जातीय भाषाओं के क्षेत्र में दख़लंदाज़ी कर रही है। आबादी के स्थानान्तरण से यह स्थिति पैदा हो गई है कि लोगों का अपनी भाषा से प्रेम नष्ट नहीं हो गया तो कम अवश्य हो गया है। साथ ही लेखक ने यह भी माना है कि सोवियत संघ की जातियों में जो चीज़ प्रेक्षक का ध्यान सर्वाधिक आकर्षित करती है, वह विभिन्न जातियों की अपनी भाषा के व्यवहार के प्रति आसक्ति है। बड़े-बड़े शहरों में भी स्थानान्तरित आबादियाँ अपनी भाषाओं के अनुसार संघबद्ध हो जाती हैं और अपनी जातीय विशेषताओं की रक्षा करते हुए, शिक्षा के माध्यम के रूप में, अपनी जातीय भाषाओं का व्यवहार करती हैं।

अंग्रेज़ी में राष्ट्र के लिए कोई शब्द नहीं है। बहुजातीय राष्ट्रीयता की धारणा को अंग्रेज़ी भाषा द्वारा व्यक्त करना सम्भव नहीं है। पेट्रिओटिक और पेट्रिओटिज़्म शब्द

अंग्रेज़ी में हैं पर लैटिन पात्रिअ शब्द से ये रूप बने हैं, उसका व्यवहार अंग्रेज़ी में नहीं होता। अमरीकी भाषाविज्ञान अपना आधा कौशल नए-नए पारिभाषिक शब्द गढ़ने में दिखाता है, किन्तु भारत और सोवियत संघ जैसे बहुजातीय राष्ट्रों के सन्दर्भ में उसने 'राष्ट्र' के लिए कोई पारिभाषिक शब्द गढ़ने का विचार नहीं किया। वैसे अमरीका भी बहुजातीय राष्ट्र है, इस अर्थ में ही नहीं कि वहाँ यूरुप की भाषाएँ बोलनेवाले अल्पसंख्यक लोग रहते हैं, वरन् इस अर्थ में भी कि वहाँ के मूल निवासी अपनी भाषाएँ बोलते हैं और उनके लिए निरन्तर संघर्ष करते रहे हैं। संयुक्त राज्य अमरीका की भूमि पर इनका हक पहले है और गोरे अमरीकियों का बाद को। उस देश में एक 'नेशन' नहीं रहती, भले ही गोरी जाति ने अपने दबाव से दूसरी जातियों को रंगमंच पर पीछे ठेल दिया हो। अमरीकी भाषाविज्ञानियों को यह प्रक्रिया बहुत स्वाभाविक लगती है कि उनके देश में आकर बसनेवाले यूरुप और एशिया के लोग अंग्रेज़ी का व्यवहार करने लगते हैं और एक-दो पीढ़ी बाद उनके बच्चे अपनी भाषा भूल जाते हैं। और, उन्हें सोवियत संघ में यह बात बड़ी अनुचित जान पड़ती है कि सोवियत राष्ट्र की एकता का माध्यम रूसी भाषा है; और यद्यपि अमरीकी आदिवासियों के समकक्ष सोवियत संघ के गण-समाज शिक्षा-संस्कृति-राजनीति आदि क्षेत्रों में अपनी भाषाओं का व्यवहार करते हैं—जो अमरीकी आदिवासियों के लिए अभी सम्भव नहीं है—फिर भी उन्हें लगता है कि रूसी भाषा गैररूसी भाषाओं का नाश कर रही है।

इस बारे में किसी को सन्देह न होना चाहिए कि सोवियत राष्ट्र की जनता की सम्पर्क-भाषा रूसी है। इस भाषा के बिना सोवियत संघ में राष्ट्रीय एकता की स्थापना और उसकी सुरक्षा असम्भव है। अमरीकी भाषाविज्ञानियों की समझ में जैसे रूसी भाषा की भूमिका नहीं आती, वैसे ही भारत में राष्ट्रभाषा हिन्दी की भूमिका भी उनकी समझ में नहीं आती। किन्तु इज़राएल में हीब्रू की भूमिका उनकी समझ में आ जाती है। फिशमैन द्वारा सम्पादित उसी ग्रंथ में इज़राएल पर हौफ़मैन और फिशरमैन का निबन्ध इस बात का प्रमाण है। इज़राएलियों के लिए हीब्रू वैसे ही है जैसे हिन्दी-भाषियों के लिए संस्कृत या उससे अधिक दुरूह। कहा जाता है कि हिन्दी संस्कृत की पुत्री है। इस तरह हीब्रू की कोई पुत्री वहाँ नहीं है। प्राचीन गण-समाज की वह भाषा धर्मग्रन्थों में सुरक्षित रही और धार्मिक कार्यों में मंत्रपाठ की तरह उसका व्यवहार होता रहा। प्रचार यह किया जाता है कि इज़राएलियों की भाषा हीब्रू है पर राष्ट्र में अंग्रेज़ी, जर्मन, रूसी, चेक आदि अनेक भाषाएँ बोलनेवाले लोग हैं। वास्तविक स्थिति यह है कि अंग्रेज़ीभाषी यहूदियों का गुट राज्य-सत्ता पर हावी है और वह जो अंग्रेज़ी बोलता है, वह ब्रिटिश अंग्रेज़ी नहीं होती, अमरीकी अंग्रेज़ी होती है। अंग्रेज़ी पढ़ने-पढ़ाने और दैनिक जीवन में उसके व्यवहार के बारे में हौफ़मैन और फिशरमैन कहते हैं : "अधिकांश स्कूलों में पाँचवें दर्जे से लगाकर आगे तक अंग्रेज़ी अनिवार्य है। माँ-बाप अक्सर पाँचवें दर्जे तक पहुँचने से पहले ही बच्चों को अंग्रेज़ी की प्रारम्भिक शिक्षा देते हैं। इज़राएली स्कूलों के पाठ्यक्रम में फ्रांसीसी और अरबी भी स्वीकृत हैं किन्तु अपेक्षाकृत थोड़े ही लोग इनसे

लाभ उठाते हैं। अन्तर्राष्ट्रीय सम्बन्ध, यात्रा-कार्य, अमरीकी और ब्रिटिश यहूदी-समुदाय से घनिष्ठता, और व्यापार तथा विज्ञान की आवश्यकताएँ वर्तमान काल में अंग्रेज़ी के व्यवहार को प्रोत्साहन देती हैं।'' (पृष्ठ 359)। तात्पर्य यह कि संयुक्त राज्य अमरीका की तरह इज़राएल भी बहुजातीय राज्य है। धर्म के आधार पर पाकिस्तान की तरह उसे एक राष्ट्र बनाया जा रहा है। संयुक्त राज्य अमरीका की तरह अंग्रेज़ी छोड़कर वहाँ अन्य सभी भाषाओं का दमन किया जा रहा है। ऊपर से दिखाने को उस प्राचीन हीब्रू का सीमित व्यवहार किया जाता है, जो किसी आधुनिक जाति की भाषा नहीं है। इज़राएल की यह भाषायी स्थिति इस सामाजिक सन्दर्भ के बिना नहीं समझी जा सकती कि अरब राष्ट्रवाद के विरोध में अमरीकी धन और शस्त्र बल के सहारे एक ऐसा राज्य स्थापित किया गया है जिसका आधार जातीयता नहीं, धर्म है।

जातीय भाषा और बोली

भारत में अनेक मार्क्सवादी विचारक जातीय भाषा और बोली से सम्बन्धित स्थिति को लेकर कभी-कभी उलझन में पड़ जाते हैं। फिशमैन द्वारा सम्पादित ग्रंथ में एक लेख चीन की भाषा और लिपि समस्या पर है। इसमें चीनी कम्युनिस्ट विचारकों के लेखों या भाषणों से जो उद्धरण दिए गए हैं, उन पर ध्यान देना लाभकारी होगा। चीनी विचारकों के अलावा अन्य देशों के भाषाविज्ञानियों ने भी अक्तूबर 1955 में होनेवाले भाषा-लिपि-सम्बन्धी सम्मेलन में भाग लिया था। इनमें रूमानिया के ग्रौर ने कहा था : ''कुछ पाश्चात्य भाषाविज्ञानी समझते हैं कि कई चीनी भाषाएँ हैं क्योंकि चीनी बोलियों में आपसी भेद काफी बड़ा है और यहाँ तक है कि इन बोलियों का व्यवहार करनेवाले एक-दूसरे की बात समझ नहीं पाते। यह भ्रान्त धारणा राजनीतिक दृष्टि से बहुत ख़तरनाक है। जो भी यह कहता है कि अनेक भाषाएँ हैं, वह सिद्धान्त रूप से मानता है कि अनेक जातियाँ हैं। यह प्रतिपादित करना कि अनेक चीनी भाषाएँ हैं, चीन को अनेक राज्यों में विभाजित करने के लिए दलील पेश करना है।'' ग्रौर ने यहाँ गैरचीनी जातियों की बात नहीं कही। चीन बहुजातीय राष्ट्र है और उसमें यदि एक से अधिक भाषाएँ बोली जाती हैं तो इससे यह निष्कर्ष नहीं निकलता कि चीन का विभाजन होना चाहिए। किन्तु मानक चीनी भाषा और अन्य चीनी बोलियों में क्या सम्बन्ध है, यह विचारणीय है। **भाषा और समाज** में मैंने चीनी बोलियों के आपसी भेद की चर्चा की थी। उसकी पुष्टि ग्रौर के इस कथन से होती है कि ये बोलियाँ एक-दूसरे से इतना भिन्न हैं कि परस्पर समझ में नहीं आतीं। हिन्दी प्रदेश की बोलियों की स्थिति इससे बिल्कुल भिन्न है। इसका अर्थ है, भाषा के स्तर पर हिन्दी जाति, चीनी जाति की अपेक्षा, कहीं अधिक सुगठित है।

उक्त निबन्ध में आगे **पीपुल्स डेली** अख़बार से वाङ्ली के लेख से यह उद्धरण दिया गया है : ''चीनी जनता की भाषा चीनी है। जैसा कि सभी लोग जानते हैं, सामान्य

भाषा जाति का एक लक्षण है। अतः चीनी जाति की सामान्य भाषा चीनी जाति का एक मूल लक्षण है। पूँजीवादी भाषाविज्ञानियों को एक ओर यह तो मानना ही पड़ता है कि जो लोग चीनी भाषा का व्यवहार करते हैं, उनकी संख्या संसार में सर्वप्रथम है, दूसरी ओर वे यह कहकर हमारी जाति पर कीचड़ उछालते हैं, कि 'चीनी भाषा' का मतलब एक ऐसा भाषा-परिवार है जिसमें एक-दूसरे की समझ में न आने वाली विविध प्रकार की भाषाएँ शामिल हैं। उनका यह न मानना कि हमारी एक सामान्य भाषा है, इस बात को न मानना है कि हमारी एक सामान्य जाति है। स्पष्ट ही यह बेसिर-पैर की बात है। दरअसल हमारे पास एक लिखित भाषा है जो सामान्य भाषा के रूप में कई हज़ार साल से प्रयुक्त होती रही है और जो चीनी जनता की अटूट एकता का प्रमाण है। इसके अलावा 55 करोड़ जनसंख्या वाली चीनी जैसी जाति के लिए स्वाभाविक है कि उसके यहाँ ढेरों बोलियाँ हैं और इनमें परस्पर बड़ा भेद है। ये तथ्य हैं। किन्तु यदि चीनी बोलियों की परस्पर तुलना की जाए तो ज्ञात होगा कि इनका व्याकरण मूलतः एक है, शब्द-भंडार में बड़ा भेद नहीं है, ध्वनितंत्र में प्रतिरूपों की समानता के नियम हैं। चूँकि शब्द-भंडार में बड़ा भेद नहीं है और ध्वनि-प्रतिरूपता के नियम हैं, इसलिए अवश्य ही यह कहना मुमकिन नहीं है कि यहाँ बहुत प्रकार की परस्पर समझ में न आने वाली भाषाएँ हैं। इस अटल तथ्य को स्वीकार करते हुए कि चीनी जनता की एक सामान्य भाषा है, हमें फिर भी यह कहना होगा कि चीनी जनता की सामान्य भाषा अभी परिपक्वता की आख़िरी मंज़िल तक—पूर्णतः एकीकृत मानक भाषा की मंज़िल तक—नहीं पहुँची। हमें अब भी एकीकृत लिखित भाषा के आधार पर बोलचाल की एकीकृत भाषा प्रतिष्ठित करनी होगी।"

इसमें सन्देह नहीं कि चीनी जाति है और उसकी एक सामान्य भाषा है और इस सामान्य भाषा की उपभाषाएँ या बोलियाँ हैं। किन्तु अभी तक चीनी जाति की निर्माण-प्रक्रिया का मार्क्सवादी विवरण कहीं देखने को नहीं मिला। प्रश्न यह है कि सामन्ती व्यवस्था में लघुजातियों वाले वे जनपद कौन-से हैं जिनके एकीकरण से चीनी जाति का गठन हुआ है। चीनी लिपि का व्यवहार कई हज़ार साल से होता आया है और इसका मतलब ही यह है कि इस लिपि का व्यवहार सामन्तकाल में हो रहा था जब चीनी जाति का गठन सम्भव नहीं था। लिपि के आधार पर जातीय भाषा की एकता की बात कहना कुछ-कुछ वैसे ही है जैसे कोई लैटिन लिपि के व्यवहार के आधार पर यूरुप की भाषाओं का भेद मिटाकर उन्हें एक ही भाषा माने। संसार में भाषाएँ बहुत हैं, उनकी तुलना में लिपियाँ बहुत ही कम हैं। कारण यह है कि भाषा सबसे पहले मौखिक स्तर पर बोली और सुनी जाती है। लिखित भाषा का व्यवहार सामाजिक विकास क्रम में बहुत बाद को होता है। मौखिक भाषाओं के विकास और प्रसार के हज़ारों केन्द्र रहे हैं; लिपियों के विकास और प्रसार के केन्द्र बहुत ही कम रहे हैं। इसलिए लिपि को जातीयता का आधार नहीं माना जा सकता। यह बात अवश्य है कि चीनी लिपि भारत और यूरुप की लिपियों से भिन्न है; बहुत कुछ चित्रलिपि होने के कारण, चीन में रहने

वाली विभिन्न जातियाँ उसे देखकर, अपनी-अपनी भाषा के अनुसार, अलग-अलग तरह से उसे पढ़ सकती हैं। एक ही लिखित रूप के मौखिक रूपान्तर अनेक होते हैं। जिस समय चीनी सैनिक कोरिया में अमरीकियों से लड़ रहे थे, उस समय कोरिया और चीन के अनेक सैनिक लिखकर एक-दूसरे की बात समझ लेते थे किन्तु मौखिक रूप से एक-दूसरे की बात समझना उनके लिए सम्भव नहीं था। यदि चीन और कोरिया की लिपि सामान्य हो तो उससे यह सिद्ध न होगा कि कोरियाई और चीनी भाषाएँ वास्तव में एक ही भाषा हैं।

चीनी जाति और चीनी भाषा के सन्दर्भ में हान जाति की चर्चा की जाती है। यह स्पष्ट नहीं है कि यह हान जाति सामन्त काल में गठित हुई थी या पूँजीवादी युग में। कहा जाता है कि चीन में एक तो हान जाति के बहुसंख्यक लोग रहते हैं, दूसरे गैर-हान लोग हैं जो अल्पसंख्यक हैं। इस हान शब्द का प्रयोग कुछ इस तरह किया जाता है जैसे स्लाव, द्रविड़ या आर्य शब्दों का प्रयोग किया जाता है। स्लाव भाषाएँ एक-दूसरे से मिलती-जुलती हैं, इंडोयूरोपियन परिवार की एक ही शाखा से उत्पन्न बताई जाती हैं। ज़ारशाही रूस में, रूसी भाषा को केन्द्र बनाकर, अन्य सभी स्लाव भाषाएँ बोलनेवाली जातियों के विलयन का प्रयत्न किया गया था जो असफल हुआ। हिटलर ने गैर जर्मनों को ही जर्मन जाति के अधीन नहीं किया; वरन् आस्ट्रिया के लोगों को भी अपने अधीन किया जिनकी भाषा जर्मन ही थी। नौर्वे, स्वीडन, डेनमार्क, हौलैंड आदि में जो भाषाएँ बोली जाती हैं, वे सब इंडोयूरोपियन परिवार की एक ही जर्मन शाखा से उत्पन्न बताई जाती हैं। जर्मन एकीकरण का हिटलरी स्वप्न फलीभूत नहीं हुआ। ब्रिटिश साम्राज्यवाद के प्रोत्साहन से भारत में द्रविड़ों को भारत से अलग करने के लिए राजनीतिक प्रयत्न किए गए। एक आदि द्रविड़ भाषा से सभी द्रविड़ भाषाओं की उत्पत्ति हुई है, इसलिए द्रविड़ लोगों को अपना राष्ट्र अलग बनाना चाहिए। इसके लिए अब तक निरन्तर प्रयत्न होते जा रहे हैं। किन्तु द्रविड़ भाषाओं की परस्पर समानता से यह सिद्ध नहीं होता कि तेलुगु, तमिल, कन्नड़ आदि भाषाओं और जातियों का भिन्न अस्तित्व नहीं है। इसी तरह बंगला, मराठी, हिन्दी आदि भाषाएँ इंडोयूरोपियन परिवार की एक ही मूल आर्य भाषा से उत्पन्न बताई जाती हैं पर संस्कृत को राष्ट्रभाषा बनानेवाले भी यह नहीं कहते कि बंगला और मराठी एक ही भाषा हैं। इसलिए आर्य, द्रविड़, स्लाव, जर्मन आदि भाषा-समुदायों में से किसी को एक ही जाति की भाषा कहना संसार के अत्यन्त प्रतिक्रियावादियों का काम रहा है। अतः यह स्पष्ट करना आवश्यक होगा कि हान शब्द का प्रयोग आर्य, द्रविड़, स्लाव, आदि की तरह किसी भाषा-समुदाय के लिए होता है या पूँजीवादी सम्बन्धों के विकास के साथ नवगठित किसी आधुनिक जाति के लिए।

जिस सम्मेलन में चीनी लिपि और मानक भाषा के बारे में विचार-विनिमय हुआ था, उसमें पोलैंड के विद्वान् बितोल्द याबलोन्स्की ने अपने देश में स्थानीय बोलियों के बारे में जो कुछ कहा, वह भी ध्यान देने योग्य है। उपर्युक्त लेख में उनका यह कथन

उद्धृत किया गया है : "इस सम्मेलन में सभी ने इस बात पर विचार प्रकट किए हैं कि इस समय बोलियों का दर्जा क्या है किन्तु उनके भविष्य के बारे में अपेक्षाकृत कम कहा गया है। कुछ देशों में, जैसे कि पोलैंड में, स्थानीय बोलियों का दरजा जातीय संस्कृति में अपेक्षाकृत ऊँचा है। इससे जातीय एकता की कोई क्षति नहीं होती। सभी लोग लोक-संस्कृति का आदर करते हैं। यही नहीं, ऐसी बोलियाँ भी हैं जिनका अपना स्वतंत्र साहित्य है। जो लोग इस तरह की साहित्यिक गतिविधि में भाग लेते हैं, वे बोली के थोड़े से स्थानीय लेखक मात्र नहीं हैं। इनके अलावा अनेक पेशेवर साहित्यकार भी हैं जो बड़े नगरों में रहते हैं। यह अवश्य है कि यह स्थिति एक अपेक्षाकृत छोटे देश की है जिसकी आबादी केवल ढाई करोड़ है। किन्तु जिस बात पर ज़ोर देना है, वह यह है कि जो बोलियाँ पोलैंड की साहित्यिक भाषा से बहुत फ़ासले पर हैं, उन सबका अपना फलता फूलता साहित्य है।" पोलैंड की स्थिति से हिन्दी प्रदेश की स्थिति मिलती-जुलती है। यहाँ लोग लोक-संस्कृति का आदर करते हैं। आकाशवाणी द्वारा विभिन्न जनपदीय उपभाषाओं में लोकगीत प्रसारित किए जाते हैं, कवि-सम्मेलनों में परिनिष्ठित हिन्दी की रचनाओं के साथ-साथ ये लोकगीत भी सुने जाते हैं। यदि विभिन्न विश्वविद्यालयों में लोक-संस्कृति के अध्ययन के लिए स्वतंत्र विभाग खोल दिए जाएँ, प्रत्येक जनपद में स्थित विश्वविद्यालय लोक-संस्कृति सम्बन्धी सामग्री संकलित करे, तो इससे न केवल जनपदीय संस्कृति का समुचित उपयोग होगा वरन् हमारी अन्तर्जनपदीय जातीय संस्कृति भी समृद्ध होगी, हिन्दी भाषा के विकास में सहायता मिलेगी। जो भाषाविज्ञानी ब्रज, अवधी आदि पुरानी जनपदीय भाषाओं के साहित्य को हिन्दी से अलग करते हैं, वे जातीय विकास की प्रक्रिया के प्रति अपना अज्ञान प्रकट करते हैं। वे इस तरह न अपनी भाषा के साहित्य का इतिहास लिख सकते हैं न यूरुप की जातियों के साहित्य का ऐतिहासिक विवरण प्रस्तुत कर सकते हैं। जिन लघु जातियों के मिलने से जाति का निर्माण होता है, उनकी भाषाओं में रचा हुआ पुराना या नया साहित्य उस जाति का साहित्य तो माना ही जाएगा। फिर यदि ब्रजभाषा लिखनेवाले आधे से ज़्यादा ब्रज के बाहर के हों, तो उनके रचे हुए साहित्य को केवल ब्रज जनपद का साहित्य कैसे कहा जा सकता है ? हिन्दी प्रदेश में जो साहित्य रचा गया है, वह चाहे ब्रजभाषा में हो, चाहे अवधी में, चाहे खड़ी बोली हिन्दी में, यह ऐतिहासिक तथ्य है कि उसका प्रसार किसी एक जनपद तक सीमित नहीं रहा। हिन्दी-द्वेषी भाषाविज्ञानी इस प्रयत्न में हैं कि हिन्दी की सारी साहित्यिक विरासत से हिन्दी जनता को वंचित कर दिया जाए, फिर हिन्दी भाषा के क्षेत्र को स्वतंत्र जनपदों में बाँटकर उसके जातीय अस्तित्व को छिन्न-भिन्न कर दिया जाए। इस तरह जब हिन्दी एकता नष्ट हो जाएगी, तब इन विद्वानों की अपनी भाषाओं की बहुसंख्यक श्रेष्ठता सिद्ध हो जाएगी, और सबसे महत्त्वपूर्ण बात यह कि तब भारत में हिन्दी नहीं, अंग्रेज़ी राष्ट्रभाषा बनी रहेगी।

सामाजिक सन्दर्भ में भाषा-सम्बन्धी सभी तरह की समस्याओं का अध्ययन करना आवश्यक है। इस अध्ययन में मूलसूत्र है सामाजिक गठन का स्वरूप। जब हम किसी भाषा या भाषा-परिवार के इतिहास का अध्ययन करते हैं, तब सबसे पहले इस बात पर ध्यान देना चाहिए कि कोई भी विवेच्य भाषा किसी गण-समाज, लघु जाति अथवा महाजाति की भाषा होगी। अब हम इस बात पर विचार करें कि आदि इंडोयूरोपियन भाषा से स्लाव, जर्मन आदि अनेक शाखाएँ फूटीं, तब प्रश्न यह करना चाहिए कि उस आदि भाषा के बोलनेवाले एक ही गण-समाज में संगठित थे या भिन्न गण-समाजों में संगठित होकर भिन्न भाषाएँ बोलते थे। गण-समाज के गठन, उसके सुदीर्घ जीवन, गण-समाजों में परस्पर विनिमय, गण संघों के निर्माण आदि पर ध्यान दिए बिना आदि इंडोयूरोपियन भाषा और उससे फूटनेवाली शाखाओं का विवरण काल्पनिक विवेचन मात्र सिद्ध होगा। इसी तरह वर्तमान काल में आधुनिक जातियों की भाषाओं के उद्भव और विकास को समझने के लिए इस बात पर ध्यान देना होगा कि आधुनिक जाति का निर्माण किन तत्त्वों से हुआ है, जाति के गठन-काल में इन पुराने तत्त्वों की स्थिति में क्या परिवर्तन होता है। तभी हम भाषा और बोलियों आदि से सम्बन्धित समस्याओं को सही सामाजिक परिप्रेक्ष्य में देख सकेंगे। बहुजातीय राष्ट्र का गठन उसी प्रक्रिया की एक कड़ी है जिनमें लघु मानव समाज, अपने विकास क्रम में, निरन्तर वृहत्तर समुदायों में गठित होते रहते हैं। **भाषा और समाज** में मैंने प्रयत्न किया है कि गण-समाजों के युग से लेकर वर्तमान काल तक निरन्तर चली आने वाली इस प्रक्रिया का अध्ययन करूँ। भारत में इस तरह के अध्ययन के लिए जितनी सामग्री सुलभ है, उतनी अन्यत्र कम है। भारत में भी वैदिक काल के गण-समाज, बौद्धकालीन महाजनपद, सूरदास-तुलसीदास के समय के जनपद और प्रेमचन्द-निराला के समय की हिन्दीभाषी जाति—ये सब मिलकर ऐतिहासिक विकास की ऐसी अविच्छिन्न शृंखला प्रस्तुत करते हैं, जैसी अन्यत्र सुलभ नहीं है। **भाषा और समाज** इस अविच्छिन्न ऐतिहासिक प्रक्रिया के सन्दर्भ में भाषा-समस्या को समझने का प्रयास है।

इस पुस्तक को लिखने के बाद अपने विवेचन की दिशा और मूल निष्कर्षों के बारे में मैं निरन्तर सोचता रहा हूँ। 15 साल बाद दूसरे संस्करण के लिए पुस्तक दोहराते समय मुझे यह आवश्यक नहीं जान पड़ा कि विवेचन-पद्धति और मूल निष्कर्षों में कहीं व्यापक परिवर्तन करना आवश्यक है। कुछ अध्यायों को मैंने संक्षिप्त कर दिया है, जहाँ-तहाँ कुछ और साधारण परिवर्तन किए हैं। एक लेख परिशिष्ट रूप में जोड़ दिया है। पिछले 5-6 साल से मैं विशेष रूप से ऐतिहासिक भाषाविज्ञान के क्षेत्र में अनुसन्धान करता रहा हूँ। उस सिलसिले में भारत को केन्द्र बनाकर मैंने काफी तथ्य-सामग्री एकत्र की है। इसके विश्लेषण से जो निष्कर्ष निकलते हैं, उनसे **भाषा और समाज** की मान्यताएँ पुष्ट होती हैं। उस विवेचन-पद्धति पर चलते हुए जो नई बातें दिखाई देती हैं, वे इस प्रकार हैं।

अत्यन्त प्राचीन काल से भारत भाषा-तत्त्वों का केवल आयात-केन्द्र नहीं रहा, निर्यात-केन्द्र भी रहा है। यूरुप और एशिया के किसी भी भाषा-परिवार का इतिहास अखिल भारतीय भाषायी स्थिति की उपेक्षा करके प्रस्तुत नहीं किया जा सकता। भारत का यह भाषागत सम्बन्ध एक ओर मध्य एशिया, यूरुप तथा पश्चिमी एशिया के भाषा-समुदायों से है, दूसरी ओर यह सम्बन्ध दक्षिण पूर्वी एशिया की भूमि पर, और प्रशान्त महासागर के द्वीप समूहों में बोली जाने वाली भाषाओं से है। यह सम्बन्ध किसी एक भारतीय भाषा-परिवार से नहीं है। भारत के विभिन्न भाषा-परिवार अपने उद्भव और निर्माणकाल से परस्पर सम्बद्ध रहे हैं और एक-दूसरे के विकास को प्रभावित करते रहे हैं। यह सम्बद्धता इतनी गहरी है और इतनी पुरानी है कि कभी-कभी यह कहना असम्भव है कि कोई भाषा-तत्त्व किस परिवार का है। यह सम्बद्धता ध्वनितंत्र, शब्दभंडार, वाक्यतंत्र, भाषा के सभी स्तरों पर दिखाई देती है। जिन परिवारों के नाम ज्ञात हैं, उनके अलावा भी अनेक भाषा-परिवार अपने अवशेषों से पहचाने जा सकते हैं। इन परिवारों का निर्माण विविध गण-समाजों के भाषा-तत्त्वों से हुआ है, इनके विश्लेषण से भाषा-परिवारों की वे सीमा-रेखाएँ मिट जाती हैं जिन्हें ऐतिहासिक भाषाविज्ञानियों ने निश्चित किया है। किसी भाषा-परिवार का निर्माण एकान्त शून्य में हुआ है या उसके निर्माण काल में ही उसका सम्पर्क अन्य भाषा-परिवारों से हुआ था, इस समस्या के विवेचन के लिए भारत में जितनी सामग्री उपलब्ध है—प्राचीन भाषाओं के रूप में ही नहीं, वर्तमान काल की भाषाओं के रूप में भी—उतनी अन्यत्र एशिया और यूरुप के किसी भूमि खंड में नहीं है। दुर्भाग्य से जो लोग आर्य भाषा-परिवार के विशेषज्ञ हैं और आर्येतर भाषा-परिवारों पर भी अनुसन्धान करते रहे हैं, उन्होंने भारत को केन्द्र में रखकर, भाषा-परिवारों के उद्भव काल में, उनकी परस्पर सम्बद्धता पर विचार नहीं किया।

वैसे तो भारत के सभी भाषा-परिवार न्यूनाधिक परिमाण में एक-दूसरे से सम्बद्ध हैं पर आर्य-द्रविड़-भाषा-परिवारों की सम्बद्धता इस सारे प्रपंच की धुरी है। 1973 में इलाहाबाद की हिन्दुस्तानी एकेडमी में आर्य-द्रविड़ भाषा-परिवारों के सम्बन्धों पर मैंने एक निबन्ध पढ़ा था। उसमें मैंने इस बात के प्रमाण दिए थे कि भारतीय आर्य-द्रविड़ परिवारों ने यूरुप की भाषाओं को प्रभावित किया था। उस निबन्ध में मैंने यह वादा किया था कि इस विषय पर विस्तार से कुछ समय बाद मैं और सामग्री प्रस्तुत करूँगा। मेरा वह कार्य पूरा हो गया है और मुझे आशा है कि निकट भविष्य में अपने अनुसन्धान के निष्कर्ष और आवश्यक तथ्य-सामग्री 'भारत के प्राचीन भाषा-परिवार और इंडोयूरोपियन' पुस्तक के रूप में पाठकों को दे सकूँगा। यहाँ उसका उल्लेख केवल इसलिए किया है कि यह कार्य **भाषा और समाज** में प्रतिपादित धारणाओं और विषय-विवेचन की अगली कड़ी है। उन लोगों के लिए अपने कार्य की यह अग्र सूचना भी है जो **भाषा और समाज** पढ़कर अपने परामर्श से अथवा विचार-विमर्श से मुझे कृतार्थ करते रहे हैं।

किसी भी विषय में दृढ़ता से जमी हुई पुरानी मान्यताओं को बदलना आसान नहीं होता। यह बात भाषाविज्ञान पर और भी अधिक लागू होती है। भाषा का विश्लेषण

कैसे किया जाए, इस प्रश्न को लेकर अनेक सम्प्रदाय हैं और उनमें खूब वाद-विवाद होता है। पर ऐतिहासिक भाषाविज्ञान की मूल स्थापनाओं को लेकर कोई मतभेद नहीं है। यूरुप की भाषाओं का सम्बन्ध, अधिक-से-अधिक, संस्कृत से है। उनका किसी प्रकार का सम्बन्ध द्रविड़, कोल या किसी अन्य भारतीय भाषा-परिवार से है, किसी ने शायद इसकी कल्पना नहीं की। इसके सिवा इंडोयूरोपियन परिवार की भाषाओं का तुलनात्मक अध्ययन करके मूल भाषा के तत्त्व निश्चित करने की जो पद्धति अपनाई गई है, वह नितान्त दोषपूर्ण और अवैज्ञानिक है, इस बात की ओर भी भाषाविज्ञानियों का ध्यान नहीं गया। चाहे ध्वनितंत्र हो, चाहे शब्दभंडार, चाहे वाक्यतंत्र, विभिन्न भाषा-तत्त्व एक सुदीर्घ विकास का परिणाम हैं और इस विकास में प्राचीन गण-समाज परस्पर, भाषा तत्त्वों का आदान-प्रदान करते रहे हैं, यह धारणा ऐतिहासिक भाषाविज्ञानियों के चिन्तन से काफ़ी दूर है। ऐसी स्थिति में **भाषा और समाज** को लेकर विद्वानों में जो भी चर्चा हुई—और उससे अधिक जो अव्यक्त चिन्तन हुआ—उससे मुझे सन्तोष है। विश्वास है कि इस दिशा में और नई सामग्री के प्रकाशन के बाद उन लोगों को सोच-विचार के लिए नया आधार प्राप्त होगा जो भाषाविज्ञान की वर्तमान स्थिति से सन्तुष्ट न होकर स्वतंत्र मार्ग का अनुसरण करना चाहते हैं, और इससे भी महत्त्वपूर्ण बात यह कि भारतीय भाषा-परिवारों के इतिहास के सहारे इस भारत देश को समझना चाहते हैं और उसकी भाषा सम्बन्धी तथा अन्य समस्याओं को सुलझाकर उसे शक्तिशाली समृद्ध राष्ट्र के रूप में विकसित करना चाहते हैं। भारत के वर्तमान सामाजिक सन्दर्भ में भाषा-वैज्ञानिक कार्य एक राजनीतिक कर्तव्य की पूर्ति भी है।

—रामविलास शर्मा

आगरा,
4-7-76

2

भारत के प्राचीन भाषा-परिवार और हिन्दी

1. भाषा-परिवारों का नामकरण

सबसे पहले भाषा-परिवारों के नामों के बारे में।

इंडोयूरोपियन परिवार का नाम इंडिया से यूरुप को जोड़कर रखा गया है। इंडिया अर्थात् भारत के अनेक भाषा-समुदायों में एक है आर्य भाषा-समुदाय जिसका विशेष सम्बन्ध यूरुप की कुछ भाषाओं से माना गया है। यूरुप में हंगरी, फिनलैंड, बास्क भाषा क्षेत्र, अनेक प्रदेश ऐसे हैं जहाँ इंडोयूरोपियन परिवार की भाषाएँ नहीं बोली जातीं। इंडो और यूरोपियन, इन दोनों शब्दों में अतिव्याप्ति दोष है। ईरानी भाषा-समुदाय का विशाल क्षेत्र मध्य तथा पश्चिमी एशिया में फैला हुआ है और यह क्षेत्र न भारत में है, न यूरुप में। यदि पश्चिमी एशिया के प्राचीन हित्ती गण-समुदाय को ध्यान में रखें तो इंडोयूरोपियन नाम के अव्याप्ति दोष का बोध भी हो जाएगा। फिर भी यह नाम प्रचलित है और भाषाविज्ञानी उसकी व्याप्ति-अव्याप्ति के विवेचन में नहीं पड़ते।

आस्ट्रो-एशियाटिक नाम इसी प्रकार दोषपूर्ण है। एशिया में अनेक, और विशाल क्षेत्रों में फैले हुए, भाषा-परिवार हैं; वे सब इस नाम के एशियाटिक विशेषण की अर्थ-परिधि से बाहर कर दिए गए हैं। आस्ट्रेलिया में भी अनेक भाषा-परिवार हैं और आस्ट्रो की अर्थ-परिधि से वे भी बाहर हैं। इंडोयूरोपियन नाम की नकल करते हुए आस्ट्रो-एशियाटिक नाम रखा गया और कुछ लोगों ने कल्पना भी कर ली कि आदि इंडोयूरोपियन भाषा बोलनेवाले विशुद्ध आदिम आर्य जन-समुदाय के समान एक 'आस्त्रिक' नस्ल थी जिसकी शाखाएँ प्रशान्त महासागर के द्वीपों तथा भारत में फैल गईं। वास्तव में जो भाषाएँ इस आस्ट्रो-एशियाटिक परिवार के अन्तर्गत मानी जाती हैं, वे सब किसी एक आदि भाषा की शाखाएँ नहीं हैं। अनेक भाषाविज्ञानी इस नाम के भाषा-परिवार का अस्तित्व स्वीकार नहीं करते।

चीनी-तिब्बती परिवार में चीनी विशेषण से यह भ्रम पैदा होता है कि चीन में एक ही परिवार की भाषाएँ बोली जाती हैं। जिसे हान जन-समुदाय कहा जाता है, उसकी भाषा चीनी है; चीन में अनेक गैरहान जन-समुदाय हैं और उनकी भाषाएँ चीनी से

नितान्त भिन्न हैं। तिब्बती भाषा का घनिष्ठ सम्बन्ध बर्मी भाषा से है, चीनी से नहीं। इस कारण कुछ भाषाविज्ञानी तिब्बती-बर्मी भाषा-परिवार को अलग मानते हैं, चीनी भाषा-परिवार को उससे अलग रखते हैं।

इसी प्रकार अल्ताई, यूरालिक आदि नामों की सीमाएँ हैं।

इस पुस्तक में इंडोयूरोपियन आदि नाम आए हैं। हर नाम में व्याप्ति की अधिकता या कमी है। पाठक यह बात ध्यान में रखें।

कोई भी भाषा-परिवार किसी आदि भाषा की शाखाओं-प्रशाखाओं का समूह नहीं है; कोई भाषा-परिवार किसी खास नस्ल के लोगों की भाषाओं का समूह न पहले कभी रहा है, न आज है। परिवार शब्द ही भ्रान्तिपूर्ण है। जो भाषाएँ आपस में मिलती-जुलती दिखाई देती हैं, उन्हें परिवार की संज्ञा यह सोचकर दी गई थी कि इनका निर्माण मानव-परिवार के समान होता है, आदि मातामही भाषा से लेकर आधुनिक नातिन-पनातिन भाषाओं तक पूरे वंशवृक्ष का नक्शा बनाकर दिखाया जा सकता है। इस तरह की कल्पनाएँ निराधार हैं।

भाषाविज्ञान में परिवार शब्द का प्रयोग बहुत समय से होता आया है, इस पुस्तक में भी हुआ है। भाषा-परिवार उन भाषाओं का समुदाय है जिनमें ध्वनितंत्र, शब्दतंत्र, विन्यासतंत्र की अनेक समानताएँ हैं; इस समुदाय का निर्माण एक भाषा-स्रोत से नहीं अनेक भाषा-स्रोतों से होता है; भाषा-परिवार वंशवृक्ष की जड़ों से बँधी हुई कोई जड़ इकाई नहीं है, वह सामाजिक विकास के साथ गतिशील, स्वयं विकासमान और परिवर्तनशील इकाई है।

ऐतिहासिक भाषाविज्ञान में 'इंडोएर्यन' शब्द का व्यवहार भी व्यापक रूप से होता है। इससे ध्वनि यह निकलती है कि जो आर्य भारत आए, वे 'इंडोएर्यन' हुए, जो बाहर बस गए, वे अन्य नामों से पुकारे जाने लगे। आर्य चाहे बाहर से आए हों, चाहे अनादिकाल से भारत में रहते आए हों, माना यह जाता रहा है कि वे सब रंगरूप, आकृति-आकार में एक-से थे और सबकी भाषा एक थी। मैंने इस धारणा का खंडन किया है।

आर्य भाषा-परिवार या आर्य भाषा-समुदाय

इस पुस्तक में 'इंडोएर्यन' या 'भारतीय आर्य' के बदले मैंने केवल आर्य शब्द का व्यवहार किया है। 'आर्य भाषा-परिवार' के साथ मैंने 'आर्य भाषा-समुदाय' का व्यवहार भी किया है। यह भाषा-समुदाय किसी आदि आर्य भाषा की उपज नहीं है; ध्वनितंत्र, शब्दतंत्र और विन्यासतंत्र के नितान्त भिन्न स्रोतों से उसका निर्माण हुआ है, एक स्रोत में **अ** स्वर है तो दूसरे में उसका अभाव है, केवल वर्तुल **ऑ** अथवा **ओं** का ही व्यवहार होता है, एक स्रोत में दन्त्य **त्** है तो दूसरे में वर्त्स्य अथवा मूर्धन्य **ट्** का ही प्रयोग होता है, एक में **स्कम्भ** शब्द का चलन है तो दूसरे में **स्तम्भ** का, एक में वाक्य क्रिया से आरम्भ होता

है तो दूसरे में कर्ता से। इस आर्य भाषा-समुदाय में मगध, कोसल, कुरु आदि उन गण-समाजों की भाषाएँ हैं जिनके नाम विख्यात हैं, इनमें उन गण-समाजों की भाषाएँ भी हैं जिनके नाम हम नहीं जानते किन्तु जिनकी भाषाओं के अस्तित्व के प्रमाण असन्दिग्ध रूप से प्राप्त हैं।

द्रविड़

भारत में सामन्ती व्यवस्था के मुख्य प्रसार केन्द्र उत्तर भारत में थे। इस व्यवस्था के प्रसार के साथ आर्य भाषाओं का सम्मानसूचक **आर्य** शब्द द्रविड़ भाषाओं के क्षेत्र में पहुँचा। तमिल **अच्चन्** (पिता), मलयालम **अच्चन्** (उप.) और **अच्च** (माता), कन्नड़ **अज्ज** (पितामह) आदि के अलावा आर्थिक दृष्टि से पिछड़े हुए द्रविड़ समाजों में **आर्य** के प्रतिरूपों का चलन है यथा कोत **अज् अयण्** (अतिवृद्ध पुरुष), कोडगु **अज्जॅ** (पितामह), कुडुख **अज्जॉस्** (उप.), **अज्जी** (आजी, दादी)। **द्रविड़ व्युत्पत्तिकोश** में बरो और एमेनो ने बड़ी सावधानी से आर्येतर द्रविड़ शब्दमूलों का संग्रह किया है। **अच्चन्** की शब्द-शृंखला के बाद लिखते हैं : 'सम्भवतः' संस्कृत **आर्य,** प्राकृत **अज्ज** से इन रूपों का विकास हुआ है।

आर्य और द्रविड़

द्रविड़ शब्द का व्यवहार एक विशाल भाषा-समुदाय के लिए होता आया है, इस पुस्तक में भी हुआ है। **द्रविड़** शब्द द्रविड़ भाषाओं का नहीं है। एक तो इसके आदि-स्थान में सघोष **द्** ध्वनि प्रतिष्ठित है, इसके अतिरिक्त उसके साथ **र्** ध्वनि संयुक्त है। शब्द के आरम्भ में संयुक्त व्यंजनों का व्यवहार द्रविड़ भाषाओं, विशेषकर, तमिल की ध्वनि-प्रकृति के अनुकूल नहीं है, सघोष स्पर्श-ध्वनि के साथ **र्** का सम्पर्क और भी अनोखा है। द्रविड़ भाषाओं, विशेषकर तमिल का कोई भी अपना शब्द **र्** से आरम्भ नहीं होता, सघोष **द्** से उसका संयुक्त होना तो दूर की बात है। द्रविड़ भाषाप्रेमियों ने इस शब्द को अपना लिया है, आर्यवाद की तरह कुछ लोगों ने द्रविड़वाद भी चलाया है। इस पुस्तक में जैसे आर्य भाषा-समुदाय का सम्बन्ध आर्यवाद से नहीं है, वैसें ही द्रविड़ भाषा-समुदाय का सम्बन्ध द्रविड़वाद से नहीं है। न आर्य नाम की कोई नस्ल थी, न द्रविड़ नाम की।

यहाँ पाणिनि का यह सूत्र विचारणीय है : **अर्यः स्वामिवैश्ययोः** (3-1-103)। वैश्य के प्रति स्वामिभाव दिखाना हो तो उसे **अर्य** कहेंगे, ब्राह्मण के प्रति यही भाव दिखाना हो तो उसे **आर्य** कहेंगे। ब्राह्मण और वैश्य दोनों द्विज हैं, दोनों एक ही भाषा बोलते हैं किन्तु दोनों समान रूप से **आर्य** नहीं हैं, सामन्ती व्यवस्था में वर्णगत सम्मान भेद की व्यंजना आवश्यक है। अतः एक है **अर्य,** दूसरा है **आर्य**। इस सम्मानसूचक शब्द को

नस्ल से जोड़कर भाषाविज्ञानियों और इतिहासकारों ने उसका अर्थ बदल दिया और अपने आरोपित अर्थ के आधार पर वे भाषाओं और मानव समुदायों का इतिहास रचने लगे।

जो प्राचीन गणसमाज वेद को ईश्वरकृत ज्ञान का भंडार न मानते थे, अपने विवेक से और विश्व-प्रपंच के विश्लेषण से ज्ञान प्राप्ति का दावा करते थे, वे **थेरविद्, थेरवादी, विभज्जवादी** आदि नामों से अभिहित हुए। **थेरविद्** का विकास हुआ द्रविड़। इस विकास की चर्चा प्रस्तुत पुस्तक के दूसरे खंड में केल्त भाषा समुदाय के प्रसंग में हुई है।

आर्य शब्द सम्मानसूचक था; उसकी यह व्यंजना उत्तर भारत के आर्य भाषा-क्षेत्र में ही नहीं, द्रविड़ भाषाक्षेत्रों में भी सुरक्षित है।

जब आर्य अथवा **अर्य** का **य्** अपना अर्ध स्वर वाला रूप खोकर **ज्** रूप में ग्रहण किया गया, तब **अच्चन्** आदि शब्दों का चलन हुआ; जब **अज्ज** का **ज्** विपरीत क्रम से **य्** रूप में ग्रहण किया गया, तब **अइयर्, अइयन्** आदि शब्द प्रचलित हुए। तमिल **अय्यन्** (पिता), **अय्या** (उप.), **अइयर्** (श्रद्धेय व्यक्ति), कन्नड़ **अय्य** (पिता, पितामह, गुरु, स्वामी) आदि के साथ पिछड़े हुए द्रविड़ समाजों में भी इस शब्द का चलन है, यथा कोत **अयॣण्** (पिता), तोद इन्, **ॲयी** (उप.), कोडगु **अय्यॅ** (काका), कोलमि **अय्या** (नाना), **अय्याक्** (देवता)। यहाँ शब्दश्रृंखला के अन्त में द्रविड़ व्युत्पत्ति कोशकार संस्कृत **आर्य,** पालि **अय्य** को 'तुलनीय' बताकर साथ में एक प्रश्नचिह्न भी लगा देते हैं।

आर्य से **अच्चन्** का सम्बन्ध सम्भव तो है, निश्चित नहीं ! **अय्यन्** का सम्बन्ध और भी सन्दिग्ध है ! द्रविड़ व्युत्पत्तिकोशकार किस वैज्ञानिक दृष्टि से द्रविड़ शब्दमूलों का संग्रह कर रहे हैं, उनके 'सम्भवतः' और '? तुलनीय' से इसका अनुमान हो जाएगा।

प्राकृत **अज्ज** और संस्कृत **आर्य** का सम्बन्ध असन्दिग्ध है। जो द्रविड़ भाषाएँ सघोष स्पर्श ध्वनि का द्वित्व स्वीकार करती हैं, उनमें **अज्ज** रूप है, जो नहीं स्वीकार करतीं, उनमें **अच्च** रूप है। मागधी प्राकृत में संस्कृत **जानाति** का रूपान्तर **याणादि, जनपद** का रूपान्तर **यणवद** है। अतः **अज्ज** और **अय्य** रूपों को सम्बद्ध मानना चाहिए।

आर्य, अर्य, अज्ज, अय्य सब सम्मानसूचक शब्द हैं; आर्य और द्रविड़ भाषाओं में इनका सम्बन्ध न कहीं भाषा से है, न किसी विशेष रंग-रूपवाले मानव-समाज से। भाषा-समुदाय के लिए **आर्य** शब्द का व्यवहार करते हुए उसकी व्यंजना की मूल सीमाओं को ध्यान में रखना उचित है। यह भी उल्लेखनीय है कि **आर्य** के तद्भव प्रतिरूपों का जैसा प्रसार द्रविड़ भाषाओं में है, वैसा आर्य भाषाओं में नहीं है।

कोल

आर्य-द्रविड़ भाषा-समुदायों के साथ यहाँ एक कोल भाषा-परिवार है। इसे कुछ लोग मुंडा कहना पसन्द करते हैं, और कुछ विद्वान् मुंडा शब्द को पसन्द करने के अलावा उसके प्रयोग को अधिक वैज्ञानिक भी मानते हैं। पसन्द की बात अलग है पर उसके प्रयोग

में विशेष वैज्ञानिक कुछ नहीं है। डॉ. सुनीतिकुमार चाटुर्ज्या ने बँगला भाषा के उद्‌भव और विकास पर अपने ग्रन्थ के आरम्भ में ही लिखा था कि **मुंडा** शब्द कोल भाषा-समुदाय की एक भाषा की ओर ही संकेत करता है किन्तु **कोल** के प्रतिरूप **कोरो, होड़ो, होड़्, हॉड़्, हो** आदि इस समुदाय की अनेक भाषाओं में प्रचलित हैं और उनके अस्तित्व की सूचना **मुंडा** की अपेक्षा **कोल** से अधिक मिलती है। अतः उन्होंने **मुंडा** की अपेक्षा **कोल** शब्द का व्यवहार अधिक उपयुक्त माना है।

कोल और उसके उक्त प्रतिरूप पुरुष का अर्थ देते हैं। **मगध, भरत** आदि शब्दों के **मग** और **भर** के समान **कोल** शब्द गण-समाजों के नाम रखने की एक व्यापक परम्परा के अनुरूप है। **मग** और **भर** का मूल अर्थ पुरुष, योद्धा है, **आन्ध्र** के समान। **कोल** इस भाषा-समुदाय का अपना शब्द है, यह बात **मुंडा** के लिए नहीं कही जा सकती। अवध और झारखंड के अनेक स्थानों के नामों में **कोल** शब्द, थोड़े बहुत ध्वनि-परिवर्तन के साथ विद्यमान है। जो लोग भाषाविज्ञान में **कोल** शब्द का व्यवहार बन्द करना चाहते हैं, उन्हें बहुत से गाँवों और कस्बों का नामकरण नए सिरे से करना चाहिए।

कोल भाषा-समुदाय आस्ट्रो-एशियाटिक परिवार की शाखा नहीं है, न वह इस परिवार का तना है कि शाखाएँ भारत से बाहर प्रशान्त महासागर पर छा गई हों। पर जिन भाषाओं को आस्ट्रो-एशियाटिक परिवार में गिना जाता है, उनमें और कोल समुदाय की भाषाओं में अनेक समानताएँ हैं। आस्ट्रो-एशियाटिक समुदाय के लिए जहाँ मैंने कोल शब्द का व्यवहार किया है, वहाँ सभी भाषा-परिवारों के नाम की तरह इस नाम की सीमाएँ भी याद रखनी चाहिए।

चीनी-तिब्बती, तिब्बती-बर्मी

इसी तरह चीनी-तिब्बती, तिब्बती-बर्मी भाषा-परिवार के लिए नाग शब्द के व्यवहार की सीमाएँ हैं। **मगध** के **मग** का प्रतिरूप है **नग**। यह पुरुषसूचक शब्द सर्पवाचक **नाग** में घुल-मिल गया है। **नगर, नाग्दा, नागरकोइल, नागालैंड** आदि अनेक स्थानवाचक शब्दों में इसका अखिल भारतीय प्रसार देखा जा सकता है। अन्य नामों की अपेक्षा एक विशेष भाषा-समुदाय के लिए **नाग** शब्द का व्यवहार अधिक समीचीन है।

भाषा-परिवारों के नाम और भाषाओं के नाम

यहाँ भाषा-परिवारों के नामों के साथ कुछ भाषाओं के नामों की चर्चा भी कर दें। जिस भाषा में मेरी यह पुस्तक लिखी गई है, उसका नाम हिन्दी है। **हिन्दी** का पूर्वरूप **सिन्धी** है, **हिन्द** का पूर्वरूप **सिन्धु** है। **हिन्दी** और **सिन्धी** दो जुदा भाषाएँ हैं यद्यपि मूलतः दोनों का नाम एक है। उन्नीसवीं सदी में ब्रजभाषा पद्य ही नहीं, बहुत कुछ गद्य का माध्यम भी बनी हुई थी। उससे आधुनिक हिन्दी का भेद दिखाने के लिए **खड़ी बोली** का प्रयोग

किया गया। मेरठ-दिल्ली-हरियाणा अर्थात् कुरु जनपद की ग्रामीण बोली को खड़ी बोली नाम न दिया गया था। यह नाम इस बोली के आधार पर विकसित उस जातीय भाषा को दिया गया जो अठारहवीं सदी में उत्तर भारत के अनेक नगरों की शिष्ट-जन-भाषा बन चुकी थी। कुरु जनपद की बोली का नाम बाँगरू था और है। खड़ी बोली, बाँगरू से भिन्न, ब्रजभाषा से प्रभावित होकर विकसित होनेवाली, जातीय भाषा थी। इस जातीय भाषा को फोर्ट विलियम कालेज की स्थापना के बाद उर्दू नाम देकर हिन्दी से जुदा किया गया पर वह जुदा हो, चाहे संयुक्त हो, उसका जन्म किसी फौजी छावनी में न हुआ था।

पाणिनि जिस भाषा का व्याकरण रच रहे थे, उसे वह संस्कृत न कहते थे। संस्कृत का अर्थ था संस्कार किया हुआ, संस्कृत उस पदार्थ को कहेंगे जिसकी मूल प्रकृति संस्कार द्वारा निखारी जाए। **संस्कृतं भक्षाः** (4.2.16), संस्कृतम् (4.4.3), इन दोनों सूत्रों में **संस्कृत** का प्रयोग खाद्य पदार्थों के सन्दर्भ में किया गया है। पाणिनि अपनी भाषा को केवल **भाषा** कहते हैं।

मेरा अनुमान है कि **कोत, कोडगु, कुड़ुख, कोलमि** आदि द्रविड़ भाषाओं के नामों के स्रोत का एक ही पुरुष-योद्धा-वाचक शब्द **को, कोत** या **कोल** है। इन भाषाओं के बोलनेवाले कोल जन थे जो द्रविड़भाषी बने या जो आज कोल भाषाएँ बोलते हैं, वे पहले द्रविड़ बोलते थे, इस समस्या का निर्णय भाषाओं के नाम के आधार पर नहीं हो सकता। पर **कोल** और **कोलमि** (**कॉलमि** या जैसे भी आप उसका उच्चारण करें) की समानता आकस्मिक नहीं है। द्रविड़ भाषा **पर्जि** के नाम का आधार संस्कृत शब्द **प्रजा** है; हिन्दी **परजा, पर्जा** से **पर्जि** बना है। (देखें बरो और भट्टाचार्य : **दि पर्जि लैंग्वेज़,** लन्दन, 1953)। **मलयालम** नाम का आधार तमिल **मलइ,** मलयालम **मल** (पर्वत) है। यह भाषा पहाड़ों के अलावा मैदानों में भी बोली जाती है। प्राकृत **गोंड** (जंगल) से **गोंड** जनों और उनकी भाषा **गोंडी** का नाम सम्बद्ध है। चाहे भाषा-परिवार का नाम हो चाहे भाषा का, उस नाम की अर्थ-परिधि, इस अर्थ-परिधि की सीमाएँ याद रखनी चाहिए।

2. प्राचीन संसार का सांस्कृतिक और भाषायी भूगोल

सिन्धु घाटी की सभ्यता

भाषा-परिवारों के नामों की चर्चा के बाद प्राचीन संसार के भाषायी भूगोल, उसके प्रमुख सभ्यता-केन्द्रों पर एक निगाह डाली जाए।

सिन्धु घाटी की सभ्यता का प्राचीनतम स्तर चौथी सहस्राब्दी ईसा पूर्व का है। सर जान मार्शल ने सन् 1931 में प्रकाशित सिन्धु घाटी की सभ्यता पर अपने ग्रन्थ **मॉहॆञ्जोदरो एंड द इंडस सिविलाइज़ेशन** की भूमिका में लिखा था कि वर्तमान अनुसंधान चौथी सहस्राब्दी से और आगे नहीं बढ़ता किन्तु जहाँ मॉएञ्जोदड़ो है, वहाँ अभी अनेक

पहले के नगर दफनाए पड़े हैं, वहाँ तक पुराविद् का फावड़ा पहुँच नहीं पाया। मॉएञ्जोदड़ो और हड़प्पा में जिस सभ्यता के दर्शन होते हैं, वह, मार्शल के अनुसार 'भारतीय भूमि पर पुरानी पड़ चुकी है और रूढ़िबद्ध हो गई है और वह अनेक सहस्राब्दियों तक के मानव-प्रयासों का परिणाम है।'

प्राचीन शब्द सापेक्ष है। भारत के प्राचीन भाषा-परिवार—कितने प्राचीन ? बीसवीं ईस्वी सदी समाप्ति पर है। दो हज़ार साल ईसा के बाद; चार हज़ार साल ईसा से पहले; 'अनेक सहस्राब्दियों' का अर्थ केवल दो सहस्राब्दी ही किया जाए तो दो हज़ार साल और जोड़ लीजिए। भारत का एक भाषा-परिवार कम-से-कम आठ हज़ार साल पुराना है। यह पुरानापन नगर-निर्माण वाली सभ्यता का पुरानापन है; नगर-सभ्यता के उद्‌भव और प्रतिष्ठा से पहले की भाषायी प्राचीनता और भी पुरानी है। नगर-सभ्यता से पूर्व की भाषायी प्राचीनता भारतीय है, इसका कोई पुरातात्त्विक प्रमाण नहीं है किन्तु आठ हज़ार साल पहले की नगर-सभ्यता के भारतीय होने में सन्देह नहीं है। वह आर्य हो चाहे द्रविड़, चाहे बाहर से आकर बसनेवालों की सभ्यता हो, वह है भारतीय। यदि बाहर से आकर बसनेवालों की सभ्यता है, तो भी उन्हें बसे हुए सहस्राब्दियाँ बीत गई थीं, उनकी सभ्यता रूढ़िबद्ध हो गई थी। इतना समय उनके भारतीयकरण के लिए काफ़ी था।

सिन्धु घाटी की मुद्राओं पर जिस संस्कृति के दर्शन होते हैं, वह कितनी भारतीय है, इसका विवेचन यहाँ सम्भव नहीं है। मार्शल की कही हुई कुछ बातों का उल्लेख यथेष्ट होगा। पहली यह है कि कपड़ा बनाने के लिए कपास का उपयोग अभी भारत तक सीमित था, पश्चिमी संसार में यह विद्या दो-तीन हज़ार साल बाद पहुँची। दूसरी यह कि यहाँ रहने के लिए सामान्य जनों के घर भी सुख-सुविधावाले हैं और सार्वजनिक मार्ग सुनिर्मित हैं; मिस्र, मेसोपोटामिया और पश्चिमी एशिया (अर्थात् सिन्धु नदी के पश्चिम में नील नदी तक का क्षेत्र) इस मामले में पिछड़ा हुआ है। तीसरी यह कि देवी माता (आदि शक्ति) की उपासना कहीं भी अनादिकाल से ऐसी बद्धमूल नहीं है जैसी भारत में; और देवी माता की मूर्तियाँ, कहीं भी प्रसार-क्रम भंग हुए बिना, सिन्धु से नील नदी तक प्राप्त हैं, और यह सारा क्षेत्र सामान्य सांस्कृतिक सूत्रों से बँधा हुआ है।

यदि सिन्धु से नील नदी तक सारा क्षेत्र सामान्य सांस्कृतिक सूत्रों से बँधा हुआ है तो यह असम्भव है कि इस क्षेत्र की भाषाओं में परस्पर सम्पर्क न हुआ हो, उनमें भाषा-तत्त्वों का आदान-प्रदान न हुआ हो। ये भाषाएँ किन्हीं परिवारों की हों, उनकी मूल भिन्नता इस आदान-प्रदान को रोक नहीं सकती।

मार्शल के बाद अनेक भारतीय क्षेत्रों में जो खुदाई हुई है, उससे प्रमाणित है कि सिन्धु घाटी की सभ्यता का प्रसार इस घाटी के पूर्व और दक्षिण में भी हुआ था, वह किसी पश्चिमी एशियाई सभ्यता का भारतीय सीमान्त नहीं है।

सिन्धु घाटी की सभ्यता व्यापारियों की नागरिक सभ्यता है। इन व्यापारियों के सम्बन्ध समस्त पश्चिमी एशिया से हैं। मार्शल के बाद मैके (या मैकाय) ने जो उसी क्षेत्र में और खुदाई की, उसका विवरण, 1938 में प्रकाशित **फ़र्दर ऐक्सकेवेशन्स ऐट**

मोहेंजोदरो में देते हुए उन्होंने बताया था कि सिन्धु घाटी के लोगों के व्यापार-सम्बन्ध पड़ोसी सुमेर, एलाम आदि से थे और भारतीय शिल्प की बहुत-सी मुद्राएँ सुमेरी, एलामी स्थानों पर मिली हैं।

सुमेरी सभ्यता

सिन्धु घाटी के बाद इस सुमेर पर ध्यान दें।

बगदाद के उत्तर से लेकर ईरान की खाड़ी तक का प्रदेश, मोटे तौर पर आज का इराक, पुराना सुमेर है। जिन लोगों ने सुमेरी सभ्यता का निर्माण किया, उनकी प्राचीनतम बस्तियाँ 4500 ई. पू. की हैं। इनके प्राचीनतम शिलालेख 3600 ई. पू. के हैं; मृत्तिका खंडों पर अभिलेख 3200 ई. पू. और उसके बाद के हैं। 1750 ई. पू. तक इनकी सभ्यता का अवसान हो जाता है। विल ड्यूरेन्ट नाम के अमरीकी इतिहासकार ने **अवर ओरिएन्टल हेरिटेज** ग्रन्थ में लिखा है कि बहुत अनुसन्धान के बाद भी हम यह नहीं कह सकते कि सुमेरी जन किस नस्ल के थे और सुमेर में किन मार्गों से आए थे।

किन्हीं मार्गों से आए हों, वे गौर वर्ण के नहीं थे। वे काली खोपड़ी वाले कहलाते थे, इस बात का उल्लेख अनेक पुराविदों ने किया है। इनके नगरों पर पश्चिम से सामी जन निरन्तर आक्रमण करते रहे थे और आगे चलकर सुमेरी सभ्यता के ध्वंसावशेष पर सामी सभ्यता के केन्द्र बैबिलोन (बावेरु, बाबुल) का निर्माण हुआ। सामी सभ्यता पर सुमेर की सभ्यता की गहरी छाप है और इस सामी सभ्यता की छाप यूरुप-अमरीका के गोरों के धर्म पर है, वे चाहे यहूदी हों चाहे ईसाई।

दूसरी सहस्राब्दी ई. पू. में कीलाक्षरी सुमेरी लिपि का व्यवहार समस्त पश्चिम एशिया में व्यापक रूप से होता था। सुमेर की राजधानी उर ऊनी वस्त्रों के व्यापार का बहुत बड़ा केन्द्र थी। सुमेरी जन सूर्य, वायु, आपः आदि प्राकृतिक देवों के उपासक थे। इनकी गणना-पद्धति में शून्य की कल्पना न की गई थी, इसलिए दशमलव पद्धति का अभाव था।

बाबुल के लोग अपने ज्योतिषज्ञान के लिए प्रसिद्ध हुए। वे आकाश, सूर्य, चन्द्र, समुद्र (उनकी भाषा में **अप्सु**) आदि की उपासना करते थे। दशमलव-पद्धति का अभाव इनके यहाँ भी था। यह तथ्य उन भाषाओं का इतिहास जानने में सहायक है जिनमें गणना दशमलव-पद्धति से होती थी, यथा आर्य और द्रविड़ भाषा-समुदायों में। बाबुल की सभ्यता के विकास में सुमेरी जनों के अलावा अन्य सामी जन समुदाय, अक्कद जनों, का योग था। विल ड्यूरेन्ट ने इनकी सभ्यता के लिए लिखा है कि वह मानवता के लिए वैसी उपयोगी नहीं हुई जैसी मिस्र की, और 'उसमें वैसी गहराई और विविधता नहीं है जैसी भारतीय सभ्यता में।' (**अवर ओरिएन्टल हेरिटेज**, पृ. 263)। बाबुल की सभ्यता सुमेरी सभ्यता के बाद दूसरी सहस्राब्दी ई. पू. की है।

बाबुल की भाषा के बारे में विल ड्यूरेन्ट का मत है कि वह 'सुमेर और अक्कद की पुरानी भाषाओं का सामी विकास है।' (**अवर ओरिएन्टल हेरिटेज**, पृ. 249)। इन

पुरानी भाषाओं में अक्कद की भाषा सामी है पर सुमेर की भाषा गैर-सामी है। यदि यह मत सही हो तो मानना होगा कि सामी सभ्यता के सबसे महत्त्वपूर्ण प्राचीन केन्द्र में कम-से-कम दो स्रोतों से आनेवाली भाषाधाराओं का मिश्रण हो गया था। इतिहास में जैसे आर्य नस्ल को लेकर दुराग्रहपूर्ण भ्रान्तियाँ फैलाई गई हैं, वैसे ही सामी नस्ल को लेकर निराधार नस्लपंथी कल्पनाएँ की गई हैं। यह स्पष्ट है कि सभ्यता के प्राचीन केन्द्र मानवता के अलग-थलग पड़े हुए टापू नहीं हैं वरन् ऐसे संगम हैं जहाँ मानवता के अनेक स्रोत घुल-मिलकर एक हो जाते हैं।

सामी भाषा-समुदाय

सामी भाषा-समुदाय में अनेक यहूदी अपने को शुद्ध नस्ल का मानते हैं। नस्ल सम्बन्धी विवेचन में आदमी की नाक का स्थान महत्त्वपूर्ण है। पुराने शिल्प-खंडों में यहूदी बन्दियों का नखशिख देखने को मिलता है। इनकी नाक लम्बी और वक्र है जैसी शिल्प-खंडों में आर्य-समुदाय के हित्तियों की है। उस तरह की नाक भारत में अनेक कश्मीरियों और सिन्धियों के मुँह पर देखी जा सकती है। रोमन और ग्रीक जनों की नाक चित्रों में लम्बी और सीधी दिखाई जाती है, उससे यह वक्र तुंड भिन्न है। विल ड्यूरेन्ट कहते हैं कि यहूदियों के नस्ल-सम्बन्धी उद्‌भव के बारे में हम केवल अस्पष्ट रूप में इतना कह सकते हैं कि वे सामी थे; इतिहास में जब पहली बार उनके दर्शन होते हैं, तब वे अनेक नस्लों का मिश्रण बन चुके हैं।

यहूदियों के धर्मग्रन्थों में एलाम नामक देश का उल्लेख मिलता है। एलामी जन सुमेरी और बाबुली जनों के पड़ोसी थे और दोनों पर उन्होंने विजय प्राप्त की थी। इनके प्रदेश में बीस हज़ार साल पुराने मानव-अवशेष मिले हैं, इनकी सभ्यता के प्राचीन स्तर 4500 ई. पू. के हैं। ये लोग पहिए का उपयोग जानते थे; चक्के से मिट्टी के बर्तन बनाते थे, पहिएवाली गाड़ी में सामान ढोते थे। बाबुलियों ने रथ-चक्र इनसे पाया था; मिस्र में यह चक्र बाबुल के बाद पहुँचा। सभ्यता का यह प्रसार पूर्व से पश्चिम की ओर हो रहा है, यह बात ध्यान देने की है। यदि रथ का पहिया एलाम से मिस्र पहुँचता है तो यह असम्भव है कि चक्र-सूचक शब्द उल्टी दिशा में मिस्र से एलाम पहुँचे।

एलामी जन किस नस्ल के थे, इतिहासकारों को नहीं मालूम। वे सामी जन-समुदाय के बाहर हैं। सुमेर और एलाम दोनों गैर-सामी सभ्यता के केन्द्र हैं; दोनों पश्चिमी एशिया के सामी जन-समुदायों की सभ्यता की नींव डालनेवाले हैं। पश्चिमी एशिया की यह प्राचीन सभ्य इकाई उत्तरी अफ्रीका में धँसती चली गई है। इसके पश्चिमी सीमान्त पर मिस्र है। मिस्री जन हामी समुदाय के अन्तर्गत माने जाते हैं। इनकी भाषा सामी समुदाय से बाहर की है, इनकी सभ्यता पश्चिमी एशिया की सामी-आर्य सभ्यता से मिलती-जुलती है। सुमेर की सभ्यता मिस्र के सांस्कृतिक विकास में सहायक हुई थी। विल ड्यूरेन्ट का मत है कि मिस्र की पुरानी चित्र-लिपि का स्रोत सम्भवतः सुमेर था। कुम्हार का चक्का

सुमेर में बहुत पहले मिलता है, मिस्र में बहुत बाद को। मिस्र की कुछ पुरानी मुद्राएँ मेसोपोटामियाँ की हैं। ताँबे का व्यवहार पश्चिमी एशिया में शुरू हुआ, वहाँ से मिस्र पहुँचा। देवी माता की पुरानी मूर्तियाँ एशियाई उद्भव की हैं। ड्यूरेन्ट सुमेर और मिस्र की शिल्पकला का तुलनात्मक अध्ययन करते हुए कहते हैं कि 'जिस समय मिस्र की सभ्यता आरम्भ होती-सी प्रतीत होती है, उस समय उर [सुमेर की राजधानी] के शिल्पकार ऐसी मूर्तियाँ और शिल्प-चित्र बना रहे हैं कि उनकी शैली और उनकी रूढ़ियाँ सुमेर में शिल्पकला की प्राचीनता सिद्ध करती हैं।' (**अवर ओरिएन्टल हेरिटेज,** पृ. 125)।

मिस्र से लेकर भारत तक व्यापार का जो सिलसिला चलता है, उसका मध्यस्थ केन्द्र एलाम है।

मिस्री सभ्यता

मिस्र के पुराने अभिलेख तीसरी सहस्राब्दी ई. पू. के हैं। मिस्री जन, सुमेरी और बाबुली जनों के समान, गणित में शून्य के आविष्कार से अपरिचित थे।

मिस्री सभ्यता के महत्त्वपूर्ण उपकरण अन्य देशों तक पहुँचाने का काम सामी समुदाय के फिनीशियन लोगों ने किया। केवल सौ मील लम्बा और दस मील चौड़ा इनका छोटा-सा प्रदेश व्यापार और सभ्यता का प्रमुख विनिमय केन्द्र था। यूनानी परम्परा के अनुसार यूनान के लोगों ने अपनी लिपि फिनीशिया से पाई। ग्रीक इतिहासकार हेरोदोतुस ने फिनीशिया के लोगों से सुना था कि उनके पुरखे ईरान की खाड़ी से वहाँ पहुँचे थे।

मिस्र के लोगों से पहले-पहल टक्कर लेनेवालों में मितन्नी जन थे जो मित्र, इन्द्र और वरुण के उपासक थे। जो प्रदेश वर्तमान तुर्की है, वहाँ उन देवताओं के उपासक अनेक जन-समुदाय रहते थे जो देवता ऋग्वेद के माध्यम से विश्व-प्रसिद्ध हुए। उक्त जन-समुदाय में सबसे शक्तिशाली हित्ती थे जिनके पुराने अभिलेख 1800 ई. पू. के हैं। विल ड्यूरेन्ट के अनुसार प्राचीन यहूदियों से इनका ऐसा मिश्रण हुआ कि यहूदियों को अपनी शुक नासिका हित्तियों से प्राप्त हुई 'और इस हीब्रू विशेषता को अब आर्य विशेषता मानना चाहिए।' (**उपरोक्त,** पृ. 287)।

मिनोअन सभ्यता

अभिलेखों के लिए मृत्तिका खंडों का व्यवहार क्रीट द्वीप के लोगों ने हित्तियों से सीखा। यूरुप की जिस यूनानी सभ्यता से आधुनिक यूरुप अपने को सम्बद्ध मानता है, क्रीट की मिनोअन सभ्यता उससे पुरानी है। इसके समकक्ष दक्षिणी यूनान तथा लघु एशिया (आधुनिक तुर्की) के तटवर्ती प्रदेश की मिकिनीयन सभ्यता है। मिनोअन सभ्यता तीसरी सहस्राब्दी ई. पू. की है, मिकिनीयन दूसरी सहस्राब्दी ई. पू. की।

मिनोअन लोगों के लिए कहा गया है कि उनके बाल काले और चमकदार होते थे। ये लोग कुशल चित्रकार थे; इनके बनाए भित्तिचित्रों से उनके रंगरूप का बोध होता है। वृषभ, नाग, स्वस्तिका, सूर्य, चन्द्र इनके लिए पवित्र हैं, उनकी उपासना से सम्बद्ध हैं। विल ड्यूरेन्ट मानते हैं कि क्रीट के ये प्राचीन निवासी भाषा और संस्कृति में एशियाई हैं। मिकिनीयन जन सोने-चाँदी की मूर्तियाँ, प्याले आदि बनाने में कुशल थे। उनकी सभ्यता के अवशेषों में चाँदी की गाय का सिर मिला है जिसके सींग सोने के हैं। ये लोग लोहे का उपयोग न जानते थे। इसके विपरीत हित्ती लोग आर्मीनिया के सीमान्त पर्वतों से लोहा खोदकर काम में लाते थे।

असीरिया

बाबुल के उत्तर में असुर अथवा अशुर सभ्यता का केन्द्र था। इनके देश को अंग्रेज़ी में असीरिया कहा जाता है। अशुर इनके देवता का नाम था जिससे उसके उपासक और उनका देश अभिहित हुए। इन्हें भाषा और कला का रिक्थ सुमेर से प्राप्त हुआ और इस रिक्थ पर बाबुल का प्रभाव पड़ा। इनका समय दूसरी और पहली सहस्राब्दी ई. पू. है। इनके अशुर देवता का नाम ईरानियों के अहुर (असुर) मज़्दा से तुलनीय है।

तुर्किस्तान

भारत के उत्तर में सभ्यता का एक पुराना केन्द्र तुर्किस्तान है। तुर्की भाषा-समुदाय के जिन गणसमाजों का इतिहास में उल्लेख है, वे अधिकतर क्रूर और बर्बर रहे हैं। इनसे भिन्न लगभग पाँचवीं सहस्राब्दी ई. पू. की वह सभ्यता है जिसका केन्द्र दक्खिनी तुर्किस्तान है। इस सभ्यता के निर्माता तुर्की समुदाय की कोई भाषा बोलते थे या आर्य समुदाय की, यह ज्ञात नहीं है। किन्तु ईसा के बाद छठी से दसवीं सदी तक के जो दस्तावेज चीनी तुर्किस्तान में मिले हैं, उनकी भाषा तुखारी है। यह आर्य समुदाय की भाषा थी, राजभाषा की तरह उस प्रदेश में प्रयुक्त होती थी जिसकी जनता आर्य भाषा-भाषी नहीं थी। इसी प्रकार हित्ती जन शासक थे; प्रजा गैर हित्ती भाषा बोलनेवाली थी। हित्ती और तुखारी के अभिलेखों में लगभग दो सहस्राब्दियों का अन्तर है किन्तु प्राचीनता के लक्षण दोनों में मिलते-जुलते हैं। इससे यह अनुमान करना असंगत न होगा कि तुर्किस्तान में आर्य भाषा-भाषियों के केन्द्र दूसरी सहस्राब्दी ई. पू. और उससे पहले से विद्यमान थे।

सामी और गैर-सामी

मध्य एशिया से लेकर पश्चिमी एशिया तक, उसके आगे उत्तरी अफ्रीका में मिस्र तक

प्राचीन सभ्य संसार का एक विशाल भूखंड दिखाई देता है। कल्पित आदि इंडोयूरोपियन भाषा के विभिन्न शाखाओं में फूटने का जो समय निर्धारित किया जाता है, उससे इस सभ्यता के आदिम स्तर बहुत पुराने हैं। यूनान में दोरिक जनों का प्रवेश 1100 ई. पू. के आसपास माना जाता है। उससे थोड़ा पहले 1200 ई. पू. ऋग्वेद का समय निश्चित किया गया। किन्तु हित्तियों के प्राचीनतम दस्तावेज 1900 ई. पू. के हैं और वैदिक उपासना से उनके देवताओं का सम्बन्ध असंदिग्ध है। तुर्किस्तान से मिस्र तक की पट्टी में सभ्यता के अधिकांश और प्राचीनतर केन्द्र गैरसामी हैं, वे सामी सभ्यता के निर्माण, सामी भाषाओं के विकास को प्रभावित करते हैं। इनमें सिन्धु घाटी की सभ्यता और हित्ती जनों की सभ्यता का स्थान महत्त्वपूर्ण है; इस भारतीय सभ्यता से सुमेर की सभ्यता का गहरा सम्बन्ध है। सारे क्षेत्र में सामी सभ्यता बाद में आती है और गैरसामी सभ्यता को आत्मसात् करती हुई बाबुल से मिस्र तक फैलती चली जाती है। आगे चलकर तुर्क कबीलों के अभियान इस क्षेत्र के भाषायी और सांस्कृतिक भूगोल में और भी परिवर्तन कर देते हैं। ऐतिहासिक भाषाविज्ञान में प्राचीन भाषा-परिवारों के स्रोतों का पता लगाते हुए उक्त भूमिखंड की वर्तमान स्थिति को अपने दृष्टिकोण पर हावी न होने देना चाहिए।

प्राचीन भाषा-परिवार कितने प्राचीन हैं ? एशिया के जिस भाग में सभ्यता का प्राचीनतम प्रसार हुआ है, उसके भाषा-परिवार कम-से-कम दस हज़ार साल पुराने हैं। इंडोयूरोपियन का 'इंडो' प्राचीन सभ्यता की इस परिधि में है, 'यूरोपियन' उससे बाहर है।

3. सामन्ती समाज और गण-समाज

यहाँ जिस प्राचीन सभ्यता की बात हो रही है, वह सामन्ती व्यवस्था की सभ्यता है। उसके अर्थतन्त्र का मूलाधार खेती है और खेती से इतनी उपज होती है कि खाने-खरचने के बाद शेष भाग का उपयोग विनिमय के लिए किया जा सकता है। बड़े कृषि-क्षेत्रों और खानों में उत्पादन के लिए दासों को लगाया जाता है। मुनाफे के लिए माल पैदा करने के कारण सभ्यता के प्रमुख केन्द्र अन्तर्जातीय व्यापार के केन्द्र भी हैं। इस समाज का मुख्य अन्तर्विरोध निर्धन किसानों और बड़े भूस्वामियों के बीच है। दासों की स्थिति इस अन्तर्विरोध के दायरे में है, पूरा समाज दासों और उनके मालिकों के बीच बँटा हुआ नहीं है। ये दास अधिकतर युद्ध अथवा क्रय-विक्रय द्वारा अन्य समाजों से प्राप्त किए जाते हैं। किसी एक समाज के लोगों ने अन्य समाज पर शासन किया हो, इसके अनेक प्रमाण हैं; किसी एक समाज ने पूरे अन्य समाज को दास बना लिया हो, ऐसा दास जिसके पास उत्पादन के साधन न हों, अपने श्रम-फल पर जिसका आंशिक अधिकार भी न हो, जो बाज़ार में खरीदा और बेचा जाता हो, इसका कोई प्रमाण नहीं है। यही कारण है कि पूरे समाज की भाषा पर दासों की भाषाओं का प्रभाव नगण्य होता है;

इसके विपरीत जहाँ एक समाज का शासक वर्ग भिन्न समाज पर अपना प्रभुत्व कायम करके सामन्ती ढंग से उसका श्रमफल हड़पता है, वहाँ या तो वह शासित समाज की भाषा स्वीकार कर लेता है या उस पर अपनी भाषा लादता है या दोनों की भाषाएँ एक-दूसरे को प्रभावित करती हैं। सुमेरी सभ्यता के केन्द्रों पर जिन सामी जनों ने अधिकार किया, उन्होंने इस सभ्यता से, सुमेरी भाषा से, अनेक तत्त्व ग्रहण किए।

सामन्ती सभ्यता के इस जगमगाते संसार के साथ गण-समाजों का संसार है जो अन्धकार में खोया हुआ है। सामन्ती सभ्यता के बाद अथवा उसके गर्भ में पूँजीवादी सभ्यता का प्रसार हुआ। पूँजीवादी सभ्यता के बाद और उसके साथ समाजवादी सभ्यता का प्रसार हुआ। तीनों चरणों में गण-समाज जहाँ-तहाँ कायम रहे, अब भी कायम हैं। इतिहास में गण-व्यवस्था से अधिक दीर्घजीवी अन्य व्यवस्था नहीं है।

भाषा-परिवारों की प्राचीनता निर्धारित करते समय सभ्यता के केन्द्रों पर निगाह जमाना काफ़ी नहीं है। इस बात पर ध्यान देना आवश्यक है कि गण-व्यवस्था से निकलकर सामन्ती सभ्यता के व्यापार-केन्द्रों तक पहुँचने में प्राचीन समाजों को कितनी सहस्राब्दियाँ लगी होंगी। टौम डेल और वर्नन गिल कार्टर नाम के विद्वानों ने सभ्यता और प्राकृतिक परिवेश पर एक पुस्तक लिखी है : **टौप स्वायल एंड सिविलाइज़ेशन** (ओकलाहामा विश्वविद्यालय, 1955 ई.)। उनका कहना है कि सभ्य मानव का युग छह हज़ार साल का है, सभ्यता से पूर्व आदिम मानव का युग दस लाख साल का है। आत्मरक्षा, आहारप्राप्ति आदि के लिए ध्वनि-संकेतों का उपयोग पशु भी करते हैं, पशु से अभिन्न आदिम मानव भी इसका प्रयोग करता था। इस अवस्था से निकलकर पशु से भिन्न, मानव बनकर, भाव-विचार प्रकट करने के लिए, भाषा के व्यवहार तक पहुँचने में यदि यह मान लिया जाए कि दस लाख या नौ लाख वर्ष लग गए, तो भी बीजरूप में भाषा-परिवारों के मूलतत्त्व एक लाख साल पुराने होंगे। यह अवधि भी बहुतों की इतिहास-चेतना को झटका देगी।

मान लीजिए, सिन्धु घाटी की सभ्यता छह हज़ार साल पुरानी है। गण-समाजों को इस सभ्यता तक पहुँचने में बीस हज़ार साल लगे, तो इससे अनुमान यह करना होगा कि इस सभ्यता के वाहक जो भाषा बोलते थे, वह कम-से-कम छब्बीस हज़ार साल पुरानी है अथवा जिन भाषा-तत्त्वों से इस भाषा का निर्माण हुआ है, वे छब्बीस हज़ार साल पुराने हैं। ऐसे प्राचीन भाषा-तत्त्वों का पता लगाना कठिन है पर असम्भव नहीं है।

इसके लिए सबसे पहले आवश्यक है कि संसार के वर्तमान भाषायी और सांस्कृतिक भूगोल से हम इस भ्रम में न पड़ें कि प्राचीन संसार भी ऐसा ही था। अनेक भाषाओं का निरन्तर प्रसार होता गया है, अनेक भाषा-समुदाय नष्ट हो गए हैं। जिनका आज प्रसार है, प्राचीनकाल में उनके पूर्वरूपों का व्यवहार-क्षेत्र अत्यन्त सीमित था; जिनका आज अस्तित्व नहीं है, प्राचीनकाल में उनका अस्तित्व था, अनेक का व्यापक व्यवहार-क्षेत्र था। आधुनिक भाषा-परिवारों की संख्या की तुलना में प्राचीन भाषा-परिवारों की संख्या बहुत अधिक थी। संख्या अधिक थी; उनका व्यवहार-क्षेत्र सीमित था।

अंग्रेज़ी आज उत्तरी अमरीका, दक्खिनी अफ्रीका, आस्ट्रेलिया, न्यूज़ीलैण्ड आदि संसार के अनेक द्वीपों-महाद्वीपों में बोली जाती है। अभी चार सौ साले पहले वह केवल इंग्लैंड की भाषा थी। पाँचवीं सदी से पहले अंग्रेज़ों के पुरखे इंग्लैंड पहुँचे न थे; अंग्रेज़ी के पूर्वरूप जर्मनी में बोले जाते थे। उससे अनेक शताब्दियाँ पहले जर्मन समुदाय की गणभाषाएँ किसी ऐसे क्षेत्र में बोली जाती थीं जो भारतीय आर्य भाषाओं के पड़ोस में था। इस प्रकार प्राचीन भाषायी भूगोल आधुनिक भाषायी भूगोल से बहुत भिन्न था।

दूसरी आवश्यक बात यह है कि किसी एक भाषा-परिवार को पूर्ण स्वाधीन, स्वायत्त व्यवस्था न मानकर हम क्षेत्रीय आधार पर अनेक भाषा-परिवारों के सन्दर्भ में उनकी निर्माण-प्रक्रिया का अध्ययन करें। इस अध्ययन में प्राचीन और नवीन मानक भाषाओं से सम्बन्धित सामग्री के अलावा जो भी गैरमानक बोलियों से सम्बन्धित सामग्री सुलभ हो, उसका उपयोग करें।

तीसरी यह कि भाषातंत्र को गतिशील मानते हुए प्राचीन भाषाओं के ध्वनितंत्र, शब्दतंत्र और विन्यासतंत्र पर हम अपनी आधुनिक धारणाओं को आरोपित न करें। उदाहरण के लिए हम भाषा को एक सुनिश्चित, बहुत कुछ स्थायी तंत्र मानने के आदी हैं। ऐतिहासिक और तुलनात्मक विश्लेषण से यह तंत्र न तो सुनिश्चित सिद्ध होता है, न स्थायी। भाषातंत्र में परस्पर विरोधी प्रवृत्तियाँ काम करते देखी जा सकती हैं; इसका कारण अनेक केन्द्रों के बीच भाषातत्त्वों का विनिमय है, आपसी सम्पर्क है। यह सम्पर्क शान्तिपूर्ण होता है, अशान्तिपूर्ण भी।

चौथी बात यह कि प्राचीन भाषाओं की शब्द-सामग्री का तुलनात्मक विवेचन करते हुए अर्थ-प्रक्रिया की विशेषताएँ ध्यान में रखनी चाहिए। दास उसे कहते हैं जो खरीदा और बेचा जाए, मालिक के लिए किसी निश्चित पगार के बिना मेहनत करे। इससे यह न समझना चाहिए कि प्राचीन काल में दास शब्द सर्वत्र इसी अर्थ में प्रयुक्त होता था।

पाँचवीं बात यह कि उक्त विवेचन करते समय प्राचीन जनों की सामाजिक परिस्थितियों के साथ उनकी सांस्कृतिक परिस्थितियों को भी उस विशद सन्दर्भ में सम्मिलित कर लेना चाहिए जिसके बिना अर्थ-प्रक्रिया का विवेचन असम्भव है। संस्कृत **नाग** और अंग्रेज़ी **स्नेक्** एक दूसरे के प्रतिरूप हैं और दोनों का अर्थ साँप है, इतना कहना काफ़ी नहीं है। इस शब्द की अर्थ-प्रक्रिया का सांस्कृतिक सन्दर्भ यह है कि कुछ गण-समाज यह विश्वास करते थे कि साँप पानी में ही रहता है, वह पानी चाहे नदी और झील का हो, चाहे धरती के नीचे एक कल्पित पाताल लोक का हो। ये गण-समाज मानते थे कि सर्प ही नहीं, हाथी भी पानी में रहता है। इसलिए **नाग** शब्द का व्यवहार हाथी के लिए भी हुआ। अर्थ-प्रक्रिया को उसके सांस्कृतिक सन्दर्भ से जोड़ दें तो यह बात समझ में आ जाएगी कि **नाग** का अर्थ कश्मीरी में निर्झर और संस्कृत में साँप तथा हाथी क्यों है। तब **स्नेक्** और **नाग** का सम्बन्ध, मात्र दो ध्वनिरूपों का सम्बन्ध न रहकर, वास्तव में सार्थक ऐतिहासिक सम्बन्ध बनेगा। विवेचन की इस पद्धति से अनेक शब्दों के मूल स्रोतों को पहचानने में सहायता मिलेगी।

4. ऐतिहासिक भाषाविज्ञान और ध्वनितंत्र

सुमेरी जनों का विश्वास था कि धरती के नीचे जलमय पाताललोक है। उसका नाम **अबूज़ु** है। बाबुली जन समुद्र के देवता को **अप्सु** कहते थे। **अप्सु** और **अबूज़ु** का सम्बन्ध संस्कृत **अपस्** से है। **अपस्** का पूर्वरूप **अभस्** है; इसका वैकल्पिक रूप संस्कृत **अम्भस्** है। संस्कृत **अभ्र** (बादल) का सीधा सम्बन्ध **अभस्** से है। सुमेरियन में **अबूज़ु** विद्यमान है। इसका अर्थ यह है कि **अभस्** रूप तीसरी सहस्राब्दी ई. पू. में बदलकर **अबूज़ु** बन चुका था; स्वभावतः **अब्ज़ु** की अपेक्षा **अभस्** और भी प्राचीन है।

अभस् का एक वैकल्पिक रूप **इभस्** भी यहाँ प्रचलित था। जैसे **नाग** का सम्बन्ध जल से था, वैसे ही **इभस्** का सम्बन्ध जल से था; जैसे **नाग** का एक अर्थ हाथी था, वैसे ही **इभस्** का अर्थ हाथी था। इस **इभस्** में निर्देशक सर्वनाम् **ॲल्** जोड़कर यूनानियों ने **ॲलॅफस्** रूप बनाया। इस रूप के आधार पर हाथीदाँत के लिए उन्होंने **ॲलॅफन्तॉस्** शब्द गढ़ा। यही अंग्रेज़ी का **ॲलीफ़ैन्ट्** है। जैसे **नाग** का एक अर्थ साँप था, वैसे ही **इभस्** का भी एक अर्थ साँप था। यह बात हम ग्रीक रूप **ऑफिस्** (साँप) से जानते हैं। इसका प्रतिरूप संस्कृत **अहि** है। **अहि** का पूर्वरूप **अभि** होगा, **ऑफिस्** का पूर्वरूप **ऑभिस्** होगा। **अहि** के समानान्तर **इह** का चलन रहा हो तो उसका पूर्वरूप **इभ** होगा। मानक ग्रीक में **ऑफिस्** रूप है तो आयोनियन या इओनिक में **इभस्** का रूपान्तर **इऑस्** (साँप) है। मानक ग्रीक में ही **ऑफिस्** का सम्बन्ध-रूप **ॲओस्** है। इससे विदित होता है कि साँप के लिए जलवाचक **अभस्, ऑभस्, ॲभस्** तीनों रूपों का व्यवहार होता था। होमर के काव्य में **ॲलॅफन्तॉस्** शब्द का प्रयोग हुआ है। होमर का समय 800 ई. पू. के लगभग माना जाता है।

जैसे **अभस्** का एक रूपान्तर **अपस्** हुआ, वैसे ही **इभस्** का एक रूपान्तर **इपस्** था। संस्कृत **द्वीप** और **अन्तरीप** में **आपस्** का वैकल्पिक रूप **ईपस्** है। **अपस्** और **आपस्** दोनों रूपों का चलन था; वैसे ही **इपस्** और **ईपस्** रूपों का भी चलन था।

उक्त उदाहरणों से विदित होगा कि अर्थ-प्रक्रिया जानने के लिए सांस्कृतिक पृष्ठभूमि का ज्ञान कितना महत्त्वपूर्ण है।

अप्सु, अब्ज़ु, अपस्, ऑफिस् आदि के पूर्वरूपों में सघोष महाप्राण स्पर्श ध्वनि **भ्** का अस्तित्व असन्दिग्ध है। ऐसी सघोष महाप्राण स्पर्श ध्वनियों के व्यवहार का प्रमाण संसार की किसी प्राचीन भाषा के अभिलेखों में नहीं है, वह भाषा चाहे इंडोयूरोपियन' परिवार की हो, चाहे सामी, सुमेरी या किसी अन्य परिवार की। ये ध्वनियाँ भारत की आर्य भाषाओं में अब भी प्रयुक्त होती हैं, वैदिक काल में प्रयुक्त होती थीं। यह तथ्य इन ध्वनियों के व्यवहार की प्राचीनता ही सिद्ध नहीं करता, वह इस व्यवहार की अटूट निरन्तरता भी प्रमाणित करता है। जिन शब्दों के स्रोत रूपों में **घ्-ध्-भ्** का अस्तित्व प्रमाणित होता है, उन्हें निस्संकोच प्राचीन आर्य गण भाषाओं की सम्पदा मानना चाहिए।

ऐतिहासिक भाषाविज्ञान में ध्वनितंत्र की प्रधान समस्या है उन रूपों का पता लगाना जिनमें उक्त स्पर्श ध्वनियों का व्यवहार होता था और आगे चलकर जिनमें ये

ध्वनियाँ बदल गईं। ऐतिहासिक भाषाविज्ञान में ध्वनितंत्र के साथ शब्दतंत्र की भी यह प्रधान समस्या है कि शब्द-रचना-प्रक्रिया में **घ्-ध्-भ्** की भूमिका किस कोटि की है।

ये ध्वनियाँ इंडोयूरोपियन परिवार की अभारतीय भाषाओं में ही परिवर्तित नहीं होतीं, वे भारतीय आर्य भाषाओं में भी भिन्न रूपों में ग्रहण की जाती हैं। वैदिक भाषा सुदीर्घ भाषायी विकास परम्परा का परिणाम है। वैदिक भाषा में उक्त ध्वनियोंवाले प्राचीन रूप हैं यथा **अम्भस्**, और उन ध्वनियों के विकारोंवाले रूप भी हैं यथा **अपस्**। इसलिए यह बात बहुत स्पष्ट समझ लेनी चाहिए कि **घ्-ध्-भ्** ध्वनियों के व्यवहार की परम्परा वैदिक भाषा के निर्माण-काल से बहुत पुरानी है।

जो लोग मानते हैं कि इन ध्वनियों का आदि व्यवहार क्षेत्र भारत से बाहर था, उन्हें इस तथ्य की कैफियत देनी चाहिए कि भारत के द्रविड़-बहुल भाषायी परिवेश में इन ध्वनियों का व्यवहार क्यों होता रहा और अन्यत्र उनका लोप क्यों हो गया। कहना अनावश्यक है कि भारत में द्रविड़ परिवार के अलावा नाग और कोल परिवारों में भी सघोष महाप्राण स्पर्श ध्वनियों का व्यवहार न होता था।

घ्-ध्-भ् ध्वनियोंवाले शब्दों के रूपान्तर केवल इंडोयूरोपियन परिवार की भाषाओं में नहीं, द्रविड़ परिवार की भाषाओं में भी मिलते हैं। ऐसे शब्दों के विवेचन में अखिल भारतीय भाषायी परिवेश को ध्यान में रखना युक्तिसंगत है।

3

हिन्दी ध्वनितंत्र

संस्कृत की मूर्धन्य ध्वनियाँ

संस्कृत और हिन्दी के कुछ वाक्य मिलाकर एक साथ पढ़े जाएँ तो यह तथ्य तुरन्त स्पष्ट हो जाएगा कि संस्कृत में कुछ ध्वनियाँ ऐसी हैं जैसी बोलचाल की हिन्दी में नहीं हैं या बहुत कम सुनने को मिलती हैं। संस्कृत का मूर्धन्य **ष्, ऋ, क्ष्,** ऐसी ध्वनियाँ हैं जो किसी भी आधुनिक आर्य भाषा के बोलचाल वाले रूप में प्रयुक्त नहीं होतीं। नए शब्दों के निर्माण में—पुनः बोलचाल के स्तर पर—इनकी भूमिका शून्य है। इनका व्यवहार केवल तत्सम रूपों में होता है या उन रूपों के आधार पर गढ़े हुए नए विशिष्ट शब्दों में होता है। ये सभी ध्वनियाँ मूर्धन्य हैं। इस वर्ग की ध्वनियों में एक महत्त्वपूर्ण नासिक्य ध्वनि है—**ण्**। उत्तर-पश्चिमी आर्य भाषाओं में इसका व्यवहार प्रचुर रूप से होता है किन्तु ब्रज प्रदेश से लेकर असम तथा बोलचाल के स्तर पर आर्य भाषाओं में यह ध्वनि बहिष्कृत है। मध्य भारत में जहाँ अवधी समुदाय की उपभाषाओं का चलन है, वहाँ भी इस ध्वनि का व्यवहार नहीं होता। कह सकते हैं कि हिन्दी और संस्कृत के ध्वनितंत्रों में एक प्रमुख भेद मूर्धन्य ध्वनियों को लेकर है। जहाँ तक **ष्, ऋ** और **क्ष्** का सम्बन्ध है, यह भेद व्यापक है, संस्कृत तथा सभी आधुनिक आर्य भाषाओं में है। जहाँ तक मूर्धन्य नासिक्य का सम्बन्ध है, यह भेद आंशिक है। कश्मीरी को छोड़कर उत्तर पश्चिमी भाषा-समुदाय में इसका चलन है और मध्य तथा पूर्वी भाषा-समुदाय में इसका व्यवहार प्रायः नहीं होता।

ष्, ऋ तथा क्ष्

विचारणीय समस्या यह है कि **ष्, ऋ, क्ष्** ध्वनियाँ संस्कृत की मूल ध्वनियाँ हैं या विकास की किसी अवस्था में उनका व्यवहार होने लगा था। आधुनिक आर्य भाषाओं में इनका व्यवहार नहीं होता तो क्या इसका कारण यह है कि इन्हें बोलनेवालों की ध्वनि-पद्धति अथवा उच्चारण-क्षमता में परिवर्तन हो गया है या प्राचीन आर्य भाषाओं के एक समुदाय

में कभी इनका चलन ही न था। जो लोग यह मानते हैं कि प्राचीन काल में केवल एक आर्य भाषा संस्कृत का व्यवहार होता था, उनके लिए इस समस्या का निदान सरल है। जैसे प्राचीन संस्कृति के अनेक तत्त्व नष्ट हो गए, वैसे ही इन ध्वनियों का व्यवहार भी क्षीण होता गया। पर आश्चर्य की बात यह है कि मूर्धन्य ध्वनियों में नासिक्य विद्यमान है; और इस तरह विद्यमान है—यथा बाँगरू में—कि जहाँ संस्कृत में भी उसका व्यवहार न होता था, वहाँ 'तत्सम' और तद्भव रूपों में उसका व्यवहार होता है :

तत्सम **वन** हो गया **वण**; तद्भव **नहान** हुआ **न्हाण**।

और, इसका कारण क्या है कि उत्तर-पश्चिमी क्षेत्र में णकार-संकुल भाषाएँ बोली जाती हैं और मध्य तथा पूर्वी क्षेत्रों में, उड़िया को छोड़कर, मूर्धन्य नासिक्य का व्यवहार नहीं होता। प्राकृतों में इस ध्वनि की बहुलता है। जिन प्राकृतों को शूरसेन आदि जनपदों से जोड़ा जाता है, उन प्राकृतों की प्रिय नासिक्य ध्वनि उन्हीं जनपदों की आधुनिक भाषाओं से गायब है। अपभ्रंशों से आधुनिक भाषाओं का सम्बन्ध और भी गहरा है, ऐसा माना जाता है। इनमें शूरसेनी अपभ्रंश का चलन सबसे ज़्यादा था और इसी के क्षेत्र, शूरसेन जनपद के वर्तमान संस्करण, ब्रज प्रदेश में इसका चलन नहीं है। जिसे पूर्वी अपभ्रंश कहा जाता है, उसमें भी णकार की बहुलता है। विद्वानों ने कल्पना की है कि मध्य और पूर्वी क्षेत्रों में पहले इस ध्वनि का व्यवहार होता था, फिर उसका लोप हो गया। एक विशाल प्रदेश में एक साथ एक ही समय में किसी ध्वनि विशेष का लोप हो जाए, यह आश्चर्यजनक घटना है। पड़ोस के एक विशाल क्षेत्र में उसी ध्वनि का व्यवहार होता रहे, यह चमत्कार है। पंजाबी या बाँगरू का वह सम्बन्ध शूरसेन जनपद की अपभ्रंश से नहीं हो सकता जो ब्रजभाषा का होगा। तब इस अपभ्रंश की मूर्धन्य नासिक्य ध्वनि बाँगरू और पंजाबी में कैसे बच गई और ब्रज प्रदेश से उसका लोप कैसे हो गया ?

तालव्य श्

संस्कृत और हिन्दी के ध्वनितंत्रों में एक भेद तालव्य **श्** को लेकर है। बाँगरू समेत हिन्दी प्रदेश की सभी बोलियों में दन्त्य सकार का व्यवहार होता है। पूर्वी समुदाय की आर्य भाषाओं में केवल बँगला, अपने परिनिष्ठित रूप में, तालव्य **श्** का व्यवहार करती है और इतना करती है कि तत्सम रूपों के दन्त्य सकार को भी वह तालव्य बना देती है। क्या अधिकांश आर्य-भाषा-क्षेत्र में ध्वनि-प्रकृति-सम्बन्धी ऐसा मौलिक परिवर्तन हुआ कि तालव्य **श्** का लोप हो गया ? या इस संभावना को स्वीकार करें कि आर्य भाषाओं के एक समुदाय में तालव्य **श्** का व्यवहार होता ही न था ? **क्ष्** और **ण्** के समान **श्** सुसंस्कृत उच्चारण की विशेषता माना जाता है। यदि लोग **श्** नहीं बोल पाते तो यह उनके अशिक्षित और असंस्कृत होने का प्रमाण है। परिनिष्ठित बँगला में तत्सम शब्दों के दन्त्य **स्** का उच्चारण नहीं होता, तो इसे कोई बंगाली भद्रजनों के असंस्कृत होने का प्रमाण नहीं मानता।

संयुक्त ध्वनियाँ

संस्कृत और हिन्दी के कुछ वाक्यों पर दृष्टिपात करते हुए एक अन्य तथ्य जो उजागर होता है, वह यह कि संस्कृत में संयुक्त ध्वनियों की भरमार है। दो व्यंजन ही नहीं, तीन-तीन व्यंजन भी संयुक्त हो सकते हैं। एक ही व्यंजन की आवृत्ति तो आधुनिक आर्य भाषाओं में सामान्य है जैसे **चक्कर, खच्चर, चम्मच** शब्दों में। समवर्गीय ध्वनियाँ भी संयुक्त होती हैं जैसे **पत्थर, लिद्धड़, बग्घी**। किन्तु विषमवर्गीय ध्वनियों का जैसा संयोग संस्कृत में होता है, वैसा हिन्दी या अन्य आर्य भाषाओं में नहीं होता।

ऋ स्वर

ऋ को स्वर मानें चाहे व्यंजन, यह ध्वनि जिस तरह संस्कृत में व्यंजनों से संयुक्त होती है, उस तरह आधुनिक आर्य भाषाओं में नहीं होती। और यह स्वाभाविक है क्योंकि **ऋ** ध्वनि जब स्वतंत्र रूप से आधुनिक आर्य भाषाओं में नहीं है, तब अन्य व्यंजनों के साथ वह संयुक्त कैसे होगी ? कृतित्व, व्यक्तित्व, परिपक्व, लावण्य, गृद्ध, स्पर्द्धा आदि शब्दों में जिस तरह का ध्वनि-संयोग है, वह आधुनिक आर्य भाषाओं की ध्वनि-प्रकृति के विपरीत है। प्रश्न यह है : संस्कृत की कितनी धातुओं में, उसके शब्द-मूलों में व्यंजनों का संयोग दिखाई देता है ? यह संयोग किस प्रकार के व्यंजनों का है; समवर्गीय व्यंजनों का, पूर्ण स्पर्श व्यंजनों का, एक पूर्ण स्पर्श व्यंजन से अन्तस्थ अथवा नासिक्य व्यंजन का ?

विकास की मंज़िलें

आधुनिक आर्य भाषाओं के ध्वनि-तंत्र पर विचार करते हुए यह बात निरन्तर ध्यान में रखनी चाहिए कि वैदिक भाषा एक सुदीर्घ विकास परम्परा का परिणाम है। वह उस परम्परा का कारण नहीं है। जिस समय इस भाषा का व्यापक व्यवहार होता है, उस समय विभिन्न आर्य गणभाषाओं के बीच यथेष्ट सम्पर्क कायम हो चुका है। इन आर्य गणभाषाओं के अनेक तत्त्व वैदिक भाषा में समाहित हैं। लौकिक संस्कृत के समान यह भाषा परिनिष्ठित नहीं है, वह अभी 'भाषा' है, 'संस्कृत' नहीं बमी। इसके अतिरिक्त वैदिक भाषा के विश्लेषण से ही उसके विकास की अनेक मंज़िलों का पता लगाया जा सकता है। यहाँ एक उदाहरण पर्याप्त होगा। वैदिक भाषा में मूर्धन्य नासिक्य ध्वनि का व्यवहार प्रचुर मात्रा में होता है किन्तु इस भाषा की धातुओं में उसका उपयोग अति अल्प है। इससे यह प्रमाणित होता है कि वैदिक भाषा के शब्द-मूलों की रचना में **ण्** की भूमिका नगण्य है। इस भाषा की एक अवस्था में इस ध्वनि का व्यवहार होता ही न था, अन्य अवस्था में उसका प्रचुर व्यवहार होने लगा।

संस्कृत के विकास की अनेक मंज़िलें हैं, संस्कृत के समानान्तर अनेक आर्य

गणभाषाएँ बोली जाती थीं। इन गणभाषाओं की सामग्री जहाँ-तहाँ पालि-प्राकृत-अपभ्रंश में मिलती है। आधुनिक आर्य भाषाओं का विकास समझने के लिए संस्कृत का विवेचन आवश्यक है, साथ ही संस्कृत का विवेचन करने के लिए, उसका ऐतिहासिक विकास समझने के लिए, आधुनिक आर्य भाषाओं से सहायता ली जा सकती है। इस समस्त विवेचन को अखिल भारतीय भाषायी सन्दर्भ में प्रस्तुत करना चाहिए।

इस दृष्टि से आधुनिक आर्य भाषा—विशेषतः हिन्दी—की कुछ विशेषताओं पर आगे विचार किया जाएगा।

मूर्धन्य ध्वनियों के केन्द्र

इंडोयूरोपियन भाषा-परिवार का ऐतिहासिक विवेचन करनेवाले विद्वान् यह मानते हैं कि आदि इंडोयूरोपियन भाषा में मूर्धन्य ध्वनियाँ नहीं थीं। इस आदि भाषा की भारत-ईरानी शाखा में भी ये ध्वनियाँ नहीं थीं। इनका विकास भारत में आर्यों के आने के बाद द्रविड़ जनों के सम्पर्क से हुआ अथवा स्वतःस्फूर्त ढंग से हुआ। मेरी मान्यता भी है कि संस्कृत के मूल रूप में ये ध्वनियाँ नहीं थीं। ऊपर से देखने में इस मान्यता तथा ऐतिहासिक भाषाविज्ञान की परम्परागत स्थापना में कोई अन्तर नहीं है। वास्तव में दोनों में बहुत बड़ा अन्तर है और यहाँ उसे स्पष्ट कर देना उचित है।

संस्कृत के मूल रूप में मूर्धन्य ध्वनियाँ नहीं थीं। संस्कृत के विकास की एक अवस्था में जब इन ध्वनियों का व्यवहार होने लगा, तब यूरुप की अनेक भाषाओं ने ऐसे भारतीय भाषा-तत्त्व ग्रहण किए जो मूर्धन्यीकरण वृत्ति के साक्षी हैं। आर्य और द्रविड़ दोनों भाषा-परिवारों को किसी टवर्ग प्रेमी भाषा-परिवार ने प्रभावित किया। यह असम्भव नहीं कि यह टवर्ग प्रेमी परिवार भी भारतीय आर्य परिवार के अन्तर्गत हो, उसकी एक शाखा हो। शाखा कहने से यह आशय नहीं है कि उसका उद्भव किसी आदि आर्य भाषा से हुआ। आशय यह है कि यहाँ भिन्न प्रकार की ध्वनियों के अनेक विकास-केन्द्र रहे हैं। उनके परस्पर सम्पर्क और भाषा-तत्त्वों के परस्पर आदान-प्रदान से आर्य भाषा-परिवार के ध्वनितंत्र का निर्माण हुआ। किसी भाषा-परिवार का ध्वनितंत्र स्थिर इकाई नहीं होता। आधुनिक आर्य भाषाओं का ध्वनितंत्र एक-सा नहीं है; यह सहज अनुमेय है कि प्राचीन काल में विभिन्न आर्य गणभाषाओं का ध्वनितंत्र भी एक-सा नहीं था। संस्कृत में मूर्धन्यीकरण की कुछ प्रवृत्तियाँ व्यापक हैं किन्तु आधुनिक आर्य भाषाओं में उनका अभाव है। दूसरी ओर आधुनिक आर्य भाषाओं में मूर्धन्य ध्वनियों के व्यवहार की कुछ प्रवृत्तियाँ ऐसी हैं जो संस्कृत में अपेक्षाकृत विरल हैं या वहाँ उनका अभाव है। यह बिल्कुल सम्भव है कि मध्य देश की आर्य भाषा में पहले टवर्गीय ध्वनियों का व्यवहार बिल्कुल न होता हो, उसके पूर्व और पश्चिम की कुछ आर्य गणभाषाओं में इनका व्यवहार यथेष्ट रूप में होता हो। आर्य गणभाषाओं में जो भाषा संस्कृत नाम से विख्यात हुई, वह मूलतः मध्यदेश की भाषा थी। अपने मूल रूप में वह मूर्धन्य ध्वनियों का

व्यवहार न करती थी। 'संस्कृत' रूप में इन ध्वनियों का व्यवहार वह पर्याप्त रूप में करने लगी। इसका कारण अन्य आर्य गणभाषाओं का प्रभाव हो सकता है।

भारत में और भारत के बाहर इंडोयूरोपियन परिवार की कोई ऐसी भाषा नहीं है जिसमें मूर्धन्य **ष्** का व्यवहार अब बोलचाल के स्तर पर होता हो। संस्कृत से चले आते हुए शब्दों में ही इस ध्वनि का प्रयोग होता है, वह भी लिखित रूपों में अधिक, उच्चारण में बहुत कम। द्रविड़ भाषा-परिवार में एक भाषा अब भी ऐसी है जिसमें तीनों सकार बोले जाते हैं और वे अर्थ-विच्छेदक भी हैं। यह नीलगिरि पर्वतमाला में रहनेवाली तोद नाम की अल्पसंख्यक द्रविड़ जाति है। इनका अध्ययन और विवेचन संस्कृत तथा द्रविड़ भाषाओं के विशेषज्ञ एमेनो ने किया है। उनका कथन प्रामाणिक माना जाएगा।

ष्

संस्कृत में ऐसे शब्द बहुत नहीं हैं जिनमें **ष्**, अन्य सकारों से भिन्न, अर्थविच्छेदक भूमिका पूरी करता हो। **भाषते, भासते** जैसे रूपों में इनकी अर्थ-विच्छेदक भूमिका है पर मुख्य अन्तर तालव्य और दन्त्य सकारों में है। **विस, विश, विष** तीन भिन्न शब्द हैं। पहला शब्द कमलनाल का अर्थ देता है, दूसरा जनसमुदाय का सूचक है। यह संभव है कि ऐसे शब्द पहले और भी रहे हों, वैदिक काल तक इनकी संख्या कम हो गई हो।

ऐसे अनेक शब्द हैं जिनमें **स्** और **ष्** का वैकल्पिक प्रयोग होता है। **यस्** और **येष्** दोनों का अर्थ प्रयास करना है। जैसे वैदिक भाषा में **र्** और **ल्** ध्वनियों वाले शब्दों के वैकल्पिक रूप मिलते हैं, वैसे ही उक्त दोनों रूप हैं, और वे दो गणभाषाओं के सम्पर्क की ओर संकेत करते हैं। इसी प्रकार **कसेरु, कशेरु, कषेरु**—तीनों रूपों का चलन था और तीनों का ही अर्थ मेरुदंड था। एक ही अर्थ देनेवाले ऐसे वैकल्पिक रूप भिन्न ध्वनि-प्रकृतिवाली भाषाओं के संगम का प्रमाण हैं। वैदिक भाषा और उत्तरकालीन संस्कृत में **उषा** शब्द खूब प्रचलित हुआ। **ऊष्मा, उष्ण** आदि शब्द **उष्** क्रिया से निष्पन्न हुए। किन्तु इसके मूल रूप में दन्त्य **स्** का व्यवहार होता था। **वस्** (प्रकाशित होना) का विकास **उष्** है, **उष्** का विकास **वस्** नहीं है। **वस्** क्रिया से **वासर, वसन्त** आदि शब्द बनते हैं। मूर्धन्य **ष्** ने दन्त्य सकार का स्थान कैसे लिया है, इसका बहुत अच्छा उदाहरण **उषा** शब्द है। यदि अब कोई **उसा** कहे तो लोग अशुद्ध कहकर उस पर हँसेंगे पर **वस्** ही नहीं, **वस्** के प्रतिरूप **उस्** में भी दन्त्य सकार है। **उस्र** शुद्ध 'संस्कृत' शब्द है और इसका अर्थ भी प्रभात है।

उकार के संसर्ग से **वस्** के दन्त्य सकार का मूर्धन्यीकरण हुआ हो, ऐसा नहीं कहा जा सकता। ऐसा होता तो **उस्र** जैसा रूप संभव न होता किन्तु संस्कृत में अनेक रूप ऐसे हैं जिनमें किसी ध्वनि-विशेष के संसर्ग से मूल दन्त्य **स्** अथवा तालव्य **श्** का मूर्धन्यीकरण हुआ है। क्रिया है **नश्**; इससे कृदन्त रूप बनता है **नष्ट**। क्रिया है **भ्रंश्** (अथवा **भ्रश्**); इससे कृदन्त रूप बना **भ्रष्ट**। (कोश में इसका वैकल्पिक रूप **भ्रंस्** भी

दिया हुआ है।) क्रिया है **दंश्**, इससे संज्ञा रूप बना **दंष्ट्र**। ऐसे रूपों में तालव्य **श्** का स्थान मूर्धन्य **ष्** लेता स्पष्ट दिखाई देता है। संस्कृत में फ़ारसी के **गश्त, पुश्त** जैसे रूप हैं ही नहीं। इसका अर्थ यह हुआ कि अनेक शब्दों में **श्** और **ष्** का प्रयोग सन्दर्भगत है, अर्थगत नहीं। किन्तु तालव्य **श्** के साथ दन्त्य **त्** का संयोग होता क्यों नहीं है ? **स्त** जैसे रूप तो संस्कृत में बहुत हैं पर **श्त** जैसे रूप नहीं हैं, इसका कारण यह हो सकता है कि तालव्य **श्** का उच्चारण भी मूर्धन्य जैसा होता था; उसके संसर्ग से **त्** दन्त्य न होकर मूर्धन्य या वर्त्स्य होता था।

संस्कृत में अनेक ऐसे शब्द हैं जिनमें **न्** के संसर्ग से **स्** मूर्धन्य रूप ग्रहण करता दिखाई देता है। **सिध्** क्रिया से **सिद्ध** रूप बनाकर जहाँ **नि** उपसर्ग लगा, वहीं **स् निषिद्ध** हो गया ! **उपनिषद्** में **सद्** (बैठना) क्रिया है। **नि** के संसर्ग से **ष्** का व्यवहार हुआ। इसी प्रकार **स्था** क्रिया से **निष्ठा** रूप बना। **सेव्** (सेवा करना, रहना) का **नि**-उपसर्गयुक्त प्रतिरूप **निषेव्** बना, **सूद्** से इसी प्रकार **निषूद्** (मारना) रूप बना। इस परिवर्तन का कारण क्या है ? या तो यह **न्** मूर्धन्य था, भले ही उसके लिए उपयुक्त लिखित चिह्न का व्यवहार न किया गया हो, या वह मूर्धन्य नासिक्य के बहुत निकट उच्चरित होता था। संस्कृत में एक भी शब्द **ण्** से आरम्भ नहीं होता, प्राकृतों में ऐसे शब्दों की भरमार है। ऐसे प्राकृत शब्दों को उचित ही अप्राकृतिक माना गया है। किन्तु **निषिद्ध, निष्ठा** जैसे रूप इस संभावना की ओर प्रबल संकेत करते हैं कि वैदिक भाषा में एक समय मूर्धन्य नासिक्य का आदि स्थानीय व्यवहार होता था। जिस समय सारा वैदिक वाङ्मय लिपिबद्ध किया गया, उस समय आदि स्थानीय **ण्** का व्यवहार नित्य प्रयोग से लुप्त हो चुका था। इसके सिवा लौकिक संस्कृत का विकास करनेवाले और वैदिक वाङ्मय का सम्पादन करनेवाले लोग मुख्यतः मध्यदेश के थे जिनके यहाँ आदि स्थानीय **ण्** का व्यवहार होता न था। आधुनिक आर्य भाषाएँ बोलनेवाले **ण्** का उच्चारण उत्क्षिप्त ध्वनि जैसा करते हैं, इसलिए वह **ड़्** जैसा सुनाई देता है। इस कारण प्राकृतों में आदि स्थानीय **ण्** आवश्यकता से अधिक अप्राकृतिक लगता है। एक बात असंदिग्ध है कि **नि** जैसे उपसर्ग का साथ होने पर किसी भी आधुनिक आर्य भाषा में दन्त्य सकार का मूर्धन्यीकरण नहीं होता। संस्कृत और इन भाषाओं के ध्वनितंत्र में यह मौलिक भेद है।

क्ष्

तालव्य **श्** के अतिरिक्त अन्य ध्वनियाँ भी **क्** में परिवर्तित होती हैं और **स्** से संयुक्त होने पर **क्ष्** रूप में व्यक्त होती हैं। **शिक्षा**—यहाँ **शिष्य** के **शिष्** का षकार **क्** में परिवर्तित हुआ है। यह मूर्धन्य **ष्** पहले तालव्य रहा हो तो आश्चर्य नहीं। **पक्षी** में मूल क्रिया **पक्** नहीं है। **पक्ष** और **पक्षी** की व्याख्या के लिए **पक्ष्** जैसी एक क्रिया कल्पित हुई है। **पक्ष** और **पक्षी** का सीधा सम्बन्ध उड़ने का अर्थ देने वाली **पत्** क्रिया से है। इस रूप का अन्तिम व्यंजन **त् च्** में बदलता है और **च्** पुनः **क्** में। इस प्रकार **पक्** शब्दमूल में **स**

प्रत्यय लगने पर **पक्ष** शब्द बना। **पत्** से **पक्ष** के निर्माण की तरह **सृज्** से **सृष्टि** की रचना भी यथेष्ट रोचक है। मूल क्रिया की **ज्** ध्वनि (नाग प्रभाव से) **ज़्** बनी अर्थात् **ज़्** व्यंजन-तत्त्व के स्थान पर सघोष सकार का व्यवहार हुआ जैसे संस्कृत **अस्** के समानान्तर अंग्रेज़ी की **इज़** क्रिया है। पुनः सघोष सकार में रूपान्तरण हुआ और उसने अघोष सकार का रूप लिया। **त** अथवा **ति** प्रत्यय से संयुक्त होने पर दो मूर्धन्य ध्वनियों का प्रादुर्भाव हुआ, **ष्** और **ट्** का। इस प्रकार **सृष्टि** रूप की रचना हुई। ऐसी रचना मध्यदेशीय भाषा के विकास की बहुत बाद की ही मंज़िल में सम्भव हुई, यह मानना होगा। निष्कर्ष यह कि **ष्, क्ष** आदि ध्वनियों के अनेक अमूर्धन्य स्रोत हैं।

क्ष् का एक स्रोत कंठ्य **घ्** है। इसका सघोष **ग्** तत्त्व जब अघोष हुआ तब रह गया **क्**; **घ्** की महाप्राणता का रूपान्तर हुआ **ह्**, फिर महाप्राण **ह्**, **स्** में परिवर्तित हुआ, पुनः **क्** के संसर्ग से **ष्** बना। इस प्रकार **घ्** **क्ष्** में रूपान्तरित होगा। मोनियर विलियम्स ने **क्ष्म्** (पृथ्वी) के अन्तर्गत उसके सम्बन्ध-कारक एकवचन के ये रूप दिए हैं; **ग्मस्, ज्मस्, क्ष्मस्**। तीन वैकल्पिक रूप तीन तरह के ध्वनि-परिवर्तनों को वैदिक भाषा में सुरक्षित किए हैं। **ग्म** से **क्ष्म** कैसे बनेगा या **क्ष्म** से **ग्म** कैसे बनेगा, किसी ऐतिहासिक भाषाविज्ञानी ने इसकी व्याख्या नहीं की। पर ये तीनों रूप **घ्म** के आधार पर आसानी से समझ में आ जाते हैं। एक प्रवृत्ति सघोष महाप्राण ध्वनि को अल्पप्राण रूप में ग्रहण करने की; इससे **ग्म** रूप मिला। दूसरी प्रवृत्ति कंठ्य ध्वनि को तालव्य करने की (इसकी चर्चा थोड़ी ही देर में आगे होगी), इससे **ज्म** रूप मिला। तीसरी प्रवृत्ति मूर्धन्यीकरण की जिसमें सघोष महाप्राण ध्वनि को अल्पप्राण ही नहीं, अघोष करने की प्रवृत्ति भी शामिल है, इससे **क्ष्म** रूप मिला। ये सारे परिवर्तन, भिन्न गणभाषाओं के प्रभाव से, एक ही भाषा में हो रहे हैं। ध्वनि-परिवर्तन के 'अटल' नियम इन गणभाषाओं की विरोधी प्रवृत्तियों के कारण काफी लचीले साबित होते हैं।

संस्कृत **नक्त** (रात्रि) ग्रीक भाषा में **नुक्स्**, लैटिन में **नोक्स्** है। संयुक्त ध्वनि **क्त्** बदलकर **क्स्** हुई। **नक्त** का भारतीय प्रतिरूप **नक्स** भी यहाँ प्रचलित था, इसका पता **नक्षत्र** के **नक्ष** से चलता है। **नक्ष**—रात्रि; **तर**—जो चमके (तारा; वर्णसंकोच से **त्र**); इस प्रकार **नक्षत्र** रूप बना। यहाँ संयुक्त मूर्धन्य ध्वनि **क्ष्** का स्रोत है **क्त्**। जैसे **घ्** से **ज्** और **क्ष्** वाले (**घ्म** से **ज्म** और **क्ष्म**) दो रूप मिलते हैं, वैसे ही यदि **झर्** और **क्षर्** का एक ही अर्थ हो तो मूल रूप **घर्** मान लेना चाहिए।

ऋ स्वर

ऋ स्वर मूर्धन्य है, इसमें किसी को सन्देह नहीं। इंडोयूरोपियन परिवार की भाषाओं में इसका प्रचुर व्यवहार केवल संस्कृत में है। इसे आदि इंडोयूरोपियन भाषा की मूल ध्वनि भी माना गया है। फिर भी ऐतिहासिक भाषाविज्ञान की मान्यता है कि मूर्धन्य ध्वनियों का विकास आर्यों के भारत में प्रवेश करने के बाद ही हुआ। व्यंजन ही नहीं स्वर भी

मूर्धन्य हो सकते हैं। ऐसे मूर्धन्य स्वरों में **ऋ** है। भारत का कोई आर्येतर भाषा-परिवार **ऋ** स्वर का व्यवहार नहीं करता; पहले करता था, इसका प्रमाण नहीं है। स्वर और व्यंजन दिन और रात की तरह एक दूसरे से पूर्णतः भिन्न प्रतीत होते हैं, पर दिन और रात के बीच संध्या की संक्रमण बेला भी होती है, वैसे ही इस **ऋ** स्वर में **र्** व्यंजन तत्त्व विद्यमान है। यह **र्** स्वयं अन्तस्थ है, उसकी स्थिति स्वरों और व्यंजनों के बीच की है। अतः उसे स्वर का अंश बनने में कठिनाई नहीं होती। **ऋ** का अन्तस्थ **र्** तत्त्व मूर्धन्य है, मध्यदेशीय दन्त्य **र्** से यह भिन्न है। पाणिनि के समय में इसका आर्ष मूर्धन्य उच्चारण लुप्त हो गया था और मूल दन्त्य **र्** का व्यापक चलन था। पर वैदिक भाषा के निर्माण-काल में यह स्थिति नहीं थी। संस्कृत में **वर्स हर्स उत्कर्ष** जैसे रूप असंभव हैं। **वर्ष** शब्द **वर्** क्रिया से बना है, उसी से **वारि** व्युत्पन्न है। जैसे संस्कृत में **क्** व्यंजन के साथ दन्त्य **स्** संयुक्त दिखाई नहीं देता, वैसे ही **र्** के साथ इस प्रकार का संयोग दुर्लभ है। **स्** को ही नहीं, आसपास दन्त्य **न्** हुआ तो यह उसे भी मूर्धन्य रूप दे देता है। **नमस्कार** और **प्रणाम** दोनों रूप **नम्** क्रिया से बने हैं। पहले रूप में **र्** और **न्** के बीच काफ़ी फासला है; दूसरे रूप में दोनों पड़ोसी हैं। इसलिए दूसरे रूप में **र्** के बाद **ण्** का व्यवहार हुआ है। **ऋ** स्वर में इसी मूर्धन्य अन्तस्थ **र्** का तत्त्व है।

ऋ का उच्चारण इकार-उकारवत्, दोनों प्रकार होता है। उत्तर-पश्चिम और दक्षिण भारत के शिक्षित जन उकारवत् उच्चारण करते हैं। मेरा अनुमान है कि यह उकार पश्च स्वर था और गोलाकार नहीं था। तमिल में इस स्वर का उच्चारण अब भी सुनने को मिलता है, हिन्दी ध्वनियों के अभ्यस्त कानों को वह कभी इकारवत् लगता है और कभी उकारवत्। **ऋ** के अलावा ऐसे मूर्धन्य उकार का व्यवहार पहले आर्य भाषा क्षेत्र में होता रहा होगा। अवधी में आज्ञार्थी क्रिया रूप **सुनु** होगा, **सुनि** रूप पूर्वकालिक माना जाएगा किन्तु ब्रजभाषा में **सुनि** आज्ञार्थी रूप भी होता है। दोनों का विकास मूर्धन्य उकार वाले रूप से सम्भव है।

ऋ स्वर का व्यवहार स्वतंत्र रूप से हो चाहे किसी व्यंजन के साथ, जिन शब्दों में इसका व्यवहार होता है, उनमें वर्ण-संकोच की प्रक्रिया सम्पन्न होती दिखाई देती है। संस्कृत में **कर्—करोति** रूप का **कर्**—आज्ञार्थी **कुरु** रूप प्रदर्शित करता है। **सुनु** के समान यह **कुरु** कोसली रूप है। संस्कृत में बहुत कम क्रियाओं के मध्यम पुरुष एकवचन आज्ञार्थी रूप उकारान्त होते हैं। इनमें एक विरल बहुमूल्य रूप **कुरु** है। अब मान लीजिए, प्रथम वर्ण के बदले दूसरे वर्ण पर बलाघात होता है; इससे प्रथम वर्ण का स्वर क्षीण होगा। तब **कुरु** से **क्रु** जैसा रूप बनेगा। अब यदि इस **क्** के साथ जुड़नेवाला **र्** मूर्धन्य है तो **कृ** रूप से मूर्धन्य **र्** और मूर्धन्य **उ** दोनों का बोध होगा। इसलिए जो लोग **कृ** का उच्चारण उकारवादी ढंग से करते हैं, वे प्राचीन मूर्धन्य उच्चारण का अनुसरण करते हैं (यद्यपि उनके उच्चारण में उकार काफी स्पष्ट रूप से गोलाकार होता है)। संस्कृत में **कृ, धृ, हृ, भृ** आदि के बाद दन्त्य **स्** और **न्** का प्रयोग कभी नहीं होता। **कृणोति** रूप होगा, **कृनोति** नहीं, जैसे **ऋ** के साथ **ऋण** रूप ही बनेगा, **ऋन** नहीं।

क्रिया-रूपों के अलावा **पितृन्, मातृन्, भ्रातृन्** आदि रूपों में दीर्घ **ऋ** स्वर वर्ण-संकोच का परिणाम है। **भ्रातर्, मातर्, पितर्** आदि का अन्तस्थ व्यंजन **र्** अ स्वर में बदलता है, तथा **भ्राता, पिता, माता** जैसे रूप बनते हैं।

जब इसका संयोग दीर्घ **आ** से होता है, तब वह इस **आ** को प्रभावित करता है, अपनी मूर्धन्यवृत्ति से **आ** को ऊ बनाता है, **र्** व्यंजन के संयोग से ऊ दीर्घ **ॠ** का रूप लेता है। **पित्+अर्+आन्** से **पितॄ न्** रूप बना, एक पूरा वर्ण **अर्** संकुचित हुआ, **ॠन्** में समाहित हुआ।

उकार, आकार के अतिरिक्त **र्** अपने संसर्ग से **इ** को भी **ऋ** रूप देता है। उत्तराधिकारियों के लिए सम्पत्ति छोड़ने का अर्थ देनेवाली एक क्रिया है **रिच्**। इससे संज्ञा शब्द बनता है **ऋक्थ**। क्रिया के रूप में मूल ध्वनि बनी हुई है, उसका मूर्धन्य रूप संज्ञा में है। **रि, री** क्रिया का अर्थ है दौड़ना, प्रभावित होना। **ऋ** क्रिया का अर्थ है चलना। स्पष्ट ही सामान्य **रि** का मूर्धन्यीकरण हुआ और मूल रूप के साथ नया वैकल्पिक रूप **ऋ** भी चालू हुआ। **रित्, ऋति** दोनों शब्दों का अर्थ है गतिशीलता। **रीति** और **ऋतु** दोनों शब्दों का मूल अर्थ एक ही है। संस्कृत के जितने शब्दों के आदि वर्ण में व्यंजन के साथ **ऋ** स्वर का संयोग है, उन सबमें मूल ध्वनि दन्त्य **र्** हो सकती है जो वर्ण-संकोच की प्रवृत्ति के कारण अन्तस्थ **र्** को समेटकर मूर्धन्य **ऋ** स्वर रह गई है। एक शब्द है **कर्म**, दूसरा शब्द है **कृति**। स्पष्ट ही **कर्** में वर्ण-संकोच की प्रक्रिया घटित हुई है और इसलिए **कृ** रूप बना। यहाँ यह भी दर्शनीय है कि **कर्** में **क्** व्यंजन के साथ **इ** या **उ** स्वर नहीं है वरन् **अ** स्वर है। **अर्** संकुचित होकर **ऋ** स्वर बना। यह स्वाभाविक है कि **ऋषि** से जब **आर्ष** विशेषण बनता है तब वर्ण-संकोच से उद्भूत स्वर पुनः अन्तस्थ **र्** के साथ मूल अकार रूप में प्रकट हो जाता है। **अर्, इर्, उर्** तीनों ही वर्ण संकुचित होने पर **ऋ** स्वरूप धारण कर लेते हैं। इससे सिद्ध होता है कि मध्यदेशीय आर्य भाषा में—संस्कृत के आदिम रूप में—**ऋ** जैसा स्वर नहीं था। यह वर्ण-संकोच वृत्ति का परिणाम है जो मूर्धन्यीकरण की समानान्तर प्रवृत्ति के साथ क्रियाशील होती है। संस्कृत धातुओं और मूल शब्द-भंडार की रचना में इसकी भूमिका अति साधारण है।

ऌ

र् की जोड़ीदार अन्य अन्तस्थ ध्वनि **ल्** है। जिन असुरों के लिए कहा गया है कि **र्** के स्थान पर **ल्** ही बोलते थे, उनके प्रभाव से **ऋ** के समानान्तर **ऌ** स्वर की कल्पना की गई। इसकी भूमिका वैदिक भाषा में भी नगण्य है। यह मूर्धन्य **ऋ** का मागधीकरण है, **राजा** के **लाजा** रूप की तरह। संस्कृत उस क्षेत्र की मूल भाषा है जिसमें **र्** की प्रधानता थी। इसका एक प्रमाण यह है कि संस्कृत धातुओं में अन्य व्यंजनों के साथ जितना **र्** का संयोग होता है, उतना **ल्** का नहीं। जहाँ **र्** के स्थान पर **ऋ** का व्यवहार होता है, वहाँ वर्ण-संकोच की वृत्ति काम करती है। **अर्चना** की **अर्च्** धातु का वैकल्पिक रूप **ऋच्**

है। यहाँ वर्ण-संकोच की प्रक्रिया स्पष्ट देखी जा सकती है। पर यह प्रक्रिया **र्** के सन्दर्भ में ही घटित होती है, **ल्** के संदर्भ में नहीं, क्योंकि मध्यदेश में **र्** ध्वनि की प्रधानता थी और यह स्थिति बहुत कुछ अब भी बनी हुई है।

र् के मूर्धन्य उच्चारण के कारण अनेक संस्कृत शब्दों में **त्** परिवर्तित होकर **ट्** बनता है, यह स्थापना सुपरिचित है। **नर्त** और **नट** का सम्बन्ध इसी प्रवृत्ति को ध्यान में रखने से पहचाना जाता है। यहाँ इतना कहना यथेष्ट है कि **ष्** और **ण्** की तुलना में **ट् ठ् ड् ढ्** की भूमिका संस्कृत के ध्वनितंत्र में अति अल्प है। यह भी उल्लेखनीय है कि **कर्ता, भर्ता,** हर्ता जैसे बीसियों शब्दों में **र्** का संयोग होने पर भी **त्** ध्वनि परिवर्तित नहीं होती। **र्** का मूर्धन्य उच्चारण जितनी आसानी से दन्त्य **न्** को प्रभावित कर लेता है, उतनी आसानी से दन्त्य **त्** को नहीं। **त् थ् द् ध्** ध्वनियाँ बड़ी दृढ़ता से मध्यदेश में जमी हुई हैं। **ट् ठ् ड् ढ्** ध्वनियों का समानान्तर प्रयोग होता है पर ये मूर्धन्य या वर्त्स्य ध्वनियाँ अंशतः ही मूल दन्त्य ध्वनियों को विस्थापित कर सकी हैं। हिन्दी में **थाना, थानेदार** जैसे रूपों का चलन है। **ठाणें** और **ठाणेदार** रूप मराठी की विशेषताएँ हैं।

तालव्य ध्वनियाँ

मूर्धन्यीकरण के साथ तालव्यीकरण-प्रक्रिया का अध्ययन करना चाहिए। तालव्य ध्वनियों में सबसे पहले तालव्य **श्** पर विचार करना चाहिए। इस ध्वनि के कारण ही इंडोयूरोपियन परिवार की **शतम्** शाखा की कल्पना की गई। इस **शतम्** को हिन्दीवाले **सौ** कहते हैं। **शतम्** शाखा की एक महत्त्वपूर्ण उपशाखा स्लाव है। रूसी में **श्, श्च्,** जैसी ध्वनियों की भरमार है पर उनके यहाँ भी सौ के लिए **सोत्** शब्द है। भारत-ईरानी शाखा की महत्त्वपूर्ण फ़ारसी भाषा में **सद** शब्द है जिससे बीसवीं सदी का **सदी** शब्द बनता है। उर्दू में **फ़ीसद** कहने का चलन है। यह माना जा सकता है कि हिन्दीभाषियों को **श्** के उच्चारण में कठिनाई होती है, इसलिए वे अपभ्रंश रूप **सौ** बोलते हैं, किन्तु रूसी और फ़ारसी में **श्** के अभाव के कारण क्या हैं ? आधुनिक आर्य भाषाओं में **सौ** रूप ही अधिक प्रचलित है, अवधी में **सै** (**सैकड़ा** वाला **सै**) रूप भी प्रचलित है। जैसे **धस्त** की **धस्** क्रिया रूपान्तरित होती हुई **दश्** बनी वैसे ही **शत** का पूर्व रूप **सत** था। **विंश** का हिन्दी रूप **बीस** है। सम्भव है, मूल शब्द में दन्त्य **स्** रहा हो। **दश** का **श** अकेले ही **दस** की संख्या का बोध कराने लगा था। **विंश** का मूल अर्थ हुआ दो **दस**। यदि **दश** पहले **दस** रूप में प्रचलित था तो **विंश** का **श्** भी **स्** रहा होगा।

हिन्दी क्रिया **सोना** से मिलती-जुलती संस्कृत क्रिया **स्वप्** है। एक दूसरी क्रिया, **शयन** और **शैया** वाली, **शी** भी है। ये दोनों क्रियाएँ एक ही उद्भव की हो सकती हैं। ओकार के साथ दन्त्य **स्** अधिक सुरक्षित रहता है, इकार-एकार के साथ उसमें परिवर्तन जल्दी होता है। **सो** का एक प्रतिरूप **से** रहा होगा। यहाँ एकार के तालव्य उच्चारण के

प्रभाव से दन्त्य **स्** भी तालव्य हो गया।

संस्कृत में सोने के लिए **शे** या **शी** क्रिया है। इसका प्रतिरूप **शो** भी रहा होगा जिससे **शव** बना है। द्रविड़ भाषाओं में **शव** रूप नहीं है किन्तु मरने का अर्थ देनेवाली तमिल **चा,** मल्तो **केये** क्रिया का पूर्वरूप स्पष्ट ही **शे, शा** जैसा था। **सो, से** जैसी एक क्रिया और थी जिसका अर्थ था बोना, बीज डालना, जन्म देना। अंग्रेज़ी में **सो** रूप अब भी प्रचलित है। **सीड्** (बीज) में इसी का प्रतिरूप **सी** क्रिया है। **सी** क्रिया से **सीता** शब्द बनता है। **सीता** का अर्थ है हल जोतने से बनी हुई नाली। मोनियर विलियम्स के अनुसार **सीता** को अशुद्ध रूप में **शीता** भी लिखा जाता था। यह **शीता** रूप मराठी **शेत** (खेत) से ज़्यादा दूर नहीं है। **से** क्रिया मराठी में **शे** हुई। जो भूमि जोती-बोई जाए, वह **शेत**। इस **शेत** का प्रतिरूप है **क्षेत्र**।

लकार का प्रसार

तालव्यीकरण का घनिष्ठ सम्बन्ध लकार के प्रसार से है। संस्कृत में दन्त्य **स्** के साथ **ल्** का प्रयोग दुष्प्राप्य है। **स्लाव** जैसा शब्द संस्कृत में सम्भव नहीं है। **ल्** के पहले जिस सकार का संयोग होगा, वह अनिवार्यतः तालव्य होगा। मागधी प्राकृत में शकार और लकार दोनों के बाहुल्य की परम्परा बनी हुई थी। संस्कृत में अनेक नामों के अन्त में **श्राव** शब्द आता है। हो सकता है कि **श्राव** नाम का कोई गण रहा हो जिसने **श्रावस्ती** नगरी बसाई हो। यह नगरी कोसल प्रदेश में थी, इसलिए बहुत सम्भव है कि **श्राव** गण का नाम **स्राव** रहा हो। इस **स्राव** का प्रतिरूप **स्लाव** हुआ। (रूसी भाषा में **स्लावा** शब्द का अर्थ है कीर्ति।)

तालव्यीकरण का विस्तार

संस्कृत में तालव्यीकरण की प्रवृत्ति इस सीमा तक बढ़ी कि **ए, के, खे, गे, घे, चे, छे, जे, ते, धे, ने, पे** के बाद, कुछ अपवादों को छोड़कर, दन्त्य **स्** का व्यवहार हुआ ही नहीं। **केसर, केसरी, पेस्** (चलना) थोड़े से अपवाद हैं। **रे** के बाद दन्त्य **स्** हो, ऐसा कोई शब्द नहीं है। **लेसक** (हाथी सवार), **वेस्** (चलना), **वेसर** (ख़च्चर) अन्य अपवाद हैं, वर्ना **ल्** और **व्** के बाद दन्त्य **स्** का व्यवहार नहीं होता। इसी प्रकार ओकार के बाद दन्त्य **स्** का प्रयोग विरल है। **कोसल, कोसार** (हल चलाने पर बना हुआ कूड़ा), **तोसल** (एक गण का नाम) आदि कुछ शब्दों में दन्त्य **स्** का व्यवहार हुआ है। एकार के साथ तालव्य **श्** के व्यवहार की बात समझ में आ सकती है किन्तु ओकार के बाद यदि **श्, ष्** का व्यवहार होता है, तो यह अतिशय मूर्धन्यीकरण अथवा तालव्यीकरण की प्रक्रिया मानी जाएगी।

जैसे आर्य भाषाओं के एक क्षेत्र में अब भी दन्त्य **स्** की प्रधानता है, वैसे ही एक

अन्य क्षेत्र में तालव्य **श्** का बाहुल्य है। यहाँ आशय परिनिष्ठित बँगला से ही नहीं है; यह प्रवृत्ति मराठी में भी है जो अनेक बातों में बँगला से मिलती है। बँगला से भिन्न, परिनिष्ठित मराठी दन्त्य **स्** का व्यवहार भी करती है, इसलिए यहाँ तालव्यीकरण की प्रवृत्ति अध्ययन के लिए विशेष महत्त्वपूर्ण है। हिन्दी **सींग** का मराठी **प्रतिरूप शिंग** है; कहा जा सकता है कि यहाँ संस्कृत के **शृंग** की मूल ध्वनि सुरक्षित है किन्तु संस्कृत **सिन्दूर** का मराठी तद्भव रूप **शेंदुर** है जो स्पष्ट ही **सिंदूर** से नहीं, हिन्दी **सेंदुर** से सम्बन्धित है। हिन्दी **सोखना** के मराठी प्रतिरूप **शोकर्णे** को **शुष्क** से जोड़ा जा सकता है पर हिन्दी **सेंकना** का मराठी प्रतिरूप **शेंकर्णे** है। **सीढ़ी, सिंघाड़ा, सीटी, सीसा, सिरका** क्रमशः **शिडी, शिंगाड़ा, शिटी, शिसें, शिरका** हैं। **सख़्त, स्याही, सिपाही, सिफ़ारिश** आदि नवागन्तुकों का तालव्यीकरण से वेश-परिवर्तन किया जाता है। हिन्दी से भिन्न मराठी में इनका रूप है **शक्त, शाइ, शिपाई, शिफारस**। आधुनिक आर्य भाषाओं की ये ध्वनि प्रवृत्तियाँ अत्यन्त प्राचीन हैं। दन्त्य और तालव्य सकारों के दो भिन्न केन्द्र रहे हैं। **मृच्छकटिक** के लेखक ने शकारवादियों को अमर कर दिया; मागधी प्राकृत की विशेषता इस तालव्य ध्वनि का व्यवहार है। **मृच्छकटिक** में, और मागधी प्राकृत के नमूनों में, तो यह साफ़ दिखाई देता है कि सकार का तालव्यीकरण हो रहा है किन्तु यह प्रक्रिया कभी प्राचीन काल में, संस्कृत के विकासकाल में भी घटित हुई होगी, यह बहुतों के लिए कल्पनातीत है। भाषाशास्त्री एक कल्पित तालव्य **क्** को **श्** रूप धारण करते हुए देखते हैं किन्तु दन्त्य **स्** के तालव्यीकरण की ओर उनका ध्यान कम जाता है। संस्कृत में **वशिष्ठ** तालव्यीकरण का माना हुआ उदाहरण है। यह शब्द **वसु** से बना है और इसका सही रूप **वसिष्ठ** है। वास्तव में यह रूप भी मूर्धन्यीकरण द्वारा बदला गया है, **वसिस्थ** का नया रूप **वसिष्ठ** हुआ। जब **वसिष्ठ** की जगह **वशिष्ठ** लिखा जाने लगा, तब तालव्यीकरण की प्रक्रिया और जुड़ गई। इसलिए संस्कृत में जहाँ **पासयति** और **पाशयति** (बाँधता है) दो वैकल्पिक रूप मिलें, वहाँ दन्त्य **स्** वाले रूप को ही मूल रूप मानना चाहिए। जो बाँधा जाए वह **पशु** है। **पशु** का मूल मध्यदेशीय रूप **पसु** था।

सकार और शकार

जैसे संस्कृत में **ण्** की भरमार है किन्तु धातुओं में उसकी संख्या नगण्य है, वैसे ही संस्कृत के सर्वनामों में **स्**-मूल के शब्दों की बहुलता है और **श्** का नितान्त अभाव है। इसी प्रकार संस्कृत के उपसर्गों में तालव्य **श्** का अभाव है, दन्त्य **स्** की बहुलता है। इससे ज्ञात होता है कि संस्कृत के मूल मध्यदेशीय रूप में तालव्य **श्** का अभाव था। संस्कृत की बहुत-सी धातुओं के अन्त में **श्** का व्यवहार होता है, **अश्** (खाना), **दंश्** (काटना), **नश्** (नष्ट होना), **पश्** (देखना) इत्यादि। यह कहना कठिन है कि इनमें से कितनी धातुओं में पहले दन्त्य **स्** था जो तालव्य रूप में लिखा और बोला जाने लगा। यह भी स्वाभाविक है कि जिन्होंने मध्यदेशीय भाषा को शकार-वृत्ति से प्रभावित किया, उन्होंने

उसे अपने शब्द भी दिए, जिनमें मूलतः **श्** ध्वनि थी। पर यह एक रोचक तथ्य है कि धातुओं के आरम्भ में किसी व्यंजन के साथ दन्त्य **स्** ही अधिक जुड़ता है। **श्लाघ्** (प्रशंसा करना), **श्वंच्** (फैलाना, फैलना), **श्चुत्** (टपकना), **श्वित्** (चमकना), **श्नथ्** (प्रविष्ट करना), **श्लथ्** (शिथिल होना) आदि रूप ढूँढ़ने से मिल जाते हैं। इनकी तुलना में **स्फुट्** (कूटना), **स्कन्द्** (कूदना), **स्पन्द्** (कम्पित होना), **स्यन्द्** (गतिशील होना), **स्वाद्** (मधुर करना), **स्विद्** (पसीना आना), **स्पर्ध्** (स्पर्धा करना), **स्तन्** (गरजना), **स्वन्** (ध्वनि करना), **स्वप्** (सोना), **स्तंभ् और स्कंभ्** (सहारा देना), **स्तुभ्** (प्रशंसा करना), **स्वर्** (चमकना), **स्खल्** (स्खलित होना), **स्पृश्** (छूना), **स्रंस्** (गिरना), **स्निह्** (स्नेह युक्त होना) इत्यादि उदाहरणों में किसी व्यंजन के साथ आदि स्थानीय दन्त्य **स्** का प्रयोग दर्शनीय है। जिन धातुओं में इसी प्रकार तालव्य **श्** का संयोग है, उनकी संख्या कम है; **स्** वाली धातुओं की तुलना में उनका व्यवहार भी कम हुआ है। संभवतः शब्द के अन्त में दन्त्य **स्** का तालव्यीकरण सरल था किन्तु जहाँ वह आदि स्थान में पहले से किसी व्यंजन के साथ संयुक्त चला आ रहा था, वहाँ उसकी स्थिति को बदलना कठिन था।

पालि भाषा अपने शब्द-भंडार और व्याकरण रूपों में अधिकतर संस्कृत का अनुसरण करती है। प्राकृतों के समान संस्कृत से उसका मौलिक भेद ध्वनितंत्र को लेकर है। पालि ध्वनितंत्र की एक महत्त्वपूर्ण विशेषता यह है कि उसमें केवल दन्त्य **स्** का व्यवहार होता है। मध्यदेश की आर्य भाषा को वैदिक रूप धारण किए, और उस रूप के आधार पर 'संस्कृत' बने, जब हज़ार साल से ऊपर हो गए, तब उसी मध्यदेश के निवासियों ने अपनी भाषाओं के आदिम ध्वनितंत्र के अनुरूप संस्कृत को नया रूप दिया जो वास्तव में बहुत कुछ पुराना था। यह पालिभाषा मगध की भाषा नहीं हो सकती क्योंकि इसमें शकार की बहुलता नहीं है, बहुलता की जगह उसका अभाव है। इसका सम्बन्ध कोसल, शूरसेन आदि जनपदों से होना चाहिए। सांस्कृतिक कार्यों के लिए इसका व्यवहार होता था, उसका सारा ध्वनितंत्र तत्कालीन बोलचाल की भाषा का नहीं है। किन्तु जिस समय यह सीमित व्यवहार होता था, उस समय मध्यदेश की भाषा में दन्त्य **स्** की ही प्रधानता थी। यह प्रवृत्ति उसमें बहुत स्पष्ट रूप से प्रतिबिम्बित हुई है। अशोक के शिलालेखों की भाषा पालि नहीं है, यह तथ्य उल्लेखनीय है। अशोक मगध के थे। उन्होंने जिस सांस्कृतिक भाषा का व्यवहार किया, उसकी विशेषताएँ पालि के लक्षणों से भिन्न हैं। गौतम बुद्ध पालि बोलते थे, इसका कोई प्रमाण नहीं है, पर वह कोसल के थे, इसलिए उनकी भाषा में दन्त्य **स्** की प्रधानता अवश्य रही होगी। यह विशेषता पालि को गौतम बुद्ध से अवश्य जोड़ती है।

प्राकृत भाषाओं में दन्त्य **स्** की प्रधानता है। पिशल के अनुसार ढक्की और मागधी में संस्कृत का **श्** कायम रहा। ढक्की का एक उदाहरण **शलणम्** है, इसका मूल रूप **शरणम्** है। उदाहरण **मृच्छकटिक** से दिया गया है। ढक्की में यह प्रवृत्ति रही हो चाहे न रही हो, मागधी में अवश्य थी। **शलणम्** में **श्** ही सुरक्षित नहीं है, उसके साथ **र्** भी परिवर्तित होकर **ल्** हो गया है। मागधी और गैर-मागधी प्राकृतों में सकार-सम्बन्धी मुख्य

भेद तालव्य और दन्त्य उच्चारण का है। यह स्थिति वर्तमान आर्य भाषाओं के ध्वनितंत्र की स्थिति से मिलती-जुलती है। ऐसी ही स्थिति संस्कृत के विकास की किसी अवस्था में रही होगी, यह कल्पना करना विद्वानों के लिए इस कारण कठिन है कि वे मागधी और गैर-मागधी प्राकृतों के सकार भेद को अकारण उत्पन्न मानते हैं। एक क्षेत्र में संस्कृत का तालव्य **श्** बना रहा, दूसरे क्षेत्र में वह परिवर्तित होकर **स्** बन गया। ध्वनि-परिवर्तन मानो प्रकृति की लीला है; कोई उसका कारण क्या बताए ? पर मागधी प्राकृत में दन्त्य **स्** को तालव्य रूप देने की प्रवृत्ति थी, और यह प्रवृत्ति परिनिष्ठित बँगला में पूरी तरह विद्यमान है; अतः उक्त भेद प्रकृति की लीला नहीं है, वह **स्** और **श्** ध्वनियों के दो भिन्न प्राचीन क्षेत्रों की सूचना देता है।

प्राकृतों के बाद अपभ्रंशों का युग आया। इनमें भी दन्त्य **स्** की प्रधानता है। विद्वानों ने इन्हें दक्षिणी, पश्चिमी और पूर्वी अपभ्रंश कहा है। गजानन वासुदेव तागरे ने अपभ्रंश-व्याकरण पर अपने ग्रन्थ में दक्षिणी अपभ्रंश के जो उदाहरण दिए हैं, उनमें **संख, सिरि, सुक्किल, सुण्ण, सेणी, सोस** रूप हैं। इनके संस्कृत रूप क्रमशः **शंख, श्री, शुक्ल, शून्य, श्रेणी, शोष** हैं। यदि **सिपाही** के रूपान्तर **शिपाई** को याद करें तो स्पष्ट हो जाएगा कि इस तथाकथित दक्षिणी अपभ्रंश से मराठी के ध्वनितंत्र का—कम से कम सकार के मामले में—कोई सम्बन्ध नहीं है।

पूर्वी अपभ्रंश के लिए कहा गया है कि इसमें तालव्य **श्** सुरक्षित है। आदिस्थानीय **श्** के व्यवहार के कुल आठ उदाहरण बताए गए हैं। किन्तु **सिरि, सुण्ण, सोस** रूप पूर्वी अपभ्रंश के भी हैं। वास्तव में प्राकृतों के समान अपभ्रंश में भी दन्त्य **स्** की प्रधानता है और अपभ्रंश के ध्वनितंत्र की रूढ़िप्रियता और कृत्रिमता के बावजूद यह तथ्य मध्यदेशीय भाषाओं की वास्तविक विशेषता का प्रतिबिम्ब है, अन्तर केवल इतना है कि मागधी प्राकृत प्राचीन मगध की भाषायी स्थिति की झलक ज़्यादा अच्छी तरह दिखाती है किन्तु तथाकथित पूर्वी अपभ्रंश अवधी की ध्वनि प्रकृति के अनुरूप अधिक है। उसे मगही की प्रकृति के अनुरूप भी कह सकते हैं क्योंकि मगध क्षेत्र की भाषा अब तक मध्यदेशीय दन्त्य **स्** से इतना प्रभावित हो चुकी है कि बोलचाल के स्तर पर तालव्य **श्** का लोप ही हो गया है। मागधी की प्राचीन प्रवृत्ति ठेलकर गौड़ क्षेत्र में पहुँचा दी गई। प्राचीन काल में मध्यदेशीय भाषा का जो तालव्यींकरण घटित होता है, उसका कारण मगधजनों का प्रभाव है। अशोक और चन्द्रगुप्त के समय में इन्होंने भारत में विशाल साम्राज्य स्थापित किए। इन साम्राज्यों का अस्तित्व इतिहास में प्रमाणित है। आर्यों ने उत्तर-पश्चिम से आकर पूर्व तक समस्त उत्तर भारत पर अधिकार किया, इस धारणा का इतना प्रचार किया गया है कि शिक्षित जनों के लिए यह कल्पना करना कठिन है कि किसी समय पूर्व की ओर से आर्य-अभियान ने मध्यदेश तथा उत्तर पश्चिम की भाषाओं को प्रभावित किया होगा। यदि अशोक के शिलालेख न होते, केवल पुराणों में उनके राज्य विस्तार की चर्चा होती, तो कुछ विद्वान् मान लेते कि अशोक का जन्म मध्य एशिया में हुआ था, उनकी राजधानी तक्षशिला थी, वहाँ से चलकर उन्होंने क्रमशः

पंजाब, कोसल और मगध पर आधिपत्य जमाया। पर भारत के बाहर, और भारत में भी, मगध को छोड़कर कोई ऐसा केन्द्र नहीं है जहाँ तालव्य **श्** का ऐसा प्रचुर व्यवहार होता हो। मध्यदेश की भाषा में अनेक शब्दों के दन्त्य सकार का तालव्यीकरण हुआ, यह मानना होगा। इसका कारण मागध प्रभाव ही हो सकता है। किन्तु मध्यदेश की आर्य भाषाओं का मूल ध्वनितंत्र, बोलचाल के स्तर पर, अपनी विशेषताओं के साथ सुरक्षित रहा। यह बात आकस्मिक नहीं है कि तेरहवीं सदी के बाद जब ब्रज और अवधी में नया साहित्य रचा जाने लगा, तब इन भाषाओं में केवल दन्त्य **स्** का व्यवहार हुआ, **श्** का प्रयोग वर्जित माना गया। लोक साहित्य के आधार पर विकसित होने वाला ब्रज और अवधी का उच्चस्तरीय काव्य जनभाषा की ध्वनि प्रकृति प्रतिबिम्बित करता है। अधिकांश हिन्दी प्रदेश में केवल दन्त्य **स्** के व्यवहार की प्राचीन प्रवृत्ति आज भी विद्यमान है। निष्कर्ष यह है कि संस्कृत का विकास समझने पर मध्यदेश की प्राचीन आर्य भाषाओं के स्वरूप की जो झलक हमें मिलती है, उसी से आधुनिक हिन्दी का ध्वनितंत्र अधिक मिलता-जुलता है।

सघोष महाप्राण ध्वनियाँ

प्राचीन आर्य गण-भाषाओं के ध्वनितंत्र में विविधता और भिन्नता थी, इसे ध्यान में रखने से आधुनिक आर्य भाषाओं के विकास की मंज़िलें, उनके ध्वनितंत्र की विशेषताएँ ज़्यादा अच्छी तरह समझ में आती हैं। संस्कृत में दो शब्द हैं **स्कंभ** और **स्तंभ**। एक में क्रियामूल **स्क** है, दूसरे में **स्त**। हिन्दी में **खंभ** और **थंभ** दोनों रूपों का व्यवहार हुआ है। परिनिष्ठित हिन्दी के क्रिया पद **खड़े होना** का सम्बन्ध **स्क** वाले क्रिया-मूल से है। इसके समानान्तर **ठाढ़, ठड़े** आदि रूपों का सम्बन्ध **स्त** वाले क्रिया-मूल से है। **खड़ा** रूप उत्तर पश्चिमी है, खड़ी बोली का है। ब्रज, बुन्देलखंडी, अवधी आदि जनपदीय भाषाओं में कहीं भी **खड़े** रूप का व्यवहार नहीं होता। क्या इससे यह प्रमाणित नहीं होता कि **स्क** वाला रूप उत्तर पश्चिम में प्रचलित था और **स्त** (संस्कृत का **स्था**) वाला रूप मध्यदेश में प्रचलित था ? फ़ारसी में **स्थान** का प्रतिरूप **ख़ाना** है जैसे **कारख़ाना**। बँगला में जो अनेक उत्तर पश्चिमी भाषा-तत्त्व हैं, उनमें एक **खाना** का प्रयोग भी है यथा **एइखाने**—इस जगह। हिन्दुस्तान से लेकर अफ़गानिस्तान, उज़बेकिस्तान, तुर्किस्तान, सीस्तान तक **स्तान** है, **खान** नहीं। **खान** की जगह **स्तान** मध्यदेशीय प्रभाव का सूचक है। संस्कृत में भी व्यापक व्यवहार **स्था** क्रिया का ही होता था। **स्क** रूप **स्कंभ** जैसे कुछ संज्ञा-शब्दों में बना हुआ है। क्रिया रूप में कुछ गण-भाषाओं में इसका व्यवहार अवश्य होता होगा, वर्ना आगे चलकर **खड़े** रूप का ऐसा प्रसार न होता। यह सिद्ध नहीं किया जा सकता कि **स्क** मूल रूप है, किसी ध्वनि-नियम से **स्त** बन गया। दो समानार्थी रूपों के चलन का एक ही कारण हो सकता है कि **क्** और **त्** दो अक्षरध्वनियों का विकास दो भिन्न केन्द्रों में हुआ। इन केन्द्रों में परस्पर इतना सम्पर्क था कि इनकी शब्द-निर्माण

प्रक्रिया भी एक-सी थी। एक ने मूल क्रिया में **भ** प्रत्यय जोड़ा तो दूसरे ने भी वही काम किया। दोनों केन्द्रों के भाषातत्त्व संस्कृत में समाहित हुए, अतः **स्कंभ** और **स्तंभ** दोनों रूपों को संस्कृत में स्थान मिला।

शब्द-निर्माण की प्रक्रिया में केवल **भ** प्रत्यय न जोड़ा जाता था, **ध** का भी उसी प्रकार व्यवहार होता था। **स्कंभ** के अर्थ से मिलता-जुलता अर्थ **स्कंध** का है। इसका एक प्रतिरूप **स्तन्ध** भी था, इसका पता हमें अंग्रेज़ी **स्टैन्ड** से लग जाता है। **भ** और **ध** का विकास दो पड़ोसी केन्द्रों में हुआ, ऐसा मानना चाहिए। उत्तम पुरुष सर्वनाम के एकवचन रूप **अघम्** और **अधम्** थे। इनमें **अघम्** वाले रूप से लैटिन का **एगो** रूप बना है। पुरानी फ़ारसी में **अदम्** रूप है जो **अधम्** से बना है। यहाँ भी यह स्पष्ट प्रतीत होता है कि **घ्** और **ध्** वाले रूप दो पड़ोसी बोलियों के हैं और उनकी निर्माण-प्रक्रिया एक ही है। लैटिन में **घ्** वाले रूप का विकास हुआ है, इससे माना जा सकता है कि वह रूप पश्चिमी है। संस्कृत में **अभि** और **अधि** निकटता का अर्थ देनेवाले दो उपसर्ग हैं। एक ही अर्थ, एक ही रचना-विधि, पर एक रूप में **भ्** दूसरे में **ध्**। कारण—**भ्** और **ध्** ध्वनियों का दो पड़ोसी केन्द्रों में विकास। संस्कृत **यदा, तदा** के आधार पर **जद, तद** रूप पछाहीं बोलियों में अब भी प्रयुक्त होते हैं, पुरानी हिन्दी (खड़ी बोली) के लिखित रूप में इनका काफी व्यवहार होता था। **जब, तब** इन शब्दों के पर्याय हैं, वे अब परिनिष्ठित हिन्दी में प्रयुक्त होते हैं। **जब** और **तब** के लिए मान लिया जाता है कि **द्** किसी प्रकार **ब्** में बदल गया होगा। पर **स्कंभ** और **स्तंभ** के लिए क्या कहा जाए ? **क्** ध्वनि **त्** में बदल गई या **त्** ध्वनि **क्** में बदल गई ?

घ्, ध्, भ्

घ् ध् भ्—आर्य भाषाओं की शब्द निर्माण-प्रक्रिया में इन ध्वनियों की भूमिका महत्त्वपूर्ण है। देश-काल के निर्देश के लिए इन ध्वनियों से काम लिया जाता है। यथा बाँगरू में **इङ्घे** (यहाँ), हिन्दी में **इधर, उधर**; एक जगह **घ्**, दूसरी जगह **ध्**। यहाँ छानबीन इस बात की करनी है कि आर्य भाषाओं के, **घ् ध् भ्** वाले, अलग केन्द्र थे या नहीं। इतना तो स्पष्ट है कि अनेक शब्दों में **घ् ध् भ्** का स्वच्छन्द संचरण दिखाई देता है। चाहे **स्कंभ** कहो और चाहे **स्तंभ**, चाहे **अभि** कहो चाहे **अधि**, चाहे **अधम्** कहो चाहे **अघम्**, मतलब समझ लिया जाएगा। स्वच्छन्द संचरण की स्थिति तब उत्पन्न होती है जब दो मिलती-जुलती ध्वनियाँ, व्यवहार में, अर्थ-विच्छेदक नहीं होतीं। संस्कृत में **क् त् प्** और **घ् ध् भ्** अर्थ-विच्छेदक हैं। **घन** और **धन** शब्दों का एक ही अर्थ नहीं है, **पुत्र** और **कुत्र** दो भिन्न शब्द हैं। पर यह स्थिति बाद की है, तब की जब भाषा के ध्वनितंत्र में समान लक्षणों वाली ध्वनियाँ अर्थ-विच्छेदक रूप में पूरी तरह प्रतिष्ठित हो गई थीं। उससे पहले ये ध्वनियाँ अर्थ-विच्छेदक नहीं थीं, वे स्वच्छन्द संचरण की अवस्था में थीं, उनका विकास भिन्न किन्तु पड़ोसी केन्द्रों में हुआ था।

बाँगरू में **इङ्घे** और तमिल में **इङ्गे** रूपों से यह अनुमान दृढ़ होता है कि **क्** और **घ्** उत्तर-पश्चिमी केन्द्रों में विकसित होनेवाली ध्वनियाँ हैं। **खड़े** और **ठाढ़े** के प्रसार क्षेत्र देखकर इस अनुमान की पुष्टि होती है। **अघम्** और लैटिन **एगो** के सम्बन्ध से इसी धारणा को और समर्थन प्राप्त होता है। संस्कृत की उन धातुओं पर ध्यान दिया जाए जो हकारान्त हैं तो कुछ रोचक परिणाम निकलेंगे। इनमें अधिकांश धातुएँ ऐसी हैं जिनके अन्त में पहले **घ्** ध्वनि थी यथा **दुह्** क्रिया से **दुग्ध** रूप बनता है और ऐसा रूप तभी बन सकता है जब मूल क्रिया **दुघ्** हो। दो महाप्राण ध्वनियाँ एक साथ न आएँगी, इस कारण **ध्** के पूर्व **घ्** ध्वनि अल्पप्राण हो गई है। इसी प्रकार **दह्** क्रिया के आधार पर बनने वाले **दग्ध** रूप से **दघ्** के अस्तित्व का ज्ञान होता है। जिन क्रियाओं के अन्त में **ध्** है, उनमें **घ्** की तरह यह **ध्** प्रायः **ह्** में परिवर्तित नहीं होता। **दुग्ध, दग्ध, मुग्ध** रूपों की **दुह् दह् मुह्** क्रियाओं से **बुद्ध, सिद्ध, क्रुद्ध** आदि रूपों की **बुध, सिध्, क्रुध्**, धातुओं की तुलना करें तो विदित होगा कि **घ्** के समान मूल रूप का **ध्** परिवर्तित नहीं हुआ। **लब्ध, क्षुब्ध, स्तब्ध** आदि रूपों की **लभ्, क्षुभ्, स्तभ्** धातुओं का अन्तिम व्यंजन **भ्** भी **ह्** का रूप नहीं लेता। संस्कृत में **घ्** जिन धातुओं के अन्त में आता है, उनकी संख्या बहुत ही कम है। **जघ्** (खाना), **लघ्** (लाँघना), **श्लाघ्** (प्रशंसा करना) आदि थोड़ी-सी क्रियाएँ हैं जिनमें यह अन्तिम व्यंजन सुरक्षित है। इसका यह अर्थ नहीं कि **ध्** और **भ्** की तुलना में **ध्** वाली धातुओं की संख्या सदा ही कम थी। संख्या की कमी का कारण यह है कि जिन उत्तर-पश्चिमी गणभाषाओं में **घ्** का व्यवहार अधिक होता था, उन पर वह प्रभाव पहले पड़ा और अधिक पड़ा जिससे **घ्** का संघर्षीकरण हुआ और सर्वाधिक प्रचलित क्रिया-रूपों में **घ्** के बाद ले **ह्** का व्यवहार होने लगा।

घ् तथा ध्

घ् की तुलना में ऐसी धातुओं की संख्या बहुत अधिक है जिनके अन्त में **ध्** व्यंजन का प्रयोग होता है : **क्रुध्, गृध्, बन्ध्, बुध्, युध्, वध्, वृध्, शुध्, सिध्** आदि। ये क्रियाएँ इतना प्रचलित थीं कि इनका व्यवहार किसी-न-किसी रूप में आधुनिक आर्य भाषाओं में अब भी होता है। **घ्** के समानान्तर अन्त्य व्यंजन **ग्** और **क्** वाली क्रियाओं की संख्या भी सीमित है; इसके विपरीत **त्** और **द्** अन्त्य व्यंजनों वाली धातुओं की संख्या बहुत अधिक है। जिन धातुओं के अन्त में **भ्** या **प्** है, उनकी संख्या काफ़ी है, यद्यपि **ध्** और **त्** अन्त्य व्यंजनों वाली धातुओं से कम है। जिन धातुओं के अन्त में **ब्** है, उनकी संख्या और भी कम है। मेरा अनुमान है कि **ध्, द्, त्** ध्वनियों का मूल केन्द्र मध्यदेश था, **भ् ब् प्** का केन्द्र काशी, मगध और पड़ोसी पूर्वी क्षेत्र थे। **जाएगा** पछाहीं रूप है, **जाइब** पूर्वी रूप है—यह बात आकस्मिक नहीं है, भाषाशास्त्री इन रूपों के **ग्** और **ब्** का स्रोत जहाँ भी ढूँढ़ें।

कहीं-कहीं धातु का अन्त्य **घ्** तो परिवर्तित होता ही है, शब्द का आदिस्थानीय **घ्**

भी उसी प्रकार बदलता है। **घन्** क्रिया के एकवचन रूप में **ह्** है : **हन्ति**। बहुवचन रूप में **घ्** विद्यमान है : **घ्नन्ति**। **हत्या** और **घात** जैसे शब्दों में मूल और परिवर्तित ध्वनियाँ दोनों विद्यमान हैं। संस्कृत में ऐसी बहुत-सी क्रियाएँ हैं जिनके आदि स्थान में **ह्** है किन्तु जिनके किसी-न-किसी रूप में **ज्** ध्वनि का व्यवहार होता है। मूल ध्वनि **घ्** की आवृत्ति होने पर **ज्** का व्यवहार होता है। **हन्** धातु का मूल रूप **घन्** है। एक क्रिया रूप बनता है **जघान**। यहाँ **घ्** की आवृत्ति हुई; प्रथम **घ्** के अल्पप्राण होने पर **गघान** रूप बनता। तालव्यीकरण की प्रवृत्ति से **गघान** के बदले **जघान** रूप बना जैसे **गगाम** के बदले **जगाम, ककार** के बदले **चकार**। संस्कृत की जिन धातुओं में आदि स्थानीय **ह्** है किन्तु आवृत्ति मूलक क्रिया-रूप में **ज्** है, वहाँ धातुओं के मूल रूप में **घ्** का अस्तित्व मानना चाहिए। **जहाति** (**हा**—छोड़ना), **जिहीते** (**हा**—जाना), **जिघाय** (**हि**—प्रेरित करना) **जुहोमि** (**हु**—यज्ञ करना), **जहार** (**हृ**—लेना); इस तरह की क्रियाओं की संख्या काफ़ी है। इनके मूल **घ्** वाले रूपों पर ध्यान देने से विदित होगा कि अन्त्य **घ्** के समान आदि **ध्** वाली धातुओं की संख्या भी काफी थी। प्राचीन आर्य भाषाओं के **घ** वाले मूल रूप आगे चलकर परिवर्तित हो गए।

अनेक शब्द ऐसे हैं जिनके संस्कृत रूपों में **ह** है किन्तु यूरुप की किन्हीं भाषाओं के प्रतिरूपों में कवर्गीय ध्वनि है। **हंस** का जर्मन प्रतिरूप **गंस** है। **ग्** के अस्तित्व से मूल **घ्** का बोध होता है। संस्कृत **हनु** का ग्रीक प्रतिरूप **गेनुस्** (दाढ़ें, ठोढ़ी); **हेमन्त** का ग्रीक प्रतिरूप **खेइम; हिम** का ग्रीक प्रतिरूप **खिओन,** ऐसे बहुत रूप हैं जिनसे आदि स्थानीय **घ्** का बोध होता है। ये शब्द उन उत्तर पश्चिमी भारतीय आर्य गणसमाजों की सम्पदा हैं जिनमें इस **घ्** ध्वनि का विकास हुआ था, जिनमें **ध्** और **भ्** की अपेक्षा **घ्** की प्रधानता थी।

दो स्वरों के मध्य में आनेवाला **घ्** भी इसी तरह बदलता है। संस्कृत **बाहु,** ग्रीक प्रतिरूप **पेखुस्,** मूल रूप **बाघु;** संस्कृत **बहु,** ग्रीक प्रतिरूप **पखुस्** (विशद), मूल रूप **बघु;** संस्कृत **जिह्वा,** लैटिन **लिंगुआ,** अंग्रेज़ी **टंग,** मूलरूप **दिघुआ** अथवा **दिध्वा**। आदि स्थानीय **द्** जब **ल्** में परिवर्तित हुआ तब **लिह्** (चाटना) रूप बना। संस्कृत में ही इस **लिह्** का **लिघ्** प्रतिरूप विद्यमान है। इसी **लिघ्** का अंग्रेज़ी प्रतिरूप **लिक्** (चाटना) है। **टंग** में **द्** अघोष हुआ, फिर वर्त्स्य या मूर्धन्य। कहीं-कहीं संस्कृत में आदि स्थानीय **घ्** बना हुआ है और यूरुप की भाषाओं में उसका लोप हो गया है, यथा **घुष्** या **घोष्** क्रिया का लैटिन रूप **वोकारे** (बुलाना) है (इसी का तमिल रूप **ओचइ** है)। संस्कृत में आदि स्थानीय **क्** अधिकतर सुरक्षित रहता है किन्तु **अस्थि** के मूल रूप में **क्** था, यह रूसी **कोस्त्** से ज्ञात होता है। लैटिन **कोस्त** (पसली) इसी से सम्बद्ध हो सकता है। हड्डी के लिए लैटिन का प्रचलित शब्द **ओस्** है। इसका ग्रीक प्रतिरूप है **ओस्तेओन**। सम्भव है ढूँढ़ने से एक आध उदाहरण संस्कृत में मध्यवर्ती **क्** या **द्** के लोप का भी मिल जाए। तमिल भाषा में मध्यवर्ती **क्** का उच्चारण या तो संघर्षी **ग्** के समान होता है या **ह्** के समान। प्राकृतों में मध्यवर्ती **क्** और **ग्** का **व्** में परिवर्तन सुपरिचित है।

ऐसा परिवर्तन कवर्गीय ध्वनियों में क्यों होता है ? क्या ये ध्वनियाँ तवर्गीय, पवर्गीय ध्वनियों की अपेक्षा संघर्षी रूप अधिक सरलता से स्वीकार करती हैं ? कन्नड़ शब्दों के **प्** की स्थिति देखें। सामान्य उच्चारण में यह निरन्तर **ह्** में बदलता है और फिर बहुधा **ह्** का लोप हो जाता है। संस्कृत में आदि, मध्य और अन्त्य **प्** की स्थिति बहुत सुरक्षित है। **वधु** के **बहू** रूप पर विचार करें तो ज्ञात होगा, जैसा परिवर्तन **घ्** में होता है, वैसा **ध्** में भी होता है। पुरानी अवधी में **लाहु** (लाभ), **लहहि** (लभहि) में **भ्** की स्थिति सुरक्षित नहीं रही। इसलिए यह नहीं कहा जा सकता कि कवर्गीय ध्वनियों का संघर्षीकरण, उनका हकार में रूपान्तरण, अधिक स्वाभाविक है। **बहू, लाहु** जैसे रूप संस्कृत में नहीं हैं। **बाहु** आदि रूपों में मूल ध्वनि **घ्** परिवर्तित हुई है। **घ्** ध्वनि का केन्द्र उत्तर पश्चिमी क्षेत्र था। नाग भाषाओं का प्रभाव उत्तर पश्चिमी सीमान्त पर अधिक था, अतः कवर्गीय ध्वनियों के क्षेत्र में उनका प्रभाव पहले पड़ा और **ध्** वाले मध्यदेशीय क्षेत्र में बाद को पड़ा। संघर्षीकरण की प्रवृत्ति नाग भाषाओं की विशेषता है, इसका विवेचन दूसरे खंड में है।

संस्कृत की शब्द निर्माण-प्रक्रिया में **ध्** की भूमिका उल्लेखनीय है। क्रिया मूलों से कृदन्त गढ़ने में **घ्** और **भ्** की अपेक्षा **ध्** से अधिक काम लिया जाता है। **स्तंभ, स्कंभ, शलभ, वृषभ, रासभ, गर्दभ** आदि थोड़े से शब्दों में **भ** का व्यवहार होता है। इनमें कृदन्त रूप **स्कंभ, स्तंभ** ही हैं। मनुष्येतर प्राणियों के नामों के साथ **भ** प्रत्यय जोड़कर शब्द रचना-प्रक्रिया में उसे निम्न स्थान दिया गया है। **स्कंध** शब्द मनुष्य के अंगों के लिए प्रयुक्त होता है और उसमें **ध्** है **भ्** नहीं। यदि यह माना जाए कि **ध्** मूलतः मध्यदेशीय ध्वनि है तो अंग्रेज़ी **स्टैंड** का पूर्व रूप **स्तन्ध** मध्यदेशीय सिद्ध होगा। अंग्रेज़ी के **स्टौप्, स्टब्, स्टम्प्** आदि शब्द पूर्वी क्षेत्र से आए हुए माने जाएँगे। मगध, अवध जैसे शब्दों में **ध** स्थानवाचक प्रत्यय का काम करता है, अतः पृथ्वी के लिए **धरा, धरती** शब्दों का प्रयोग स्वाभाविक है। **ध** शब्द-मूल स्थिरता का सूचक है। खड़े होने के लिए **स्थ, स्त,** क्रियाएँ **ध** से उत्पन्न हुई हैं। इस न्याय से **स्कंभ** की आधार क्रिया **स्क** पहले **घ** रही होगी। इस तर्क-शृंखला से यह निष्कर्ष भी निकलता है कि आर्य भाषा क्षेत्रों में सघोष महाप्राण ध्वनियों का व्यवहार अधिक होता था। अन्य प्रभावों से **घम्म, धम्भ** के बदले **स्कम्भ, स्तम्भ** रूपों का चलन हुआ। **धरा, आधार, धारणा** आदि स्थिरतासूचक शब्दों में मूल ध्वनि **ध्** बनी रही। पृथ्वी के ऊपर धरा से भिन्न तत्त्व **अधर** कहलाया।

संस्कृत में **ध** के समान जहाँ **त** प्रत्यय का व्यवहार होता है, वहाँ इस **त** को पूर्व रूप **ध** का विकास मानना चाहिए। **त्यक्त, शक्त, भक्त** आदि रूप **दग्ध, बद्ध, लग्ध** वाली प्रक्रिया से बने हैं। जैसे **शक्** क्रिया पहले **सघ्** थी, वैसे ही **त** प्रत्यय पहले **ध** था। **त** के अतिरिक्त **ध** भी **द** में रूपान्तरित होता है। **बहुधा** शब्द से **सर्वदा** की तुलना करें। दोनों में **धा** और **दा** का कार्य एक ही कोटि का है। **सर्वतः** और **सर्वत्र** में वहीं मूल ध्वनि अल्पप्राण और अघोष हो गई है।

घ् प्रत्यय से बननेवाले शब्द कम दिखाई देते हैं। सम्भव है **दीर्घ** शब्द का क्रिया मूल **दीर्** रहा हो जो **दूर** से मिलता-जुलता है। मोनियर विलियम्स के कोश में **द्राघ्** धातु

का उल्लेख है। **शुष्क** रूप में शुष् धातु के बाद **क** प्रत्यय **घ** का रूपान्तर है। **मार्ग** में मूल क्रिया **मर्** अथवा **मार्** है। संस्कृत में यह क्रिया अप्रयुक्त है। इसलिए **मार्ग्** अथवा **मृग्** को क्रिया मूल माना गया है। अंग्रेज़ी **मार्च्** में वही **मार्** धातु है। **मरुत** शब्द वायु का अर्थ देता है। जैसे **वायु** में **वा** क्रिया गतिसूचक है, वैसे ही **मरुत** में **मर्** क्रिया गतिसूचक है। जैसे **पवन** की मूल क्रिया **पो** या **पव्** का सम्बन्ध **पथ** से है, वैसे ही **मर** या **मार्** से **मार्ग** शब्द का सम्बन्ध है। संस्कृत में **घ** प्रत्यय से बननेवाले शब्द बहुत कम हैं। इस सन्दर्भ में हिन्दी का **करघा** शब्द उल्लेखनीय है जो हाथ से चलाया जाए, वह **करघा**। **करघा** और **चरखा** दोनों एक-दूसरे के साथी हैं। **चरखा** भी पहले **करघा** था। **क्** का तालव्यीकरण हुआ और **घ्** की सघोषता का लोप हुआ।

करघा के समान अवधी का **बगउधा** शब्द उल्लेखनीय है। यह **बग** क्रिया से बना है जिसका अर्थ चलना, घूमना है। ब्रजभाषा में इसका व्यवहार अब भी होता है। अवधी में क्रिया का व्यवहार नहीं होता किन्तु उसके आधार पर रचा हुआ शब्द प्रचलित है। जो लड़कियाँ घर के बाहर बहुत घूमती-फिरती हैं, बैसवाड़े में उन्हें **बगउधा** कहा जाता है। इसका एक प्रतिरूप **बजिन्दा** भी प्रचलित है जिसमें **ध** प्रत्यय अल्पप्राण रूप में है और **ग्**, **इ** स्वर के संसर्ग से, तालव्य बन गया है। **बगउधा** की तरह **चमरउधा** (चमड़े से बना हुआ यानी जूता) शब्द है। अवधी के ये शब्द उन प्राचीन मध्यदेशीय आर्य गण-भाषा-ध्वनितंत्रों के अनुरूप हैं जिनमें मूल सघोष महाप्राण ध्वनियाँ अभी अल्पप्राण और अघोष न बनी थीं। इन प्राचीन ध्वनितंत्रों की विशेषताएँ जानकर ही संस्कृत का विकास पहचाना जा सकता है। **बहुधा** और **सर्वदा** में **दा** या **धा** कौन-सा प्रत्यय अधिक प्राचीन है, यह जाना जा सकता है; आधुनिक आर्य भाषाओं में प्राचीन ध्वनितंत्रों की विशेषताएँ कहाँ बनी हुई हैं, इसका विवेचन किया जा सकता है। **घ्** **ध्** **भ्** का विकास तीन आर्य भाषा केन्द्रों में हुआ, इनमें **ध्** मध्यदेशीय केन्द्र की देन है।

विकास केन्द्र

घ् का विकास केन्द्र उत्तर पश्चिम में था, **भ्** का पूर्व में, और **ध्** का इनके बीच में, इस अनुमान को सिद्ध करने के लिए अभी और छानबीन आवश्यक है। फिर भी जो विवेचन ऊपर प्रस्तुत किया गया है, उससे इतना अवश्य प्रमाणित होता है कि इन ध्वनियों के विकास केन्द्र अलग-अलग थे और उनके परस्पर सम्पर्क से ये तीनों ध्वनियाँ एक ही सामान्य ध्वनितंत्र का अंग बनीं। इसी तरह **क्**, **त्**, **प्** के भी अलग केन्द्र थे और उनके आपसी सम्पर्क से ये ध्वनियाँ, तथा सघोष रूप **ग्** **द्**, **ब्** सामान्य ध्वनितंत्र में सम्मिलित हुईं। यह भी स्पष्ट है कि संस्कृत में इन ध्वनियों की मूल स्थिति काफी बदली हुई है। शब्द-निर्माण-प्रक्रिया में **क्-ग्-घ्** और **प्-ब्-भ्** केन्द्रों की तुलना में **त्-द्-ध्** केन्द्र की भूमिका अधिक महत्त्वपूर्ण रही है। इंडोयूरोपियन परिवार में भारतीय आर्य भाषाओं की भूमिका पहचानने के लिए, **घ्**, **ध्**, **भ्**—इन सघोष महाप्राण ध्वनियों पर ध्यान केन्द्रित

करना आवश्यक होगा। इंडोयूरोपियन परिवार के सन्दर्भ में इन ध्वनियों का विवेचन करते हुए इनके विकास केन्द्रों पर फिर विचार करेंगे। घ्, ध्, भ् ध्वनियों की भूमि पर उत्तर पश्चिमी और पूर्वी छोरों से किस प्रकार के दबाव पड़ते रहे हैं, जिनसे इन ध्वनियों में परिवर्तन हुआ, इसका विवेचन भी द्रविड़ भाषाओं के सन्दर्भ में आवश्यक होगा, उससे आर्य-द्रविड़ भाषा-समुदायों के सम्पर्क को समझने में सहायता मिलेगी। यहाँ इतना कहना काफी है कि संस्कृत में जहाँ दो महाप्राण ध्वनियों का एक साथ होना अपवाद-सा है, वहाँ हिन्दी में ऐसी स्थिति साधारण है यथा संस्कृत में **भभूव** तो **बभूव** हो जाएगा पर हिन्दी में **भभकना, धधकना** जैसे रूप सहज ग्राह्य हैं।

विशिष्ट ध्वनियों के केन्द्र

च्, ज्, झ्

संस्कृत और आधुनिक आर्य भाषाओं के ध्वनितंत्रों की तुलना की जाए तो एक तथ्य यह सामने आता है कि **च्** और **ज्** की तुलना में **झ्** का व्यवहार संस्कृत में बहुत कम होता है जबकि आधुनिक आर्य भाषाओं में **च्** और **ज्** के साथ **झ्** का व्यवहार भी खूब होता है, विशेषतः हिन्दी और मराठी में। इसका कारण यह हो सकता है कि **च्-ज्-झ्** के केन्द्र मूलतः मध्यदेश में नहीं थे वरन् पश्चिम में या उत्तर पश्चिम में थे। जिस समय इन केन्द्रों ने संस्कृत के विकास को प्रभावित करना शुरू किया, उस समय संस्कृत पर अल्पप्राण ध्वनि प्रकृति वाली भाषाओं का प्रभाव भी बढ़ रहा था। इसलिए संस्कृत में **च्-ज्** का व्यवहार अधिक हुआ, **झ्** का कम। आधुनिक आर्य भाषाओं पर जहाँ यह अल्पप्राणता वाला प्रभाव कम था, वहाँ संस्कृत की अपेक्षा, **झ** का व्यवहार अधिक हुआ।

ऐतिहासिक भाषाविज्ञान में संस्कृत की **च्, ज्** ध्वनियों को कल्पित तालव्य **क्, ग्** ध्वनियों का विकास माना गया है। यह कल्पना इसलिए की गई है कि संस्कृत **पञ्च** और लिथुआनियन **पेन्कि** (पाँच) जैसे शब्दों का एक ही स्रोत सिद्ध किया जा सके। मूल ध्वनि तालव्य **क्**; वह यूरुप की भाषाओं में कंठ्य **क्** में घुल-मिल गई, भारत में **च्** बनी। इस कल्पना से इस तथ्य की व्याख्या नहीं होती कि संस्कृत में **च्** और **ज्** का व्यवहार अधिक क्यों है, आधुनिक आर्य भाषाओं में **झ्** का व्यवहार संस्कृत से अधिक क्यों है। बरो ने संस्कृत पर अपने ग्रंथ में यूरुप की भाषाओं से **क्** और **ग्** वाले ऐसे रूप दिए हैं जिनके संस्कृत प्रतिरूपों में **च्** और **ज्** हैं पर उन्होंने **घ्** ध्वनि वाला एक रूप भी नहीं दिया जिसके संस्कृत प्रतिरूप में **झ्** हो। यूरुप की भाषाओं में **घ्** जैसी सघोष महाप्राण ध्वनि है ही नहीं, उदाहरण कहाँ से देते ? पर कोई आदि इंडोयूरोपियन शब्द-रूप कल्पित करके उसका **झ्** वाला संस्कृत प्रतिरूप दे सकते थे। ऐसा **झ्** वाला उदाहरण इस सन्दर्भ में उन्हें मिला नहीं। उन्होंने यह मान्यता प्रस्तुत की है कि तालव्य **घ्** पहले **झ्** में बदलता है, फिर यह **झ्** संस्कृत में **ह्** बन जाता है। मान लीजिए, यह धारणा सही है। पर इसका

कारण क्या है कि **हन्ति** में तो **झ्** **ह्** बन गया पर **जघान** में वह **झ्** फिर **घ्** बन गया। **अर्हति** में तो **ह्** है पर अर्घ में **झ्** के बदले फिर **घ्** है। इन रूपों में या तो **घ्** है या **ह्** है, **झ्** का पता नहीं है। इससे बरो की उक्त मान्यता निराधार सिद्ध होती है। **घ्** ही संघर्षी बनकर **ह्** में परिणत होता है जैसे मध्यवर्ती **क्** तमिल में अब भी अनेक व्यक्तियों द्वारा **ह्** बोला जाता है; **झ्** बदलकर **ह्** नहीं बनता।

क्, ग्, घ् के समान भारत में भी **च्, ज्, झ्** के स्वतंत्र केन्द्र थे। इन केन्द्रों ने संस्कृत के ध्वनि केन्द्रों को प्रभावित किया। कल्पित तालव्य **क् ग्** नहीं, वास्तविक कंठ्य **क्, ग्** संस्कृत में—कुछ ध्वनि-परिवेशों में—**च्, ज्,** रूप धारण करते हैं यथा क्रिया की आवृत्ति में **ककार** के बदले **चकार, गगाम** के बदले **जगाम** रूपों का व्यवहार होता था। कंठ्य **क्** ही नहीं, दन्त्य **त्** ध्वनि भी **च्** में बदलती है। **तुद्** और **चुद्** क्रियाओं का एक ही अर्थ है प्रेरित करना। **चतुर्थ** के समानान्तर संस्कृत **तुरीय** शब्द पुनः **त्-च्** के समीकरण की ओर संकेत करता है। हिन्दी के **तेंतालिस, पैंतालिस** रूपों में **चालिस** की जगह **तालिस** है। यहाँ चाहे **चालिस** को पूर्व रूप मानें चाहे **तालिस** को, एक बात सिद्ध हो जाती है कि **क्** और **त्** के समानान्तर **च्** के भी अपने केन्द्र थे।

झ्

हिन्दी में **मुझे-तुझे** रूपों का व्यवहार ब्रजभाषा से लेकर बँगला तक कहीं नहीं होता; ये पछाहीं रूप केवल परिनिष्ठित हिन्दी में प्रयुक्त होते हैं। मराठी के **माझा** (मेरा), **झाला** (हुआ) जैसे रूप किसी अन्य आधुनिक आर्य भाषा में नहीं हैं। इससे यह अनुमान दृढ़ होता है कि **च्-ज्-झ्** के केन्द्र पश्चिमी भारत में थे।

मध्य से **मांझ** और **संध्या** से **सांझ** जैसे अनेक रूप **झ्** के पूर्व रूप **ध्** की ओर संकेत करते हैं। **ध्** ध्वनि **झ्** में वहीं बदलेगी जहाँ सघोष महाप्राण ध्वनियाँ ग्राह्य होंगी। ऐसा परिवर्तन आर्येतर भाषाओं में—या उनके प्रभाव से—सम्भव नहीं है, क्योंकि सघोष महाप्राण ध्वनियों का व्यवहार उनकी प्रकृति के अनुकूल नहीं है। **घ्, ध्, भ्** के समान **झ्** का केन्द्र भी आर्य भाषाओं के प्राचीन केन्द्रों में एक है क्योंकि ऐसी सघोष महाप्राण ध्वनियों का व्यवहार केवल भारतीय आर्य भाषाओं की विशेषता है। निस्संदेह ये **झ्** ध्वनि वाले केन्द्र बहुत समय से **ध्** ध्वनि को बदलकर **झ्** रूप देते रहे हैं।

किसी समय यहाँ जलने-जलाने के अर्थ में **ध्वर्** क्रिया प्रयुक्त होती थी। संस्कृत में इसके प्रतिरूप **ज्वल्** का चलन हुआ; संस्कृत के **अध्वर** (यज्ञ), **अध्वर्यु** (पुरोहित) शब्दों में वही प्राचीन **ध्वर्** क्रिया है। अवधी की **झुर्** धातु—**झुर** (सूखा), **झुरान** (उप.)—उसी **ध्वर्** का प्रतिरूप है किन्तु जैसे **क्** और **ग्, च्** और **ज्** में बदलते हैं, वैसे ही **घ्** भी **झ्** में बदलता है। **घर्म** की **घर्** क्रिया—वैकल्पिक रूप **घा**—से पालि में **झान** (आग लगना), **झाम** (प्रज्वलित), **झायति** (जलाता है), **झायन** (दाह) आदि रूप बने हैं। इसी प्रकार प्राकृत **झाय** (भस्म हो चुकी वस्तु), **झाम** (प्रज्वलित), **झापेति** (जलाता है), **झापण** (दाह) आदि

रूप हैं। टर्नर ने अपने आधुनिक आर्य भाषाओं के कोश में ये शब्द दिए हैं। इनके साथ पंजाबी का **झाणी** (मसान), बँगला, उड़िया आदि के **झामा** (जली हुई ईंट), **झाल** (गर्मी) रूप दिए हैं। हिन्दी में **झाँवा, झार** जैसे रूप प्रचलित हैं। इन सबका स्रोत **घर्** अथवा **घा** क्रिया थी। संस्कृत के समानान्तर अन्य आर्य भाषाओं में **झ्** वाले क्रिया रूप का व्यापक व्यवहार होता था, यह पालि-प्राकृत से लेकर आधुनिक आर्य भाषाओं तक के ऊपर दिए हुए उदाहरणों से सिद्ध है।

यदि संस्कृत के समानान्तर ऐसी आर्य भाषाओं का व्यवहार होता था जिनमें **झ्** एक स्वतंत्र अक्षर ध्वनि थी—किसी अन्य ध्वनि का रूपान्तर मात्र नहीं—तो इन भाषाओं के कुछ शब्द अपनी **झ्** ध्वनि के साथ संस्कृत में अवश्य आए होंगे। ऐसे शब्दों में एक है **झष** जिसका व्यापक व्यवहार **झख** मारने के मुहावरे से प्रमाणित है। **झूड़ा, जूड़ा, चूड़ा** ये तीन शब्द एक साथ रखे जाएँ तो यह पता लगाते देर न लगेगी कि **झ्** वाला रूप ही अधिक प्राचीन है। टर्नर ने अपने कोश में हिन्दी **झोंटा** के साथ सिन्धी **झूड़ो,** पंजाबी **झूड़ा,** गुजराती **झुड़ो** दिए हैं। संस्कृत **चूड़ा** हिन्दी **जूड़ा** का रूपान्तर है और **जूड़ा** पंजाबी **झूड़ा** का। **झोंटा** के साथ अवधी **भवांथर** स्मरणीय है। **झूड़ा, झूड़ो** आदि का पूर्व रूप **झोथ** प्रतीत होता है, **थ्→त्→ट्→ड्→ड़्**—ऐसा विकास हुआ होगा। **झबरा, झँडूले, झाँट** आदि शब्दों में, झोंटा के समान, बालोंवाला अर्थ विद्यमान है। टर्नर ने इस सन्दर्भ में संस्कृत **चूल** शब्द भी दिया है जो बालों के लिए बँगला में अभी प्रयुक्त होता है। **चूड़ा** के समान **चूल** के मूलरूप में **झ्** ध्वनि थी। हिन्दी **जंगल** संस्कृत में भी है; पंजाबी **झंग,** सिन्धी **झंगु,** हिन्दी **झाँखर झ्** ध्वनि वाले मूल रूप की ओर संकेत करते हैं। हिन्दी **झाड़-झंखाड़** में दो समानार्थी शब्दों को एक रखा गया है। किसी पर **झक्** सवार होती है, यानी उस पर हवा का असर होता है, तब वह **झक्की** कहलाता है। हिन्दी **झक्कड़**—सिन्धी **झक** (तूफ़ानी हवा) आपस में संबद्ध हैं। सम्भव है, **झंझावात** में **झंझा** और **वात** समानार्थी हों।

झाँकना, झरोखा, झँगा, झंडा, झउवा, झगड़ा, झप (झपताल का झप), **झाऊ, झाग, झाड़ना, झिल्ली, झींगुर, झील, झुंड, झुकना, झूठ, झेलना, झोंकना,** ऐसे बहुत से शब्द हैं जो संस्कृत की तुलना में हिन्दी तथा अन्य आधुनिक आर्य भाषाओं में **झ्** ध्वनि का बहुल प्रयोग सिद्ध करते हैं। स्थानवाचक शब्दों में **झूँसी** और **झाँसी** से लेकर नदी-वाचक **झेलम** तक **झ्** का व्यवहार क्षेत्र दर्शनीय है। ये सारे शब्द वहाँ बोले जाते हैं जहाँ **च्** का व्यवहार भी काफी होता है। इसलिए **घ्, ध्, भ्** के समान **झ्** के स्वतंत्र केन्द्र की कल्पना तर्कसंगत है।

ट्

संस्कृत में **च्** का प्रयोग काफी होता है किन्तु **झ्** का व्यवहार बहुत कम होता है; इसी तरह **ट्** का व्यवहार तो काफी होता है किन्तु **ढ्** का व्यवहार बहुत कम होता है। आदि स्थान में **ट्** विरल है किन्तु शब्दों के अन्तिम वर्ण में उसका व्यवहार काफी होता है।

जो बातें **ञ्** के विरल व्यवहार के बारे में कही गई हैं, वे संस्कृत में **ढ्** के व्यवहार के बारे में भी कही जा सकती हैं। मूर्धन्य और तालव्य क्षेत्र मध्यदेश के आर्य परिवृत्त में हैं। मध्य देश की मूल भाषा जिस समय संस्कृत रूप ग्रहण करती है, उस समय उसका ध्वनितंत्र इन दोनों क्षेत्रों से प्रभावित हो रहा है। जिस क्षेत्र में वह संस्कृत रूप धारण कर रही है, वह उत्तर पश्चिम में है और अल्पप्राण अघोष ध्वनियों वाले क्षेत्रों से प्रभावित है। इस कारण तालव्य और मूर्धन्य प्रवृत्तियाँ अल्पप्राण और अघोष रूपों में अधिक दिखाई देती हैं, महाप्राण सघोष रूपों में कम दिखाई देती हैं। संस्कृत में **ट्** बहुत जगह, विशेष ध्वनि-परिवेश में, **त्** का विकास है किन्तु इसका यह अर्थ नहीं कि संस्कृत में उसका स्वतंत्र अस्तित्व नहीं है। यदि स्वतंत्र अस्तित्व न होता तो जो भाषाविज्ञानी मूर्धन्य ध्वनियों को पहले द्रविड़ प्रभाव का परिणाम मानते थे, वे अब उन्हें संस्कृत में स्वतःस्फूर्त विकास का परिणाम न मानने लगते। प्राचीन भारत में आर्य भाषाओं के एक से अधिक केन्द्र मानने से यह समस्या दूसरे रूप में दिखाई देती है।

भारत के पूर्वी-उत्तरी और पश्चिमी सीमान्तों पर कोई ऐसा क्षेत्र नहीं है जहाँ मूर्धन्य ध्वनियों का ही व्यवहार होता हो। यदि बाहर से आने वाले अपने साथ ये ध्वनियाँ लाते तो अपने मूल निवास में या उसके आस-पास इनका कोई चिह्न अवश्य छोड़ आते। काल्डवेल ने शक परिवार से द्रविड़ समुदाय का सम्बन्ध जोड़ा था पर इस शक परिवार में इन ध्वनियों का अभाव है, वे न फिनोउग्रियन समुदाय में हैं, न तुर्क-मंगोल समुदाय में। यूरुप में जहाँ ऐसी ध्वनियाँ प्रयुक्त होती हैं, वहाँ शक परिवार की भाषाएँ नहीं बोली जातीं, इंडोयूरोपियन परिवार की भाषाएँ बोली जाती हैं। इन भाषाओं में मूर्धन्य ध्वनियों का व्यवहार भारतीय भाषाओं की तुलना में अल्प है, वह भारतीय पद्धति का अवशेष मात्र है। यह तथ्य महत्त्वपूर्ण है कि इन ध्वनियों का विशेष व्यवहार आर्य और द्रविड़ दो ही परिवारों में विशेष होता है। यदि आधुनिक आर्य भाषाओं को देखें तो उनमें द्रविड़ भाषाओं की तुलना में ऐसी ध्वनियों की भूमिका शब्द-निर्माण में कहीं अधिक महत्त्वपूर्ण है। तमिल में जहाँ आदि स्थानीय **ट्** का अभाव है, वहाँ हिन्दी आदि भाषाओं में ऐसे बहुत से शब्द हैं जो ट् से आरम्भ होते हैं और जिनमें यह ध्वनि **त्** का रूपान्तर प्रतीत नहीं होती। **टका, टाँग, टाँगना, टाँट, टाँड़ा, टापू, टीका, टिकुली, टिकिया, टीस, टेंट, टेंव, टेसू, टोकरी, टोह, टोली, टालना, टरकाना, टिकाना, टीपना, टेरना, टोकना** आदि शब्द संस्कृत से भिन्न उद्भव के प्रतीत होते हैं। संस्कृत के बहुत से शब्दों के प्रतिरूप द्रविड़ भाषाओं में मिल जाते हैं किन्तु जिन आर्य शब्दों के आदि स्थान में **ट् ठ् ड् ढ्** ध्वनियाँ हों, उनके द्रविड़ प्रतिरूप ढूँढ़ने से भी नहीं मिलते। यदि टवर्गीय ध्वनियों का व्यवहार संस्कृत की अपेक्षा हिन्दी में द्रविड़ प्रभाव के कारण, अधिक होता तो टकार से आरम्भ होने वाले हिन्दी शब्दों के प्रतिरूप द्रविड़ भाषाओं में अवश्य मिलते। वैसे शब्द कोल और नाग भाषाओं में भी उनके मूल शब्द भंडार का अंश नहीं हैं। इससे यह स्थापना तर्कसंगत है कि कवर्ग और चवर्ग के समान टवर्ग का भी एक स्वतंत्र आर्य भाषा केन्द्र था। ये सारे केन्द्र एक दूसरे को प्रभावित कर रहे थे। संस्कृत में **टिट्टिभ,**

टिप्पण जैसे शब्दों में आदि स्थानीय **ट्** का प्रवेश हो चुका है। जनपदीय आर्य भाषाओं के विकासकाल में विभिन्न केन्द्रों का परस्पर आदान-प्रदान और अधिक होगा।

ट् वर्ग

यह कह देना पुनः आवश्यक है कि टवर्ग की सभी ध्वनियों का विकास एक ही केन्द्र में हुआ हो, यह आवश्यक नहीं है। संस्कृत में मूर्धन्य नासिक्य का जितना व्यवहार होता है, उसकी तुलना में शेष सभी टवर्गीय ध्वनियों का व्यवहार अल्प है। **ठक्कुर, डाकिनी** आदि कुछ शब्दों में आदि स्थानीय **ठ्** और **ड्** दिखाई देते हैं। हिन्दी तथा अन्य आर्य भाषाओं में **ठग, ठंढ, ठर्रा, ठसक, ठुमरी, ठिंगना, ठूँठ, ठेंगा, ठेठ, ठोकर, ठोंकना,** और **डग, डगर, डफला, डर, डलिया, डाँग** (जंगल, अवधी में लाठी), **डाँगर, डाल, डील-डौल, डेरा, डोकरा** आदि में मूर्धन्य ध्वनियों की भूमिका देखी जा सकती है। जहाँ तक इस वर्ग की सघोष महाप्राण ध्वनि का सम्बन्ध है, संस्कृत में वह **आषाढ़** जैसे कुछ शब्दों को छोड़कर अधिकतर कृदन्त रूपों में दिखाई देती है जैसे **गुह्** से **गूढ, मुह्** से **मूढ, वह** से **ऊढ**। हिन्दी में **ढकना, ढाँपना, ढरकना, ढूँढ़ना, ढोर, ढर, ढोल, ढिग, ढाक, ढर्रा** जैसे रूपों की भरमार है। बहुत जगह संस्कृत **स्थ्** की संयुक्त ध्वनि हिन्दी में **ठ्** हो जाती है जैसे **स्थान** से **ठाँव**। इसी प्रकार **डाह** का सम्बन्ध **दाह** से है, **ढीला** का **शिथिल** से। संस्कृत में **गूढ, मूढ** आदि शब्दों में **ढ्** मूल ध्वनि नहीं है, वह किसी अन्य ध्वनि का रूपान्तरण है। इसके विपरीत आधुनिक आर्य भाषाओं की शब्द निर्माण-प्रक्रिया में इसकी स्वतंत्र भूमिका है। परतंत्र भूमिका, संस्कृत और हिन्दी दोनों में, मूर्धन्य नासिक्य की है। संस्कृत में वह अधिकतर, विशेष ध्वनि-परिवेश में, दन्त्य **न्** का स्थान लेता है। हिन्दी के जिन क्षेत्रों में उसका व्यवहार होता है, वहाँ वह मुख्य नासिक्य ध्वनि है। यही स्थिति अन्य उत्तर पश्चिमी भाषाओं की है।

प् वर्ग : बकार और वकार

संस्कृत में **प्** और **भ्** का यथेष्ट व्यवहार होता है। **फ्** का व्यवहार वैसे ही होता है जैसे अन्य वर्गों की अघोष महाप्राण ध्वनियों का। किन्तु संस्कृत में जहाँ **ग् ज् द्** की प्रचुरता है, शब्द निर्माण-प्रक्रिया में इनकी निर्णायक भूमिका है, वहाँ पवर्गीय सघोष अल्पप्राण ध्वनि **ब्** का व्यवहार अत्यन्त विरल है। यूरुप की भाषाओं में इस ध्वनि का यथेष्ट व्यवहार होता है किन्तु वैसे शब्दों के प्रतिरूप संस्कृत में बहुत ही कम हैं। इस कारण अनेक भाषाविज्ञानियों ने सन्देह प्रकट किया है कि शायद आदि इंडोयूरोपियन भाषा में यह ध्वनि थी ही नहीं। भारतीय आर्य भाषा क्षेत्र में, ब्रज से लेकर बंगाल तक, **ब्** की प्रधानता है। परिनिष्ठित बँगला में इसने अन्तस्थ **व्** को अपदस्थ कर दिया है। ब्रज की तुलना में **ब्** का व्यवहार अवधी में अधिक होता है। रोचक तथ्य है कि बँगला में तालव्य

श् के साथ **ब्** का व्यवहार नहीं होता जब कि संस्कृत में इन दोनों की स्थिति सुदृढ़ है, उनका शुद्ध उच्चारण सुसंस्कृत होने का चिह्न है।

ब् ध्वनि मध्यदेशीय आर्य भाषाओं में थी या नहीं ? प्राचीन कोसल गण-भाषा में थी या नहीं ? मेरा मत है कि यह ध्वनि इन भाषाओं में थी। मध्यदेश के पूर्व में मगध ऐसा क्षेत्र था जिसमें अन्तस्थ **व्** की जगह **ब्** का व्यवहार ही अधिक होता था। मध्यदेश के उत्तर-पश्चिमी छोर पर ऐसी भाषाएँ हैं जिनमें **व्** की प्रधानता है और जो **प्** और **ब्** को भी अन्तस्थ **व्** का रूप देती हैं। तमिल में यह प्रवृत्ति काफी शक्तिशाली है; वह अनेक शब्दों में **प्** को **व्** में बदल देती है। तमिल में जहाँ ऐसी प्रवृत्ति दिखाई देती है, वहाँ उसका सम्बन्ध उत्तर-पश्चिमी आर्य भाषाओं से प्रमाणित होता है। संस्कृत का **भंडि** जब तमिल में **वंडि** (गाड़ी) हो जाता है, तब सघोष महाप्राण ध्वनि **भ्** अघोष अल्पप्राण, **ब्** में रूपान्तरित न होकर अर्द्ध स्वर **व्** बनती है। संस्कृत **वंक** इसी प्रकार **भंग** का विकास है। **वणिज** का **वणि** पूर्व रूप में **पणि** है जिससे **पण्य** आदि रूप बनते हैं। आर्यों पर चाहे द्रविड़ प्रभाव के कारण हो, चाहे आर्य भाषाओं के केन्द्र-विशेष की शक्ति के कारण हो, **व्** ध्वनि शिष्ट उच्चारण का चिह्न मानी गई।

संस्कृत में यह स्थिति रोचक है कि अनेक शब्दों के दो वैकल्पिक रूप हैं, एक में **ब्** है, दूसरे में **व्**। **बक, वक; बकुल, वकुल; बटु, वटु; बत, वत** (आश्चर्यसूचक शब्द); **बधू, वधू; बर्ह, वर्ह** (मोर आदि पक्षियों की पूँछ); **बाण, वाण; बीज, वीजा; बृहत, वृहत्**; इत्यादि। संस्कृत के **ब्रह्म** और सामन्ती समाज के पवित्र वर्ण **ब्राह्मण** में **ब्** इतनी दृढ़तापूर्वक प्रतिष्ठित था कि उसे **व्** अपदस्थ न कर सका। वैकल्पिक रूपों में **व्** का व्यवहार उत्तरकालीन संस्कृत में अधिक दिखाई देता है। जैसे **वसिष्ठ** के दन्त्य **स्** को तालव्य **श्** करके कुछ लोगों ने **वशिष्ठ** को अधिक श्रेष्ठ कर दिया, वैसे ही अनेक शब्दों में **ब्** को अपदस्थ करके **व्** के वैकल्पिक रूप द्वारा, कुछ लोगों ने संस्कृत को और सुसंस्कृत बनाया। कोई आश्चर्य नहीं कि **बिदा** शब्द को **विदा** लिखकर विद्वज्जन उसे संस्कृत बनाते हैं। संस्कृत में **बुद्धि, बुध, बन्धु, बल, बलि, बाहु, बहु, ब्रू, बन्ध्** आदि शब्द-भंडार का महत्त्वपूर्ण अंग हैं। टवर्गीय ध्वनियों की अपेक्षा शब्द निर्माण में **ब्** की भूमिका अवश्य ही अधिक महत्त्वपूर्ण थी। हिन्दी के कुछ शब्द जो **ब्** से आरम्भ होते हैं, संस्कृत में नहीं हैं पर इससे यह सिद्ध नहीं होता कि प्राचीन काल में उनका अस्तित्व नहीं था। बंगाल से लेकर हरियाणा तक **बोल्** क्रिया का व्यवहार होता है। बहुत ज़्यादा बोलने के लिए रूसी में क्रिया है **बोलूतात्**। इसका कोई प्रतिरूप संस्कृत में नहीं है। अशोक के समय से उत्तर भारत का शृंखलाबद्ध इतिहास मिलता है। इस बीच स्लावजनों से ऐसे सम्पर्क का कोई प्रमाण नहीं है जिससे **बोलना** जैसी क्रिया हिन्दी से रूसी में जाती या रूसी से हिन्दी में आती। यह शब्द भारतीय आर्य भाषाओं में कम-से-कम 300 ई. पू. से प्रयुक्त होता रहा है। **बनाना, बरहा, बनरा, बटूटा, बरोठा, बाना, बिहान, बटोरना, बुझना** आदि शब्द इस सन्दर्भ में विचारणीय हैं। हो सकता है, ये शब्द काफी पुराने हों और इनके साथी दूसरे ऐसे शब्द लुप्त हो गए हों।

हिन्दी में ऐसे बहुत कम शब्द होंगे जिनमें **ब्** के स्थान पर **व्** कर देने से अर्थभेद उत्पन्न हो। अवधी में **वार नहिंन** का अर्थ होगा समय नहीं है और **बार नहिंन** का अर्थ होगा बाल नहीं हैं। हिन्दी में **यह वही है,** इस वाक्य में **वही** किसी वस्तु या पुरुष की ओर संकेत करता है, **यह बही है** का अर्थ बही-खाते वाली **बही** है। अवधी में **वारत है** का अर्थ हुआ निछावर करता है, **बारत** है का अर्थ होगा जलाता है। कुल मिलाकर हिन्दी और उसकी जनपदीय उपभाषाओं में **व्** से आरम्भ होनेवाले शब्द बहुत कम हैं, जो हैं वे अधिकतर तत्सम हैं। संस्कृत में जो अनुपात **ब्** के व्यवहार का है, लगभग वही अनुपात हिन्दी में **व्** के व्यवहार का है। संस्कृत में भी ऐसे शब्द कठिनाई से मिलेंगे जिनमें **व्** की जगह **ब्** कहने से अर्थ-भेद पैदा हो। **कुबेर, कूबर** (गाड़ी का जुँआ), कबन्ध आदि थोड़े शब्दों में मध्यवर्ती **ब्** दिखाई देता है। हिन्दी और संस्कृत के ध्वनितंत्र में यह मौलिक भेद है कि संस्कृत में **व्** की प्रधानता है और हिन्दी में **ब्** की। इस स्थिति से यह निष्कर्ष बहुत जल्दी निकाला जा सकता है कि संस्कृत का **व्** भ्रष्ट उच्चारण से हिन्दी में **ब्** हो गया है। किन्तु अखिल भारतीय परिवेश में इस समस्या पर विचार करें तो एक तथ्य सामने यह आता है कि तमिल, संस्कृत के समान, **व्**-प्रधान भाषा है और कन्नड़ हिन्दी के समान **ब्**-प्रधान। तमिल **वड, वयल्, वीचु, वॅट्टु, वॅतिर्** के कन्नड़ रूप क्रमशः **बड** (उत्तरी), **बयल्** (खेत), **बीसु** (फेंकना), **बॅट्टु** (काटना), **बिदिर** (बाँस) हैं। यह कहना अनुचित होगा कि शुद्ध तमिल रूपों को बोल न पाने से कन्नड़भाषियों ने **व्** के स्थान पर **ब्** को प्रतिष्ठित कर दिया है। कन्नड़ में काफी शब्द **व्** से आरम्भ होते हैं और ये द्रविड़ समुदाय के शब्द हैं। अतः संभावना इसी की अधिक है कि तमिल शब्दों के जिन प्रतिरूपों में **ब्** का व्यवहार हुआ है, वे अधिक पुराने हैं, जैसे कि यह माना जाता है कि तमिल शब्दों में जहाँ **च्** ध्वनि है, वहाँ यदि कन्नड़ प्रतिरूपों में **क्** है, तो ये कन्नड़ रूप ही पुराने हैं। हिन्दी **बिरुद** तमिल में **विरुदु** और कन्नड़ में **बिरुदु** है। **बिरुद** रूप पुराना है। संस्कृत में **विरुद** और **बिरुद** दोनों रूप स्वीकार किए गए हैं। यदि तमिलभाषी जन मध्यदेश में रहते होते तो उनके प्रभाव से हिन्दी में **ब्** की अपेक्षा **व्** का चलन अधिक होता। पर यह **व्** मूलतः उत्तर पश्चिमी ध्वनि है और हिन्दी की अपेक्षा **ब्** और **व्** का अर्थविच्छेदक व्यवहार अंग्रेज़ी में अधिक होता है। **बॅड्** (बिस्तर), **वॅड्** (ब्याह करना); **बॅस्ट** (श्रेष्ठ), **वॅस्ट** (पश्चिम); **बॅट्** (शर्त लगाना), **वॅट्** (भीगा), ऐसे पचीसों जोड़े आसानी से मिल जाएँगे। ऐसे जोड़े हिन्दी में नहीं हैं क्योंकि हिन्दी **ब्** क्षेत्र की भाषा है, ऐसे जोड़े संस्कृत में इसलिए कम होंगे कि दन्त्य **स्** के तालव्यीकरण के समान बहुत से शब्दों के मूल **ब्** को **व्** में परिवर्तित कर दिया गया था।

च्, ज् और क्, ग्

संस्कृत में ऐसे अनेक शब्द हैं जिनके क्रिया रूपों में **च् ज्** का व्यवहार होता है और संज्ञा रूपों में **क्** और **ग्** का : **त्यज्** और **त्याग, भज्** और **भाग, भुज्** और **भोग, युज्**

और **योग, रंज्** और **रंग, अर्च्** और **अर्क, पच्** और **पाक। वाक्य, वाच्य, भोग्य, भोज्य** जैसे जोड़े भी मिलेंगे। यहाँ इस समस्या पर विचार करना है कि मूल ध्वनि कंठ्य थी जिसका तालव्यीकरण हुआ या तालव्य थी जिसे कंठ्य रूप दिया गया। इतना तो विशेष तर्क-वितर्क के बिना माना जा सकता है कि तालव्य और कंठ्य स्पर्श ध्वनियों के केन्द्र आसपास हैं और एक दूसरे को प्रभावित करते हैं। आधुनिक आर्य भाषाओं के ध्वनितंत्र पर विचार करें तो कभी-कभी तालव्य और कंठ्य ध्वनियों वाले ऐसे प्रतिरूप मिलेंगे जिनमें एक किसी क्षेत्र विशेष में बोला जाता है और दूसरा अन्य क्षेत्र में। ब्रजभाषा में **भाजत** क्रिया रूप का व्यवहार होता है; अवधी में इसका प्रतिरूप **भागत** और परिनिष्ठित हिन्दी में **भागता** का चलन है। **भीजत** क्रिया रूप ब्रज तथा अवधी में प्रयुक्त होता है, परिनिष्ठित हिन्दी में **भीगता** रूप ही स्वीकृत है। परिनिष्ठित हिन्दी का **क्यों** ब्रजभाषा में **चों** बोला जाता है। ब्रज के प्रभाव से इसका चलन कनौजी में भी है। ब्रजभाषा के उक्त रूपों को देखने से ऐसा लगता है कि संस्कृत में भी अनेक शब्दों की मूल ध्वनि कंठ्य रही होगी और उसका तालव्यीकरण हुआ होगा। संस्कृत क्रिया **भुज्** का प्रयोग हिन्दी में न होगा पर **भोगना** क्रिया चलेगी। **रंज्** क्रिया का व्यवहार नहीं होता, **रँगना** का चलन है। **लोच्** क्रिया **लोचन** में तो है पर तुलसीदास ने **बिलोकत** रूप का व्यवहार किया है, **लोचत** या **बिलोचत** का नहीं। **पच्** क्रिया का हिन्दी प्रतिरूप **पकाना** है, पचना-पचाना क्रियाएँ भिन्न अर्थ में प्रयुक्त होती हैं। ऐसा लगता है कि संस्कृत की अपेक्षा हिन्दी **च् ज्** और **क् ग्** वाले वैकल्पिक क्रिया रूप सामने होने पर कंठ्य ध्वनियों वाले रूपों को ज़्यादा पसन्द करती है। संस्कृत के निर्माण में विभिन्न जनपदीय भाषा तत्त्वों के सन्तुलन और समन्वय का प्रयत्न स्पष्ट है, यह कार्य चाहे जान-बूझकर किया गया हो, चाहे अपने आप हुआ हो।

यह आवश्यक नहीं है कि हर स्थिति में मूल ध्वनि कंठ्य ही हो। अनेक शब्दों में तालव्य ध्वनि को कंठ्य में बदला गया है। **पत्** क्रिया से पक्षी रूप **त्→च्→क्** विकासक्रम से सम्भव होता है। पर भारत के उत्तर-पश्चिमी प्रदेश में ऐसा केन्द्र अवश्य था जो कंठ्य ध्वनियों को तालव्य रूप देता था। संस्कृत में क्रिया तालव्य ध्वनि वाली है तो संज्ञा रूप बहुधा कंठ्य ध्वनि वाला होता है। रूसी भाषा में इसके विपरीत कहीं-कहीं क्रिया अथवा मूल शब्द में कंठ्य ध्वनि होती है और उसके आधार पर बने हुए शब्द में तालव्य ध्वनि होती है, यथा **रुक्** (हाथ), **रुचूका** (हत्था, हैन्डिल), **रुचूनोइ** (हाथ से सम्बन्धित), **दोल्ग्** (ऋण), **दोल्झेन्** (आभारी), **वेक्** (युग), **वेचूनुइ** (शाश्वत)। कभी-कभी एक ही क्रिया के दो रूप होते हैं यथा **बेगात् बेझात्** (दौड़ना)। यहाँ लैटिन और इटालियन भाषाओं का भेद भी उल्लेखनीय है। लैटिन में **च् ज्** ध्वनियों का अभाव है। इटालियन भाषा तालव्य स्वरों के परिवेश में लैटिन शब्दों के **क् ग्** को **च् ज्** में बदलती है। लैटिन का प्रसिद्ध **केन्तुम्** (सौ) इटालियन में **चेन्तो** है; लैटिन **गेनितोर** (जनक जननी) इटालियन में **जेनितोरे** है। यहाँ **क्यों** और **चों, भीजत** और **भीगत** को याद करें तो विदित होगा कि ब्रजभाषा से मिलती-जुलती प्रवृत्ति इटालियन में है। इन दोनों भाषाओं में ओकारान्त शब्द भी

काफी हैं, इसलिए तालव्यीकरण की प्रवृत्ति का एक सामान्य उद्‌गम हो सकता है। कुरुक्षेत्र और मध्यदेश की प्राचीन भाषाओं की मुख्य प्रवृत्ति कंठ्य ध्वनियों का व्यवहार करने की थी जब **त्**, द्, क्रमशः **च्**, **ज्** में बदलते हैं, तब **क्**, **ग्**, भी क्रमशः **च्**, **ज्** में बदलते हैं। तालव्यीकरण का प्रभाव **क्-ग्** तथा **त्-द्**, दोनों ध्वनियों के केन्द्रों पर पड़ता है।

विभिन्न व्यंजनों का संयोग संस्कृत ध्वनितंत्र की विशेषता है जैसे **वक्ता**, **दग्ध**, **क्रुद्ध** आदि रूपों में भिन्न व्यंजन संयुक्त हैं। इन रूपों में कहीं तो दो व्यंजन भिन्न वर्गों के हैं जैसे **वक्ता** में **क्** और **त्**, और कहीं एक वर्ग के हैं जैसे **दग्ध** में। संस्कृत में ऐसे शब्द काफी हैं जिनमें किसी स्पर्श व्यंजन के साथ अन्तस्थ ध्वनि का संयोग होता है जैसे **क्रम**। इन्हीं के साथ ऐसे रूप हैं जिनमें दो अन्तस्थ ध्वनियों का संयोग होता है यथा **श्री**। संस्कृत धातुओं पर दृष्टिपात किया जाए तो एक तथ्य यह स्पष्ट होता है कि इनमें दो स्पर्श व्यंजनों का संयोग बहुत कम होता है। जैसे एक क्रिया है **उब्ज्** (बलपूर्वक कोई कार्य करना)। इसमें **ब्** और **ज्** दोनों स्पर्श ध्वनियाँ हैं। इसे अपवाद मानना चाहिए। अधिकतर क्रियाएँ ऐसी हैं जिनमें कोई व्यंजन किसी अन्तस्थ ध्वनि से संयुक्त होता है जैसे **भ्राज्** (चमकना)। कुछ क्रियाएँ ऐसी हैं जिनमें नासिक्य ध्वनि के साथ **ऋ** स्वर संयुक्त होता है जैसे **मृज्** (पोंछना)। यहाँ अन्तस्थ व्यंजन **र्** की छाया मात्र है। **व्रज्** (आगे बढ़ना) में दो अन्तस्थ व्यंजन संयुक्त हुए हैं। **कुट्ट्** (कूटना) जैसा रूप अपवाद है जहाँ एक ही वर्ग के दो व्यंजन संयुक्त हैं। बहुधा एक स्वर और व्यंजन के बीच में अन्तस्थ ध्वनि का व्यवहार होता है यथा **गर्ज्** (गरजना), **तर्ज्** (धमकाना)। नासिक्य ध्वनियाँ पूर्ण स्पर्श व्यंजन नहीं होतीं, वे अन्तस्थ ध्वनियों के समान हैं। इसलिए **म्रुच्**, **म्लुच्** जैसे रूपों में दो ऐसे व्यंजन संयुक्त हुए हैं जो पूर्ण स्पर्श नहीं हैं। संस्कृत का मूल ध्वनितंत्र धातुओं में व्यंजनों के संयोग की उक्त विशेषताओं को ध्यान में रखने से समझ में आता है। इन धातुओं के आधार पर बने हुए शब्दों में दो स्पर्श व्यंजनों का संयोग साधारण बात है किन्तु धातुओं में वैसा संयोग अपवाद-रूप में होता है। धातुओं में एक स्पर्श व्यंजन के साथ या तो अन्तस्थ ध्वनि जुड़ेगी या नासिक्य; दो पूर्ण स्पर्श ध्वनियाँ कम ही संयुक्त होती हैं। इसके अलावा संस्कृत की बहुत-सी धातुएँ, हिन्दी धातुओं के समान, संयुक्त व्यंजनों के बिना रची गई हैं। **विद्** (देखना), **लिख्** (लिखना, खरोंचना), **शक्** (योग्य होना), **पश्** (देखना), **याच्** (माँगना), **पूज्** (पूजना), **यज्** (यज्ञ करना), **युज्** (मिलाना), **भाष्** (बोलना), **पत्** (उड़ना), **अद्** (खाना), **गद्** (कहना), **दा** या **दद्** (देना), **वद्** (बोलना), **पठ्** (पढ़ना), **बुध्** (जानना) आदि संस्कृत के मूल शब्द-भंडार के **वन**, **नदी**, **धरा**, **नभ**, **जन**, **गण**, **धन**, **नर**, **पुरुष** आदि के समान संयुक्त व्यंजनों से मुक्त हैं। इनकी संरचना से जिस ध्वनितंत्र का परिचय मिलता है, वह हिन्दी तथा अन्य आधुनिक आर्य भाषाओं की ध्वनि-प्रकृति से मिलता-जुलता है।

वर्ण-संकोच

संस्कृत के अनेक शब्द-रूपों में वर्ण-संकोच के कारण संयुक्त व्यंजन दिखाई देते हैं किन्तु उनका पूर्व रूप ऐसा नहीं था। संस्कृत में एक क्रिया है **पुर्** जिसका अर्थ है आगे जाना। इससे सम्बद्ध शब्द **पुरस्** का अर्थ है आगे। **पुरा** अर्थात् पहले समय में; इसी से **पुराण, पुरातन** आदि शब्द बने हैं। **पुर** शब्द संज्ञा, क्रिया और क्रिया-विशेषण, तीनों तरह के अर्थ देता है। इस **पुर** का लैटिन रूप है **पोरों** (आगे, पूर्वकाल में)। लैटिन में ही इसके प्रतिरूप हैं **प्रो, प्रए**। दोनों का अर्थ वही है—आगे। वर्ण-संकोच के परिणामस्वरूप संयुक्त व्यंजनों वाले, और उससे पहले के अलग व्यंजनों वाले, दोनों रूप लैटिन में हैं। इसी प्रकार संस्कृत में **पुर** आदि के साथ **प्र** वाला रूप है। **प्रकृति** में यह **प्र** पूर्वकाल का अर्थ देता है। जिसकी रचना पहले हुई वह **प्रकृति** है। **प्र** से **पुर** का विकास मानने का कोई कारण नहीं है। **पुर** से **प्र** का विकास, वर्ण-संकोच के कारण, स्वाभाविक है। **पुर** जैसे स्वतंत्र शब्द, वर्ण-संकोच की प्रक्रिया के बाद, उपसर्ग मात्र रह गए। ध्वनि-तंत्र के विचार से **प्र** का पूर्व रूप **पुर** हिन्दी की ध्वनि प्रकृति के अनुकूल है। एक दूसरा **प्र** पूर्णता का अर्थ देता है। इसका सम्बन्ध **पृ** क्रिया से है जो स्वयं **पूर्** का रूपान्तर है।

समाहार

संस्कृत और आधुनिक आर्यभाषाओं के ध्वनितंत्रों को लेकर बहुत-सी बातें कही जा सकती हैं। इन पर यथाप्रसंग आगे विचार किया जाएगा। यहाँ जो कुछ कहा गया है, उससे इतना स्पष्ट हो जाता है कि संस्कृत और हिन्दी के कुछ वाक्यों को मिलाकर पढ़ने से इनके ध्वनितंत्रों में जितना मौलिक भेद ऊपर से दिखाई देता है, ऐतिहासिक विकास की दृष्टि से वह उतना मौलिक है नहीं। संस्कृत की धातुओं और शब्द-मूलों की संरचना पर विचार करने से विदित होता है कि इस संरचना का आधारभूत ध्वनितंत्र हिन्दी के ध्वनितंत्र से—विशेषतः ब्रज, अवधी आदि जनपदीय भाषाओं के ध्वनितंत्र से—मिलता-जुलता है। संस्कृत अपने मूल मध्यदेशीय रूप में स्-त् न्-र् ध्वनियोंवाली भाषा है, इन ध्वनियों के तालव्यीकरण और मूर्धन्यीकरण की प्रक्रिया बाद में घटित हुई है, इस प्रक्रिया से संस्कृत के मूल ध्वनितंत्र में भारी परिवर्तन हुआ किन्तु यह परिवर्तन धातुओं और मूल शब्द-भंडार को बहुत कम स्पर्श कर सका। वर्ण-संकोच के कारण बहुत से शब्दों में जो दो व्यंजनों का संयोग दिखाई देता है, वह पहले नहीं था। समवर्गीय व्यंजनों का संयोग हिन्दी की ध्वनि-प्रकृति के विपरीत नहीं है।

सघोष महाप्राण **घ्, ध्, भ्** ध्वनियों के स्वतंत्र केन्द्र थे, इसी प्रकार **च्, ज्** आदि तालव्य ध्वनियों के **ट्, ड्** आदि मूर्धन्य ध्वनियों के स्वतंत्र केन्द्र थे। इन केन्द्रों को आर्य भाषा केन्द्र कहना उचित है। इन विभिन्न केन्द्रों के घनिष्ठ और सुदीर्घ सम्पर्क के फलस्वरूप संस्कृत के ध्वनितंत्र का निर्माण हुआ। मध्यदेशीय आर्य भाषा अपने मूल रूप में तालव्य और मूर्धन्य ध्वनिकेन्द्रों के प्रभाव से मुक्त थी। बाँगरू, ब्रज, अवधी आदि

जनपदीय भाषाओं के ध्वनितंत्रों के विवेचन से जो तथ्य सामने आते हैं, उनकी पुष्टि स्वयं संस्कृत के ध्वनितंत्र के विकास-विश्लेषण से होती है। इस विकास-विश्लेषण की पद्धति यह है कि संस्कृत शब्द भंडार के मूल तत्त्वों को हम एक ओर रखें, इन तत्त्वों के आधार पर बने हुए शब्द रूपों को दूसरी ओर रखें; फिर दोनों की तुलना करके मूल और गौण का भेद पहचानें, भाषा की मूल ध्वनिप्रकृति और बाद की अर्जित ध्वनिप्रकृति का भेद जानें। यह मूल ध्वनिप्रकृति हिन्दी तथा जनपदीय भाषाओं की प्रकृति के अनुकूल है। यह निष्कर्ष प्राकृत-अपभ्रंश के साथ हिन्दी का सम्बन्ध जोड़ने से, हिन्दी को उनके विकास क्रम की एक कड़ी मानने से नहीं निकलता; यह निष्कर्ष संस्कृत के मूल रूप को पहचानने से निकलता है।

बोलचाल के स्तर पर हिन्दी, तथा ब्रज से लेकर मैथिली तक की जनपदीय भाषाओं का सम्बन्ध संस्कृत से उतना नहीं है जितना उसके मध्यदेशीय प्राचीन रूप से है। इस प्राचीन रूप की विशेषताएँ पहचानकर ही हिन्दी तथा अन्य आधुनिक आर्य भाषाओं के 'उद्‌भव और विकास' का वैज्ञानिक विवेचन किया जा सकता है।

4

हिन्दी शब्दतंत्र

1. प्रस्तावना

आधुनिक आर्य भाषाओं के शब्दतंत्र पर विचार करते हुए अनेक समस्याएँ हमारे सामने आती हैं। संस्कृत भाषा एक विकासमान प्रक्रिया का परिणाम है। इस परिणाम से पहले भाषा की जो स्थिति थी, क्या उसकी झलक आधुनिक आर्य भाषाओं के शब्दतंत्र में कहीं मिलती है ? संस्कृत के जो शब्द अपना ध्वनिरूप बदलकर आधुनिक आर्य भाषाओं में प्रयुक्त होते हैं, उन्हें तद्भव कहा जाता है। यदि संस्कृत के अनेक शब्द अपने पूर्वरूपों का विकास हैं, तो उन पूर्वरूपों को देखते हुए 'संस्कृत' रूप भी तद्भव हुए। तब हिन्दी आदि भाषाओं के तद्भवों को क्या कहा जाए, तद्भवों के तद्भव ? तद्भवीकरण की प्रक्रियाएँ क्या हैं, क्या इनका सम्बन्ध प्राचीन गणभाषाओं या जनपदीय भाषाओं की ध्वनि-प्रकृति से जोड़ा जा सकता है ? तद्भवीकरण की इस प्रक्रिया में पालि, प्राकृत, अपभ्रंश की भूमिका क्या है ? क्या जैसा तद्भवीकरण प्राकृतों में है, वैसा यूरुप की नवीन और प्राचीन भाषाओं में भी है ? ध्वनि-परिवर्तन से जो तद्भव रूप बनते हैं, उनका सम्बन्ध क्या नाग, द्रविड़, कोल आदि आर्येतर भाषा परिवारों से भी है ? शब्द-निर्माण प्रक्रिया की विशेषताएँ कौन-सी हैं ? और ये देशज शब्द किस कोटि के हैं ? ये न तद्भव हैं न तत्सम, इन्हें आर्य भाषा परिवार की शब्द सम्पदा माना जाए या नहीं ? इन समस्याओं के निराकरण पर यह निर्भर है कि हम इन भाषाओं का ऐतिहासिक विकास किस प्रकार प्रस्तुत करते हैं और उनकी भावी विकास की दिशा किस प्रकार निर्धारित करते हैं।

2. हिन्दी शब्द-रूपों की प्राचीनता

पालि के शब्द

पालि और प्राकृतों में कुछ शब्द ऐसे हैं जो उनका वह पूर्व रूप प्रस्तुत करते हैं जो संस्कृत में नहीं है, इस बात की ओर विद्वानों का ध्यान गया है। पालि में **गरु** शब्द है और

जनपदीय भाषाओं में अब भी **गरू** बोला जाता है किन्तु संस्कृत में **गुरु** शब्द है। **गाइगर** ने पालि भाषा और साहित्य पर अपनी प्रसिद्ध पुस्तक में लिखा है : "अनेक शब्दों में पालि की स्वर-संरचना संस्कृत से अधिक प्राचीन है।" (**पालि लिटरेचर एंड लैंग्वेज;** अनुवादक, बटेकृष्ण घोष; कलकत्ता, 1956, पृष्ठ 80)। इस प्रकार **गरु** शब्द **गुरु** से प्राचीनतर रूप माना गया है। पालि में और अशोक के शिलालेखों में स्थानवाचक **इध** शब्द मिलता है। संस्कृत में इसका तद्भव रूप **इह** है। **इह** से **इध** का विकास सम्भव नहीं है किन्तु **इध** से **इत्थ, इत, इह** आदि रूपों का विकास सहज है। हिन्दी का **इधर** सीधे प्राचीन **इध** से सम्बन्धित है, वह **इह** का तद्भव रूप नहीं है। पूर्वी क्षेत्र में **इहर** बोला जाता है जो **इधर** का तद्भव रूप है, अर्थात् तद्भव रूप केवल संस्कृत के आधार पर नहीं बनते, वे किसी एक आधुनिक आर्य भाषा के शब्द रूपों के आधार पर भी बनते हैं। अशोक के शिलालेखों में **इध** का प्रतिरूप **हिद** भी है। यह अंग्रेज़ी के **हिदर** (यहाँ) की याद दिलाता है। जैसे **इध** से **इधर** बना, वैसे ही **हिद** से **हिदर** रूप बना। **हिद** शब्द मूल रूप **सिध** की ओर संकेत करता है; **सि** निकटवर्ती वस्तु का सूचक सर्वनाम है, **ध** वस्तु या स्थान का बोध कराता है। इस प्रकार **सिध** मूल रूप के दो तद्भव हुए **इध** और **हिद**। **इह** रूप **इध** से बना यानी तद्भव का तद्भव है। अशोक के शिलालेखों में **हेदिश, हेडिस** शब्द है जो संस्कृत के ईदृश् का प्रतिरूप है। **हेडिस, हेदिश** का मूलरूप होगा **सेदृश**। **से** सर्वनाम है, **दृश्** का तद्भव रूप **दिश, डिस** है। इस प्रकार प्राकृत रूप आधा तो संस्कृत के आधार पर बना और आधा संस्कृत से भी पहले के मूल रूप के आधार पर। अशोक के शिलालेखों में **अतः अत्र** के प्रतिरूप **हेता, हेत से** सर्वनाम जोड़कर बनाए गए हैं।

प्राकृत के शब्द

संस्कृत **अहो** का प्राकृत रूप **अघो** है; यहाँ प्राकृत रूप ही मूल रूप है। संस्कृत **क्षिप्त** का प्राकृत रूप **घित्त** है। मूल रूप था **घिप्त; संस्कृत में घ्** का रूपान्तर **क्ष्** है। संस्कृत **हस्त,** फ़ारसी **दस्त** का मूल रूप **धस्त** था। हाथ से देने, करने आदि क्रियाओं का गहरा सम्बन्ध है। **द्** ध्वनि वाले शब्द रूप तो संस्कृत में हैं पर **ध्** वाले नहीं हैं। हिन्दी **धन्धा** मूल ध्वनि **ध्** वाली क्रिया से बना है। **धस्** के रूपान्तर **दस्** से संस्कृत **दक्ष** और **दक्षिण** बने; हाथ से काम करने में जो कुशल हो, वह **दक्ष,** जो हाथ कौशल के लिए अधिक प्रयुक्त हो वह **दक्षिण**। **द्** के अल्पप्राण रूप से कारीगर के लिए **तक्षन्** शब्द बना। इस प्रकार **ध्** के **ह्, द्, त्** तीनों रूपान्तर संस्कृत में हैं; अंग्रेज़ी के हैंड (हाथ) और डू (करना) में **ह्** और **द्** वाले रूपान्तर हैं, ग्रीक **तेख्ने** (कौशल) में **त्** वाला रूपान्तर है किन्तु **ध्** वाला मूल रूप हिन्दी का **धन्धा** शब्द छोड़कर और कहीं नहीं है। अंग्रेज़ी में **डीड** और रूसी में **ग्येलो** का वही अर्थ है जो **धन्धा** का है। जो किया जाए वह कार्य है, **धन्धा** है। हिन्दी शब्द **धन्धा** की व्याख्या संस्कृत को इंडोयूरोपियन परिवार की शाखा मानकर

या हिन्दी को संस्कृत की पुत्री मानकर नहीं की जा सकती।

घूँट शब्द **घु** जैसी क्रिया से बना है जिसका अर्थ होगा पीना। फ़ारसी में **गुसार** पीने वाले को कहते हैं। यहाँ **घु** क्रिया की महाप्राणता का लोप हुआ है। क्रिया के मूल रूप की सघोष महाप्राण ध्वनि हिन्दी में है। हिन्दी शब्द **भूरा** पहले **भुर** या **भुरु** था। प्रथम वर्ण की आवृत्ति से **भभरु** रूप बनेगा। वर्ण संकोच से **भभ्रु,** फिर आदि स्थानीय **भ्** को अल्पप्राण बनाकर संस्कृत का **बभ्रु** रूप निश्चित हुआ। संस्कृत **बभ्रु** के आधार पर हिन्दी **भूरा** का विकास दिखाना संभव नहीं है। **बभ्रु** रूप में प्रथम वर्ण की आवृत्ति हुई है, यह अंग्रेज़ी के **ब्राउन्** रूप से भी ज्ञात होता है जिसमें आदि वर्ण की आवृत्ति नहीं है। इस प्रकार हिन्दी में अनेक शब्द हैं जो प्राचीन मध्यदेशीय भाषा के मूल रूपों से सीधे जुड़े हैं।

आधुनिक आर्य भाषाओं के शब्द

हिन्दी तथा आधुनिक आर्य भाषाओं में अनेक ऐसे शब्द हैं जिनके प्रतिरूप यूरुप और मध्य एशिया की प्राचीन और नवीन भाषाओं में मिलते हैं। प्रायः देखा जाता है कि ऐसे शब्दों के प्रतिरूप संस्कृत में नहीं हैं। तुलसीदास **अकनि** क्रिया का प्रयोग करते हैं। अन्य आधुनिक आर्य भाषाओं में भी सुनने का अर्थ देनेवाली इस क्रिया का व्यवहार होता है। ग्रीक भाषा में एक क्रिया है **अकोउओ** जिसका अर्थ है सुनना। **अकनि** और **अकोउओ** परस्पर सम्बद्ध हैं यद्यपि संस्कृत में **अक्** जैसी क्रिया नहीं है। माना जाता है कि आर्यों के भारत में आने से पहले ग्रीक शाखा आदि इंडोयूरोपियन भाषा से अलग हो गई थी। **अकोउओ** प्राचीन ग्रीक शब्द है, आधुनिक ग्रीक नहीं। इस तरह के शब्दों के साम्य से सिद्ध होता है कि इंडोयूरोपियन परिवार की भाषाओं का विकास समझने के लिए उनका तुलनात्मक अध्ययन केवल संस्कृत से नहीं, आधुनिक आर्यभाषाओं से भी करना चाहिए। अनेक ग्रीक शब्द आर्य भाषाओं में भी नहीं मिलते किन्तु आर्येतर भारतीय भाषाओं में मिलते हैं, इसलिए ऐसे अध्ययन में समस्त भारतीय भाषायी परिवेश को ध्यान में रखना उचित है। ग्रीक भाषा में एक शब्द है **नरोस्** (प्रवहमान)। कन्नड़ में स्नायु के लिए **नर, नखु** शब्द है। अनुनासिक ध्वनि जोड़कर तमिल में **नरम्बु** रूप बना। पर्जि में **नँरुव** अनुनासिक हीन रूप है और कोत भाषा का **नर्ब्** रूप अंग्रेज़ी के **नर्व** से बिलकुल मिलता-जुलता है। कुडुख **नरी** शब्द संस्कृत **नाड़ी** का प्रतिरूप है और मल्तो में **नरु** शिराओं का अर्थ देता है। स्पष्ट ही ये सारे शब्द ग्रीक **नरोस्** से जुड़े हुए हैं। हिन्दी **नाली** अवधी रूप में **नारी** या **नरिया,** पुंल्लिंग रूप **नरवा,** ब्रजभाषा का **नार** या **नारो** इसी शृंखला में आते हैं। स्नायुओं, शिराओं में रक्त प्रवाहित है, इसलिए उनका ऐसा नामकरण हुआ। जहाँ पानी बहता है, उसके लिए भी वैसे ही शब्द का प्रयोग हुआ। क्या **नदी** और **नरी** शब्द परस्पर संबद्ध हैं ? **नद्** से **नदी। नद्** का अर्थ शब्द करना है जिससे **नाद** शब्द बनता है किन्तु एक अन्य क्रिया **नद्** भी थी जिसका अर्थ था बहना। इसी के परिवर्तित रूप **नर्** से ग्रीक, द्रविड़ और हिन्दी जनपदीय भाषाओं के शब्द बने। **नारी, नरी, नाड़ी** आदि शब्द उस प्राचीन काल

की ओर संकेत करते हैं जब भारतीय आर्य, ग्रीक और द्रविड़ परस्पर सम्पर्क से भाषातत्त्वों का आदान-प्रदान कर रहे थे। इस तुलनात्मक अध्ययन से **नदी** शब्द की व्युत्पत्ति का ज्ञान होता है, **नदी** और **नाड़ी** के परस्पर सम्बन्ध का पता चलता है। अवधी में एक शब्द है **नधाव। नधाव** उस स्थान को कहते हैं जहाँ किसी ताल से नाली खोदकर पानी इकट्ठा करते हैं, फिर बेड़ी से उसे खेत में उलीचते हैं। दो बहुत बड़े सूपों को जोड़ दिया जाए तो उससे बेड़ी जैसी चीज़ बनेगी। दोनों तरफ रस्सी बाँध देते हैं, नधाव से पानी भरकर दोनों तरफ खड़े हुए आदमी उसे खींचते हैं और खेत की नाली में पानी बहा देते हैं। नधाव वह स्थान नहीं है जिसमें पानी बहता है, उसमें पानी बहकर आता है और फिर उससे बहाया जाता है। प्रवहमानता से उसका सम्बन्ध है यद्यपि नदी के समान सीधा सम्बन्ध नहीं है। सम्भव है मूल क्रिया **नध्** रही हो जिसका अर्थ था बहना। इसका एक रूपान्तर **नद्** हुआ जिससे **नद, नदी** शब्द बने, दूसरा रूपान्तर **नह्** हुआ जिससे अरबी का शब्द **नहर** बना। **नदी** और **नहर** आपस में सम्बन्धित हैं, इसका ज्ञान अवधी शब्द **नधाव** में स्थित **नध्** क्रिया से होता है।

हेमचन्द्र ने उन देशी शब्दों की सूची बनाई जिनके संस्कृत मूल रूप वह खोज न पाए थे। ऐसे शब्दों में एक है **उब्भम्।** इसका अर्थ वही है जो संस्कृत **ऊर्ध्वम्** का है। **उब्भम्** रूप **ऊर्भ्वम्** जैसे मूल शब्द से बना है। **ऊर्ध्वम्** का प्रतिरूप **ऊर्भ्वम्** उस समय रहा होगा जब **ध्** और **भ्** सघोष महाप्राण ध्वनियाँ स्वच्छन्द संचरण की अवस्था में थीं। जिस केन्द्र में **भ्** ध्वनि का विकास हुआ, उसकी भाषा में **ऊर्भ्वम्** रूप था और जिस केन्द्र में **ध्** ध्वनि का विकास हुआ उसमें **ऊर्ध्वम्** बोलते थे। देशी नाममाला में नींद आने के लिए **उंघ** शब्द है। हिन्दी **ऊँघना** इसी **उंघ** की सन्तान है। यह उन शब्दों में है जिनका व्यवहार संस्कृत में नहीं हुआ और इसलिए जो देशज कहलाए। देशी नाममाला में कहने, बोलने के लिए **चव** क्रिया दी हुई है। इससे **चवाव** शब्द बना। देशी नाममाला के शब्द तेरहवीं सदी में एकत्र किए गए थे। ये तो देशज थे, जो तद्भव कहलाते हैं, वे भी काफी पुराने हैं। अशोक के शिलालेखों में **होति, होतु** क्रिया रूप आए हैं। हिन्दी जनपदों की **हो** क्रिया सम्राट् अशोक के समय में प्रयुक्त होती थी। इसी प्रकार अशोक के शिलालेखों के **देखति** रूप में हिन्दी की **देख** क्रिया विद्यमान है। संस्कृत **न्यग्रोध** का तद्भव रूप **निगोह** अशोक के शिलालेखों में है। इस शब्द का अब व्यवहार कम होता है किन्तु लखनऊ जिले में **निगोहां** नामक स्थान उस समय की याद दिलाता है जब अवध के गाँवों में तद्भव रूप **निगोह** का चलन था। **बंभन, सेठ** जैसे तद्भव रूप अब भी प्रयुक्त होते हैं, और ये अशोक के शिलालेखों में हैं, अतः कम से कम दो हज़ार साल पुराने हैं।

पालि-प्राकृत का सम्बन्ध आधुनिक आर्य भाषाओं से है

पालि में उत्तम पुरुष सर्वनाम का कर्ता कारक बहुवचन रूप **मयम्** है। जो लोग हिन्दी **मैं** को संस्कृत **मया** से उत्पन्न करते हैं, वे पालि रूप **मयम्** पर विचार करें। यहाँ शब्द

मूल **मय** है जो **मघ→मह** का रूपान्तर है। इस **मय** का कारण कारक में एकवचन रूप संस्कृत **मया** होगा। वही मूल **मय** पालि **मयम्** में है। **मया** से **मयम्** रूप नहीं बना, **मय** से **मया** बना है। उसी प्राचीन **मय** का रूपान्तर हिन्दी **मैं** है।

पालि में बहुत से शब्द ऐसे हैं जो हिन्दी तथा अन्य आधुनिक आर्य भाषाओं में ज्यों के त्यों प्रयुक्त होते हैं। **मोर** शब्द पालि में है और भरतमुनि के नाट्यशास्त्र में आया है। **तेरस, नहान** (स्नान), **साहु, डाह, सत्तरि, झाम** (जला हुआ) ऐसे ही प्राचीन शब्द हैं। मानक भाषाओं में तत्सम या अर्धतत्सम रूपों का चलन अधिक होता है। जनपदीय भाषाओं में पालि के **तइस** (तैसा), **पहिल** (पहला) जैसे रूप अब भी प्रयुक्त होते हैं। **कित्तक, एत्तक** जैसे पालि शब्द, **कित्ता, इत्ता** आदि रूपों में अब भी बोले जाते हैं। पालि में बरसात के लिए **पावुस** शब्द मराठी में ऐसा ही प्रयुक्त होता है। समास-रचना में प्रथम शब्द का अन्तिम ह्रस्व स्वर दीर्घ कर दिया जाता है। इस तरह **सखि+भाव=सखीभाव** शब्द बना। इसी प्रवृत्ति के कारण **विश्व** और **मित्र** का समास रूप **विश्वामित्र** हुआ। प्राकृत का **अन्धयार** रूप अवधी **अँध्यार**, हिन्दी **अँधेरा** से सम्बद्ध है। **तइस** और **पहिल** जैसे रूप भी अवधी में बोले जाते हैं। पालि और प्राकृत में बोलचाल की भाषाओं के अनेक भाषातत्त्व समाहित हैं यद्यपि वे बोलचाल की भाषाएँ नहीं थीं। पालि में शब्दों के ओकारान्त रूप ब्रज, राजस्थान आदि पश्चिमी क्षेत्र से उसके सम्बन्ध की ओर संकेत करते हैं। प्राकृतों में इससे भिन्न प्रवृत्ति है। इसके सिवा, पालि से भिन्न, प्राकृतों में णकार की भरमार है। ऐसा लगता है कि प्राकृतों में पंजाब और हरियाणा की बोलियों की नकल की गई है। यद्यपि पालि और प्राकृत बोलचाल की भाषाएँ नहीं थीं, फिर भी उनमें समकालीन भाषाओं के बहुत से तत्त्व आ गए हैं। इनमें वे अनेक तद्भव रूप हैं जो आधुनिक भाषाओं में अब भी प्रयुक्त होते हैं। इनके सिवा अनेक शब्द ऐसे हैं जो संस्कृत में प्रयुक्त नहीं हुए किन्तु पालि और प्राकृतों में हैं और आधुनिक भाषाओं में भी हैं। इनसे ज्ञात होता है कि इन आधुनिक भाषाओं के शब्द रूप कितने पुराने हैं। इसका यह अर्थ नहीं है कि आधुनिक भाषाएँ अपने वर्तमान रूप में बहुत पहले गठित हो गई थीं; इससे केवल इतना सिद्ध होता है कि आधुनिक आर्य भाषाओं का गठन जिन उपकरणों से हुआ है, वे काफी पुराने हैं।

ध्वनि परिवर्तन और अर्थ परिवर्तन

तद्भवीकरण की प्रक्रिया में अधिकतर ध्वनि परिवर्तन की ओर ध्यान दिया जाता है। यह उस प्रक्रिया का एक पक्ष है। दूसरा पक्ष अर्थ से सम्बन्धित है। हिन्दी में ऐसे अनेक शब्द हैं जिनमें ध्वनि परिवर्तन के साथ अर्थ परिवर्तन भी हुआ है। अर्थ परिवर्तन की प्रक्रिया के उदाहरण संस्कृत में भी हैं। **स्तम्भित** और **स्तम्भ** दोनों रूप **स्तम्भ्** क्रिया से बने हैं। **स्तम्भ** खम्भे के लिए प्रयुक्त होता है; वैसे जो चीज़ भी खड़ी हो, वह **स्तम्भ** है। **स्तम्भित** में चकित रह जाने का भाव है, खम्भे से उसका कोई सम्बन्ध नहीं है। **स्तम्भ्**

का नासिक्य ध्वनिहीन रूप **स्तभ्** है। इससे **स्तब्ध** शब्द बना जिसमें चकित, निःशब्द होने का भाव है। किसी समय **स्तब्ध** के समानान्तर **स्तन्ध** शब्द का भी चलन था। **स्तब्ध** के समान **स्तन्ध** का मूल अर्थ था खड़ा हुआ। अंग्रेज़ी **स्टैंड** में खड़े होनेवाला अर्थ बना हुआ है। किन्तु प्राचीन आर्य भाषाओं में **स्तन्ध** का अर्थ-विकास हुआ, जैसे **स्तब्ध** में निःशब्दता का भाव जुड़ा, वैसे ही **स्तन्ध** में शीत का, जड़ता का भाव जुड़ गया। आदमी चकित हो जाए, किसी भाव से अभिभूत हो जाए, तो उससे बोला न जाएगा, वह जहाँ का तहाँ खड़ा रह जाएगा। ज़्यादा सर्दी में ठिठुरने लगा, तो भी जहाँ का तहाँ खड़ा रह जाएगा। एक प्रकार की स्थिरता या जड़ता से इन तीनों भावों का सम्बन्ध है, इसलिए एक ही अर्थ देने वाली एक ही मूल क्रिया से इन तीनों रूपों का विकास हुआ। अब **स्तब्ध, स्तम्भ** और **स्तम्भित** तो संस्कृत में हैं पर **स्तन्ध** नहीं है और शीत का भाव व्यक्त करने वाला उसका कोई रूप इंडोयूरोपियन भाषाओं में नहीं है। हिन्दी शब्द **ठंढ** इसी **स्तन्ध** का तद्भव रूप है। केवल ध्वनि परिवर्तन नहीं हुआ, **स्तन्ध** शब्द का खड़े होनेवाला मूल अर्थ भी बदल गया। **स्तन्ध** शब्द भारत में प्रचलित ही नहीं था वरन् शीत का भाव अर्जित कर चुका था, इसका प्रमाण तमिल भाषा का तन्नीर शब्द है। **तन्नीर** अर्थात् ठंढा पानी; बोलचाल में हर तरह के पानी को **तन्नी** कहने लगे हैं, वैसे **नीर** शब्द स्वतंत्र रूप में भी तमिल में प्रचलित है। **तन्नीर** का **तन् स्तन्ध** का अवशेष है। मूर्धन्यीकरण प्रवृत्ति का प्रभाव पड़ने से पहले **स्तन्ध** और **नीर** ने मिलकर तमिल **तन्नीर** को जन्म दिया। मूर्धन्य ध्वनियों वाला **ठंढ** रूप बाद को बना और वैसे ही बना जैसे **ठाढ़**।

3. तद्भवीकरण की प्रक्रिया

संस्कृत-प्राकृत-अपभ्रंश की मंज़िलें

तद्भवीकरण की प्रक्रिया का अध्ययन करते हुए भाषाविज्ञानी संस्कृत, प्राकृत, अपभ्रंश की मंज़िलें पार करते हुए आधुनिक भाषाओं तक आते हैं। जिस तरह के ध्वनि परिवर्तन प्राकृतों में मिलते हैं, वे तद्भवों की विशेषता माने जाते हैं। जिन ध्वनि परिवर्तनों से प्राकृतों के तद्भव रूप बनते हैं, उनका कारण द्रविड़ या कोई अस्पष्ट आर्येतर प्रभाव मान लिया जाता है। जो विशुद्ध इंडोयूरोपियन भाषा थी, वह पहले ही आर्येतर प्रभाव से संस्कृत बनी, अपनी पूर्व शुद्धता उसने खो दी, और जब अधिक आर्य-अनार्यरक्त सम्मिश्रण हुआ, तब प्राकृतों का जन्म हुआ और भाषा में तद्भव ही तद्भव रह गए। पुनः प्राकृत के काफी तद्भव रूप गायब हो गए और आधुनिक आर्य भाषाओं में तत्समों को प्रतिष्ठा मिली। इस बात पर ज़ोर देना आवश्यक है कि प्राकृतों में जिस तरह के ध्वनि परिवर्तन दिखाई देते हैं, वे प्राकृतों के लिए अनोखे नहीं हैं, वे केवल भारतीय भाषाओं में नहीं होते, वैसे अधिकांश परिवर्तन इंडोयूरोपियन परिवार की भाषाओं में अन्यत्र भी होते हैं। प्राकृतों की कृत्रिमता इस बात में नहीं है कि वैसे ध्वनि परिवर्तन

भाषाओं में होते नहीं हैं या भारतीय भाषाओं में हुए नहीं हैं। कृत्रिमता इस बात में है कि इन परिवर्तनों को रूढ़िबद्ध किया गया और फिर, साहित्यिक स्तर पर, अन्य बहुत से शब्दों में वैसे ही रूढ़िगत परिवर्तन किए गए। प्राकृतों में जैसा ध्वनि परिवर्तन दिखाई देता है, वैसा परिवर्तन यूरुप की भाषाओं में भी हुआ है, इस बात पर ध्यान देने से तद्‌भवीकरण की प्रक्रिया समझने में सहायता मिलेगी। पिशल ने प्राकृत भाषाओं का जो व्याकरण लिखा है, उसके आधार पर ध्वनि परिवर्तन सम्बन्धी कुछ विशेषताओं का उल्लेख यहाँ किया जाता है।

संस्कृत का ऋ स्वर

संस्कृत में एक **ऋ** स्वर माना गया है। इंडोयूरोपियन भाषाओं के विशेषज्ञ इसे आदि इंडोयूरोपियन भाषा का स्वर भी मानते हैं। ब्रुगमन ने अपने ग्रंथ में इस स्वर का व्यवहार केवल संस्कृत में होते बताया है, अन्य भाषाओं में या तो **अर्, इर्, उर्** जैसे रूपान्तर हैं या केवल **र्** रह गया है। प्राकृतों की एक विशेषता यह बताई गई है कि इनमें **ऋ** स्वर का अभाव है; तो यह विशेषता संस्कृत छोड़कर इंडोयूरोपियन परिवार की अन्य सभी भाषाओं में विद्यमान है। प्राकृतों में संस्कृत का **ऋ** स्वर बदलकर कभी **उ** हो जाता है जैसे संस्कृत **पृथ्वी** प्राकृत **पुहवि** बना। संस्कृत शब्द **वृक** पुरानी जर्मन में **वुल्फ्स्** है, **पितृ** शब्द का सम्प्रदान कारक में बहुवचन रूप **फद्रुम्** था, **ब्रोथ्रुलवो** भी पुरानी जर्मन का शब्द है जिसका अर्थ है भ्रातृ प्रेम। इसमें **ब्रोथ्रु** तो **भ्रातृ** का प्रतिरूप है और **लवो** का सम्बन्ध **लुभ्** क्रिया से है। **ऋ** स्वर उ में बदलता है, केवल प्राकृतों में नहीं, पुरानी जर्मन में भी। उस भाषा के उद्धृत उदाहरण ब्रुगमन के ग्रन्थ से लिये गए हैं।

प्राकृत में **ऋ** स्वर कभी **इ** में बदलता है जैसे **शृगाल** से **सियाल, हृदय** से **हिअअ।** संस्कृत **मृत्यु** का लिथुआनियन प्रतिरूप **मिर्तिस्** है, **कृमि** का प्रतिरूप उसी भाषा में **किर्मिस्** है। यहाँ प्राकृतों के समान **ऋ** स्वर **इ** में परिवर्तित हुआ है। प्राकृतों में संस्कृत **ऋ** के स्थान पर **अ** स्वर का व्यवहार भी होता है यथा **कृत** से **कड, वृषभ** से **वसभ, वसह।** संस्कृत **हृदय** के ग्रीक प्रतिरूप **कर्दिअ, क्रदिअ** हैं; संस्कृत **तृप्यामि** का ग्रीक प्रतिरूप **तर्पोमेथ** है। यहाँ ग्रीक भाषा में स्वर परिवर्तन प्राकृतों के समान हुआ है।

प्राकृतों के अइ, अउ का ए, ओ

कहा गया है कि प्राकृतों में **अइ, अउ** संयुक्त स्वरों के स्थान पर **ए, ओ** का चलन हुआ; इस प्रकार **ऐतिहासिक** का रूपान्तर **एदिहासिअ, कौशिक** का रूपान्तर **कोसिक** हुआ। यूरुप की प्राचीन भाषाओं में ऐसे वैकल्पिक रूप एक ही भाषा में मिलते हैं, यथा लैटिन में : **कउपो–कोपो** (छोटा दूकानदार), **कउदा–कोदा** (पूँछ), **कउदेक्स--कोदेक्स** (पेड़ का तना), **अउरीकुला–ओरीकुला** (कान)। ग्रीक भाषा का **दइमोन्** (देव) अंग्रेज़ी में **डेमन्**

(दैत्य) हो गया है। संयुक्त स्वरों का एक स्वर में बदलना केवल प्राकृतों की विशेषता नहीं है। संस्कृत **कुष्ठ** प्राकृत में **कोढ** हुआ, उ स्वर विवृत होकर **ओ** में परिवर्तित हुआ। लैटिन शब्द **कुर्सुस्** अंग्रेज़ी में **कोर्स** (दौड़, दौड़ने का मार्ग) बना। लैटिन **कूर्** (क्यों) का पुराना रूप **क्वोर्** था। नितम्ब के लिए लैटिन **क्लूनिस्** का ग्रीक प्रतिरूप **क्लोनिस्** है। प्राकृतों में शब्द का अन्तिम स्वर दीर्घ कर दिया जाता है, संस्कृत के विसर्गों का लोप होने पर स्वर की दीर्घता से क्षतिपूर्ति होती है। **अग्निः** से **अग्गी, विष्णुः** से **विण्हू**; इसी प्रकार ग्रीक **पोएसिस्** से अंग्रेज़ी **पोएज़ी** बना। ग्रीक शब्द में विसर्गों के स्थान पर सकार है, अंग्रेजी में उसका लोप हुआ और अन्तिम स्वर दीर्घ हुआ। लैटिन **क्विस्** (कौन) अंग्रेज़ी में **हू** है; उसी प्रकार सकार-लोप के बाद स्वर दीर्घ हुआ है। अंग्रेज़ी **शू** जर्मन **शुह्** का प्रतिरूप है। जर्मन शब्द का अन्तिम व्यंजन विसर्गवत् है। कहते हैं कि ह्रस्वस्वर के साथ अनुनासिक ध्वनि हो तो प्राकृत में इस ध्वनि का लोप हो जाएगा और क्षतिपूर्ति के लिए स्वर दीर्घ होगा। संस्कृत **विंश** प्राकृत में **वीस** बना; माना जा सकता है कि इसी प्रकार संस्कृत **पंथ** का अंग्रेज़ी प्रतिरूप **पाथ** बना। संस्कृत में जहाँ संयुक्त व्यंजन होते हैं, प्राकृत में वहाँ उन्हें अलग कर दिया जाता है और एक अतिरिक्त स्वर जोड़ दिया जाता है। **अग्नि** से प्राकृत **अगणि**; तुलनीय है रूसी रूप **अगोन्**। इसी प्रकार **श्रद्धा** के **श्रद्** का रूसी प्रतिरूप **सेर्द्त्से** (हृदय) है।

प्राकृतों में दो स्वरों के बीच स्पर्श व्यंजन का लोप

प्राकृतों की एक महत्त्वपूर्ण विशेषता यह है कि दो स्वरों के बीच जो स्पर्श व्यंजन आता है, उसका लोप हो जाता है, कभी लुप्त व्यंजन के स्थान पर **य्, व्** श्रुति का आगम होता है और कभी केवल स्वर का व्यवहार होता है। कण्ठ्य ध्वनि **क्** बदलकर **अ** हुई, तब **शुक** ने **सुअ** रूप धारण किया। अंग्रेज़ी शब्द **डेय्** अथवा **डे** (दिन) का जर्मन रूप **डाग** है जो भारतीय **दाघ** का रूपान्तर है। अंग्रेज़ी की क्षमतासूचक क्रिया **मेय्** अथवा **मे** जर्मन **माग्** का रूपान्तर है और जर्मन शब्द भारतीय **मघ** से बना है। जर्मन **फोगेल,** अंग्रेज़ी **फाउल** (पक्षी), जर्मन **आइगॅन्,** अंग्रेज़ी **ओन्** (अपना, निजी), पुरानी अंग्रेज़ी का **लगु,** आधुनिक अंग्रेज़ी का **लाव्** अथवा **लौ** (कानून)। दन्त्य ध्वनियों में ऐसा ही परिवर्तन होता है। संस्कृत **मदन,** प्राकृत **मअण,** फिर हिन्दी **मयन, मैन;** संस्कृत **हृदय,** प्राकृत **हिअअ,** फिर हिन्दी **हिया। पितृ, मातृ, भ्रातृ** के फ्रांसीसी प्रतिरूप **पेयर्, मेयर्, फ्रेयर्** हैं। यहाँ भी दन्त्य स्पर्श ध्वनि के लोप की वही प्रवृत्ति है। संस्कृत **निपुण** का प्राकृत रूप **णिउण,** संस्कृत **रूप** का प्राकृत रूपान्तर **रुअ** ओष्ठ्य ध्वनियों में वैसा ही परिवर्तन दिखलाता है। अंग्रेज़ी **हैव** (रखना) का जर्मन रूप **हाबॅन्** है, **लव** (प्रेम) का जर्मन रूप **लीबन्** है, अंग्रेज़ी **नेव** (बदमाश छोकरा) का जर्मन मूल रूप **क्नाबे** है, **लीव** (छोड़ना) का पुरानी जर्मन में **लाइबॅन्** रूप है। सर्वत्र मूल जर्मन की ओष्ठ्य ध्वनि अंग्रेज़ी में अन्तस्थ व्यंजन अथवा अर्ध स्वर का रूप लेती है।

घ्, ध्, भ् का ह्

घ् ध् भ् भारत की पुरानी सघोष महाप्राण ध्वनियाँ हैं। प्राकृतों में ये परिवर्तित होकर **ह्** बनती हैं। यह प्रवृत्ति संस्कृत में भी है। संस्कृत **लघुक,** प्राकृत में **लहुअ** बनता है। इससे पहले प्राचीन मध्यदेशीय **घंस** शब्द संस्कृत में **हंस** बना था। **घंस** की सत्ता का ज्ञान जर्मन रूप **गंस** से होता है। **हंस** का **ह्** उड़ जाता है तब लैटिन का **अंसेर्** रूप बनता है। संस्कृत **ह्लाद** का पूर्ण रूप **घ्लाद** था, इसका पता अंग्रेज़ी **ग्लैड** से लगता है। ग्रीक भाषा में **र्हादिओस** इसका प्रतिरूप है। संस्कृत **रभस** प्राकृत **रहस** बना। यहाँ ओष्ठ्य ध्वनि में परिवर्तन हुआ। संस्कृत **भूमि** का लैटिन प्रतिरूप **हुमुस्** है, अधिकरण कारक में इसका रूप **हुमि** होता है जो भूमि से मिलता-जुलता है। संस्कृत **अधर** प्राकृत में **अहर** है। संस्कृत **द्राक्षा** का मूल रूप **ध्राक्षा** था, इसका ज्ञान ग्रीक **र्हगोस, र्हक्स** रूपों से होता है। संस्कृत रूप में सघोषता बनी रही है, महाप्राणता का लोप हुआ है; ग्रीक रूप में महाप्राणता बनी है, सघोष स्पर्श तत्त्व का लोप हुआ है। **द्राक्षा** के लैटिन प्रतिरूप **रकेमुस्** में महाप्राणता का लोप हो गया है।

चूलिका पैशाची महाप्राणता की रक्षा करती है

प्राकृतों में एक चूलिका पैशाची है जो सघोष महाप्राण ध्वनियों की सघोषता का लोप करती है किन्तु महाप्राणता बनाए रहती है। इस प्रकार संस्कृत के **मेघ, मधुर** और **भूत** शब्द इस प्राकृत में **मेख, मथुर** और **फूत** हो जाते हैं। यह परिवर्तन बहुत दिलचस्प है क्योंकि संस्कृत की सघोष महाप्राण ध्वनियाँ अधिकतर इसी प्रवृत्ति के अनुरूप ग्रीक भाषा में बदलती हैं। मूल शब्द **बाघु** संस्कृत में **बाहु** किन्तु ग्रीक में **पाखुस्** हुआ। मूल शब्द **घर्ष** संस्कृत में **हर्ष** बना; ग्रीक भाषा में प्रसन्न होने के लिए **खइरो** क्रिया है, जिससे फारसी **खैर** का सम्बन्ध है। **हर्ष** के लिए ग्रीक भाषा में **खर** शब्द है। संस्कृत **धर्ष्** क्रिया साहस सूचित करती है, इसी से **धृष्ट** शब्द बना है। ग्रीक **थर्सेओ** (साहसी होना), **थर्सलेओस्** (धृष्ट, संस्कृत के समान ही यहाँ अर्थ की दृष्टि से शब्द का अवमूल्यन हुआ है) उसी **थर्ष** क्रिया से सम्बद्ध हैं। संस्कृत **धाव्, धूम** ग्रीक भाषा में **थेओ, थूमोस्** हैं। इसी प्रकार ओष्ठ्य ध्वनियों की सघोषता का लोप होता है और महाप्राणता बनी रहती है। **भ्रातृ** का ग्रीक प्रतिरूप **फ्रातेर्** इसका सुपरिचित उदाहरण है। संस्कृत **भूति** ग्रीक **फूसिस्** रूप धारण करता है। **फूसिस्** का अर्थ है जन्मजात गुण जो **भूति** के अर्थ से मिलता-जुलता है। संस्कृत क्रिया **भर्** का अर्थ है भरण करना, इसका ग्रीक प्रतिरूप है **फेरो**। एक अन्य संस्कृत क्रिया **भर्** का अर्थ है वहन करना। इसका ग्रीक प्रतिरूप है **फोरेओ**। दोनों रूपों में, चूलिका पैशाची के समान, सघोषता का लोप होता है। **शीत** के लिए लैटिन शब्द **फ्रिगुस्** का ग्रीक प्रतिरूप **र्हिगोस्** इस बात की ओर संकेत करता है कि इन शब्दों का मूल रूप **भ्रगुस्** था और सम्भवतः **भृगु** शब्द शीतवाचक था। यूनान में **फ्रुगिया** नाम का जनपद भी था जो डा. सुनीतिकुमार चाटुर्ज्या के अनुसार **भृगु** का रूपान्तर है।

संस्कृत **देव** का ग्रीक प्रतिरूप **थओस्** है। **द्** ध्वनि **थ्** में बदल गई होगी, इसका कोई कारण नहीं जान पड़ता। मूल शब्द **धेव** होगा और **धे** क्रिया जलने, प्रकाश करने के लिए प्रयुक्त होती थी। **अध्वर्यु** और **अथर्वन्** में जैसा सम्बन्ध है, वैसा सम्बन्ध प्राचीन मध्यदेशीय **धेवस्** और ग्रीक **थेओस** में है। इस विवेचन से यह निष्कर्ष न निकालना चाहिए कि ग्रीक भाषा की सारी विशेषताएँ चूलिका पैशाची की विशेषताओं से मिलती हैं। निष्कर्ष यह निकलता है कि चूलिका पैशाची और ग्रीक भाषा में एक सामान्य प्रवृत्ति है जिससे सघोष महाप्राण ध्वनियों की सघोषता का लोप होता है। इस सामान्य प्रवृत्ति का कारण ऐसी गण भाषाओं का प्रभाव है जो संस्कृत के समानान्तर बोली जाती थीं; उस प्रभाव से चूलिका पैशाची और ग्रीक, दोनों के रूप परिवर्तित हुए हैं। ग्रीक भाषा की अपेक्षा चूलिका पैशाची अधिक सुसंगत ढंग से सघोषता का लोप करती है। जहाँ महाप्राणता नहीं होती, वहाँ भी वह सघोष ध्वनि को अघोष बना देती है। पिशल ने उदाहरण दिए हैं; **गगन–ककन, जात–चात, जीमूत–चीमूत, दामोदर–तामोदर, बालक–पाळक, बिस–पिस, नगर–नकर, राजन्–राश्व, तडाग–तटाक, मदन–मतन, भगवती–फकवती**। यदि कोई तमिलभाषी संस्कृत के प्राचीन रूप अपनाता तो शायद उन्हें यही रूप देता। आधुनिक तमिल में मध्यवर्ती अघोष ध्वनियों को भी सघोष बोलने की प्रवृत्ति बाद में विकसित हुई। ध्वनियों का त्याग तमिल पहले भी करती थी, अब भी करती है। चूलिका पैशाची महाप्राण की उक्त प्रवृत्ति केवल इस प्राकृत तक सीमित नहीं है। उसके अनुरूप ग्रीक भाषा में ध्वनि परिवर्तन होते हैं और उत्तर भारत में इस प्रवृत्ति का पुराना स्मारक **मथुरा** नगर है। मूल रूप **मधुरा से मथुरा** नाम चूलिका पैशाची की ध्वनि प्रकृति के अनुसार ही पड़ा। तमिल में सघोष ध्वनि युक्त **मदुरइ** नगर प्रसिद्ध है।

अघोष स्पर्श सघोष में परिवर्तित

प्राकृतों में एक प्रबल प्रवृत्ति मध्यवर्ती अघोष स्पर्श ध्वनि को सघोष करने की है। यह प्रवृत्ति आधुनिक तमिल में प्रबल है। प्राकृत में **आगतः–आगदो, मति–मदि, मदकल–मदगल, नायकः–णाअगु** आदि उक्त ध्वनि परिवर्तन के उदाहरण हैं। हिन्दी में **लोक–लोग, काक–काग** आदि इसी तरह के परिवर्तन के सूचक हैं। फ़ारसी में **पितृ, मातृ, भ्रातृ, पिदर, मादर, बिरादर** हैं। इनसे तुलनीय हैं अंग्रेज़ी के **फ़ादर, मदर, ब्रदर**। मध्यवर्ती अघोष स्पर्श ध्वनि को सघोष करने की प्रवृत्ति प्राकृतों में ही नहीं है। इंडोयूरोपियन परिवार की फ़ारसी और अंग्रेज़ी जैसी भाषाओं को छोड़कर वह द्रविड़ परिवार में भी है और सबसे सुसंगत रूप में तमिल में है। तमिल में सघोषता अर्थभेदक नहीं होती, इसलिए यह विश्वास करना कठिन है कि सघोष ध्वनियों का व्यवहार तमिल ने किसी बाह्य प्रभाव के बिना किया होगा। आर्य भाषाओं में यह प्रवृत्ति पंजाबी में अधिक है और सम्भव है, प्राकृतों में मध्यवर्ती अघोष ध्वनियों को सघोष करने का केन्द्र पंजाब रहा हो। प्राकृतों में **ण्** की भरमार से यह धारणा पुष्ट होती है।

ण् का व्यवहार

प्राकृतों की जो विशेषता सबसे अधिक ध्यान आकर्षित करती है, वह **ण्** का व्यवहार है। जिन भारतीय भाषाओं में इस ध्वनि का व्यवहार होता है, उनमें कहीं भी शब्द के आदि स्थान पर इसका प्रयोग नहीं होता। नगरों, नदियों, पर्वतों, देवताओं का कोई भी नाम इस ध्वनि से आरम्भ नहीं होता। तमिल में यह ध्वनि अर्थभेदक है किन्तु उसमें भी आदि स्थान पर इसका व्यवहार नहीं होता। इससे विदित होता है कि प्राकृत लिखने वालों ने उत्तर पश्चिमी भाषाओं के ध्वनितंत्र की नकल की है, यद्यपि यह माना जा सकता है कि संस्कृत शब्दों में जहाँ सामान्य **न्** लिखा जाता है, वहाँ उसका उच्चारण मूर्धन्य भी होता था। **सेवते** क्रिया रूप के पहले **नि** उपसर्ग लगाने पर दन्त्य सकार मूर्धन्य हो जाता है। **निषेवते** रूप निर्माण का कारण **न्** का मूर्धन्य उच्चारण ही हो सकता है। संस्कृत में जितनी खपत **ण्** की है, उतनी टवर्गीय अन्य ध्वनियों की नहीं। प्राकृतों में इन ध्वनियों का व्यवहार अधिक होता है। इस प्रकार **दोला** से **डोला, दर्भ** से **डब्भ** रूप बनते हैं। मूर्धन्य ध्वनियों के केन्द्रों ने आर्य-द्रविड़ भाषाओं को विभिन्न परिमाण में प्रभावित किया है। यूरुप की भाषाएँ भी इनसे प्रभावित हुई हैं। लैटिन समुदाय की भाषाएँ, केल्त और स्लाव भाषाओं के समान, उक्त प्रभाव से मुक्त हैं किन्तु जर्मन समुदाय की भाषाओं पर मूर्धन्यीकरण की प्रक्रिया ने गहरा असर डाला है। अंग्रेज़ी में द् और ड् तो अर्थभेदक ध्वनियाँ हैं किन्तु **त्** और **ट्** में अर्थभेद नहीं है। **देयर** (वहाँ) और **डेयर** (साहस करना) में भेद है किन्तु ऐसा भेद **ट्** से आरम्भ होनेवाले शब्दों में नहीं होता। वास्तव में **त्** ध्वनि अंग्रेज़ी में है ही नहीं। जैसे संस्कृत **दोला** प्राकृत तद्भव **डोला** बना, वैसे ही **धर्ष्** क्रिया के **धर्** से अंग्रेज़ी **डेयर** बना, **दाघ** पूर्व रूप से **डे** (दिन) बना, ग्रीक **दइमोन्** अंग्रेज़ी में **डेमन्** हुआ, ग्रीक **देमोक्रातिआ** से अंग्रेज़ी रूप **डिमौक्रैसी** बना। यदि मूर्धन्य ध्वनियों के व्यवहार से संस्कृत रूप प्राकृत हुए तो ग्रीक रूप भी अंग्रेज़ी में प्राकृत हुए। यह तर्क व्यर्थ है कि अंग्रेज़ी में वर्त्स्य ध्वनियों का व्यवहार होता है क्योंकि भारतीय आर्य-द्रविड़ भाषाओं में बहुत-सी कल्पित मूर्धन्य ध्वनियाँ वर्त्स्य बोली जाती हैं; उधर मानक अंग्रेज़ी से भिन्न उत्तरी इंगलैंड की कुछ बोलियों में, तथा नार्वे और स्वीडन की भाषाओं में, मूर्धन्य ध्वनियों का स्पष्ट व्यवहार होता है तथा इन ध्वनियों में **ट्** ही नहीं, **ण्** भी है।

श्, ष् के स्थान पर स्

प्राकृतों के लिए कहा गया है कि इनमें **श्** और **ष्** के स्थान पर **स्** का ही व्यवहार होता है। यूरुप की भाषाओं में **ष्** नहीं है, इसलिए संस्कृत के **षष्** का अंग्रेज़ी प्रतिरूप **सिक्स,** संस्कृत **चषक** का रूसी प्रतिरूप **चाश्का,** सब प्राकृत रूप हैं। संस्कृत **शत** का फारसी प्रतिरूप **सद,** संस्कृत **श्रु** का रूसी प्रतिरूप **स्लू** तद्भव हैं। किन्तु मागधी प्राकृत दन्त्य

स् को तालव्य में बदलती है, **सलिल–शलिल, सहस्र–शहश्श**। जर्मन भाषा प्रतिरूप **सेत्ता** है। अंग्रेज़ी ने लैटिन के तत्सम रूपों को अधिक अपनाया है, तद्भव रूप इतालवी में अधिक हैं।

तद्भवीकरण का व्यापक सन्दर्भ

प्राकृतों की एक विशेषता अनेक स्वरों का एक साथ व्यवहार है। भारतीय आर्य भाषा और यूरुप की भाषाओं में दो स्वरों को टकराने से बचाने के लिए बहुधा **य्, व्** श्रुति का आगम होता है। प्राकृत में इस तरह के शब्द मिलते हैं: **उअअ, आअअ, उऊ,** ये क्रमशः इन शब्दों के रूपान्तर हैं; **उदक, आगत, ऋतवः, अवपात**। प्राकृतों में ऐसे रूप किसी रूढ़ि के अन्तर्गत रचे गए हैं। मुख्य बात यह है कि प्राकृतों की और आधुनिक आर्य भाषाओं की तद्भवीकरण-प्रक्रिया में अन्तर है। इनमें मुख्य है स्पर्श व्यंजनों का लोप। यूरुप और भारत, दोनों की भाषाओं में यह प्रवृत्ति अंशतः रही है; फिर उसका अन्त हो जाता है। इसका कारण यही हो सकता है कि इंडोयूरोपियन परिवार की भारतीय तथा यूरुपीय भाषाएँ किसी समय ऐसी भाषाओं से प्रभावित हुई हैं जिनमें व्यंजन-लोप की यह प्रवृत्ति व्यापक थी। फिर इस तरह का प्रभाव समाप्त हो गया, भाषायी परिवेश बदल गया किन्तु तद्भवीकरण की अन्य प्रक्रियाएँ चालू रहीं। ऐसी प्रक्रियाएँ भारतीय आर्य भाषाओं और जनपदीय उपभाषाओं में अब भी देखने को मिलती हैं। प्राकृतों की ध्वनि-परिवर्तन सम्बन्धी बहुत-सी विशेषताएँ यूरुप की भाषाओं में मिलती हैं, यह तथ्य इन विशेषताओं के प्राचीन होने का प्रमाण है। भारत में उनका घनीभूत रूप, रूढ़िबद्ध रूप भी देखने को मिलता है, इससे यह सूचित होता है कि तद्भवीकरण के ऐसे मूल केन्द्र भारत में थे। यह कहा जा सकता है कि प्राकृतों में तो सभी विशेषताएँ एक ही भाषातंत्र में हैं किन्तु यूरुप की भाषाओं में ये सारी विशेषताएँ किसी एक भाषातंत्र में एक साथ नहीं मिलतीं। वास्तव में सभी प्राकृतें एक भाषातंत्र के अन्तर्गत नहीं हैं। **ण्** ध्वनि के व्यवहार का प्रमुख लक्षण पैशाची नाम की प्राकृत में नहीं है। अधिकांश प्राकृतों में मध्यवर्ती स्पर्श ध्वनि सघोष होती है, चूलिका पैशाची में मूल सघोष ध्वनि को भी अघोष कर देते हैं। यदि आधुनिक आर्य भाषाओं के तद्भवों का अध्ययन किया जाए, तो विदित होगा कि यूरुप की भाषाओं की तरह यहाँ भी प्राकृत रूपों की विशेषताएँ एक ही भाषातंत्र में नहीं मिलतीं। यदि रूढ़ियों के कृत्रिम अनुसरण से उत्पन्न होनेवाले रूप छोड़ दिए जाएँ, तो प्राकृतों में ध्वनिपरिवर्तन की ऐसी विशेषताएँ मिलेंगी जो बोलचाल की भाषाओं की विविधता प्रदर्शित करती हैं। पालि और प्राकृत, दोनों से वास्तविक भाषाओं के ध्वनितंत्र के भेद का कुछ-कुछ अनुमान हो सकता है। तद्भवीकरण की प्रक्रिया किसी युग विशेष की घटना नहीं है, वह भाषाओं की निरन्तर परिवर्तनशीलता की प्रक्रिया है। पहले कोई शुद्ध रूप थे, फिर वे युग विशेष में तद्भव बन गए, यह धारणा मिथ्या है। पुराने शब्द रूपों में परिवर्तन ग्रीक और लैटिन में हुआ

है, संस्कृत में हुआ है, आधुनिक आर्य भाषाओं में हुआ है, यूरुप की भाषाओं में हुआ है। तद्‌भवीकरण-प्रक्रिया को इस व्यापक सन्दर्भ में देखना चाहिए।

इस पुस्तक में सघोष महाप्राण स्पर्श ध्वनियों के ऐतिहासिक महत्त्व पर बल दिया गया है। इंडोयूरोपियन परिवार की भाषाओं के विवेचन में यह धारणा सही साबित होती है कि संस्कृत शब्दों में सघोष महाप्राण ध्वनि हो और बाहर की भाषाओं के प्रतिरूप में न हो तो संस्कृत रूप प्राचीन होगा। यह भी सामान्यतः सही है कि आधुनिक आर्य भाषाओं में जहाँ सघोष महाप्राण ध्वनि हो और संस्कृत में न हो, वहाँ आधुनिक रूप प्राचीन ध्वनि सुरक्षित किए होगा। संस्कृत **इह** के समानान्तर **इधर** का **इध** प्राचीन ध्वनि बनाए हुए है। किन्तु यहाँ भारतीय सन्दर्भ में बहुत सावधानी बरतने की आवश्यकता है। जिन प्राकृतों में मध्यवर्ती स्पर्श व्यंजन को सघोष करने की प्रवृत्ति रही है, वे अल्पप्राण ही नहीं, महाप्राण अघोष ध्वनियों को भी सघोष करती रही हैं। **लोक** से **लोग** रूप बना तो अल्पप्राण ध्वनि सघोष हुई किन्तु **पठ्** से **पढ्** रूप बना तो यहाँ महाप्राण ध्वनि सघोष हुई। इसके अतिरिक्त **ह्** के आसपास जो व्यंजन होता है, वह कभी-कभी वर्णसंकोच के कारण **ह्** से मिलकर सघोष महाप्राण रूप धारण कर लेता है। **महिषी** से **भैंस** तद्‌भव रूप बना जैसे **बहन** को कुछ लोग **भैंण** कहते हैं। **भैंस** मूल रूप नहीं है यद्यपि उसमें सघोष महाप्राण स्पर्श ध्वनि है। संस्कृत **निर्वाह** का तद्‌भव रूप हुआ **निबाह,** इससे फिर एक नया तद्‌भव बना **निभाव**। इसमें सघोष महाप्राण **भ्** है। इससे यह सिद्ध नहीं होता कि **निर्वाह** और **निबाह** का मूल रूप **निभाव** है। कभी-कभी विदेशी शब्द आर्य भाषाओं में आकर, इनकी ध्वनि प्रकृति के अनुरूप, सघोष महाप्राण ध्वनि की सृष्टि कर लेते हैं। पुर्तगाली भाषा का **चावी** शब्द हिन्दी में **चाभी** बोला जाता है। मूल रूप में **भ्** नहीं है। यही स्थिति **गोभी** की है।

4. शब्द निर्माण-प्रक्रिया

उपसर्गों का प्रयोग कम

हिन्दी में उपसर्गों का प्रयोग बहुत कम होता है। संस्कृत में, स्लाव भाषाओं में उपसर्गों का प्रयोग बहुत होता है। फिर भी कुछ उपसर्ग अब भी प्रयुक्त होते हैं और ये काफी पुराने हैं। डा. सुनीतिकुमार चाटुर्ज्या ने **उक्तिव्यक्ति प्रकरण** की भूमिका में लिखा है कि **अ** उपसर्ग अर्थ को घनत्व प्रदान करता है। **अध्वर्यु** में क्रिया मूल **ध्वर्** है, उसमें **अ** उपसर्ग लगा है। फ़ारसी में **अफ्रोज** का आधार **भ्राज्** क्रिया है। **अ** घनत्व सूचक उपसर्ग है। पर फ़ारसी में कभी-कभी ओष्ठ्य ध्वनियों के पहले **अ** स्वर जोड़ देते हैं। **फिरंगी** का फ़ारसी रूप **अफरंजी** है, संस्कृत **भ्रू** का फ़ारसी प्रतिरूप **अब्रू** है। ऐसा लगता है कि निषेध-भावना अर्थ-घनत्व से सम्बन्धित थी। **अ** के समान **नि, वि** उपसर्ग निषेध के लिए प्रयुक्त होते थे। **निगलना** क्रिया में **नि** उपसर्ग निषेधार्थी नहीं है। ऐसे ही **विगलित** में **वि** उपसर्ग

गलित को विशेष **गलित** बना देता है किन्तु **विफल** में फलहीनता का भाव है, फल की समृद्धि का नहीं। गाँव के लोग अब **निखालिस** और **बेफजल** शब्दों का व्यवहार करते हैं, तब वे शेक्सपियर के ज़माने की अंग्रेज़ी की तरह दोहरे निषेध से काम लेते हैं। निषेधार्थी **अ** उपसर्ग तमिल में वाक्य या शब्द के अन्त में आता है। हिन्दी में कम-से-कम एक शब्द है जिसमें निषेधसूचक **अ** मूल शब्द के बाद आया है। यह शब्द है **काना**। यह **कन्** क्रिया मूल से बना है जिसका अर्थ है चमकना। **कनक** शब्द इसी **कन्** से बना है। चमकने, प्रकाशित होनेवाली क्रियाओं का उपयोग देखने के अर्थ में हुआ है। इस प्रकार तमिल में **कण्** का अर्थ आँख हुआ। **काना** वह जिसमें आँख का अभाव हो। **काना** का अर्थ, उड़िया भाषा में, अन्धा भी है। दोनों आँखों का अभाव हो तो अर्थ होगा अन्धा, एक आँख का अभाव हो तो अर्थ होगा एक आँखवाला।

हिन्दी में कुछ उपसर्ग पुराने रूप में बने रहे हैं और कुछ का तद्भवीकरण हुआ है। **अपढ़** में **अ** उपसर्ग अपरिवर्तित है किन्तु **अनहित** का अन संस्कृत उपसर्ग **अन्** का तद्भव रूप कहा जा सकता है। मेरा अनुमान है कि उपसर्ग का मूल रूप **अन** ही था; उत्तर पश्चिमी क्षेत्र में आदि वर्ण पर बलाघात की प्रवृत्ति के कारण दूसरे वर्ण का स्वर लुप्त हो गया। **निडर** जैसे शब्द में जो **नि** उपसर्ग है, वह मूलतः **निः** था, इसमें सन्देह है। **निदेश, निवेश** आदि में **नि** उपसर्ग घनत्वसूचक भूमिका निबाहता है और **निः** से भिन्न नहीं है। हिन्दी में पुराने उपसर्ग तत्सम, तद्भव और उधार लिये शब्दों में स्वतंत्रतापूर्वक प्रयुक्त होते हैं। **बेमन** शब्द का **बे** वास्तव में **वि** का परिवर्तित रूप है, भले ही वह हिन्दी में फ़ारसी से आया हो। हिन्दी में **बेमन** वैसा ही सहज रूप है जैसा **निखालिस**। अवधी में **नि** उपसर्ग से, **फिक्र** को तद्भव बनाकर, **निफिक्किरि** शब्द रचा जाता है। **नि** तत्सम और **फिक्किरि** फ़ारसी से तद्भव, **बेफिक्र** से अधिक अर्थव्यंजक है, यानी निश्चितन्ता का भाव अवधी रूप में अधिक है। और **बेमन** में **बे** उपसर्ग के साथ तत्सम **मन** जोड़ा गया है।

प्रत्ययों का प्रयोग अधिक

उपसर्गों की अपेक्षा प्रत्ययों का व्यवहार आधुनिक आर्य भाषाओं में अधिक होता है। इनमें एक प्रत्यय **अ** माना जाता है। **पढ्** क्रिया में **अ** प्रत्यय लगा तो **पढ़** संज्ञा रूप बना। ब्रुगमन ने संस्कृत में **अ** प्रत्यय का व्यवहार भाववाचक संज्ञा बनाने के लिए बताया है। **जन्** क्रिया में **अ** प्रत्यय जोड़कर **जन** शब्द बना। **जनम्** रूप का अर्थ हुआ जन्म लेने का कार्य। हिन्दी में **बाढ़, मार, सोच** ऐसे ही संज्ञा रूप हैं। हिन्दी में; संस्कृत से भिन्न, **आ** प्रत्यय का व्यवहार कृदन्त रूप बनाने के लिए होता है। यह कृदन्त भूतकालिक क्रिया का अर्थ देता है और क्रियार्थी संज्ञा का भी। **वह आया,** यहाँ **आया** रूप का अन्तिम **आ** भूतकाल की सूचना देता है। अवधी में **आवत है** और **आवा** के उदाहरण से बात स्पष्ट हो जाएगी। **आवत** में **आव्** क्रियामूल स्पष्ट है, उसमें **आ** प्रत्यय जोड़ने से **आवा**

रूप बना। इसी प्रकार **आया** में **आय्** क्रियामूल है जिसमें **आ** प्रत्यय जोड़ने से **आया** रूप बना। **आया** और **आवा** कृदन्त रूप भूतकालिक क्रिया की सूचना देते हैं किन्तु **वह आया चाहता है,** अवधी में—**वहु आवा चहत है,** इन वाक्यों में **आया** और **आवा** क्रियार्थी संज्ञा हैं। हिन्दी में **देखादेखी, मारामारी,** जैसे शब्द **देख** और **मार** क्रियार्थी संज्ञा रूपों के आधार पर बने हैं।

उक्तिव्यक्ति प्रकरण में **करण, जेवण** जैसे क्रियार्थी संज्ञा रूपों का व्यवहार हुआ है। **रामचरितमानस** में ऐसे क्रियार्थी संज्ञा रूप बहुत हैं। खड़ी बोली के **करना, चलना** आदि **करन चलन** के प्रतिरूप हैं। यह **न** अथवा **अन** वाला प्रत्यय काफी पुराना है। **यज्** क्रिया में **अन** प्रत्यय जोड़ने से **यजन** रूप बना था। **शयन, चेतन, तपन, हवन** आदि कृदन्त इसी प्रक्रिया से बने थे। **स्वप्न** में **न** प्रत्यय **स्वप्** क्रिया में जोड़ा गया है। **स्वपन** रूप उतना ही पुराना हो सकता है जितना **स्वप्न** क्योंकि **यज्ञ** के समानान्तर **यजन** शब्द की प्राचीनता सिद्ध है। **यज्ञ** रूप में **ज्** ने **न्** को समवर्गीय **ञ्** बना लिया। **स्वप्न** और **यज्ञ** की निर्माण-प्रक्रिया एक ही है।

हिन्दी का एक बहुप्रयुक्त प्रत्यय **आर** है। **सोनार, लोहार** आदि शब्दों में इसका व्यवहार हुआ है। इससे मिलता-जुलता **हार** प्रत्यय है जैसे **सिरजनहार** में। डा. चाटुर्ज्या ने **आर** का सम्बन्ध **कार** से जोड़ा है। अन्य भाषाविज्ञानियों ने भी ऐसा ही मत प्रकट किया है। इन सबसे पहले दामोदर पण्डित ने अपने ग्रंथ **उक्तिव्यक्ति प्रकरण** में **सोनार, कमार, सुआर** शब्दों में मूल रूप **स्वर्णकार, कर्मकार, सूपकार** दिए थे। **कार** से अवधी का **आर** प्रत्यय बना है, दामोदर पण्डित जानते थे। किन्तु डा. चाटुर्ज्या ने **गँवार** का मूल रूप भी **ग्रामकार** माना है। **गँवार** गाँव करनेवाला नहीं होता, उसका गाँव से संसर्ग मात्र होता है। दामोदर पण्डित ने अवधी का वाक्य लिखा है : **धूतु गमारहि अकरा;** इसका संस्कृत रूपान्तर दिया है : **धूर्तो ग्राम्यम् आकलयति।** उन्होंने **गमार** का मूल रूप **ग्रामकार** नहीं दिया वरन् संस्कृत में उसका अर्थ **ग्राम्य** शब्द से सूचित कर दिया है। हिन्दी के कुछ शब्दों में **आर** से मिलता-जुलता प्रत्यय **हार** प्रयुक्त होता है जैसे **सिरजनहार** में। डा. चाटुर्ज्या ने **हार** का अर्थ **करनेवाला** बताया है किन्तु उसका मूल रूप **धार** माना है। जिन शब्दों में **हार** प्रत्यय लगता है और अर्थ करनेवाला होता है, उनमें **हार** से **धार** की संगति बिठाना कठिन है। **कहार** शब्द के लिए डा. चाटुर्ज्या ने सुझाव दिया है कि इसका मूल रूप **स्कन्धभार** हो सकता है। इस प्रकार **आर** प्रत्यय के तीन मूल रूप हुए : **कार, धार** तथा **भार**। इन तीनों से ही पहले **हार** रूप बनेगा, **ह्** का लोप होने पर **आर** की प्राप्ति होगी। इस प्रकार **सिरजनहार** का **हार आर** से पुराना है। **उक्तिव्यक्ति प्रकरण** की भूमिका में तथा बँगला भाषा के उद्भव और विकास वाले ग्रंथ में, दोनों जगह डा. चाटुर्ज्या ने वैदिक **कर्मार** शब्द का उल्लेख किया है और उसका मूल रूप **कर्मकार** बताया है। इससे दो बातें सिद्ध होती हैं। पहली यह कि वैदिक काल में ही कुछ आर्य बोलियों में **कार** प्रत्यय के **क्** का लोप हो गया था, उसके रूपान्तर **ह्** का भी लोप हो गया था। हार प्रत्यय वैदिक **आर** की अपेक्षा पुराना है। दूसरी बात यह कि **कार, धार,**

भार आदि स्वतंत्र शब्द हैं; मानना होगा कि प्रत्ययों का विकास स्वतंत्र शब्दों के आधार पर हुआ है। ऐसा प्रतीत होता है कि **आर** प्रत्यय का उद्भव किसी रूप से हो, वह प्राचीन काल में ही अपने मूल रूपों से भिन्न, केवल संसर्ग-बोध व्यक्त करने लगा था। **हार** दो स्वरों की टक्कर से बचने के लिए अतिरिक्त **ह्** जोड़कर भी बन सकता है। **सिरजनआर** में दो अकार टकराते हैं, इसलिए दोनों के बीच में अन्तस्थ **ह्** जोड़ दिया। अवधी शब्द **भिखियारि** में यही होता है। **भीखआर** में दो स्वरों की टक्कर से बचने के लिए **य्** श्रुति का आगम हुआ है। जिन शब्दों में **आर, यार, हार** के स्थान पर **वार** दिखाई देता है, वहाँ भी यदि **पाल** से सम्बन्ध न हो, तो **व्** श्रुति का आगम विचारणीय होगा।

संस्कृत तथा देशज प्रत्यय

हिन्दी के प्रत्यय नए हों चाहे पुराने, वे संस्कृत से आए हों, चाहे 'देशज' हों, उनका व्यवहार व्यापक स्तर पर होता रहा है और वे केवल हिन्दी में नहीं, अन्य आर्य भाषाओं में भी प्रयुक्त होते रहे हैं। बँगला भाषा से हिन्दी के सम्बन्ध का उल्लेख पहले हो चुका है। हिन्दी और बँगला का बहुत गहरा सम्बन्ध प्रत्ययों में दिखाई देता है। बँगला भाषा के उद्भव और विकास पर अपने ग्रंथ में डा. सुनीतिकुमार चाटुर्ज्या ने बँगला भाषा की शब्द-रचना का विवेचन करते हुए जो प्रत्यय बताए हैं, वे हिन्दी और बँगला, विशेषतः अवधी और बँगला के सम्बन्ध की पुष्टि करते हैं। हिन्दी शब्द **घटती, बढ़ती** बँगला में प्रथम वर्ण पर बलाघात होने से **घाटूति, बाड़ूति** बोले जाते हैं। यहाँ डा. चाटुर्ज्या के अनुसार संज्ञा रूप बनाने के लिए **ति** अथवा **अती** प्रत्यय का व्यवहार हुआ है। दीर्घ स्वरान्त प्रत्यय हिन्दी में है। **कमूति, गुनूति, भरूति** हिन्दी के **कमती, गिनती, भरती** शब्द हैं। यहाँ बँगला रूपों में प्रथम वर्ण दीर्घ नहीं हुआ किन्तु बलाघात उसी पर है, इसलिए अन्तिम वर्ण ह्रस्व हो गया है। डा. चाटुर्ज्या के मत से **अत** प्रत्यय में **इ** स्वर जोड़ा गया है और **भक्ति, युक्ति** शब्दों में ह्रस्व वर्ण **ति** के प्रभाव से **कमूति भरूति** का अन्तिम वर्ण ह्रस्व हो गया है। यह व्याख्या युक्तिसंगत नहीं जान पड़ती। **घाटूति बाड़ूति** में भी ह्रस्व **ति** वर्ण है। **भक्ति** के **ति** का प्रभाव **भरूति** पर ही क्यों माना जाए ? फिर हिन्दी रूप **घटती, बढ़ती** के समान **कमती, गिनती, भरती** विद्यमान हैं। **जानत** कृदन्त रूप में **अत** प्रत्यय है जिसका मूल रूप **अन्त** माना गया है। **पथ** और **पन्थ** के समान **अत** और **अन्त** वैकल्पिक रूप हैं। बँगला **आमार जानत** अर्थात् मेरे जानते हुए अवधी में होगा—**हमरे जानत**। **जानते** उत्तर-पश्चिमी रूप है, **जानत** मध्यदेशीय।

एक प्रत्यय **अन** है जो सीधे संस्कृत से आया है। **झाड़न** बँगला का शब्द उतना ही है जितना हिन्दी का। **कांदन, गायन, छाड़न** (जो वस्तु छोड़ दी जाए, अवधी क्रिया **छांड़** से बना हुआ रूप) ऐसे ही शब्द हैं। डा. चाटुर्ज्या ने लिखा है कि बोलचाल की परिनिष्ठित बँगला में ऐसे रूप पुराने पड़ते जा रहे हैं किन्तु पूर्वी बंगाल में उनका व्यवहार खूब होता है। पुरानी अवधी और वर्तमान कनौजी तथा बाँगरू में भी **अन** प्रत्यय का

व्यवहार क्रियार्थी संज्ञा बनाने के लिए होता है। हिन्दी के अनेक रूप परिनिष्ठित बँगला में समाप्त हो चले हैं, वे पूर्वी बंगाल में सुरक्षित हैं और हिन्दी बँगला के पुराने सम्बन्धों के प्रमाण हैं। **अन** प्रत्यय का दूसरा रूप होगा **अना** जैसे कि वैदिक प्रत्ययों में ह्रस्व-दीर्घ स्वरों वाले वैकल्पिक रूप मिलते हैं। डा. चाटुर्ज्या ने **अना** की व्याख्या की है कि **अन** प्रत्यय में **आ** जोड़ा गया है। **ढाकना** (हिन्दी **ढकना**, अवधी क्रिया **ढाक** ही है जिससे **ढाकना** रूप बना है), **पाओना, रान्ना** (राँधना), **कान्ना** (कांदना, क्रन्दन करना) आदि रूप खड़ी बोली कृदन्तों के समान बने हैं जो अवधी के ह्रस्व स्वरान्त प्रत्ययों से भिन्न हैं। **छेनी, छाउनी** शब्दों में डा. चाटुर्ज्या ने **नी, उनी** प्रत्यय माने हैं। **नी** प्रत्यय ही काफी था क्योंकि **छाउनी** में अवधी क्रिया **छावू** है। **छावू** का बँगला रूपान्तर **छाउ** (अथवा **छाओ**) होगा। **नी** का विकास भी **अन** प्रत्यय में **इ** जोड़कर माना गया है। प्रत्ययों की कल्पित व्युत्पत्ति के बारे में अधिक कुछ कहना अनावश्यक है।

हिन्दी में **खा, गा, कह** क्रियाओं से बनाए हुए संज्ञा रूप **खवइया, गवइया, कहइया** प्रचलित हैं, विशेषतः अवधी में। बँगला में मध्यवर्ती वर्ण पर बलाघात स्वीकृत न हुआ, इसलिए **बॉलइया, कहइया से बॉलिए, कॉहिए** रूप बने। दोनों शब्दों का अर्थ है बोलने वाला। बँगला शब्दों में **इए** प्रत्यय मानकर डा. चाटुर्ज्या ने लिखा है कि हिन्दी के **अइया, अवइया** प्रत्यय तथा आधुनिक बँगला का **इए** अथवा **इये** एक ही प्रतीत होते हैं। फिर कहा है कि बँगला प्रत्यय अधिकतर बोलचाल में मिलता है, इसलिए असम्भव नहीं कि वह कुछ ही दिन पहले हिन्दी से उधार लिया गया हो और पश्चिमी बँगला की सामान्य प्रवृत्ति के अनुसार उसमें वर्ण-संकोचन हुआ हो; उड़िया और असमिया में वैसा प्रत्यय नहीं है। कारण यह कि उड़िया और असमिया की अपेक्षा बँगला पर हिन्दी प्रभाव अधिक है।

दो शब्दों को मिलाकर नया अर्थ देनेवाले शब्द

शब्द-रचना-प्रक्रिया के अन्तर्गत दो शब्दों को मिलाकर नए अर्थ वाला रूप गढ़ने अथवा एक ही शब्द की आवृत्ति द्वारा नया रूप रचने की प्रवृत्ति बहुत पुरानी है और भारत के अनेक भाषा परिवारों में मिलती है। कोल भाषाओं में क्रियापद रचना संस्कृत क्रिया रूपों की याद दिलाती है। संथाली में **दल**–मारना, **दलल**–ज़्यादा मारना। संस्कृत के **ददाति, पिबति** से ये रूप तुलनीय हैं। कोल भाषाओं में प्रत्यय लगाकर क्रिया को नया अर्थ दिया जाता है। मुण्डारी में **नेल**–देखना, **नेपेल**–एक दूसरे को देखना। संस्कृत के **चल** और **चपल** इस सन्दर्भ में विचारणीय हैं। पूर्वी अंचल में नाग भाषा मोनूपा बोली जाती है। इससे शब्द की आवृत्ति का उदाहरण देते हैं। **रि लेम् लेम्** अर्थात् पानी पूरी तरह भरा हुआ है। **रि** का अर्थ है जल, नदी। नदी के लिए एक अन्य शब्द **गोङ्रि** है। इसमें **रि** नदी वाचक है ही, **गोङ्, गाङ्** अर्थात् गंगा का प्रतिरूप है। जैसे बँगला में **एमन** माने इस तरह, फिर **एमन** में **तरह** जोड़कर **एमनतर** रूप बना, वैसे ही मोनूपा में दो जल

सूचक शब्द मिलाकर एक नया शब्द बना। इसी भाषा में मनुष्य के लिए **सोड्** शब्द है। इसका बहुवचन बनाने के लिए **बग** या **बाग** शब्द जोड़ा जाता है। यह वही शब्द है जो हिन्दी के **लोग-बाग** में सुनने को मिलता है। हिन्दी में **बाग** शब्द का अलग से प्रयोग नहीं होता। किन्तु यह अवश्य ही हिन्दी जनपदों का पुराना शब्द है। मोनूपा के अतिरिक्त अन्य किसी नाग भाषा में यह शब्द मुझे नहीं मिला, न द्रविड़ भाषाओं में दिखाई दिया। इसलिए सम्भावना यह है कि यह हिन्दी जनपदों का पुराना शब्द है जो मोनूपा में यहाँ से पहुँचा है। हिन्दी जनपदों में उसकी स्वतंत्र सत्ता नहीं है किन्तु मुहावरे में अन्य शब्दों से वह ऐसा अटूट जुड़ा है कि तुलनात्मक भाषाविज्ञान के लिए वह जितना ही बिरला है, उतना ही अनमोल है। **नाप-जोख** का **जोख** मानक हिन्दी में अलग से प्रयुक्त नहीं होता किन्तु जनपदीय भाषाओं में तौलने के लिए **जोख** क्रिया का व्यवहार अब भी होता है। **नाप-जोख** उस रूप की मिसाल है जिसका एक अंश हमारे देखते-देखते पुराना पड़ता जा रहा है। जैसे **बाग** शब्द एक नाग भाषा में पहुँचा है, वैसे ही संस्कृत के अनेक शब्द पुराने समय में ऐसी द्रविड़ भाषाओं में पहुँच गए हैं जिनके बोलनेवाले आज सामाजिक दृष्टि से बहुत ही पिछड़े हुए हैं। नीलगिरि पर्वतमाला में रहनेवाले तोद लोग परस्पर मिलने पर एक-दूसरे से पूछते हैं : **सुद्‍ सॉद्‍ विळ्त**। जैसे बँगला में **की खबर** कहने का चलन है, वैसे ही तोद भाषा में यह कहने का चलन है कि खबर अच्छी है। **सुद्‍ सॉद्‍** दो शब्दों का जोड़ा है जैसे **लोग-बाग** दो शब्दों का जोड़ा है। इसमें **सॉद्‍** संस्कृत **शब्द** का रूपान्तर है और **सुद्‍ शुद्ध** का। कहाँ नीलगिरि की पिछड़ी हुई द्रविड़ जाति तोद, कहाँ संस्कृत के **शुद्ध** और **शब्द** ! इनके तद्‌भव रूपों का व्यवहार ये द्रविड़ जन नित्य प्रति करते हैं, इस पर किसे विश्वास होगा ? पर इस व्यवहार के प्रमाण हैं तोद भाषा के विशेषज्ञ एमेनो। (**एमेनो : कलेक्टेड पेपर्स,** अन्नामलइ यूनिवर्सिटी; 1967; पृष्ठ 38)। **शब्द-शुद्ध** का अर्थ हुआ अच्छी खबर।

हिन्दी में दो शब्दों को मिलाकर दोनों के अर्थ से मिलता-जुलता किन्तु अधिक व्यापक अर्थ उत्पन्न किया जाता है। अंग्रेज़ी शब्द क्लाइमेट के अर्थ में **जलवायु** का प्रयोग होता है। **जलवायु** रूप जल और वायु के अर्थ को समाप्त नहीं करता, उस अर्थ को कायम रखते हुए वह अधिक व्यापक अर्थ की सृष्टि करता है। लोग कहते हैं : **अभी तो मेरे हाथ-पैर चलते हैं** जिसका अर्थ है, शरीर अपना काम कर रहा है। गाँवों में **घर-दुआर** इसी तरह सम्पत्ति के अर्थ में प्रयुक्त होता है। **हलमाची** का अर्थ होगा खेती के उपकरण। माची के अन्दर बैलों के सिर होते हैं और हल उससे बँधा रहता है। माची के बिना हल नहीं खींचा जा सकता और हल के बिना माची बेकार है। हल माची का अभिन्न भौतिक सम्बन्ध किसान ने हलमाची के जोड़े में कायम रखा है। **बैल बधिया, बियाबँसार** (बीज)—इन जोड़ों में पर्यायवाची शब्दों का व्यवहार हुआ है, किसी नए अर्थ का सृजन नहीं हुआ किन्तु अर्थ को घनत्व अवश्य प्रदान किया गया है।

हिन्दी में शब्दों के अनेक ऐसे जोड़े हैं जिनमें क्रिया और संज्ञा का भेद मिट-सा गया है। **मारपीट** में **मार** क्रिया है, संज्ञा भी है। **मार** और **पीट** दोनों का एक ही अर्थ

है, किन्तु **मारपीट** का अर्थ दोनों से भिन्न, फिर भी मिलता-जुलता, और अधिक व्यापक है। **मारामारी, देखादेखी, तनातनी** जैसे रूपों में एक ही शब्द की आवृत्ति है किन्तु ध्वनि-सौन्दर्य के लिए मूल शब्द के अन्तिम स्वर को आवृत्ति करते समय बदल दिया गया है। **तना, देखा, मारा** कृन्दत हैं किन्तु यहाँ न तो विशेषण का भाव है, न क्रिया का; उनका व्यवहार संज्ञा शब्दों के समान हुआ है। **चिलचिलाती धूप, साँप की फुफकार, बूढ़े आदमी का बरबराना** (व्यर्थ की बातें करना), यहाँ कुछ ध्वनियों की आवृत्ति हुई है और उससे अर्थ घनत्व पैदा किया गया है। **पानी झमाझम बरसा, हाल खचाखच भरा था**—यहाँ अनुकरण मूलक **झम** और **खच** शब्दों की आवृत्ति हुई है किन्तु भाषा की लय को ध्यान में रखते हुए बीच में अतिरिक्त स्वर जोड़ दिया गया है। यह प्रवृत्ति अत्यन्त प्राचीन है और हिन्दी प्रदेश की भाषाओं की विशेषता है। वैदिक भाषा में **गनीगम्, पनीपद्, घनीघन्, पिबापिब** जैसे रूप मिलते हैं। व्हिटने ने ऐसे रूपों का विवरण अपनी संस्कृत व्याकरण पुस्तक में दिया है। लौकिक संस्कृत में ऐसे रूप नहीं के बराबर हैं। वैदिक भाषा की अलौकिकता इसी में है कि बोलचाल की लय के अनुसार जो रूप गढ़े जाते हैं, वे उसके लिए असंस्कृत नहीं हैं। **एक** और **दश**, इन दो शब्दों को मिलाते समय जो अतिरिक्त स्वर जोड़कर **एकादश** रूप बनाया गया, वह इसी प्रवृत्ति का द्योतक है। क्रिया के एक वर्ण की आवृत्ति वैदिक भाषा में अत्यन्त सामान्य थी, आवृत्ति करते समय बहुधा मूल वर्ण के स्वर में थोड़ा परिवर्तन कर दिया जाता था। **चल्** से **चाचल्, लप्** (बोलना) से **लालप्, पत्** (गिरना) से **पापत्, नी** (ले चलना) से **नेनी, भू** (होना) से **बोभू, रु** (रोना) से **रोरु, नम्** से **नम्नम्, स्तन्** से **तंस्तन्** (गरजना) इत्यादि, ये रूप मैकडनल ने वैदिक भाषा वाले व्याकरण में दिए हैं और आवृत्ति का उद्देश्य यह बताया है कि अर्थ को घनत्व प्रदान किया जाए।

आदिस्थानीय व्यंजनों की आवृत्ति वाले शब्द

हिन्दी में ऐसे बहुत से शब्द हैं जिनमें आदिस्थानीय व्यंजन की आवृत्ति हुई है यथा **पपीहा, गगरी, घाघरा, ठठेरा, ककहरा, ठिठोली, ठिठकना, ठिठुरना, पोपला** (जिसके दाँत न हों), **फफोला, तीतर** इत्यादि। कुछ शब्दों में एक ही शब्दांश की आवृत्ति से नया रूप रचा गया है यथा **दलदल**। संस्कृत में **हलाहल** जैसे शब्द इसी प्रवृत्ति के अनुरूप रचे गए थे। दो भिन्न शब्दों को जोड़कर **उखाड़-पछाड़, उठना-बैठना, धक्का-मुक्की** जैसे व्यापक अर्थ वाले बहुत से रूप हिन्दी में रचे गए हैं। समानार्थी शब्दों के जोड़े—**काम-काज, धरम-ईमान** की तरह—पचासों हैं। आधुनिक आर्य भाषाएँ नए शब्द ही नहीं गढ़तीं, पुराने शब्द रूपों को नए ढंग से मिलाकर उन्हें नया अर्थ भी देती हैं।

परिनिष्ठित हिन्दी की अपेक्षा जनपदीय भाषाओं में नई शब्द-रचना का कार्य अधिक स्वच्छन्दता से होता है। **गवैया, बजवैया, अनवैया** (जो किसी व्यक्ति को ले जाने के लिए आए), **दॅवैया** (जो कोई वस्तु देने को हो), **दॅवार** (उप.), **लँवार** (जो कोई

वस्तु लेने को हो), **जवार** (जो व्यक्ति जाने को हो), **अवार** (जो व्यक्ति आने को हो), **बकरिहा** (बकरियों से संबद्ध), **गुलरिहा** (गूलर के वृक्षों से संबद्ध), **अँबिलिहा** (इमलियों से संबद्ध) जैसे रूप परिनिष्ठित हिन्दी की अपेक्षा अवधी में ही अधिक प्रयुक्त होते हैं। जनपदीय भाषाओं की यह शब्द-रचना-क्षमता संस्कृत से अधिक वैदिक भाषा की प्रवृत्ति के अनुरूप है।

हिन्दी शब्द-भंडार के अनेक स्रोत हैं

संस्कृत हिन्दी क्षेत्र की भाषा थी, अतः उसके प्रत्यय हिन्दी में भी प्रयुक्त होते हैं तो कोई आश्चर्य नहीं। इसमें दो वर्ग हैं। एक वर्ग उन प्रत्ययों का है जो परिनिष्ठित हिन्दी में संस्कृत से उधार लिए गए हैं यथा **पुरुषत्व** का **त्व**। ऐसे प्रत्यय अधिकतर तत्सम रूपों के साथ ही प्रयुक्त होते हैं। दूसरे वर्ग में वे हैं जो संस्कृत के समानान्तर जनपदीय भाषाओं में प्रयुक्त होते थे और आज भी होते हैं जैसे वैदिक भाषा का **अत्** प्रत्यय : **ददत्** (देते हुए), वैसे ही अवधी में **जियत्** (जीते हुए)। इनके अलावा **पा** और **पन** जैसे प्रत्यय हैं जिनके प्राचीन अस्तित्व के बारे में वैदिक भाषा के प्रत्यय-विश्लेषण से हम तर्कसंगत अनुमान कर सकते हैं। अनेक साहित्यशास्त्रियों, भाषाविज्ञानियों ने यह भ्रम फैलाया है कि 12वीं-13वीं सदी की वास्तविक भाषायी स्थिति अपभ्रंश रूपों में व्यक्त है, उससे पहले की स्थिति प्राकृत रूपों में। 13वीं सदी के बाद संस्कृत-प्रेम की ऐसी लहर आई कि प्राकृत-अपभ्रंश रूप विस्थापित हो गए और उनकी जगह संस्कृत रूप स्थापित हो गए। यह धारणा इन विद्वानों को वैदिक काल से चली आती निरन्तर विकासमान, परिवर्तनशील फिर भी अविच्छिन्न, जनपदीय आर्य-भाषाओं की शब्द रचना-प्रक्रिया देखने नहीं देती। उनके लिए शब्द-रचना-विश्लेषण का अर्थ है तत्सम्, तद्भव और देशज, तीन वर्गों में शब्द-सम्पदा को बाँट देना। **मुटापा, बुढ़ापा** जैसे शब्द न तो तत्सम हैं, न प्राकृत-अपभ्रंश तंत्र के अनुरूप हैं। अपभ्रंश की प्रतिक्रिया में ये रूप अचानक कैसे अवतरित हो गए ? हिन्दी ही नहीं, बँगला, मराठी आदि अन्य आर्य भाषाओं की जनपदीय शब्दावली की जितना ही छानबीन की जाएगी, उतना ही अपभ्रंशों की प्रतिक्रिया में तत्सम रूपों की प्रतिष्ठा का सिद्धान्त झूठा साबित होगा। वास्तव में तत्सम रूपों से भाषा को शिष्ट और परिनिष्ठित बनाने की बीमारी इन विद्वानों को है; अपना वह रोग अपने पूर्वजों पर आरोपित करके वे हिन्दी को उधारवाली भाषा घोषित कर देते हैं। जनपदीय भाषाओं की सम्पदा की अनदेखी करके वे भदेसपन से अपनी संस्कृति की रक्षा करते हैं। किन्तु प्राकृत-अपभ्रंश और संस्कृत, इन दोनों से अलग जहाँ जनपदीय भाषाओं की शब्द-निर्माण-प्रक्रिया अबाध चलती रही है, उसकी उपेक्षा करके भाषा के विकास की व्याख्या नहीं की जा सकती। हिन्दी तथा अन्य आर्य भाषाएँ विद्वानों की शैली विशेष में उधार लेनेवाली भाषाएँ हैं; सामान्य जनता की बोलचाल में, क्या मानक भाषाएँ, क्या उनकी जनपदीय बोलियाँ, शब्द-रचना में और शब्दों को नया अर्थ देने में

अपनी अपूर्व क्षमता का परिचय देती हैं।

हिन्दी शब्द-भंडार के अनेक स्रोत हैं, हिन्दी शब्द-रचना-प्रक्रिया की अनेक पद्धतियाँ हैं, अनेक युगों में इनका विकास हुआ है। इनमें बाहर से आए हुए तत्त्व अति अल्प हैं। समस्त आर्य भाषाओं की जनपदीय बोलियों में शब्द-रचना-प्रक्रिया का मार्ग मिलता-जुलता है, अपभ्रंश के अनुरूप वह कहीं नहीं है जैसा कि बँगला शब्द-रूपों के अध्ययन से सिद्ध होता है। उत्तर भारत के समस्त आर्य भाषायी विकास में हिन्दी जनपदों का योगदान महत्त्वपूर्ण रहा है। यह योगदान प्राकृत-अपभ्रंश वाला विकास मार्ग अपनाने से समझ में नहीं आता। शब्दतंत्र का विश्लेषण ध्वनितंत्र के विश्लेषण से जुड़ा हुआ है। शब्दतंत्र का जो विवेचन यहाँ प्रस्तुत किया गया है, उससे ध्वनितंत्र की कुछ समस्याएँ भी विवेचित हैं, विशेषकर तद्‌भवीकरण प्रक्रिया के विश्लेषण-सन्दर्भ में। दूसरी ओर शब्दतंत्र का विश्लेषण रूपतंत्र (और वाक्यतंत्र) के विवेचन से जुड़ा हुआ है। आगे रूपतंत्र के प्रसंग में शब्दतंत्र की अनेक समस्याओं पर फिर विचार करना आवश्यक होगा।

5

हिन्दी रूपतंत्र

1. संश्लिष्ट-विश्लिष्ट-भेद

संस्कृत और आधुनिक आर्य भाषाओं में सबसे बड़ा भेद रूपतंत्र को लेकर बताया गया है। संस्कृत संश्लिष्ट भाषा है, हिन्दी तथा आधुनिक आर्य भाषाएँ विश्लिष्ट हैं, पूरी तरह विश्लिष्ट हैं अथवा उनमें पुराने संश्लिष्ट रूपों के अवशेष मात्र रह गए हैं। यहाँ रूपतंत्र में नाम शब्द और क्रियापद दोनों में विकार शामिल हैं। संस्कृत के समान ग्रीक और लैटिन संश्लिष्ट हैं, हिन्दी और बँगला के समान अंग्रेज़ी और फ्रेंच विश्लिष्ट हैं या उनमें पुराने संश्लिष्ट रूपों के अवशेष मात्र हैं। विभिन्न कारकों में नाम शब्दों के प्रयोग के अनुसार उनके रूप बदलते हैं। कारक नाम शब्द का सम्बन्ध क्रियापद से व्यक्त करता है। इसलिए यह स्वाभाविक है कि यदि भाषा नाम शब्दों के मामले में संश्लिष्ट है तो वह क्रियापदों के मामले में भी संश्लिष्ट होगी। यदि वह नाम शब्दों के मामले में विश्लिष्ट होगी तो वैसी ही स्थिति क्रियापदों के मामले में भी होगी।

जहाँ तक अंग्रेज़ी जैसी भाषा का सम्बन्ध है, वह यदि आदि जर्मन के संश्लिष्ट रूप छोड़कर विश्लिष्ट हो गई है तो यह प्रगति का चिह्न है। उसने संश्लिष्ट रूपों का अनावश्यक बोझ उतार फेंका, विश्लिष्ट होकर वह सरल और अधिक शक्तिशाली हो गई, विश्वभाषा बन गई। भारतीय भाषाएँ संस्कृत का सतयुग छोड़कर क्रमशः आधुनिक भाषाओं के कलियुग की ओर बढ़ती गईं, और इस प्रकार उनका आधुनिक विश्लिष्ट रूप ह्रास का परिणाम है। जहाँ-तहाँ जो थोड़े से संश्लिष्ट रूप बचे हैं, वे इनके गौरवशाली उद्‌भव की याद दिलाते हैं। संस्कृत ने जब प्राकृतों का रूप ग्रहण किया तब ध्वनितंत्र में भारी परिवर्तन हुआ किन्तु रूपतंत्र लगभग वैसा ही रहा जैसा वह संस्कृत में था। यह बात अपने में काफी आश्चर्यजनक है। ध्वनितंत्र में ऐसा मौलिक परिवर्तन हो कि शब्द पहचान में न आएँ और रूपतंत्र ज्यों-का-त्यों बना रहे, ऐसा ज़रा कम होता है। सामान्य प्रक्रिया यह है कि भाषा के एक स्तर पर भारी परिवर्तन होता है तो उसके साथ, उतना नहीं तो थोड़ा-बहुत, परिवर्तन अन्य स्तरों पर अवश्य होता है। जो लोग हिन्दुस्तानी ढंग से अंग्रेज़ी बोलते हैं, वे अंग्रेज़ी के ध्वनितंत्र को बदलने के साथ थोड़ा

बहुत परिवर्तन अंग्रेज़ी के मुहावरों, उसकी व्याकरण-व्यवस्था में भी करते हैं। कलकत्ते में या कलकत्ते के बाहर बँगलाभाषी भद्रजन जब अपने ढंग से हिन्दी बोलते हैं तब वे उसकी वाक्य-रचना भी काफी बदल देते हैं। कलकत्ते के बाज़ार में बंगालियों द्वारा बोली जानेवाली हिन्दुस्तानी डा. सुनीतिकुमार चाटुर्ज्या को व्याकरण की दृष्टि से इतनी सरल प्रतीत होती थी कि वह उसे कभी-कभी राष्ट्रभाषा ही नहीं, हिन्दी साहित्य की भाषा भी बनाने की बात करते थे। किन्तु पुराने जमाने में प्राकृतों ने संस्कृत में ध्वनितंत्र में भारी उलटफेर किया, और रूपतंत्र लगभग पहले जैसा बना रहा।

उसके बाद अपभ्रंश का समय आया। भाषा अचानक विश्लिष्ट होने लगी। कुछ पुराने रूप बचे रहे पर उनके समानान्तर दूसरे रूपों का भी प्रयोग होने लगा। विद्वानों का कहना है कि इस समय कारकों के व्यवहार में बड़ा झमेला पैदा हो गया। किस कारक का प्रयोग कहाँ करना चाहिए, लोगों को इसका ज्ञान ही न रहा। कर्ता और कर्म का भेद मिटा दिया; सम्प्रदान, अपादान, सम्बन्ध, अधिकरण, जहाँ जैसी इच्छा हुई, किसी भी कारक का प्रयोग कर दिया। इससे कारकों की संख्या घट गई और आगे चलकर दो ही कारक रह गए, एक शब्द का सीधा रूप और दूसरा शब्द का तिर्यक् रूप। फिर भी अपभ्रंश में कारक-चिह्न बहुत हैं; कारकों की संख्या में भले कमी हुई हो, उनके चिह्नों में तो वृद्धि ही हुई। संस्कृत में शब्दों के अनेक वर्ग होते थे, किसी के अन्त में ह्रस्व अ, किसी के अन्तर में दीर्घ आ, कोई इकारान्त, कोई उकारान्त, और कोई मात्र हलन्त। इन विभिन्न वर्गों के शब्दों के साथ अलग-अलग तरह के कारक चिह्न लगते थे। अपभ्रंश में शब्दों के वर्ग कम हो गए किन्तु कारक चिह्नों की संख्या बढ़ गई, यह आश्चर्य की बात है।

इस समय एक नए भाषा-तत्त्व का जन्म हुआ जिसे कुछ आधुनिक वैयाकरण परसर्ग कहते हैं। यह परसर्ग कारक-चिह्नों से भिन्न माना गया है। कारक-चिह्न परतंत्र भाषा तत्त्व है; किसी स्वतंत्र शब्द के साथ जुड़कर ही सार्थक होता है। इसके विपरीत परसर्ग अपेक्षाकृत स्वतंत्र है। उक्त कोटि के वैयाकरणों का कहना है कि कारकों के व्यवहार में झमेला होने से, कारकों की संख्या घट जाने से, कारक-चिह्नों के घिस जाने से परसर्गों का व्यवहार अनिवार्य हो गया।

यहाँ पहले नाम शब्दों को लेकर ही रूपतंत्र की समस्याओं पर विचार करेंगे। इस समस्या का विवेचन करते हुए यह बात ध्यान में रखना उचित है कि संस्कृत की तुलना में जैसा परिवर्तन आधुनिक आर्य भाषाओं में दिखाई देता है, वैसा परिवर्तन ग्रीक और लैटिन को देखते हुए यूरुप की भाषाओं में भी हुआ है, कहीं कम हुआ है, कहीं अधिक हुआ है। इसके सिवा भारत में अन्य भाषा-परिवारों की भाषाएँ भी बोली जाती रही हैं, उनके रूपतंत्र को भी ध्यान में रखना चाहिए।

2. कारक-रचना

संस्कृत तथा हिन्दी

कारक संस्कृत में हैं, कारक हिन्दी में हैं। दोनों के व्यवहार में अन्तर यह है कि संस्कृत में एकवचन का कारक-चिह्न द्विवचन और बहुवचन के कारक-चिह्न से भिन्न होता है। इसके सिवा पुंल्लिग, नपुंसकलिंग और स्त्रीलिंग के कारक-चिह्न एक सीमा तक भिन्न होते हैं। इसमें पुंल्लिग और नपुंसकलिंग को लेकर इतना भेद नहीं है जितना स्त्रीलिंग तथा इन दोनों को लेकर है। कह सकते हैं कि संस्कृत नाम-शब्दों की रूप-रचना में कारक के साथ लिंग और वचन का बोध भी होता है। स्वभावतः यह प्रश्न सामने आता है कि कारक का प्रयोजन क्या है। क्या उसका प्रयोजन लिंग और वचन का निर्देश करना है ? क्रिया से नाम-शब्द का कैसा सम्बन्ध है, यह दिखाना कारक का उद्देश्य है। क्रिया में न तो लिंग का महत्त्व है, न वचन का। अतः कारक में भी लिंगवचन का महत्त्व नहीं है। जैसे अधिकरण कारक का उद्देश्य यह बताना है कि क्रिया के सम्पन्न होने का क्षेत्र कौन-सा है; अधिकरण कारक का चिह्न क्रियापद के प्रभावी क्षेत्र को सूचित करेगा, नाम-शब्द की क्षेत्रीयता सूचित करेगा, उस क्षेत्रीयता के एक या अनेक होने का प्रश्न नहीं है। **पेड़ पर** और **पेड़ों पर** इन दो पदों में **पर** क्षेत्रीयता का सूचक है, उसमें एकवचन या बहुवचन का भेद अनावश्यक है। **पेड़** और **पेड़ों** में वचन-भेद आवश्यक है पर यह वचन-भेद बताना कारक-चिह्न का कार्य नहीं है। संस्कृत में कारक-चिह्न के साथ यदि मुख्यतः वचन बोध, और अंशतः लिंगबोध होता है तो ऐसा बोध कराना कारक का मुख्य कार्य नहीं है।

रूप-विन्यास तथा वाक्य-विन्यास

नाम-शब्द के साथ कारक-चिह्न किस तरह जोड़ा जाता है, यह विन्यास (वाक्यतंत्र) का विषय है। वाक्य-विन्यास से अलग, चाहें तो, इसे रूप-विन्यास कह सकते हैं। कारक का अस्तित्व क्रिया के सन्दर्भ में ही सार्थक है, क्रिया के साथ कारक का अस्तित्व वाक्य में ही सम्भव है। अतः रूप-विन्यास (रूपतंत्र) वाक्य-विन्यास (वाक्यतंत्र) से अलग करके नहीं देखा जा सकता; रूपतंत्र वाक्यतंत्र के अन्तर्गत है, उसी तंत्र का एक अंश है। वाक्यतंत्र में ध्यान देने की एक बात शब्दों का क्रम होता है। कारक-चिह्न नाम-शब्द के पहले आता है या उसके पीछे, यह विन्यास का विषय है। संस्कृत में कारक-चिह्न सदा मूल नाम-शब्द का अनुगामी होता है, उससे पहले कभी नहीं आता। यह कारक-चिह्न चाहे लिंग-वचन-बोध के साथ जुड़ा हो, चाहे उससे मुक्त हो, उसकी स्थिति सदा मूल शब्द के पीछे है। जिन्हें लोग परसर्ग कहते हैं, वे भी मूल शब्द के पीछे ही रहते हैं, वाक्य में उसके आविर्भाव के पहले ही उसके आगे आकर खड़े नहीं हो जाते। संस्कृत, प्राकृत, अपभ्रंश, आधुनिक आर्य भाषाओं की यह सामान्य प्रवृत्ति है कि कारक चिह्न—वह

किसी भी कोटि का हो, घिसा, बेघिसा, स्वतंत्र, परतंत्र, पूर्ण शब्द या शब्द-कण, प्रत्यय या परसर्ग—वह सदा मूल शब्द के पीछे रहता है। आर्य भाषा-परिवार ही नहीं, कोल, द्रविड़ और नाग परिवारों की भाषाएँ भी इसी प्रवृत्ति के अनुरूप आचरण करती हैं। केवल कम्बोज समुदाय की भाषाएँ इसका अपवाद हैं।

कारक और प्रिपोज़ीशन (अग्र सम्बन्धक)

यूरुप की संश्लिष्ट भाषाएँ, संस्कृत के समान, कारक-चिह्न मूल शब्द के पीछे जोड़ती हैं, किन्तु जो सम्बन्ध सूचक शब्द अपेक्षाकृत स्वतंत्र हैं, वे मूल शब्द से पहले आते हैं। इसीलिए उन्हें 'प्रिपोज़ीशन' (अग्र सम्बन्धक) कहा जाता है। 'प्रिपोज़ीशन' यूरुप की आधुनिक भाषाओं में ही नहीं हैं, इंडोयूरोपियन परिवार की ग्रीक और लैटिन जैसी प्राचीन भाषाओं में भी हैं। इंडोयूरोपियन परिवार की इन भाषाओं के अलावा सामी भाषाओं में भी 'प्रिपोज़ीशन' होते हैं। इंडोयूरोपियन भाषाओं की तरह सामी भाषाओं में जहाँ विश्लिष्ट रूप हैं, वहाँ कारक-चिह्न, संस्कृत-पद्धति के अनुरूप, मूल शब्द के पीछे जोड़ा जाता है। यूरुप की भाषाओं तथा सामी और कम्बोज समुदाय की भाषाओं में 'प्रिपोज़ीशनों' के व्यवहार को लेकर बहुत बड़ी समानता है। अन्तर यह है कि कम्बोज समुदाय की भाषाएँ मूल शब्द के बाद कारक-चिह्न नहीं जोड़तीं। उनकी पद्धति, संस्कृत के समान सुसंगत है; संस्कृत में कारक-चिह्न मूल शब्द के पीछे, इनमें मूल शब्द के आगे। ग्रीक, लैटिन, हीब्रू, अरबी समेत सामी और भारत से बाहर की इंडोयूरोपियन भाषाओं में रूप-विन्यास की दो विरोधी प्रवृत्तियाँ देखी जाती हैं, एक भारतीय आर्य पद्धति, दूसरी कम्बोज पद्धति। 'प्रिपोज़ीशनों' का व्यवहार वहाँ या तो स्वतंत्र विकास का परिणाम है या कम्बोज पद्धति के प्रभाव का फल है। भारत के उत्तराखंड में सामी, आर्य, कम्बोज भाषाएँ बोलनेवाले कभी पड़ोसी थे, यह स्मरणीय है।

कारक का प्रयोजन और समस्या

कारक का मूल प्रयोजन क्या है और रूप-विन्यास की किस पद्धति से कारक रचना होती है, ये दोनों बातें भारतीय भाषाओं के विकास को समझने में सहायता देती हैं। संस्कृत और आधुनिक आर्य भाषाओं में कारक-रचना-पद्धति और कारक के प्रयोजन को लेकर कोई मौलिक भेद नहीं है। जहाँ तक 'प्रिपोज़ीशनों' का सम्बन्ध है, इनका प्रयोजन भी वही है जो भारतीय भाषाओं में पश्चगामी सम्बन्धकों—'पोस्ट पोज़ीशनों'—का है। इसी कारण कारक विधि से किसी भी भाषा का विवेचन किया जा सकता है, वह संश्लिष्ट हो चाहे विश्लिष्ट। किन्तु रूप-विन्यास की दृष्टि से भारत और यूरुप की भाषाओं में भेद है। भारतीय भाषाओं में विन्यास की एक ही पद्धति है। यह बात हिन्दी ही नहीं, संस्कृत का विकास समझने में भी सहायक होती है; संस्कृत की तरह ग्रीक, लैटिन, हीब्रू,

अरबी आदि में जहाँ संश्लिष्ट रूपों का चलन है, जहाँ कारक-चिह्न मूल शब्द के बाद जुड़कर संश्लिष्ट रूप बनाता है, वहाँ भी इस विकास को समझने में सहायता मिलती है।

मूल समस्या यह है : संस्कृत के कारक-चिह्न कभी स्वतंत्र शब्द थे या नहीं। यदि ये स्वतंत्र शब्द थे तो कारक-चिह्नों के निर्माण की प्रक्रिया समझ में आ जाती है। कारक-चिह्न स्वतंत्र शब्दों के अवशेष हैं; जिनकी कभी स्वतंत्र सत्ता थी, वे अब चिह्न मात्र रह गए हैं। स्वतंत्र शब्द थे, तब भी मूल शब्द के पीछे चलते थे; जब चिह्न रह गए, तब भी मूल शब्द के अनुगामी रहे। स्वतंत्र शब्द की अपेक्षा उसका चिह्न मूल शब्द से संयुक्त हो गया। इस प्रकार संश्लिष्ट रूप का जन्म हुआ। संश्लिष्ट और विश्लिष्ट, ये शब्द सापेक्ष हैं; इनमें कोई निरपेक्ष भेद नहीं है। कारक-चिह्नों के विकास के बारे में आचार्य किशोरीदास वाजपेयी ने **हिन्दी शब्दानुशासन** में लिखा है : "कहते हैं—ये 'को' 'ने' आदि विभक्तियाँ नहीं, 'परसर्ग' हैं; क्योंकि किन्हीं शब्दों के ये घिसे हुए रूप हैं—मूलतः विभक्ति नहीं। परन्तु संस्कृत की विभक्तियाँ भी किन्हीं शब्दों के घिसे हुए रूप कही जा सकती हैं न ?" (पृष्ठ 171)। विभक्तियाँ शब्दों के घिसे हुए रूप हों तो हिन्दी कारक-रचना और संस्कृत कारक-रचना में मौलिक अन्तर न होगा। हिन्दी और संस्कृत में बहुत बड़ा भेद वचन और विभक्ति को लेकर दिखाई देता है। ऐसा लगता है कि हिन्दी में विभक्तियाँ बदलती नहीं हैं, संस्कृत में बदलती हैं। इस संदर्भ में वाजपेयी जी की यह स्थापना अत्यन्त सारगर्भित है : "विभक्ति का रूप बदलता नहीं है। हिन्दी की **ने को में से** आदि विभक्तियाँ सदा एक रूप रहती हैं।" (**हिन्दी शब्दानुशासन**, पृष्ठ 128)। क्रिया का सारतत्त्व जैसे लिंग-वचन-भेद से मुक्त है, वैसे ही क्रिया के साथ कारक का सीधा सम्बन्ध होने से वह भी लिंग-वचन-भेद से मुक्त होगा। "शुद्ध क्रिया में लिंग, वचन आदि कुछ है ही नहीं !" (उप. पृष्ठ 138)। और भी—"क्रिया के साथ जिसका सीधा सम्बन्ध हो, उसे 'कारक' कहते हैं—'क्रियान्वयित्वं कारकत्वम्'।" (उप. पृष्ठ 136)। वैदिक भाषा सुदीर्घ विकास का परिणाम है। वैदिक काल में बालकेभिः, रामेभिः जैसे रूप प्रचलित थे जो आगे चलकर बालकैः, रामैः रह गए; प्राकृत में रामेहिं जैसे रूप मिलते हैं। यह हिं अवधी, ब्रजभाषा आदि में अवतरित हुआ। अतः शोधकर्ता को यह बात सदा ध्यान में रखनी चाहिए कि "हिन्दी में 'मूल भाषा' के (तथा वैदिक संस्कृत के) और भी कितने ही अवशेष विद्यमान हैं।" (उप. पृष्ठ 135)।

3. सर्वनाम और कारक-चिह्न

संस्कृत में निर्देशक सर्वनामों, सम्बन्धकों, देशकाल-सूचक विशेषकों की रचना-प्रक्रिया ही मिलती-जुलती नहीं है, बहुधा उनका आधार भी एक ही होता है। **क्, त्, प्, म्, न्, य्, स्, अ, इ,** उ आदि ध्वनियाँ उक्त कोटि के शब्दों के निर्माण में प्रयुक्त होती हैं।

विभक्तियों से इनका सम्बन्ध पहचानने पर संस्कृत शब्दों की रूप-रचना अधिक स्पष्ट होती है, आर्य भाषाओं का विकास भी समझ में आने लगता है।

क् सर्वनाम

सबसे पहले **क** सर्वनाम लेते हैं। संस्कृत **कः** के अतिरिक्त भोजपुरी-अवधी **के, को** आदि रूपों में यह सर्वनाम अब भी प्रयुक्त होता है। इस शृंखला के सभी सर्वनाम विभिन्न स्वरों के साथ प्रयुक्त होते हैं और इससे उनमें अर्थभेद भी उत्पन्न होता है जैसे संस्कृत **कः** व्यक्तिवाचक है और **किम्** वस्तुवाचक है अथवा उसकी व्यंजना हिन्दी **क्यों** से मिलती-जुलती है। यह **क** सर्वनाम मूलतः प्रश्नवाचक न था। हिन्दी के **कुछ** और **कोई** इसी शृंखला में हैं पर इन शब्दों में प्रश्न का भाव नहीं है। **कु** उपसर्ग हीनता के अर्थ से सम्बद्ध हो गया। यह उसका मूल अर्थ न रहा होगा।

उक्त सभी सर्वनामों में देश-काल-व्यक्ति-सूचक **ध** जोड़ा जाता है। हिन्दी शब्द **किधर** और संस्कृत **कदा** मूलरूप **कध** या **किध** के आधार पर बने हैं। यह **ध** जब अल्पप्राण होता है तब **कद** रूप मिलता है जो संस्कृत में, **कु** के समान, हीनता का भाव व्यक्त करता है जैसे **कदर्थ**। जब **ध** स्पर्श गुण खोकर **ह** में परिवर्तित होता है तब **कह** या **कहँ** रूप मिलते हैं जो पुरानी अवधी में कर्म या सम्प्रदान की विभक्ति का काम देते हैं। **का, के, को** इसी **कह** का विकास हैं। भिन्न जनपदों में **ह्** ध्वनि पूर्ववर्ती स्वर को एकार, इकार, ओकार, उकार रूप में बदलती है। अन्य सर्वनामों की रचना-प्रक्रिया पर ध्यान देने से ऐसा लगता है कि सर्वनाम-मूल **क** में **ध** जोड़ा गया है और तभी **का के को** आदि का विकास हुआ है। अवधी में **का कहत है**—इस वाक्य में **का** परिनिष्ठित हिन्दी के **क्या** का अर्थ देता है। **वहि का बॉलाव्**—इस वाक्य में **का** परिनिष्ठित हिन्दी के **को** की जगह है। उसको बुलाओ, यह भाव है। **कहिका लरिका आय**—अर्थात किसका लड़का है। यहाँ **का** सम्बन्ध सूचक विभक्ति है। कुछ लोग **कह** के विकास की कल्पना **कर** के आधार पर करते हैं। **कर** से **का** का विकास हो सकता है पर अन्य सर्वनामों में हम देखेंगे कि ऐसी कल्पना अनावश्यक है। स्वयं **कर** उसी **कध** के आधार पर बना है। **ध** के अल्पप्राण होने पर **कद** रूप मिला और **द** पुनः **र** में परिवर्तित हुआ। इस प्रकार **कध** के आधार पर विकसित **कर** रूप का करना क्रिया से कोई सम्बन्ध नहीं है। **कार्य** का अपभ्रंश रूप **कर** हो, यह भी निराधार कल्पना है। **क** सर्वनाम बहुत पुराना है, इसमें तो किसी को कोई सन्देह नहीं। बहुत से बहुत उसे प्रश्नवाचक मानकर उसके अर्थ को सीमित किया जा सकता है। यह **क** सम्बन्धक भी है और काफी पुराना है, इसका प्रमाण यह है कि रूसी भाषा में यह समीपतासूचक सम्बन्धक है और सम्प्रदान कारक के साथ इसका व्यवहार होता है। मैं अध्यापक के पास जाता हूँ, यहाँ 'के पास' के लिए रूसी में **क** सम्बन्धक प्रयुवत होगा। **क उचीतेल नित्से** अर्थात् अध्यापक के पास। इसी प्रकार शाम तक मैं आऊँगा, यहाँ **क वेचेरु** कहकर **क** द्वारा समीपता का भाव व्यक्त किया

गया। रूसी **क** स्वतन्त्र सम्बन्धक या सर्वनाम हो सकता है, **कध** का विकास भी हो सकता है। इतना निश्चित है कि **कर** या **कार्य** के आधार पर उसकी व्याख्या नहीं की जा सकती। रूसी **क** अवधी **कहूँ** से मिलता-जुलता है और संभव है, वह **कध्-कह्-क** की विकास-प्रक्रिया से प्राचीन **कध** का अवशेष हो। अवधी के **कर, को** आदि 'परसर्गों' की रचना-प्रक्रिया वही है जो संस्कृत **अभि, अधि** की है। **क** सर्वनाम से बने 'परसर्ग' संस्कृत में न मिलें तो इससे यह सिद्ध नहीं होता कि पहले उनका व्यवहार न होता था।

त् सर्वनाम

त सर्वनाम मूल में **थ** जोड़कर **तथ** रूप बना। **थ** के अल्पप्राण होने पर **तद** और उससे, अन्त्य स्वर के लोप के बाद, **तद्** रूप निश्चित हुआ। यह संस्कृत का सुपरिचित सर्वनाम है। **तद्** रूप नपुंसक लिंग में रखा गया। पुल्लिंग रूप **सः** माना गया। **सः** से **तद्** का विकास सम्भव नहीं है। वास्तव में एक अन्य सर्वनाम **तद्** के साथ जोड़ दिया गया। दो भिन्न सर्वनाम एक ही शब्द की रूप-रचना के अन्तर्गत स्वीकृत हुए। बहुवचन रूप **ते** सीधा **तथ–तह** का विकास है जैसे कि **कध–कह** का विकास **के** है। संस्कृत में संज्ञा-सर्वनाम शब्दों के बाद **तः** लगाकर जो अपादान कारक जैसा दूर हटने का भाव व्यक्त किया जाता है, वह **तथ** के आधार पर निश्चित हुआ है। अवधी आदि में ठीक इसी **तः** के अनुरूप जो **ते** का व्यवहार होता है, वह **तथ–तह** का विकास है। **कहँ** के समान **तहँ** में अनुनासिकता वैसे ही है जैसे **को** के समानान्तर **कूँ** का व्यवहार ब्रजभाषा में होता है। **ते** के साथ **तें** का व्यवहार होता है। संस्कृत **तदा** और हिन्दी **तहाँ** में **त** सर्वनाम मूल है। सम्भव है कि तुलना करने के लिए संस्कृत में विशेषणों के साथ जो **तर** लगाया जाता है, वह **तद** का परिवर्तित रूप हो। यह **तर** विशेषण की विशेषता बताता है, अतः स्वयं विशेषक है। अन्य विशेषकों की तरह वह भी रचा गया होगा। हिन्दी में वाक्य आरम्भ करते हुए जिस **तो** का बहुत प्रयोग होता है, वह भी **तथ–तह** का विकास हो सकता है।

पर

हिन्दी का **पर** अनेक अर्थों में प्रयुक्त होता है। संस्कृत में **पर, अपर** सर्वनाम हैं जो अन्य पुरुष की ओर संकेत करते हैं। हिन्दी में बोलचाल के स्तर पर सर्वनामवत् इसका प्रयोग नहीं होता किन्तु अवधी में **परार, परारि** (दूसरे का, दूसरे की) रूपों में सर्वनाम **पर** अभी बना हुआ है। सम्बन्धक रूप में तो इसका व्यवहार होता ही है; दो वाक्यों का अन्तर दिखाने के लिए भी इसका प्रयोग होता है। **मैंने उसे बुलाया पर वह आया नहीं; 'परन्तु'** के अर्थ में **पर** का प्रयोग होता है और स्वयं **परन्तु पर** के सहयोग से बना है। संस्कृत में **क** जैसे प्रश्नवाचक सर्वनाम बना, वैसे ही गोंडी जैसी द्रविड़ भाषा में **प** सर्वनाम–अपने

सघोष ध्वनिरूप में—प्रश्नवाचक बना : **बद्, बउ** (कौन व्यक्ति) (द्रविड़ व्युत्पत्ति कोश, शब्द संख्या 4228)। **बद्** सीधा **पथ** का रूपान्तर है।

म् के सर्वनाम

म और **न** दो अन्य महत्त्वपूर्ण सर्वनाम हैं। **पथ** के समान **मध** रूप निर्मित हुआ था। **मध्य** इसी का रूपान्तर है। मराठी **मधे** इसका प्रतिरूप है। यह रूप, सर्वनाम से भिन्न, देश-काल-सूचक विशेषक या सम्बन्धक का काम करता है। **मध** के समानान्तर **मिध** भी प्रचलित था, इसका प्रमाण अंग्रेज़ी का **मिड्** है जो इस भाषा में लैटिन **मेदिउस्** का विकास माना जाता है। लैटिन में इकारवाला रूप भी प्रचलित था, यह **दीमीदीउस्** जैसे शब्द से विदित होता है। इस शब्द का अर्थ है : मध्य से विभाजित। जर्मन समुदाय की भाषाओं में **मित्ति, मिट्टे** जैसे रूप प्रचलित थे। **मिद्** का **द्** जब **न्** में परिवर्तित हुआ तब **मिन्** रूप बना। संस्कृत के **तस्मिन्** का अर्थ होगा उसके भीतर। संस्कृत में मूल सर्वनाम के बाद **म** का व्यवहार **तस्मिन्** के अलावा **तस्मै, तस्मात्** आदि में भी है। मानना चाहिए कि **मै, मात्, मिन्** आदि **म** सर्वनाम के रूप हैं और किसी समय उनका इतना अधिक प्रयोग होता था कि अन्य सर्वनामों के साथ उन्हें जोड़कर रूप-रचना की जाने लगी।

कहँ और **पहँ** के समान पुरानी हिन्दी में **महँ** या **मह** का व्यवहार होता था। इसी **मह** के आधार पर आधुनिक हिन्दी के **में** रूप की रचना हुई है। **गली में, आकाश में,** अर्थात् गली के मध्य, आकाश के मध्य। जैसे **कह** से **का** रूप बना और सम्बन्धकारक की व्यंजना के लिए उसका व्यवहार हुआ, वैसे ही **मा** या **म** का व्यवहार भी सम्बन्ध प्रदर्शित करने के लिए होता था। संस्कृत **मम** में पहला **म** उत्तम पुरुष सर्वनाम का एकवचन रूप है; दूसरा **म** सम्बन्धकारक का चिह्न है। संस्कृत में अपादान कारक एकवचन **मत्**, सम्बन्धकारक एकवचन **मम** और सम्प्रदानकारक तथा सम्बन्धकारक एकवचन **मे** का आधार यही **म** है। उत्तम पुरुष **अस्** सर्वनाम अन्य स्रोत से आया है। संस्कृत में उत्तम पुरुष सर्वनाम के एकवचन रूप **मत्, मम, मे, मया** इसी **म** सर्वनाम के आधार पर बने हैं। यह बात कुछ आश्चर्यजनक लगेगी कि **म** सर्वनाम मूल एक ओर अन्य पुरुष का निर्देश करता है, दूसरी ओर उत्तम पुरुष का भी। सर्वनामों की रचना ही इस तरह हुई है कि पहले उत्तम और अन्य पुरुषों का भेद नहीं था। **अस्मद्** के **अस्** पर ध्यान दें तो देखेंगे कि अन्य पुरुष **असौ** में यही उत्तम पुरुष का **अस्** विद्यमान है। **अस्मै, अस्मात्** आदि का सम्बन्ध **इदम्** से जोड़ा जाता है। वास्तव में ये **इदम्** से भिन्न **अस्** के आधार पर बने हुए रूप हैं। इससे मिलती-जुलती स्थिति अन्य उत्तम पुरुष सर्वनामों के सन्दर्भ में दिखाई देगी। उत्तम पुरुष **मद्** से **मदीय** आदि रूप बने हैं; इसी **मद्** का प्रतिरूप फ़ारसी का **मन्** (उत्तम पुरुष, एकवचन) सर्वनाम है।

हिन्दी का उत्तम पुरुष एकवचन सर्वनाम **मैं** और अधिकरणकारक का सम्बन्धक **में** एक दूसरे से बहुत मिलते-जुलते हैं। इसका कारण यह है कि दोनों का आधार **मध**

है। जनपदीय प्रवृत्तियों के अनुरूप सर्वनाम और सम्बन्धक के उच्चारण में भिन्नता है। बुन्देलखंड और उससे आगे पश्चिम की ओर **मैं** सर्वनाम का उच्चारण में सुनाई देता है। अवधी तथा कुछ अन्य भाषाओं में परिनिष्ठित हिन्दी के सम्बन्धक **में** का उच्चारण **मां** होता है। **मध** के आधार पर बने **मां** और **में** दो जनपदीय रूप हैं।

न् के सर्वनाम

म के समानान्तर दूसरा सर्वनाम **न** है। यह एक स्वतंत्र सर्वनाम था, इसका प्रमाण संस्कृत के दो शब्द **अक्तम्** और **नक्तम्** हैं। **अक्ता, अक्तु** शब्द रात्रि के लिए प्रयुक्त हुए हैं। स्पष्ट ही **नक्त** का सम्बन्ध इन शब्दों से है। या तो यह माना जाए कि **न्** का लोप हो गया और **अक्तु** रूप बच रहा या फिर यह कहा जाए कि अक्तु में **न्** जोड़ दिया गया और इसका कोई प्रयोजन नहीं था। आर्य भाषाओं के प्राचीन लुप्त रूप बहुधा आर्येतर भाषाओं में मिल जाते हैं। संथाली भाषा का बहुप्रयुक्त निर्देशक सर्वनाम **न, नॅ** है। यह निकटवर्ती वस्तु की ओर संकेत करता है। **नूॅड, नॅडे** (यहाँ), इस रूप में **ड** पूर्व परिचित **ध** का रूपान्तर है। **नॅतें** (इस ओर), यहाँ **थ्** अघोष अल्पप्राण रूप में है। संथाली में **न** के समकक्ष **नि** वाले रूप भी हैं। अब अंग्रेज़ी के कालवाचक **नाउ** शब्द पर विचार करें। इसका सम्बन्ध पुरानी अंग्रेज़ी के **नु**, ग्रीक **नुन्**, लैटिन **नुन्क्** से जोड़ा जाता है। ग्रीक **नुन्** का वही अर्थ है जो अंग्रेज़ी **नाउ** (अब, अभी) का है। इसी **नुन्** के आधार पर लैटिन **नुन्क्** रूप बना है और उसका वही अर्थ है जो ग्रीक शब्द का है। इनके अतिरिक्त संस्कृत **नू** शब्द है और वह भी निकटवर्ती काल की सूचना देता है। संस्कृत में **नेद** जैसा शब्द कभी प्रचलित था; इसी से बने **नेदिष्ठ** (सर्वाधिक समीप), **नेदीयस्** (अधिक समीप)। सर्वनाम **ने** में **द** (मूल रूप **ध**) जोड़कर यह शब्द बनाया गया है। इसी **नेद** के आधार पर पंजाबी **नेड़े**, हिन्दी **नेरे**, अंग्रेज़ी **नियर** शब्द बने हैं और सभी समीपता सूचित करते हैं। फ़ारसी **नज़दीक** में शब्द मूल **नज़** का आधार प्राचीन रूप **नध** है। **उप** के साथ जैसे ऊपर का भाव जुड़ गया, वैसे ही **नीच** शब्द में निम्नता का भाव जुड़ गया, इस शब्द का आधार है **नीध**।

बहुत से संस्कृत शब्दों में **नि** उपसर्ग लगा रहता है। वह किसी वस्तु के मध्य, उसके पीछे या नीचे की ओर संकेत करता है। कहीं वह अभाव की व्यंजना करता है, कहीं वह अर्थ को घनत्व प्रदान करता दिखाई देता है यथा **सद्** माने बैठना और **निषद्** (जैसे उपनिषद् में), विशेष उद्देश्य से बैठना। अभावसूचक शब्द बहुधा अर्थ को घनत्व भी प्रदान करते हैं। विष मृत्यु का कारण है और औषधि रूप में जीवनदायी भी हो सकता है। वही स्थिति भाव और अभाव दोनों की सूचना देने वाले **नि** की है जो मूलतः सर्वनाम है और उपसर्ग रूप में विशेषक का काम करता है।

संस्कृत में उत्तम पुरुष सर्वनाम के रूपों में **नौ, नः** रूप भी हैं; एक से अधिक कारकों में द्विवचन, बहुवचन के लिए प्रयुक्त होते हैं। जैसे **म** के आधार पर बने **मे,**

मम आदि रूप हैं, वैसे ही **न** के आधार पर बने **नौ, नः** रूप हैं। जैसे **मम** रूप में दूसरा **म** सम्बन्धकारक का चिह्न है, वैसे ही नदीनाम्, आत्मनाम्, रामाणाम् का **न** या **ण** सम्बन्धकारक का चिह्न है। **ना, नो, नी** 'परसर्ग' सम्बन्धकारक का भाव बताने के लिए गुजराती में आज भी प्रयुक्त होते हैं। करणकारक में संस्कृत के **रामेण, ज्ञानेन, अमुना, वारिणा** आदि को इस **न** से जोड़ा जा सकता है। संस्कृत **केन** (बँगला **केनो**) के समानान्तर गुजराती **केम** है। यहाँ **म** और **न** की भूमिका एक-सी है।

मध के आधार पर जैसे सम्बन्धक **में** का विकास हुआ है, वैसे ही **नध** के आधार पर कारक-चिह्न **ने** का विकास हुआ। गुजराती, पंजाबी आदि में कर्म और परिनिष्ठित हिन्दी में कर्ताकारक के साथ इसका व्यवहार होता है। पंजाबी का कारक-चिह्न **नु** भी इसी कुल का है।

स् के सर्वनाम

संस्कृत का सर्वाधिक प्रयुक्त सर्वनाम **स** है। यहाँ दन्त्य **स्** है। तालव्य या मूर्धन्य नहीं, यह तथ्य मध्यदेशीय आर्य भाषा में इस सकार की भूमिका सिद्ध करता है। अन्य सर्वनामों की तरह **स** में **ध** जोड़कर **सध** रूप बना। सम्बन्धक **सह** इसका रूपान्तर है।

संस्कृत, रूसी आदि भाषाओं में जो **स** उपसर्ग प्रयुक्त होता है और किसी वस्तु के साथ होने का अर्थ देता है, वह **सह** का संक्षिप्त रूप है। हिन्दी में विभिन्न कारकों के लिए जिस **से** का व्यवहार होता है, वह **सध–सह** के आधार पर बना है। हिन्दी का अन्य पुरुष सर्वनाम **सो,** इसका बँगला प्रतिरूप **से** (या **शे**) उसी आधार पर बने हैं। हिन्दी में **तो** के समान वाक्य या वाक्यांश के आरम्भ में जिस **सो** का व्यवहार होता है, उसका आधार भी यही है। संस्कृत में जैसे **कद्** का व्यवहार निम्न भाव की व्यंजना के लिए हुआ, वैसे ही **सद्** का व्यवहार गरिमा दिखाने के लिए होने लगा। **कु** के समान, उसका विरोधी अर्थ देते हुए, **सु** को नई व्यंजना दी गई। वास्तव में **सु** सर्वनाम है और सम्बन्धक का कार्य भी करता है। लैटिन के **सुपर** में **पर** के पहले यही सर्वनाम **सु** है। संस्कृत में अधिकरणकारक के बहुवचन रूपों के लिए वह सुरक्षित-सा हो गया। **सि** से भिन्न **सु** दूरस्थ वस्तु की सूचना देता था। क्रिया जहाँ सम्पन्न हो रही है, उस स्थान का निर्देश करने के लिए **सु** का प्रयोग होने लगा। **स-सि-सु ह-हि-हु** में परिवर्तित हुए और अनेक भाषाओं में इनका व्यवहार हुआ। फिर हकार का लोप हुआ और **अ इ उ** सर्वनाम बच रहे जिनका अत्यन्त कुशल और संगत उपयोग तमिल तथा अन्य द्रविड़ भाषाओं में दिखाई देता है। उनकी चर्चा करने से पहले संस्कृत **सह** पर विचार कर लें।

संस्कृत में **ने** के अलावा करणकारक के एकवचन में जिस **आ** विभक्ति का व्यवहार होता है, सम्भवतः उसका आधार **सह** है। वास्तव में **आ** विभक्ति पुरानी है और **न** विभक्ति अपेक्षाकृत पीछे की है। इसका एक प्रमाण यह भी है कि रूसी में **न** स्वतंत्र

सम्बन्धक है, विभक्ति नहीं बन पाया किन्तु **आ**, संस्कृत के समान, वहाँ शब्दानुगामी विभक्ति है। ब्रुगमन ने इस बात का उल्लेख किया है कि **आ** वाले रूप वैदिक भाषा में अधिक हैं और **न** वाले रूप संस्कृत में। **भ्रात्रा, मत्या, मरुता, वाचा** में यही **आ** विभक्ति है। इस **आ** का पूर्व रूप **सा** था जो कुछ प्राकृत भाषाओं में मिलता है। **मनसा** का अनुकरण करके प्राकृत में **कायसा** रूप का चलन हुआ हो, यह सम्भव है किन्तु पिशल ने **बलसा, पओगसा (प्रयोगसा), णियमसा (नियमसा) जोगसा (योगसा), भयसा** आदि अनेक रूप दिए हैं, और यह विश्वास नहीं होता है कि ये सभी भ्रामक अनुकरण का परिणाम हैं। इनमें **सा** विभक्ति का आधार **सह** है।

सध और **सह** के समानान्तर एक दूसरा सर्वनाम **सम, सन** था। **सम, सिम** जैसे सर्वनाम वैदिक भाषा में प्रयुक्त होते थे। जैसे **मध-मद्-मन्** की विकास-प्रक्रिया सम्पन्न हुई, वैसे ही **सध-सद-सन** की सम्पन्न हुई। **सन्मार्ग** का **सन् सद्** का रूपान्तर है, इस बारे में किसी को शंका नहीं है। जैसे **कद्** निम्न भाव सूचित करता है, वैसे ही **सद्** उसका विरोधी उच्च भाव। संस्कृत **सम** और **सम् सध** के आधार पर निर्मित **सन** और **सन्** का प्रतिरूप हैं (उनका आधार **सभ** हो, यह भी सम्भव है)। संस्कृत का **सम्** उपसर्ग किसी के साथ कार्य सम्पन्न करने का भाव व्यक्त करता है। ठीक यही भाव सम्बन्धक **सह** का है। **सह** और **सम्** का उद्गम एक है या मिलता-जुलता है, अर्थ साम्य होना ही चाहिए। अवधी **सन**, ब्रजभाषा **सो** संस्कृत के **सह, सम्** के अर्थ से मिलता-जुलता भाव व्यक्त करते हैं।

सम विशेषक भी है, समानता का भाव दिखाता है। अवधी के **अइसन, जइसन** में **सन** स्पष्ट यह समानता का भाव दिखाता है, वह **सम** का प्रतिरूप है। **अइसन—अइसें—ऐसे**, मानक हिन्दी के **ऐसे-जैसे** की यह विकास-प्रक्रिया है।

व् और य् के सर्वनाम

अ-इ-उ के अतिरिक्त **व** और **य**, ये दो सर्वनाम भी महत्त्वपूर्ण थे। भीतर के अर्थ की व्यंजना के लिए इसका व्यवहार रूसी में होता है। इसी के प्रतिरूप **ब** में साथ होने का भाव है और उसका व्यवहार फ़ारसी में होता है। जिस प्रवृत्ति से अन्तस्थ **य्** अधिक स्पर्श तत्त्व प्राप्त करके **ज्** बनता है, उसी से **व्** अन्तस्थ न रहकर स्पर्श व्यंजन **ब्** रूप ग्रहण करता है। इंडोयूरोपियन परिवार के **ब** और **व** दोनों मूलतः एक ही शब्द हैं। यह **व** उकार में बदलकर लैटिन में प्रश्नसूचक सर्वनाम बनता है। लैटिन **उबी** का अर्थ है—कहाँ। ऐसा ही अर्थ **य** के परिवर्तित रूप **ॲ** में भी आगे दिखाई देगा। जैसे **अ** के साथ **इ** सर्वनाम है, वैसे ही **ब** के साथ **वि** सर्वनाम है। संस्कृत में **विधि** शब्द इसी **वि** के सहारे बना है। अंग्रेज़ी **विद्** (साथ) की भी यही रचना-प्रक्रिया है।

संस्कृत में **यद्** सर्वनाम **यध** का विकास है। **य** के प्रतिरूप **ॲ** के आधार पर द्रविड़ भाषाओं में प्रश्नसूचक सर्वनाम रूप बने हैं। जैसे **क** सर्वनाम (**किम्, कः** आदि) मूलतः

प्रश्नवाचक नहीं हैं, वैसे ही द्रविड़ भाषाओं का अॅ भी मूलतः प्रश्नवाचक नहीं है। हिन्दी क्षेत्र के **जो**, **जे**, **जॅहि** आदि इसी **यधू** के रूपान्तर हैं।

कारक और विभक्तियाँ

संस्कृत में विभक्तियाँ दो प्रकार की हैं : एक वे जो सर्वनाम के साथ कोई वस्तुवाचक ध्वनि चिह्न जोड़कर बनी हैं, जो मूलतः स्वतंत्र सम्बन्धक थीं, निरन्तर व्यवहार से अपनी स्वतंत्रता खोकर कारक चिह्न रह गईं; दूसरी वे जो केवल सर्वनाम हैं या सर्वनामों का अवशेष हैं, जिनकी भूमिका सम्बन्धकों की भूमिका से मिलती-जुलती है। सम्बन्धकों के निर्माण में सर्वनामों की भूमिका अपरिहार्य है, इसलिए सम्बन्धकों के स्थान में कहीं-कहीं सर्वनामों का ही प्रयोग होने लगा, तो यह आश्चर्य की बात नहीं है।

अधिकरणकारक के बहुवचन रूपों में **सु** विभक्ति का व्यवहार होता था। **सु** सर्वनाम था। कारक-चिह्न **सु** और सर्वनाम **सु** में कोई सम्बन्ध है या नहीं ? **सु** में उकार दूरस्थ वस्तु का सूचक है, यह बात ब्रुगमन को मालूम थी। उन्होंने इंडोयूरोपियन परिवार के व्यापक सन्दर्भ में लिखा है कि अधिकरणकारक के बहुवचन में, बहुत सम्भव है, **सु** और **सि** के अलावा **स्** का व्यवहार भी होता था; ऐसा हो तो सही विभक्ति चिह्न होगा **स्** और उसमें विशेषक चिह्न **उ** लगा, तो शायद अर्थ होगा—वहाँ; और शायद **इ** का अर्थ था यहाँ, और हो सकता है कि यही अधिकरणकारक के एकवचन में प्रयुक्त **इ** हो; कुछ भाषाओं में **इ**, **उ** जोड़े बिना ही **स्** का व्यवहार होता है। (**कम्पैरेटिव ग्रामर.**, खंड 3, पृ. 256-7)।

ब्रुगमन ने **उ** और **इ** को दूरस्थ और निकटस्थ वस्तुओं की ओर संकेत करनेवाले चिह्न ठीक माना है। इंडोयूरोपियन और द्रविड़, दोनों परिवारों में उनकी यह भूमिका है। किन्तु ये **उ** और **इ**, **सु** और **सि** का विकास हैं, यह बात उनके ध्यान में नहीं है; अतः वे **स्** को मूल विभक्ति मान लेते हैं। अधिकरणकारक क्रिया के स्थान की सूचना देता है, इसलिए स्थानसूचक **उ** और **इ** चिह्न विभक्ति का अभिन्न अंश हैं, **स्** नहीं। **स्** से किसी स्थान की सूचना नहीं मिलती। ऐसी सूचना **सुध-सिध, उध-इध** जैसे विशेषकों से मिल सकती है, और वह केवल निर्देशक सर्वनाम **सु-सि, उ-इ** से भी मिल सकती है। यही कारण है कि अधिकरणकारक के बहुवचन में विशेषक की जगह केवल सर्वनाम **सु** से काम लिया गया। इसी कारक के एकवचन में प्रयुक्त **इ** अवश्य ही **सिहि** का रूपान्तर है। विभक्तियों का मूल उद्देश्य शब्द के लिंग की सूचना देना नहीं है। संस्कृत रूप-रचना में एक ही विभक्ति अनेक बार विभिन्न लिंगों वाले शब्दों के साथ प्रयुक्त होती है। **रामेषु, गुरुसु**—पुंल्लिग हैं; **वारिषु, नामसु**—नपुंसक लिंग हैं; **मालासु, मतिसु**—स्त्रीलिंग हैं। तीनों लिंगों में एक ही विभक्ति **सु** है। लिंगभेद यहाँ **राम, वारि, माला** शब्दों के मूल रूपों से सूचित है, विभक्ति से नहीं। अधिकरणकारक के एकवचन में **चन्द्रमसि** पुंल्लिंग, **नामनि** नपुंसकलिंग, **मातिर** स्त्रीलिंग हैं। सबमें **इ** विभक्ति का

व्यवहार हुआ है। सम्प्रदानकारक के एकवचन में **हरये, गुरवे, भ्रात्रे** पुंल्लिग हैं; **मतये, धेनवे, मात्रे** स्त्रीलिंग हैं; **वारिणे, मधुने, नाम्ने** नपुंसकलिंग हैं। करणकारक के एकवचन रूप **चन्द्रमसा, अर्चिषा, नाम्ना** क्रमशः पुंल्लिग, स्त्रीलिंग और नपुंसकलिंग हैं। ऐसे और बहुत से उदाहरण दिए जा सकते हैं जिनसे विभक्ति का लिंगभेद से मुक्त होना सिद्ध होगा। कुछ विभक्तियाँ कुछ लिंगों के साथ अधिक प्रयुक्त होने लगीं; इस संसर्ग के कारण उनसे लिंगबोध होने लगा। किन्तु संस्कृत रूप-रचना में यह विभक्ति की मुख्य भूमिका नहीं है। इसी प्रकार वचन-बोध कराना भी विभक्ति की मुख्य भूमिका नहीं है। उत्तम पुरुष सर्वनाम के अपादान रूप, एकवचन और बहुवचन में, **मत्** और **अस्मत्** हैं। दोनों में एक ही विभक्ति **त्** है। इसी कारक में मध्यम पुरुष सर्वनाम के एकवचन-बहुवचन रूप **त्वत्** और **युष्मत्** हैं। **भि** विभक्ति ग्रीक भाषा के **फि** प्रतिरूप में, एकवचन और बहुवचन दोनों में प्रयुक्त होती थी, इसका उल्लेख पहले हो चुका है। कुछ विभक्तियों का व्यवहार किन्हीं विशेष वचनों में अधिक होने लगा, इस प्रकार संसर्ग से वे वचन-भेद सूचित करने लगीं। यह उनकी मूल या मुख्य भूमिका नहीं है।

भ्याम्, भ्यस्, भिस् जैसी विभक्तियों में मूल तत्त्व **भि** है। उसके बाद **आम्, अस्, स्** सर्वनाम चिह्न हैं। इनकी भूमिका वही है जो **रामस् या ज्ञानम्** में सर्वनाम चिह्नों **स्** और **म्** की है। इन रूपों की रचना वाक्यतंत्र की उस पद्धति के अनुसार हुई है जिसमें विशेषक मूल शब्द के बाद आता है। **स्** और **म्** निर्देशक सर्वनामों के चिह्न हैं, वे शब्द से जुड़कर उसकी निश्चित स्थिति का बोध कराते हैं। इनकी भूमिका वही है जो अंग्रेज़ी में 'डे फिनिट् आर्टिकल्' की हैं। कर्ताकारक के अलावा जिस कारक में भी इनका विभक्ति के बाद व्यवहार होता है, उनमें उनका प्रयोजन वचन भेद सूचित करना नहीं वरन् शब्द को निश्चयात्मकता प्रदान करना है। **पितामह** जैसे रूप में मूल शब्द **पिता** के बाद विशेषक **मह** लगा है; इसी पद्धति से **रामस्, ज्ञानम्** रूप बने थे।

संस्कृत में दो भिन्न और विरोधी प्रवृत्तियाँ काम करती दिखाई देती हैं। एक प्रवृत्ति नाम शब्द के बाद सर्वनाम चिह्न लगाती है, दूसरी नहीं लगाती। **माता, पिता, भ्राता, चन्द्रमा, नदी, रमा, मधु, नाम** आदि शब्द कर्ताकारक के एकवचन में सर्वनाम चिह्न लगाए बिना प्रयुक्त होते थे। **रामात्** जैसे रूपों में जहाँ **अत्** सम्बन्धक लगाया गया है, वहाँ भी कोई निश्चयार्थी सर्वनाम नहीं है। **रामेषु** जैसे रूपों में जहाँ **सु** सर्वनाम विभक्ति बन गया है, वहाँ वह निर्देशक सर्वनाम तो है, स्थान की सूचना तो देता है, पर वह निश्चयार्थी सर्वनाम नहीं है। सर्वनाम चिह्नों का व्यवहार करें या न करें, जैसे ये दो प्रवृत्तियाँ हैं, वैसे ही किसी शब्द को कारक रचना में बाँधा जाए या नहीं, ऐसी भी दो प्रवृत्तियाँ हैं। संस्कृत पर अपनी पुस्तक में बरो ने लिखा है कि अधिकरणकारक का सबसे प्राचीन रूप वह है जिसमें कारक चिह्न था ही नहीं। **अहन्, मूर्धन्, शीर्षन्** आदि रूप अधिकरणकारक का बोध कराते हैं और उनमें इस कारक का कोई चिह्न नहीं है। **ऊधर, मधु, नाम** नपुंसक लिंग हैं। कर्ता और कर्मकारकों में इनका एक-सा रूप रहता है।

संस्कृत में कारक-चिह्नों का गहरा सम्बन्ध सर्वनामों से है। यदि भाषा में सर्वनाम

चिह्न जोड़ने और न जोड़ने की दो प्रवृत्तियाँ होंगी तो शब्द के कारक-चिह्नों को भी जोड़ने और न जोड़ने की दो प्रवृत्तियाँ होंगी। निष्कर्ष यह कि संस्कृत के भीतर संश्लिष्ट और विश्लिष्ट रूप-रचना की दोनों पद्धतियाँ काम करती हैं। **अहन्** और **मूर्धन्** जैसे रूप कारक-चिह्न के बिना ही अधिकरण में हैं, यह वाक्य में उनकी स्थिति से, कथ्य के पूरे सन्दर्भ में, पहचाना जाएगा। क्रियापद-रचना पर भी ध्यान दें तो विदित होगा कि सर्वनाम चिह्न जोड़नेवाली पद्धति ही पुरानी है। वह नाम शब्दों तक सीमित नहीं है; क्रिया-पद-रचना में उसका प्रसार और भी व्यापक है। वैदिक भाषा से लेकर आधुनिक आर्य भाषाओं तक का विकास यह तथ्य उजागर करता है कि सर्वनाम-संयोजक-पद्धति निरन्तर क्षीण होती गई है। इस समय हिन्दी तथा अन्य आर्य भाषाएँ कारक रचना में सर्वनाम-संयोजन से मुक्त हो चुकी हैं किन्तु क्रियापद रचना में उस पद्धति के अवशेष काफी हैं। अपभ्रंश-काल में जो कारक-रचना-सम्बन्धी 'अराजकता' दिखाई देती है, वह अंशतः संस्कृत में भी है, संस्कृत की अपेक्षा वैदिक भाषा में अधिक है। इस 'अराजकता' का कारण यह है कि वैदिक भाषा के निर्माणकाल में विभिन्न आर्य गण भाषाओं की प्रवृत्तियाँ एक-दूसरे से टकरा रही हैं। संस्कृत में ऐसी टक्कर को सीमित करने का प्रयास किया गया है पर बोलचाल के स्तर पर वैदिक काल की भिन्न प्रवृत्तियाँ निरन्तर सक्रिय बनी रहीं। सर्वनाम-संयोजक-पद्धति के मुख्य केन्द्र मध्यदेश और पूर्वी प्रदेश में थे; सर्वनाम-वियोजक पद्धति का मुख्य केन्द्र कुरुगण का क्षेत्र था। उदीच्य जन कृदन्त प्रिय थे; कृदन्त क्रियाएँ सर्वनामी बन्धनों से मुक्त थीं। यही उदीच्य जन कारक-रचना को सर्वनाम-चिह्नों से मुक्त कर रहे थे। उनका राजनीतिक-सांस्कृतिक प्रभाव जितना ही बढ़ा उतना ही वे भाषा को विश्लिष्ट पद-रचना की ओर प्रेरित करते रहे। **अहन्** और **शीर्षन्**, कारक चिह्न के बिना ही, अधिकरण-भाव व्यंजित करते हैं, यह स्थिति अपभ्रंश और आधुनिक आर्य भाषाओं में प्रतिफलित हुई है। हिन्दी के 'परसर्ग' मूलतः विशेषक हैं जिनका एक अंश सर्वनाम है या वे विशेषक का कार्य करनेवाले सर्वनाम हैं। उनकी रचना-प्रक्रिया वही है जो संस्कृत की विभक्तियों की है। हिन्दी तथा अन्य आर्य भाषाओं में सर्वनामों की वह प्राचीन भूमिका कभी समाप्त नहीं हुई; इसलिए यह स्वाभाविक है कि ये भाषाएँ पूर्णतः विश्लिष्ट नहीं हुईं। न अंग्रेज़ी जैसी भाषा पूर्णतः विश्लिष्ट है। जो परस्पर विरोधी प्रवृत्तियाँ हिन्दी के आदि स्रोतों में काम करती रही हैं, वही अंग्रेज़ी के आदि स्रोतों को भी प्रभावित करती रही हैं। अतः आधुनिक आर्य भाषाओं की कारक-रचना-सम्बन्धी स्थिति अपभ्रंश काल में अकस्मात् प्रस्फुटित होनेवाली किसी अराजकता का परिणाम नहीं है।

वाक्य में कारक की स्थिति क्रिया पर निर्भर है; क्रिया के सन्दर्भ में ही वह अपना कारक नाम सार्थक करता है। अतः अब क्रियापद-रचना पर विचार करना चाहिए।

4. क्रियापद-रचना : तिङन्त और कृदन्त

आधुनिक आर्य भाषाओं तथा हिन्दी में संस्कृत के समान दो तरह के क्रियापदों का व्यवहार होता है। एक हैं तिङन्त, दूसरे हैं कृदन्त। "तिङ् प्रत्यय जिनके अन्त में हो, वे (पतति आदि) तिङ्न्त और कृत् जिनके अन्त में हों, वे (पत्र आदि) कृदन्त शब्द। तिङन्तों से क्रिया का आख्यान होता रहा, कृदन्तों से सिद्ध जीवों या वस्तुओं का बोध। बहुत आगे चलकर कृदन्त शब्दों से भी क्रियाओं का आख्यान होने लगा। तब क्रिया शब्दों के तिङन्त और कृदन्त ये दो भेद किए गए।" (**हिन्दी शब्दानुशासन्**, पृष्ठ 399)। संस्कृत में कृदन्त और तिङन्त, क्रिया के व्यवहार की दो भिन्न पद्धतियाँ हैं। इनमें कृदन्त पद्धति क्रमशः बलवती होती गई। दोनों प्रवृत्तियों में मूल भेद यह है कि तिङन्त क्रियाओं के अन्त में पुरुषसूचक सर्वनाम चिह्न लगते हैं और कृदन्त रूपों में ऐसे चिह्न नहीं जोड़े जाते। जैसे **अगच्छत्** और **गतः**, दोनों से वह गया, ऐसा भाव प्रकट होता है। **अगच्छत्** रूप के अन्त में **त्** अन्य पुरुष सर्वनाम का चिह्न है और कर्त्ता या कर्म के लिंग के अनुसार ऐसे रूप में कोई परिवर्तन न होगा। किन्तु कृदन्त रूपों में लिंगभेद व्यंजित होता है। दो प्रवृत्तियों में जो भेद है, उसका सम्बन्ध वाक्य-रचना की दो पद्धतियों से है।

पठामि—तिङन्त है

पठामि—यह केवल क्रियापद नहीं है, पूरा वाक्य है। आरम्भ में क्रिया है और क्रिया के बाद सर्वनाम चिह्न है जो कर्ता की भूमिका निबाहता है। हिन्दी में **पढ़ता हूँ** कहने से विदित हो जाएगा कि पढ़नेवाला मैं हूँ। वाक्य के आरम्भ में कर्ता **मैं** जोड़े बिना भी अर्थ स्पष्ट हो जाएगा। संस्कृत में पुरानी पद्धति **पठामि** कहने की है, **अहम् पठामि** इस तरह का वाक्य-विन्यास बाद का है। संस्कृत समेत भारतीय भाषाओं के वाक्यतंत्र की विशेषता यह है कि वाक्य के आरम्भ में कर्ता होता है और अन्त में क्रिया। पहले उद्देश्य, फिर विधेय, वाक्य-रचना की यही पद्धति भारत के विभिन्न भाषा-परिवारों में प्रचलित है। कोल-परिवार की क्रिया पद रचना में पठामि वाली पद्धति की छाया अब भी दिखाई देती है। कोल भाषा विशेषज्ञ पिनोव् का विचार है कि प्राचीन काल में कोल भाषाओं के वाक्य के आरम्भ में क्रिया रहती थी। यदि ऐसी ही स्थिति आर्य भाषाओं की न होती तो **पठामि** जैसे रूप की रचना न होती। कृदन्त-पद्धति उन आर्य भाषाओं की देन है जो वाक्य-रचना में पहले उद्देश्य, फिर विधेय, यह क्रम रखती थीं। परम्परा से यह प्रसिद्धि रही है कि उदीच्य लोग कृदन्तप्रिय रहे हैं। जो लोग यह मानते हैं कि आर्यगण उत्तर पश्चिम से भारत में आए, वे इस बात की व्याख्या नहीं करते कि तिङन्त-प्रेमी आर्यों में यह कृदन्त-प्रेमियों का दल कहाँ से पैदा हो गया। तिङन्त और कृदन्त का भेद दो वाक्यतंत्रों का भेद है, इस पर उन्होंने विचार नहीं किया। इंडोयूरोपियन परिवार में ऐसी भाषाएँ अब भी हैं जो वाक्य क्रिया से आरम्भ करती हैं, इस तथ्य का उनके लिए

मानो कोई महत्त्व ही नहीं है। स्काटलैंड में जो गेलिक भाषा बोली जाती है, वह केल्त समुदाय की है, अंग्रेज़ी भाषा जर्मन समुदाय की है। गेलिक की वाक्य-रचना अंग्रेज़ी से नितान्त भिन्न रूप में होती है। उसमें क्रिया पहले आती है और कर्ता कर्म आदि उसके बाद आते हैं। भारतीय कोल और आर्य भाषाओं में अनेक समानताएँ हैं। यदि कोई कहे कि स्काटलैंड की गेलिक भाषा पर कोल भाषाओं का प्रभाव है तो मुझे कोई आपत्ति न होगी। स्मरण यह रखना चाहिए कि ग्रीक और संस्कृत की क्रिया पद रचना उसी पद्धति से सम्भव है जो गेलिक में दिखाई देती है। इंडोयूरोपियन भाषाओं, इनके प्रमुख समुदायों, के विकास की अनेक मंज़िलें हैं और यह विकास हज़ारों साल की दीर्घ अवधि में सम्पन्न हुआ है। भारतीय सन्दर्भ में आर्य भाषाओं का एक समुदाय कृदन्तप्रिय है, दूसरा तिङन्तप्रिय। पहला समुदाय उदीच्य है, यह बात प्रसिद्ध है। दूसरा समुदाय मध्य देशीय होना चाहिए, यह निष्कर्ष स्वाभाविक है किन्तु इसका उल्लेख नहीं होता। कारण यह कि वैदिक भाषा बोलनेवाले आर्य मध्यदेशीय थे, यह कोई नहीं कहता। वैदिक आर्य उदीच्य हैं और कृन्दतप्रिय आर्य भी उदीच्य हैं ! इसलिए यह माना जाता है कि संस्कृत एक ही प्रदेश और एक ही समाज की भाषा है; परिवर्तन होता ही है, यहाँ भी कुछ परिवर्तन हो गया !

तिङन्त और कृदन्त का भेद

यदि आधुनिक आर्य भाषाओं की ओर ध्यान दें तो विदित होगा कि कृदन्त-तिङन्त वाला भेद अब भी बना हुआ है और यह भेद एक ही समाज, एक ही प्रदेश का आन्तरिक भेद नहीं है। वह दो प्रदेशों, दो समाजों, दो भाषा-समुदायों के बीच का भेद है। उदाहरण के लिए **उसने किताब पढ़ी,** यहाँ **पढ़ी** कृदन्त रूप है, कर्म के अनुसार उसका लिंग निर्धारित हुआ, **पढ़ी** में कहीं पुरुषवाचक सर्वनाम चिह्न नहीं है जिससे अन्य पुरुष या उत्तम पुरुष का बोध हो। अवधी में कहेंगे **वहु किताब पढ़ेसि।** यहाँ **पढ़ेसि** क्रिया कर्म के अनुसार लिंग-भेद सूचित नहीं करती, उसमें अन्य पुरुष का सर्वनाम चिह्न है, **वहु** कर्ता न भी लगाया जाए, तो भी उसका बोध हो जाएगा। **वहु पढ़ेसि**—ऐसा प्रयोग ब्रजभाषा, बाँगरू या परिनिष्ठित हिन्दी में नहीं होता। जो लोग आधुनिक भाषाओं की स्थिति की छानबीन करते हुए प्राचीन भाषाओं की स्थिति पहचानने का प्रयत्न करते हैं, उनके लिए यह भेद महत्त्वपूर्ण है। वर्तमान स्थिति यह है कि एक क्षेत्र में भूतकालीन क्रिया रूप अब भी तिङन्त है, दूसरे में वह कृदन्त है।

तुलसीदास और जायसी के वाक्य क्रिया से आरम्भ होते हैं

तुलसीदास और जायसी अवधी के दो ऐसे कवि हैं जो लोक संस्कृति में रँगे-पगे हैं। यद्यपि वे अवधी का व्यवहार काव्य में कर रहे हैं और काव्य में, शब्दों के रूप की तरह,

वाक्यतंत्र में बहुत तरह के परिवर्तन किए जा सकते हैं, फिर भी इनके वाक्य-विन्यास का अध्ययन इस दृष्टि से किया जा सकता है कि वाक्य क्रिया से आरम्भ होते हैं या नहीं, होते हैं तो पद्य-रचना की सुविधा के लिए, या शैली-चमत्कार के लिए अथवा इन दोनों से भिन्न वाक्यतंत्र की किसी पद्धति का अनुसरण करते हुए वे ऐसा करते हैं। जायसी **पद्मावत** इस प्रकार आरम्भ करते हैं : **सुमिरौं आदि एक करतारू, जेहि जिउ दीन्ह कीन्ह संसारू।** इसके बाद **कीन्ह** क्रिया की आवृत्ति-सी करते हुए : **कीन्हेसि प्रथम ज्योति परकासू।** और हर अर्धाली का आरम्भ इसी **कीन्हेसि** क्रिया-रूप से करते चले जाते हैं। पहली पंक्ति के **कीन्ह** की प्रतिध्वनि आगे दोहे में सुनाई देती है : **कीन्ह सबै अस जाकर दूसर छाज न काहि।** इस दोहे के बाद फिर **कीन्हेसि** रूपवाली पंक्तियों का सिलसिला शुरू हो जाता है। जायसी निस्सन्देह कलाकार थे और यहाँ **कीन्हेसि** क्रिया की आवृत्ति उनकी वक्तृत्व कला का उपकरण है। पर आवृत्ति के अलावा भी वह **कीन्हेसि** क्रिया वाक्य के आरम्भ में रखते हैं। कर्ता की आवश्यकता नहीं, क्रिया के बाद कर्मों की शृंखला है; जो कर्ता है, वह प्रारम्भिक क्रिया सुमिरौं का कर्म है।

वन्दना में एक ही क्रिया की आवृत्ति के अलावा क्रिया से आरम्भ होनेवाले वाक्य उनकी रचना में भरे पड़े हैं। सिंहल द्वीप वर्णन खंड में उनकी कुछ पंक्तियाँ इस प्रकार हैं : **फरे आंब अति सघन सोहाये। लाग सबै जस अमृत साखा। रहै लोभाइ सोइ जो चाखा। बसहिं पंखि बोलहिं चुहचूही। बोलहिं पंडुक एकै तूही। चमकहिं दसन बीजु कै नाईं।** उतरहिं मेघ चढ़हिं लेइ पानी। **चमकहिं मच्छ बीजु कै बानी। साजा राजमँदिर कैलासू। छिपि गए चाँद सुरुज औ तारा। बरनौं राजमँदिर रनिवासू।**

तुलसीदास और सूरदास : अवधी और ब्रजभाषा

रामचरितमानस के अतिरिक्त **कवितावली** में इस तरह का विन्यास दर्शनीय है : **पुरतें निकसी रघुबीर बधू; झलकीं भरिभाल कनी जल की; फिरि बूझति हैं चलनो अब केतिक; ठाढ़े हैं नौ द्रुम डार गहे; पूछति ग्राम बधू सियसों; कहि है जग पोच न सोच कछू; राजत राम कुरंग के संग; ह्वैं हैं सिला सब चन्द्रमुखी; कीन्ही भली रघुनायक जू,** इत्यादि। **कवितावली** ब्रजभाषा में है। यदि ब्रजभाषा के अन्य किसी कवि की भाषा से तुलसीदास की इस भाषा की तुलना की जाए तो विदित होगा कि क्रिया से आरम्भ होने वाले वाक्य तुलसीदास की रचनाओं में अधिक हैं। यहाँ क्रिया का स्थान पहले है, कर्ता और कर्म उसके बाद आते हैं। सूरदास के पदों में ऐसे वाक्य मिल जाते हैं जिनमें क्रिया कर्ता या कर्म से पहले है जैसे इस प्रसिद्ध पद में : **निसिदिन बरसत नैन हमारे।** किन्तु यदि कहीं से सौ पंक्तियाँ लेकर क्रिया-मुख वाक्यों का औसत निकाला जाए तो तुलसीदास की अपेक्षा सूरदास के यहाँ यह औसत कम होगा। उनकी ब्रजभाषा अवधी के वाक्य-विन्यास से प्रभावित है, इस कारण, अन्य ब्रजभाषा कवियों की तुलना में, उनके यहाँ क्रियामुख वाक्य अधिक हैं। यदि सूर की भाषा की तुलना रीतिवादी कवियों की ब्रजभाषा से की

जाए तो उनके यहाँ, सूर की अपेक्षा, क्रियामुख वाक्यों की संख्या और भी कम होगी। कारण यह है कि रीतिवादी रचनाओं पर लोक संस्कृति से भिन्न नागरिकता की छाप है। हिन्दी प्रदेश में जो भाषा नागरिक संस्कृति का वाहन बनी, उस पर उत्तर पश्चिमी कर्तामुखी वाक्य-पद्धति का प्रभाव अधिक है। 1800 ई. से पहले खड़ीबोली की रचनाओं की तुलना बाद की हिन्दी-उर्दू रचनाओं से करें तो प्रतीत होगा कि क्रमशः पुरानी पद्धति का व्यवहार कम होता गया है, गद्य में ही नहीं पद्य में भी। यह एक लम्बी प्रक्रिया है और इस पर ध्यान देने से तिङन्त-कृदन्त क्रिया रचनाओं का विकास भेद समझ आने लगता है।

कृदन्त रूपों का व्यवहार

कृदन्त रूपों का व्यवहार अकर्मक और सकर्मक दोनों प्रकार की क्रियाओं में होता है। ग्रियर्सन ने यह माना था कि समर्थक क्रियाओं के भूतकालीन कृदन्त रूपों का व्यवहार जहाँ होता है, वहाँ रचना कर्मवाच्य होती है, जहाँ अकर्मक क्रिया में ऐसे रूपों का व्यवहार होता है, वहाँ वाक्य-पद्धति कर्तृवाच्य होती है। **लिंग्विस्टिक सर्वे** (खंड 5, भाग 2) में बिहार की भाषाओं की चर्चा करते हुए उन्होंने लिखा था कि हिन्दी में सकर्मक क्रियाओं का भूतकालीन कृदन्त रूप कर्मवाच्य ही होता है। **मैंने उसे मारा** का वास्तविक अर्थ है : वह मेरे द्वारा मारा गया। ग्रियर्सन ने दो तरह के वाक्यों को उलझा दिया है। **मैंने पुरुष को मारा, मैंने स्त्री को मारा**; कर्म चाहे जिस लिंग में हो, **मारा** रूप अपरिवर्तित रहता है। **स्त्री ने मुझे मारा, पुरुष ने मुझे मारा**; यहाँ भी कर्ता के लिंग-भेद से क्रिया में परिवर्तन नहीं होता। **उसने, तुमने, मैंने, हमने, उन्होंने, किसी को मारा**; यहाँ भी पुरुष-वचन-भेद से क्रिया नहीं बदलती। क्रिया का यह शुद्ध रूप है, वह तिङन्त है या कृदन्त, यह बात गौण है। वह भाववाच्य है या कर्तृवाच्य, या कर्मवाच्य, यह बात भी गौण है। आचार्य किशोरीदास वाजपेयी के शब्दों में "शुद्ध क्रिया में लिंग, वचन आदि कुछ है ही नहीं !" (**हिन्दी शब्दानुशासन**, पृष्ठ 138)। जहाँ क्रिया 'सर्वथा स्वतंत्र' है, उसके उदाहरण उक्त ग्रन्थ में इस प्रकार हैं : **हमने तुमको देखा; तुमने हमको देखा; लड़के ने माँ को देखा; माँ ने लड़के को देखा**। यहाँ **देखा** में कोई परिवर्तन नहीं होता। ग्रियर्सन ने जिसे 'पैसिव कन्सट्रक्शन' कहा है, वह वास्तव में स्वतंत्र रूप है। **मैंने उसे मारा** वाक्य को बदलकर कहा जाए, **मैंने उसे लाठी मारी**, तो क्रिया की स्वतंत्रता नियंत्रित हो जाती है। संस्कृत में कृदन्त रूप लिंग-वचन-भेद से मुक्त नहीं होता; यह भेद कर्ता के लिंग-वचन के अनुसार होगा या कर्म के लिंग-वचन के अनुसार। हिन्दी में कृदन्त जहाँ स्वतंत्र क्रिया रूप हैं, वहाँ वे संस्कृत-पद्धति का अनुसरण नहीं करते।

उसने लाठी मारी में क्रिया दूसरे ढंग से प्रयुक्त हुई है। लाठी चाहे करण-कारक हो, चाहे कर्म, क्रिया उसके लिंगानुसार बदलती है (और पंजाबी में वचन का अनुसरण भी करेगी यानी हिन्दी की अपेक्षा पंजाबी संस्कृत की कृदन्त पद्धति के अधिक समीप है।)

बँगला में लिंगभेद होता ही नहीं है किन्तु कृदन्तों का प्रयोग होता है। **उसने लाठी मारी** जैसा प्रयोग बँगला में असम्भव है। शायद इसीलिए ग्रियर्सन ने लिखा है कि कृदन्त रूपों का हिन्दी जैसा भेद बँगला में नहीं है और बँगला तथा बिहारी भाषाओं में सकर्मक-अकर्मक दोनों तरह की क्रियाओं का रूप-विन्यास एक ही ढंग का होता है।

पश्चिमी और पूर्वी भाषाओं में कृदन्त रूपों का जो व्यवहार हुआ, उसमें भेद यह है कि पूर्वी भाषाएँ कृदन्तों के अन्त में पुरुष-सूचक चिह्न लगाती हैं। मगही में उसने रोटी खाई, इस वाक्य को कहेंगे, **उ रोटी खलकइ**। यहाँ **खल** कृदन्त रूप है। **खलकइ** के अन्त में जो इ है, उसका स्त्रीलिंग से कोई सम्बन्ध नहीं है। वह चला गया; मगही में **उ चल गेलइ**। यहाँ भी इकारान्त रूप है और उसका स्त्रीलिंग से कोई सम्बन्ध नहीं है। (ये उदाहरण डा. विश्वनाथ प्रसाद कृत **लिंग्विस्टिक सर्वे आफ़ सदर सब डिवीजन आफ़ मानभूम एंड ढलभूम,** बिहार राष्ट्रभाषा परिषद, पटना, में हैं।)

भोजपुरी से भिन्न मगही और मैथिली भाषाओं के क्रिया-रूप न केवल कर्ता की ओर वरन् कर्म की ओर भी संकेत करते हैं और यह संकेत क्रिया के बाद प्रत्यय लगाकर किया जाता है। ग्रियर्सन ने उदाहरण दिए हैं : **देखलथिन्** अर्थात् उसने उस मान्य व्यक्ति को देखा; **देखलथुन्** अर्थात् उसने आपको देखा। कर्ता अन्य पुरुष या मध्यम पुरुष में है, तो यह सूचना क्रिया-रूप देगा। **ओकर भाय अइलथी हइ**–उसका भाई आया है; **तोहर भाय अइलथु हइ**–तुम्हारा भाई आया है। यहाँ भी कृदन्त रूप हैं किन्तु उनके व्यवहार की पद्धति न केवल परिनिष्ठित हिन्दी से भिन्न है वरन् बँगला और भोजपुरी की पद्धति से भी भिन्न है। कृदन्तों के बाद सर्वनाम चिह्न जुड़े हैं।

अवधी में अकर्मक क्रिया-रूप परिनिष्ठित हिन्दी के रूपों से काफी मिलते-जुलते हैं। **हम गए, वे गए,** हिन्दी के इन वाक्यों में **गए** रूप वचन और लिंग सूचित करता है, पुरुष-भेद नहीं बताता। अवधी में **हम गैन, बी गे**–इन वाक्यों में पुरुष-भेद सूचित है। **बी गे** पुंल्लिग रूप है, **वी गईं** कहें तो स्त्रीलिंग का बोध होगा। अवधी भाषा कृदन्त रूपों के बाद पुरुष-सूचक चिह्न लगाती है और जहाँ-तहाँ पश्चिमी बोलियों के समान लिंग-भेद भी सूचित करती है।

मुख्य भेद दो तरह की क्रिया पद-रचना का है। एक में पुरुष सूचक चिह्न लगते हैं, दूसरी में नहीं लगते। इस दूसरी पद्धति में लिंग-भेद भी सूचित किया जाता है और इस तरह का लिंग-भेद उन भाषाओं के क्रिया रूपों में भी कहीं-कहीं झलकता है जिनमें पुरुष-सूचक चिह्न लगाए जाते हैं। गौण भेद कृदन्त प्रत्ययों के व्यवहार को लेकर है। मध्यदेश के उत्तर पश्चिमी और पूर्वी क्षेत्रों में इन प्रत्ययों का व्यवहार अधिक होता है। अवधी भाषा का क्षेत्र कृदन्त प्रभाव से अपेक्षाकृत मुक्त है।

परिनिष्ठित हिन्दी में कृदन्त रूपों का व्यवहार

परिनिष्ठित हिन्दी में भी कृदन्त रूपों का व्यवहार काफी नियन्त्रित है। **लड़का पढ़ता है**

में **पढ़ता** पूर्ण क्रिया नहीं है, उसके साथ **है** क्रिया भी है। आचार्य किशोरीदास वाजपेयी ने कृदन्त और तिङन्त के अलावा दोनों के संयुक्त रूपों के व्यवहार की बात कही है। **है**–यह रूप तिङन्त है, **पढ़ता** कृदन्त है। कृदन्तों का ज़ोर भूतकालीन रूपों में अधिक है। इसका कारण यह है कि जिन रूपों को अब काल विशेष से जोड़ा जाता है, वे पहले क्रिया की अवस्था मात्र सूचित करते थे। क्रिया की पूर्णता, अपूर्णता, निरन्तरता आदि का बोध इन अवस्थाओं से होता था। ये अधिकांश अवस्थाएँ आगे चलकर वर्तमान काल से सम्बद्ध हो गईं, अतीतकाल से इनका वैषम्य दिखाने के लिए कृदन्त रूपों का व्यवहार होने लगा। अतीतकाल के लिए कृदन्त रूपों के व्यवहार में भेद है। **हमने लड़की देखी** या **देखी थी,** यहाँ कृदन्त रूप, विशेषण के समान, कर्म के अनुरूप लिंग-भेद सूचित करता है, किन्तु **हमने लड़की को देखा** या **देखा था में** कृदन्त रूप लिंग-निरपेक्ष है। **देखा** था रूप पुंल्लिग लगता है किन्तु यदि कहें कि **लड़की** ने, **लड़के को देखा** या **देखा था** तो भी क्रिया रूप में परिवर्तन नहीं होता। यह कृदन्त का भाववाच्य प्रयोग है जो संस्कृत में नहीं है। एक तिङन्त पद्धति, दूसरी कृदन्त पद्धति, तीसरी संयुक्त पद्धति, और चौथी वह जिसमें क्रिया स्वतंत्र है। यह पद्धति भी काफी पुरानी होनी चाहिए। क्रिया रूप द्वारा लिंग-भेद सूचित करने की प्रवृत्ति संस्कृत में प्रबल है; इस चौथी पद्धति में उसके प्रभाव से मुक्ति है। यहाँ वाजपेयी जी का यह कथन संस्कृत और हिन्दी का अन्तर समझने के लिए महत्त्वपूर्ण है : "संस्कृत से हिन्दी में यहाँ एक मौलिक प्रयोग-भेद है। संस्कृत में सकर्मक क्रियाओं के–कर्म की उपस्थिति में–भाववाच्य प्रयोग नहीं होते हैं। वहाँ कृदन्त सकर्मक क्रियाएँ (भूतकाल की) कभी भी भाववाच्य न होंगी। उपस्थित कर्म के अनुसार ही उनके लिंगवचन होंगे। परन्तु हिन्दी में स्थिति भिन्न है...हमने लड़की देखी और हमने लड़की को देखा यों उसी क्रिया के कर्मवाच्य और भाववाच्य दोनों तरह के प्रयोग होते हैं। और हमने तुमको देखा या तुमने हमको देखा केवल भाववाच्य। तुम और हम–कर्ता और कर्म दोनों ही–बहुवचन हैं; परन्तु क्रिया एकवचन है–देखा। यह भाववाच्य क्रिया कभी भी कर्मवाच्य नहीं बनाई जा सकती।" (**हिन्दी शब्दानुशासन,** पृष्ठ, 424)। जैसे कारक-रचना में अनेक पद्धतियों का मिश्रण है, वैसे ही क्रियापद रचना में अनेक पद्धतियाँ कार्य करती दिखाई देती हैं।

5. हिन्दी जनपदों के प्राचीन क्रिया रूप

__रामचरितमानस__ और __पद्मावत__ में भूत और भविष्य के जो क्रिया रूप तिङन्त जैसे प्रतीत होते हैं, वे वास्तव में कृदन्त हैं

रामचरितमानस और **पद्मावत** में भूत और भविष्य के जो क्रिया रूप तिङन्त जैसे प्रतीत होते हैं, वे वास्तव में कृदन्त हैं। वर्तमान काल में अन्य पुरुष के एकवचन रूप **कहइ** की तुलना भूतकाल अन्य पुरुष के एकवचन रूप **कहँसि** से करें तो विदित होगा कि

वर्तमान काल में यदि **इ** प्रत्यय **कह** में लगाया गया है तो भूतकालीन रूप में सि प्रत्यय **कहँ** में लगाया गया है। यह एकारान्त क्रिया रूप कृदन्त है, परिनिष्ठित हिन्दी के **कहा** का यह अर्ध मागधी परम्परा वाला **कहे** रूप है। इसी प्रकार भविष्य काल में अन्य पुरुष के बहुवचन रूप **करिहहिं** की तुलना वर्तमान काल में, अन्य पुरुष के बहुवचन रूप **करहिं** से करें तो यह भेद दिखाई देगा कि भविष्य काल में क्रिया **कर** के बाद **ह** अथवा **इह** प्रत्यय जुड़ा हुआ है। यह प्रत्यय कृदन्त का है। वर्तमान काल में सीधी तिङन्त क्रिया का व्यवहार होता है। पुरानी पद्धति क्रिया के जिन रूपों में सबसे ज्यादा काम में आती है, उनका सम्बन्ध वर्तमान काल से जोड़ा गया है। सम्भावना, आज्ञा आदि के रूपों की तुलना वर्तमानकालीन रूपों से की जाए तो उनमें बहुत बड़ी समानता दिखाई देगी। जायसी और तुलसीदास के समय तक कृदन्त पद्धति का व्यवहार इतना बढ़ चुका है कि विशेषण रूप में ही नहीं, विशुद्ध क्रिया रूप में भी **त** प्रत्यय वाले कृदन्तों का व्यवहार होने लगा है यथा **रामचरितमानस** में—**बारहिंबार लेति उरलाई**। कर्ता स्त्रीलिंग है, उसी के अनुरूप क्रिया भी इकारान्त है। **जानत प्रिया एकु मन मोरा;** यहाँ कर्ता **मन** पुल्लिंग है, उसी के अनुरूप क्रिया अकारान्त है। फिर भी **रामचरितमानस** और **पद्मावत** के वर्तमानकालीन रूपों में कृदन्त की अपेक्षा तिङन्त पद्धति ही प्रधान है।

अवधी के क्रिया रूप अपभ्रंशों से मिलते हैं

अवधी के क्रिया रूप अपभ्रंश से बहुत मिलते-जुलते हैं और इनका सम्बन्ध अनेक आधुनिक आर्य भाषाओं से है। हिन्दी क्षेत्र के पश्चिमी भाग में **करे है, जाय है** जैसे प्रयोग अब भी काफी प्रचलित हैं। पुरानी खड़ी बोली (हिन्दी या उर्दू) के साहित्य में उनका व्यवहार काफी होता है। ये **करे, जाय** पुरानी अवधी के **करइ, जाइ** का परिवर्तित रूप हैं। **करे है** की तरह **करे था** रूप का भी चलन है। परिनिष्ठित हिन्दी के **करेगा, जायगी** रूपों में वही वर्तमानकालीन **करे** और **जाय हैं**। ये वर्तमानकालीन रूप ही, भूत और भविष्य के लिए, अन्य काल-चिह्नों के साथ प्रयुक्त हुए। **करे है** में **है** अनावश्यक है किन्तु जब **करे** रूप का व्यवहार भूत और भविष्य के लिए होगा, तो वर्तमान काल का अलग संकेत देने के लिए **है** का प्रयोग अनिवार्य होगा। इससे वर्तमानकालीन रूपों के व्यापक प्रयोग का ज्ञान होता है। अवधी में भविष्य और भूत के चिह्न **गा** और **था** नहीं हैं; अतः **करइ** के बाद **है** जैसी क्रिया का व्यवहार आवश्यक नहीं है। **करे था** के समानान्तर **किया था** वाला रूप भी विद्यमान था किन्तु भविष्य के लिए भूतकालीन **किया** से काम न चल सकता था। उसके लिए पुराने रूप **करे** से ही काम लिया जा सकता था। **करइ** का संस्कृत प्रतिरूप **करोति** है। प्राकृत में क्रिया के साथ **ति,** उसके सघोष रूप **दि,** और **इ** प्रत्ययों का व्यवहार हुआ है। अपभ्रंश में भी अन्य पुरुष के साथ क्रिया के एकवचन रूप में **इ, दि** दिखाई देते हैं। इसका अर्थ यह है कि **करइ** जैसा अवधी का रूप उतना पुराना है, जितना कोई भी प्राकृत का ऐसा ही रूप। बहुवचन में प्राकृत

तो, संस्कृत का अनुसरण करते हुए, **न्ति** वाले रूपों से काम लेती है, अपभ्रंश में **न्ति** वाले रूपों का लोप हो जाता है, उनके स्थान पर **हिं** वाले रूप आ जाते हैं। अपभ्रंश में जहाँ प्राकृत का अनुसरण किया जाता है, वहाँ **न्ति** वाले रूप कायम रहते हैं। समस्या यह है कि यदि संस्कृत के **ति** और **न्ति** वाले रूप मूल हैं, तो एकवचन में **त्** का पूर्ण लोप हो जाता है और **ति** के स्थान पर केवल **इ** ध्वनि बच रहती है किन्तु बहुवचन में **त्** का लोप नहीं होता वरन् वह **ह्** में बदल जाता है। **त्** का **ह्** में परिवर्तन अत्यन्त अस्वाभाविक है। अस्वाभाविक न हो तो भी एक जगह **ह्** के बने रहने और दूसरी जगह उसके लोप हो जाने का कोई कारण होना चाहिए।

क्रिया रूपों में सर्वनाम तथा संज्ञा

संस्कृत के क्रिया रूपों में जो सर्वनाम चिह्न दिखाई देते हैं, वे बहुधा परिवर्तित रूप में हैं। कहीं तो **धि ध्वम्** जैसे रूपों में सघोष महाप्राण ध्वनि स्पष्ट है, कहीं वह **स्, ह्, त्,** आदि में बदल गई है। **ध्** के साथ **भ्** ध्वनि का व्यवहार भी सर्वनाम रचना में होता था। अपभ्रंश और आधुनिक आर्य भाषाओं के सर्वनामों का सम्बन्ध संस्कृत रूपों से उतना नहीं है जितना प्राचीन मध्यदेशीय गणभाषाओं के रूपों से। **आम्हीं** का आधार **अम्भ, अम्भॅ** जैसा रूप है; इसी तरह अवधी क्रियापद **जाहि** का पूर्णरूप **याधि** है, और यह **याधि** संस्कृत **याति** का भी मूलरूप है।

संस्कृत के क्रिया रूपों के बारे में एक रोचक तथ्य यह है कि इनमें संज्ञा-रूप हैं। संज्ञा-रूप होने से वे किसी-न-किसी कारक चिह्न के साथ दिखाई देते हैं। मैकडनल ने पूर्वकालिक क्रिया **पीत्वा, भूत्वा, हत्वा** आदि के लिए लिखा है कि ये करणकारक में उस संज्ञा का एकवचन रूप हैं जिसके अन्त में तु चिह्न था अर्थात् पी तु+आ=पीत्वा। यह उकारान्त **पीतु** संज्ञा का मध्यदेशीय कर्ता रूप है। इसमें करणकारक की **आ** विभक्ति जोड़ी गई है। यदि करणकारक का यह प्रयोजन माना जाए कि किसी वस्तु के कारण कार्य विशेष होता है, तो इससे क्रिया में पूर्वकाल का भाव उत्पन्न नहीं होता। मैकडनल ने, **गत्वा** आदि क्रिया रूपों की व्याख्या करते हुए लिखा है कि मूल क्रिया जिस कार्य की ओर संकेत करती है, उसके साथ होने वाले कार्य या उससे पहले होने वाले कार्य की ओर यह पूर्वकालिक रूप संकेत करता है। इस व्याख्या से करणकारक सम्बन्धी सामान्य धारणा मेल नहीं खाती। किन्तु कारक पर ध्यान न देकर विभक्ति पर विचार करें तो **गतु** संज्ञा के **आ** सम्बन्धक का संयोग सार्थक है। पहले कहा गया है कि **सह** सम्बन्धक का विकास यह **आ** है। यह कल्पना **गत्वा** में **आ** की भूमिका से पुष्ट होती है। जाने की क्रिया के साथ वाक्य की मूल क्रिया सम्पन्न होती है। दोनों क्रियाएँ एक साथ पूरी तरह सम्पन्न नहीं होतीं, कुछ अन्तराल रहता है, इसलिए गौण क्रिया पूर्वकालिक हो गई।

क्रियार्थक संज्ञा

क्रियार्थी संज्ञाओं में कर्मकारक (या नपुंसक लिंग के कर्ताकारक) रूपों का चलन काफी है। **समिधम्** अर्थात् जलाना, **शुभम्** (अर्थात् चमकना)। **दातु, कर्तु** जैसे उकारान्त रूपों से **दातुम्** (देना), **कर्तुम्** (करना) जैसे क्रियार्थी संज्ञा रूप बने। **कर्तोः** (करना), **दातोः** (देना) सम्बन्धकारक में है। क्रियार्थी संज्ञा रूपों की इतनी माँग है कि किसी भी कारक का संज्ञा-रूप क्रिया-भाव की पूर्ति करता है।

संस्कृत में ऐसे कृदन्त रूपों का बहुत चलन है जिनमें क्रिया भाव की प्रधानता है। इनमें अनेक का निर्माण **अत्, अन्त्** जैसे प्रत्यय लगाकर होता है जैसे **भू** क्रिया से **भवन्त्**। यहाँ वर्तमान काल की व्यंजना है। इसके साथ **भविष्यन्त् रूप है** जिसमें भविष्य काल की व्यंजना है। **पान्त** (पीने वाली **पा** क्रिया से) अतीत काल की व्यंजना करता है। क्रियार्थी संज्ञा रूपों से काल-व्यंजना नहीं होती; किन्तु विशेषण की भूमिका वाले कृदन्तों से काल-व्यंजना होती है। ऐसे क्रियार्थी विशेषकों की समृद्धि हिन्दी में नहीं है, तमिल में है। इसका कारण यह है कि जिस मूल भाषा से तमिल का विकास हुआ है, वह संस्कृत क्षेत्र के पड़ोस में बोली जाती थी और दोनों में एक ही प्रवृत्ति काम कर रही थी। कालसूचक विशेषण भाव वाले कृदन्तों के सन्दर्भ में तमिल संस्कृत के बहुत समीप है; हिन्दी तिङन्त प्रधान प्राचीन मध्यदेशीय भाषा की प्रवृत्ति व्यंजित करती है। कालभेद सूचित करने के लिए हिन्दी में साधारणतः पूर्ण क्रिया का व्यवहार करना होगा, विशेषक से काम न चलेगा। इसी तरह पूर्वकालिक क्रिया के लिए हिन्दी में कारक रूपों का व्यवहार नहीं होता। **पढ़कर, लिखकर** जैसे पूर्वकालिक रूपों में कर विशुद्ध क्रिया है, कारक बन्धन से मुक्त। **करना, जाना** संज्ञा रूप हैं यथा **उसका जाना न होगा;** साथ ही वे आज्ञाभाव व्यक्त करनेवाले क्रिया रूप हैं, **तुम जाना, तुम यह काम करना।** इस तरह के आज्ञा रूपों में भविष्य काल का बोध भी है। संस्कृत के क्रियार्थी संज्ञा रूपों से काल बोध नहीं होता है। **करना, जाना** आदि रूपों में भविष्यकालीन भाव, संस्कृत से भिन्न, हिन्दी की अर्जित सम्पत्ति है।

हिन्दी का ग् कृदन्त प्रत्यय

कहा जा सकता है कि हिन्दी का **ग** कृदन्त प्रत्यय मान लिया जाए, तो भी वह तमिल के **क** या **ग** से भिन्न है क्योंकि तमिल में वह वर्तमान काल का सूचक है, हिन्दी में भविष्य काल का। यहाँ क्रिया पद रचना से सम्बन्धित कुछ बातों की याद दिलाना प्रासंगिक होगा। **संस्कृत** में लकार भेद मूलतः कालभेद व्यक्त नहीं करता, वह क्रिया की अवस्था व्यक्त करता है। कालभेद का विकास काफी बाद में हुआ है। जब यह विकास हुआ तब मूलभेद भूत और अभूत में किया गया। इस अभूत के अन्तर्गत वर्तमान और भविष्य दोनों हैं। अंग्रेज़ी समेत अनेक भाषाओं में भविष्यकाल का अर्थबोध क्रिया के वर्तमान काल वाले रूप से भी होता है। द्रविड़ भाषा विशेषज्ञों का कहना है कि इन भाषाओं में क्रिया रूपों द्वारा कालभेद की व्यंजना बहुत स्पष्ट नहीं होती और कुछ रूप

ऐसे हैं जिनका उपयोग किसी भी काल के लिए हो सकता है। कृदन्त प्रत्यय पहले किसी कालविशेष से सम्बद्ध नहीं थे। विशेष सन्दर्भों में प्रयुक्त होने से उनके साथ कालविशेष का बोध जुड़ गया। इन सब बातों के अलावा हिन्दी में **गा** प्रत्यय क्रिया के अर्थ को बल प्रदान करने के लिए भी होता है। जैसे आपने किसी से पूछा—**बाबूजी हैंगे** ? और उत्तर मिला : **हैंगे।** यहाँ **गे हैं** की व्यंजना को पुष्ट कर रहा है, भविष्य से उसका कोई सम्बन्ध नहीं है। और कुछ लोग **हैंगा** की तरह **थागा** जैसा प्रयोग भी करते हैं। वास्तव में यह **गा** निश्चितिसूचक है, जैसा कि वाजपेयी जी ने कहा है। उसका प्रयोग भविष्य के लिए होता है और भविष्य से भिन्न अन्य प्रसंगों में भी होता है।

परिनिष्ठित हिन्दी के **गा** और पूर्वी क्षेत्र की आर्य भाषाओं के **ब** दोनों कृदन्त प्रत्यय हैं किन्तु दोनों के व्यवहार में थोड़ा अन्तर है जिसका उल्लेख कर देना यहाँ उचित है। अवधी के हम **करिबे** वाक्य में **करिबे** क्रिया रूप पुरुष सूचक ए चिह्न साथ लिये है। इसी तरह भोजपुरी में **देखबि** और **देखबे** क्रमशः उत्तम पुरुष और मध्यम पुरुष के एकवचन रूप हैं। **देखब** कृदन्त में पुरुष सूचक चिह्न जोड़े गए हैं। क्रिया में विशेषण भाव नहीं है, कृदन्त रूप का उपयोग तिङन्त रूप के समान किया गया है। इसके विपरीत **जाऊँगा और जायगा,** परिनिष्ठित हिन्दी के इन उत्तम मध्यम पुरुषों के एकवचन रूपों में **गा** अपरिवर्तित रहता है, उससे पुरुष बोध नहीं होता। यदि **गी** रूप हो तो लिंगभेद सूचित होगा। **जाऊँ** और **जाय** पूर्ण क्रिया रूप हैं। उनका सम्बन्ध वर्तमान काल से था। **जाऊँ हूँ** के वज़न पर **जाऊँगा, जाय है** के वज़न पर **जायगा** रूप रचे गए। जैसे पूर्वी क्षेत्र की भाषाओं में कृदन्त रूपों का तिङन्तीकरण होता है, वैसे ही पश्चिमी क्षेत्र की भाषाओं में तिङन्त रूप का कृदन्तीकरण हुआ है।

घ और **भ** के समान क्या यह कृदन्त प्रत्यय भी सघोष महाप्राण था ? मेरा अनुमान है कि आर्य द्रविड़ भाषाओं का कृदन्त प्रत्यय **ग** मूलतः **घ** था। जैसे तमिल **इंगे** (यहाँ) का पूर्व रूप **इंघे** बाँगरू में मिलता है, वैसे ही इस बात की पूर्ण सम्भावना है कि तमिल के **पोग** जैसे कृदन्त का पूर्व रूप **पोघ** रहा हो। संस्कृत **स्तम्भ** से हिन्दी क्रिया **थमना** का विकास हुआ, **स्तम्भ** के पूर्व रूप **स्तभ** से अंग्रेज़ी शब्द **स्टौप्** बना जिसका अर्थ थमना, रोकना है। उसी **स्थ** या **स्त** धातु से तमिल-कन्नड़ **तंगु** क्रिया बनी जिसका अर्थ रुकना, ठहरना है। इसी का वैकल्पिक रूप कन्नड़ में **तग, तगॅ** है, तमिल में **तगइ** है; अर्थ है रोकना। **स्तंभ** रूप के समानान्तर यहाँ **स्तंघ** रूप का चलन था; **स्तभ के** समानान्तर **स्तध** का चलन था। **तग** और **तंगु स्तध** और **स्तंघ के** रूपान्तर हैं। **पोग** का पूर्वरूप **पोघ** ही रहा हो, यह अनिवार्य नहीं है, किन्तु सघोष महाप्राण ध्वनियों वाले प्रत्ययों की जैसी भूमिका प्राचीन आर्य भाषाओं में रही है, उसे देखते हुए इसकी सम्भावना काफी है।

भविष्यसूचक कृदन्त ग् तथा ब्

भविष्यसूचक कृदन्त रूपों में **ग** और **ब** दो मुख्य प्रत्यय दिखाई देते हैं। जिन क्षेत्रों में

इनका व्यवहार होता है, वे प्राचीन आर्य भाषाओं के भिन्न समुदायों की ओर संकेत करते हैं। **ग** का व्यवहार क्षेत्र कोसल के उत्तर-पश्चिम में है। पंजाबी, बाँगरू, ब्रज, बुन्देलखंडी तक इसका प्रसार है। कनौजी में इसका प्रवेश नहीं हो पाया। अवधी और उसकी छत्तीसगढ़ी, बघेली, बैसवाड़ी आदि शाखाओं से लेकर मगही और मैथिली तक कहीं इसका व्यवहार नहीं होता। प्राचीन काल में **घ् ध्, भ्** के जिन तीन विकास क्षेत्रों की यहाँ कल्पना की गई है, वह **ग** (मूलतः **घ**) प्रत्यय के व्यवहार-क्षेत्र से पुष्ट होती है। उधर **ब** वाले कृदन्त का व्यवहार क्षेत्र देखें तो वह पंजाबी, बाँगरू और परिनिष्ठित हिन्दी में अप्राप्य है। ब्रजभाषा के कुछ रूपों में उसके दर्शन होते हैं। अवधी के बैसवाड़ी रूप में क्रियार्थी संज्ञा के अलावा भविष्य काल की सूचना के लिए उसका प्रयोग केवल उत्तम पुरुष के बहुवचन रूप में होता है; **हम जाब, हम पढ़ब,** किन्तु **मैं जइहौं, मैं पढ़िहौं।** **ब** वाले रूपों का ऐसा ही सीमित व्यवहार छत्तीसगढ़ी में होता है किन्तु बघेली में उसका बिल्कुल व्यवहार नहीं होता। ध्वनितंत्र और रूपतंत्र दोनों की दृष्टि से अवधी के पुराने रूप बघेली में अधिक सुरक्षित हैं। भविष्य काल में उत्तम, मध्यम या अन्य, किसी भी पुरुष के लिए **ब** वाले रूप का प्रयोग उसमें नहीं होता। इससे अनुमान होता है कि कौसल की पुरानी भाषा में **ब** वाले कृदन्त प्रत्यय का व्यवहार न होता था। अवधी के प्रभाव से ब्रज, बुन्देलखंडी आदि में इसका आंशिक चलन है; पहले वहाँ इसका चलन न था। अवधी की अपेक्षा भोजपुरी में इसका व्यवहार अधिक होता है, उत्तम और मध्यम दोनों पुरुषों के लिए भविष्यसूचक क्रिया रूपों में इसका चलन है। अन्य पुरुष में इसका प्रवेश नहीं हुआ। ऐसा बहुधा देखने में आया है कि अन्य पुरुष वाले क्रिया रूप ही भाषा की प्राचीन प्रवृत्ति सर्वाधिक दरसाते हैं। भोजपुरी में अन्य पुरुष के अलावा उत्तम मध्यम पुरुषों में जहाँ **ब** वाले कृदन्त रूपों का व्यवहार होता है, वहाँ दूसरे रूपों का भी चलन है जिनमें इस **ब** का अभाव है। मेरी समझ में ये दूसरे रूप अधिक प्राचीन हैं किन्तु यदि उन्हें अधिक प्राचीन न माना जाए तो भी यह स्पष्ट है कि भोजपुरी के क्रिया रूपों में **ब** वाले कृदन्त रूपों का एकच्छत्र आधिपत्य नहीं है। यही स्थिति मगही और मैथिली की है। इससे भिन्न स्थिति बँगला, असमिया और उड़िया की है। क्रियार्थी संज्ञा के अलावा भविष्य काल के लिए तीनों पुरुषों में इस **ब** वाले रूपों का व्यवहार होता है। ब्रज से अवध होते हुए जैसे-जैसे पूरब को बढ़ते हैं, वैसे-वैसे **ब** वाले कृदन्त अधिक प्रयोग में आते दिखाई देते हैं। आश्चर्य की बात है कि **तब्य** प्रत्यय का उपयोग पंजाबी और बाँगरू के क्षेत्रों में न हुआ और पूर्वी क्षेत्रों में अधिक हुआ ! यह **ब** मगध की देन है जो सघोष महाप्राण **भ्** की मूल भूमि था। पुरानी मागधी भाषा की अनेक विशेषताएँ वर्तमान मगध से हटकर बंगाल में पहुँच गई हैं। मगध में पहले तालव्य **श्** की प्रधानता थी, अब यह प्रधानता बंगाल में है (किन्तु असम और उड़ीसा में नहीं है)। उसी तरह **ब** वाला कृदन्त प्रत्यय पहले मगही में प्रयुक्त होता था, फिर वहाँ उसका प्रयोग सीमित हुआ और उसकी प्रधानता बंगाल में बच रही।

हिन्दी की एक विशेषता संयुक्त क्रियाओं का प्रयोग है। क्रिया-भाव-प्रधान कृदन्त रूपों पर विचार करते हुए इन संयुक्त क्रियाओं की चर्चा प्रासंगिक है। कारण यह है कि संयुक्त क्रियाएँ दो समानधर्मा क्रियाओं का मेल नहीं हैं वरन् उनमें पहली हमेशा कृदन्त होती है और दूसरी क्रिया कृदन्त हो सकती है, नहीं भी हो सकती है। **उसने किताब पढ़ डाली,** इस वाक्य में **पढ़** रूप पूर्वकालिक कृदन्त है और **डाली** भूतकालिक कृदन्त। यह वाक्य अवधी में होगा—**वहु किताब पढ़ि डॉरसि;** यहाँ **पढ़ि** रूप पूर्वकालिक कृदन्त है, यह तथ्य और भी स्पष्ट है। **डॉरसि** रूप कृदन्त रूप का तिङन्तीकरण है। पूर्वकालिक के अलावा अन्य कृदन्त रूपों का व्यवहार भी संयुक्त क्रियाओं में होता है यथा **कहे जाओ, सुने जाओ,** और **कहते जाओ, सुनते जाओ**। इस तरह की संयुक्त क्रियाओं की एक विशेषता यह है कि जो क्रिया बाद में आती है, वह रूप-रचना की दृष्टि से प्रधान दिखाई देती है किन्तु अर्थ की दृष्टि से पहली क्रिया प्रधान होती है। **बैठ जाओ** में बैठने का भाव प्रधान है, जाने का नहीं। ये बाद वाली क्रियाएँ प्रायः अपना मूल अर्थ खोकर सहायक क्रियाओं का काम करती हैं और पहली क्रिया की अवस्था बताती हैं, कहीं उसकी निरन्तरता—**वह खाता चला गया,** कहीं उसका अकस्मात् घटित होना—**वह हँस पड़ा,** कहीं उसकी पूर्णता—**उसने किताब पढ़ डाली**। पहली क्रिया सदा कृदन्त रूप होती है। कृदन्तों के निरन्तर बढ़ते हुए व्यवहार का यह आवश्यक परिणाम था कि जिस कृदन्त का व्यवहार पहले हो, वह पूरी क्रियापद-रचना पर हावी हो जाए।

6. हिन्दी और संस्कृत का रूपतंत्र

हिन्दी और संस्कृत में रूपतंत्र को लेकर जैसा अन्तर ऊपर से दिखाई देता है, वैसा वह वास्तव में है नहीं। अति प्राचीन काल से आर्य भाषाओं में वाक्यतंत्र की दो भिन्न पद्धतियाँ क्रियाशील रही हैं : एक वह जिसमें विधेय प्रधान होता है, वाक्य में पहले आता है; दूसरी वह जिसमें उद्देश्य प्रधान होता है और वाक्य में पहले आता है। वाक्यतंत्र की इन पद्धतियों का गहरा सम्बन्ध कारक-रचना और क्रियापद रचना दोनों से है। पहली पद्धति अधिक प्राचीन है, इस अर्थ में अधिक प्राचीन है कि वैदिक भाषा के निर्माण में पहली निर्णायक भूमिका उसी की है। इस पद्धति का मूल केन्द्र मध्यदेश तथा मागधी भाषाओं का क्षेत्र था। दूसरी पद्धति ने संस्कृत तथा अन्य आर्यभाषाओं को बाद में प्रभावित करना शुरू किया किन्तु यह प्रभाव निरन्तर शक्तिशाली होता गया। इसका मुख्य केन्द्र कौरवी भाषा-समुदाय का क्षेत्र था। पहली पद्धति में सर्वनामों की भूमिका अतिशय महत्त्वपूर्ण थी, नाम-शब्द के पीछे सर्वनाम चिह्न लगाकर उसकी निश्चित स्थिति का बोध कराया जाता था। सर्वनाम-मूलों में वस्तु-व्यक्ति-देश-काल-वाचक प्रत्यय जोड़कर सम्बन्धक शब्द बनाए गए। ऐसे शब्द स्वतंत्र थे और कारक रचना में मूल नाम-शब्द के पीछे आते थे। लिंग-वचन-भेद से इनका कोई सम्बन्ध न था। यही स्वतंत्र

सम्बन्धक शब्द और उनके अवशिष्ट चिह्न संस्कृत की विभक्तियाँ बने। सम्बन्धकों के अलावा सर्वनामों अथवा सर्वनाम-चिह्नों से भी विभक्तियों का काम लिया गया। इसके साथ दूसरी पद्धति भी सक्रिय थी। यह पद्धति मूल शब्द के बाद निर्देशक सर्वनाम न जोड़ती थी, वह उक्ति के पूरे सन्दर्भ से कारक रूप पहचानती थी, शब्द के साथ कारक चिह्न न जोड़ती थी। यह दूसरी पद्धति निरन्तर शक्तिशाली होती गई। इसलिए आधुनिक आर्य भाषाएँ संस्कृत की अपेक्षा कारक रचना में विभक्तियों के बन्धन से अधिक मुक्त हैं। किन्तु संस्कृत कभी भी पूर्णतः विभक्तियों से बँधी हुई नहीं थी, अतः वह कभी भी पूर्णतः संश्लिष्ट भाषा नहीं थी। इसी प्रकार आधुनिक आर्य भाषाएँ पूर्णतः विभक्तियों के बन्धन से मुक्त नहीं हैं, अतः वे पूर्णतः विश्लिष्ट नहीं हैं।

क्रियापद रचना में पुरुषभेद सूचित करने के लिए सर्वनाम चिह्न जोड़े जाते थे। यह मध्यदेशीय भाषा समुदाय की पुरानी पद्धति थी। क्रिया रूप न कालभेद सूचित करते थे, न लिंगभेद; वे मुख्यतः क्रिया की अवस्था सूचित करते थे। कृदन्तों के प्रसार का केन्द्र कौरवी भाषा समुदाय का क्षेत्र था। जब भूत और अभूत का मुख्य कालभेद स्थापित हुआ, तब क्रिया-रूप वर्तमान, भविष्य आदि अनेक प्रकार के कालभेद सूचित करने लगे। कृदन्त रूप पुरुष भेद से मुक्त थे; वे लिंग-वचन-काल भेद सूचित करते थे। भूतकाल की सूचना के लिए कृदन्तों का व्यवहार अधिक हुआ क्योंकि तिङन्त रूप भूत-अभूत का भेद प्रकट न करते थे। पुराने तिङन्त रूपों का उपयोग भूत से इतर कालों की व्यंजना के लिए अधिक किया जाने लगा। कारक रचना की तरह क्रियापद रचना में भी सर्वनाम चिह्नों से मुक्त, पुरुषभेदज्ञापन की अनिवार्यता से स्वतंत्र, क्रियारूप प्राचीन काल से यहाँ व्यवहार में आते रहे हैं। आधुनिक आर्य भाषाओं में न तो सर्वत्र कृदन्तों का व्यवहार है, न सर्वत्र तिङन्तों का। उत्तर पश्चिमी क्षेत्र में तिङन्तों का कृदन्तीकरण हुआ है और मध्यदेशीय तथा पूर्वी क्षेत्र में कृदन्तों का तिङन्तीकरण। इसके साथ इन आर्यभाषाओं ने क्रियापद रचना में नई अभिव्यंजना क्षमता का विकास भी किया है।

यह सारी विकास-प्रक्रिया मूलतः प्राचीन आर्य भाषाओं की अपनी विकास-प्रक्रिया है, वैसी प्रक्रिया इंडोयूरोपियन परिवार की आधुनिक अभारतीय भाषाओं में भी घटित हुई है। यह प्रक्रिया अपभ्रंश के आधार पर विवेचित नहीं हो सकती, न आधुनिक आर्य भाषाओं के मानक रूपों पर ध्यान केन्द्रित कर लेने से उसका विवेचन सम्भव है। जनपदीय भाषाओं में उक्त ऐतिहासिक विकास-प्रक्रिया के अनेक तत्त्व सुरक्षित हैं। रूपतंत्र के विवेचन में इनका उल्लेख जहाँ-तहाँ हो चुका है। यहाँ कुछ जनपदीय भाषाओं पर अलग से विचार करना लाभदायी होगा।

6

मगही

जनपदीय भाषाएँ

हिन्दी प्रदेश की जनपदीय भाषाओं पर अलग से विचार करने पर प्राचीन भाषा-परिवारों के बारे में कुछ नवीन सामग्री प्राप्त हो सकती है तथा इनके और हिन्दी के विकास के बारे में कुछ नई बातें मालूम हो सकती हैं। ये जनपदीय भाषाएँ शताब्दियों से एक दूसरे को प्रभावित करती रही हैं। जिस रूप में वे आज हैं, उसी रूप में वे सदा से नहीं रही हैं। प्राचीन गण-भाषाओं से इनका सम्बन्ध रहा है। ये गण-भाषाएँ सैकड़ों वर्ष तक एक दूसरे को प्रभावित करती रही हैं, परिवर्तित और विकसित होती रही हैं, अन्य भाषा-परिवारों से तत्त्व लेती रही हैं, उन्हें देती रही हैं। इस प्रकार भाषाओं के विकास की प्रक्रिया बहुत पेचीदा है और यह प्रक्रिया तब और भी उलझन में डालनेवाली हो जाती है जब हम इस बात पर ध्यान देते हैं कि कोई भी जनपदीय भाषा अनेक बोलियों का समूह है, और इन बोलियों में शब्द-भंडार की ही नहीं, व्याकरण और ध्वनितन्त्र की भी काफी विभिन्नता है। जब हम प्राचीन गण-भाषाओं की बात करते हैं, तब हमें यह न भूलना चाहिए कि ये गण-भाषाएँ भी बोलियों का समूह थीं, भले ही तब बोलियों की वैसी विविधता न रही हो जैसी आज है। तब गण-समाज बाद के जनपदीय समाजों की अपेक्षा छोटे होते थे। फिर भी भारत के पूर्वी अंचल में जहाँ नाग भाषाएँ बोली जाती हैं, वहाँ एक गाँव से दूसरे गाँव में बोली की जो भिन्नता आज भी दिखाई देती है, उसे ध्यान में रखना चाहिए। कभी-कभी एक गण-समाज अपनी भाषा के अलावा किसी दूसरे प्रमुख गण-समाज की भाषा सीख लेता है, उसके तत्त्व अपनी भाषा में मिलाता है या अपनी भाषा छोड़कर वह दूसरी गण-भाषा ही स्वीकार कर लेता है। ऐसी स्थिति भारत के गण-समाजों या आर्थिक दृष्टि से पिछड़ी हुई जातियों में आज भी दिखाई देती है। ऐसी बातें पुराने समय में भी हुई थीं, इसके अनेक संकेत मिलते हैं। इतना सब होने पर भी प्राचीन गण-समाजों की भाषाओं की कुछ विशेषताएँ पहचानी जा सकती हैं। आधुनिक जनपदीय भाषाओं से उन प्राचीन भाषाओं का सम्बन्ध जोड़ा जा सकता है। स्थिति की पेचीदगी के बारे में जो कुछ कहा गया है, उसका आशय केवल इतना है

कि तथ्यों और निष्कर्षों को निरपेक्ष रूप से सत्य न माना जाए, वे सापेक्ष रूप में ही सही हो सकते हैं; जहाँ किसी एक भाषा का उल्लेख है, वहाँ भाषाओं या बोलियों का समुदाय है—और यह समुदाय स्थिर और जड़ नहीं है, प्रवहमान और परिवर्तनशील है—ऐसा समझना चाहिए।

मगही

सबसे पहले मगही के बारे में विचार करेंगे।

प्राचीन मगध भारत का एक शक्तिशाली गण-राज्य था, यह पौराणिक परम्परा का विख्यात तथ्य है। अशोक और उनके बाद मगध का जो अभ्युदय हुआ, वह आकस्मिक नहीं था, उसके पहले एक सुदीर्घ ऐतिहासिक विकास-प्रक्रिया पूरी हो चुकी थी। वैदिक संस्कृति का केन्द्र उत्तर पश्चिमी भारत में था और भारतीय समाज के विकास में इस संस्कृति के वाहकों का अन्यतम योगदान था। संस्कृत भाषा मूलतः इसी संस्कृति का माध्यम थी। इस कारण मगध की प्राचीन गण-भाषा के अलग से न तो कोई अभिलेख प्राप्त हैं और न उसका संस्कृत के समानान्तर स्वतन्त्र भाषा के रूप में अलग से उल्लेख है। इससे यह न समझना चाहिए कि उसका अस्तित्व ही न था। जिसे मागधी प्राकृत कहते हैं, वह प्राचीन गण-भाषा की कुछ विशेषताओं की झलक-भर दिखाती है; अशोक के शिलालेखों में भाषा के जो रूप मिलते हैं, वे भी प्राचीन गण-भाषा के रूप नहीं हैं। अन्य प्राकृतों के समान मागधी प्राकृत भी संस्कृत का रूपान्तर है और यह रूपान्तर सबसे अधिक ध्वनितन्त्र को लेकर है। सौभाग्य से संस्कृत ऐसी भाषा है जिसने अनेक गण-भाषाओं के विविध तत्त्व अपने भीतर समेट लिये हैं, अपनी क्षेत्रीय विशेषता की रक्षा करते हुए वह अनेक आर्य गण-भाषाओं के तत्त्वों का समन्वय प्रस्तुत करती है और इन तत्त्वों को पहचाना जा सकता है। इस कार्य में हिन्दी प्रदेश की जनपदीय भाषाओं की वर्तमान स्थिति से सहायता मिलती है।

ह्रस्व अ का उच्चारण

बनारस से लेकर असम तक ह्रस्व **अ** का उच्चारण वृत्ताकार होता है। जितना ही पूर्व की ओर चलते हैं, उतना ही यह प्रवृत्ति और स्पष्ट होती जाती है। बहुत से लोग समझते हैं कि इस समूचे पूर्वी प्रदेश में पहले ह्रस्व **अ** का वैसा ही उच्चारण होता था जैसा संस्कृत-पद्धति से शुद्ध माना जाता है। किसी ने इस बात की व्याख्या नहीं की कि इतने विशाल प्रदेश में वह शुद्ध उच्चारण अचानक गायब क्यों हो गया और उसकी जगह वृत्ताकार उच्चारण का चलन क्यों हो गया। किसी भी भाषा-समुदाय के ध्वनितंत्र में ऐसे परिवर्तन अकारण अकस्मात् नहीं होते। मेरा कहना है कि इस प्रदेश की भाषाओं में कभी ह्रस्व **अ** का उच्चारण संस्कृत-पद्धति से होता ही न था, यहाँ की गण-भाषाओं में

ह्रस्व ओकार अथवा औकार का ही प्राधान्य था। भारत की प्राचीन गण-भाषाओं की विशेषताएँ भारत के बाहर भी मिलती हैं। यह वृत्ताकार उच्चारण ईरान में बोली जाने वाली आधुनिक फ़ारसी में है। भारत में जो लोग फ़ारसी लिखते-पढ़ते आए हैं, वे इस मामले में संस्कृत-पद्धति का अनुसरण करते हैं; ईरान में फ़ारसी बोलचाल की भाषा है, वहाँ अति प्राचीन काल से चली आती हुई वृत्ताकार उच्चारण-पद्धति अभी तक बनी हुई है। दक्षिणी स्लाव भाषाएँ फ़ारसी की पड़ोसी हैं और उनमें भी उच्चारण की यह विशेषता विद्यमान है। संस्कृत के लिए जो अकार है, वह भारतीय प्राच्य भाषाओं, फ़ारसी और दक्षिणी स्लाव भाषाओं के लिए ओकार-औकार है। भारत के पश्चिमी क्षेत्र में ऐसी ही प्रवृत्ति कोङ्कण की भाषा में है। यह नहीं कहा जा सकता कि अकस्मात् भारत के भीतर और बाहर ह्रस्व **अ** का लोप हो गया और लोगों ने उस स्वर को वृत्ताकार रूप दे दिया। इंडोयूरोपियन आदि-भाषा में कहीं इस वृत्ताकार उच्चारण का अस्तित्व नहीं माना गया पर यह अवश्य कहा गया है कि यूरुप की भाषाओं में जहाँ मूल ओकार-एकार हैं, वहाँ संस्कृत में अकार है। इससे इतना तो सिद्ध होता ही है कि इंडोयूरोपियन समुदाय में **अ, अॅ, ऑ,** इन तीनों स्वरों के उच्चारण को लेकर भेद था। यह भेद भारत में आज भी विद्यमान है। अवधी शब्द **बहिनी** का गुजराती रूप **बेन** और बँगला रूप **बोन** इस तथ्य के साक्षी हैं। जैसे यह कहा जाता है कि इंडोयूरोपियन एकार-ओकार संस्कृत में अकार हो गए, वैसे ही यह भी कहा जा सकता है कि संस्कृत का अकार यूरुप की भाषाओं में जहाँ-तहाँ एकार-ओकार हो गया। जो लोग यह मानते हैं कि समस्त आधुनिक आर्य भाषाएँ संस्कृत से उत्पन्न हुई हैं, उन्हें इस प्रश्न का उत्तर देना चाहिए कि प्राच्य भाषाओं में अकार का उच्चारण वृत्ताकार कैसे हो गया। बहुत-सी समस्याओं का समाधान कोल, द्रविड़ आदि आर्येतर भाषाओं के प्रभाव के उल्लेख से कर दिया जाता है किन्तु दुर्भाग्य से यह ओकारवादी पद्धति न तो कोल भाषाओं की विशेषता है, न द्रविड़ भाषाओं की। इन्हीं दो समुदायों को आदिवासी माना जाता है। नाग-भाषा समुदाय में भी यह विशेषता नहीं है। जहाँ इन भाषाओं में ऐसा उच्चारण मिलता है, वहाँ उसकी परिधि सीमित है; वह उधार लिये हुए शब्दों में देखा जाता है और पड़ोसी प्राच्य समुदाय की आर्य भाषाओं के प्रभाव का स्पष्ट परिणाम है। अतः यह स्वीकार करना होगा कि प्राचीन काल से यहाँ दो आर्य भाषा समुदाय ऐसे थे जिनमें अकार-ओकार का उच्चारण-भेद था। यह मान लेने पर न केवल भारतीय भाषाओं की स्थिति स्पष्ट हो जाती है वरन् इंडोयूरोपियन समुदाय में **अ, अॅ, ऑ** स्वरों का समीकरण भी समझ में आने लगता है।

एकार का उच्चारण

ओकार के अलावा एकार की भी समस्या है। मागधी प्राकृत की परम्परा में इस विशेषता का उल्लेख है। संस्कृत शब्दों के अकार के स्थान पर मागधी में बहुधा एकार दिखाई

देता है। वास्तव में यह प्राच्य भाषाओं की मूल पद्धति नहीं है। मूल पद्धति ओकार-औकार बोलने की है। एकार-ऐकार बोलने की प्रणाली पश्चिमी प्रदेश की है। ककहरा पढ़ते समय पछाँह के लोग **कै-खै-गै-घै** बोलते हैं, पूरब के लोग **कौ-खौ-गौ-घौ** बोलते हैं, मध्यदेश या कोसल के लोग **का-खा-गा-घा** बोलते हैं। संस्कृत **शत** का हिन्दी प्रतिरूप **सौ** प्राच्य पद्धति वाला रूप है; **सैकड़ा** का **सै** पश्चिमी पद्धति वाला रूप है, अवधी में **सौ** और **सै** दोनों रूपों का चलन है। संस्कृत **षष** का प्रतिरूप **छह** पूरब में **छौ,** पछाँह में **छै,** अवध में **छा** बोला जाता है। परिनिष्ठित हिन्दी में ऐकार वाला **छै** उच्चारण स्वीकृत है, भले ही लिखित रूप **छह** हो। परिनिष्ठित हिन्दी में **शत** का प्रतिरूप **सौ** ही स्वीकृत है, यह प्राच्य भाषा समुदाय के प्रभाव का परिणाम है।

देखना चाहिए कि मागधी में एकार संस्कृत अकार का स्थान क्यों लेने लगा। यह एक कल्पित और कृत्रिम ध्वनि परिवर्तन नहीं है। बँगला के बहुत से शब्दों में यह एकारवादी प्रवृत्ति झलकती है। मगही, अवधी आदि भाषाओं में बहुत जगह इसी प्रवृत्ति के दर्शन होते हैं। कभी-कभी तो परिनिष्ठित हिन्दी में अकार है किन्तु पूर्वी बोलियों में एकार है यथा हिन्दी वाक्य **डरता है** का अवधी रूप होगा **डॅरात है।** एकार का यह व्यवहार पूर्वी भाषाओं पर पश्चिमी भाषाओं के प्रभाव के कारण है। मागधी प्राकृतों के संदर्भ में उसका उल्लेख होने से यह भ्रम न होना चाहिए कि वह पूर्वी भाषाओं की मूल प्रवृत्ति का द्योतक है। प्राकृतों में कहाँ वास्तविक प्रादेशिक ध्वनि-प्रवृत्तियाँ झलकती हैं, इसे परखने में एक सीमा तक आधुनिक भाषाओं से सहायता मिलती है। **छह** के तीन प्रकार के उच्चारण आज भी तीन क्षेत्रों में मिलते हैं। इनमें वृत्ताकार उच्चारण पूर्वी क्षेत्र की विशेषता है। प्राचीन गण-भाषाओं और उनके बाद जनपदीय भाषाओं ने एक दूसरे को इतना प्रभावित किया है कि एक क्षेत्र की मूल प्रवृत्ति अंशतः दूसरे में स्वीकृत हो गई है। संस्कृत में मगध की गण-भाषा का प्रभाव सन्धि रूपों में स्वीकृत है। **रामः** के बाद **अपि** आए तो विसर्ग ओकार में बदल जाएँगे और अकार का लोप हो जाएगा। दोनों शब्दों की सन्धि होने पर **रामोपि** रूप बनेगा। इसी प्रकार **कः** और **अपि** का संयोग होने पर **कोपि** रूप बनता है। यदि हिन्दी **कोई** इसी **कोपि** का विकास है तो यह शब्द हिन्दी को मागधी परम्परा की देन है। **रामोपि, कोपि** आदि रूपों के निर्माण में वही प्रक्रिया घटित होती है जो **बहन** के **बोन** रूप धारण करने में घटित होती है। सघोष महाप्राण **ह्** जब अघोष बनता है तब लिखित रूप में उसकी ध्वनि विसर्गों द्वारा व्यक्त की जाती है। **बोन** रूप में महाप्राणता और भी क्षीण हो जाती है, वह पूर्ववर्ती अकार को ओकार रूप देने के बाद तिरोहित हो जाती है, और अपने साथ **ह** वर्ण के अकार को भी ले जाती है। इसके समानान्तर गुजराती के **बेन** रूप में मिलती-जुलती प्रक्रिया घटित होती है; यहाँ **ह्** की महाप्राणता पूर्ववर्ती अकार को एकार में बदलती है। इससे विदित होता है कि संस्कृत में सन्धि के नियम वैयाकरणों की कल्पना नहीं हैं, वे गण-भाषाओं की वास्तविक ध्वनि-प्रवृत्तियों के आधार पर बने हैं।

ह्रस्व-दीर्घ स्वरों का भेद

संस्कृत में ऐसे अनेक शब्द हैं जिनके एक रूप में स्वर ह्रस्व है और दूसरे में दीर्घ है यथा **उषा** और **ऊषा**। इसका कारण यह प्रतीत होता है कि कुछ गण-भाषाओं में स्वर की लघुता और गुरुता अर्थ-विच्छेदक नहीं थी। यदि वर्तमान पूर्वी आर्य भाषाओं के ध्वनितंत्र पर ध्यान दिया जाए तो विदित होगा कि वहाँ परिनिष्ठित हिन्दी या संस्कृत शब्दों के उच्चारण में भी स्वर के ह्रस्व-दीर्घ भेद का बहुत ध्यान नहीं रखा जाता। मिथिला तक की पूर्वी भाषाओं पर कोसल तथा पश्चिमी जनपदों की भाषाओं का बड़ा गहरा प्रभाव पड़ा है। इस कारण ध्वनितंत्र की अनेक मूल विशेषताएँ बँगला आदि पूर्वी छोर की भाषाओं में सुरक्षित हैं। ह्रस्व-दीर्घ स्वरों का भेद कोसल-कुरु जनपदों की देन है। वह अब बँगला आदि धुर पूर्वी भाषाओं को भी प्रभावित करता है। फिर भी सामान्य उच्चारण में ह्रस्व-दीर्घ का बहुत ध्यान नहीं रखा जाता। इसका एक महत्त्वपूर्ण कारण यह है कि मैथिली, मगही आदि की अपेक्षा बँगला में बलाघात अधिक स्पष्ट सुनाई देता है। वाक्य की लय से भिन्न यह शब्द पर आधारित है और शब्दों के रूप को ही बदल देता है जैसे **हवालात** बँगला में **हाओलात** हो जाता है। शब्द के आदि वर्ण पर बलाघात की प्रवृत्ति भोजपुरी, मगही, मैथिली में भी है किन्तु बँगला की अपेक्षा वह क्षीण है। जो लोग कोसल की भाषा को मागधी या अर्धमागधी से जोड़ते हैं, वे बलाघात की भिन्नता पर ध्यान दें। अवधी आदि-वर्ण पर बलाघात पसन्द नहीं करती, इसलिए आदि-वर्ण का दीर्घ स्वर ह्रस्व हो जाता है और कभी-कभी उसका लोप भी हो जाता है। **एक** से विशेषण बनता है **एकला,** ठीक **पहला** की तरह। मराठी और बँगला दोनों में आदि वर्ण पर आघात के कारण दीर्घ एकार सुरक्षित है। (बँगला में ऐकार रूप में), किन्तु हिन्दी में इसका रूप है—**अकेला**। दूसरे वर्ण पर आघात होने से प्रथम वर्ण की दीर्घता दूसरे वर्ण में आ गई। इसी प्रकार **एकादश** का विकास **एगारह** रूप में हुआ। भोजपुरी से लेकर बँगला तक एकार सुरक्षित है किन्तु परिनिष्ठित हिन्दी में **ग्यारह** रूप स्वीकृत हुआ। यहाँ आदि वर्ण का दीर्घ स्वर ह्रस्व ही नहीं हुआ वरन् उसका लोप हो गया। बँगला रूप में अन्तिम वर्ण **ओ** में बदल गया, अवधी रूप में **ह** के स्थान पर **आ** बोला गया, **एगारो** के समानान्तर **ग्यारा** रूप का चलन हुआ। कोसली और अन्य पूर्वी बोलियों के ध्वनितंत्र का भेद यहाँ स्पष्ट हो जाता है।

जो भाषाएँ ह्रस्व-दीर्घ स्वरों के भेद को महत्त्वपूर्ण नहीं मानतीं, उनकी छन्द रचना में मात्रा की अपेक्षा वर्णों का महत्त्व होता है। संस्कृत-छन्द रचना वर्णप्रधान है। इसके विपरीत अवधी, ब्रजभाषा, आधुनिक हिन्दी की छन्द रचना में मात्रा-विचार मुख्य है। बँगला आदि पूर्वी भाषाओं में अब भी वर्णप्रधान छन्द रचना का चलन है। उस प्रवृत्ति का एक स्मारक हिन्दी में लोकप्रिय कवित्त है। वैदिक छन्दों में वर्णगणना प्रधान है। बाद के गणात्मक छन्दों में वर्ण-महत्त्व के साथ मात्रा-महत्त्व स्वीकार किया गया है। गणात्मक छन्द दो भिन्न प्रवृत्तियों का समन्वय प्रस्तुत करते हैं। संस्कृत महाकाव्यों के अनुष्टुप् में वर्णगणना प्रधान है, वर्णों की लघुता-दीर्घता की भूमिका गौण है। गीतों के लिए

मात्रिक छन्दों का व्यवहार बहुत समय से होता रहा था। अपभ्रंश पदों के अलावा उसी परम्परा से प्रभावित होकर जयदेव ने संस्कृत में **गीतगोविन्द** की रचना मात्रिक छन्दों में की। ऐसे गीतों की प्रमुख भूमि शूरसेन जनपद था। ब्रज गीतों की परम्परा मिथिला तक प्रबल रही और मैथिली ने पड़ोसी भाषाओं को प्रभावित किया। इस प्रकार पूर्वी और मध्यदेशीय भाषाएँ शब्द रचना से लेकर छन्द रचना तक भाषा के विभिन्न स्तरों पर एक दूसरे को प्रभावित करती रही हैं।

ब् का व्यापक व्यवहार

पूर्वी भाषाओं की एक विशेषता **ब्** व्यंजन का व्यापक व्यवहार है। इस संदर्भ में भी बँगला भाषा प्राचीन मागधी प्रवृत्ति को बनाए हुए है। उसमें **व्** ध्वनि या तो **ब्** में बदल जाएगी या फिर विघटित होकर **ओ** और **य्** में बदल जाएगी। **वन बन** बोला जाएगा, **हवा** का रूपान्तर **हाओया** होगा। प्रश्न यह है कि संस्कृत में **ब्** ध्वनि वाले कोई मूल शब्द हैं या नहीं। संस्कृत में ऐसे अनेक शब्द हैं जिनके **व्** और **ब्** दोनों ध्वनियों वाले दो रूप स्वीकृत हैं। यहाँ सम्भावना यह है कि **ब्** वाला रूप मौलिक है। संस्कृत में **व्** ध्वनि शिष्ट उच्चारण का प्रतीक बन गई थी। इस कारण बहुत से **ब्**-मूलक शब्दों को **व्**-मूलक किया गया। वैकल्पिक रूपों का चलन दो भिन्न ध्वनि प्रकृतियों के संगम का प्रमाण है। संस्कृत में **ब्** ध्वनि वाले अनेक शब्द हैं, प्राचीन ग्रीक में भी **ब्**-मूलक अनेक शब्द हैं। फिर भी ऐतिहासिक भाषाविज्ञानी **ब्** ध्वनि को आदि इंडोयूरोपियन भाषा के ध्वनितंत्र में महत्त्वपूर्ण स्थान नहीं देते; देते हैं तो संकोच के साथ, यह मानते हुए कि इसका व्यापक व्यवहार न होता था। इस ऊहापोह का कारण यह है कि **ब्**-मूलतः मगध समुदाय की ध्वनि है और संस्कृत में उसका सीमित व्यवहार होता है। **बल** जैसे कुछ शब्द असंदिग्ध रूप से **ब्** ध्वनि का मौलिक व्यवहार सिद्ध करते हैं। ब्रज, अवधी आदि में **ब्** और **व्** दोनों ध्वनियों का व्यवहार होता है। जहाँ भी इन भाषाओं में **ब्** हो और संस्कृत में **व्** हो, वहाँ संस्कृत रूप मौलिक होगा ही, ऐसा मानना आवश्यक नहीं है।

शकार का व्यवहार

मागधी प्राकृत के लिए प्रसिद्ध है कि इसमें दन्त्य **स्** के स्थान पर तालव्य **श्** का व्यवहार होता था। **मृच्छकटिक** में शूद्रक ने इस प्रवृत्ति को अमर कर दिया है। मगही में, ब्रज और अवधी के समान, अब दन्त्य **स्** की प्रधानता है। इस कारण इस बात पर सन्देह न करना चाहिए कि मगध की प्राचीन जनपदीय भाषा में तालव्य **श्** का ही व्यवहार होता था। पश्चिम में भोजपुरी और पूर्व में बँगला, दोनों के बीच में मगही का क्षेत्र है। ऐसे केन्द्रीय क्षेत्र जब अन्य भाषाओं से प्रभावित होते हैं तब उनकी अनेक प्रवृत्तियाँ प्रान्तीय प्रदेशों में सुरक्षित रहती हैं। इन विशेषताओं में एक **ब्** ध्वनि का निर्बाध व्यवहार

है, दूसरी तालव्य **श्** का व्यवहार है। **स्** और **श्** की विभाजन रेखा कुछ सामी क्षेत्रों में रही है और जर्मन भाषा क्षेत्र में भी एक सीमा तक दिखाई देती है। इंडोयूरोपियन परिवार में इस समय परिनिष्ठित बँगला ही एक मात्र ऐसी भाषा है जो तीन सकारों में केवल तालव्य **श्** का व्यवहार करती है। मगही पर जो मध्यदेशीय प्रभाव पड़ा है, उसका एक परिणाम इस भाषा में दन्त्य **स्** की वर्तमान प्रधानता है। मध्यदेश दन्त्य **स्** के उद्भव, विकास और प्रसार का मुख्य केन्द्र रहा है।

संस्कृत में ऐसे अनेक शब्द हैं जिनमें पहले दन्त्य **स्** का व्यवहार होता था, अन्य प्रभाव से उसकां तालव्यीकरण हुआ। यह प्रभाव किस भाषा-समुदाय का था ? भारतीय जनपदों की भाषायी स्थिति पर ध्यान देने से प्रतीत होता है कि ऐसा केन्द्र जिसमें तालव्य **श्** के प्रति एकान्त आग्रह हो, पूर्व में था। इस कारण यह मानना समीचीन है कि मध्यदेशीय दन्त्य **स्** वाले शब्दों में तालव्य **श्** की प्रतिष्ठा मागधी प्रभाव का परिणाम है। फ़ारसी और संस्कृत दोनों में दन्त्य और तालव्य सकारों में विवेक शिष्ट उच्चारण का लक्षण माना जाता था। ऐसा विवेक मागध समाज में होता हो, यह आवश्यक नहीं। (उस समाज के प्रभाव से उत्तर पश्चिमी आर्य गण समाजों ने एक नई ध्वनि—तालव्य **श्**—प्राप्त की, उसे अपने ध्वनितंत्र में शामिल किया और दन्त्य **स्** से उसकी भिन्नता का उपयोग किया।) संस्कृत में बहुत से शब्द ऐसे हैं जिनमें **श्** के बाद **व्** का प्रयोग होता है, **अश्व, श्वान, श्वः** इत्यादि। मागध-वृत्ति **ब्** को प्रधानता देती है। ऐसे शब्द प्राचीन मागध समाज के अपने शब्द नहीं हैं। (उनकी रचना उत्तर पश्चिमी गण-समाजों ने मागध समाज से प्राप्त **श्** ध्वनि के आधार पर की है।) कुछ शब्द ऐसे हैं जिनमें **श्** ध्वनि शब्दमूल में विद्यमान है और **व्** का संसर्ग नहीं है। सम्भव है ऐसे शब्द मूल मागध गणभाषा के अपने शब्द हों। इनमें **शे, शो, शा** जैसी एक क्रिया थी जिसका अर्थ सोना था और जो मरने के लिए भी प्रयुक्त होती थी। किसी समय इस क्रिया का समस्त उत्तर भारत में व्यवहार होता था। **शयन, शैया, शव** इसी क्रिया से व्युत्पन्न होते हैं। **शव** शब्द उत्तर पश्चिमी है किन्तु मूल क्रिया मागधी हो सकती है। द्रविड़ भाषाओं में मरने के लिए **चा** आदि जो शब्द प्रचलित हैं, उनका आधार यही क्रिया है। आधुनिक आर्यभाषाओं में बँगला के बाद शकार वाली प्रवृत्ति मराठी में अधिक है और वह मागध प्रभाव का परिणाम है।

रकार का लकार

यह सम्भव है कि **र्** का विकास केन्द्र मध्यदेश रहा हो और **ल्** का विकास मगध में हुआ हो। जो परम्परा **श्** को मागधी प्राकृत की प्रधान ध्वनि मानती है, वह उसमें **र्** के स्थान पर **ल्** के व्यवहार पर भी बल देती है। जैसे संस्कृत के अनेक शब्दों के **स्, श्** वाले दो रूप हैं, वैसे ही **रभ्-लभ्, रघु-लघु** आदि **र्-ल्** ध्वनियों वाले वैकल्पिक रूप हैं। जैसे मागध प्रभाव से तालव्य **श्** का प्रसार हुआ, वैसे ही अन्य गण भाषाओं के

ध्वनितंत्र ने ल् ध्वनि को स्वीकार किया। ऐसे अनेक शब्द हैं जिनमें ल् ने र् का स्थान लिया है, **रभ्-लभ्**, **रघु-लघु** के वैकल्पिक रूप इस प्रकार बने थे। फिर भी कुछ शब्द ऐसे प्रतीत होते हैं जिनमें ल् ही मूल ध्वनि थी। **कुल, कला** जैसे शब्द इनमें गिने जा सकते हैं। संस्कृत में **जल, कलश** जैसे शब्दों को जो सम्मानप्रद स्थान प्राप्त है, उसका कारण मागध प्रभाव हो सकता है। **बलि, बालि** आदि शब्दों में जहाँ **ल्** के निकट **ब्** ध्वनि है, वहाँ अधिक दृढ़ता से कहा जा सकता है कि ये पुराने मागधी शब्द हैं। इसी प्रकार जहाँ **श्** और **ल्** का संयोग है, **श्लथ** जैसे शब्दों में, वहाँ मागधी शब्द-सम्पदा की कल्पना की जा सकती है। इस सम्पदा का एक देदीप्यमान रत्न है **श्लोक**।

घ्, ध्, भ् के केन्द्र

आर्य गण भाषाओं के ध्वनितंत्र का विवेचन करते हुए इस पुस्तक में यह धारणा प्रस्तुत की गई है कि **घ्, ध्, भ्** इन तीन ध्वनियों के विकास केन्द्र क्रमशः उत्तर-पश्चिमी क्षेत्र, मध्यदेश और पूर्वी प्रदेश थे। इस धारणा के अनुसार **भ्** ध्वनि का विकास केन्द्र प्राचीन मगध और उसका पड़ोसी क्षेत्र रहा होगा। संस्कृत में प्रकाश सूचक अनेक शब्द **भ्** ध्वनि वाले हैं। **अस्** के समानान्तर अत्यन्त व्यवहृत होने वाली **भू** क्रिया में यही व्यंजन है। संस्कृत शब्दों की रूप रचना में **भ्यास्, भिम्** आदि **भ्** मूलक प्रत्यय महत्त्वपूर्ण हैं। पारिवारिक शब्दावली में **भ्राता** शब्द इसी श्रेणी का है। वैदिक भाषा में ऐसे शब्दों का महत्त्व इतना स्पष्ट है कि लोग सहज ही आपत्ति कर सकते हैं कि आर्य लोग तो अभी पंजाब में थे, उन पर इतनी दूर से मगध की भाषा का प्रभाव कैसे पड़ गया ? ऐसी आपत्ति करने वाले आसानी से मान लेते हैं कि आर्य लोग भारत में आने से पहले **घ्, ध् भ्** ध्वनियों का विकास कर चुके थे। किसी कारणवश इन ध्वनियों का व्यवहार सिन्धु नदी के उस पार नहीं होता, न किसी प्राचीन भाषा में और न किसी आधुनिक भाषा में। इनका व्यवहार केवल भारत में होता है, प्राचीन भाषाओं में होता था, आधुनिक भाषाओं में होता है। वैदिक भाषा और लौकिक संस्कृत में इन ध्वनियों के व्यवहार के प्रमाण हैं। ऐसी आपत्ति करने वालों के लिए आदि इंडोयूरोपियन भाषा का कल्पित ध्वनितंत्र अनेक गण भाषाओं के संयोग से विकसित नहीं हुआ वरन् पूर्व विकसित इंडोयूरोपियन भाषा के खंडित होने से विभिन्न गण भाषाओं के ध्वनितंत्रों का निर्माण हुआ है। जो लोग इंडोयूरोपियन भाषा की कल्पना स्वीकार नहीं करते किन्तु वैसी ही कल्पना वैदिक भाषा के बारे में करते हैं, वे भी वैदिक भाषा की एक सुदीर्घ विकास परम्परा अस्वीकार करते हैं। उनके लिए वैदिक भाषा में **श्, ष्, स्** विभिन्न सकारों का जो समन्वय हुआ है, उसका कोई महत्त्व नहीं है; मध्यदेश में केवल दन्त्य **स्** का व्यवहार होता है और परिनिष्ठित बँगला में केवल तालव्य **श्** का, हरियाणा तक **ण्** का क्षेत्र है और ब्रज से लेकर असम तक **न्** का, ऐसे तथ्यों का कोई ऐतिहासिक मूल्य नहीं है।

जिन ऋषियों ने वेद मंत्रों की रचना की, उन्होंने उसी समय वैदिक भाषा की भी रचना न कर डाली थी। वह भाषा एक सुदीर्घ विकास-परम्परा का परिणाम है। इस सम्बन्ध में आचार्य किशोरीदास वाजपेयी का निम्नलिखित तर्क विचारणीय है : "वेदों की भाषा का प्रकृत रूप क्या था, यह जानने के लिए निराधार कल्पना की ज़रूरत नहीं। वेदों की जो भाषा है, उससे मिलती-जुलती ही वह 'प्रकृत-भाषा' होगी, जिसे हम 'भारतीय मूलभाषा' कह सकते हैं। उस 'मूलभाषा' को 'पहली प्राकृत' भाषा समझिए। 'प्राकृत भाषा' का मतलब है 'जनभाषा'।...जब वेदों की रचना हुई, उससे पहले ही भाषा का वैसा पूर्ण विकास हो चुका होगा। तभी तो वेद जैसे साहित्य को वह वहन कर सकी। भाषा के इस विकास में कितना समय लगा होगा ! फिर, वेद जैसा उत्कृष्ट साहित्य तो देखिए !...क्या उस मूलभाषा या 'पहली प्राकृत' की पहली रचना ही वेद है ? सम्भव नहीं ! इससे पहले छोटा-मोटा और हल्का-भारी न जाने कितना साहित्य बना होगा, तब वेदों का नम्बर आया होगा...सो, वेदों की रचना के समय तक वह मूलभाषा पूरी तरह विकसित हो चुकी होगी और देश-भेद से या प्रदेश-भेद से उसके रूप भेद भी हो गए होंगे। उन प्रादेशिक भेदों में से जो कुछ साहित्यिक रूप प्राप्त कर चुका होगा, उसी में वेदों की रचना हुई होगी; परन्तु अन्य प्रादेशिक रूपों के भी शब्द प्रयोग ग्रहीत हुए होंगे। सभी साहित्यिक भाषाओं की यही स्थिति है। बंगाल भर में जो भाषा चलती है–'बँगला'–वह कितने क्षेत्रीय रूपों में विभक्त है ?...बंगाल भर के लोग बँगला में साहित्य-रचना करते हैं, परन्तु वे अपने क्षेत्र की 'बोली' से प्रभावित होते हैं। यों विभिन्न बोलियों के कुछ शब्द-प्रयोग साहित्यिक भाषा में आ जाते हैं, यद्यपि उसका कलेवर किसी एक ही क्षेत्रीय बोली से बनता है।" (**भारतीय भाषाविज्ञान,** पृष्ठ 113-114)।

यहाँ वाजपेयी जी ने उस भाषा के अस्तित्व पर बल दिया है जो वेदों की रचना से पहले विकसित होती आई थी। वेदों से पहले भी बहुत-सा साहित्य रचा गया होगा जो नष्ट हो गया, उन्होंने यह तर्कसम्मत धारणा प्रस्तुत की है। वैदिक भाषा के साथ अनेक प्रादेशिक भेद थे, इन प्रादेशिक रूपों से अनेक प्रकार की शब्द-सम्पदा वैदिक भाषा में स्वीकार की गई, उन्होंने यह निर्भ्रान्त मत प्रतिपादित किया है। भाषा और साहित्य, दोनों ही उनके लिए एक अत्यन्त दीर्घकालीन विकास परम्परा का परिणाम हैं। वाजपेयी जी की यह मान्यता रूढ़िवादी स्थापनाओं के विपरीत है। यदि उसे भाषा के विभिन्न स्तरों पर लागू किया जाए तो बहुत कुछ वैसी ही विश्लेषण-पद्धति विकसित होगी जैसी यहाँ प्रतिपादित की गई है। जो लोग वैदिक भाषा को एक सुदीर्घ विकास-परम्परा का परिणाम नहीं मानते, वे इंडोयूरोपियनवादियों के समान तर्क करते हैं कि एक आदि भाषा, विकास-पथ पार किए बिना ही अपने पूर्ण रूप में उत्पन्न हो गई। विकास-प्रक्रिया का एक अनिवार्य पक्ष है प्रादेशिक भाषाओं से अनेक तत्त्व ग्रहण करना। जिन विद्वानों के लिए कहीं कोई विकास-प्रक्रिया नहीं है, उनके लिए कल्पित आदि भाषा के साथ

प्रादेशिक भेद भी नहीं हैं। किन्तु यदि वैदिक भाषा सुदीर्घ विकास-परम्परा का परिणाम है तो यह विकास-क्रम शब्द भंडार, वाक्यतंत्र और इनके साथ ध्वनितंत्र में भी परिलक्षित होगा। मागधी समुदाय की कुछ विशेषताएँ परम्परागत उल्लेखों से प्राप्त हैं, उनकी पुष्टि पूर्वी आर्य भाषाओं की वर्तमान स्थिति से होती है। मान लीजिए, वैदिक भाषा का विकास एक हज़ार साल में हुआ। तब क्या एक क्षेत्र का गणसमाज इतने समय तक उसी में बन्द रहा और अन्य गणसमाजों से उसका सम्पर्क ही न हुआ ? मगध गण पहले पूर्व में रहता रहा हो चाहे उत्तर पश्चिम में, उसकी भाषा से कुरु गणसमाज का सम्पर्क हुआ, इसमें असम्भव कुछ नहीं है। जो लोग यह मानते हैं कि भारत ईरानी शाखा से टूट कर संस्कृत का विकास हुआ, वे कहीं इस 'विकास' का तर्कसम्मत विवेचन प्रस्तुत नहीं करते।

लिंगभेद

भारतीय आर्य भाषाओं में लिंगभेद का विकास विषम रूप में हुआ है। इस विकास का केन्द्र उत्तर पश्चिम के गणसमाज रहे हैं। इन केन्द्रों से बंगाल सबसे दूर है और लिंगभेद से सर्वाधिक मुक्त है। द्रविड़ भाषाओं में यही स्थिति केरल की है। भाषा की अन्य विशेषताओं के समान लिंगभेद का अभाव मगध क्षेत्र से हटकर अब बंगाल में केन्द्रित है। कोसल, ब्रज और कुरु जनपदों का प्रभाव मगध और मिथिला पर जितना पड़ा है, उतना बंगाल, उड़ीसा या असम पर नहीं। मगध की प्राचीन गण भाषा अवश्य लिंगभेद से मुक्त रही होगी। जिसे लोग पुरानी बँगला कहते हैं, वह अनेक स्थानों पर लिंगभेद स्वीकार करती है। इस कारण कुछ भाषाविज्ञानी मानते हैं कि पुरानी बँगला में लिंगभेद था और आगे चलकर वह समाप्त हो गया। कभी-कभी वह इसका कारण भी बतलाते हैं। लिंगभेद के झमेले से भाषा के व्यवहार में कठिनाई होती थी, इसलिए उसे सरल, सुबोध बनाने के लिए वह झमेला दूर कर दिया गया ! यह बात उतनी ही तर्कसंगत है जितनी तर्कसंगत संस्कृत अकार को हटाकर उसके स्थान पर वृत्ताकार उच्चारण का चलन कर देने की बात है। अन्तर इतना ही है कि वृत्ताकार उच्चारण चालू करने से कौन-सा झमेला दूर हुआ, यह किसी भाषाविज्ञानी ने नहीं बताया। वास्तव में मागध भाषा समुदाय में न तो पहले संस्कृत अकार का चलन था, न उसमें लिंगभेद था। जिसे पुरानी बँगला कहते हैं, वह या तो पुरानी मैथिली है या मैथिली का अनुकरण है। भोजपुरी, मैथिली और मगही में अवधी, ब्रज और बाँगरू की अपेक्षा लिंगभेद निर्बल है। पूर्वी क्षेत्रों के शिक्षित जनों को भी परिनिष्ठित हिन्दी का व्यवहार करते समय शब्दों का लिंग-निर्णय करने में कठिनाई होती है। ऐसा होना स्वाभाविक है क्योंकि पूर्वी क्षेत्रों की भाषायी परम्परा लिंगभेद से मुक्त थी।

मगही में अब कुछ शब्द ऐसे हैं जिनमें लिंगभेद करना आवश्यक होता है। छोटका, छोटकी, नन्हका, नन्हकी, पियरा, पियरी, भुतहा, भुतही आदि विशेषण लिंगभेद सूचित

करते हैं। (सम्पत्ति अर्याणी ने **मगही व्याकरण-कोश** में ऐसे शब्दों की सूची दी है।) इसी प्रकार सम्बन्धकारक में कुछ सर्वनाम, लिंगभेद जताने के लिए, रूप बदलते हैं। **मोरा सामी** (मेरा स्वामी) **मोरी बिटिया।** अर्याणी ने ऐसे रूपों का व्यवहार लोकगीतों में होता बताया है और इससे भिन्न **हम्मर बेटा, हम्मर बेटी** के प्रयोग की ओर ध्यान दिलाया है जो लिंगभेद से मुक्त हैं। इससे विदित होता है कि कोसल का प्रभाव एक समय मगध पर इतना अधिक पड़ा कि वह लोकगीतों में प्रतिबिम्बित है। सम्बन्ध कारक के प्रत्यय **केरा** और **केरी** में वैसा ही भेद दिखाई देता है। अर्याणी ने दो रोचक उदाहरण दिए हैं जिनसे ज्ञात होता है कि **लिंगयुक्त** और **लिंगमुक्त** दोनों तरह के रूप मगही में स्वीकृत हैं; **(1) ऊ गाँव केरी जनी सब काँदते चल गेलथीन; (2) ऊ गाँव के मेहररुअन काँदते चल गेलथीन** (उस गाँव की स्त्रियाँ रोती हुई गईं)। भूतकालिक कृदन्तों में, हिन्दी के प्रभाव से, पूर्वी भाषाएँ जहाँ-तहाँ लिंगभेद सूचित करती हैं। हिन्दी की तुलना में ऐसा भेद वहाँ कम है।

अनेक भाषाविज्ञानियों ने लिखा है कि संस्कृत में शब्द के बहुवचन रूपों का चलन था, हिन्दी में द्रविड़ प्रभाव से शब्द का एक ही रूप एकवचन और बहुवचन में काम आता है। मगही में संज्ञा शब्द के बाद **न** प्रत्यय जोड़कर बहुवचन रूप वैसे ही बनाए जाते हैं जैसे अवधी में, यथा **बैल–बैलन, घर–घरन।** अवधी में बहुवचन के अन्य रूप भी होते हैं। कर्त्ताकारक एक वचन में **घरु** रूप होगा (यही स्थिति कर्मकारक एकवचन में है) **घर** रूप कर्त्ताकारक के बहुवचन में प्रयुक्त होगा। करण आदि कारकों में बहुवचन रूप **घरन** होगा।

मगही और पश्चिमी आर्य भाषाएँ

मगही का शब्दतंत्र अन्य पश्चिमी आर्य भाषाओं के शब्दतंत्र से मिलता-जुलता है। कुछ तथ्य इस सन्दर्भ में महत्त्वपूर्ण हैं। **मोरा** रूप सम्बन्धकारक में ही नहीं, कर्त्ताकारक में भी प्रयुक्त होता है (अर्याणी, उप., पृष्ठ 20)। आधुनिक आर्य भाषाओं के विकास में एक मंज़िल वह है जिनमें कुछ सर्वनाम, अपने कारक चिह्न के साथ, आधारभूत सर्वनाम मान लिए गए हैं। **मोरा** का आधार **मो** है किन्तु **मो** का स्वतंत्र व्यवहार न अवधी में होता है न मगही में। **मोरा** को आधार मानकर **मोरा के, मोरा में, मोरा से** आदि रूपों का व्यवहार होता है। मूल सर्वनाम **मध** से एक रूप **मो** बना, दूसरा **मे, मै।** वास्तव में **मध-मह से मो** रूप का निर्माण मागध प्रवृत्ति का ही परिणाम है किन्तु यह रूप कर्त्ता पद से विस्थापित कर दिया गया है, अब केवल **मोर, मोरा** रूप में ही वह प्रतिष्ठित है। इससे संस्कृत कर्त्तारूप **अहम्** तथा सम्बन्धकारक रूप **मम** की तुलना की जा सकती है। **मम** का आधार वही **म** सर्वनाम मूल है जो **मो** और **मैं** का है। **अहम्** ने उसे कर्त्तापद से हटा दिया। वैसे ही **मैं** ने **मो** को कर्त्तापद से हटाया। मैं वाला रूप पूर्वी मगही में प्रयुक्त होता है। **म** के आधार पर **मके** (मुझको) **मर** (मेरा) आदि रूप भी प्रचलित हैं।

मोरा के समानान्तर एकवचन में **हम** का प्रयोग होता है। इस **हम** से बहुवचन **रूप हमनी** बनता है। यह **नी** सम्बन्धकारक का प्रत्यय है जिसका मूल क्षेत्र पश्चिम में है। **नी** और **रा** दोनों सम्बन्धकारक में प्रयुक्त होते हैं; **नी** का व्यवहार सिन्धी, गुजराती में होता है, **रा** का व्यवहार राजस्थानी में। बहुवचन और सम्बन्धकारक के लिए एक ही चिह्न का प्रयोग होता है। अनेक इंडोयूरोपियन भाषाओं में इसी प्रकार **स्** चिह्न का व्यवहार बहुवचन तथा सम्बन्धकारक के लिए होता है। मगही, **मोरा** के समान, **हमनी** को आधार रूप मान लेती है और **हमनी** के अतिरिक्त **हमरनी** रूप का व्यवहार भी करती है। आधार रूप **हम**; उससे बहुत्वसूचक, सम्बन्धसूचक **हमर**; पुनः उसमें इन्हीं भावों के सूचक **नी** का योग। मध्यम पुरुष सर्वनाम में **तू, तोरा, तोहनी** जैसे रूप स्वीकृत हैं। मगही में पूर्वी पश्चिमी, दोनों तरह की ध्वनि प्रवृत्तियाँ मिलती हैं, इसलिए उसमें हिन्दी **कौन** सर्वनाम के प्रतिरूप **को** तथा **के** दोनों हैं। इनके साथ **कौन** भी चलता है। **मध** के समान **कध** से **को, के** रूपों का विकास हुआ। मगही में **कॅह** रूप का व्यवहार भी होता है। इसके समानान्तर **जॅह, तॅह, यध, तध** मूल रूपों से विकसित हैं। बहुवचन में **जिन्ह, किन्ह, तिन्ह** आदि का विकास उन मूल रूपों से हुआ है जिनमें सर्वनाम-मूल के बाद **न्ध** का योग होता था। **तिन्ह, तैसा** जैसे रूप अब कम प्रयुक्त होते हैं। **तैसा** की जगह **वैसा, तिन्ह** की जगह **उन** का व्यवहार अधिक होता है। संस्कृत में एकवचन पुंल्लिग, कर्त्तारूप **सः** सर्वनाम का व्यवहार होता है। अवधी में, और परिनिष्ठित हिन्दी में भी, **सः** के मागधी रूप **सो** का चलन है किन्तु मगही में **जे** और **के** रूपों के समान कौरवी **से** का चलन है। **तउन** अन्य पुरुष सर्वनाम है, इसका वैकल्पिक रूप **से** है और एकवचन तथा बहुवचन दोनों में प्रयुक्त होता है। ठीक संस्कृत के समान इसका प्रयोग कर्त्ताकारक तक सीमित है किन्तु संस्कृत के विपरीत इसका व्यवहार बहुवचन में भी हो सकता है। यही कौरवी से बँगला में भी प्रयुक्त होता है। हिन्दी **यह-वह** निकट और दूर की वस्तुओं के लिए प्रयुक्त होने वाले सर्वनाम हैं। इनके मूल रूप **इध-उध** थे। इनसे एक ओर **अहॅ-ऑह** रूप बनते हैं जहाँ **इ, उ** को विवृत रूप दिया गया है, दूसरी ओर **ई, ऊ** रूप बनते हैं जहाँ अन्तिम वर्ण का स्वर लुप्त हुआ है और महाप्राण ध्वनि ने पूर्व स्वर को दीर्घ किया है। भिन्न ध्वनि प्रवृत्तियों के मेल के कारण मगही में **केऊ** और **कोई** दोनों रूप स्वीकृत हैं। जो लोग **कोई** का विकास **कोपि** से मानते हैं, उन्हें **केऊ** का विकास **केपु** से मानना चाहिए। कठिनाई यह है कि **अपि** के साथ **अपु** जैसे रूप का प्रयोग नहीं मिलता। **केऊ** के साथ मगही में **केहू** रूप भी है। इसे **केपु** से सिद्ध करना कठिन होगा। हिन्दी **क्या** के लिए मगही में **का, की** के अलावा एक रूप **कउची** भी है। इन सब रूपों में **क** आधारभूत है, उसमें वस्तुसूचक विभिन्न प्रत्यय जोड़े जाते रहे हैं। यह **क** सर्वनाम पहले प्रश्नवाचक न होकर किसी वस्तु या व्यक्ति की ओर संकेत करने वाला सामान्य सर्वनाम था, इसलिए **कोई** और **केऊ** प्रश्नसूचक और सामान्य संकेतक, दोनों प्रकार का अर्थ देते हैं। **के** सर्वनाम से सम्बन्धकारक में **केकर, केकरा** आदि रूप बनते हैं जहाँ **कर** सम्बन्धकारक का चिह्न है।

मगही के कारक चिह्न अवधी और परिनिष्ठित हिन्दी के कारक चिह्नों से मिलते हैं, कहीं-कहीं अवधी की अपेक्षा परिनिष्ठित हिन्दी के कारक चिह्नों से अधिक समानता है। अधिकरण कारक जताने के लिए **में** का व्यवहार होता है : **मोरा में, तोर में, अपने में, ॲह में, इन्ह में।** अवधी में सर्वत्र **मा** का व्यवहार होगा। **मध** सर्वनाम के आधार पर यह सम्बन्धसूचक प्रत्यय बना है। अवधी में जैसे **छह** का उच्चारण **छा** है, वैसे ही **मध-मह** से **मा** रूप बना है। **में** रूप उत्तर पश्चिमी है। एक रोचक तथ्य यह है कि बघेली के समान मगही में सम्प्रदान कारक के लिए **ला** प्रत्यय का व्यवहार होता है—**मोराला, हमराला, हमनीला, तोराला, अपनेला, ॲहला** इत्यादि। जो लोग समझते हैं कि आधुनिक आर्य भाषाओं में सम्प्रदान कारक का लोप हो गया और द्रविड़ भाषाओं में कर्म से भिन्न सम्प्रदान का अस्तित्व बना हुआ है, वे मगही में कर्मकारक के लिए **मोराके, हमराके, हमनीके** तथा सम्प्रदान कारक के लिए **मोराला, हमराला, हमनीला** का भेद देखें। अनेक विद्वान मानते हैं कि अपभ्रंश में कारक भेद मिट गया, केवल संज्ञा का सामान्य रूप और उसका तिर्यक् रूप, ये दो रूप रह गए। इन विद्वानों को विचार करना चाहिए कि जब मागधी अपभ्रंश से मगही का जन्म हुआ, तब यह कर्म और सम्प्रदान का नया भेद कैसे उत्पन्न हो गया। संज्ञा और सर्वनाम, दोनों तरह के नाम शब्दों के सम्प्रदान रूपों में **ला** प्रत्यय का व्यवहार होता है, कर्म या किसी अन्य कारक के लिए नहीं। और **घोड़ा** का तिर्यक् रूप क्या है ? एकवचन रूपों में सर्वत्र **घोड़ा** ही रहता है; कर्त्ता के अलावा करण, सम्प्रदान, अधिकरण आदि में **घोड़ा** रूप ही चलता है। यदि हिन्दी में **घोड़े से, घोड़े पर** आदि रूप होते हैं जो कर्त्ता के एकवचन रूप से भिन्न हैं, तो इसका यह अर्थ नहीं कि आधुनिक आर्य भाषाओं में सर्वत्र ऐसा होता है। **घोड़ा** का बहुवचन रूप बनाने के लिए कोई बहुत्वसूचक शब्द जोड़ा नहीं जाता जैसे कि बहुधा बंगला में होता है, वरन् अन्तिम वर्ण के दीर्घ स्वर को ह्रस्व करने के बाद **न** प्रत्यय जोड़ दिया जाता है। इस प्रकार **घोड़ा** का बहुवचन **घोड़न,** जैसे **घर** का बहुवचन **घरन**। अवधी में **घरन** रूप कर्त्ताकारक में प्रयुक्त न होगा; अर्याणी ने **घरन, राजन, पोथिन, बातन** आदि रूपों को कर्त्ताकारक में दिखाया है। स्पष्ट है कि आधुनिक आर्य भाषाओं का विकास एक से नियमों के अनुसार समतल भूमि पर नहीं हुआ और अपभ्रंश की उपलब्ध सामग्री के आधार पर इनके विकास की व्याख्या नहीं की जा सकती।

मगही सर्वनाम **ई**—जो हिन्दी **यह** का प्रतिरूप है—कर्त्ता से भिन्न अन्य कारकों में प्रयुक्त नहीं होता; एकवचन रूपों में **ॲह** का व्यवहार होता है। कह सकते हैं कि **ॲह ई** का तिर्यक् रूप है। (इस प्रकार संस्कृत **मम** के **म** को **अहम्** का तिर्यक रूप क्यों न कहा जाए ? और **मम** के अतिरिक्त **वयम्, नः** आदि को ध्यान में रखें तो **अहम्** के अनेक तिर्यक् रूप क्यों न माने जाएँ ?) **मोरा, हमनी,** कर्त्ता से लेकर अधिकरण तक, सर्वत्र एकवचन में अपरिवर्तित रहते हैं। यही स्थिति **अपने** सर्वनाम की है। इससे यह विदित होता है कि अनेक कारकों में 'तिर्यक्' और 'अतिर्यक्' दोनों तरह के रूपों के व्यवहार की पद्धति मगही में है।

मगही के क्रिया रूप

मगही और मैथिली, दोनों मागधी अपभ्रंश से उत्पन्न मानी जाती हैं। जो लोग इनसे बँगला का सम्बन्ध जोड़ते हैं, उनका ध्यान सबसे पहले क्रियारूप **छि** की ओर जाता है। यह महत्त्वपूर्ण बात है कि इस क्रिया का व्यवहार मगही में नहीं होता, उसमें **छ्**-मूलक क्रिया के बदले **ह्**-मूलक क्रिया का व्यवहार होता है। इस तथ्य की ओर डा. विश्वनाथ प्रसाद ने ध्यान दिया है। **मगही संस्कार गीत** (पटना, 1962) पुस्तक में मगही की विशेषताओं की चर्चा करते हुए लिखा है : "मगही की वर्तमान कालिक अन्य पुरुष सहायक क्रिया का रूप 'हे' है, जो मागधी समुदाय की अन्य बोलियों के 'बाटे' या 'बा' या 'बॉटे' और 'अछि', 'छै' से भिन्न हिन्दी 'है' के अनुरूप है। जैसे—ऊ कर सकऽहे, एक्कर ई कारन हे, ई बुझा हे, हमनी के इहे बतावल जाहे—लगऽहे, होवऽहे। वह 'हे' भारत-यूरोपीय 'अस्' से व्युत्पन्न है, जबकि भोजपुरी—'बाटे' या 'बा' और बँगला 'बॉटे' √ वृत्—वर्त्तते से तथा उड़िया 'अछ', मैथिली 'अछि', 'छै' √क्षि से।" (पृष्ठ 18)। मागधी समुदाय की तीन महत्त्वपूर्ण भाषाओं—मगही, भोजपुरी और मैथिली में—एक ही अर्थ वाली क्रिया के तीन रूप हैं। यह क्रिया भी ऐसी है जिसका व्यवहार भाषा में सर्वाधिक होता है। वास्तव में एक क्रिया के तीन रूप न होकर ये तीन क्रियाएँ हैं जिनका प्रयोग एक से सन्दर्भों में होता है। डा. विश्वनाथ प्रसाद ने उनके तीन स्रोत बतलाए हैं। ये तीन स्रोत सही हों, चाहे न हों, पर वे तीन हैं और एक-दूसरे से भिन्न हैं, इसमें संदेह नहीं। यह इस बात का अतिरिक्त प्रमाण है कि जिन्हें मागधी समुदाय की भाषाएँ कहते हैं, उनका जन्म किसी कल्पित मागधी अपभ्रंश से नहीं हुआ।

मगही में एक क्रिया **हथ** है। डा. विश्वनाथ प्रसाद ने इसे भी **अस्** से व्युत्पन्न माना है। **कहोहथिन्** अर्थात् कहते हैं। **हथिन्** का प्रतिरूप **ह्थुन्** भी प्रयुक्त होता है और एकरूप **हखुन्** भी है। **हथिन्, ह्थुन्, हखुन्** से ही छुट्टी नहीं मिल जाती। विश्वनाथ प्रसाद ने लिखा है : "केवल पटना ज़िले में मगही के कम-से-कम पाँच भेद व्यवहृत हैं।" (उप. पृष्ठ 18)। किन्तु कुछ विद्वानों का विचार है कि सर्वत्र मगही के एक ही रूप का चलन है। डा. उदयनारायण तिवारी **भोजपुरी भाषा और साहित्य** (पटना, 1954) में कहते हैं : "आधुनिक मगही का क्षेत्र वही नहीं है जो प्राचीन मगध का था। यह गया के शेष भाग तथा हज़ारीबाग ज़िले की बोली है। इसके अतिरिक्त यह पालामऊ के पश्चिमी भाग तथा पूरब में मुंगेर और भागलपुर ज़िलों के कुछ भाग में बोली जाती है। इस समस्त क्षेत्र में मगही का रूप एक ही है और इसमें कहीं भी अन्तर नहीं पड़ता। केवल पटना के आस-पास उर्दू भाषी मुसलमानों के प्रभाव के कारण इसके मुहावरों में अवश्य कुछ अन्तर आ गया है।" (पृष्ठ 217)। प्रश्न कुछ मुहावरों या शब्दों का नहीं है, प्रश्न भाषा की संरचना, क्रियापदों की रचना, मूल शब्द भंडार का है। एकरूपता वाली धारणा का खंडन करते हुए डा. विश्वनाथ प्रसाद ने लिखा है : "अन्य बोलियों के समान मगही के भी अनेक रूप हैं। यह समझना भूल है कि समस्त मगही क्षेत्र में मगही का एक ही रूप प्रचलित है और इसमें कहीं अन्तर नहीं पड़ता है।" (**मगही संस्कार गीत,**

पृष्ठ 18)। **हथिन्, हथुन्, हखुन** के उदाहरण देने के बाद **कहऽ होवऽ, कहित हियो, कहऽ हियो** वाक्य उद्धृत करते हैं। इन सबका अर्थ है--कहता हूँ।

जो भी बोलचाल के स्तर पर आधुनिक भाषाओं की विविधरूपता की ओर ध्यान देगा, वह किसी प्राचीन परिनिष्ठित भाषा से इनकी उत्पत्ति मानने में हिचकेगा। प्राकृतों और अपभ्रंशों से आधुनिक भाषाओं का उद्‌भव मानने में डा. विश्वनाथ प्रसाद को संकोच होता था। आचार्य किशोरीदास वाजपेयी विश्वविद्यालय की परिधि से बाहर रहने वाले विद्वान् हैं किन्तु डा. विश्वनाथ प्रसाद भारत और इंग्लैंड के विश्वविद्यालयों में प्रशिक्षित भाषाशास्त्री थे। उन्होंने आधुनिक आर्य भाषाओं के विकास के बारे में जो मत प्रकट किया है, वह आचार्य वाजपेयी की स्थापनाओं का समर्थन करता है। उन्होंने व्याकरण ग्रंथों, नाटकों आदि में दिए हुए उदाहरणों के बारे में लिखा है कि वे 'कल्पित या कृत्रिम रूप मात्र ही हैं'; वे "प्रादेशिक बोलियों के प्रचलित तथा वास्तविक रूपभेदों के परिचायक नहीं थे।" उनसे प्रादेशिक भाषाओं के सम्बन्ध में तत्कालीन मतों का कुछ आभास मिलता है किन्तु वे "बोलचाल की भाषाओं के हूबहू नमूने नहीं" हैं। अतः डा. विश्वनाथ प्रसाद ने यह महत्त्वपूर्ण निष्कर्ष निकाला है : "उनके आधार पर आधुनिक बोलियों के ऐतिहासिक विकास क्रम का निरूपण करना कठिन ही नहीं, एक प्रकार से असम्भव-सा है।" किन्तु डा. सुनीतिकुमार चाटुर्ज्या के पथ का अनुसरण करनेवाले डा. उदयनारायण तिवारी प्रभृति विद्वान् इसी असम्भव क्रिया में संलग्न रहे हैं। डा. विश्वनाथ प्रसाद विभिन्न जनपदों के आपसी सम्पर्क पर ध्यान देते हैं, इसलिए इस तथ्य पर ज़ोर देते हैं कि "प्रादेशिक बोलियों में मिश्रण की प्रक्रिया भी शताब्दियों से चलती रही है।" स्वभावतः ऐसी स्थिति में प्राचीन भाषाओं से जितना ज्ञान आधुनिक भाषाओं के विकास का हो सकता है, उतना ज्ञान प्राचीन भाषाओं की स्थिति के बारे में आधुनिक भाषाओं के अध्ययन से भी हो सकता है। परम्परागत ऐतिहासिक भाषाविज्ञान से उल्टी दिशा में चलते हुए डा. विश्वनाथ प्रसाद ने लिखा है : "साहित्यिक प्राकृतों से आधुनिक प्रादेशिक अथवा जनपदीय बोलियों के विकास को समझने के बजाय, यदि हम बोलियों का ही सूक्ष्म अध्ययन करके प्राचीन प्राकृतों के स्वरूपों की रूपरेखाएँ निर्धारित करने का प्रयास करें, तो वह अधिक सार्थक होगा।" (**मगही संस्कार गीत**, पृष्ठ 8-9)।

मगही में विभिन्न जनपदीय भाषा तत्त्वों के मिश्रण का एक प्रमाण **हो** और **ने** क्रियाओं का समानान्तर प्रयोग है। **हम होली, हम भेली,** दोनों रूपों का चलन है। अवधी में **हो** क्रिया भूतकाल में प्रयुक्त नहीं होती, **भे** क्रिया वर्तमान और भविष्य में प्रयुक्त नहीं होती। भविष्यकाल के लिए **ब** वाले क्रिया-रूप मागधी भाषाओं की विशेषता हैं। मगही में उत्तम और मध्यम पुरुषों के लिए **ब** वाले क्रियारूपों का व्यवहार होता है किन्तु अन्य पुरुष के सन्दर्भ में उनका नितान्त अभाव है। इससे भिन्न बँगला क्रियारूपों में तीनों पुरुषों के साथ **ब** का व्यवहार होता है। और भी महत्त्वपूर्ण बात यह है कि मगही के उत्तम और मध्यम पुरुषों में भविष्यकाल के ऐसे वैकल्पिक रूप हैं जिनमें **ब** का

व्यवहार होता ही नहीं है। इसका अर्थ यह है कि **ब** चिह्न के बिना मगही में भविष्यकाल सूचक क्रियारूपों का व्यवहार हो सकता है। सम्भव है कि किसी समय मगही के सभी भविष्यसूचक क्रियारूपों में **ब** का व्यवहार होता हो किन्तु कोसल के प्रभाव से यह व्यवहार सीमित हो गया हो। उत्तम पुरुष के **होब, होबई** आदि रूपों के साथ **होअम** रूप का भी चलन है। ऐसा लगता है कि इस रूप की रचना ठीक **पठामि** के ढंग पर हुई है। **हो** क्रिया के बाद कर्त्ता सर्वनाम **हम** जोड़ा गया है। **हम** के आदि वर्ण की महाप्राणता का क्षय होने पर **होअम** रूप बना। **अम** या **हम** का कोई विशेष सम्बन्ध भविष्यकाल से नहीं है। **ब** का सम्बन्ध भी भविष्य से हो, ऐसा नहीं है। **हम हिबऽ** अर्थात् **मैं हूँ**, वर्तमान काल का रूप है। भविष्यकाल के मध्यम पुरुष रूपों में **होब, होबी** के साथ **होमही** रूप है। निःसन्देह **मही** प्राचीन सर्वनाम है और संस्कृत के **महे** का जोड़ीदार है। संस्कृत में **महे** क्रियारूपों के साथ उत्तम पुरुष का बोध कराता है, मगही में **मही** मध्यम पुरुष का। **होमही** एकवचन रूप है, बहुवचन में **होमहू** रूप होगा। भविष्यकाल के अन्य पुरुष बहुवचन रूप **होथ, होथिन्, होथुन्, होखिन्** इस दृष्टि से महत्त्वपूर्ण हैं कि वे **स्**-मूलक अन्य पुरुष सर्वनाम रूप की ओर संकेत करते हैं। यह **स् थ्** और **ख्** में परिवर्तित होता है। भूतकालीन रूपों में **होलथिन, होलखिन** और **होलहिन** तीनों प्रकार के रूप हैं। ऐसी ध्वनि जो **ख, थ, ह** तीन ध्वनिरूप ग्रहण करती हो, **स** ही हो सकती है। संस्कृत में **सिम** सर्वनाम का **सिन** प्रतिरूप रहा होगा, उससे मगही के ये रूप सम्बद्ध हैं।

मगही भाषा, विशेष रूप से उसकी क्रियापद रचना, के बारे में डा. विश्वनाथ प्रसाद ने **मगही संस्कार गीत** की भूमिका में कुछ महत्त्वपूर्ण बातें कही हैं। इनमें एक बात कृदन्तों के व्यवहार के बारे में है। मगही के साथ मैथिली-भोजपुरी को ध्यान में रखते हुए उन्होंने लिखा है : "बिहारी भाषाओं में भूत, भविष्यत्, वर्तमान सम्भाव्य भूत और सम्भाव्य वर्तमान ये पाँच काल ऐसे हैं, जो कृदन्तीय रूप से बनते हैं। हिन्दी में केवल सम्भाव्य वर्तमान तथा उसी का एक भेद विधि के रूप में मिलता है, जो कृदन्तीय है और जिसमें 'गा' जोड़कर भविष्यत् का रूप बनता है।" (पृष्ठ 12)। यह बात महत्त्वपूर्ण है क्योंकि इसमें मगही क्रियारूपों में कृदन्तों की भूमिका पर बल दिया गया है। हिन्दी में क्रियारूपों का आधार कृदन्त किस सीमा तक है, इसका ज्ञान आचार्य किशोरीदास वाजपेयी के इस कथन से होगा : "हिन्दी में कृदन्त क्रियाएँ ही अधिक हैं। वर्तमान काल की सबकी सब क्रियाएँ कृदन्त हैं; सहायक क्रिया केवल 'है' ही तिङन्त है–'लड़का पढ़ता है,' 'लड़की पढ़ती है'। भूतकाल की भी सब क्रियाएँ कृदन्त हैं–'लड़का गया' और 'लड़की गई'।" (**हिन्दी शब्दानुशासन,** पृष्ठ 420)। ऐसा होना स्वाभाविक है क्योंकि कृदन्तों का मूल क्षेत्र कुरु जनपद ही है, वहीं से इनका व्यवहार मगध की ओर फैला है।

पूर्वी भाषाएँ—मागधी और मगही

हिन्दी प्रदेश की जनपदीय भाषाओं के आन्तरिक साम्य के बारे में डा. विश्वनाथ प्रसाद का यह कथन बिलकुल सही है : "विचार किया जाए तो बिहारी बोलियों का व्याकरण तथा उनकी रूपरचना के अनेक मौलिक तत्त्व हिन्दी के एकरूपी न होते हुए भी समरूपी हैं। अभी हिन्दी के परिनिष्ठित व्यापक रूपों के साथ उनके विभिन्न स्थानीय रूपों का सम्बन्ध निर्दिष्ट किया जा सकता है। पारस्परिक सुबोधता का सम्बन्ध हिन्दी तथा हिन्दी क्षेत्र की अन्यान्य बोलियों से उनका इतना अधिक है कि एक-दूसरे की जनपदीय बोली को न जानते हुए भी आसानी से समझ जाते हैं। यही बात बँगला, असमिया या उड़िया के सम्बन्ध में नहीं कहीं जा सकती। इसी पारस्परिक सुबोधता के कारण सूर, तुलसी, मीराँ, कबीर, विद्यापति इन सबकी रचनाएँ एक समान रुचि और अवबोध के साथ बिहारी क्षेत्र में पढ़ी जाती हैं।" (**मगही संस्कार गीत,** पृष्ठ 15)। मगही का ऐतिहासिक विवेचन हिन्दी प्रदेश की पछाहीं बोलियों को छोड़कर नहीं किया जा सकता। न केवल मगही, मैथिली और भोजपुरी, वरन् बँगला, उड़िया और असमिया का भी ऐतिहासिक विवेचन करते हुए उक्त बोलियों को ध्यान में रखना चाहिए।

प्राचीन मागधी नाम की कोई मानक भाषा नहीं थी जिससे आधुनिक मागधी समुदाय की सभी भाषाओं का जन्म हुआ हो, यह ऐतिहासिक तथ्य मगही के विवेचन से स्पष्ट होता है। प्राचीन मागधी भाषाएँ ओकार-औकारवादी थीं, उनमें संस्कृत अकार के मानक उच्चारण का अभाव था, यह बात भी मगही और उसकी पड़ोसी भाषाओं की वर्तमान स्थिति से ज्ञात होती है। मगही आधुनिक काल में—यानी पिछले पाँच सौ वर्षों में—पछाहीं भाषाओं से बहुत प्रभावित हुई है; उसके ध्वनितंत्र के अनेक प्राचीन तत्त्व अब बँगला में सुरक्षित हैं। मगही के शब्दतंत्र में **म, स** जैसे सर्वनाम मूल हिन्दी की अपेक्षा अधिक सुरक्षित हैं, मागधी समुदाय की अन्य सभी भाषाओं से भिन्न इसमें **ह** क्रियामूल का व्यवहार उसे अवधी तथा उत्तर-पश्चिमी भाषाओं से जोड़ता है। ऐतिहासिक दृष्टि से मगही की क्रियापद रचना बहुत महत्त्वपूर्ण है। वह एक ओर भोजपुरी और दूसरी ओर बँगला की क्रियापद रचना से भिन्न है। उसमें प्राचीन सर्वनामी पद्धति सुरक्षित ही नहीं है वरन् उत्तर सामन्तकाल में वह और पल्लवित हुई है। क्रियापद पुरुषभेद व्यक्त करता है, कर्त्ता और कर्म की ओर संकेत करता है और कर्त्ता-कर्म की सामाजिक स्थिति भी व्यंजित करता है। कृदन्तों का तिङन्तीकरण कैसे होता है, इसकी विशद प्रक्रिया मगही में परिलक्षित है।

यद्यपि मिथिला जनपद वेदान्त के लिए प्रसिद्ध रहा है और मगध जनपद कट्टर ब्राह्मणों के लिए त्याज्य रहा है, फिर भी समग्र मागधी समुदाय में मगध और मिथिला की भाषाएँ ही, संरचना की दृष्टि से, परस्पर सर्वाधिक समीप हैं। मगही के बाद मैथिली की कुछ विशेषताओं पर ध्यान देना उचित होगा।

7

मैथिली

मगही और मैथिली

पूर्वी अंचल की एक महत्त्वपूर्ण भाषा मैथिली है। मगही और मैथिली के क्षेत्रों के बीच गंगा बहती है किन्तु विभाजित करने के बदले वह इन क्षेत्रों की भाषाओं को एक-दूसरे के निकट लाई है। मगही और मैथिली में जितनी समानता है, उतनी मगही-भोजपुरी या मैथिली-भोजपुरी में नहीं है। डा. सुभद्र झा ने मैथिली भाषा के निर्माण पर अपने ग्रंथ **दि फौर्मेशन ऑफ दि मैथिली लैंग्वेज** में मगही को मैथिली की बोलियों के अन्तर्गत गिना है, साथ ही मगही को भिन्न मानने वाले विद्वानों के मत का आदर करते हुए उन्होंने मैथिली के अन्तर्गत मगही का विवेचन करना उचित नहीं समझा। उन्होंने मगही और मैथिली की समानताओं का उल्लेख करने के बाद ग्रियर्सन का यह मत उद्धृत किया है कि मगही को अलग बोली न मानकर उसे मैथिली की बोली मज़े से कहा जा सकता है।

'छि' क्रियारूप

मगही और मैथिली में एक महत्त्वपूर्ण भेद **छि** क्रियारूप को लेकर है। मगही में **ह**-मूलक रूपों का चलन है। डा. सुभद्र झा ने लिखा है कि होना क्रिया के मैथिली रूपों में जहाँ **छ्** है, वहाँ **ह्** कर दिया जाए तो मगही के रूप बन जाएँगे। इसका अर्थ यह हुआ कि रूपतंत्र के विचार से दोनों की क्रियापद-रचना में बहुत बड़ी समानता है, भेद ध्वनितंत्र को लेकर है। बँगला और मैथिली की क्रियापद रचना में रूपात्मक भेद है जिसका सम्बन्ध भाषा की संरचना से है। जो लोग केवल **छि** देखकर मैथिली को हिन्दी की अपेक्षा बँगला के अधिक निकट पाते हैं, वे रूपात्मक समानता के महत्त्व को अनदेखा करते हैं। गुजराती, नेपाली और अनेक पहाड़ी भाषाओं में **छ्**-मूलक क्रिया का व्यवहार होता है। तब मैथिली ही क्या, इन सभी का, पड़ोसी भाषाओं की अपेक्षा, बँगला से अधिक सामीप्य होना चाहिए। वैसे **अछत, आछे** आदि रूप पुरानी अवधी में प्रयुक्त होते थे।

छ और **अछ** क्रियाएँ एक ही हैं या भिन्न हैं ? संस्कृत में **अस्ति** और **सन्ति** एक ही क्रिया के दो रूप हैं। मूल क्रिया **अस्** मानी गई है। वैसे ही छ और **अछ** का आधार एक है।

अस् और छ्

इसमें सन्देह नहीं कि **अस्** भारतीय आर्यभाषाओं की अत्यन्त व्यापक रूप से व्यवहृत होने वाली प्राचीन क्रिया है। इसका मूल रूप **अस्** ही था, इसमें सन्देह है। **सन्ति** और द्विवचन रूप **स्तः** को देखने से ज्ञात होता है कि या तो **अस्** क्रिया के अ का लोप हो गया है या फिर एक ही क्रिया की रूपरचना के अन्तर्गत दो क्रियामूलों को समेट लिया गया है—एक **अस्**, दूसरा **स**। यह **स** क्रियामूल बाँगरू के **सै रूप** में अब भी दिखाई देता है। **स** क्रिया के छ और **ह**, दो रूपान्तर सहज ही बोधगम्य हैं। इसी प्रकार **अस्** क्रिया के **अछ** और **अह** रूपान्तर भी बोधगम्य हैं। **अस्** और **स** धातुओं का मूलरूप एक हो चाहे वे मूलतः दो भिन्न क्रियाएँ हों, इसमें सन्देह नहीं कि आर्यभाषाओं में दोनों का व्यवहार प्राचीन काल से होता आया है।

यह **अस्** क्रिया संस्कृत के भविष्यकाल में प्रयुक्त नहीं होती और इंडोयूरोपियन परिवार की जिन भाषाओं में इसका व्यवहार होता है, उनमें भी भविष्यकाल के लिए इसका प्रयोग नहीं होता। **अस्** के आधार पर जब क्रियापद रचना हुई, तब भविष्यकालीन रूपों का विकास ही न हुआ था। इतनी पुरानी है यह क्रिया। **स** क्रिया बाँगरू में अब भी प्रयुक्त होती है। भारत से बाहर किसी इंडोयूरोपियन भाषा में इस रूप का व्यवहार नहीं होता। संस्कृत रूप **सन्ति स** क्रिया के आधार पर बना है। जैसे किसी सर्वनाम की रूपरचना के अन्तर्गत—**अहम् मम, नः** इत्यादि—विभिन्न सर्वनाम एक साथ रख दिए गए हैं, वैसे ही जहाँ तहाँ क्रियापद रचना में एक से अधिक क्रियाएँ एक साथ प्रतिष्ठित हो गई हैं। यही स्थिति **अस्** और **स** की है। **सन्ति** रूप **असन्ति** का संक्षेपीकरण नहीं है। इसी **स** क्रिया से **सत्** रूप बनता है। **सत्व** वह जिसका अस्तित्व है। **य्** वाले क्षेत्र में, **व्** के बदले **य्** के प्रयोग से, **सत्य** शब्द सिद्ध हुआ। सत्य वह जिसका अस्तित्व है। जो लोग **स्** ध्वनि **त्** रूप में ग्रहण करते थे, उन्होंने **सत्व** को **तत्व** रूप में ग्रहण किया, **सत्य** अपनी जगह स्थिर रहा।

मध्यदेशीय दन्त्य सकार अनेक प्रकार से भारतीय भाषाओं में परिवर्तित होकर ग्रहण किया जाता है, ये रूपान्तरण भिन्न भाषाओं की ध्वनि प्रकृति को पहचानने में सहायता देते हैं। द्रविड़ भाषाओं में यह **स्** कहीं **त्** और कहीं **च्** रूपों में ग्रहण किया जाता है। आर्यभाषाओं में अधिकतर इसका रूपान्तरण **छ्** में होता है। यह **छ्** महाप्राणध्वनि है। उसकी महाप्राणता यह सिद्ध करती है कि ऐसा परिवर्तन द्रविड़ भाषाओं के प्रभाव से नहीं हुआ। उस प्रभाव से ऐसा परिवर्तन होता तो **स्** का स्थान अल्पप्राण **च्** ध्वनि ही लेती। हमें यह मानना होगा कि प्राचीन आर्य भाषाओं में एक वर्ग ऐसा था जिसमें

स् ध्वनि का अभाव था, पड़ोसी भाषाओं से **स्** ध्वनि वाले शब्दों को वह **छ्** रूप में ग्रहण करता था। साथ ही उसने **च**-वर्गीय ध्वनियों का विकास किया था और इसीलिए ऐसा रूपान्तर उसके लिए स्वाभाविक था। आर्य-द्रविड़ भाषाओं में **च**-वर्गीय ध्वनियों की स्थिति पर विचार करने पर ऐसा प्रतीत होता है कि इन ध्वनियों के विकास केन्द्र उत्तर पश्चिमी प्रदेशों में थे। यह **छ्** ध्वनि जनपदीय भाषाओं के अंतस्तल में ऐसी व्यापी है कि बच्चे **स्** का उच्चारण न कर पाने पर **छ्** बोलते हैं। डा. सुभद्र झा ने मिथिला के बच्चों में इस प्रवृत्ति को लक्ष्य किया है पर वह प्रवृत्ति हिन्दी प्रदेश के प्रायः सभी जनपदों में पाई जाती है। बच्चों के अलावा जहाँ वयस्कजन **स्** की जगह **छ्** बोलते हैं, वहाँ वे उच्चारण की एक प्राचीन परम्परा का अनुसरण करते हैं। गुजराती, राजस्थानी, बँगला, मैथिली, पहाड़ी भाषाएँ मध्यदेश को घेरे हुए हैं। **च**-वर्गीय ध्वनियाँ उन आर्य भाषाओं की देन हैं जो मध्यदेश के परिवृत्त में बोली जाती हैं।

श्, ष्, स् के छ्

डा. सुभद्र झा ने **श्-ष्-स्** के **छ्** में बदलने के जो उदाहरण दिए हैं, उनमें अनेक ऐसे हैं जो अवधी के क्षेत्र में नहीं सुने जाते। **सप्तपर्ण** से **छतबन, शौच** से **छौंच, शावक** से **छौंड़ा, सूतक** से **छुतका, श्रम** से **छरम**। इस प्रवृत्ति ने हिन्दी प्रदेश की जनपदीय भाषाओं को कितना प्रभावित किया है, इसका प्रमाण यह है कि संस्कृत **षष** का **छ** वाला रूपान्तरण सर्वत्र प्रचलित है और हिन्दी प्रदेश से बाहर बँगला आदि में **छ** वाले रूपों का चलन है। इस प्रसंग में **क्ष् (क् +ष्)** के रूपान्तर भी दर्शनीय हैं। मागधी भाषाओं की यह विशेषता है कि संस्कृत के जिन शब्दों में **क्ष्** है, उनके तद्भव रूपों में **ख्** या **क्ख्** बोला जाता है। यह प्रवृत्ति सर्वाधिक संगत रूप में बँगला में पाई जाती है। संस्कृत **क्षेत्र** के तद्भव रूप **खेत** का जो व्यापक व्यवहार होता है, वह पश्चिमी भाषाओं पर मागधी प्रभाव का पुष्ट प्रमाण है। मैथिली और बँगला में यह अन्तर है कि मैथिली में बहुत जगह **क्ष्** ध्वनि, अवधी के समान, **छ्** रूप में ग्रहण की जाती है। डा. सुभद्र झा ने लिखा है कि मैथिली के तद्भव शब्दों में तो **क्ष्** के स्थान पर **ख्** प्रतिष्ठित हुआ है किन्तु अर्ध-तत्सम शब्दों में उसकी जगह **छ्** का व्यवहार होता है। इस प्रकार **क्षेत्र** का तद्भव रूप तो हुआ **खेत** किन्तु उसका अर्ध तत्सम रूप हुआ **छेत्र**। तद्भव रूप पुराने हैं, वे मूल मागधी प्रकृति की ओर संकेत करते हैं। अर्ध तत्सम रूपों का व्यवहार वे लोग करते हैं जो संस्कृत उच्चारण के और समीप पहुँचना चाहते हैं किन्तु भाषा की ध्वनि-प्रकृति से विवश होकर अर्ध तत्सम अवस्था में रह जाते हैं। **पक्ष** से **पच्छ, वृक्ष** से **बिरिछ, रक्षपाल** के **रछपाल** अर्ध तत्सम रूप कहे गए हैं। इसी प्रकार **छमा, रच्छा** आदि शब्द हैं। अवधी में ये सब शुद्ध तद्भव रूप माने जाएँगे। अशुद्ध अर्ध तत्सम रूप वे हैं जहाँ पंडित जी **इच्छा** को **इक्षा,** और आगरे के बहुत से विद्यार्थी **छात्र** शब्द को बोलते तो **छात्र** ही हैं पर लिखते हैं **क्षात्र**।

क्ष् दो ध्वनियों का संयुक्त रूप है। **क्** और **ष्** में दूसरी ध्वनि **ख्** में बदलती है। इसीलिए **क्ष्** के स्थान में **क्ख्** का भी व्यवहार होता है। हिन्दी भाषा-समुदाय में व्यंजन द्वित्व हटाकर बहुधा एक व्यंजन से काम लिया जाता है। जहाँ **क्ष्** नहीं है, केवल **ष्** है, वहाँ भी **ख्** का व्यवहार मागधी प्रवृत्ति का परिणाम है। इस प्रकार **भाषा** के लिए **भाखा** का व्यापक व्यवहार हुआ, **भाछा** जैसे रूप का चलन कहीं दिखाई नहीं देता। संख्यासूचक छह शब्द का व्यवहार **ष्-छ्** समीकरण का अन्यतम उदाहरण है।

ह्—महाप्राणता

यहाँ **ह्** ध्वनि के बारे में कुछ देर और विचार करना चाहिए। यद्यपि इंडोयूरोपियन परिवार की बहुत-सी प्राचीन और नवीन भाषाओं में इस ध्वनि का व्यवहार होता है, फिर भी ऐतिहासिक भाषाविज्ञान में इसे आदि इंडोयूरोपियन भाषा की मूल ध्वनि नहीं माना गया। इसका एक कारण यह हो सकता है कि संस्कृत के जिन शब्दों में इस ध्वनि का व्यवहार होता है, वह बहुधा किसी अन्य मूल ध्वनि का परिवर्तित रूप सिद्ध होती है। **घ्-ध्-भ्-स्** ध्वनियाँ सर्वाधिक **ह्** में बदलती हैं, विशेष रूप से जब वे दो स्वरों के बीच में प्रयुक्त होती हैं। यह व्यंजनों के स्पर्श तत्त्व को लोप करने और उसे संघर्षी रूप देने का परिणाम है। यह प्रवृत्ति कुछ द्रविड़ भाषाओं में भी है और हो सकता है, इसका कारण नागभाषाओं का प्रभाव हो। किन्तु जब कोई भाषा किसी इतर ध्वनि को अपनाती है तो उसका रूप-परिवर्तन अपनी ध्वनि प्रकृति के अनुकूल करती है। यह असम्भव है कि जो प्राचीन आर्य भाषाएँ **घ्-ध्-भ्-स्** को **ह्** में बदलती रही हैं, उनके ध्वनितंत्र की एक मूलभूत ध्वनि **ह्** न रही हो। वे **स्** को **ह्** में इसलिए बदलती थीं कि **ह्** उनके लिए सुगम ध्वनि थी, इन भाषाओं के बोलने वाले **ह्** ध्वनि के उच्चारण के अभ्यस्त थे। यह सम्भव है कि मध्यदेश की जिस भाषा के आधार पर संस्कृत का निर्माण हुआ है उसके ध्वनितंत्र में मूलतः **ह्** ध्वनि न रही हो। किन्तु अवेस्ता की भाषा में जो **ह्** की भरमार है, ग्रीक, लैटिन, जर्मन आदि में जो **ह्** का व्यवहार होता है, और बहुधा मूल **स्** ध्वनि के स्थान पर होता है, उससे इंडोयूरोपियन परिवार में **ह्** के प्राचीन और व्यापक प्रसार के बारे में सन्देह नहीं रह जाता। राजस्थान, पंजाब, कश्मीर, गुजरात आदि प्रदेशों की अनेक बोलियों में बहुत से शब्द ऐसे हैं जिनमें **स्** की जगह **ह्** बोला जाता है। यह आर्येतर भाषाओं के प्रभाव का परिणाम है, यह मानने का कोई कारण नहीं है। द्रविड़, कोल और नागभाषाओं में **ह्** ध्वनि का सीमित व्यवहार होता है और विश्लेषण से विदित होता है कि उनमें इस ध्वनि का प्रवेश आर्यभाषाओं के प्रभाव के कारण हुआ है। संस्कृत तथा आधुनिक आर्यभाषाओं में जहाँ **ह्** ध्वनि का लोप होता है वहाँ इसका कारण आर्येतर प्रभाव है, ऐसा जरूर माना जा सकता है।

बँगला और मैथिली-मगही में एक महत्त्वपूर्ण भेद महाप्राणता को लेकर है। **ह्** के अतिरिक्त अनेक स्थितियों में सघोष या अघोष महाप्राण ध्वनियों की महाप्राणता का

लोप हो जाता है। इसका कारण मिथिला-मगध की अपेक्षा बंगाल पर द्रविड़ प्रभाव की अधिकता है। इसमें सन्देह नहीं कि प्राचीन मागधी में महाप्राण ध्वनियाँ अन्य आर्यभाषाओं के समान ही थीं। बँगला ने मागधी की कुछ विशेषताओं की रक्षा की है तो कुछ वहाँ लुप्त हो गई हैं। मध्यवर्ती **ड्** हिन्दी में उत्क्षिप्त बोला जाता है। यही स्थिति बँगला की है। मैथिली की अपेक्षा अवधी में इसका व्यवहार कम होता है। डा. सुभद्र झा ने **कड़ाही, फाड़व, बाड़ी, बड़ (बरगद), कपड़ा,** शब्दों को मैथिली शब्दावली में गिना है। ये रूप परिनिष्ठित हिन्दी की प्रकृति के अधिक अनुकूल हैं, अवधी में इन सभी शब्दों के **ड़्** के स्थान पर **र्** का व्यवहार होगा। **ड़्** ध्वनि अवधी शब्दों में प्रयुक्त होती है किन्तु मानक हिन्दी की अपेक्षा कम होती है। इस सन्दर्भ में बँगला, अवधी की अपेक्षा, मानक हिन्दी से अधिक मिलती-जुलती है। **ड्** के समान मध्यवर्ती **ढ्** भी मानक हिन्दी, अवधी और मैथिली में उत्क्षिप्त बोला जाता है किन्तु बँगला में उसकी महाप्राणता का लोप हो जाता है। यथा **पढ़ना** क्रिया का **ढ़्** बँगला में **ड़्** बोला जाता है। डा. सुभद्र झा ने **पढ़ब, गढ़ब, काढ़ब, काढ़ा, बाढ़ी, दाढ़, कोढ़ी, साढ़े** आदि रूप मैथिली शब्दावली में गिनाए हैं। ये मानक हिन्दी और अवधी आदि जनपदीय उपभाषाओं में बोले जाते हैं। **पढ़ब** की जगह मानक हिन्दी में **पढ़ना** होगा, इतना ही अन्तर है; क्रियामूल **पढ़** का **ढ़्** ज्यों का त्यों रहता है। पर ये रूप बँगला में नहीं मिलते। इसका कारण यही है कि महाप्राणता के मूल केन्द्रों से बँगला का क्षेत्र दूर है। डा. सुभद्र झा ने उचित लिखा है कि बँगला, मराठी, गुजराती, असमिया और नेपाली की तुलना में महाप्राणता का लोप मैथिली में कम हुआ है। मैथिली **माँझ** (मध्य), बँगला **मेजो**; मैथिली **साँझ,** गुजराती **साँज**; मैथिली **बूझ,** नेपाली **बुजवुँ**; मैथिली **चीखब** (चखना), असमिया **चाके**। जिन भाषाओं में महाप्राणता का लोप दिखाई देता है वे सब हिन्दी परिवृत्त की भाषाएँ हैं, उनमें महाप्राणता के लोप का कारण यह है कि हिन्दी प्रदेश द्रविड़ मंडल से घिरा हुआ है और हिन्दी परिवृत्त पर इस मंडल का प्रभाव है।

अवधी की अपेक्षा मैथिली में महाप्राणता क्षीण होती है और कुछ शब्द इस तरह बोले जाते हैं जिस तरह उनका उच्चारण मानक हिन्दी के पछाहीं रूपों में होता है। **हाथ** को **हात** कहना मैथिली और इन पछाहीं रूपों में सामान्य वृत्ति का परिचायक है। डा. सुभद्र झा ने **हेठा, हाथी** जैसे शब्दों को मैथिली में **हेट, हाती** रूप में बोला जाता माना है। उनका कहना है कि आधुनिक मैथिली में शब्द के अन्तिम वर्ण की महाप्राण ध्वनि को त्यागने की प्रवृत्ति बढ़ रही है किन्तु वह बहुत सीमित है। ऐसी प्रवृत्ति हिन्दी के पछाहीं रूपों तथा बुन्देलखंडी आदि पश्चिमी जनपदीय उपभाषाओं में भी दिखाई देती है।

मगही और मैथिली

मगही और मैथिली में मुख्य भेद **हे** और **छि** क्रियारूपों को लेकर है। दोनों ही रूप मूल

मागधी प्रवृत्ति से बाहर के हैं। जैसे **क्ष्** से **क्ख, ष्** से **ख्,** वैसे ही यदि दन्त्य **स** को बदलना है, तो उसकी जगह **ख्, ख्** या फिर उससे मिलती-जुलती ध्वनि **श्** का व्यवहार होना चाहिए। तब प्राचीन मागधी के ध्वनितंत्र की आन्तरिक संगति प्रमाणित होगी। ऐसा परिवर्तन असमिया भाषा में होता है। जो लोग **ह्** ध्वनि का व्यवहार करने के आदी हैं, उन्हें **स्** ध्वनि वाले संस्कृत शब्दों के असमिया रूपों में **ह्** सुनाई देगा। डा. सुभद्र झा ने असमिया के लिए लिखा है कि उसमें **स्** ध्वनि सर्वत्र **ह्** में बदल जाती है, पर असमिया में **स्** के स्थान पर संघर्षी **ख्** का व्यवहार होता है जो **ह्** से भिन्न है। सम्भव है मूल मागधी प्रवृत्ति **स्** को **ख्** में बदलने की हो, पश्चिमी प्रभाव से स्पर्श **ख्** ने संघर्षी **ख्** का स्थान लिया हो। इतना ध्यान रखना है कि असमिया में तालव्य **श्** का अभाव है पर यह ध्वनि प्राचीन मागधी में अवश्य थी। पुनः हम इस परिणाम पर पहुँचते हैं कि प्राचीन मागधी भाषा-समुदाय में एक वर्ग **श्** ध्वनि वाला था, दूसरे में इस ध्वनि का अभाव था; एक वर्ग किसी शब्द में **स्** सुनकर उसे **श्** बना लेता था, दूसरा वर्ग उसे **ख्** बोलता था।

मैथिली में **छ** क्रिया के बदले **ह** क्रिया का व्यवहार भी होता है, यह तथ्य महत्त्वपूर्ण है। डा. सुभद्र झा ने लिखा है कि बोलियों के स्तर पर मैथिली में **ह** वाले क्रियारूप मिलते हैं यद्यपि वे बिल्कुल मगही रूपों जैसे नहीं होते। यह बात उन्होंने **होना** क्रिया के प्रसंग में कही है। **ह** क्रिया का व्यवहार मैथिली में मगही प्रभाव का परिणाम है। बँगला में इस क्रिया का व्यवहार नहीं होता। यह भी उल्लेखनीय है कि मगही में **स** क्रिया सर्वत्र **ह** रूप में विद्यमान नहीं है। इसका एक रूपान्तर **थ** है। उड़िया और बँगला में इस क्रिया का व्यवहार अधिक होता है। डा. सुभद्र झा ने दक्षिणी भागलपुर, दक्षिणी मुंगेर की छिका-छिकी बोली के बारे में लिखा है कि इसमें मानक भाषा का **थीक** रूप **छीक, छिका** आदि बोला जाता है। **छीक** और **थीक** दोनों रूपों का आधार **सीक** है। जैसे **स्** ध्वनि का एक रूपान्तर महाप्राण तालव्य **छ्** है, वैसे ही दूसरा दन्त्य रूपान्तर **थ्** भी महाप्राण है। जैसे द्रविड़ भाषाएँ **स्** को **च** रूप में ग्रहण करती हैं, वैसे ही वे **स्** को **त्** रूप में भी ग्रहण करती हैं। दोनों रूपान्तर अल्पप्राण हैं। इसलिए **थ्** वाला रूपान्तर भी द्रविड़ नहीं है। **स्** ध्वनि को आर्यभाषाओं का एक वर्ग **छ्** रूप में, दूसरा **ख्** रूप में, तीसरा **ह्** रूप में, चौथा **थ्** रूप में ग्रहण करता है। इन सभी रूपान्तरों में महाप्राणता विद्यमान है। इसका कारण यह है कि आर्यभाषाओं के विभिन्न वर्गों की सामान्य विशेषता है महाप्राणता। सभी रूपान्तरों में महाप्राणता का होना कोल-द्रविड़ भाषाओं से इन वर्गों को अलग करता है और इस कारण हम इन प्राचीन भाषाओं को आर्य समुदाय के अन्तर्गत मानते हैं।

ध्वनियों का स्वच्छन्द संचरण

मैथिली भाषा के ध्वनितंत्र के बारे में डा. सुभद्र झा ने एक महत्त्वपूर्ण तथ्य कीं ओर

संकेत किया है। इसका सम्बन्ध कुछ शब्दों में ध्वनियों के स्वच्छन्द संचरण से है। ऐसा कुछ ही शब्दों में होता है पर यह उस युग की प्रवृत्ति का अवशेष है जब विभिन्न केन्द्रों में विभिन्न ध्वनियों का विकास हो रहा था और इनका अर्थविच्छेदक व्यवहार अभी निश्चित न हुआ था। उन्होंने उदाहरणरूप जो शब्द दिए हैं, उनमें ऐसा स्वच्छन्द विनिमय ओष्ठ्य और कण्ठ्य ध्वनियों के बीच होता है, जैसे एक रूप **उबरा,** दूसरा रूप **उगरा**। दोनों का एक ही अर्थ है—उर्वर। मैथिली रूपों का मूलाधार **उर्वर** शब्द माना गया है। **व्** का **ब्** में परिणत होना सहज है किन्तु **ब्** के स्थान पर **ग्** का व्यवहार आश्चर्यजनक है। इसका कारण यह हो सकता है कि मैथिली भाषा समवाय में एक बोली ऐसी शामिल है जिसका सम्बन्ध कण्ठ्य ध्वनियों के विकास केन्द्र से था। इस कारण पुराने तद्भव रूपों में ही नहीं, उधार लिए हुए कुछ नए शब्दों में भी ओष्ठ्य ध्वनि के बदले कण्ठ्य ध्वनि का व्यवहार होता है यथा **मजबूत** के बदले **मजगूत** रूप का व्यवहार। इस **मजगूत** रूप को यह कहकर टाला जा सकता है कि गाँव के लोगों ने मूल शब्द का सही उच्चारण सुना न होगा, उसका अनुकरण न कर पाए होंगे। किन्तु यह परम्परा काफी पुरानी है। डा. झा ने संस्कृत **वृक** के गौथिक प्रतिरूप **वुल्फोस्** (अंग्रेज़ी **वुल्फ**) का उल्लेख उचित ही किया है। भाषाशास्त्री वाकरनॉगल के आधार पर उन्होंने एक ही भाषा—संस्कृत—में स्वच्छन्द संचरण के उदाहरण दिए हैं : **कुलिका–पुलिका** (एक चिड़िया), **कर्कदु–कर्पदु** (एक जलचर)। इस सन्दर्भ में **स्तम्भ** और **स्कम्भ** का उदाहरण भी स्मरण करें जिसने ब्रुगमन के लिए यह समस्या खड़ी की थी कि इनमें मूलरूप किसे माना जाए। इस प्रकार **मजबूत** और **मजगूत** की समस्या देहातियों के अज्ञान का सहारा लेकर टाली नहीं जा सकती। उसका एक ही समाधान समझ में आता है और वह यह कि विभिन्न ध्वनियों का विकास विभिन्न केन्द्रों में हुआ, इन केद्रों के परस्पर सम्पर्क से आगे चलकर भाषाओं के ऐसे ध्वनितंत्रों का निर्माण हुआ जिनमें विभिन्न केन्द्रों के कण्ठ्य, ओष्ठ्य, दन्त्य तथा महाप्राण, अल्पप्राण, सघोष, अघोष, ध्वनिरूप समेट लिए गए। मैथिली के उदाहरणों से ऐसा लगता है कि पहले जो भेद स्थापित किया गया, वह दन्त्य और अदन्त्य ध्वनियों के बीच था। इसी कारण **क** वर्गीय और **प** वर्गीय ध्वनियाँ स्वच्छन्द संचरण की स्थिति में दिखाई देती हैं किन्तु **त** वर्गीय ध्वनियाँ इस व्यापार से बाहर रहती हैं। उधर संस्कृत के **स्कम्भ** और **स्तम्भ** रूपों को देखें तो **त वर्गीय** और **क वर्गीय** ध्वनियाँ स्वच्छन्द संचरण में हैं, **प** वर्गीय ध्वनियाँ इस व्यापार से बाहर हैं। किन्तु संस्कृत में ही **स्कम्भ** के साथ **स्कन्ध** रूप भी है और मूलतः दोनों का अर्थ एक ही है। **स्तम्भ** के साथ **स्तन्ध** रूप भी यहाँ कभी प्रचलित था। खड़े होने के लिए अंग्रेज़ी क्रिया **स्टैन्ड** उसी **स्तन्ध** का प्रतिरूप है जैसे **स्तम्भ** का अंग्रेज़ी प्रतिरूप **स्टम्प** है। इसलिए यह मानना होगा कि कण्ठ्य, ओष्ठ्य और दन्त्य, तीनों वर्गों की ध्वनियों में स्वच्छन्द संचरण की अवस्था कभी थी, उनका विकास भिन्न केन्द्रों में हुआ, क्रमशः एक ही ध्वनितंत्र में उनका अर्थविच्छेदक व्यवहार होने लगा।

मैथिली के कुछ और उदाहरण देखें। संस्कृत **स्खलयति** से **खोलब** और **फोलब**;

उद्वहति से **उघब** और **उभव**; उद्घटते से **उघरब** और **उभरब**; संस्कृत में ही **उत्कटति** और **उत्पटति**, दो रूपों से मैथिली में **उकटब** और **उपटब**; **उत्खनति** से **उखरब** और **उफरब**, **उद्वर्तन** से **उबटन**, **उकटन**। इनके अतिरिक्त **ढेप** (ढेर), **ढेकुरी** (ढेरी); **चेफी**, **चेपी** (स्तूप); **उब्भी**, **उग्घी**, (छेदवाले बाँस)। जैसा कि अन्य प्रसंगों में बताया गया है, ध्वनियों का ऐसा स्वच्छन्द संचरण उन भाषाओं में सबसे अधिक पाया जाता है जिन्हें मानक रूप प्राप्त नहीं हुआ या मानक रूप में जिनका व्यवहार कम हुआ अथवा जो अन्य मानक भाषाओं से कम प्रभावित हुईं। ध्वनियों के स्वच्छन्द संचरण का तथ्य ऐतिहासिक भाषाविज्ञान की शास्त्रीय रूढ़ियों का खंडन करता है। किसी आदि भाषा के विकसित और पूर्ण प्रतिष्ठित ध्वनितंत्र से उसकी शाखाओं, प्रशाखाओं के ध्वनितंत्रों का निर्माण नहीं हुआ। ध्वनियों के स्वच्छन्द संचरण का तथ्य भाषाओं की विकास प्रक्रिया समझने में सहायक होता है। अनेक केन्द्रों में विकसित होने वाली ध्वनियाँ, विभिन्न गणसमाजों के परस्पर सम्पर्क में आने पर मिलेजुले ध्वनितंत्रों का निर्माण करती हैं। ध्वनितंत्रों के विकास की उस आदिम अवस्था की झलक मैथिली में विद्यमान है।

मैथिली और बँगला

मैथिली और बँगला में एक महत्त्वपूर्ण भेद यह है कि मैथिली शब्द अजन्त होते हैं जबकि बँगला में हलन्त रूप काफी हैं। ऐसा भेद भोजपुरी और मैथिली में भी है। डा. सुभद्र झा ने लिखा है कि मैथिली शब्दों के अन्त में व्यंजन नहीं आता किन्तु भोजपुरी शब्दों के अन्त में स्वर और व्यंजन दोनों आते हैं। भोजपुरी और मैथिली दोनों में **हम कहब** (मैं कहूँगा)—इस वाक्य का व्यवहार हो सकता है किन्तु मैथिली में, दोनों शब्दों के अन्त में, हल्का अकार सुनाई देगा, भोजपुरी में **म्** और **ब्** हलन्त होंगे। शब्दों के अजन्त रूपों का चलन मैथिली को अवधी से मिलाता है, हलन्त रूपों का चलन भोजपुरी को पश्चिमी आर्य भाषाओं से मिलाता है।

मैथिली और बँगला में एक महत्त्वपूर्ण भेद बलाघात को लेकर है। जैसा कि डा. सुभद्र झा ने लिखा है, सामान्यतः बँगला शब्दों में बलाघात पहले वर्ण पर होता है, मैथिली में भिन्न वर्णों पर। डा. झा ने यह भी ठीक लिखा है कि बलाघात के मामले में मैथिली और अवधी एक दूसरे से मिलती-जुलती हैं। डा. झा ने मैथिली के अन्तर्गत जो शब्द दिए हैं, उनमें **अकास**, **रजपूत**, **नरायन**, **बखान** आदि हैं। इनके मूल रूपों में बलाघात आदि वर्ण पर था, पर मैथिली रूपों में वहाँ से हटकर वह दूसरे वर्णों पर आ गया है। परिणाम यह कि आदि वर्ण का दीर्घ स्वर ह्रस्व हो गया है। ये सारे रूप अवधी में स्वीकृत हैं। मैथिली में बलाघात की अनेक प्रवृत्तियों का मिश्रण दिखाई देता है। सर्वनाम **हम** का एक रूप **हाम**, दूसरा रूप **हमा** भी मिथिला की बोलियों में प्रचलित है। डा. सुभद्र झा के दिए हुए **हम**, **हाम**, **हमा**, ये तीन रूप तभी सम्भव हैं जब बलाघात भिन्न वर्णों पर हो। बलाघात से स्वर की लघुता और गुरुता का कितना गहरा सम्बन्ध

है, यहाँ देखा जा सकता है। अधिकांश भाषाविज्ञानी मानते हैं कि प्राकृत और अपभ्रंश में व्यंजन द्वित्व की प्रवृत्ति थी, आधुनिक आर्यभाषाओं में उसका सरलीकरण हुआ। वे देखें कि मैथिली में **हम** का एक प्रतिरूप **हम्म** भी है। महाप्राणता के लोप की प्रवृत्ति जैसे विषम है, वैसे ही बलाघात की प्रवृत्ति भी एक-सी नहीं है। एक रूप **हुन्ह**, दूसरा रूप **हुन**, तीसरा रूप **उन**। ये तीनों रूप एक ही क्षेत्र की बोलियों में हैं। **उन** पश्चिमी हिन्दी का रूप है, **हुन्ह** अपनी महाप्राणता से प्राचीनता का परिचय देता है। इसी प्रकार कारक चिह्नों में **लइ, लै, ले** और **कइ, कै, के** तीन-तीन रूप हैं। **के** और **ले** सीधे पश्चिमी ध्वनिवृत्ति के अनुकूल हैं, **लइ** और **कइ** कोसली और मागधी वृत्ति के अनुरूप हैं, **लै** और **कै** ब्रज प्रवृत्ति के अनुरूप हैं। जिस प्रदेश की उर्वर भूमि में अनेक गणसमाज सिमट आएँगे, वहाँ उनकी बोलियों के अवशेष कहीं न कहीं मिलेंगे ही। इसीलिए परिनिष्ठित भाषा के लिखित मानक रूप के आधार पर भाषाओं के विकास का विश्लेषण एकांगी होता है।

शब्दतंत्र : सर्वनाम

शब्दतंत्र का अध्ययन करते समय सबसे पहले सर्वनामों पर विचार करें। ऊपर **हुन्ह** और **उन** के उदाहरण में महाप्राण और अल्पप्राण ध्वनियों के भेद से वैकल्पिक रूप बने हैं। आधुनिक मैथिली या बँगला में जहाँ महाप्राण ध्वनि न हो, वहाँ यह न मान लेना चाहिए कि वैसा रूप सदा ही अल्पप्राण ध्वनि वाला रहा होगा। आधुनिक मैथिली में **ओ, ऊ, ई,** संकेतक सर्वनामों का व्यवहार होता है। ये सभी रूप पहले महाप्राण ध्वनियों से युक्त थे। पुरानी मैथिली के लिए डा. झा ने लिखा है कि कर्त्ता रूप में **से** सर्वनाम का व्यवहार होता था। जैसा कि विदित है, यह सर्वनाम बँगला में अब भी प्रयुक्त होता है और उसका प्रतिरूप **सो** हिन्दी प्रदेश की बोलियों में प्रयुक्त होता है। पुरानी और आधुनिक मैथिली का **ओ** इसी **सो** का विकास है। डा. झा ने पुरानी मैथिली के **से** सर्वनाम को दूर की वस्तु का संकेतक कहा है। इसके बाद **ओ** को भी पुरानी मैथिली में दूर का संकेतक बताया है। इस **ओ** सर्वनाम के भी **हुन्हि, हुनि, हुन, उन** जैसे रूप प्राचीन मैथिली में मिलते हैं। इससे यह धारणा पुष्ट होती है कि **से** के समान एक दूसरे सर्वनाम रूप **सो** का भी चलन था। **स्** का परिवर्तन **ह्** ध्वनि में हुआ तब **हो** रूप बना और महाप्राणता के लोप से **ओ** रूप रह गया। यह तथ्य महत्त्वपूर्ण है कि आधुनिक मैथिली में सामान्य रूप के साथ कभी-कभी तिर्यक् भाव में महाप्राण ध्वनि वाला रूप मिलता है यथा **ओ** सर्वनाम के साथ **हुन** रूप का व्यवहार होता है। निकटवर्ती व्यक्ति-सूचक सर्वनाम के लिए पुरानी मैथिली में **हिनि, हिन,** रूप हैं। आधुनिक मैथिली में **ई** रूप है किन्तु तिर्यक् रूप **हिन** का व्यवहार भी होता है। मिथिला क्षेत्र की बोलियों में कहीं-कहीं महाप्राण और अल्पप्राण रूप एक साथ चलते हैं। छिकाछिकी बोली में **उनी** और **हुनी, ऊ** और **हउ**—दोनों तरह के रूप दूर संकेतक सर्वनाम के सामान्य रूप हैं। इसी प्रकार इस बोली

में तिर्यक् रूप **हुन्ह, हुन, उन्ह, उन,** सभी वैकल्पिक रूप विद्यमान हैं। ये रूप मानक हिन्दी में **उनको, उन्हें** जैसे रूपों के विकास को समझने में सहायता देते हैं। इसी प्रकार निकट संकेतक के सामान्य रूप छिकाछिकी में **इनी** और **हिनी** हैं, तिर्यक् भाव में **हिन्ह, हिन, इन** रूप हैं। हिन्दी के **इनको** और **इन्हें** जैसे रूपों का गहरा सम्बन्ध मैथिली के इन सर्वनाम रूपों से है। पूर्वी अंचल की भाषाओं ने पश्चिमी आर्य भाषाओं की अपेक्षा महाप्राण ध्वनियों की रक्षा अधिक की है। मिथिला के आगे पूर्व में महाप्राणता का लोप होने लगता है। मिथिला के भीतर जहाँ मानक मैथिली में महाप्राण ध्वनि नहीं है, वहाँ कहीं न कहीं उसकी किसी बोली में महाप्राण ध्वनि वाला रूप मिल जाएगा।

महाप्राण ध्वनियों वाले इन रूपों का महत्त्व यह है कि उनसे प्राचीन सर्वनाम मूलों को पहचानने में मदद मिलती है। कोल भाषाओं तथा मैथिली के सर्वनामों में बड़ी समानता है। यह समानता देखकर भाषाविज्ञानी तुरत इस नतीजे पर पहुँचता है कि मैथिली पर कोल भाषाओं का प्रभाव है। जैसी समानता मैथिली और कोल भाषाओं के कुछ सर्वनामों में है, वैसी समानता यूरुप की अनेक भाषाओं और भारतीय कोल भाषाओं के सर्वनामों में भी है, इस बात की ओर उसका ध्यान नहीं जाता। भाषाशास्त्री कुइपर को भेंट किए हुए ग्रंथ **प्रतिदानम्** में के द व्रीज़ ने कोल भाषाओं के सर्वनामों पर एक लेख लिखा है—**मुंडा प्रोनाउन्स इन न्यू इंडोएर्यन**। इसमें उन्होंने यह मत प्रकट किया है कि भारतीय आर्य भाषाओं के आधार पर मैथिली की अपनी विशेषताओं का उल्लेख नहीं हो सकता। सर्वनामों के प्रसंग में उन्होंने दूरी तथा समीपता के संकेतक सर्वनामों को लिया है। इनके साथ भोजपुरी, मगही, बँगला और उड़िया के सर्वनामों को भी उन्होंने लिया है। इनके साथ संथाली के **हिनि, इनि, हुनि, उनि** और संथाली के अलावा मुंडारी आदि अन्य कोल भाषाओं से भी सर्वनाम रूप लिए हैं। इन रूपों में एक बात लक्ष्य करने की यह है कि जहाँ महाप्राण ध्वनि है, वहाँ वह केवल प्रथम वर्ण में है। कोल भाषाएँ कभी महाप्रांण ध्वनियों के प्रसार का केन्द्र नहीं रहीं। इसके विपरीत उनमें अल्पप्राणता क़े लिए आग्रह है। इसलिए कोल भाषाओं में **ह्** मूलक सर्वनाम देख कर पहले ही सतर्क हो जाना चाहिए कि महाप्राण ध्वनि के आधार पर सर्वनामों का विकास इन भाषाओं में हुआ कैसे। इसके अतिरिक्त मैथिली **हुन्ह, हिन्ह** जैसे रूपों में दूसरे वर्ण की महाप्राण ध्वनि पर ध्यान देना चाहिए। व्रीज़ ने उक्त लेख में भोजपुरी से **हुन्हि, हिन्हि** आदि रूप दिए हैं। कोल भाषाओं में उन्हें कोई ऐसा रूप नहीं मिला जिसके दूसरे वर्ण में **ह्** ध्वनि हो। यदि मैथिली और भोजपुरी ने कोल भाषाओं के सर्वनाम लिए हैं तो मानना होगा कि या तो कोल भाषाओं में मूल रूप रहे नहीं और दूसरे वर्ण की महाप्राणता लुप्त हो गई या फिर मैथिली और भोजपुरी ने **हिन, हुन** रूप लेकर दूसरे वर्ण में महाप्राणता अपनी ओर से जोड़ दी। ये **ह्** वाले रूप **स** सर्वनाम के आधार पर बने हैं, इसका प्रमाण संस्कृत **सः** से लेकर आधुनिक आर्य भाषाओं के **से** और **सो** सर्वनामों तक विद्यमान है। **से, सो, सी, सू,** आदि के ही प्रतिरूप **हे, हो, ही,** हू आदि हैं और महाप्राणता का लोप होने पर ए, ओ, ई, ऊ रूप बने हैं। **स्** ध्वनि **ह्** और **त्** दो भिन्न रूपों में ग्रहण की जा

रही है। डा. चाटुर्ज्या ने **हिनि** और **तिनि** जैसे रूपों का सम्बन्ध **सिनि** से जोड़ा था। यहाँ मूलरूप **सिनि** होगा जिससे **तिनि** और **हिनि** का विकास हुआ। किन्तु **सिनि** से **हिन्हि** रूप नहीं बन सकता।

सर्वनाम-मूल **स, सि, सु** आदि के साथ व्यक्ति-वस्तु-देश-काल सूचक **ध** चिह्न जोड़ा जाता था। **स, सु** आदि का विकास **ह, हु, अ, उ** आदि रूपों में हुआ पर **ध** का विकास एक ओर **ह्** रूप में हुआ और दूसरी ओर महाप्राणता के लोप से **द्** और **त्** रूपों में। आर्य-द्रविड़ भाषाएँ बहुत जगह एक अतिरिक्त नासिक्य ध्वनि का निवेश करती रही हैं यथा **पथ** के प्रतिरूप **पंथ, समुद्र** के प्रतिरूप **समुंदर** में। उसी तरह सर्वनामों में **इध, उध** के समानान्तर **इन्ध, उन्ध** रूप भी प्रचलित हुए। स्थानसूचक विशेषकों **यहाँ वहाँ** के बाँगरू प्रतिरूपों **इंघे उंघे** में यही प्रक्रिया दिखाई देती है। यहाँ व्यक्ति-वस्तु सूचक **घ** प्रत्यय है; ग्रीज़ ने अपने लेख में बँगला बोलियों से **इन्धे, उन्धे** रूप दिए हैं। इन्हीं के अनुरूप सदनि नाम की कोल भाषा से **हिन्दे, हुन्दे** रूप दिए हैं। ये रूप देकर ग्रीज़ ने समस्या का समाधान ही प्रस्तुत कर दिया है। सघोष महाप्राण स्पर्श ध्वनि **ध्** कोल भाषाओं के क्षेत्र से बाहर की ध्वनि है। ऐसी ध्वनियाँ केवल भारतीय आर्य भाषाओं में हैं। इसलिए बँगला के **इन्धे, उन्धे** का विकास सदनि के **हिन्दे-हुन्दे** से नहीं हो सकता वरन् **हिन्दे-हुन्दे** का विकास **हिन्धे-हुन्धे** जैसे रूपों से हुआ है। **हिन्ह-हुन्ह** के पूर्वरूप **हिन्ध** और **हुन्ध** हैं। इनके मूलरूप **सिन्ध** और **सुन्ध** हैं। देशकाल-संकेतक शब्दों और सर्वनामों में गहरा सम्बन्ध है। संथाली के **हिनि, हिन, हुनि** सर्वनामों के साथ **हेन्ते** (इधर), **होन्ते** (उधर) रूप स्मरणीय हैं। जहाँ **द्** का मूर्धन्यीकरण हुआ है, वहाँ **हेन्डे, एन्डे** जैसे रूप भी प्रचलित हैं। **त्, द्, ड्, ह्** एक ही मूल ध्वनि **ध्** का विकास हैं। इन सबमें आदिस्थानीय सर्वनाम-मूल **स** के अवशेष हैं। जैसा कि मगही के विवेचन में हमने देखा है, यह **स्** ध्वनि **छ्** और **थ्** में भी बदलती है। **छ्** और **थ्** वाले रूप कोल भाषाओं में नहीं हैं किन्तु मिथिला और मगध की बोलियों में हैं। इससे **स्**-मूलक सर्वनाम की सत्ता सिद्ध होती है।

यह मानने का कोई कारण नहीं है कि मैथिली तथा अन्य आर्य भाषाओं में सर्वनाम रूप कोल भाषाओं से आए हैं। ग्रीज़ ने **ह्**-मूलक कोल भाषाओं के सर्वनाम दिए हैं और उनसे इंडोयूरोपियन भाषाओं के सर्वनामों का सम्बन्ध नहीं देखा, इसलिए यहाँ नौर्वे और स्वीडन की भाषाओं के सर्वनामों पर दृष्टिपात करना उचित होगा। स्वीडन की भाषा में अन्य पुरुष सर्वनाम **हन्** (पुंल्लिंग, एकवचन) और **होन्** (स्त्रीलिंग, एकवचन) हैं। नौर्वे की भाषा में इनके प्रतिरूप **हन्** और **हुन्** हैं।

शब्दतंत्र : लिंगभेद

अन्य मागधी भाषाओं के समान मैथिली में भी लिंगभेद का प्रसार पश्चिमी भाषाओं के प्रभाव से, सीमित रूप में, हुआ है। अन्य मागधी भाषाओं की अपेक्षा मैथिली का पुराना

लिखित साहित्य अधिक उपलब्ध है। ब्रजभाषा से प्रभावित होने के कारण साहित्य की इस भाषा में बहुत जगह लिंगभेद है किन्तु समानान्तर रूपों में आधुनिक काल की मैथिली में वैसा भेद नहीं है। यह देखकर स्वभावतः भाषाविज्ञानी सोचते हैं कि मैथिली में पहले लिंगभेद था, आगे चलकर वह पूरी तरह तो नहीं किन्तु क्षीण अवश्य हो गया। अनेक बँगला-भाषी विद्वान् उस भाषा को पुरानी बँगला कहते हैं जिसे मैथिलीभाषी विद्वान् पुरानी मैथिली कहते हैं। बँगला में लिंगभेद शून्यवत् है, इसलिए बँगला-भाषी विद्वानों का यह सोचना और भी स्वाभाविक है कि पहले किसी समय बँगला में लिंगभेद प्रचलित था, आगे चलकर वह मिट गया। बँगला से मिलती-जुलती स्थिति मलयालम की है और मैथिली से मिलती-जुलती स्थिति तमिल की है। किसी ने मलयालम के लिए यह दावा नहीं किया कि पुरानी मलयालभ में लिंगभेद वर्तमान था, आगे चलकर वह मिट गया। भारत के दो छोरों पर आर्य भाषा बँगला और द्रविड़ भाषा मलयालम लिंगभेदशून्य है। भारत को भाषायी क्षेत्र मान कर विभिन्न भाषा परिवारों की विशेषता पर एक साथ विचार करने में लाभ यह है कि बँगला और मलयालम जैसी आर्य-द्रविड़ भाषाओं में लिंगभेद की समस्या प्रादेशिक न रहकर अखिल भारतीय हो जाती है। लिंगभेद का प्रसार आर्य और द्रविड़ दोनों भाषा परिवारों में समान केन्द्रों से हुआ है। ये केन्द्र उत्तर पश्चिमी भारत में थे। इन केन्द्रों के समीप रहनेवाली गुजराती और मराठी भाषाओं में तीन लिंगों के भेद की विशेषता आज भी विद्यमान है। मूलतः मानवीय और मानवेतर वस्तु जगत् में भेद किया गया। ऐसा भेद द्रविड़ भाषाओं में अब भी है। इसके अवशेष बँगला और मैथिली में जहाँ-तहाँ मिलते हैं। इस मूलभेद के आधार पर स्त्री, पुरुष और नपुंसक, इन तीन तरह के लिंगों का भेद स्थापित हुआ। संस्कृत तथा आधुनिक आर्य-भाषाओं में लिंगभेद अंशतः प्राकृतिक है और अंशतः व्याकरणिक। नाम शब्दों से बाहर वह क्रियापदों को भी प्रभावित करने लगा। संस्कृत में जहाँ यह भेद नहीं भी था, वहाँ हिन्दी ने उसे कायम किया। हिन्दी क्रियापदों में **जाता है, जाती है, जायगा, जायगी, गया था, गई थी,** इसी विकास के परिणाम हैं। कहीं-कहीं हिन्दी उन रूपों में लिंगभेद नहीं करती जिनमें संस्कृत के लिए ऐसा भेद आवश्यक था। **सुन्दर लड़का, सुन्दर लड़की,** यहाँ **सुन्दर** विशेषण में लिंगभेद करना आवश्यक नहीं है पर **अच्छा लड़का, अच्छी लड़की,** यहाँ लिंगभेद किया जाएगा।

डा. सुभद्र झा ने मैथिली के संदर्भ में लिखा है कि मध्य भारतीय आर्य भाषा, अर्थात् प्राकृतों, में लिंगभेद अत्यन्त निर्बल हो गया था। इसके अतिरिक्त ध्वनितांत्रिक विकास ऐसा हुआ कि पुल्लिंग और स्त्रीलिंग रूपों का भेद क्रमशः मिट गया। यदि प्राकृतों से केवल बँगला, मैथिली आदि भाषाओं का विकास हुआ हो, तो यह स्थापना मान्य होगी कि प्राकृतों में लिंगभेद के निर्बल हो जाने से आधुनिक आर्य भाषाओं में वह भेद नष्ट हो गया। किन्तु डा. झा जहाँ उक्त स्थापना प्रस्तुत करते हैं, वहाँ मराठी, गुजराती और सिंहली भाषाओं का भी उल्लेख करते हैं जिनमें तीनों लिंगों के भेद विद्यमान हैं। यह कैसे हुआ कि उन्हीं प्राकृतों से मराठी और गुजराती का उद्भव हुआ, उन्हीं से बँगला

और मैथिली का, और लिंगभेद की स्थिति दोनों समुदायों में नितान्त भिन्न है ? प्राकृतों में लिंगभेद को लेकर कहीं वैसा अन्तर नहीं है जैसा आधुनिक आर्य भाषाओं के इन दो वर्गों में पाया जाता है। आधुनिक आर्य भाषाओं में जहाँ भी संस्कृत से भिन्नता दिखाई दे, वहाँ भाषाविज्ञानी किसी आर्येतर प्रभाव की कल्पना कर लेते हैं। बँगला और मैथिली आदि में लिंगभेद नहीं है तो यह तिब्वती-बर्मी भाषाओं का प्रभाव होगा, बिहार की भाषाओं पर संथाली का प्रभाव होगा। लिंगभेद की दृष्टि से अंग्रेज़ी की स्थिति बँगला से मिलती-जुलती है और जर्मन की स्थिति मराठी जैसी है। मानना चाहिए कि जर्मन समुदाय की एक भाषा अंग्रेज़ी पर तिब्बती-बर्मी अथवा कोल प्रभाव इतना पड़ा कि उसमें लिंगभेद मिट गया।

हिन्दी के समान मैथिली में अनेक विशेषण शब्द लिंगभेद सूचित करते हैं। स्त्रीलिंग, पुंल्लिंग का भेद जीव, निर्जीव, मानव, मानवेतर, सभी प्रपंचों पर लागू होता है। डा. सुभद्र झा ने उदाहरण दिए हैं : **छोटा काका, छोटी काकी; करिक्का** (काला) **घोड़ा, करिक्की घोड़ी; छोटकी थारी, बड़का थार**। जो कृदन्त विशेषण का काम करते हैं, उनमें यह भेद दिखाई देता है : **सूतल आदमी, सूतलि मउगी;** सोता हुआ पुरुष, सोती हुई स्त्री, ठीक हिन्दी की तरह। जहाँ कृदन्त क्रियारूप में व्यवहृत होते हैं, वहाँ भी यह भेद दिखाई देता है। **ओ आऑत**–वह आएगा; **ओ आऑति**–वह आएगी; **ओ गेलाह**–वह गया, **ओ गेलीह**–वह गई। **हमर माऑ सूतलि**–मेरी मा सोती थी, **हमर चाकर सूतल**–मेरा नौकर सोता था। ऐसे उदाहरण देने के बाद डा. सुभद्र झा कहते हैं कि आधुनिक मैथिली में लिंगभेद की उपेक्षा करने की प्रवृत्ति है; **हमर माऑ आऑतु, हमर माऑ आऑल**। उनकी इस बात पर विश्वास करना कठिन है क्योंकि मैथिली पर पश्चिमी भाषाओं का प्रभाव बढ़ रहा है, घट नहीं रहा है। यह सम्भव है कि कुछ क्रिया-रूपों में लिंगभेद वैकल्पिक हो किन्तु कुल मिलाकर लिंगभेद का प्रभाव बढ़ रहा है, इसका प्रमाण बोलचाल के रूपों के वे उदाहरण हैं जो डा. सुभद्र झा ने ही दिए हैं। व्यक्तिवाचक सर्वनामों के सम्बन्धकारक रूप लिंगभेद व्यक्त करते हैं। **तोरी बेटी, तकरी नानी, ऑकरी माऑ**। ये सब उदाहरण उन्होंने बोलचाल की भाषा से दिए हैं। बोलचाल भाषा की सही प्रवृत्ति व्यक्त करती है। यह प्रवृत्ति लिंगभेद पर बल देने की है।

डा. चाटुर्ज्या ने इस बात पर ध्यान दिया था कि जीव, निर्जीव का भेद कहीं-कहीं कारक प्रयोगों में देखा जाता है। मैथिली में **हम राम के देखल**–मैंने राम को देखा, यहाँ राम के बाद **के** विभक्ति चिह्न लगा है; **हम रोटी देखल**–मैंने रोटी देखी, यहाँ **के** अनावश्यक है। हिन्दी में भी **मैंने रोटी को देखा,** अस्वाभाविक वाक्यरचना है। लिखित हिन्दी में ऐसी अस्वाभाविक वाक्यरचना के बहुत से उदाहरण मिल जाएँगे। डा. सुभद्र झा ने मैथिली में मानवेतर जीव के साथ **के** विभक्ति का प्रयोग वहाँ होता दिखाया है जहाँ वह जीव किसी मानव से सम्बद्ध हो गया है। **तोहार बरद के देखल**–यहाँ बरद (बैल) के साथ कारक-चिह्न लगने से संकेत निश्चयात्मक हो गया।

मैथिली कारक रचना

मैथिली में कारक रचना अवधी से मिलती-जुलती है। आधुनिक आर्यभाषाओं में सामान्य और तिर्यक्, दो शब्दरूपों की कल्पना की गई है। सामान्य रूप कर्ता और कर्म कारकों में प्रयुक्त होता है, तिर्यक् रूप अन्य कारकों में। कुछ शब्द ऐसे हैं जिनका तिर्यक् रूप नहीं होता जैसे **घर। घर में, घर से, घर का,** यहाँ मूल **घर** रूप अपरिवर्तित रहता है। डा. सुभद्र झा ने लिखा है कि आधुनिक मैथिली में सम्बन्धकारक छोड़कर शेष कारकों में शब्द का तिर्यक् रूप सामान्य से भिन्न नहीं होता। इससे इतना तो सिद्ध ही होता है कि तिर्यक् रूपों का व्यवहार अपवाद है, नियम नहीं। अपभ्रंश के आधार पर आधुनिक आर्य भाषाओं का विकास मानने वाले लोग सामान्य और तिर्यक् रूपों का जो भेद करते हैं, उस पर पुनर्विचार आवश्यक है।

अब मैथिली के सम्बन्धकारक में सामान्य और तिर्यक् रूपों का भेद देखें। **गाछ** (पेड़), **माटि, साहु**—ये तीनों रूप तब सामान्य हैं जब इनका अन्तिम स्वर लघुतर होता है। जब वह केवल लघु होता है तब तिर्यक् रूप बन जाता है। तिर्यक् रूप कारक चिह्न से अलग प्रयुक्त नहीं होता। **गाछ** और **गाछक** (गाछ का), इन दो रूपों में **छ** के अकार की लघुता में सूक्ष्म अन्तर मैथिली की वर्ण-रचना-पद्धति के कारण है। केवल **गाछ** कहने पर बल पहले वर्ण पर रहता है और दूसरे वर्ण का स्वर हलका पड़ता है। जब तीन वर्णों का शब्द होगा, तब प्रथम वर्ण का बल किंचित् हट कर दूसरे वर्ण पर आ जाएगा। ऐसा लघु और लघुतर का भेद व्याकरण की दृष्टि से नगण्य है। यह बात कुछ अन्य शब्दरूपों से पुष्ट होती है। जैसे **भाअॅ** शब्द है। इसका तिर्यक् रूप भी यही हो सकता है, केवल विकल्प से **भाइ** रूप होगा। इस प्रकार **भाअॅक** और **भाइक** (भाई का) दोनों रूप सही हैं। ऐसे शब्दों के उदाहरण डा. सुभद्र झा ने ही दिए हैं। यहाँ **भाअॅ** रूप तिर्यक् और सामान्य दोनों है अर्थात् मूलरूप में कोई परिवर्तन नहीं होता। वैकल्पिक रूप **भाइ** में अन्तिम स्वर का संवृत उच्चारण है और इसका कारण भी प्रथम वर्ण से बलाघात का किंचित् हटना है।

कुछ अन्य शब्द हैं जिनमें स्वर परिवर्तन होता है। सम्बन्ध-कारक में इन शब्दों का **इ, अ** स्वर **उ** में बदल जाता है। **आज, साँझ, राति, दीन** (दिन) के सम्बन्धकारक रूप इस प्रकार होंगे : **आजुक, साँझुक, रातुक, दीनुक।** यहाँ अवधी की उकारान्त रूपरचना का प्रभाव है, लिंगभेद महत्त्वपूर्ण नहीं है, अतः **आजु** और **दिनु** के वज़न पर **रातु** और **साँझु** रूप बनाए गए और सम्बन्ध-कारक में प्रयुक्त हुए। **देखब, चलब, कहल** आदि क्रियार्थी संज्ञारूपों के तिर्यक् रूप **देखबा, चलबा, कहला** होते हैं। फिर भी कुछ बोलियाँ ऐसी हैं जिनमें **चलब, कहल** से ही काम चलता है, बहुत से बहुत अन्तिम वर्ण में लघु और लघुतर स्वर का उच्चारण-भेद है। मैथिली में सामान्य-तिर्यक् रूपों का मौलिक भेद नहीं है।

डा. सुभद्र झा ने क्रियाओं के बारे में एक रोचक बात लिखी है। इनमें बहुत्वसूचक प्रत्यय लगते हैं किन्तु उनका बहुत्व वाला अर्थ अब नष्ट हो गया है। वे अब गौरव और

सामान्य सम्बोधन का भेद व्यक्त करते हैं। **कहलिअइन्हि**–हमने उससे कहा (गौरवपूर्ण सम्बोधन), **कहलिअइ**–मैंने उससे कहा (सामान्य सम्बोधन); **कहबहून्ह**–आप उससे कहेंगे, **कहबहक**–तुम उससे कहोगे। इन रूपों का विश्लेषण करते हुए डा. झा ने लिखा है कि कर्मकारक में गौरव भाव **न्हि** और **न्ह** प्रत्ययों से व्यक्त होता है जो मूलतः बहुत्वसूचक प्रत्यय थे। इसी प्रकार **ओ गेलाह**–वे गए (गौरवपूर्ण सम्बोधन), **ओ गेल** (सामान्य संदर्भ)। **आह,** डा. झा के अनुसार, बहुत्वसूचक प्रत्यय था। फिर कहते हैं, यह भी सम्भव है कि क्रियापदों के व्यक्तिवाचक प्रत्ययों से संज्ञारूपों के बहुत्वसूचक प्रत्ययों का मूल सम्बन्ध न रहा हो वरन् दोनों का विकास स्वतंत्र रूप से हुआ हो। वास्तव में जिन्हें डा. झा बहुत्वसूचक प्रत्यय कहते हैं, उनका गहरा सम्बन्ध सर्वनाम-रूपों से है। जिन्हें वह क्रियापदों का व्यक्तिवाचक प्रत्यय कहते हैं, उनका गहरा सम्बन्ध भी सर्वनामों से है। संस्कृत से लेकर मैथिली तक क्रिया और संज्ञा दोनों तरह के शब्दों की रूपरचना में सर्वनामों की भूमिका महत्त्वपूर्ण है, यह तथ्य ध्यान में रखना उचित है।

डा. सुभद्र झा ने मैथिली भाषा की कारक रचना के बारे में लिखा है कि पुरानी मैथिली में संश्लिष्ट कारक-रचना होती थी, साथ ही प्रत्येक शब्द किसी कारक चिह्न के बिना वाक्य में प्रयुक्त हो सकता था। यदि इस दूसरी प्रवृत्ति को देखें तो लगेगा कि आधुनिक मैथिली में कारक रचना पहले की अपेक्षा विकसित हुई है। यदि पहली प्रवृत्ति पर ध्यान दें तो लगेगा कि कारक-रचना क्षीण हुई है। डा. झा के अनुसार आधुनिक मैथिली में कर्ता, कर्म और अधिकरण, ये ही तीन संश्लिष्ट कारक रचना में आते हैं। उन्होंने संभवतः कारक चिह्नों को मूल शब्द से हटाकर लिखने वाली पद्धति ध्यान में रखकर ऐसा कहा है। किन्तु जैसा कि आचार्य किशोरीदास वाजपेयी ने कहा है, मुख्य बात यह है कि हम बोलते क्या हैं, लिखने में मिलाकर लिखो या हटाकर लिखो, इससे कोई अन्तर नहीं पड़ता। दक्षिणी मैथिली में मगही की तरह सम्प्रदानकारक के लिए **ला** प्रत्यय का व्यवहार होता है। इस **ला** का कोई स्वतंत्र अर्थ नहीं है, लाना वाली क्रिया से उसका प्रत्यक्ष सम्बन्ध नहीं है। अतः उसे कारक चिह्न ही मानना चाहिए। मगही के समान दक्षिणी मैथिली भी **ला** के प्रयोग द्वारा, कर्म से भिन्न सम्प्रदान का अलग अस्तित्व ज्ञापित करती है। यहाँ कारक-रचना पुष्ट है, क्षीण नहीं हुई। यह उल्लेखनीय है कि अधिकरणकारक के लिए मैथिली का मानक रूप **में** है जो पश्चिमी भाषा-समुदाय की प्रवृत्ति के अनुरूप है, पश्चिमी मैथिली इसके स्थान पर **मा** रूप का व्यवहार करती है। **घर में**–हिन्दी की तरह मानक मैथिली का रूप है; **घरमा**–अवधी के समान यह पश्चिमी मैथिली का रूप है। एक ही क्षेत्र में भिन्न ध्वनि-प्रकृतियों के मिश्रण से ऐसे वैकल्पिक रूपों का चलन हुआ है।

मैथिली क्रियापद-रचना

मैथिली की क्रियापद-रचना बहुत पेचीदा मानी जाती है और डा. झा कहते हैं कि इसके

दो कारण हैं। एक तो आदर-अनादर सूचक कर्ता की स्थिति के अनुसार भिन्न क्रियापदों का व्यवहार होता है, दूसरे क्रियारूप पर कर्ता, कर्म की स्थिति का ही प्रभाव नहीं पड़ता, वरन् उपकरण, स्थान, सम्बन्ध आदि का प्रभाव भी पड़ता है। इस प्रकार जो क्रिया वाक्य में प्रयुक्त होती है वह कर्ता द्वारा ही निर्धारित नहीं होती वरन् जो अन्य संज्ञा-सर्वनाम कर्ता से सम्बद्ध होते हैं, वे भी क्रिया का रूप निश्चित करते हैं। यह प्रवृत्ति पुरानी पद्धति का ही विकास है। सभी कारक क्रिया से सम्बद्ध होते हैं, वे कारक इसीलिए हैं कि वे क्रिया से सम्बद्ध हैं। इसलिए यदि वे क्रिया की रूपरचना में प्रतिबिम्बित होते हैं तो यह स्थिति कारक रचनापद्धति का सुसंगत परिणाम है। डा. सुभद्र झा ने ठीक लिखा है कि जिस कारक में स्वतंत्र सम्बन्धक ('पोस्टपोज़ीशन') का व्यवहार होता है, वह क्रिया को प्रभावित नहीं करता। जब आर्यभाषाओं में सर्वनामचिह्न-मुक्त कृदन्त अधिक प्रयुक्त होने लगे, वाक्यतंत्र क्रियाभिमुख न होकर उद्देश्य को प्रधानता देने लगा, तब ऐसे कारक-रूपों की रचना स्वाभाविक थी जिनमें कारकचिह्न पूर्णतः या अंशतः स्वतंत्र है, और स्वभावतः ऐसा कारक क्रिया को प्रभावित नहीं करता। क्रियाभिमुख वाक्य वह है जिसमें कर्ता-सर्वनाम का उल्लेख, वाक्य के आरम्भ में, न करने पर भी क्रियारूप से उसका बोध हो जाता है। यह स्थिति मैथिली की है। **बेटा के देखलिअहु**—इस वाक्य से यही अर्थ नहीं निकलता कि मैंने बेटे को देखा वरन् यह भी ज्ञात होता है कि मैंने तुम्हारे बेटे को देखा है। यह वाक्य विस्तृत रूप में इस प्रकार कहा जा सकता है : **हम तोरा बेटा के देखलिअहु**। क्रियारूप में श्रोता से कर्म के सम्बन्ध की ओर संकेत किया गया है। इसलिए **तोरा** कहो चाहे न कहो, कोई अन्तर नहीं पड़ता; क्रियारूप उत्तम पुरुष **हम** के साथ ही प्रयुक्त होगा, इसलिए **हम** का प्रयोग किए बिना भी अर्थ व्यक्त हो जाएगा। **मारहून्ह**—मैथिली का यह शब्द अपने में पूरा वाक्य है। तुमने उन्हें मारा; जो व्यक्ति मारा गया है वह आदर योग्य है, यह भाव भी क्रियारूप से ध्वनित है। **मारहक**—इस वाक्य में जिस व्यक्ति के मारे जाने का संकेत है, उसकी सामाजिक स्थिति क्षुद्र है। **भाअॅ छह**—आप मेरे भाई हैं। **भाअॅ छहक**—आप उस साधारण जन क्रे भाई हैं। **भाअॅ छहून्ह**—आप उन सज्जन के भाई हैं। क्रियारूप 'भाई' के संबंधियों की सामाजिक स्थिति ज्ञापित करता है। **पोथी दीअ**—मुझे पुस्तक दो; **पोथी दि अउन्ह**—उसे पुस्तक दो। वक्ता के वाक्य में निर्देशित व्यक्ति का सम्बन्ध है या नहीं, यह क्रियारूप से विदित होता है। **देखलिअइ**—मैंने उसे देखा। जिसे देखा, उससे वक्ता या श्रोता का कोई विशेष सम्बन्ध नहीं है। **देखलिअहु**—मैंने उसे देखा जो 'तुझ' से सम्बद्ध है। कर्म के समान श्रोता की सामाजिक स्थिति भी क्षुद्र है। **देखलिअइन्हि**—मैंने उसे देखा जो उन सज्जन से सम्बद्ध है। इस वाक्य में कर्म की स्थिति साधारण है किन्तु उसका सम्बन्ध आदरास्पद व्यक्ति से है। **ककर धोती थीक**—किसकी धोती है; यह सामान्य वाक्य है जहाँ धोती से किसी के सम्बन्ध पर विशेष बल नहीं है। **ककर धोती थिकइक**—इस वाक्य का अर्थ वही है, किन्तु धोती से किसी के सम्बन्ध पर बल है।

मगही के समान मैथिली में क्रिया के बाद सर्वनाम चिह्न लगाने की प्रवृत्ति प्रबल

है। जब उसमें कृदन्तरूपों का चलन हुआ, तब उनमें भी, तिङन्त क्रियाओं के समान, सर्वनाम चिह्न जोड़े जाने लगे। हिन्दी के समान मैथिली में भी विभिन्न कालों के लिए क्रियारूपों की रचना कृदन्तों के आधार पर होती है। वर्तमान काल के लिए आधुनिक मैथिली, **देख** क्रिया से, **देखइत** कृदन्त रूप बनाती है। किन्तु मैथिली की कुछ बोलियों में तिङन्त रूपों का ही चलन है। मध्य क्षेत्र की बोलियों में, डा. झा के अनुसार, क्रिया में **त** प्रत्यय नहीं लगता। **द**–देना से **दह**, **जीव**–जीना से **जिबइ**, **खा**–खाना क्रिया से **खाइ** रूप बनते हैं जो मूलतः वर्तमानकालीन तिङन्त रूप हैं। ठीक ऐसी ही स्थिति **जाता है** के समानान्तर **जाय है** पश्चिमी हिन्दी के रूपों में दिखाई देती है। ऐसे प्रयोग, मगही के समान, मैथिली के लोकगीतों में अधिक हैं। अर्थतत्त्व की दृष्टि से मैथिली क्रियापद-रचना में पुरानी पद्धति पर चलती है और उसका विकास करती है; रूपतत्त्व की दृष्टि से वह पश्चिम से आते हुए कृदन्तों को क्रियापद-रचना का आधार बनाती है। मगही के समान मैथिली में भी कृदन्तों का तिङन्तीकरण होता है।

अंगमोर फरकइ, केसिया मोरा भुइयाँ लोटइ हो (तेजनारायणलाल : **मैथिली लोकगीतों का अध्ययन,** आगरा, 1962, पृष्ठ 294)—लोकगीत की इस पंक्ति में **फरकइ, लोटइ** रूप तिङन्त हैं। **फरकहि, लोटहि** पूर्वरूपों के अन्तिम वर्ण की महाप्राणता का लोप होने पर ये रूप बने हैं। खड़ी बोली में यही **फरके, लोटे** जैसे रूपों में प्रयुक्त होते हैं। डा. सुभद्र झा ने कृदन्त का एक रूप **देखने** दिया है। यह हिन्दी **देखना** का ही प्रतिरूप है। **देखने छि**–मैंने देखा है; **देखने छल**–उसने देखा था। ऐसे प्रयोग हिन्दी में नहीं होते किन्तु **न** वाला कृदन्त रूप है पश्चिमी समुदाय का।

वर्णरत्नाकर की मैथिली

मैथिली भाषा के सबसे पुराने नमूने चौदहवीं सदी के हैं। मिथिला के ज्योतिरीश्वर ठाकुर ने **वर्णरत्नाकर** नाम की पुस्तक मैथिली भाषा में लिखी थी। **दाँतक शोभा देषि तालिवें हृदय वीदीर्ण कएल। अधरक शोभा देषि प्रवाल द्विपान्तर गेल। काँनक शोभा देषि बौद्ध ध्यान स्थित भेल। कण्ठक शोभा देषि कम्बु समुद्र प्रवेश कएल। स्तनक शोभा देषि चक्रवाक उछन्न भेल।** इस तरह की भाषा कवि ज्योतिरीश्वर ठाकुर ने लिखी थी। यह पुस्तक पद्य में नहीं गद्य में है, यह उसका युगान्तरकारी महत्त्व है। बंगाल की रायल एशियाटिक सोसाइटी ने डा. सुनीतिकुमार चाटुर्ज्या की भूमिका सहित इसे 1940 में कलकत्ते से प्रकाशित किया। मैथिली में एक भूमिका बबुआ मिश्र की है जिसमें उन्होंने लिखा है : "प्रेस कापी तैयार करयक काल श्री सुनीतिबाबू हमरा सँ बहुत शब्दक अर्थ पूछथि; परन्तु सभशब्दक अर्थ कहि सकब हमरा साध्य सँ बाहर छल।" इससे विदित होगा कि वर्णरत्नाकर की भाषा पुरानी मैथिली है जिसकी शब्दावली जहाँ-तहाँ आधुनिक मैथिली की शब्दावली से भिन्न है। ज्योतिरीश्वर ठाकुर संस्कृत के कवि थे। दरबारी कवि थे और संस्कृत की रीतिवादी काव्यधारा से प्रभावित थे। उन्होंने मैथिली में यह पुस्तक

उन लोगों के लिए लिखी है जो नायिकाओं का वर्णन, ऋतुवर्णन, नगरवर्णन, श्मशानवर्णन करना चाहते हैं। यद्यपि उनके वर्णनों में काव्य के परम्परागत उपादान गिनाए गए हैं, फिर भी अनेक स्थल ऐसे हैं जिनसे तत्कालीन सामाजिक जीवन की जानकारी होती है। **वर्णरत्नाकर** चौदहवीं सदी की रचना है, पन्द्रहवीं सदी में विद्यापति ने मैथिली पदों के अलावा अवहट्ट में **कीर्तिलता** पुस्तक लिखी। जो लोग अवहट्ट यानी अपभ्रंश को पुरानी मैथिली कहते हैं, वे **वर्णरत्नाकर** के लेखक के प्रति अन्याय करते हैं। साहित्य में जिस समय अपभ्रंश में कविता लिखने की रूढ़ि दृढ़ता से जमी हुई थी, उस समय मैथिली जैसी भाषाओं का अस्तित्व था, वे पूर्ण विकसित भी हो चुकी थीं। तेरहवीं सदी में हेमचन्द्र अपभ्रंश का व्याकरण लिख रहे थे। उस अपभ्रंश को कुछ लोग पुरानी गुजराती कहते हैं। यदि गुजराती में कोई ज्योतिरीश्वर ठाकुर हुए होते तो उनके ग्रंथ की गुजराती अपभ्रंश से वैसे ही भिन्न होती जैसे **वर्णरत्नाकर** की मैथिली अवहट्ट से भिन्न है।

वर्णरत्नाकर के समय की और उसके बाद की भी मैथिली तथा अवधी में अनेक समानताएँ हैं। इनमें एक समूहवाचक प्रत्यय **न** का व्यवहार है। इसके अतिरिक्त सम्बन्ध वाचक **कर** का व्यवहार जैसे **रामचरितमानस** में है, वैसे **वर्णरत्नाकर** में है। अन्तर यह है कि **वर्णरत्नाकर** में उसका उपयोग केवल सर्वनामों के साथ होता है, यथा **जकरे रूपें**–जिसके रूप से। संज्ञा के साथ **क** प्रत्यय जोड़ा जाता है यथा **आदित्यक किरण**। सर्वनामों के साथ जिन प्रत्ययों का व्यवहार होता है, वे प्रायः अधिक प्राचीन सिद्ध होते हैं। **कर** प्राचीन प्रत्यय है, **क** इसी **कर** का प्रतिरूप है। डा. चाटुर्ज्या का मत है कि **कर** का उद्‌भव **कृत** से हुआ है, **क** इससे भिन्न है। उनका विचार है कि यह कोई नाम शब्द है जिसकी रूपरचना संज्ञा शब्दों के समान होती है। **क** शब्दमूल है जो सामान्य और प्रश्नवाचक सर्वनाम रूपों के लिए प्रयुक्त हुआ। इसमें देश-काल-व्यक्ति-वस्तुसूचक **ध** चिह्न जुड़ा। **कध** रूप से एक ओर **कह** और दूसरी ओर **कद**–**कर** आदि रूप बने। हिन्दी में सम्बन्धकारक चिह्न **का** अवधी की प्रवृत्ति के अनुसार बना है, मैथिली **क** उसी का ह्रस्व रूप है, **कर** उससे पुराना रूप है। मैथिली में **कइ** रूप का व्यवहार भी होता है। **वर्णरत्नाकर** में **रात्रि कइ क्षीणता, ब्याध कइ माया** जैसी शब्दावली है। अवधी में **कइ** या **कै** केवल स्त्रीलिंग के साथ प्रयुक्त होगा; वर्णरत्नाकर में **किन्नरकइ गीत** जैसा प्रयोग भी है।

वर्तमानकालीन क्रियारूपों में अन्य पुरुष एकवचन रूप **करइ, धरइ** इत्यादि हैं। ये पुरानी अवधी के **करहि, धरहि** हैं जो अब **करै, धरै** बोले जाते हैं। डा. चाटुर्ज्या ने कल्पना की है कि **करइ** कोई क्रियार्थी संज्ञारूप है जो **अछ** क्रिया के साथ वर्तमान काल में प्रयुक्त होता है। **करता है** क्रियारूप में जैसे **करता** कृदन्त है वैसे ही **करे है** में **करे** कृदन्त होना चाहिए। वास्तव में **करइ, करे** तिङन्त **करहि** का रूपान्तर हैं। कृदन्तीकरण के प्रभाव से तिङन्त रूप को, कृदन्त के समान, अपूर्ण मानकर, उसके साथ हिन्दी **है**, मैथिली **अछ्** क्रियाओं का प्रयोग होने लगा। एक ओर कृदन्तों का तिङन्तीकरण हुआ तो दूसरी ओर तिङन्तों का कृदन्तीकरण भी हुआ। **होइतें अछ, करइतें आह** जैसे रूपों में **त** प्रत्यय वाला

कृदन्त रूप स्पष्ट है। डा. चाटुर्ज्या ने मैथिली के क्रियारूप **होथि** को **होन्ति** जैसे रूप का विकास माना है। यह अन्य पुरुष का वर्तमानकालीन बहुवचन रूप है। समस्या यह है कि अल्पप्राण **त** मैथिली में **थ** कैसे हो गया। **न्** का लोप क्यों हो गया, यह भी समस्या होनी चाहिए। **हो** क्रिया के बाद सर्वनाम चिह्न **थि** जोड़ा गया। **होथि** का एक वैकल्पिक रूप **होन्धि** बना। दोनों में पहले वचनभेद नहीं था। इसीलिए मैथिली **होथि** बहुवचन के लिए प्रयुक्त होता है। अवधी में **होहि** और **होहिं** एकवचन बहुवचन के लिए अलग कर लिए गए। संस्कृत में **भवति** और **भवन्ति** रूपों का विकास **भवधि** और **भवन्धि** के आधार पर हुआ है।

वर्णरत्नाकर में भूतकाल के लिए **करु, भउ** जैसे क्रियारूपों का व्यवहार हुआ है। बाद की मैथिली में ऐसे रूप नहीं मिलते। डा. चाटुर्ज्या ने कल्पना की है कि ये मागधी भाषाओं के अपने क्रियारूप नहीं हैं; ये पश्चिमी अपभ्रंश के रूप हैं जो मैथिली में जड़ नहीं जमा पाए। **गतः** से **गउ** रूप बना, वैसे ही ये रूप बने। उल्लेखनीय है कि **करु, भउ** आदि, भूतकालीन कृदन्तों के समान, लिंगभेद सूचित नहीं करते। **गतः** से **गउ** रूप बना तो **भउ** का मूल रूप क्या **भतः** था ? और **करु** का मूलरूप क्या था ? **करु, भउ** का अविकारी रूप देखकर उन्हें तिङन्त क्रियारूप मानना चाहिए। कृदन्त पद्धति के प्रभाव से इन रूपों का चलन बन्द हो गया। लकारान्त कृदन्तरूपों में लिंगभेद व्यक्त होता है और वे **करु, भउ** जैसे रूपों से भिन्न हैं। **भमर पुष्पोद्देशे चलल किन्तु कुलस्त्री सलज्ज भेलि। चलल** और **भेलि** लिंगभेद बता रहे हैं।

वर्णरत्नाकर की भाषा में अनेक ऐसे शब्द या शब्दरूप हैं जो पुरानी जनपदीय भाषाओं के आपसी सम्बन्धों की जानकारी देते हैं। **वर्णरत्नाकर** में एक क्रिया है **हल** जिसका अर्थ है **चलना। हलु** अर्थात् गया, उकारान्त तिङन्त रूप है। **हलुअह** उसी का बहुवचन रूप है। डा. चाटुर्ज्या ने लिखा है कि यह शब्द सिन्धी में प्रचलित है, मैथिली में अब उसका व्यवहार नहीं होता। हिन्दी में **हलचल** और **हालचाल** में वही क्रिया विद्यमान है। **हलचल कामकाज** की तरह है, एक ही अर्थ वाले दो शब्दों का जोड़ा है। **हलचल** में गति की अधिकता सूचित की गई है, उसका हिलने से कोई सम्बन्ध नहीं है। इसी तरह **हालचाल के हाल** का अरबी फारसी के **हाल** से कोई सम्बन्ध नहीं है। पश्चिमी क्षेत्र की बोलियों में चलने के लिए **चाल** क्रिया का व्यवहार अब भी होता है। मानक रूप **चल** है जो हिन्दी, बँगला आदि में प्रयुक्त होता है। उसका मूल रूप संस्कृत की **सर्** क्रिया है। मागधी वृत्ति से **र् ल्** में परिवर्तित हुआ। **स् च्** और **छ्** ध्वनियों में बदलता रहा है। होना चाहिए था **छल्** किन्तु संस्कृत के बहुत से शब्दों में जैसे महाप्राणता का लोप हुआ है, वैसे ही यहाँ भी **छल्** के प्रतिरूप **चल्** का ही व्यवहार मानक रूप में हुआ। दूसरी ओर **स्** ध्वनि **ह्** में परिवर्तित हुई, तब **हल्** रूप बना। सिन्धी और मैथिली दूर के दो छोरों की भाषाओं में गतिसूचक एक ही क्रियारूप मिलता है, यह तथ्य जनपदीय भाषाओं के परस्पर सम्पर्क का प्रमाण है। विद्यापति के समय तक मैथिली में **हल** क्रिया का चलन था। बाद में **चल** ने उसे अपदस्थ कर दिया।

डा. चाटुर्ज्या ने **वर्णरत्नाकर** के **कान्हू, किरतू** जैसे ऊकारान्त रूपों का उल्लेख किया है। ऊपर से देखने में लगता है कि ऐसे रूप अन्त्यानुप्रास के लिए बनाए गए हैं पर बहुत जगह अन्त्यानुप्रास का प्रश्न नहीं है। **वर्णरत्नाकर** के लेखक गद्य लिख रहे थे, और ऐसे ऊकारान्त रूपों के लिए कोई संगत कारण प्रतीति नहीं होता। ह्रस्व उ वाले शब्द तो अवधी में अब भी प्रयुक्त होते हैं, सम्भव है सोलहवीं सदी में दीर्घ ऊ वाले शब्दों का प्रयोग भी होता रहा हो। **वर्णरत्नाकर** में उकारान्त शब्द काफी हैं। तत्सम रूपों को छोड़ दें, तो भी आधुनिक मैथिली को देखते **वर्णरत्नाकर** में इनकी संख्या काफी होगी। **अउनगउ, अखलु, अनुनु, अवरु, आगु, आठहु, आरहु** आदि रूप शब्दसूची में दिए हुए हैं। पूरी सूची से इस तरह के सारे शब्द एकत्र किए जाएँ तो एक परिणाम यह निकलेगा कि पुरानी मैथिली में उकारान्त रूपों का व्यवहार अधिक होता था। इस दृष्टि से अवधी और मैथिली एक दूसरे के बहुत समीप थीं। यह समीपता कितनी पुरानी थी ? चौदहवीं सदी से कुछ शताब्दियाँ पहले ऐसी समीपता कायम हुई होगी, चौदहवीं सदी से कई शताब्दियाँ पहले मैथिली का विकास हो चुका था। यही नहीं, मैथिली में कोई पुरानी साहित्य परम्परा भी रही होगी। यह परम्परा पद्य की ही नहीं, गद्य की भी रही होगी। यद्यपि **वर्णरत्नाकर** में अधिकांश वर्णन रूढ़िगत हैं, फिर भी कहीं-कहीं उसका गद्य ऐसा पुष्ट है और मौलिक भी है कि यह कल्पना करना होता है कि इससे पहले गद्य-लेखन में प्रयोग अवश्य किए गए होंगे। वर्षा की रात्रि का वर्णन इस पुस्तक के उत्कृष्ट स्थलों में है :

काजरक भीति तेलें सिचलि अइसनि रात्रि। पछेवाँकाँ बेगे काजरक मोंट फुजल अइसन मेघ। निबिल मांसल अन्धकार देषु। मेघपुरित आकाश भए गेल अछ। विद्युल्लताक तरंग में पथदिशज्ञान होंते अछ। लोचनक व्यापार निष्फल होइतें छ। यं रात्रि पातक शब्दे तरुज्ञान। दर्दुरक शब्दे जलाशयज्ञान। चटकक शब्दे बनज्ञान। झिकरुआक शब्दे पृथ्वीज्ञान। मेघकशब्दे आकाशज्ञान। मनुष्यक शब्दे गृहज्ञान। अग्निक द्योतें पुरज्ञान। चरणकशब्दे पथज्ञान। वचनकशब्दे परापरज्ञान। बिज्ञजनहुदिगभ्रम जं रात्रि।

वास्तव में जिसे अपभ्रंशकाल कहते हैं, वह आधुनिक जनपदीय भाषाओं का अभ्युदयकाल है। पहले संस्कृत, फिर प्राकृत और अपभ्रंश की परम्पराओं के कारण साहित्य में इन जनपदीय भाषाओं की प्रतिष्ठा विलम्ब से होती है। इसका यह अर्थ नहीं है कि **वर्णरत्नाकर** के रचनाकाल से पहले मैथिली का अस्तित्व नहीं था। अपभ्रंश में जनपदीय भाषाओं की झलक भर मिलती है; उनकी पूरी छवि उस संत साहित्य में है जो अपभ्रंश की सामन्ती, रूढ़िवादी परंपरा का ध्वंस करके लोकसंस्कृति के आधार पर जनमानस में प्रतिष्ठित हुआ।

8

भोजपुरी

मागधी समुदाय की भाषा

हिन्दी क्षेत्र की एक महत्त्वपूर्ण उपभाषा भोजपुरी है। यह मागधी समुदाय की भाषाओं में है। इस समुदाय में अनेक प्राचीन भाषाएँ थीं और वे ध्वनितंत्र, रूपतंत्र आदि की दृष्टि से काफी भिन्न थीं। इसी कारण, संरचना की दृष्टि से, भोजपुरी और मगही में यथेष्ट अन्तर है। भोजपुरी की कारक-रचना क्रियापद-रचना बहुत जगह अवधी तथा हिन्दी क्षेत्र की अन्य पश्चिमी भाषाओं से प्रभावित है। डा. उदय नारायण तिवारी ने अनेक स्थलों पर यह प्रभाव स्वीकार किया है। **भोजपुरी भाषा और साहित्य** में उन्होंने, अकर्मक और सकर्मक क्रियाओं के प्रसंग में, लिखा है कि भोजपुरी में मूल धातु के स्वर को दीर्घ करके सकर्मक रूप बना लिया जाता है जैसे **कट** से **काट, पसर** से **पसार, मर** से **मार**। भोजपुरी और बँगला के भेद पर प्रकाश डालते हुए कहा है : "बँगला में अकर्मक धातुओं में **आ** प्रत्यय लगाकर सकर्मक बनाया जाता है और मूल धातु के स्वर को दीर्घ नहीं किया जाता। किन्तु इस सम्बन्ध में भोजपुरी अन्य बिहारी भाषाओं के साथ खड़ी बोली (हिन्दी) से अधिक मिलती है।" (पृष्ठ 255-256)। भोजपुरी ही नहीं, बिहार की अन्य भाषाएँ भी इसी प्रकार अकर्मक से सकर्मक (अथवा सकर्मक से अकर्मक रूप बनाती हैं।) क्रियापद-रचना का आधार धातुरूप हैं और ये धातुरूप ऐसे हैं जो मागधी समुदाय की भाषाओं के एक वर्ग को दूसरे से अलग करते हैं। बँगला आदि एक वर्ग की भाषाओं में क्रियापद और विशेषण लिंगभेद व्यक्त नहीं करते। पहले भोजपुरी में भी यह प्रवृत्ति रही होगी पर अवधी, ब्रजभाषा और खड़ी बोली से भोजपुरी का ऐसा गहरा सम्बन्ध रहा है कि अब **घर जरि गइल** और **पोथी जरि गइलि** बोला जाता है। डा. उदयनारायण तिवारी के अनुसार "भोजपुरी क्रियापदों में लिंग का पार्थक्य खड़ी बोली के ही प्रभाव से आया है।" (पृष्ठ 185)। क्रियापदों के अलावा कभी-कभी विशेषणों में भी भेद किया जाता है यथा **बड़ घोड़ा, बड़ि घोड़ी**। क्रिया के भविष्यकालीन रूपों में **ब** प्रत्यय का व्यवहार मागधी भाषाओं की विशेषता है। भोजपुरी में **ब** वाले रूप अन्य पुरुष के लिए प्रयुक्त नहीं होते। मध्यम पुरुष में **ब** और **ह** वाले दोनों तरह के

रूप हैं, अन्य पुरुष में केवल **ह** वाले रूप हैं। डा. उदयनारायण तिवारी ने इस **ह** का सम्बन्ध पश्चिमी पंजाबी, राजस्थानी, गुजराती, ब्रजभाषा, कनौजी, बुन्देली, अवधी, बघेली और छत्तीसगढ़ी से जोड़ा है। यह भी लिखा है कि "**स्स्** या **स्** का **ह** में परिवर्तन वस्तुतः पश्चिमी भाषाओं एवं बोलियों की विशेषता है किन्तु इसकी छाप पूरब की भाषाओं एवं बोलियों पर स्पष्ट रूप से दीख पड़ती है।" (पृष्ठ 266)। इससे इतना तो स्पष्ट ही है कि जो भाषाएँ भोजपुरी क्षेत्र के पश्चिम में हैं, उन्हें छोड़कर उसका विवेचन नहीं हो सकता। मागधी भाषाओं की एक विशेषता अतीत काल के क्रियारूपों में **ल** प्रत्यय का व्यवहार है। "किन्तु पश्चिमी अपभ्रंश के प्रभाव के कारण इनमें **ल** रहित रूप भी आ गए हैं।" (पृष्ठ 267)। यदि ऐसे रूप पुरानी बँगला में भी हैं तो उनका कारण भी पश्चिमी प्रभाव है।

भोजपुरी में करणकारक के लिए **एँ** प्रत्यय का व्यवहार भी होता है। **बेगें** चलि **आवहु**–वेग से चले आओ; **कथिएँ मनावों**–किससे मनाऊँ। इसके बारे में तिवारी जी ने लिखा है : "यह दामोदर पण्डित के 'उक्तिव्यक्ति प्रकरण' की प्राचीन कोसली (अवधी) है, यथा–**दुखें सबइ तज**, दुख से सबको छोड़ दे, पृष्ठ 47; तथा तुलसीदास की अवधी में भी वर्तमान है।" (पृष्ठ 189)। भोजपुरी के अधिकरणकारक में भी इसी **एँ** प्रत्यय का व्यवहार होता है। इसके लिए डा. तिवारी ने लिखा है : "यह विकारी प्रत्यय (कर्म, करण, सम्प्रदान तथा अधिकरण) के रूप में पश्चिमी हिन्दी तथा 'उक्तिव्यक्ति प्रकरण' की प्राचीन कोसली (अवधी) एवं तुलसीदास में भी मिलता है यथा--**थाहें नाव उखल,** थाह में नाव चलती है, **उक्तिव्यक्ति प्रकरण,** पृष्ठ 46।" (पृष्ठ 190)। बँगला और भोजपुरी में एक महत्त्वपूर्ण अन्तर सम्बन्धकारक चिह्न को लेकर है। **र** प्रत्यय हिन्दी के समान भोजपुरी के सर्वनाम रूपों में तो मिलता है किन्तु संज्ञा के साथ उसका व्यवहार नहीं होता। बँगला में **र** प्रत्यय संज्ञा रूपों के साथ भी लगता है किन्तु ऐसा हिन्दी क्षेत्र की भाषाओं में नहीं होता। इस दृष्टि से बिहार की सभी भाषाएँ बँगला से भिन्न हैं। पश्चिमी **क** प्रत्यय का प्रसार बंगाल की कुछ बोलियों में भी हुआ है, वह अलग बात है। सम्प्रदान कारक के बारे में बीम्स का मत था कि **कक्ष** से "कोसली (अवधी) के **कह, कहँ, कहु, कहुँ** एवं सिन्धी के **खे** परसर्गों की उत्पत्ति" हुई है। (पृष्ठ 193)। **के** का सम्बन्ध **कह** से है। उसका मूल रूप **कक्ष** नहीं **कध** होगा। अधिकरणकारक में भोजपुरी **में** सम्बन्धक का व्यवहार करती है। इसका सम्बन्ध **मध्य** से जोड़ते हुए डा. तिवारी ने लिखा है : "पुरानी हिन्दी में यह **मांहिं** रूप में मिलता है। भोजपुरी के सौ वर्ष के पुराने कागजपत्रों में भी यह मांहिं वर्तमान है और कदाचित् यह पश्चिमी हिन्दी से आया है।" (पृष्ठ 191)। यहाँ पश्चिमी हिन्दी का अर्थ है अवधी। आगे बाबूराम सक्सेना का हवाला देते हुए कहते हैं कि "परसर्ग के रूप में कोसली (अवधी) का **मह, महुँ,** इस बात को सिद्ध करता है कि अर्ध तत्सम, प्रत्यय **मध**" भी प्रचलित था और इस संदर्भ में अवेस्ता के **मद** रूप का भी स्मरण करते हैं। (पृष्ठ 191)। आवश्यक नहीं कि अवेस्ता का रूप अर्ध तत्सम हो। **मध** से जैसे **मह** बना, वैसे ही **कध**

से **कह** बना। जैसे **मह** से **में** बना, वैसे ही **कह** से **के** बना। **मध** का मूल रूप मध्य था, यह मानना आवश्यक नहीं है जैसे **कध** का पूर्वरूप **कध्य** था, यह मानना आवश्यक नहीं है। वस्तुसूचक **ध** के साथ सर्वनाम **म, क** आदि का योग होने पर ऐसे सम्बन्धक रूप बनते हैं। कारक-रचना में इन्हीं से काम लिया जाता है।

ग्रियर्सन के विचार

ग्रियर्सन भोजपुरी को हिन्दी की अपेक्षा बँगला के अधिक निकट मानते थे पर उन्होंने यह भी कहा था कि ऐतिहासिक रूप से बिहार का सम्बन्ध पश्चिमोत्तर हिन्दी क्षेत्र से अधिक रहा है और भोजपुरियों के पारिवारिक संबंध भी संयुक्त प्रान्त में होते रहे हैं। परिनिष्ठित बँगला में केवल तालव्य **श्** का व्यवहार होता है, दन्त्य सकार का पूर्ण बहिष्कार है। भोजपुरी में स्थिति इससे ठीक उलटी है। ग्रियर्सन ने लिखा था कि बँगला से भिन्न, किन्तु पूर्वी हिन्दी के अनुरूप यहाँ केवल दन्त्य **स्** का व्यवहार होता है। **मां** आदि कारक चिह्नों (या सम्बन्धकों) के बारे में लिखा था कि वे पूर्वी हिन्दी के समान हैं। उन्होंने इस बात पर भी ध्यान दिया था कि बिहार में अवधी बोलने वाले काफी लोग हैं। उन्होंने अपने सर्वेक्षण ग्रंथ में लिखा था कि मुजफ्फरपुर और चम्पारन के मुसलमान जो भाषा बोलते हैं, वह अवधी से बहुत मिलती-जुलती है। इस कारण अवधी और भोजपुरी में निकट सम्बन्ध होना स्वाभाविक था। उनका विचार था कि मागधी समुदाय की भोजपुरी, बँगला आदि समस्त भाषाओं का एक ही व्याकरण लिखा जा सकता है पर मैथिली और मगही की क्रियापद-रचना पर विचार करते हुए उन्होंने स्वीकार किया कि वह बहुत पेचीदा है, और उसकी तुलना में भोजपुरी की क्रियापद-रचना बहुत सरल है। उन्होंने बताया कि मगही और मैथिली में क्रियारूप कर्म की ओर भी संकेत करता है किन्तु भोजपुरी में क्रियारूप कर्ता की ओर ही संकेत करता है। इस प्रकार समस्त पूर्वी भाषाओं की बात तो दूर, मगही और भोजपुरी के व्याकरण में ही काफी भिन्नता है।

भोजपुरी की क्रियापद-रचना में तिङन्त रूप केवल वर्तमान काल में प्रयुक्त होते हैं। ये रूप पुरुष और वचनभेद तो सूचित करते हैं किन्तु लिंगभेद सूचित नहीं करते। भूत और भविष्य के रूप कृदन्तों के आधार पर बनते हैं, मगही के समान उनका तिङन्तीकरण होता है और मध्यम पुरुष में वे लिंगभेद भी सूचित करते हैं। मागधी समुदाय की मूल प्रवृत्ति लिंगभेद सूचित करने की नहीं है किन्तु भोजपुरी पर पश्चिमी प्रभाव इतना अधिक है कि अवधी भी जहाँ लिंगभेद सूचित नहीं करती, वहाँ भोजपुरी के रूप ऐसा भेद व्यक्त करते हैं।

व्याकरणिक रूप

वर्तमान काल में उत्तम पुरुष के एकवचन और बहुवचन क्रियापद में **चलौं** रूप का व्यवहार होता है किन्तु डा. तिवारी का कहना है कि प्राचीन भोजपुरी में उत्तम पुरुष

एकवचन रूप **चलौं** भी प्रचलित था। गुजराती के **चालुं** का उल्लेख करने के बाद प्राचीन बँगला के **चलौं** का हवाला दिया है, फिर कहा है, "इसी प्रकार असमिया तथा कोसली में भी **चलों** का प्रयोग मिलता है।" (पृष्ठ 263)। वास्तव में अवधी का पुराना रूप **चलहुँ** है, इसी से **चलउँ** और **चलौं** का विकास हुआ। प्राचीन भोजपुरी और प्राचीन बँगला में अवधी का यही रूप मिलता है। **चलहुँ** के आधार पर ही मानक हिन्दी का **चलूं** विकसित हुआ है और गुजराती का **चालुं** वैकल्पिक रूप **चालहुँ** का रूपान्तर है। पर मागधी प्राकृत से उत्पन्न भोजपुरी में वे रूप कैसे आ गए जो अवधी ही नहीं, गुजराती में भी हैं ? यदि आधुनिक आर्य भाषाओं की क्रियापद-रचना पर विचार किया जाए तो विदित होगा कि जितनी समानता यहाँ तिङन्त रूपों में है, उतनी कृदन्त रूपों में नहीं है। (ये तिङन्त रूप उस काल की सूचना देते हैं जो वर्तमान है।) इससे यह संकेत मिलता है कि तिङत रूप अधिक प्राचीन हैं किन्तु इससे यह निष्कर्ष न निकालना चाहिए कि वर्तमान काल के रूपों का ही चलन अधिक था, भविष्य और भूतकाल के रूप नहीं थे। वास्तव में पुराने क्रियारूप क्रिया की अवस्था व्यक्त करते थे, काल-भेद नहीं। डा. तिवारी ने लिखा है : "साधारण वर्तमान के अर्थ में मूलात्मक काल का आधुनिक भोजपुरी में लोप हो गया है; किन्तु इसके उदाहरण मुहावरों तथा गीतों में मिलते हैं।" (पृष्ठ 263)। यह तथाकथित मूलात्मक काल पहले वर्तमान काल सूचित न करता था; अतः उसके अर्थ के लोप का प्रश्न नहीं है। अतीत और भविष्य से वैषम्य व्यक्त करते हुए अब इसने वर्तमान काल का अर्थ अर्जित कर लिया है।

उत्तम पुरुष और मध्यम पुरुष के बहुवचन रूपों में कोई अन्तर नहीं है। दोनों जगह **चलीं** है। मेरी समझ में **चलहिं** से यह रूप बना है। **चलो** अन्य पुरुष का एकवचन रूप है, **चलहु** का रूपान्तर है। अन्य पुरुष का एक रूप, एकवचन में ही, **चलसु** भी है। तिङन्त रूपों की रचना सर्वनाम-चिह्न जोड़ कर हुई है। **चलसु** का **सु** अन्य पुरुष सूचक सर्वनाम है। **हु** उसी का रूपान्तर है। भोजपुरी में आदर रहित, साधारण और आदरार्थक, अन्य पुरुष के लिए क्रिया के तीन रूप हैं। **चलसु** और **चलो** में भेद करके **चलो** को आदररहित और **चलसु** को साधारण रूप बनाया गया। **चलो** अन्य पुरुष साधारण का बहुवचन रूप भी है। अन्य पुरुष का आदरसूचक **चलीं** रूप एकवचन और बहुवचन दोनों में प्रयुक्त होता है। ऐसे तीन तरह के रूप मध्यम पुरुष में भी होते हैं। आदररहित एकवचन रूप **चलु** अवधी के समान है। मध्यम पुरुष का साधारण एकवचन **चल** हिन्दी से मिलता-जुलता है केवल भोजपुरी के **चल** में दूसरे वर्ण पर बलाघात है और **चल** का उच्चारण **चला** जैसा लगता है। मध्यम पुरुष साधारण का बहुवचन रूप भी ऐसा ही होता है। मध्यम पुरुष के आदरसूचक एकवचन बहुवचन रूप एक ही हैं, उत्तम पुरुष के एकवचन बहुवचन **चलीं** का व्यवहार यहाँ भी होता है। मध्यम और अन्य पुरुषों के आदररहित बहुवचन रूप एक से हैं और ये बहुत दिलचस्प हैं। उदाहरणों के लिए **चल** क्रिया को आधार मानकर डा. तिवारी ने ये रूप दिए हैं : **चलसन्हि, चलसन, चलसँ, चलस**। अन्तिम दोनों रूपों में **स** पर बलाघात है जिससे स्वर दीर्घ सुनाई देगा। प्रश्न

यह है कि **सन्हि, सन, सँ, स** परस्पर सम्बद्ध हैं या नहीं। दूसरा प्रश्न है, ये सर्वनाम हैं या नहीं। डा. तिवारी का मत है कि ये परस्पर सम्बद्ध हैं; लिखा है : "वस्तुतः **चलसन, चलसँ** तथा **चलस** रूप **चलसन्हि** के ही संक्षिप्त रूप हैं।" (पृ. 265)। मुझे यह बात सही जान पड़ती है। **चलसन्हि** रूप पुराना है। **ह्** का लोप होने पर केवल **न्** रह गया और इस व्यंजन का लोप हुआ तो पूर्व स्वर अनुनासिक हुआ, फिर इस अनुनासिकता का भी लोप हुआ। **चलस** रूप संस्कृत के मध्यम पुरुष बहुवचन **चलथ** से मिलता-जुलता है। एकवचन रूप संस्कृत में **चलसि** है, इसलिए **चलस** और **चलथ** एक दूसरे से नितान्त असम्बद्ध नहीं हैं। किन्तु **सन्हि** सर्वनाम है, यह बात बहुतों के लिए कल्पनातीत होगी। डा. तिवारी ने **चलसन्हि में चलसि** या **चलसु** को आधार रूप मान कर उसमें **अन्हि** जोड़ा है। **अन्हि** के बारे में लिखा है, "यह सम्बन्धकारक बहुवचन का प्रत्यय है। यथा **घोड़न्हि, घोड़े।** बहुवचन प्रत्यय के रूप में **अन्हि (लोगन्हि)** का व्यवहार गोस्वामी तुलसीदास कृत रामचरितमानस में भी मिलता है।" (पृष्ठ 265)।

पहली बात तो यह है कि **चलसन्हि** की व्याख्या **चलसि** या **चलसु** में **अन्हि** जोड़कर नहीं की जा सकती; यह **सन्हि** और बहुत से रूपों में जोड़ा जाता है जिनके आसपास कहीं **चलसु** जैसे रूपों का **स्** है ही नहीं। भविष्य के लिए **चलिह सन्हि, देखब सन्हि,** अतीत के लिए **देखुअ सन्हि, देखल सन्हि** प्रमाण हैं। ये सभी मध्यम पुरुष के आदररहित बहुवचन रूप हैं। यहाँ **अन्हि** से काम न चलेगा, **सन्हि** का स्वतंत्र अस्तित्व मानना होगा। **अन्हि** के पहले किसी क्रियारूप के सकार का योग होने से **सन्हि** बना, यह धारणा व्यर्थ है। **अन्हि** निस्संदेह **सन्हि** का रूपान्तर हो सकता है। वह बहुवचन का प्रत्यय है, सम्बन्धकारक से उसका कोई विशेष सम्बन्ध नहीं है। सम्बन्धकारक के प्रसंग में डा. तिवारी ने इसका उल्लेख भी नहीं किया किन्तु बहुवचन ज्ञापक शब्दावली के प्रसंग में उन्होंने लिखा है कि भोजपुरी में **घरन्ह, घरनु, घरन्हि, घरनि** रूप बोले जाते हैं। इसलिए **अन्हि** का सम्बन्ध बहुवचन से असंदिग्ध है। मानक हिन्दी के **घरों, लोगों** आदि का पूर्वरूप **घरन, लोगन** है। **अन्हि** से संस्कृत **ज्ञानानि** जैसे बहुवचन रूपों के **आनि** की तुलना करना चाहिए। **अन्हि** का कोई सम्बन्ध करण या सम्बन्धकारकों के चिह्नों से नहीं है। मागधी भाषाओं में बहुवचन समूह सूचक शब्दों की सहायता से बनते हैं, यह कहने के बाद डा. तिवारी भोजपुरी के बहुवचन चिह्नों का सम्बन्ध संस्कृत से स्थापित करते हैं : "संस्कृत बहुवचन के रूप तथा बहुवचन सम्बन्धी कतिपय सहायक शब्द प्राकृत भाषा काल में ही आ गए थे। ये रूप तथा शब्द मागधी एवं अन्य आधुनिक आर्य भाषाओं में आज भी मिलते हैं। इस प्रकार संस्कृत बहुवचन के कतिपय रूप भोजपुरी में भी मिलते हैं। उदाहरणस्वरूप भोजपुरी में बहुवचन **अनु, अनि, अन्हु, अन्हि, न्हु, न्हि, न, नि** प्रत्ययों की सहायता से बनते हैं। ये वास्तव में सम्बन्ध के बहुवचन प्रत्यय एवं सम्बन्ध तथा करण के बहुवचन प्रत्ययों के सम्मिश्रण हैं और आज भोजपुरी के कर्ताकारक के बहुवचन में इनका प्रयोग होता है।" (पृष्ठ 187)। यह प्रसंग अभी यहीं छोड़ते हैं। आगे भोजपुरी के सर्वनामों की चर्चा करेंगे, तब इस **सन्हि** पर फिर विचार करेंगे।

भोजपुरी में **ब**-युक्त और **ब**-विहीन दोनों तरह के भविष्यकालिक रूप हैं, इसी तरह **ल**-युक्त और **ल**-विहीन दोनों तरह के भूतकालीन रूप हैं। इन रूपों का आधार कृदन्त हैं, इसका प्रमाण यह है कि मध्यम पुरुष में स्त्रीलिंग रूप अलग होते हैं। आर्य परिवार की सभी भाषाओं में कृदन्तों का व्यवहार सबसे अधिक भूतकालिक रूपों में होता है। भोजपुरी में भी यही स्थिति है। **ह** वाले भविष्य कालिक रूपों में लिंगभेद नहीं है किन्तु **ब** वाले रूपों में है। **देखब** और **देखबू** मध्यम पुरुष साधारण के एकवचन रूप हैं, पहला पुल्लिंग है, दूसरा स्त्रीलिंग। यहाँ **ब** प्रत्यय वैसे ही लिंगभेद सूचित करता है जैसे मानक हिन्दी का **गा। तू देखेगा–तु देखब, तू देखेगी–तु देखबू।** अवधी में **त्वै देंखिहै,** स्त्री और पुरुष दोनों के लिए प्रयुक्त होगा। अवधी को दरकिनार करते हुए यहाँ खड़ी बोली का सीधा प्रभाव भोजपुरी पर पड़ा है। **ल**-विहीन अतीतकालीन, मध्यमपुरुष, साधारण, एकवचन रूप में ऐसा ही भेद है। **तु देखुअ**–तूने (पुरुष ने) देखा, **तु देखुऊ** तू ने (स्त्री ने) देखा। हिन्दी और भोजपुरी में यहाँ अन्तर यह है कि भोजपुरी की सकर्मक क्रिया, कर्म के अनुसार, लिंगभेद सूचित नहीं करती, वरन् कर्ता के अनुसार सूचित करती है। इससे यह सिद्ध नहीं होता कि भोजपुरी की लिंगभेद सूचक क्रियापद-रचना हिन्दी से प्रभावित नहीं है; सिद्ध यह होता है कि भोजपुरी में कर्तृवाच्य प्रवृत्ति शक्तिशाली है, इस कारण भूतकालिक सकर्मक कर्तृवाच्य रूपों में भी, जहाँ हिन्दी में लिंगभेद नहीं है, वहाँ भोजपुरी में वैसा भेद है। कर्मवाच्य प्रयोगों के बारे में डा. चाटुर्ज्या का हवाला देते हुए डा. तिवारी ने लिखा है : "आधुनिक भारतीय आर्य भाषाओं के इतिहास के प्रारम्भिक युग से ही कर्मवाच्य का भाव विश्लेषणात्मक रीति से प्रकट किया जाने लगा तथा प्रत्यय के संयोग से कर्मवाच्य बनाने की विधि का लोप होने लगा। पश्चिम की भाषाओं एवं बोलियों में प्रत्यय के संयोग से निर्मित कर्मवाच्य पद मिलते हैं; किन्तु मध्यदेश, दक्षिण तथा पूरब की भाषाओं में इनका लोप हो गया है और केवल पुरानी भाषाओं में इसके कहीं-कहीं उदाहरण मिलते हैं।" (पृष्ठ 258)। पश्चिमी भाषाओं में सिन्धी, राजस्थानी, नेपाली और पंजाबी गिनाई गई हैं। पंजाबी **पढ़िये,** राजस्थानी **पढ़ीजे,** प्रत्यय जोड़कर, कर्मवाच्य बनाने के उदाहरण बताए गए हैं पर हिन्दी में उनका अभाव माना गया है। इसके बाद ही **रामचरितमानस** से **सोचिय बिप्र जो बेद बिहीना** उदाहरण दिया है। एक-एक उदाहरण विद्यापति और **वर्णरत्नाकर** से भी हैं। ऐसे रूप मूलतः ब्रजभाषा के हैं और उसके प्रभाव से वे अवधी तथा मागधी भाषाओं में आए हैं। आगे डा. तिवारी कहते हैं : "भोजपुरी साहित्यिक भाषा नहीं है। यही कारण है कि इसमें प्रत्यय-संयोगी-कर्मवाच्य के उदाहरण नहीं मिलते।" (पृष्ठ 259)। भोजपुरी के साहित्यिक या असाहित्यिक होने से **सोचिये, चाहिये** जैसे रूपों का कोई सम्बन्ध नहीं है। अवधी के समान भोजपुरी कर्तृवाच्य-प्रधान भाषा है। जिन भाषाओं में कृदन्तों का व्यवहार अधिक है, उनमें कर्मवाच्य की प्रवृत्ति भी अधिक शक्तिशाली देखी जाती है। **हमरा घर से ओकर घर देखल जाला**–मेरे घर से उसका घर देखा जाता है; **दूध में भेंइ के रोटी खाइल जाला**–दूध

में भिगोकर रोटी खाई जाती है (पृष्ठ 260); इन उदाहरणों में कर्म के अनुसार कृदन्तों का रूप नहीं बदलता। जो रूप पुल्लिंग के लिए है, वही स्त्रीलिंग के लिए। किंतु कर्म के अनुसार क्रिया में लिंगभेद न भी दिखाकर भोजपुरी कर्ता के अनुसार लिंगभेद सूचित करती है : **तु देखल**—तू ने (पुरुष ने) देखा, **तू देखलू**—तू ने (स्त्री ने) देखा।

बँगला और भोजपुरी

बँगला और भोजपुरी में एक भेद यह है कि **छ** क्रिया बँगला में प्रचलित है, इसके विपरीत भोजपुरी में **ह** क्रिया का व्यवहार होता है। भोजपुरी ने लिंगभेद की रीति किस सीमा तक विकसित की है, उसका प्रमाण **ह** क्रिया के रूप हैं। **तु हउअ**—तू है (पुंल्लिग), **तू हयू** (स्त्रीलिंग)। **हउएँ**—वह है (पुंल्लिग), **हउइ** (स्त्रीलिंग) (पृष्ठ 277)। हिन्दी, अवधी आदि में **ह** क्रिया इस प्रकार लिंगभेद सूचित नहीं करती।

विशेष क्रिया 'होख', 'नइखे' तथा 'रह'

भोजपुरी की एक विशेष क्रिया **होख** है। इसका अर्थ वही है जो **हो** क्रिया का है। **हो** की उत्पत्ति **भू** से और **खो** की उत्पत्ति **खलु** से हुई है, यह धारणा अमान्य करते हुए डा. तिवारी ने और कोई सुझाव नहीं दिया। माना है कि **होख** की व्युत्पत्ति देना कठिन है। गुरु **ग्रंथ साहिब** के पदों में तथा पंजाब में लिखे हुए पुराने हिन्दी **गद्य** में जो **होग** और **होगु** रूप मिलते हैं, वे **होख** की समस्या शायद हल कर सकें। **होग** का **ग** कृदन्त प्रत्यय है जो तमिल में भी कृदन्त रूप बनाने के काम आता है। जैसे तमिल क्रिया **पो** (जाना) से **पोग,** वैसे ही **हो** क्रिया से पंजाब की हिन्दी में **होग**। **ग** प्रत्यय मूलतः **घ** था; उससे **ग** और **ख** रूपों का विकास स्वाभाविक है।

भोजपुरी की एक विशिष्ट क्रिया **नइखे** है। इसकी व्युत्पत्ति वैसे ही रहस्यमय है जैसे **होख** की। नकारात्मक क्रियाओं का व्यवहार द्रविड़ भाषाओं की विशेषता है। सम्भव है, **नइ** किसी **नसि, नहि** जैसे रूप का विकास हो। उसमें **घे** कृदन्त प्रत्यय लगा और वह अघोष **खे** रूप में बोला जाने लगा।

हिन्दी तथा अन्य भाषाओं के समान भोजपुरी की एक क्रिया **रह** है। यह मराठी से बँगला तक और हिन्दी से कश्मीरी तक प्रयुक्त होती है। ऐसे व्यापक रूप में प्रयुक्त होने वाली क्रिया ने भाषाविज्ञानियों के लिए कठिनाई उत्पन्न कर दी क्योंकि उसका व्यवहार संस्कृत में नहीं है। "इस धातु की व्युत्पत्ति अज्ञात है।" (पृष्ठ 278)। जब तक अज्ञात व्युत्पत्ति का पता न चले तब तक इसे आर्य भाषा परिवार की ऐसी पुरानी क्रिया मान लेना चाहिए जिसका व्यवहार संस्कृत में नहीं हुआ।

भोजपुरी के सर्वनाम रूप अत्यंत रोचक हैं। उत्तम पुरुष का कर्ताकारक एकवचन रूप में ठेठ पश्चिमी है। डा. तिवारी के अनुसार आधुनिक भोजपुरी में इसका प्रायः लोप हो गया है, केवल स्त्रियाँ कभी-कभी इसका प्रयोग करती हैं। अब इसके बदले **हम** का व्यवहार होता है। इसका विकारी रूप **हमरा** है किन्तु **हम** का व्यवहार भी होता है। डा. तिवारी का कहना है कि "एकवचन विकारी रूप में **हम** का व्यवहार भोजपुरी में वस्तुतः हिन्दी के प्रभाव के कारण होता है।" (पृष्ठ 213)। **हम** रूप एकवचन में प्रयुक्त हुआ, तब उसका बहुवचन रूप बनाना आवश्यक होगा। **हम** का बहुवचन **हमनी**। यह **नी** क्या है ? डा. चाटुर्ज्या **उक्ति-व्यक्ति-प्रकरण** की भूमिका में लिख चुके हैं कि सम्बन्धकारक के चिह्न और बहुवचन के चिह्न में बहुत बड़ी समानता है। **हमार में र** सम्बन्धकारक का चिह्न है और **हमरा** में बहुवचन का। (भले ही विकारी रूप में **हमरा** का व्यवहार एकवचन के लिए हो)। **र** के समान **नि** भी सम्बन्धकारक का चिह्न है और गुजराती में इसी गोत्र के चिह्न प्रयुक्त होते हैं। अंग्रेज़ी में **दाउ** (तू) का सम्बन्ध रूप **दाइन** (तेरा) है : **काउ** (गाय) का बहुवचन **काइन** है। यहाँ वही प्रक्रिया देखी जाती है, सम्बन्धकारक और बहुवचन के चिह्न मिलते-जुलते हैं। **हमनी** का एक वैकल्पिक रूप और है **हमनीका**। यहाँ **नी** के अलावा **का** भी लगा हुआ है और यह **का** सम्बन्धकारक का चिह्न है, इस बारे में किसी को सन्देह नहीं हो सकता। वैसे तो **हम** शब्द ही बहुत्वसूचक है किन्तु एकवचन में प्रयुक्त होने से इसका बहुत्वभाव क्षीण हो गया। इसलिए **नी** जोड़कर **हमनी** रूप बनाना आवश्यक हुआ। पुनः **का** जोड़कर बहुत्वभाव को और भी पक्का कर दिया।

उत्तम पुरुष सर्वनाम का एकवचन रूप **मयँ** गोरखपुर की भोजपुरी में प्रचलित है। मूल रूप **मध** माना जाए तो **मह** का यह रूपान्तर वैसे ही सहज होगा जैसे मालवी में **मोहनमाला** बदल कर **मोयनमाला** हो जाती है। बहुत्वसूचक प्रत्यय और सम्बन्धकारक चिह्न परस्पर कहीं जुड़े हुए हैं, यह जानकारी डा. तिवारी ने भी दी है। लिखा है : "अविकारी तथा विकारी बहुवचन के रूपों में **अनि** तथा **अन्** प्रत्यय **हमनी** (बलिया), **हम्मन** (गोरखपुर), **हमहन्** (बीच में **ह्** के साथ बनारस तथा मिर्जापुर)—वास्तव में प्राकृत के सम्बन्धकारक के बहुवचन प्रत्यय के अवशिष्ट हैं। कर्ताकारक के बहुवचन के रूप **हमनीका** या **हमनूका** में यह **का** भोजपुरी के सम्बन्धकारक के परसर्ग **के** का सबल रूप है।" (पृष्ठ 215)। **नी** और **का** दोनों सम्बन्धकारक के चिह्न हैं, दोनों बहुवचन के लिए प्रयुक्त होते हैं और यह प्रयोग काफी व्यापक और प्राचीन है।

मध्यम पुरुष के सर्वनाम रूपों में एकवचन के विकारी **तोह, तोहरा,** तथा बहुवचन के **तोहून, तोहनी** रूप विचारणीय हैं। **तोह** की तुलना **मोह** से करते हुए डा. तिवारी ने लिखा है : "इनमें **ह** या तो बहुवचन अथवा अधिकरण की विभक्ति **हि** से आया है। संस्कृत **युष्माकम्** प्राकृत **तुम्हाणं से तोंहन** की उत्पत्ति हुई है। बहुत सम्भव है कि मूल भोजपुरी में **तुम्हण** रूप वर्तमान हो।" (पृष्ठ 216)। इतनी सम्भावनाओं के साथ इस

बात पर भी विचार कर लें कि मूल रूप **त्वध** या **तॉध** हो सकता है। इसी से एक रूप **तुझ** बनता है, दूसरा रूप बनता है **तोह, तॉह** या **तुह**। आधारभूत रूप **तोह** में **नी** और **रा** बहुत्वसूचक प्रत्यय लगाए गए हैं। पश्चिमी भोजपुरी से **तुह, तुहार** आदि रूप दिए गए हैं। भोजपुरी की एक बोली नगपुरिया में **तोहनी** का विकल्प **तोहनीमन** भी है। एक **नी** बहुत्वसूचक, फिर **मन** द्वारा उसकी पुनः पुष्टि।

अन्य पुरुष के सर्वनामों में **से** संगतिमूलक है। **जो आया सो गया** की तरह **जे जे आइल से से गइल**। डा. तिवारी ने ठीक लिखा है कि यह बँगला और उड़िया में भी मिलता है। (पृष्ठ 218)। **से** का आधार रूप **सध** मानना चाहिए। **से** ठेठ कौरवी रूप है, **सो** मागधी रूप है किन्तु वह मागधी क्षेत्र से बाहर प्रयुक्त होता है। **जे** और **से** पंजाब में लिखे हुए पुराने हिन्दी गद्य में मिलते हैं। **स्** आधारित सर्वनाम का निकटवर्ती रूप **सि** या **सिध** है। भोजपुरी में एकवचन के **ई, इन्हि** हिन्दी **यह** और **इन** से मिलते हैं। रोचक रूप हैं **हई** (आदर रहित), **हिन्हि** (साधारण)। ये रोचक इसलिए हैं कि इनसे निकटवर्ती और दूरस्थ वस्तुओं के संकेतक उन सर्वनामों के मूल रूपों का पता चलता है जो आर्य भाषा परिवार के अतिरिक्त द्रविड़ परिवार में भी प्रयुक्त होते हैं। मूल रूपों में **सकार** हैं। मागधी क्षेत्र में **स्** बड़े पैमाने पर **ह्** में परिवर्तित हुआ है। ऐसा परिवर्तन केवल पश्चिमी भाषाओं की विशेषता नहीं है। फिर इस **ह्** का भी लोप होता है। मूल रूपों में **ह्** जोड़ा गया है, यह मानने का कोई कारण नहीं है। **इन्हि** और **हिन्हि** में दूसरा रूप पुराना है। सम्बन्धकारक में **एकर** का प्रतिरूप **हेकर** पुराना है। बहुवचन में **इन्हनूका, इन्हनिका** के साथ **हिन्हनूका, हिन्हनीका** भी हैं। द्रविड़ परिवार के अतिरिक्त कोल भाषाओं के सर्वनामों से तथा इंडोयूरोपियन परिवार में नौर्वे और स्वीडन जैसे देशों की भाषाओं के सर्वनामों से तुलना करने पर इन **ह्** वाले रूपों की व्यापकता और प्राचीनता का बोध होगा।

निकटवर्ती संकेतक सर्वनाम का मूल चिह्न **सि** है, वैसे ही दूरवर्ती संकेतक का चिह्न **सु** है। भोजपुरी में **उ, उन्हि, हुन्हि,** तीनों रूप **सु** के आधार पर बने हैं। **हऊ** रूप का आधार **स** है। ये सब रूप अविकारी हैं। इनके बहुवचन रूपों में **उन्हनू, हुन्हनू** आदि उसी **सु** के आधार पर बने हैं। सम्बन्धकारक के **ओकर** और **होकर** का आधार **सो** है।

पश्चिमी भोजपुरी के **ओन्हनू** और **ओनहन** बहुवचन रूप विचारणीय हैं। ये **चलिहसनू, चलिहसन्हि** क्रियारूपों के **सनू** और **सन्हि** की याद दिलाते हैं। **हनू** का पूर्वरूप **सनू** है, **सनू** का पूर्वरूप **सन्हि** है और **सन्हि** का पूर्वरूप **सन्धि** है। **सध** के वैकल्पिक रूप होंगे **सधि, सन्धि**। ये सारे रूप संकेतक सर्वनाम हैं जो सर्वनाम मूल **स** में वस्तुवाचक **ध** चिह्न जोड़कर बनाए गए हैं। **हनू** का उपयोग सर्वनामों के बहुवचन के लिए किया गया; **सन्हि, सनू** का उपयोग क्रिया के साथ बहुत्वभाव की सूचना के लिए किया गया।

सम्बन्धवाचक सर्वनामों में **जे** के साथ **जेह** और **जिन्हि** रूप ध्यान देने योग्य हैं। अन्य सर्वनामों के समान यहाँ भी सर्वनाम मूल **स** में **ध** चिह्न जोड़ने पर ये रूप बने हैं। **यध** से कौरवी **जे**, मागधी **जो** बनेंगे। **जेह, जिह** जैसे रूपों में **ह** का अस्तित्व मूल

रूप के **ध** की ओर संकेत करता है। इस **यध** के दूसरे वर्ण की महाप्राणता का लोप होने पर संस्कृत का **यद्** रूप बनता है। **जे** के समान **से** और **ते** के साथ भी **हू** का संसर्ग है। एकवचन में **ते** के साथ **तेहू** और **तिन्हि** रूप हैं। बहुवचन में **से** के साथ **सेहू** भी है। सम्बन्धकारक में **तेकर** और **सेकर** के साथ **तेहकर** और **सेहकर** रूप भी हैं। सम्भवतः भोजपुरी एकमात्र भाषा है जो **से** और **ते** के साथ **हू** जोड़कर **सेहू** और **तेहू** रूपों का व्यवहार करती है। इससे यह धारणा पुष्ट होती है कि **म, स, त** आदि सर्वनाम-मूलों में वस्तु-स्थान-व्यक्तिसूचक **ध** चिह्न जोड़कर **मध, तध, सध,** जैसे रूप बनाए गए थे। स्वाभाविक है कि **जे** और **जेहू** के समान भोजपुरी में **के** के साथ **कहू** रूप भी हो। **कौन** हिन्दी का मानक रूप है, भोजपुरी में भी प्रयुक्त होता है। पुरानी हिन्दी में **कवन** रूप अक्सर मिलता है। भोजपुरी में **कवन** के साथ **कॅवन** रूप भी है। यदि मूल रूप **कध** मानें तो इससे **के, को** रूप तो मिलेंगे ही, इसमें बहुत्वसूचक **न** चिह्न जोड़ने पर **कवन** रूप भी मिलेगा। मालवी में जैसे **लुहार** का रूपान्तर **लुवार** है, वैसे ही **कहन** का रूपान्तर **कवन** होगा, विशेष रूप से तब जब प्रथम वर्ण के अकार का उच्चारण किंचित् वृत्ताकार हो। निर्जीव पदार्थों के लिए **केथी** रूप ऐतिहासिक दृष्टि से महत्त्वपूर्ण है। यहाँ मूल रूप का **अ** चिह्न **ह** के बदले **थ** में परिवर्तित हुआ है, ठीक वैसे ही जैसे **कधम्** से संस्कृत **कथम्** बना। डा. तिवारी ने सम्बन्धकारक के लिए दो रूप दिए हैं, **काहे के** और **केथी के।** फिर टिप्पणी की है : ''करण का रूप **कॅथिएँ** केवल प्राचीन भोजपुरी के लोकगीतों में मिलता है।'' (पृ. 231)। गोरखपुर की भोजपुरी में निर्जीव पदार्थों के लिए प्रयुक्त होने वाले तीन रूप हैं, **के, केह, केथी।** तीनों का आधार एक है। आजमगढ़ की भोजपुरी में **केथुआ** के साथ **कथुआ** रूप भी है। अनिश्चयवाचक सर्वनाम में **केऊ** के साथ **केउ** और **केहू** रूप भी हैं। संस्कृत **कोऽपि** से **कोई, कोऊ** सिद्ध करने के बदले **केध** या **कोध** से इनका सम्बन्ध जोड़ना अधिक युक्तिसंगत होगा।

राउर शब्द

भोजपुरी तथा पश्चिमी भाषाओं के परस्पर सम्बन्ध का एक प्रमाण **राउर** शब्द है। डा. तिवारी ने बताया है कि राजस्थान की बोलियों में **रावरो** का प्रयोग पति के अर्थ में होता है। राजस्थान और भोजपुरी क्षेत्र का सम्बन्ध तो **राउर** से सिद्ध ही हुआ, इसने ब्रजभाषा को भी उसी सम्बन्ध-सूत्र से बाँध लिया है। डा. उदयनारायण तिवारी ने लिखा है : ''भोजपुरी का **राउर** सर्वनाम इतना प्रसिद्ध है कि ब्रजभाषा के कवियों—सूरदास (1483 से 1563 ई.) से जगन्नाथदास रत्नाकर (1866 से 1932 ई.) तक—ने स्वतंत्रतापूर्वक इसका प्रयोग किया है।'' (पृष्ठ 237)। फिर भी तिवारी जी कहते हैं कि भोजपुरी साहित्यिक भाषा नहीं है ! न लिखा हो भोजपुरी में किसी ने सूरसागर, पर सूरसागर में तो भोजपुरी का शब्द है। यह क्या भोजपुरी के साहित्यिक वर्चस्व का प्रमाण नहीं है ?

राउर की व्युत्पत्ति बताई है : संस्कृत रूप **राजकुल** या **राजकुल्य** होगा, प्राकृत में **लाउल** रूप है। पश्चिम में इसका रूप **रावल** हुआ। भोजपुरी में **रउरा, रउराँ, रउआ, रउवाँ** रूप प्रयुक्त होते हैं। तिवारी जी ने लिखा है : "**रउआँ** या **रउवाँ** वस्तुतः **राउ** के विस्तृत रूप हैं। मूल शब्द राज है।" (पृष्ठ 237)। अतः **राज** और **राजकुल** में चुनाव करना है। किसी व्यक्ति को सम्मान में **राजा** कहा जाए, यह बात समझ में आती है किन्तु उसे **राजकुल** कहा जाए, यह बात असंगत लगती है। **राजकुल्य** और भी संदिग्ध है। **राव** या **राउ** में बहुत्वसूचक **र** या **ल** जोड़ने से **राउर** या **रावल** जैसे रूप बनेंगे। प्राकृत में **लाउल** वास्तव में **राउर** की नकल है। यह मानकर कि मागधी समुदाय के सभी लोग **र्** की जगह **ल्** ही बोलते हैं, **राउर** को **लाउल** किया गया था।

अइसन, जइसन रूप

ऊपर **सन्** को सर्वनाम मानकर जो कुछ कहा गया है, उसे याद करते हुए भोजपुरी के **अइसन्, जइसन्** रूपों पर विचार करना चाहिए। **अइसन्** का सम्बन्ध **एतादृश** से और **जइसन्** का सम्बन्ध **यादृश** से जोड़ा गया है। इन संस्कृत रूपों में **न्** कहीं है नहीं, इसलिए **एतादृशन्** और **यादृशन्** रूपों की कल्पना की गई। वास्तव में **ऐसन, जैसन** और हिन्दी के **ऐसा, जैसा** आदि का सम्बन्ध **दृश** वाले रूपों से नहीं है। भोजपुरी **सन्** संस्कृत **सम** का रूपान्तर है। इस विशेषक में सर्वनाम मूल जोड़कर ऐसे रूपों की रचना हुई है। **रामचरितमानस** में सम्बन्धक **सन** का बहुत प्रयोग है। वह भी **सम** का रूपान्तर है। इसी **सन** से ब्रजभाषा के **सों, सें** रूप बने हैं। भोजपुरी की विशेषता यह है कि वह नासिक्य व्यंजन को सुरक्षित किए है। **अइसन, जइसन** रूप अवधी में भी हैं।

परिमाण और संख्यासूचक रूप

भोजपुरी के परिमाण और संख्यासूचक विशेषक बहुत रोचक हैं। **अतेक, एतेक** के साथ **हतेक** और **हेतेक** रूप हैं। **ओतेक** से साथ **होतेक** रूप हैं। **अतहत्–हतहत्, एतहत्–हेतहत्, ओतहत्–होतहत्, अतना–हतना, एतना–हेतना, ओतना–होतना** जैसे युग्म भोजपुरी की विशेषता हैं। **अ** के साथ **ए** और **ओ** वाले रूप भी हैं। अकार वाले रूप कोसली प्रवृत्ति के अनुरूप हैं, एकार वाले रूप कौरवी प्रवृत्ति के और ओकार वाले मागधी प्रवृत्ति के। कहीं इनमें अर्थभेद होता है, कहीं नहीं होता। **अइसन, ऐसन** और **एइसन** का अर्थ है इस प्रकार किन्तु **ओइसन** का अर्थ है उस प्रकार। **हतना, होतना** आदि में महाप्राणता अनावश्यक रूप से जोड़ी नहीं गई; इसका प्रमाण है बँगला और उड़िया के **एते, केते, जेते** के साथ **सेते** रूप। उससे स्पष्ट है कि ऐसे रूप **स** सर्वनाममूल के आधार पर बने थे। **सेते** का रूपान्तर **हेते, एते; सतना, सोतना** के रूपान्तर **हतना, होतना, ओतना**। किन्तु डॉ. तिवारी ने **ह्** को **स्** का रूपान्तर न मानकर **ह्** को जोड़ा हुआ माना है। लिखा

है कि **हतेक** आदि रूपों में "वास्तव में **ह्** का आदि में आगमन हुआ है।" (पृष्ठ 239)। इसी तरह **अतहत्**, **एतहत्**, **होतहत्** जैसे रूपों में उन्होंने **ह्** को जोड़ा हुआ माना है। **एत्** और **वन्त्** के बीच में आ गया **ह्** और रूप बना **एतहत्**।

सर्वनाममूलक, कालसूचक विशेषकों में **से** का रूपान्तर **हे** और भी स्पष्ट है। **हेजेराँ**, **हेजुन्**—इसी समय। इसी प्रकार **होजुन्**—उस समय, **जेहजुन्**—जब; स्थानवाचक विशेषकों में **यहाँ** के लिए **हिंहवां**, **वहाँ** के लिए **हुहवां** अथवा **हिंहा**, **हुँहा** आदि। दिशासूचक शब्दों में **हेने**—इस ओर, **होने**—उस ओर भी अवलोकनीय हैं। **होहर**—उस ओर, जैसे रूपों में **हेने**—इस ओर, **होने**—उस ओर भी अवलोकनीय हैं। **होहर**—उस ओर, जैसे रूपों में **ह्** की बहुलता आकस्मिक नहीं है। **होहर** में **हो** तो **सो** का रूपान्तर है और **हर धर** का। तिवारी जी ने भोजपुरी के **हर** वाले रूपों की तुलना हिन्दी के **इधर**, **उधर** से बिल्कुल ठीक की है। उन्होंने **हर** की उत्पत्ति **धर** से मानी है (पृष्ठ 242) जो एकदम ठीक है। जैसे **हर** में **ह्** अलग से नहीं जोड़ा गया, वैसे ही **हो**, **हे**, **ह** आदि से आरम्भ होने वाले सर्वनाम रूपों में **ह्** अलग से नहीं जोड़ा गया। वह **सो**, **से**, **स** आदि के **स्** का रूपान्तर है।

सर्वनाम के पुराने रूपों की रक्षा

मागधी समुदाय की अन्य भाषाओं की अपेक्षा भोजपुरी ने अपने पुराने सर्वनाम-रूपों की रक्षा अधिक की है। जहाँ **ह्** ध्वनि का बाहुल्य हो, वहाँ द्रविड़ प्रभाव निर्बल होगा, यही मानना चाहिए। अन्य जनपदीय भाषाओं की तरह भोजपुरी की विशेषताओं से भी—उसके सर्वनाम रूपों, क्रियापद-रचना आदि की विलक्षणताओं के अध्ययन से—समस्त आर्य भाषाओं के विकास को समझने में सहायता मिलती है।

इन समस्त आर्य भाषाओं में संस्कृत भी शामिल है। मागधी क्षेत्र पर कोल सर्वनामों का प्रभाव है, ऐसा निर्णय करने से पहले भोजपुरी की सर्वनाम-संरचना का विश्लेषण कर लेना चाहिए।

9

कोसली : अवधी

प्राचीन सम्पर्क भाषा—कोसली

क्या उत्तर भारत के विशाल क्षेत्र में संस्कृत, प्राकृत, पालि, अपभ्रंश के अलावा प्राचीन काल में किसी अन्य भाषा का व्यवहार होता था ? पालि-साहित्य के पंडित और बौद्धकालीन भारत के इतिहास-विशेषज्ञ र्हिस् डेविड्स ने इस प्रश्न का विश्वासपूर्वक उत्तर दिया है कि बौद्धकाल में समूचे उत्तर भारत में कोसल की भाषा सम्पर्क भाषा के रूप में प्रयुक्त होती थी और यह भाषा संस्कृत ही नहीं, पालि से भी भिन्न थी। **बुद्धिस्ट इंडिया** पुस्तक में उन्होंने प्राचीन काल की भाषायी स्थिति के बारे में लिखा है : "सबसे पहले तो यह स्पष्ट है कि भाषाओं की भिन्नता से परस्पर आदान-प्रदान में कोई रुकावट न पैदा हुई थी। दैनिक जीवन की सामान्य बातों को लेकर जो सामान्य बातचीत होती थी, उसमें कोई रुकावट न थी। यही नहीं, सूक्ष्म और उच्चस्तरीय दार्शनिक, धार्मिक चर्चा में कोई कठिनाई न थी। पश्चिम में कुरु प्रदेश से लेकर पूर्व में मगध तक, उत्तर में नेपाली पर्वतमाला में सावत्थी और कुसीनारा तथा दक्षिण में उज्जैन तक, जो सामान्य भाषा व्यापक रूप से समझी जाती थी, वह संस्कृत न हो सकती थी। साहित्यिक संस्कृत का अभी अस्तित्व न था। ब्राह्मण-ग्रंथों में जिस भाषा का प्रयोग हुआ है, उसे ब्राह्मणों के दूर-दूर तक बिखरे हुए समुदायों के बाहर बहुत कम लोग जानते थे, न वह भाषा ऐसी थी कि उसका उपयोग वाद-विवाद के लिए किया जा सके।...एक ही तर्कसंगत सम्भावना सामने आती है कि परिव्राजक-गण ऐसी भाषा का व्यवहार करते थे जो शिष्टवर्गों (प्रशासनिक कर्मचारियों, कुलीनजनों, व्यापारियों) आदि में प्रचलित थी। इसका स्थानीय बोलियों से बहुत कुछ वैसा ही सम्बन्ध था जैसा शेक्सपियर के समय में सोमरसेट शायर, यौर्कशायर और एसेक्स की बोलियों से लन्दन की अंग्रेज़ी का था। इस तरह की भाषा का विकास ठीक उसी समय सम्भव हुआ था। यदि यह भाषा कोसल के विशाल राज्य के प्रसार का प्रत्यक्ष परिणाम नहीं थी तो वह उससे बहुत अधिक संवर्धित अवश्य हुई थी। बौद्ध धर्म के अभ्युदय से ठीक पहले इस कोसल राज्य में वर्तमान संयुक्त प्रान्त का सारा प्रदेश ही नहीं था, कुछ और क्षेत्र भी था। अपने विशाल

क्षेत्र में एक छोर से दूसरे छोर तक, राजकीय और व्यापारिक शान्तिमय आदान-प्रदान के लिए, इस राज्य ने अवसर और सुविधा जुटाई। इन राजनीतिक परिस्थितियों से ही परिव्राजकों की रीति-नीति का विकास तीव्र गति से हुआ। कोसल राज्यसत्ता की स्थापना से पहले इनके बारे में कोई जानकारी नहीं मिलती। इन्होंने निस्सन्देह सामान्य भाषा के उच्चतर बौद्धिक पक्ष के विकास में बड़ा योगदान किया। कोसल राज्य की शान्तिपूर्ण व्यवस्था में सुरक्षित रहकर इस भाषा को संवर्धित होने का अवसर मिला।" (पृष्ठ 90)।

इसके बाद संस्कृत नाटकों में प्राकृतों का व्यवहार देखकर यूरुप के विद्वानों को जो भ्रान्ति हुई कि वे लोक भाषाएँ हैं, उसके बारे में लेखक ने आगे कहा है : "यह सम्भव है कि नाटकों के लेखन-काल में भी सामान्य जीवन में हर व्यक्ति यथार्थतः न संस्कृत बोलता था, न प्राकृत, वरन् सीधे लोक भाषाएँ बोलता था। जब संस्कृत सर्व प्रधान साहित्यिक भाषा बन गई, तब शिष्ट जनसमुदाय के लिए नाटककारों ने संस्कृत में, तथा उतनी ही अयथार्थ साहित्यिक प्राकृतों में, संवादों को विभाजित करना उचित समझा।" (पृ. 91)। र्हिस् डेविड्स अन्य इतिहासकारों के समान मानते हैं कि आर्यों ने भारत पर आक्रमण किया और उस समय वे जो भाषा बोलते थे, वह वैदिक भाषा थी। बौद्धकाल से पहले यहाँ विभिन्न जनपद थे, मगध से लेकर कुरु और गन्धार जनपदों तक भाषाओं में काफी विभिन्नता थी, यह धारणा उनकी कल्पना से परे है। वह समझते हैं कि कोसल के अभ्युदय के बाद ही एक विशाल प्रदेश में सम्पर्क भाषा का प्रसार हुआ। इससे बहुत पहले गणसमाजों के युग में—सामन्ती व्यवस्था के अभ्युदय और प्रसार से पहले—गण भाषाओं में परस्पर सम्पर्क काफी बढ़ चुका था। वैदिक भाषा ऐसे ही सम्पर्क का परिणाम थी। वैदिक भाषा की इसी परम्परा के आधार पर संस्कृत का विकास हुआ। यद्यपि पालि और प्राकृतों में जहाँ-तहाँ संस्कृत से इतर तत्त्व भी मिलते हैं, फिर भी उनका विकास संस्कृत के आधार पर हुआ है, वैदिक भाषा या किसी अन्य भाषा के आधार पर नहीं। पालि भाषा का बौद्ध धर्म से गहरा सम्बन्ध है और प्राकृतों का जैन धर्म से। पर इन दोनों धर्मों के अभ्युदय के बहुत दिन बाद इन भाषाओं का विकास हुआ। इससे पहले संस्कृत अपना साहित्यिक रूप प्राप्त कर चुकी थी। किन्तु जिस समय वैदिक भाषा सम्पर्क भाषा थी, उस समय कोसल और मगध की अपनी भाषाएँ लुप्त न हो गई थीं। जिस समय साहित्य, धर्म और दर्शन के क्षेत्रों में संस्कृत, पालि और प्राकृतों का व्यवहार होता था, उस समय पुरानी गणभाषाओं के आधार पर निर्मित होने वाली जनपदीय भाषाएँ रंगमंच पर आ चुकी थीं। र्हिस् डेविड्स ने कोसल की भाषा के बारे में जो कुछ लिखा है, उसका महत्त्व यह है कि उन्होंने एक जनपदीय भाषा का अस्तित्व स्वीकार किया है जो संस्कृत और प्राकृतों से भिन्न है। यह बोलचाल की भाषा थी और एक बहुत बड़े प्रदेश में सम्पर्क भाषा थी। इसे उन्होंने सामान्य बोलचाल की भाषा कहा है। उनकी धारणा है कि इस भाषा के आधार पर पालि का विकास हुआ और पालि ने कोसल की भाषा के उस रूप को अपनाया जो उज्जैन में प्रचलित था। यह धारणा विवादास्पद है। उज्जैन मालव जनपद का प्रधान केन्द्र रहा है। पश्चिमी गणसमाजों के

समान मालवगण की भाषा भी णकारबहुल थी किन्तु पालि में इस मूर्धन्य नासिक्य की खपत कम है। दन्त्य **स** की प्रधानता उसे मध्यदेश में जोड़ती है। कोसल की भाषा पालि का आधार भले रही हो पर वह पालि से भिन्न थी, हिंस् डेविड्स यह मानते हैं। आधुनिक आर्यभाषाओं मं कोसल की भाषा के अनेक तत्त्व मिलते हैं, पूर्वी और पश्चिमी दोनों ओर की आर्यभाषाओं में मिलते हैं। ये तत्त्व पुरानी और आधुनिक अवधी दोनों के हैं। यह सिलसिला बहुत पुराना है। कोसल आर्यभाषाओं के केन्द्र में स्थित है। वह पड़ोसी भाषाओं से अनेक तत्त्व ग्रहण करता रहा है, साथ ही वह अनेक भाषातत्त्वों का प्रसार केन्द्र भी रहा है। हिन्दी प्रदेश की जनपदीय भाषाओं तथा आधुनिक आर्यभाषाओं के परस्पर सम्पर्क की छानबीन करने पर यह धारणा सत्य मालूम होती है कि कोसल राज्य का विस्तार होने पर जनपदों में सम्पर्क बढ़ा था और जिस सम्पर्क भाषा का व्यवहार सर्वाधिक किया जाता था, वह कोसल की भाषा थी। हिंस् डेविड्स का कथन है : "एक बोलचाल की भाषा कोसल के राज-कर्मचारियों, व्यापारियों और शिष्टवर्गों में सामान्य रूप से प्रचलित थी। सम्भवतः इसका आधार कोसल की राजधानी सावत्थी की बोली थी। इस भाषा का व्यवहार समूचे कोसल राज्यों में ही न होता था वरन् पूरब और पश्चिम में, दिल्ली से पटना तक, और उत्तर-दक्खिन में, सावत्थी से अवन्ति तक उसका व्यवहार होता था।" (पृष्ठ 95)। मेरी समझ में हिंस् डेविड्स का यह अनुमान सही है।

प्राचीन काल में कुरु, कोसल और मगध, ये तीन गणसमाज अत्यन्त शक्तिशाली थे। मगध की भाषा ने संस्कृत और उससे पहले वैदिक भाषा के निर्माण में योगदान किया। जो भाषा वैदिक भाषा बनी, वह मूलतः मध्यदेश की भाषा थी। मध्यदेश में जो अनेक गणभाषाएँ बोली जाती थीं, उनमें कोसल की भाषा प्रमुख थी। इस भाषा को कुरुगण की भाषा ने प्रभावित किया और तब उसने अपना वैदिक रूप धारण किया। भारत के सामाजिक सांस्कृतिक इतिहास में शक्ति के केन्द्र बदलते रहे हैं पर इन बदलते हुए केन्द्रों से उक्त तीनों जनपदों का सम्बन्ध कभी-न-कभी अवश्य रहा है। संस्कृत साहित्य के उत्तर काल में हर्ष के समय तक कोसल की प्रधान भूमिका बनी हुई थी। जिस साम्राज्य का केन्द्र कनौज था, उसके विघटित होने पर इस प्रदेश के बहुत से लोग बंगाल, गुजरात सुदूर प्रान्तों में चले गए। कोसल तथा अन्य प्रदेशों की भाषाओं के लिए ये लोग सम्पर्क का ठोस आधार बने। बारहवीं सदी में काशी के दामोदर पंडित कनौज के राज्य से सम्बद्ध थे। उस राज्य में अवधी का इतना व्यवहार होता था कि बनारस के दामोदर पंडित ने अवधी जानने वालों को संस्कृत सिखाने के लिए **उक्ति-व्यक्ति-प्रकरण** ग्रंथ रचा। साहित्य में जो अपभ्रंश की परम्परा चली, उसमें अवधी भाषा के अनेक तत्त्व मिलते हैं। आगे चलकर ब्रजभाषा तथा परिनिष्ठित हिन्दी के विकास में भी अवधी का योगदान है। प्राचीन कोसल की भाषा की कौन-सी विशेषताएँ पहचान में आती हैं, इनका उल्लेख प्रसंगतः जहाँ-तहाँ पहले हो चुका है। यहाँ कुछ बातें अपभ्रंश के बारे में कहनी हैं।

जैसे अनेक विद्वान् प्राकृतों को लोकभाषा मानते हैं, वैसे ही वे अपभ्रंश को भी लोकभाषा तथा आधुनिक लोकभाषाओं की जननी मानते हैं। जैसे प्राकृतें अनेक हैं पर रूपतंत्र और शब्द भंडार की दृष्टि से उनमें बहुत कम भेद है, वैसे ही अपभ्रंशों के अनेक भेद किए गए हैं, पर इनमें तात्त्विक भेद बहुत कम है। संस्कृत और प्राकृतों में मुख्य अन्तर ध्वनितंत्र को लेकर है। आधुनिक आर्यभाषाओं में ध्वनितंत्र की जो अलग-अलग विशेषताएँ दिखाई देती हैं, उनका आभास प्राकृतों में बहुत कम है। यहाँ पालि को भी प्राकृतों में गिने लेते हैं। अपभ्रंश और प्राकृतों में अन्तर यह है कि प्राकृतों की अपेक्षा अपभ्रंश में देशी तत्त्व बहुत अधिक हैं। जो तत्त्व संस्कृत में नहीं है, प्राकृतों में नहीं है, बाहर से आया हुआ नहीं है, वह देशी कहलाया। प्राकृत ग्रंथों में देशी भाषाओं का उल्लेख बार-बार किया गया है और उन्हें संस्कृत तथा प्राकृतों से अलग माना गया है। **कुवलयमाला** में अठारह देशी भाषाएँ गिनाई गई हैं और लेखक ने उनके कुछ शब्द भी दिए हैं। इनमें आर्य और द्रविड़, दोनों परिवारों की भाषाएँ हैं। ये देशी भाषाएँ अपभ्रंश से भिन्न थीं यह स्मरण रखना चाहिए। डा. रामसिंह तोमर ने अनेक पुराने ग्रंथों में देशी भाषाओं के उल्लेख की चर्चा करते हुए बहुत सही लिखा है कि ''अत्यन्त प्राचीन समय से प्रदेश-विशेष की बोलियों के लिए देशभाषा शब्द का प्रयोग मिलता है, देशभाषा से उनका तात्पर्य अपभ्रंश कदापि नहीं था।'' (**प्राकृत और अपभ्रंश साहित्य तथा उनका हिन्दी साहित्य पर प्रभाव,** पृष्ठ 63)।

जिस समय साहित्य में अपभ्रंश का व्यवहार होता था, उस समय देशी भाषाओं का अस्तित्व था। अपभ्रंश ने, संस्कृत से भिन्न, प्राकृत का ध्वनितंत्र अपनाया था। व्यंजन-द्वित्व और णकार-बहुलता इस ध्वनितंत्र के मोटे लक्षण हैं। रूपतंत्र में संस्कृत और प्राकृत की रूढ़ियों का अनुसरण करते हुए अपभ्रंश ने वास्तविक लोकभाषाओं के कुछ तत्त्वों का मिश्रण किया। ये तत्त्व अनेक जनपदीय भाषाओं के हैं और सबसे ज्यादा अवधी के हैं। इसलिए आधुनिक आर्यभाषाओं के विकास को समझने में अपभ्रंश से बहुत थोड़ी सहायता मिलती है, उसे आधुनिक भाषाओं की जननी या इनका पूर्वरूप नहीं कहा जा सकता। जातीय भावना के प्रसार से यह आग्रह उत्पन्न हुआ कि अनेक विद्वान् अपभ्रंश को पुरानी बँगला, पुरानी हिन्दी, पुरानी गुजराती आदि कहने लगे। अपभ्रंश कवियों की एक रूढ़ भाषा थी। हेमचन्द्र के समय में भी इसे ग्राम्य भाषाओं से अलग माना गया था। अपभ्रंश में देशी भाषाओं के जो तत्त्व आए, उनका विकास साहित्य में अपभ्रंश की प्रतिष्ठा से पहले हो चुका था।

उक्त तथ्य का एक प्रमाण उस प्राकृत से मिलता है जिसके दस्तावेज खरोष्ठी लिपि में हैं। ये दस्तावेज तीसरी शताब्दी ईसवी के हैं। इन्हें सर औरेल स्टाइन ने प्राप्त किया था। बरो ने अपनी पुस्तक **द लैंग्वेज ऑफ द खरोष्ठी डौक्यूमेन्ट्स फ्रौम चाइनीज़ तुर्किस्तान** (1937) में इन दस्तावेजों की भाषा का अध्ययन किया था। इस भाषा का व्यवहार भारत से बाहर मध्य एशिया में होता था। भाषा वह भारत की है किन्तु वह

अन्य प्राकृतों से इस बात में भिन्न है कि उसका रूपतंत्र अनेक बातों में आधुनिक आर्य भाषाओं के रूपतंत्र से मिलता-जुलता है। इस प्राकृत में कर्ता और कर्म कारकों में अलग-अलग चिह्नों द्वारा भेद नहीं किया जाता। सभी संज्ञा शब्दों को रूपरचना के लिए अ-वर्ग में रखने की प्रवृत्ति है। स्त्रीलिंग शब्द ई चिह्न द्वारा सूचित किए जाते हैं। ये विशेषताएँ अपभ्रंश में हैं और माना जाता है कि वे आधुनिक आर्य भाषाओं में अपभ्रंश से आई हैं। पर तीसरी सदी में अपभ्रंश का कहीं व्यवहार न होता था, प्राकृतों में ये विशेषताएँ आने नहीं दी गईं। रूढ़िवाद का चौखटा जहाँ कमज़ोर था, वहाँ भारत के बाहर वास्तविक भाषाओं की कुछ विशेषताएँ प्राकृत के साँचे में अपनी झलक दिखा गईं। चीनी तुर्किस्तान में जिस प्राकृत का व्यवहार हुआ, उसकी एक अन्य विशेषता अपभ्रंश में नहीं, आधुनिक आर्य भाषाओं में है। यह विशेषता भूतकालीन कर्मवाच्य कृदन्त से वर्तमानकालीन कर्तृवाच्य रूप बनाने से सम्बन्धित है। बरो ने स्वभावतः प्रश्न किया है : विकास की ये प्रवृत्तियाँ इस प्राकृत में इतने पहले विदेशी आक्रमण या प्रभाव के कारण उत्पन्न हुईं या वे भारत में ही अधिक व्यापक थीं पर साहित्यिक प्राकृतों की रूढ़िवादिता के कारण आँखों से ओझल रही थीं ?

अपभ्रंश और अवधी

प्राकृतों में रूढ़िवादिता के कारण वास्तविक भाषाओं की विशेषताएँ प्रतिबिम्बित न हुई थीं। अपभ्रंश में यह रूढ़िवादिता थोड़ा-सा खंडित हुई, पूरी तरह नहीं। इसलिए जो विशेषता आधुनिक आर्य भाषाओं में है, वह तीसरी सदी की खरोष्ठी प्राकृत में तो है, अपभ्रंश में नहीं है। कुछ विद्वान् परवर्ती और पूर्ववर्ती अपभ्रंशों में भेद करते हैं। पूर्वी और पश्चिमी अपभ्रंशों के भेद से यह पूर्ववर्ती और परवर्ती अपभ्रंशों का भेद अधिक सार्थक नहीं है। पूर्वी अपभ्रंश में पूर्वी भाषाओं की ही विशेषताएँ प्रतिबिम्बित हुई हों, ऐसा नहीं है। उसमें पश्चिमी भाषाओं की विशेषताएँ भी हैं। इसी प्रकार पश्चिमी अपभ्रंश में पूर्वी भाषाओं की विशेषताएँ मिल जाएँगी। पूर्ववर्ती और परवर्ती अपभ्रंशों के भेद से यह दिखाया जाता है कि अपभ्रंश बोलचाल की भाषा थी और पूर्ववर्ती मंज़िल से चलते हुए परवर्ती मंज़िल तक पहुँची। उसके बाद आधुनिक भाषाओं का युग आ गया। क्रमिक विकास की ऐसी कल्पना मिथ्या है। पन्द्रहवीं सदी में विद्यापति परवर्ती अपभ्रंश लिख रहे थे। उसी समय वह मैथिली में भी पदावली रच रहे थे। उनसे पहले चौदहवीं सदी में ज्योतिरीश्वर ठाकुर मैथिली में गद्य लिख रहे थे। उस समय भी अपभ्रंश, अवहट्ट अथवा अवहठ में काव्य-रचना होती थी। उन्होंने भाट वर्णना के अन्तर्गत दरबारी कवियों के लिए जिन भाषाओं की जानकारी आवश्यक बताई, उनमें एक अवहठ भी है। "संस्कृत पराकृत अवहठ पैशाची सौरसेनी मागधी छहु भाषाक तत्त्वज्ञ।" ज्योतिरीश्वर ठाकुर से पहले तेरहवीं सदी में हेमचन्द्र ने अपभ्रंश व्याकरण लिखा और अपभ्रंश के पद्य उद्धृत किए। इसे कोई परवर्ती अपभ्रंश नहीं कहता। इससे पहले बारहवीं सदी में दामोदर

पंडित **उक्ति-व्यक्ति-प्रकरण** में अवधी के रूप दे रहे थे। इसलिए परवर्ती अपभ्रंश बारहवीं सदी से और पहले की होनी चाहिए। अपभ्रंश और प्राकृत—परवर्ती या पूर्ववर्ती—किसी में आधुनिक भाषाओं की वह विशेषता नहीं है जो भारत से बाहर राजकीय भाषा खरोष्ठी प्राकृत में है। इसीलिए कहा कि भाषाओं का क्रमिक विकास जानने के लिए वह परवर्ती-पूर्ववर्ती का भेद निरर्थक है।

किन्तु अपभ्रंश में देशी भाषाओं के तत्त्व हैं, यह बात सही है। इन देशी भाषाओं में एक भाषा अवधी है, यह बात भी सही है। हर्ष के बाद ही साहित्य में अपभ्रंश प्रतिष्ठित होती है। कान्यकुब्ज साम्राज्य में अवधी बोलने वाले बहुत से कवि थे, विशेषतः इस साम्राज्य के केन्द्र कनौज में। तुर्क-आक्रमण से पहले, जब पूर्व, पश्चिम और दक्षिण से इस साम्राज्य पर आक्रमण होने लगे, तब यहाँ के कवि बिखरने लगे। तुर्क-आक्रमण से यह प्रक्रिया और भी तीव्र हुई। कोसल से अनेक वर्गों के लोग विभिन्न दिशाओं में गए, यह तथ्य इतिहाससम्मत है। उत्तर के कवि कर्णाटक में भी जाकर बसते हैं और अपभ्रंश में काव्य रचते हैं, यह बात स्वयम्भू के उदाहरण से स्पष्ट है। अपभ्रंश मुख्यतः काव्य भाषा थी। प्राकृत में बहुत-सा गद्य लिखा गया, पालि में भी बहुत-सा गद्य है, अपभ्रंश में बहुत ढूँढ़ने पर गद्य के कुछ वाक्य जहाँ-तहाँ मिलेंगे। अपभ्रंश एक विशेष प्रकार के कवियों की भाषा थी। इन कवियों का एक वर्ग दरबारों से सम्बद्ध था, दूसरा वर्ग धार्मिक साधना से सम्बद्ध था। धार्मिक साधना का कोई भी मत हो, उस समय तंत्रवाद से प्रभावित था। दरबारी कविता और तांत्रिक साधना दोनों में नारी प्रमुख आलम्बन थी और उक्तियों में चमत्कारवाद व्यापक रूप से प्रदर्शित था। इससे भिन्न धाराएँ अपभ्रंश काव्य में अत्यन्त क्षीण हैं। ह्रासकालीन सामन्ती व्यवस्था में इस तरह के चमत्कारवादी धार्मिक और शृंगारी साहित्य का सृजन हुआ। साहित्य में वास्तविक लोकभाषाओं की प्रतिष्ठा भक्ति आन्दोलन ने की। यह आन्दोलन दरबारी चमत्कारवाद, तांत्रिक साधना के विरोध में आगे बढ़ा। उपमानों को लेकर जैसे कवि चमत्कार उत्पन्न करते थे, वैसे ही 'अपभ्रंश' द्वारा वे भाषा का चमत्कार दिखाते थे। नायिका भेद और वाममार्गी धार्मिक साधना में बहुत अन्तर नहीं है। इन दोनों के विरोध में भक्त कवियों ने मानव प्रेम के आधार पर लोक धर्म की प्रतिष्ठा की। लोकभाषाओं का पूरा रूप इनकी काव्यभाषा में दिखाई देता है। अपभ्रंश में देशी भाषाओं के तत्त्वों की मिलावट भर थी। इन्हें देखकर विद्वान् कहते हैं, ये तत्त्व बाद की काव्यभाषा में हैं, इससे सिद्ध हुआ कि यह काव्यभाषा अपभ्रंश से उत्पन्न हुई है ! वास्तविकता यह है कि अपभ्रंश अत्यन्त अल्पमात्रा में देशी भाषाओं के तत्त्व ग्रहण करती है। वे भाषाएँ, प्राकृत से भिन्न, विद्यमान हैं। प्राकृतों का ढाँचा लेकर उसमें कुछ देशी भाषाओं के तत्त्व मिलाए गए। दक्षिण भारत में जैसे मणिप्रवालम् शैली में संस्कृत और मलयालम को मिलाया गया, वैसे ही प्राकृत और देशी भाषा तत्त्वों को मिलाकर अपभ्रंश भाषा शैली रची गई। मणिप्रवालम् से मलयालम का जन्म नहीं हुआ, इसी प्रकार अपभ्रंश से अवधी या अन्य किसी भाषा का जन्म नहीं हुआ। मणिप्रवालम् संस्कृत के क्रमिक विकास का परिणाम नहीं है, न

अपभ्रंश प्राकृत के क्रमिक विकास का परिणाम है।

अपभ्रंश के जो काव्य मिलते हैं, उनकी भाषा के लिए कहा जाता है कि वह मूलतः शूरसेनी अपभ्रंश है या उससे प्रभावित है। शूरसेन जनपद ब्रज का पुराना नाम है। स्वभावतः ब्रजभाषा का उद्भव इसी शूरसेनी अपभ्रंश से माना गया है। किन्तु इस तथाकथित शूरसेनी अपभ्रंश में ब्रजभाषा की अपेक्षा अवधी के तत्त्व अधिक हैं। जहाँ तक मुझे ज्ञात है, सबसे पहले राहुल जी ने अपभ्रंश में अवधी तत्त्वों की ओर संकेत किया था। उन्होंने **दोहाकोश** सन् 1957 में प्रकाशित कराया था। इसकी भूमिका में उन्होंने लिखा था : "अपभ्रंश का भूतकालिक प्रयोग अवधी के सबसे नज़दीक है। इसके लिए इल-अल प्रत्यय का प्रयोग भोजपुरी आदि में पीछे होने लगा...सरह की भाषा और स्वयमूभू आदि की अपभ्रंश ने अतीतकाल के सम्बन्ध में प्राकृत आदि से अपना सम्बन्ध बिलकुल तोड़ लिया, और उसका अनुसरण आज भी हमारी भाषाएँ कर रही हैं। भेद इतना है कि जहाँ भोजपुरी, बँगला, मैथिली आदि ने **इउ** का **इल, अल** कर दिया, वहाँ अवधी ने पहिले ही की तरह **अउ, इउ, एउ** को कायम रक्खा।" (पृष्ठ 57)।

राहुल जी ने **हिन्दी काव्यधारा** की भूमिका में लिखा : "स्वयमूभू की भाषा की क्रियाओं और कितने ही कुंजी के शब्दों को देखने से वह अवधी के सबसे नज़दीक मालूम होती है। यद्यपि ऐसा कहने से बहुत दिनों से चली आई इस धारणा के हम खिलाफ जा रहे हैं कि अपभ्रंश साहित्य शौरसेनी और महाराष्ट्रीं अपभ्रंशों में ही लिखा गया। लेकिन, जो सामग्री हमारे सामने मौजूद है, वह हमें वही कहने के लिए मजबूर करती है।" अपभ्रंश में कर्ता और कर्म में बहुत से शब्द उकारान्त हैं। यह प्रवृत्ति अवधी में भी है। इनके बारे में राहुल जी ने **दोहाकोश** की भूमिका में लिखा है : "प्रथमा एकवचन का यह उकार गोस्वामी तुलसीदास के **रामचरितमानस** की पुरानी प्रतियों में काफी मिलता है, और रुहेलखंड में अब भी बहुत से कवि और वक्ता इसका प्रयोग करते हैं।" अपभ्रंश में वर्तमान काल के अन्य पुरुष एकवचन रूप भणइ, भावइ आदि अवधी तथा हिन्दी प्रदेश की अन्य बोलियों में मिलते हैं। ये भणहि, भावहि आदि के रूपान्तर हैं। पुरानी अवधी में और बघेलखंडी में अब भी **हि** वाले रूपों का चलन है। राहुल जी ने **दोहाकोश** की भूमिका में इनका सम्बन्ध पश्चिमी बोलियों से जोड़ा था; "कौरवी में पढ़ै, जावै—जैसे प्रयोग देखे जाते हैं, और **है** को अनिवार्य रूप से प्रयुक्त भी नहीं किया जाता। पुरानी उर्दू कविताओं में—पढ़े है, जावे है—जैसे प्रयोग कभी थे, लेकिन उन्हें त्याज्य कर दिया गया।" (पृष्ठ 58)।

हेमचन्द्र ने अपने व्याकरण में अपभ्रंश के जो उदाहरण दिए हैं, उनमें अनेक रूप **रामचरितमानस** में मिल जाते हैं। कर्ता और कर्मकारकों में उकारान्त रूपों का व्यवहार होता है। हेमचन्द्र : **अग्गिएँ उण्हउ होइ जगु**। यहाँ **जगु** कर्ता रूप है। इसी प्रकार मानस में : **नामु सकल कलि कलुष निकंदन**। इसी तरह कर्मकारक में। हेमचन्द्र : **मा कुरु दीहा माणु**; मानस : **नामु सप्रेम जपत अनयासा**। करणकारक में बहुधा **एँ** चिह्न का प्रयोग होता है। हेमचन्द्र : **अहरें अहरु न पत्तु**; मानस : **इच्छित फल बिनु सिव अवराधें**। **लहिअ**

न कोटि जोग जप साधें। करण के लिए कभी केवल अनुस्वार का प्रयोग होता है। हेमचन्द्र : **जो पुणु अग्गि सीअला**; मानस : **सुरतरु सरिस सुभायँ सुहाए**। सम्बन्धकारक में सु चिह्न का प्रयोग होता है। हेमचन्द्र : **कन्तु महारउ हलि सहिए निच्छइँ रूसइ जासु**; मानस : **जासु हृदय आगार बसहिं राम सरचापधर**। अधिकरणकारक के लिए हिं चिह्न का व्यवहार होता था। हेमचन्द्र : **हउँ कि न जुत्तउ दुहुँ दिसिहिं**; मानस : **बिसरी देह तपहिं मनु लागा**।

इसी तरह की समानता क्रियाओं की रूपरचना में देखी जाती है। वर्तमान काल के अन्यपुरुष एकवचन रूप का उदाहरण हेमचन्द्र के व्याकरण में : **दडवड होइ विहाणु**; मानस में : **जो सुमिरत सिधि होइ**। वर्तमान काल के अन्य पुरुष बहुवचन रूप में हिं चिह्न का व्यवहार होता है। हेमचन्द्र : **जिवँ जिवँ वड्डत्तणु लहहिं तिवँ तिवँ णवहिं सिरेण**; मानस : **जथा नवहिं बुध बिद्या पाएँ**। वर्तमान काल के उत्तम पुरुष एकवचन रूप में उँ चिह्न का प्रयोग होता था। हेमचन्द्र : **तोहउँ जावउँ एहो हरि**; मानस : **जानउँ मैं तुम्हारि प्रभुताई**। भूतकाल के अन्य पुरुष एकवचन रूप में उकारान्त कृन्दत का व्यवहार होता था। हेमचन्द्र : **गयउ सु केसरि पिअहु जलु**; मानस : **राउ गयउ सुरधाम**। आज्ञा रूप में हु चिह्न का प्रयोग हेमचन्द्र में : **करहु म अप्पहो घाउ**; मानस में : **सुनहु राम जेहिं सिव धनु तोरा**। हु चिह्न के बिना आज्ञा के लिए क्रिया के उकारान्त रूप का व्यवहार हेमचन्द्र की अपभ्रंश में इस प्रकार है : **अरि खल मेह म गज्जु**; और मानस में : **मागु मागु पै कहहु पिय**। क्रिया का सम्भावना द्योतक रूप हेमचन्द्र के उदाहरण में : **जं भावइ तं होउ**; मानस में : **न त कन्या बरु रहउ कुआरी**। पूर्वकालिक रूप इस प्रकार है; हेमचन्द्र : **मारइ हियइ पइट्टि**; मानस : **निज तन प्रगटि प्रीति उर छाई**।

ठीक ऐसे ही उदाहरण चर्यागीतों में मिल जाएँगे। चर्यागीतों की भाषा पूर्वी अपभ्रंश कही जाती है। भोजपुरी, मैथिली आदि के लकारान्त भूतकालिक कृदन्त यहाँ अवश्य हैं। जैसे हेमचन्द्र की अपभ्रंश में अवधी के साथ कुछ रूप पश्चिमी भाषाओं के हैं, वैसे ही चर्यागीतों की भाषा में अवधी के साथ कुछ रूप पश्चिमी भाषाओं के भी हैं। इससे प्रमाणित होता है कि पूर्व, पश्चिम और इनके मध्य, जहाँ भी अपभ्रंश लिखी गई है, उसमें अधिकतर मिलावट अवधी भाषातत्त्वों की है।

उक्ति-व्यक्ति-प्रकरण

बारहवीं सदी में दामोदर पंडित जिस तरह की अवधी के उदाहरण देते हैं, उनसे इस प्रश्न का उत्तर मिल जाता है कि अपभ्रंश में अवधी के तत्त्व शामिल किए जा रहे थे या अपभ्रंश से अवधी का जन्म हो रहा था। डॉ. सुनीतिकुमार चाटुर्ज्या ने **उक्ति-व्यक्ति-प्रकरण** की अपनी भूमिका के आरम्भ में अवधी को कोसली का पुराना रूप कहा है। फिर भूमिका के अन्त में उन्होंने लिखा है कि बारहवीं सदी के मध्य में सम्बद्ध क्षेत्र की भाषा लगभग पूरे विकास की उस मंज़िल तक पहुँच गई थी जहाँ उसे हम इस समय

पाते हैं। अर्थात् बारहवीं सदी की अवधी और आधुनिक अवधी में बहुत अन्तर नहीं है। यदि आठ सौ साल में—इतनी उथल-पुथल होने पर भी—अवधी में कोई विशेष अन्तर नहीं आया तो यह माना जा सकता है कि उससे आठ-सौ साल पहले भी, कम-से-कम बीज रूप में, अवधी विद्यमान रही होगी। यही बात उत्तर भारत की अन्य जनपदीय भाषाओं के बारे में कही जा सकती है। हिन्दी, मराठी, बँगला आदि आधुनिक मानक भाषाएँ बाद को विकसित होती हैं किन्तु जनपदीय भाषाएँ बहुत पुरानी हैं। दामोदर पंडित के समय में अवधी का व्यवहार एक बहुत बड़े क्षेत्र में होता था। डा. चाटुर्ज्या ने लिखा है कि ग्रंथकार कनौज और प्रयाग से परिचित है, बनारस से वह सुपरिचित है। वह गया और वहाँ यात्रियों को बटोरने वाले गयावाल ब्राह्मणों को जानता है। उसका कार्यक्षेत्र पूरब में है; अर्थ और संस्कृति के केन्द्र कनौज से वह जुड़ा हुआ है। इसलिए उसकी अवधी पर अनेक क्षेत्रों का प्रभाव है। उसकी भाषा को मिर्ज़ापुरी अवधी, सीतापुरी अवधी या बैसवाड़ी की संज्ञा नहीं दी जा सकती। दामोदर पंडित विद्वान् हैं, संस्कृत-प्राकृत-अपभ्रंश परम्परा से परिचित हैं। उन्होंने अवधी जानने वालों को संस्कृत सिखाने के लिए पुस्तक संस्कृत में लिखी है। थोड़े हेर-फेर से अवधी का रूपान्तर संस्कृत में हो सकता है, यह दिखाने के लिए उन्होंने अवधी का विवरण प्रस्तुत किया है। संस्कृत से आधुनिक आर्य भाषाओं का सम्बन्ध किस प्रकार का है, इस समस्या का विवेचन **उक्ति-व्यक्ति-प्रकरण** से आरम्भ होता है।

ग्रंथ की प्रति उनके हाथ की लिखी नहीं है, किसी अन्य व्यक्ति ने प्रतिलिपि की है। डा. चाटुर्ज्या का मत है कि प्रतिलिपिकार भी उसी क्षेत्र का था क्योंकि लिपि की पद्धति मध्यदेश और पूर्वी क्षेत्र की है।

उक्ति-व्यक्ति-प्रकरण की प्रति अपूर्ण और खंडित है। पूरी प्रति में पाँच प्रकरण थे। पहले दो प्रकरण क्रिया और कारक से सम्बन्धित थे, शेष तीन उक्तिभेद, लेख-लिखन विधि, व्यावहारिक लेखपत्र लिखनक्रम से सम्बन्धित थे। मुनि जिनविजय ने अपनी भूमिका में बताया है कि ग्रंथ की मूल सूत्रात्मक कारिकाएँ ग्रंथ के आरम्भ में स्वतंत्र रूप से लिख दी गई हैं। उनसे इन प्रकरणों का ज्ञान होता है। दामोदर पंडित की योजना यह थी कि व्याकरण के अतिरिक्त भाषा-व्यवहार के विभिन्न सन्दर्भों का परिचय भी दें। जिन व्यापक सन्दर्भों में अवधी का प्रयोग होता था, उन सब पर ध्यान देते हुए उन्हें अवधीभाषियों को संस्कृत सिखानी थीं। इस पुस्तक में जिस तरह की अवधी के नमूने दिए गए हैं, उन्हें देखने से अपभ्रंश-सम्बन्धी मिथ्या धारणाएँ निर्मूल हो जानी चाहिए।

जिस बोली को दामोदर पंडित ने अपना मुख्य आधार बनाया है, उसमें दो स्वरों के बीच में आने वाली **ह्** ध्वनि का लोप हो रहा है। इसीलिए **किएसि** जैसे क्रियारूप में **ह्** का अभाव है। पर **किहेसि** जैसा रूप जायसी और तुलसीदास की रचनाओं में ही नहीं है, वह अवधी के अनेक क्षेत्रों में अब भी बोला जाता है। यह न समझना चाहिए कि पुरानी अवधी में **किएसि** रूप था और आगे चलकर उससे **किहेसि** रूप का विकास

हुआ। साथ ही **अम्ह, तुम्ह** जैसे रूपों में **ह्** विद्यमान है। आधुनिक हिन्दी का **तुम** सम्बन्धकारक रूप **तुम्हारा** में अपना पुराना रूप बनाए हुए है। जायसी और तुलसीदास के अलावा उन्नीसवीं सदी के अनेक हिन्दी लेखक **तुम्ह** लिखते थे। **अम्ह** वर्ण-विपर्यय से **हम** बना, **ह्** स्थानान्तरित हुआ किन्तु बना रहा। पुरानी अवधी की सबसे महत्त्वपूर्ण विशेषता यहाँ यह है कि प्रत्येक शब्द **अजन्त** है। डा. चाटुर्ज्या ने इस विशेषता की ओर ध्यान दिलाया है। अभी पश्चिमी प्रभाव इतना नहीं पड़ा कि शब्द के अन्तिम वर्ण का स्वर लुप्त होने लगे। डा. चाटुर्ज्या ने लिखा है कि **श्, ष्, स्** में केवल दन्त्य सकार रह गया था। यह बात बोलचाल की अवधी के लिए अवश्य सही है किन्तु दामोदर पंडित ने **शास्त्र** जैसे तालव्य **श्** वाले शब्दों का प्रयोग किया है। **क्षेम** शब्द का सही उच्चारण वह कर लेते थे, यह न मानने का कोई कारण नहीं है।

उकारान्त रूपों के लिए डा. चाटुर्ज्या ने लिखा है कि यहाँ **उ ओ** का विकास है। उनकी समझ में उकारान्त रूप कोसली के नहीं हैं वरन् पश्चिमी अपभ्रंश और ब्रजभाषा के प्रभाव से कोसली में आ गए हैं। अवधी को अर्धमागधी की सन्तान माना जाता है। अर्धमागधी में रूप एकारान्त होते हैं। **ए** ह्रस्व होकर **इ** हो सकता है, **उ** नहीं। अर्धमागधी वाला इकार कहाँ गया ? शब्द के एकारान्त रूप कौरवी परम्परा की देन हैं। ओकारान्त रूप मागधी परम्परा के, उकारान्त रूप कोसली परम्परा के। उकारान्त रूप दूर-दूर की भाषाओं में मिलते हैं जिनमें एक कश्मीरी भी है। परम्परागत भाषाविज्ञान के अनुसार संस्कृत शब्दों का **ष्** तद्भव रूपों में **ख्** हो जाता है किन्तु कुछ रूप ऐसे हैं जो यह नियम नहीं मानते। अवधी में **चुह** क्रिया **ख्** के बदले **ह्** का व्यवहार करती है। हिन्दी **चूसना** में दन्त्य **स्** है। ब्रज प्रदेश में **चोंख** क्रियारूप का व्यवहार होता है जहाँ अपेक्षित **ख्** ध्वनि है। यह सम्भव है कि संस्कृत **चुष, चोष्** का **ष्** पहले **स्** रहा हो; यह भी सम्भव है कि **ष्** को **ख्** में बदलने की प्रवृत्ति मूलतः मागधी भाषाओं की है, कोसली प्रवृत्ति के अनुसार वह **स्** में बदल जाएगा जैसा कि अनेक प्राकृतों में भी देखा जाता है।

अवधी में संज्ञा शब्दों के बहुवचन रूपों में **न्ह** चिह्न दिखाई देता है यथा **सीसन्ह, बम्हणन्ह**। इसमें **न्** ध्वनि तो संस्कृत के सम्बन्धकारक चिह्न **आनाम्** का अवशेष मानी गई है और **ह्** तत्त्व करणकारक के **भिस्** से प्राप्त बताया गया है। डा. चाटुर्ज्या ने लिखा है कि **आनाम्** का न प्राकृतों में **ण** हुआ; बंगाल से पंजाब तक बहुवचन रूपों में **न** चिह्न अब भी प्रयुक्त होता है; तिर्यक् रूप के **हि, हिं** चिह्न से वह प्रभावित हुआ और **न्ह** बन गया; जब करणकारक का बहुवचन रूप जीवन्त था, तब उसके चिह्न **अहि** ने **न्ह** के **ह** को पुष्ट किया; सम्बन्धकारक के अलावा वह कर्म, सम्प्रदान और कर्ता के लिए भी प्रयुक्त होने लगा। इस सारे ऊहापोह के बदले **न्ह** से **न** का विकास मानना अधिक युक्तिसंगत है। मैथिली के सन्दर्भ में हम देख चुके हैं कि **न्ह** चिह्न क्रियापदों के साथ भी लगता है। इसका कारण यह है कि कारकों और क्रियारूपों, दोनों में सर्वनाम चिह्न प्रयुक्त होते थे।

डा. चाटुर्ज्या ने **उक्ति-व्यक्ति-प्रकरण** की भूमिका में **रह, चल, कर** आदि रूपों के

बारे में आगे लिखा है कि ये बोली विशेष के रूप थे; **अइ** वाला भरापूरा रूप भी व्यवहार में आता था, अतः बाद की कोसली में **अ** की अपेक्षा **अइ, ऐ** वाले रूप अधिक हैं। इस कथन का आशय यह है कि मानक रूप तो **अइ** वाला था, अवधी क्षेत्र की जिस बोली से दामोदर पंडित अधिक परिचित थे, उसमें **इ** का लोप होने से **अ** बच रहा था। यदि यह कल्पना सही है तो मानना होगा कि दामोदर पंडित की उस बोली विशेष से तुलसीदास और जायसी भी परिचित थे क्योंकि वैसे रूप **पद्मावत** और **रामचरितमानस** में भी हैं। वाक्यतंत्र की दो पद्धतियाँ हैं, उन्हीं के अनुरूप कारक-रचना और क्रियापद रचना की दो पद्धतियाँ हैं। यह भेद वैदिक काल से चला आ रहा है।

उक्ति-व्यक्ति-प्रकरण में क्रिया का एक वर्तमानकालीन बहुवचन रूप **करति** है। यहाँ दो कठिनाइयाँ हैं; पहली यह कि **ति** के स्थान पर **इ** नहीं है, दूसरी यह कि संस्कृत में बहुवचन रूप **कुर्वन्ति** है, हिन्दी **करति** में **न्** गायब है। **कुर** की जगह **कर** की समस्या इस तरह हल की गई है कि **कुर्वन्ति** के समानान्तर एक रूप **करन्ति** भी रहा होगा। अवश्य रहा होगा क्योंकि क्रिया मूल **कर्** है, **कॉर्** उसका मागधी रूप होगा, कौरवी में ओकार बदलकर उकार हुआ, **कॉर्** का रूपान्तर **कुर्** हुआ। **अधि** और **अन्धि** दो सर्वनाम रूप थे जिनमें **अन्धि** का प्रयोग बहुवचन के लिए होने लगा। **करधि** और **करन्धि** से **करहि** और **करहिं** रूप बने। **अधि** और **अन्धि** क्रमशः **अति** और **अन्ति** बने। **अधि** और **अन्धि** में मूलतः वचनभेद नहीं था, इसलिए **अधि** रूप बहुवचन के लिए भी प्रयुक्त होता था। इस प्रकार पुरानी अवधी का **करति** रूप संस्कृत **कुर्वन्ति** से बिल्कुल स्वतंत्र विकसित होता है, उसका मूलाधार है **करधि**। **अधि** और **अन्धि** के वैकल्पिक रूप **अध** और **अन्ध** भी प्रचलित थे। इनसे कृदन्तों के लिए **अत** और **अन्त** प्रत्ययों का विकास हुआ। डा. चाटुर्ज्या ने कल्पना की है कि पुरानी अवधी के **करत, पढ़त** जैसे रूप **कुर्वन्त्, पठन्त्** जैसे रूपों के आधार पर बने हैं। जैसे **कुर्वन्ति** का एक वैकल्पिक रूप **करन्ति** माना। वैसे ही **कुर्वन्त** का एक वैकल्पिक रूप **करन्त** माना। अन्तर यह है कि संस्कृत रूपों के अन्त में व्यंजन है और हिन्दी रूपों के अन्त में स्वर है। यह कोई बड़ा भेद नहीं है। जैसे **उक्ति-व्यक्ति-प्रकरण** की भाषा के शब्द अजन्त हैं, वैसे ही प्राचीन रूप पठन्त, कुर्वन्त थे, अन्तिम वर्ण का हलन्त उच्चारण कौरवी ध्वनि प्रकृति का परिणाम है। **पठन्त्** से **पढ़त** का विकास देखना आवश्यक नहीं है। एक प्राचीन रूप **पठत** भी था जिससे संस्कृत में **पठत्, पठन्** रूप बने। डा. चाटुर्ज्या ने **कुर्वन्त्** के समानान्तर जो **करन्त** रूप माना है, उसमें महत्त्वपूर्ण बात यह है कि यह कल्पित प्राचीन रूप अजन्त है। यह कल्पना इस तथ्य की स्वीकृति है कि प्राचीन काल में हलन्तरूप **कुर्वन्त्** के साथ अजन्त रूप **करन्त** भी प्रचलित था। ऐसे अजन्त रूप बारहवीं सदी की अवधी में विद्यमान थे। ये अजन्त रूप कोसल की प्राचीन गणभाषा के हैं, कौरवी में इनका हलन्तीकरण हुआ है।

भविष्यकालीन रूपों में, आधुनिक अवधी के समान, क्रिया में **ह** और **ब**, दोनों प्रत्यय लगते हैं। डा. चाटुर्ज्या ने **ब** वाले रूपों को मूलतः कर्मवाच्य मान कर लिखा है कि इनके साथ व्यक्तिसूचक प्रत्यय नहीं लगते। व्यक्तिसूचक प्रत्यय बारहवीं सदी में नहीं

लगे क्योंकि ये **ब** वाले रूप मागधी प्रभाव से आए हैं और अवधी के लिए अभी नए हैं। अवधी के मूल भविष्यकाल रूप **ह्** वाले हैं। पश्चिमी अवधी से उत्तर की ओर कनौजी में **ब** वाले रूपों का प्रवेश अभी तक नहीं हुआ, केवल **ह** वाले रूपों का चलन है। मुख्य बात यह है कि **ब** वाले कृदन्त रूप भविष्यकाल के लिए अभी आरक्षित नहीं हुए। **उक्ति-व्यक्ति-प्रकरण** में ऐसे रूपों का व्यवहार भूतकाल के लिए भी हुआ है। डा. चाटुर्ज्या ने उदाहरण दिया है : **केइँ ताहाँ जेंउँब**–किसने वहाँ भोजन किया। पुस्तक में संस्कृत रूपान्तर दिया हुआ है : **कस् तत्र बुभुजे अजिंवद् वा**। इस रूपान्तर से भ्रम की गुंजाइश नहीं रहती। तिङन्त क्रियारूपों के समान पहले कृदन्त क्रियारूप भी काल-निरपेक्ष थे। क्रमशः पूर्वी क्षेत्र की भाषाएँ उनमें व्यक्तिवाचक प्रत्यय लगाने लगीं; **ब** वाले रूप भविष्यकाल के लिए सुनिश्चित हुए।

बारहवीं सदी में किसी संज्ञा शब्द के साथ **करना** क्रिया जोड़कर नई क्रिया बनाने की पद्धति जोर पकड़ती जा रही थी। दामोदर पंडित ने **भोजन कर, गमन कर, दर्शन कर, श्रवण कर, घ्राण कर** आदि जो उदाहरण दिए हैं, वे सम्भवतः पंडित वर्ग में प्रचलित थे जो देख की अपेक्षा **दर्शन कर** कहना शिष्टता का चिह्न मानता था। अब लोग मन्दिर में देवता को देखने नहीं जाते, उसके **दर्शन करने** जाते हैं। **दर्शन करना** प्रयोग रूढ़ हो गया और **देखना** क्रिया से भिन्न अर्थ देने लगा। दामोदर पंडित के समय में भोजन करेगा, इस वाक्य को दो तरह से कह सकते थे, **भोजन करहि;** और **जेंविह**। अब दूसरे रूप की क्रिया मानक हिन्दी में प्रयुक्त नहीं होती यद्यपि जनपदीय भाषाओं में दूर-दूर तक उसका व्यवहार होता है। हिन्दी क्रियार्थी संज्ञा का **ना** प्रत्यय पुरानी अवधी के **न** का प्रतिरूप है। **उक्ति-व्यक्ति-प्रकरण में करण चाह** अर्थात् करना चाहता है, इस वाक्य में अवधी का पुराना क्रियार्थी संज्ञा रूप विद्यमान है। अवधी में अब मागधी प्रभाव से **ब**-वाले रूप का अधिक चलन है, **न**-वाला रूप कनौजी में सुरक्षित है।

उक्ति-व्यक्ति-प्रकरण में दो-तीन वाक्य ऐसे आए हैं जो विन्यास की दृष्टि से बहुत महत्त्वपूर्ण हैं। **दुहाव गाइ दूधु गुआलें गोसाँवि**–गोस्वामी ग्वाले से गाय दुहाता है। इसका संस्कृत रूपान्तर इस प्रकार है : **दोहयति गां दुग्धं गोपालेन गोस्वामी**। अवधी और संस्कृत, दोनों रूपों में वाक्य की विशेषता यह है कि विधेय पहले है, उद्देश्य बाद में। **पढाव छात्रहि शास्त्र ओझा,** संस्कृत रूपान्तर : **पाठयति छात्रम् शास्त्रं उपाध्यायः**। यहाँ भी विधेय पहले और उद्देश्य बाद को है। कुछ आगे चलकर तीसरा वाक्य है : **सिंहासण आछ राजा–सिंहासने तिष्ठति राजा**। ऐसे वाक्य पद्य में नहीं गद्य में लिखे गए हैं। जायसी और तुलसीदास में ऐसे वाक्य भरे पड़े हैं। ऐसे उदाहरणों से इस धारणा की पुष्टि होती है कि पुराने वाग्तंत्र में पहले विधेय फिर उद्देश्य, यही क्रम रहता था।

पुरानी साहित्यिक अवधी

सन् 1379 में डलमऊ, ज़िला रायबरेली के कवि दाऊद ने अवधी में **चांदायन** काव्य

लिखा। जिस समय ज्योतिरीश्वर ठाकुर मैथिली में गद्य लिख रहे थे, लगभग उसी समय दाऊद अवधी में पद्य लिख रहे थे। यदि दाऊद का यह काव्य ही प्राप्त होता और **उक्ति-व्यक्ति-प्रकरण** सुलभ न होता तो विद्वान् कहते कि अवधी भाषा का जन्म चौदहवीं सदी में हुआ। पर उससे पहले बारहवीं सदी का वह ग्रंथ सुलभ है, और उसकी भाषा के साँचे और **चांदायन** की भाषा के साँचे में कोई महत्त्वपूर्ण अन्तर नहीं है। **चांदायन** से तीन सौ साल पहले लगभग वैसी ही अवधी बोली जाती थी। अब मान लीजिए कि **उक्ति-व्यक्ति-प्रकरण** से तीन सौ साल पहले भी, जब महाकवि भवभूति कान्यकुब्ज सम्राट के यहाँ **मालती माधवम्** और **उत्तररामचरितम्** लिख रहे थे, लगभग वैसी ही अवधी बोली जाती थी जैसी दामोदर पंडित बोलते थे। **चांदायन** की भूमिका में डा. माताप्रसाद गुप्त ने **उक्ति-व्यक्ति-प्रकरण** की भाषा से इस काव्य की भाषा की तुलना विस्तार से की है। भूमिका के अन्त में उनका निष्कर्ष इस प्रकार दिया हुआ है : "इस प्रकार ऊपर दिए हुए कुछ सौ रूपों में से चार छः रूपों में ही रचना की भाषा उक्ति की भाषा से भिन्न दिखाई पड़ती है, अन्यथा वह उसके समान अथवा उससे विकसित प्रमाणित होती है। जायसी की भाषा से वह मिलती-जुलती होते हुए भी किंचित् पूर्व की स्थिति का आभास देती है।" भाषा धीरे-धीरे इसी प्रकार बदलती है। दो सौ साल पहले की भाषा किंचित् पूर्व का आभास देती है, यह किंचित् बढ़ते-बढ़ते पर्याप्त हो जाता है, इतना कि भाषा में गुणात्मक परिवर्तन दिखाई देने लगते हैं। पर भवभूति के समय में अवधी बोली जाती थी, यह सत्य है।

डा. चाटुर्ज्या से भिन्न डा. माताप्रसाद ने **उक्ति-व्यक्ति-प्रकरण में कवण** जैसे रूपों में मूर्धन्य नासिक्य के व्यवहार को प्राकृत प्रभावजन्य माना है, **ण्** को अवधी की ध्वनि नहीं माना। उनकी यह धारणा सही है। **उक्ति-व्यक्ति-प्रकरण** में क्रिया के वर्तमान कालिक एकवचन रूप **इ** वाले तो हैं, **हि** वाले नहीं हैं। यह एक महत्त्वपूर्ण भेद है। दामोदर पंडित का संपर्क उस अवधी से है जिसमें हकार के लोप की प्रवृत्ति अधिक प्रबल है। दाऊद की अवधी उस क्षेत्र की है जिसमें **ह्** का उच्चारण अधिक स्पष्ट होता था। एक पंक्ति है : **ओ जस सुना कहत तस आवइ;** यहाँ क्रिया का **इ** वाला रूप है। इसके बाद ही लिखा है : **सो पढ़ति जाकौ ति पढांवहि;** यहाँ **हि** वाला रूप है। इसी प्रकार : **दिन दिन पहिरहि चीर धोवाई। पढ़ति** रूप में न **इ** है न **हि**, वरन् **ति** है। दाऊद के समय तक साहित्यिक भाषा में ऐसे रूपों का व्यापक चलन हो गया था।

उक्ति-व्यक्ति-प्रकरण के समान **चांदायन** में भी क्रिया सर्वनाम-चिह्नों से स्वतंत्र प्रयुक्त हुई है। **राति जु बइसइ चौकी कुन्त खरग रह छाइ**—यहाँ संदर्भ से पता चलेगा कि **रह** क्रियारूप किस काल के लिए है और उसका कर्ता किस पुरुष में है। इसके बाद की पंक्ति में क्रियारूप **फिर** है : **पाखर सहस साठ फिर चांटहि सँचरि न जाइ**—यहाँ भी क्रियारूप काल-पुरुष-भेद सूचित नहीं करता। ऐसे रूप अन्य पुरुष के साथ ही प्रयुक्त होते हैं उत्तम-मध्यम पुरुषों के साथ नहीं, इससे सिद्ध होता है कि ये रूप काव्य में छंद की आवश्यकता के कारण प्रयुक्त नहीं हुए; तिङन्त रूपों के समानान्तर ऐसे पूर्ण

विशिलष्ट पद्धति वाले क्रियारूपों का भी व्यापक व्यवहार होता था। **उक्ति-व्यक्ति-प्रकरण** के गद्य में ऐसे रूप बहुत हैं।

चांदायन

दामोदर पंडित से लेकर मुल्ला दाऊद के समय तक काफी सामाजिक परिवर्तन हो चुका था, व्यापार केन्द्रों की बढ़ती के साथ जनपदों का अलगाव टूट रहा था। फलतः अवधी में पश्चिमी जनपदों के अनेक भाषा-तत्त्व सिमट कर आ रहे थे। **चांदायन** की दूसरी ही पंक्ति है : **जिमि सिरज्या यह देस दियारू**। यहाँ **सिरज्या** रूप बाँगरू भाषा का है, बाद में अवधी क्रिया **सिरजसि** (सिरजॅसि) का बार-बार प्रयोग हुआ है।

चांदायन में **भव्** या **भय्** (संस्कृत **भू**) के पश्चिमी रूप **भयउ, भयो** हैं, अवधी में एकवचन रूप **भवा, भया, भा** हैं। **चांदायन** में **भएउ, भयो, भा** तीनों तरह के प्रयोग हैं। साहित्य की भाषा में विभिन्न जनपदों के रूप घुलमिल रहे हैं। हिन्दी **लीजिए, दीजिए** के अनुरूप **लीजा, दीजा** रूप हैं : **रासि गनित कर नाँउँ न लीजा, दइ** (दइय) **आनिबिचि बेटी दीजा**। इसी प्रकार **पाइए, रहिए** आदि की तरह : **अति अवगाहु न पाइअ थाहा, केहुँ न पाइअ बाट**। **कहा, रहा, देखा** जैसे खड़ी बोली के कृदन्त रूप **चांदायन** में बिखरे हुए हैं : **भाम नगारी कोडचरित हम देखा होइ अपार; हरियर आइ देसकर रहा, काग रुद्र** (रूक) **बहु भाषा कहा**। इसी प्रकार भूतकालीन कृदन्तों के कर्मवाच्य प्रयोग बढ़ रहे हैं : **गाँउँ तीस भल दइजे पाए; घोर पचास आनि किए ठाढे**। सबसे आश्चर्यजनक, **किया** की जगह, **कीत** रूप का प्रयोग है : **भानु मंझान न कीत पियारू**। यह **कीत** अवश्य ही पछाँही प्रयोग है। **किध** से **किह, किय** रूप बने और **कीध या किद्ध** से कीत।

वाक्यतंत्र की दृष्टि से **चांदायन** का प्रारम्भिक अंश जायसी तथा अन्य कवियों के लिए एक आदर्श बन गया है। **सिरजसि धरती औरु अंगासू, सिरजसि मेर मदर कवि लासू**। और इस तरह काफी दूर तक यह सिलसिला चलता रहता है। इसी तरह **पद्मावत** में : **कीन्हेसि प्रथम जोति परकासू। कीन्हेसि तेहि पिरीत कैलासू**। और यह कीन्हेसि का सिलसिला भी काफी दूर तक चलता है। अवश्य ही दाऊद और जायसी किसी साहित्यिक परम्परा से बँधे हुए ऐसी वाक्य-रचना कर रहे थे और यह सम्भव है कि अवधी की यह काव्य परम्परा दाऊद से पहले की हो। वाक्यतंत्र की विशेषता यहाँ यह है कि वाक्य क्रिया से आरम्भ होता है, वाक्य का शेष अंश क्रिया के बाद आता है।

मृगावती

मृगावती की रचना 1503 में हुई। **चांदायन** के **कीत** की तरह यहाँ कृदन्त रूप **लीता** का प्रयोग हुआ है : **उतर न देइ पेम गहि लीता**। इससे भी आश्चर्यजनक प्रयोग **दीतिन्हि** है : **सब कहँ परोहन दीतिन्हि आनी**। अवधी रूप होगा **दीन्हेन्हि**, इसका आधुनिक

विकास है **दीन्हेनि**। **दीन्ह** और **दीत** दोनों कृदन्त रूप हैं। कुतुबन ने अवधी की प्रकृति के अनुसार कृदन्त रूप को फिर तिङन्त बनाया है। पर ये अपवाद-रूप प्रयोग हैं; ये केवल यह सूचित करते हैं कि जनपदों के बीच बड़े पैमाने पर भाषातत्त्वों का विनिमय हो रहा है। कर्मवाच्य प्रयोग **चांदायन** की तरह **मृगावती** में भी हैं : **चितमहँ गड़ि सो पिरम कहानी; एक एक कहँ पूँछी बाता; देस लोक कहँ पठई पाती**। कहीं-कहीं पश्चिम के बदले पूर्व के प्रयोग भी लिए गए हैं जैसे लकारवाला भूत कृदन्त : **पिउ कत गेला अवर न बोलै**। एक आश्चर्यजनक प्रयोग सम्प्रदानकारक में **ला** प्रत्यय का है : **मन महँ कहेसि नियर होइ धरौं, हाथ न आव तौ एहिला मरौं**। **एहिला** अर्थात् इसके लिए। डा. माताप्रसाद गुप्त ने कल्पना की है कि **ला** के बाद **इ** वर्ण छूट गया है पर यह कल्पना अनावश्यक है। बघेलखंडी में इस कारक चिह्न **ला** का प्रयोग अब भी होता है और उसी तरह उधर पूरब में मगही में होता है। **हाथ न आव**–यहाँ **आव** क्रिया का अतिङन्त निरपेक्ष रूप है, हाथ न आई या हाथ न आए, ऐसा आशय है। इसी प्रकार : **निसि अँधियारि तिहि पुनि लागै, सेज न भाव रैनि सब जागै**। यहाँ **लागै, जागै** के समानान्तर **भाव** रूप का व्यवहार हुआ है। **भावै** के स्थान पर **भाव** काफी है। **कहा, देखा** आदि पश्चिमी रूपों के समान **मृगावती** में भी कृदन्ती प्रयोग हैं : **राजइँ नेगिन्ह कहा बुलाई**। अवधी रूप होगा **कहेसि,** सम्मान दिखाना हो तो **कहेन्हि** या **कहेनि** रूप होगा। इसी प्रकार : **धाइन्हि अस कै खीर पिआवा**। कर्ता **धाइन्हि** है, **पियाएन्हि** की जगह **पियावा** रूप का प्रयोग है। अवधी का अपना रूप इस प्रकार है : **पाएन्हि बहुत पसाऊ**। कहीं-कहीं वर्तमानकालीन कृदन्त का प्रयोग क्रिया के तिङन्तरूप के स्थान पर हुआ है यथा : **खेलत सबइ अहेरा जहाँ**। **खेलत** विशेषण रूप नहीं है, **खेलहिं** की जगह **खेलत** का प्रयोग हुआ है। आधुनिक अवधी के **जात है, आवत** है और हिन्दी के **जाता है, आता है,** कृदन्त क्रिया रूपों के लिए ज़मीन तैयार हो रही है। तिङन्त रूप कहीं-कहीं कृदन्तवत् भी प्रयुक्त होते हैं। **पण्डित आइ पढ़ावहि लागे**–पंडित आकर पढ़ाने लगे। **पढ़ावहि** का एक अर्थ **पढ़ाता है** भी होगा। आधुनिक अवधी में कहेंगे–**पढ़ावै लागि;** यहाँ **पढ़ावै** कृदन्त रूप है; वह तिङन्त **पढावहि** का रूपान्तर है। इसी प्रकार **सब देखहि आवहिं ओहिं ठाऊं**–यहाँ **देखहि** वर्तमानकाल में अन्यपुरुष का एकवचन रूप है और क्रियार्थी संज्ञा का काम कर रहा है। जैसे तिङन्त रूप में बहुधा **ह्** का लोप होता है, वैसे ही कृदन्तीय व्यवहार में महाप्राण ध्वनि का लोप होता है। **हनइ लाग निकसइ नहिं चाहा**–**निकसहि** के स्थान पर **निकसइ** रूप है। **हनइ लाग** संयुक्त क्रिया है जिसमें **हनइ** का प्रयोग कृदन्तवत् है।

पढ़ावहि लागे–संयुक्त क्रियापद है। ऐसी क्रियापद रचना उत्तर-पश्चिमी भाषाओं की विशेषता है, अवधी की नहीं, क्योंकि संयुक्त क्रियापद में पहला क्रियारूप कृदन्त होगा। कृदन्त और तिङन्त दो तरह की क्रियापद रचना के मेल से ऐसी संयुक्त क्रियापद रचना संभव हुई। अवधी कृदन्तहीन क्षेत्र की भाषा है। वह जब संयुक्त क्रियापद रचना से प्रभावित होती है, तब अपने तिङन्त रूप को ही कृदन्त की तरह काम में लाती है।

पढ़ावहि, देखहि आदि वर्तमानकालिक अन्यपुरुष के एकवचन रूप हैं। **लागे** क्रिया के पहले ये कृदन्तवत् प्रयुक्त हुए। आधुनिक अवधी में **पढावै, देखै** जैसे क्रियार्थी संज्ञा रूप वास्तव में वर्तमानकालिक तिङन्त रूप हैं। मजे की बात है कि खड़ी बोली के **पढावैगा, देखैगा** रूपों का आधार भी वही **पढ़ावहि, देखहि** तिङन्त रूप हैं (टकसाली हिन्दी में **पढाएगा, देखेगा** रूप होंगे)। कोसल का तिङन्त रूप कुरु जनपद में पहुँचकर, साधारण क्रियामूल की तरह, कृदन्त प्रत्यय से संयुक्त हो रहा है, उधर कृदन्तों का कौरवी व्यवहार अवधी में संयुक्त क्रियापद रचना को प्रेरित कर रहा है। ऐसा है जनपदीय भाषाओं का संपर्क जिससे इन भाषाओं में नए-नए रूपों का उद्भव और विकास हुआ।

पढ़ावहि-पढ़ावै, देखहि-देखै रूप जब कृदन्तों का काम देने लगे, तब उनका व्यवहार संयुक्त क्रियापदों तक सीमित न रहा। वे संज्ञारूपों के समान कारकों में प्रयुक्त होने लगे। अवधी के तिङन्त क्रिया रूप संज्ञा बन जाएँ, इसका कारण अवधी पर कौरवी समुदाय की भाषाओं का बहुत गहरा प्रभाव ही हो सकता है।

पद्मावत

अवधी की अनेक विशेषताओं के बारे में जायसी की भाषा का विवेचन करते हुए आचार्य रामचन्द्र शुक्ल ने अनेक महत्त्वपूर्ण बातें **जायसी ग्रंथावली** की भूमिका में कही हैं। ऐतिहासिक भाषाविज्ञान का अध्ययन करने वालों को भी इस विवेचन पर ध्यान देना चाहिए। उक्त क्रियार्थी संज्ञा के संदर्भ में खड़ी बोली और ब्रजभाषा से अवधी का भेद बतलाते हुए शुक्ल जी ने लिखा है : "ठेठ अवधी की एक बड़ी भारी विशेषता को सदा ध्यान में रखना चाहिए। खड़ी बोली और ब्रजभाषा दोनों में कारक चिह्न सदा क्रिया के साधारण रूप में लगते हैं, जैसे–'करने का', 'करन को' या 'करिबे को'। पर ठेठ या पूरबी अवधी में कारक चिह्न प्रथम पुरुष, एकवचन की वर्तमानकालिक क्रिया के रूप में लगता है, जैसे–'आवै कहँ', 'खायमाँ', 'बैठेकर'–"। इसके बाद शुक्ल जी ने जायसी से उदाहरण दिए हैं। ये उदाहरण दो तरह के हैं। पहली तरह के उदाहरणों में कारक चिह्न लगे हैं यथा **दीन्हेसि स्रवन सुनै कहँ बयना।** दूसरी तरह के उदाहरणों में कारक चिह्न नहीं हैं यथा **सबै सहेली देखै धाईं** (शुक्लजी परसर्ग नहीं, कारक चिह्न का प्रयोग करते हैं।)

कारक चिह्न लगता है या नहीं, यह प्रश्न गौण है; मुख्य बात यह है कि तिङन्त क्रियारूप संज्ञा की तरह वाक्य में प्रयुक्त हो रहा है, वह कारक भाव बता रहा है। कारक भाव वह शब्द बताता है जो क्रिया से संज्ञा रूप में संबद्ध होता है; जहाँ एक क्रिया से दूसरा क्रियारूप सम्बद्ध हो, वहाँ कारकभाव का अस्तित्व ही न होगा।

कोसल तिङन्त क्रियारूपों का मुख्य क्षेत्र है। तिङन्त क्रियारूप पुरुषभेद, कालभेद सूचित करते हैं; ऐसा भेद सूचित करने का साधन हैं सर्वनाम चिह्न जो क्रियामूल में जोड़े जाते हैं। इससे भिन्न एक दूसरी प्रवृत्ति काम कर रही है जो क्रिया को सर्वनाम

चिह्नों से मुक्त रखती है, उसे पुरुषभेद कालभेद से भी मुक्त रखती है। कृदन्त रूप पुरुषभेद से मुक्त हैं पर कालभेद से मुक्त नहीं हैं। इसके सिवा वे लिंगभेद, वचनभेद भी व्यक्त करते हैं। इनसे भिन्न क्रिया का एक अकृदन्त, अतिङन्त रूप है जो लिंग-वचन-पुरुष कालभेद से मुक्त है, सर्वनाम-चिह्नों (व्यक्तिवाचक प्रत्ययों) से मुक्त तो है ही। यहाँ विश्लिष्ट रूपतंत्र वाली क्रियापद रचना की तर्कसंगत चरम परिणति दिखाई देती है। **उक्ति-व्यक्ति-प्रकरण** में क्रिया के ऐसे रूप वर्तमान काल से संबद्ध हैं किन्तु ऐसे रूपों का व्यवहार अन्य कालों के लिए भी होता था। **सुनत राम अभिषेक सुहावा। बाज गहागह अवध बजावा। रामचरितमानस** की इन पंक्तियों में **बाज** भूतकाल की ओर संकेत करनेवाला रूप है, यह संदर्भ से स्पष्ट है।

क्रिया के इस विशुद्ध रूप के बारे में शुक्ल जी ने **जायसी ग्रन्थावली** की भूमिका में लिखा है : "पद्य में कभी-कभी वर्तमान काल के रूप के स्थान पर संक्षेप के लिए धातु का रूप रख दिया जाता है, जैसे—(क) **हौं अन्धा जेहि सूझ न पीठी।** (सूझ=सूझती है) (ख) **बिनु गथ बिरिछ निपात जिमि ठाढ़ ठाढ़ पै सूख।** (सूख=सूखता है)"। **उक्ति-व्यक्ति-प्रकरण** में क्रिया के ऐसे शुद्ध रूपों की बहुतायत है। वहाँ पद्य लिखते समय क्रिया-रूप को संक्षिप्त करना आवश्यक न था। शुक्ल जी ने एक रोचक उदाहरण तुलसीदास से दिया है : **मरम बचन जब सीता बोला।** यहाँ **बोला** वास्तव में **बोल** है। छन्द की दृष्टि से संक्षिप्त न होकर और विस्तृत हो गया है। ऐसे पदों का एक उदाहरण जायसी से दिया है : **देखि चरित पदमावति हँसा।** शुक्ल जी कहते हैं : " 'बोला' और 'हँसा' वास्तव में 'बोल' और 'हँस' हैं जो छन्द की दृष्टि से दीर्घान्त कर दिए गए हैं। कहने की आवश्यकता नहीं कि संक्षिप्त रूपों का व्यवहार दोनों लिंगों में समान रूप से हो सकता है।" तुलसीदास और जायसी कर्मवाच्य प्रयोगों से परिचित थे और रामचरितमानस में ऐसे रूप भरे पड़े हैं। सम्भव है बोला का सम्बन्ध मरम बचन से हो किन्तु जायसी ने हँसा का प्रयोग निस्सन्देह क्रिया का विशुद्ध रूप ध्यान में रखकर किया है।

अवधी में **ब**-वाले कृदन्त रूप, विशुद्ध क्रिया के समान, किसी भी पुरुष के साथ प्रयुक्त हो सकते थे, पुरुष के साथ रूप बदलना आवश्यक नहीं था। **पावहि** शुद्ध क्रिया रूप जैसे संज्ञावत् प्रयुक्त हो सकता था, वैसे ही **पाउब** क्रियारूप भी संज्ञावत् प्रयुक्त होता था। इस सम्बन्ध में शुक्ल जी ने लिखा है : "इनमें उत्तम पुरुष के बहुवचन का जो रूप (पाउब) है वह अवधी साहित्य में सब पुरुषों में मिलता है (यद्यपि बोलचाल में उत्तम पुरुष बहुवचन 'हम' के ही साथ आता है)। जायसी और तुलसी दोनों ने सब पुरुषों में और दोनों वचनों में इस रूप का व्यवहार किया है, जैसे—**घर कैसे पैठब मैं छूछे** (उत्तम पुरुष, एकवचन), **गुन अवगुन विधि पूछब** (प्रथम पुरुष, एकवचन)। पूरबी अवधी में साधारण क्रिया (Infinitive) का भी यही 'ब' वर्णान्त रूप है।" यद्यपि जायसी और तुलसीदास की रचनाओं में **ब**-वाले कृदन्तरूप अधिकतर पुरुष-निरपेक्ष क्रियारूप में प्रयुक्त होते हैं, फिर भी जहाँ-तहाँ अवधी की प्रवृत्ति के अनुरूप इस कृदन्त के साथ पुरुष चिह्नों का प्रयोग भी होने लगा है। उक्त स्थापना से पहले शुक्ल जी

ने लिखा है : "भविष्यत् के रूप ठेठ अवधी के कुछ निज के होते हैं—उत्तम पुरुष (1) **कौन उतर देबौं तेहि पूछे।** (एकवचन) मैं (2) **कौन उतर पाउब पैसारू।** (बहुवचन) हम"।

अवधी में कर्तृवाच्य प्रयोग अधिक होते हैं। इस सम्बन्ध में शुक्ल जी ने लिखा है : "शुद्ध अवधी की बोलचाल में क्रिया का रूप सदा कर्ता के पुरुष, लिंग और वचन के अनुसार होता है; कर्म के अनुसार सकर्मक भूतकालिक क्रिया में भी नहीं होता। कारण यह है कि पूरबी बोलियाँ भूतकाल में कृदन्त रूप नहीं लेती हैं, तिङन्तरूप ही रखती हैं। मूल चाहे इन रूपों का कृदन्त ही हो। जैसा कि कहीं-कहीं लिंगभेद से प्रकट होता है, पर व्यवहार तिङन्त ही-सा होता है।" शुक्ल जी जब कहते हैं कि पूरबी बोलियाँ भूतकाल में तिङन्तरूप ही रखती हैं, मूल चाहे इन रूपों का कृदन्त ही हो, तब वे अवधी की मूल तिङन्त पद्धति की ओर संकेत करते हैं। जिस प्रक्रिया को मैंने कृदन्तों का तिङन्तीकरण कहा है, यहाँ उसका स्पष्ट उल्लेख है। इसी तिङन्तप्रकृति के कारण जायसी ने **देब** के स्थान पर **देबौं** लिखा। अवधी के कुछ क्षेत्रों में **ब** वाले क्रियारूपों का व्यवहार केवल उत्तम पुरुष के साथ होता है; **हम जइबे** और **हम जाब** दोनों रूप **हम** के साथ प्रयुक्त होते हैं। **जइबे** रूप में एकार पुरुष बोधक नहीं है, निश्चयार्थसूचक है, इसका उल्लेख मैथिली के प्रसंग में किया जा चुका है। किन्तु प्रतापगढ़ की अवधी में **ब** वाले रूप का व्यवहार उत्तम और मध्यम, दोनों पुरुषों में होता है। धीरेन्द्र वर्मा की **ग्रामीण हिन्दी** पुस्तिका में दो वाक्य हैं : "तौ ऊ अहिरवा जानिसि कि हमरे बरधवन का पूछत अहैं कि बेचब्या। औ गोहराय के कहिस कि बरधवन का हम न बेचबै।" यहाँ उत्तम पुरुष में बेचबै रूप है और मध्यम पुरुष एकवचन **बेचब्या** में पुरुषसूचक दूसरा चिह्न लगाया गया है। उक्त पुस्तिका में एक वाक्य है : "नहीं करबे तो तोला साहेब के कचहरी माँ ले जाबो।" यहाँ मध्यम पुरुष में एकार है और उत्तम पुरुष में ओकार है, चिह्नों की यह भिन्नता पुरुष भेद सूचित करने के लिए है। यह कृदन्तों का तिङन्तीकरण हुआ।

जहाँ तिङन्त पद्धति प्रधान होगी, वहाँ कर्तृवाच्य प्रयोग प्रधान होंगे पर अवधी में कर्मवाच्य प्रयोग भी होते हैं, विशेषतः जायसी और तुलसीदास की अवधी एक साहित्यिक भाषा-परम्परा का अंग है और पश्चिमी प्रभाव से उसमें कर्मवाच्य प्रयोग काफी हैं। इस सन्दर्भ में शुक्ल जी ने बहुत स्पष्ट लिखा है : "ऊपर जो पूरबी अवधी के रूप दिखाए गए, उनसे यह न समझना चाहिए कि जायसी ने सर्वत्र पूरबी अवधी ही के व्याकरण का अनुसरण किया है। कवि ने तुलसीदास जी के समान सकर्मक भूतकालिक क्रिया के लिंग वचन अधिकतर पच्छिमी हिन्दी के ढंग पर कर्म के अनुसार ही रक्खे हैं, जैसे—**बसिठन्ह आइ कही अस बाता।**" शुक्ल जी ने यहाँ अवधी पर पच्छिमी हिन्दी के प्रभाव का उल्लेख किया है। यह प्रभाव साहित्यिक भाषा के स्तर पर अधिक था, बोलचाल की भाषा के स्तर पर कम। इसीलिए जहाँ भूतकालिक क्रिया लिंगभेद सूचित करती है, वहाँ शुक्ल ज़ी उसे अवधी व्याकरण के अनुरूप प्रयोग नहीं मानते। शुक्ल जी की स्थापना उन सब भाषाविज्ञानियों के लिए ध्यान देने योग्य है जो जायसी या

तुलसीदास की भाषा में सर्वत्र पुरानी अवधी के रूप देखते हैं। वे साहित्यिक भाषा की निर्माण-प्रक्रिया भुला देते हैं। जायसी की अपेक्षा पच्छिमी हिन्दी के ढँग पर कर्मवाच्य प्रयोग **रामचरितमानस** में और भी अधिक हैं। इसका कारण यह है कि साहित्यिक भाषा की वह परम्परा **रामचरितमानस** में पूर्णतः विकसित हो चुकी है।

रामचरितमानस

तुलसीदास की भाषा में पश्चिमी प्रयोग और भी अधिक हैं। **मानस** अवधी भाषा का लोकप्रिय श्रेष्ठ ग्रंथ है, इसलिए उसके बारे में विशेष सावधान रहना चाहिए कि उसकी भाषा के हर प्रयोग को हम पुरानी अवधी न समझ लें। वह परम्परा जिसमें पच्छिमी प्रयोग अवधी में मिलने लगे हैं, तुलसी से पहले जायसी में आरम्भ हो चुकी है। **कीजिए, पाइए,** आधुनिक हिन्दी के इन क्रियारूपों से मिलते-जुलते रूप **पद्मावत** में हैं। नागमती सुवा सम्वादखंड में जायसी ने लिखा था : **जेहिरिस कै मरिए रस जीजै। सो रस तजि रिस कबहुँ न कीजै। कन्त सोहाग कि पाइय साधा। पावइ सोइ जो उहि चित बाँधा।** यहाँ **जीजे, कीजे, मरिए, पाइय** आदि पच्छिमी प्रयोग हैं। तुलसीदास ने **मानस** के अरण्यकाण्ड में लिखा : **तासों तात बयरु नहिं कीजै। मारें मरिअ जिआएं जीजै।** आधुनिक अवधी के विपरीत तुलसीदास की साहित्यिक अवधी में कर्मवाच्य प्रयोग, जायसी की अपेक्षा, अधिक हैं। बालकाण्ड के आरम्भ में उन्होंने लिखा : **मैं पुनि निज गुरु सन सुनी कथा सो सूकर खेत। समुझी नहिं तसि बालपन तब अति रहेउँ अचेत। तदपि कही गुरु बारहिं बारा। समुझि परी कछु मति अनुसारा।** यहाँ लगातार कर्मवाच्य प्रयोग हुए हैं। कथा सुनी, कथा समझी नहीं, गुरु बारहिंबार कथा कही, तब कछु समुझि परी। इस तरह के कृदन्तीय प्रयोग ब्रजभाषा, बुन्देलखण्डी आदि में प्रचलित हैं, अवधी में नहीं। सुन्दरकाण्ड में तुलसीदास ने लिखा था : **नाथ काजु कीन्हेउ हनुमाना, राखे सकल कपिन्ह के प्राना।** यहाँ **राखे** क्रिया का बहुवचन रूप कर्म **प्रान** के अनुरूप है। **चलत मोहि चूडामनि दीन्ही। रघुपति हृदय लाइ सोइ लीन्ही।** यहाँ **दीन्ही लीन्ही** कृदन्त रूप कर्म **चूडामनि** के अनुरूप लिंगभेद सूचित करते हैं। **केहि अपराध नाथ हौं त्यागी**—यहाँ पुनः कर्म सीता के अनुरूप त्यागी स्त्रीलिंग में है। सुन्दरकाण्ड में ही तुलसीदास ने लिखा : **राम कपिन्ह जब आवत देखा,** यहाँ **देखा** आधुनिक हिन्दी के समान लिंग वचन भेद से मुक्त शुद्ध कृदन्त रूप है। **राम ने देखा, ने** लगाकर कर्त्ता का अस्तित्व सूचित करना आवश्यक नहीं है। **देख** के अंतिम स्वर को दीर्घ करके **देखा** रूप नहीं बनाया गया। **पवनतनय के चरित सुहाए। जामवंत रघुपतिहिं सुनाए।** यहाँ **सुनाए** बहुवचन रूप कर्मकारक **पवनतनय के चरित** के अनुरूप है। अवधी का रूप होना चाहिए था **सुनाएन्हि, जामवंत पवनतनय के चरित रघुपतिहिं सुनाएन्हि।** तुलसीदास इस तरह के प्रयोगों से अच्छी तरह परिचित हैं यथा लंकाकाण्ड में उन्होंने लिखा है : **गहि कर पादप उपल पहारा। डारेन्हि तापर एकहिं बारा।** और : **जय जय जय रघुबंसमनि धाए कपि दै हूह।**

एकहि बार तासु पर छाड़ेन्हि गिरि तरु जूह। ऐसे कर्तृवाच्य प्रयोगों की तुलना में, **मानस** की भाषा में, कर्मवाच्य प्रयोग अधिक हैं। तुलसीदास की काव्य भाषा ब्रज, बुन्देलखंडी और कनौजी के बहुत निकट है, यह बात सदा ध्यान में रखनी चाहिए। कहीं-कहीं आधुनिक खड़ी बोली के पूर्वरूप तुलसीदास की क्रियापद रचना में मिलते हैं जैसे उन्होंने बालकांड में लिखा : **भले भवन अब बायन दीन्हा। पावहुगे फल आपन्ह कीन्हा।** यहाँ **पाओगे** का पूर्वरूप **पावहुगे** विद्यमान है। **गा, गे** आदि का व्यवहार ब्रज और बुन्देलखंडी में होता है, अवधी में नहीं। किन्तु मानक हिन्दी का **पाओगे** रूप अवधी के आधार पर बना है, यह **पाओ** के पूर्वरूप **पावहु** से स्पष्ट है। इसी तरह किष्किन्धाकांड में तुलसीदास ने लिखा : **प्रथमहिं देवन्ह गिरिगुहा राखेउ रुचिर बनाइ। राम कृपानिधि कछु दिन बास करहिंगे आइ।** यहाँ **करेंगे**, मानक हिन्दी के इस रूप की रचना कैसे हुई है, इसका ज्ञान **करहिंगे** देखकर होता है।

पुरानी अवधी में तिङन्त प्रयोगों का चलन था। वर्तमान काल के रूपों में जहाँ-तहाँ कृदन्त प्रयोग होने लगे थे। जायसी ने **पद्मावत** के राजा सुवा संवाद खंड में लिखा था : **हीरामन हौं तेहिक परेवा। कंठा फूट करत तेहि सेवा।** यहाँ **करत** आधुनिक **करता हूँ** का पूर्वरूप है। इसी तरह तुलसीदास ने किष्किन्धाकाण्ड में लिखा : **इहां साप बस आवत नाहीं। तदपि सभीत रहउँ मन माहीं।** यहाँ **रहउँ** तो तिङन्त प्रयोग है, **आवत** वर्तमान काल का कृदन्त रूप है। ऐसे कृदन्त रूप संयुक्त क्रियाओं में भी प्रयुक्त होने लगे हैं। किष्किन्धाकाण्ड में तुलसीदास ने लिखा : **छन एक सोच मगन होइ रहे। पुनि अस बचन कहत सब भए।** यहाँ कथावाचकों का प्रसिद्ध **कहत भए**, अपने पूर्ण रूप में, विद्यमान है। यह प्रयोग तुलसीदास ने सम्भवतः कथावाचकों से ही लिया होगा।

सर्वनाम रूपों में मानक हिन्दी **मेरा**, अवधी **मोर** रूप स्वीकार करती है। तुलसीदास दोनों का व्यवहार करते हैं। बालकाण्ड के आरम्भ में : **भाषाबद्ध करबि मैं सोई। मोरें मन प्रबोध जेहिं होई।** यहाँ तो उन्होंने अवधी का **मोर** रूप लिया पर इसके बाद ही लिखा : **जस कछु बुधि बिबेक बल मेरें। तस कहिहउँ हियँ हरि के प्रेरें।** यहाँ उन्होंने पश्चिमी रूप **मेरे** ग्रहण किया। किसी को यह भ्रम न होना चाहिए कि पुरानी अवधी में **मोरे** के स्थान पर **मेरे** रूप का व्यवहार होता था। इसी प्रकार अनिश्चयसूचक सर्वनाम **कोई** का अवधी रूप **कोऊ** है। तुलसीदास दोनों रूपों का व्यवहार करते हैं। बालकाण्ड के आरम्भ में : **परम स्वतंत्र न सिर पर कोई। भावइ मनहि करहु तुम्ह सोई।** अयोध्याकाण्ड में : **कोउ किछु कहइ न कोइ किछु पूँछा। प्रेम भरा मन निजगति छूँछा।** **किछु** रूप अब बँगला में प्रयुक्त होता है। सर्वनाम रूप **जो** अवधी और हिन्दी दोनों में प्रयुक्त होता है। **जे** रूप पूर्वी क्षेत्र की बोलियों में प्रयुक्त होता है। तुलसीदास बहुधा इसी **जे** रूप का व्यवहार करते हैं यथा बालकाण्ड के आरंभ में : **जे पर दूषन भूषन धारी;** और, **जे पर भनिति सुनत हरषाहीं।** इसी तरह हिन्दी **कौन** का प्रतिरूप **को** है। तुलसीदास **के** रूप का व्यवहार बहुधा करते हैं यथा अयोध्याकाण्ड में : **मोहि कुमातु समेत बिहाई। कहहु कहिहि के कीन्ह भलाई।** पर यह सम्भव है कि **जे, के** रूप बोलचाल की पुरानी

अवधी में प्रयुक्त होते रहे हों और **जो, को** उसमें बाद में आए हों।

उत्तम पुरुष सर्वनाम का एकवचन रूप **हहुँ, हउँ, हौं, हूँ** पुराना है। इसका प्रमाण यह है कि यह सर्वनाम रूप क्रिया पदों के बाद प्रयुक्त होता है और वह मागधी **अम्भि, अम्हि, आमि** से भिन्न है। मागधी सर्वनाम पश्चिम में संस्कृत में, और पूर्व में बँगला में, प्रयुक्त होता रहा है, हौं रूप मध्यदेशीय है। **पढूँगा, करूँगा** आदि में इसका ऊँ चिह्न क्रिया रूप को उत्तम पुरुष से जोड़ता है। **मैं, मो, मे** आदि रूप संस्कृत के **मम** वर्ग के हैं और इनका उद्‌भव **मध** से है। अवधी में **मैं** रूप का चलन अब भी कम है। यदि जायसी और तुलसीदास की तुलना की जाए तो विदित होगा कि जायसी ने **हौं** रूप का अधिक प्रयोग किया है और तुलसीदास ने **मैं** का। **पद्‌मावत** के आरम्भ में : **वै मखदूम जगत के हौं ओहि घर के बांद; वै सुगुरु हौं चेला नित बिनवौं भा चेर; हौं पंडितन केर पछलगा।** जायसी **मैं** रूप का भी प्रयोग करते हैं जैसे **गुरु मोहदी खेवक मैं सेवा,** किन्तु इसकी आवृत्ति कम करते हैं। बालकाण्ड के आरम्भ में : **मैं पुनि निज गुरु सन सुनी; किमि समुझौं मैं जीव जड़; भाषाबद्ध करबि मैं सोई।** तुलसीदास ने भी **हौं** का प्रयोग किया है किन्तु कम। सम्भवतः उनके समय तक **हौं** का प्रयोग ब्रजभाषा में अधिक होता था, अवधी में कम। **हौं** क्रियारूप भी है। **जात हौं** अर्थात् जाता हूँ; **हौं जात हौं** अर्थात् मैं जाता हूँ। सम्भव है, क्रिया-सर्वनाम की उलझन से बचने के लिए **हौं** का प्रयोग कम कर दिया गया हो। साहित्यिक ब्रजभाषा में इसका प्रयोग अधिक होता है किन्तु तुलसीदास **विनयपत्रिका** में भी **हौं** के अतिरिक्त **मैं** का निरंतर प्रयोग करते हैं यथा **नाहिन कछु अवगुन तुम्हार अपराध मोर मैं माना; ज्ञान भवन तन दिएहु नाथ सोउ पाय न मैं प्रभु जाना।** यहाँ **मैं** सर्वनाम ही नहीं, उसके साथ **माना, जाना** क्रियारूपों का प्रयोग भी खड़ी बोली का है। **रामचरितमानस** में **मैं** के अतिरिक्त **हौं** का प्रयोग भी है यथा सुन्दरकाण्ड में : **बचनु न आव नयन भरे बारी। अहह नाथ हौं निपट बिसारी।** जो लोग समझते हैं कि कर्मवाच्य प्रयोग से **मैं** रूप का कोई विशेष सम्बन्ध है, वे बिसारी के साथ **हौं** का प्रयोग यहाँ देखें।

एक सर्वनाम रूप **किसु** है। बालकाण्ड के आरम्भ में : **नारद कर उपदेसु सुनि कहहु बसेहु किसु गेह।** इसी के वजन का एक रूप **जिसु** है। बालकाण्ड में ही : **बंदउँ बालरूप सोइ रामू। सब सिधि सुलभ जपत जिसु नामू।** हिन्दी में **जिस, किस** इसी के प्रतिरूप हैं। पुरानी उर्दू के **किसू** का सम्बन्ध **किसु** रूप से है।

रामचरितमानस में कहीं-कहीं ठेठ ब्रजभाषा के प्रयोग दिखाई देते हैं। बालकाण्ड के आरम्भ में : **सुनहि मातु मैं दीख अस सपन सुनाबहुँ तोहि।** यहाँ **सुनहि** का अर्थ यह नहीं है कि माता सुनती है वरन् माता से सुनने के लिए कहा गया है। मध्यम पुरुष एकवचन आज्ञार्थी रूप **सुनहु** को ब्रजभाषा के अनुरूप **सुनहि** लिखा गया है। ब्रजभाषा की विशेषता रूप को इकारान्त करने में है। सामान्य रूप होगा **सुनि,** अवधी में होगा **सुनु।** उसी तरह **सुनहि** और **सुनहु।** गीतावली में तुलसीदास ने लिखा : **ऋषि नृप तीस ठगौरी सी डारी...अति सनेह कातर माता कहे, सुनि सखि ! बचन दुखारी।** गीतावली में

अन्य गीत है : **तू देखि देखि री ! पथिक परम सुन्दर दोउ।** और इसके साथ तुलसीदास **सुनु, देखु** आदि रूपों का व्यवहार भी अपनी ब्रजभाषा में करते हैं। **गीतावली** में ही : **सहेली सुनु सोहिलो रे;** और—**देखु कोउ परम सुन्दर सखि ! बटोही।** तुलसीदास के इकारान्त आज्ञार्थी रूपों से सूरदास के प्रयोग तुलनीय हैं। उनका एक पद यों आरम्भ होता है : **तेरौ तब तिहिं दिन, को हितू हो हरि बिनु;** और आगे कहते हैं—**सुनि कृतघन, निसि दिन कौ सखा आपन; सूर सो सुहृद मानि, ईस्वर अन्तरजानि, सुनि सठ, झूठौ हठ कपट न ठानि।** उनका एक प्रसिद्ध पद है : **अब कैं नाथ मोहि उधारि।** ये साहित्यिक ब्रजभाषा के विशिष्ट रूप नहीं हैं वरन् बोलचाल की ब्रजभाषा के हैं। **ब्रज की लोक कहानियाँ** पुस्तक में ऐसे उदाहरण अनेक हैं : **"रानी बोली : देखि राजा ! छै महीना तक तौ तू मेरौ भैइया और मैं तेरी बहन।" "वे बोले : बताइ भइया, कोई अकलि ऐसी बताइ जाते बचि जाँइ"** (पृष्ठ 35)। तुलसीदास के **सुनहि** के जोड़ का **मानहि** प्रयोग सूरसागर में इस प्रकार है : **तू जननी अब दुख जनि मानहि।**

तुलसीदास के भाषासंस्कार अवधी के हैं। उनके समय तक काव्य में ब्रजभाषा अच्छी तरह प्रतिष्ठित हो चुकी है। उसका गहरा प्रभाव उनके ऊपर है। किन्तु जब वह ब्रजभाषा लिखते हैं तब अवधी के रूप जहाँ-तहाँ अपनी झलक दिखाते हैं। **जल को गए लक्खन हैं लरिका**—यहाँ **लरिका** शब्द में कोई विशेष अवधीपन नहीं है किन्तु **लरिकवा** कहा जाए तो अवधीपन अवश्य आ जाएगा। तुलसीदास ने इसका बहुवचन रूप **लरिकवनि गीतावली** में लिखा है। गीत आरम्भ होता है : **कोसलराय के कुअँरोटा।** आगे की पंक्ति है : **कहँ सिव चाप लरिकवनि बूझ बिहँसि चितइ तिरछौंहे।** इसी तरह **गीतावली** के एक गीत **पूजि पारबती भले भाय पाँय परिकै** में आगे पंक्ति है: **अन्तरजामिनि भवभामिनि स्वामिनि सौं हौं कही चाहौं बात मातु अन्ततौ हौं लरिकै। लरिकै तौ हौं**—यह शुद्ध अवधी की पदरचना होगी। हिन्दी की **डरना** क्रिया अवधी में ह्रस्व एकार के साथ आरम्भ होती है। **जानकी बर सुन्दर माई—गीतावली** के इस पद में लिखा है : **रहे घेरि राजीव उभय मनौं चंचरीक कछु हृदय डेराइ। भे** क्रिया रूप का व्यवहार अवधी की विशेषता प्रकट करता है। **गीतावली** में इनके अनेक उदाहरण हैं। **बूझत जनक नाथ ढोटा दोऊ काके हैं**—इस पद में : **स्वारथ रहित परमारथी कहावत हैं, भे सनेह विवस विदेहता बिबाँके हैं। भोर फूल बीनबे को गए फुलबाई हैं**—इस गीत में : **सीसनि टिपारे उपबीत पीतपट कटि दोना बाम करनि सलोने भे सवाई हैं। लाज तोरि साजि साजि**—इस गीत में : **कुँअर चढ़ाई भौंहें, अब को बिलोकै सोहैं, जहँ तहँ भे अचेत, खेत के से धीखे हैं।**

तुलसीदास की भाषा में अवधी और ब्रजभाषा

वैसे तो अवधी और ब्रजभाषा में घनिष्ठ नाता है और दोनों की क्रियापद रचना में बहुत बड़ी समानता है, इसलिए शुक्ल जी ने **जायसी-ग्रन्थावली** की भूमिका में लिखा है :

"वर्तमानकालिक क्रिया के रूप ब्रजभाषा के समान ही होते हैं। केवल मध्यमपुरुष एकवचन के रूप के अन्त में संस्कृत के समान **'सि'** होता है," फिर भी वर्तमान काल में तिङन्त रूप पुरानी अवधी में अधिक प्रयुक्त होते थे। तुलसीदास कृदन्तों से वर्तमान काल के रूप बनाकर उनका प्रयोग ब्रजभाषा में अधिक करते हैं। **फिरि बूझति हैं चलनो अब केतिक—कवितावली** की इस पंक्ति में जैसे उन्होंने **बूझति** हैं लिखा है, ऐसे प्रयोग **रामचरितमानस** में कम मिलेंगे। इसी प्रकार **गीतावली** से एक पंक्ति ऊपर उद्धृत की गई है, **स्वारथ रहित परमारथी कहावत हैं**, यहाँ **कहावत हैं** रूप में कृदन्त के आधार पर क्रियापद रचना की गई है। अवधी में वह वर्तमान काल के रूप कृदन्तों के आधार पर बनाते हैं तो होना क्रिया उसके साथ जोड़ना आवश्यक नहीं समझते। किष्किन्धाकाण्ड में : **इहाँ साप बस आवत नाहीं। आवत** रूप काफी है। आधुनिक अवधी में भी **हियाँ नहीं आवत** वाक्य अपने में पूर्ण होगा। अरण्यकाण्ड में : **आनहु चर्म कहति बैदेही—कहति** कृदन्तरूप हो सकता है, कर्ता के स्त्रीलिंग में होने से इकारान्त है, पर वह तिङन्त भी हो सकता है। ऐसे तिङन्त रूप सूफी कवियों की भाषा में हैं, इसका उल्लेख पहले किया जा चुका है। संस्कृत की परम्परा साहित्यिक अवधी रूपों में घुलमिल जाती है यथा बालकाण्ड के आरम्भ में : **रोदति बदति बहुभाँति करुना करति संकर पहिं गई।**

क्रियार्थी संज्ञा के लिए **न** और **ब**, दोनों वर्णों वाले रूपों का प्रयोग **मानस** की भाषा में हैं : बालकाण्ड के आरम्भ में : **तौ मैं जाउँ कृपायतन सादर देखन सोइ;** और—**जौं बहोरि को पूछन आवा। पूछन, देखन** रूप कर्ताकारक में प्रयुक्त नहीं होते, वहाँ **ब** वाले रूपों का प्रयोग होगा। बालकाण्ड में **मम आधीन जुगुति नृप सोई। मोर जाब तव नगर न होइ।** यहाँ **होई** क्रिया के लिए कर्ता रूप **जाब** है। इसी प्रकार कर्म कारक में इस रूप का व्यवहार होता है। उक्त चौपाई से कुछ पहले : **एवमस्तु कहि कपट मुनि बोला कुटिल बहोरि। मिलब हमार भुलाब निज कहहु त हमहि न खोरि।** कर्ता-कर्म के अलावा अन्य कारकों में उसी क्रियारूप का व्यवहार होता है जिसकी ओर शुक्ल जी ने संकेत किया था अर्थात् वर्तमानकाल का अन्यपुरुष में एकवचन तिङन्त रूप : **सबै सहेली देखै धाई। देखै** रूप कर्ता और कर्म कारकों में प्रयुक्त न होगा। जैसे सर्वनामों में भिन्न रूप कुछ कारकों के लिए सुरक्षित कर दिए गए हैं, वैसे ही कारक रचना में क्रियार्थी संज्ञा के कुछ रूप विशेष कारकों में ही प्रयुक्त होते हैं।

ब वर्ण वाले क्रिया-रूपों में विशेष विचारणीय यह है कि कर्ता या कर्म के अनुरूप इसमें लिंगभेद होता है या नहीं। कहीं-कहीं **ब** के स्थान पर **बि** या **बी** का व्यवहार होता है। इससे यह धारणा उत्पन्न होती है कि सम्भवतः ये स्त्रीलिंग रूप हैं। अरण्यकाण्ड में : **सुनहु प्रिया ब्रत रुचिर सुसीला। मैं कछु करबि ललित नर लीला।** यहाँ **लीला** कर्म है और इसके साथ इकारान्त **करबि** रूप है। इसी तरह **विनयपत्रिका** की ब्रजभाषा में **कबहुँक अंब अवसर पाइ। मेरिऔ सुधि द्याइबी कछु करुन कथा चलाइ। सुधि** के अनुरूप **द्याइबी** रूप है। अयोध्याकाण्ड में मंथरा कहती है : **हमहुँ कहबि अब ठकुर सोहाती। नाहिं त मौन रहब दिनु राती।** यहाँ **ठकुर सोहाती** के साथ तो **कहबि** है किन्तु मंथरा के लिए

मौन रहब है। लगता है, यह कृदन्त कर्म के अनुरूप लिंगभेद सूचित करता है, कर्ता से प्रभावित नहीं होता। किन्तु इसी के आगे मंथरा कहती है : **कोउ नृप होउ हमहि का हानी। चेरि छाँड़ि अब होब कि रानी।** यहाँ **रानी** कर्म है और कर्ता मंथरा भी स्त्रीलिंग है किन्तु क्रियारूप **होबि** नहीं है, **होब** है। बालकाण्ड में कपटमुनि कहता है : **नित नूतन द्विज सहस सत बरेहु सहित परिवार। मैं तुम्हरे संकलप लगि दिनहिं करबि जेवनार।** यहाँ कर्ता और कर्म दोनों पुंल्लिंग हैं, फिर भी कृदन्त इकारान्त है। इससे सिद्ध हुआ कि **करब** और **करबि** वैकल्पिक रूप हैं, लिंगभेद से उनका कोई सम्बन्ध नहीं है। एक उदाहरण **पद्मावत** से लें : **अबको हमहिं करिहि भोगिनी। हमहूँ साथ होब जोगिनी।** यहाँ कर्म और कर्ता दोनों स्त्रीलिंग हैं किन्तु **होब** रूप अकारान्त है। **पद्मावत** से एक दूसरा उदाहरण : **फागु खेलि पुनि दाहब होरी। सैंतब खेह उड़ाउब झोरी।** यहाँ **दाहब** और **उड़ाउब** दोनों क्रियारूपों के कर्म स्त्रीलिंग में हैं। इनके साथ **सैंतब** भी लें तो तीनों का कर्ता स्त्रीलिंग में है। कर्ता और कर्म किसी के अनुरूप भी कृदन्त में परिवर्तन नहीं होता। यही स्थिति **रामचरितमानस** में इस क्रियारूप की है। भाषा की विशिष्ट प्रवृत्ति के अनुरूप यह कृदन्त लिंग-वचन-पुरुष-भेद से मुक्त है।

तुलसीदास ने **ब** वर्णवाले इस रूप का व्यवहार उत्तम, मध्यम और अन्य, तीनों पुरुषों में किया है। बालकाण्ड में : **और एक तोहि कहउँ लखाऊ। मैं एहि बेष न आउब काऊ।** लंकाकाण्ड में : **तेहि बधब हम निज पानि। फिरे मरन मन महुँ ठानि।** इसी प्रकार मध्यम पुरुष में इस रूप का व्यवहार होता है। अयोध्याकाण्ड में : **तात कहउँ कछु करउँ ढिठाई। अनुचित छमब जानि लरिकाई,** और—**जौं हठ करहु प्रेमबस बामा। तो तुम्ह दुख पाउब परिनामा।** तुलसीदास बहुत जगह इसका व्यवहार अन्य पुरुष के साथ करते हैं। बालकाण्ड में : **असि प्रतीति सबके मनमाहीं। राम चाप तोरब सक नाहीं।** अयोध्याकाण्ड में : **लखन लखेउ भा अनरथ आजू। एहिं सनेह बस करब अकाजू।** करण कारक से इस रूप का कोई विशेष सम्बन्ध हो ऐसा प्रतीत नहीं होता। अयोध्याकाण्ड में अन्य उदाहरण है : **सीय कि पिय संगु परिहरिहि लखन कि रहिहहिं धाम। राजु कि भूंजब भरत पुर नृप कि जिइहि बिनु राम।** दूसरी पंक्ति में तिङन्त और कृदन्त रूपों का प्रयोग एक साथ हुआ है। पूरे दोहे में तीन तिङन्त रूप हैं, एक कृदन्त रूप है। **रामचरितमानस** में दोनों का अनुपात लगभग ऐसा ही है।

यह देखना रोचक होगा कि कृदन्त रूपों का व्यवहार तुलसीदास की ब्रजभाषा में अधिक है या उनकी अवधी में। **कवितावली, विनयपत्रिका, गीतावली,** सभी में **मानस** की अपेक्षा कृदन्त रूपों का व्यवहार अधिक है। **गीतावली** में : **आनंद उमगत आजु बिबुध बिमान बिपुल बनाइकै। गावत बजावत नटत हरषत सुमन बरषत आइकैं।** मानक हिन्दी की विशेषता है वर्तमानकालिक रूपों में कृदन्त का प्रयोग। **गावत, बजावत** आदि वैसे ही रूप हैं। समापिका क्रिया यहाँ नहीं हैं पर वैसी क्रिया के साथ भी तुलसीदास अनेक स्थलों पर पदरचना करते हैं यथा **कवितावली** में : **बूड़त जहाज बचेउ पथिक-समाज मानौं आजु जाये जानि सब अंकमाल देत हैं। अंगद मयंद नल नील बलसील महा बालधी**

फिरावैं मुख नाना गति लेत हैं। **बूड़त** रूप विशेषण है, **देत** क्रिया है। **देत** और **लेत** दोनों के साथ समापिका क्रिया लगी है। **फिरावैं** तिङन्त रूप भी है। फिरावैं के साथ समापिका क्रिया लगा दी जाए तो ब्रजभाषा और खड़ी बोली के बोलचाल वाले क्रियारूप मिल जाएँगे जहाँ तिङन्त रूप कृदन्त के समान प्रयुक्त होता है। **विनयपत्रिका** में लिखा है : **जानि पहिचानि मैं बिसारे हौं कृपानिधान एतो मानि ढीठ हौं उलटि देत खोरि हौं। गाड़ी के स्वान की नाईं माया मोह की बड़ाई छिनहि तजत छिन भजत बहोरि हौं।** उत्तम पुरुष एकवचन रूप **उलटि देत हौं, भजत हौं** के आधुनिक हिन्दी रूप होंगे **उलट देता हूँ, भजता हूँ। हौं** और **हूँ** का ऐसा ही सम्बन्ध है। **हौं** यहाँ सर्वनाम नहीं है, यह **मैं बिसारे हौं** से स्पष्ट है। आकारान्त कृदन्त रूप बाँगरू, पंजाबी, मानक हिन्दी की विशेषता हैं। **त** प्रत्यय वाले कृदन्त रूप का व्यवहार समापिका क्रिया के साथ तुलसीदास के समय में खूब होने लगा था।

विनयपत्रिका की उक्त पद में भविष्य काल के तिङन्त रूप **निहोरिहौं, बोरिहौं** आदि हैं और इस पद के बाद ही भविष्य काल के **ग** वाले रूप हैं : **रावरी सुधारी जो बिगारी बिगरैगी मेरी कहौं बलि बेद की न लोकु कहा कहैगो।** और इसी प्रकार **दहैगो, सहैगो, रहैगो, लहैगी** रूप पद के अन्त तक चले गए हैं। **बिगरैगी** और मानक हिन्दी के **बिगड़ेगी** प्रयोग में विशेष अन्तर नहीं है। **कहैगो** आदि ओकारान्त रूप ब्रजभाषा की प्रवृत्ति के अनुसार हैं। मानक हिन्दी में, बाँगरू, पंजाबी के समान, आकारान्त **गा** रूप होगा। **ग** कृदन्त प्रत्यय है, वह तिङन्त रूप **कहै, दहै** आदि के साथ जोड़ा जाता है। **कहेगा** जैसा रूप तुलसीदास की ब्रजभाषा के बहुत समीप है। इसके बाद के पद में पहली पंक्ति में : **साहिब उदास भए दास खास खीस होत मेरी कहा चली हों बजाइ जाइ रह्यो हौं।** यहाँ **भए, चली** रूप आधुनिक हिन्दी के भूतकालीन कृदन्तों के समान हैं। **जाइ रह्योहौं** का हिन्दी रूपान्तर होगा **जा रहा हूँ।** इस प्रकार ब्रजभाषा के रूप आधुनिक हिन्दी क्रियारूपों से बहुत मिलते-जुलते हैं।

सूरसागर में तिङन्त रूपों का व्यवहार अवधी के समान खूब होता है। कृदन्त रूप **पद्मावत या रामचरितमानस** की अपेक्षा सूरसागर में अधिक है। इनमें **ब** वाला कृदन्त रूप भविष्य काल के लिए प्रयुक्त नहीं होता, वह क्रियार्थी संज्ञा रूप में प्रयुक्त होता है। अवधी में उसका व्यवहार कर्ता-कर्म कारकों में ही होता है, ब्रजभाषा में ऐसा कोई बंधन नहीं है। **अपनो पिय ढूंढति फिरौं मोहि मिलिबे को चाव।** (नन्ददुलारे वाजपेयी द्वारा सम्पादित, नागरी प्रचारिणी सभा काशी द्वारा प्रकाशित **सूरसागर** से यहाँ पंक्तियाँ उद्धृत की जा रही हैं; पृष्ठ 643)। **अति चटपटी देखिबे चाहत अब लागे अकुलान** (पृष्ठ 1365)। **ब** वाले कृदन्त रूप के अलावा **न** वाले कृदन्त रूपों का व्यवहार भी, अवधी के समान, सूरदास की ब्रजभाषा में होता है। पद की प्रथम पंक्ति में : **नयना अब लगे पछतान,** और पहले उद्धृत पंक्ति में **अकुलान।** अवधी और ब्रजभाषा की क्रियापद रचना में बहुत बड़ी समानता है, इसमें संदेह नहीं।

अवधी का मूलाधार प्राचीन कोसली समुदाय की गणभाषाएँ

अवधी किसी अर्धमागधी प्राकृत या अपभ्रंश की पुत्री नहीं है। वास्तव में बँगला और मगही किसी एक मागधी भाषा से उत्पन्न नहीं हुईं। अवधी का मूलाधार प्राचीन कोसली समुदाय की गणभाषाएँ हैं। कारक-रचना और क्रियापद रचना दोनों में इस समुदाय की विशेषता थी, सर्वनाम चिह्नों का व्यवहार। इसी से भाषा की संश्लिष्ट प्रकृति का जन्म हुआ। इस समुदाय के समानान्तर कौरवी समुदाय का भाषा क्षेत्र था जो कारकों और क्रियापदों को सर्वनाम चिह्नों से मुक्त रखता था; कारकभेद, क्रियारूप में पुरुषभेद संदर्भ से पहचाना जाता था। यही क्षेत्र कृदन्तों के प्रसार का मुख्य केन्द्र बना; क्रियाभाव व्यक्त करने वाले कृदन्तों की विशेषता, उनके प्रसार का मुख्य कारण, सर्वनाम-चिह्नों के बन्धन से इन कृदन्तों की मुक्ति थी। यदि संस्कृत में कृदन्तों के चलन से **उक्ति-व्यक्ति-प्रकरण** की अवधी में कृदन्तों के व्यवहार की तुलना की जाए तो ज्ञात होगा कि संस्कृत में उनका चलन अधिक व्यापक है। भूतकाल के लिए **किएसि, पएसि, जेंवेसि** आदि तिङन्त रूपों का व्यवहार होता है; अकर्मक क्रियारूपों में कृदन्तों की पैठ आरम्भ हुई है। भविष्यकाल के लिए **करिह, पैह, जेंविह** आदि तिङन्त रूप हैं। वर्तमान के लिए **मिलइ, फरइ** जैसे तिङन्त रूप हैं। इनके **मिलहि, फुरहि** आदि पूर्वरूप जायसी और तुलसीदास की अवधी में मिलते हैं। इनमें जो **हि** सर्वनाम-चिह्न दिखाई देता है, वह **धि** का रूपान्तर है। **ति** का रूपान्तर **हि** में होता था, इसका प्रमाण नहीं है किन्तु **धि** का रूपान्तर **हि** में होता था, इसका प्रमाण **ऋग्वेद** में ही है। **वायवा याहि दर्शते मे सोमा अरंकृताः। तेषां पाहि श्रुधी हवम्।** (1-2-1)। यहाँ **याहि** और **पाहि** आज्ञार्थी रूपों में तो **हि** है किन्तु **श्रुधी** (अर्थात् **श्रुधि**) में **धि** है। यह **श्रुधि** भी आज्ञार्थी रूप है; उससे हम पहचानते हैं कि **याहि** और **पाहि** के पूर्वरूप **याधि** और **पाधि** थे। इसी तरह के रूप कोसल की प्राचीन भाषा में थे। वैदिक भाषा का **धि** मध्यम पुरुष एकवचम का चिह्न है; कोसली में वह अन्य पुरुष एकवचन का चिह्न था। वर्तमान काल के लिए **उक्ति-व्यक्ति-प्रकरण** में सर्वनाम चिह्नों में मुक्त **माँग, मान, खा** आदि रूप हैं जो विश्लिष्ट पद्धति का प्रसार सूचित करते हैं किन्तु ये कृदन्त नहीं हैं, ये लिंगभेद सूचित नहीं करते, दामोदर पंडित स्वभावतः इनके संस्कृत रूपान्तर में कृदन्तों के बदले **मंगति, मानयति, खादति** तिङन्त रूप देते हैं। जायसी और तुलसीदास की अवधी में ऐसे रूपों का व्यवहार कम है।

अपभ्रंश का ध्वनितंत्र मूलतः प्राकृतों का है, उसका रूपतंत्र अंशतः प्राकृतों का है और अंशतः देशी भाषाओं का। अन्य देशी भाषाओं से अवधी के तत्त्व उसमें अधिक हैं। कारक रचना की अपेक्षा क्रियापद रचना में अपभ्रंश अपनी संश्लिष्ट प्रकृति का परिचय अधिक देती है। विश्लिष्ट तंत्र का प्रभाव कारक रचना पर अधिक दिखाई देता है। यही बात जायसी और तुलसीदास की अवधी पर लागू होती है। इस अवधी में भाषा के बहुत से पुराने रूप हैं किन्तु उस समय एक व्यापक साहित्यिक भाषा का प्रसार हो रहा है जिसमें अनेक जनपदीय भाषाओं के तत्त्व हैं, अतः सभी रूपों को अवधी के पुराने

रूप न मान लेना चाहिए। क्रिया के कर्मवाच्य प्रयोग विशेष रूप से, पश्चिमी भाषाओं के प्रभाव के कारण, साहित्यिक अवधी में आए हैं, बोलचाल की अवधी अब भी उनसे मुक्त है।

कोसल की जनपदीय भाषा उत्तर भारत में लगभग डेढ़ हजार साल तक संपर्क भाषा रही है। गौतम बुद्ध और श्रावस्ती के वैभवकाल से लेकर बारहवीं सदी में गोविन्द चन्द्र गहड़वार और दामोदर पंडित के समय तक अवधी (अथवा प्राचीन कोसली) यह भूमिका निबाहती रही थी। संस्कृत, पालि, प्राकृत का व्यवहार इस अवधी की अपेक्षा बहुत सीमित था; ग्रंथ रचना में उनकी प्रधानता थी; बोलचाल के स्तर पर अवधी का व्यवहार होता था। पुरानी अवधी के व्यापक व्यवहार का ही यह परिणाम था कि उसके रूप सुदूर पूरब और पच्छिम की भाषाओं में मिलते हैं; उसके रूप खड़ी बोली और ब्रजभाषाओं में व्यापक रूप से विद्यमान हैं; अवधी रूप **पावहु** के बिना **पावहुगे** जैसी क्रियापद रचना संभव नहीं है और **पाओगे** (या **पावोगे**) का पूर्वरूप **पावहुगे** है। अवधी स्वयं उत्तर पश्चिमी भाषाओं की विन्यास-पद्धतियों से प्रभावित हुई है और अनेक तत्त्व उसने मागधी भाषाओं से ग्रहण किए हैं। इन तत्त्वों में **ब**-वाला कृदन्त रूप मुख्य है। अवधी की निकटवर्ती उपभाषाओं—बुन्देलखंडी और कनौजी—का ढाँचा अवधी का है; इनके ध्वनितंत्र और रूपतंत्र पर उत्तर पश्चिमी भाषाओं का जितना प्रभाव है, उतना अवधी पर नहीं है। कान्यकुब्ज साम्राज्य के विघटन के बाद संपर्क भाषा के रूप में अवधी की भूमिका समाप्त हुई किन्तु साहित्य में वह अभिव्यक्ति का समर्थ माध्यम बनकर पहली बार प्रतिष्ठित हुई। कान्यकुब्ज साम्राज्य का विघटन उत्तर भारत में सामन्ती व्यवस्था के विघटन का भी एक लक्षण था; इस साम्राज्य का विघटन संस्कृत-प्राकृत-अपभ्रंश के आधिपत्य का विघटन भी था। विघटन के साथ नव-निर्माण की प्रक्रिया जारी थी। आधुनिक हिन्दी के अभ्युदय और प्रसार की परिस्थितियाँ तैयार हो रही थीं। आधुनिक हिन्दी की इस विकास-प्रक्रिया में ब्रजभाषा का योगदान महत्त्वपूर्ण था।

10

ब्रज

आधुनिक हिन्दी के विकास का मूल आधार

सूरदास की ब्रजभाषा और बोलचाल की आधुनिक ब्रजभाषा को देखने से ऐसा लगता है कि इसमें अवधी और बाँगरू दोनों के तत्त्व हैं और इसका अपना स्वतंत्र अस्तित्व नहीं है, विशेष रूप से क्रियापद रचना में; जहाँ भविष्यकाल के रूपों में **ग** चिह्न है, वहाँ बाँगरू का प्रभाव है, वर्तमान काल के तिङन्तरूप अवधी से आए हैं। कृदन्तों का व्यवहार उत्तरकालीन संस्कृत में अधिकाधिक होने लगा था और इनके प्रसार का मुख्य केन्द्र कुरु जनपद था जैसे तिङन्त रूपों का मुख्य केन्द्र कोसल जनपद था। कोसल और कुरु जनपदों के बीच में स्थित होने से ब्रजभाषा का दोनों ओर से अनेक तत्त्व ग्रहण करना स्वाभाविक था पर उसने अपनी मध्य स्थिति के कारण दोनों ओर की भाषाओं को प्रभावित भी किया है। पुरानी उर्दू समेत आधुनिक हिन्दी का विकास ब्रजभाषा के प्रभाव को ध्यान में रखे बिना समझ में नहीं आ सकता।

शूरसेनी भाषा-समुदाय और मागधी भाषा-समुदाय

कोसल के पूर्व में भोजपुरी, मगही, मैथिली, बँगला, असमिया और उड़िया का एक मागधी भाषा समुदाय है, वैसे ही कोसल के पश्चिम में ब्रज, राजस्थान, गुजरात और सिन्धी का एक शूरसेनी भाषा-समुदाय है, और कोसल के उत्तर में हरियाणा, पंजाब, जम्मू और हिमाचल प्रदेश की भाषाओं का एक कौरवी समुदाय है। मगही और मैथिली में महत्त्वपूर्ण भेद है, वैसे ही ब्रजभाषा और राजस्थानी में महत्त्वपूर्ण भेद है, बाँगरू और पंजाबी में भेद है। पूर्वी बंगाल की बँगला, पश्चिमी बंगाल की बँगला की अपेक्षा, अवधी से अधिक दूर है; वैसे ही राजस्थानी की अपेक्षा सिन्धी ब्रजभाषा से अधिक दूर है और पूर्वी पंजाब की भाषा की अपेक्षा पश्चिमी पंजाब की भाषा बाँगरू से अधिक दूर है। बाँगरू का क्षेत्र आधुनिक हिन्दी का आधार क्षेत्र है, यह बात पंजाबी के बारे में नहीं कही जा सकती। ब्रजभाषा और अवधी का जैसा घनिष्ठ सम्बन्ध है, वैसा सम्बन्ध

गुजराती और अवधी का नहीं है। बँगला का क्षेत्र अलग बन गया है; मगही, मैथिली और भोजपुरी के क्षेत्र साहित्यिक हिन्दी के प्रधान क्षेत्र रहे हैं। हिन्दी प्रदेश की जनपदीय भाषाओं को एक दूसरे के निकट लाने में, अवधी के बाद, ब्रजभाषा की महत्त्वपूर्ण भूमिका रही है, और इन दोनों के सहयोग से बाँगरू ने, आधुनिक हिन्दी के रूप में एक व्यापक जातीय भाषा की भूमिका निबाही है। वास्तविक या कल्पित अपभ्रंशों से ब्रज या भोजपुरी का सम्बन्ध जोड़ कर हिन्दी प्रदेश के भाषायी विकास की व्याख्या नहीं की जा सकती। उसके लिए जनपदीय भाषाओं के विकासमान पारस्परिक सम्बन्धों को ध्यान में रखना होगा।

ब्रजभाषा को, अवधी और बाँगरू से भिन्न, राजस्थानी-गुजराती से मिलाने वाली एक प्रवृत्ति बहुत स्पष्ट है, वह है ओकारान्त रूपों का व्यवहार। बाँगरू में जहाँ आकारान्त रूप हैं, वहाँ बहुधा ब्रजभाषा में ओकारान्त रूप होते हैं जैसें **गया** और **गओ, मेरा** और **मेरो**। विद्वानों का कहना है कि संस्कृत में जहाँ विसर्ग होते थे, वहाँ ब्रजभाषा में ओकार हुआ, **गतः** से **गओ** रूप बना। इंडोयूरोपियन भाषा परिवार के सन्दर्भ में इस प्रवृत्ति को देखें तो विदित होगा कि भारत से बाहर एक भाषा और है जिसमें यही प्रवृत्ति है। लैटिन से इतावली भाषा का वैसा ही सम्बन्ध है जैसा ब्रजभाषा का संस्कृत से है। इतालवी भाषा में ओकारान्त रूप ब्रजभाषा से कुछ अधिक ही हैं। लैटिन के जिन शब्दों के अन्त में **स्** है, वहाँ **स्** को विसर्गों का प्रतिरूप मानकर कहा जा सकता है कि उस ध्वनि के कारण इतालवी रूप ओकारान्त हुए हैं। किन्तु लैटिन में ऐसे शब्द भी हैं जिनके अन्त में **-म्** है और उनके इतालवी रूप ओकारान्त हैं। इनके अतिरिक्त लैटिन के कुछ इकारान्त रूप हैं जिनके इतालवी प्रतिरूप ओकारान्त हैं। जैसे काशी से लेकर ढाका तक संस्कृत के अकार का उच्चारण गोलाकार होता है और यह प्रवृत्ति भारत के बाहर भी है, वैसे ही ब्रजभाषा के ओकारान्त रूपों में झलकने वाली प्रवृत्ति अत्यन्त प्राचीन है और भारत से बाहर भी है। इतालवी के रूपों को लैटिन से व्युत्पन्न सिद्ध करना कठिन है; वैसे ही **मेरो** को **मम** से व्युत्पन्न सिद्ध करना कठिन है। लैटिन और इतालवी भाषाओं के कुछ प्रतिरूप उदाहरण रूप में लेना प्रासंगिक होगा। संज्ञा, सर्वनाम, विशेषण, सभी वर्गों के शब्दों में ऐसे ओकारान्त शब्द हैं। पहले लैटिन रूप देते हैं, उसके बाद इतालवी प्रतिरूप : **अमिकुस्** (मित्र)—**अमिको; असिनुस्** (गधा)—**असिनो; अर्मेन्तुम्** (गोरू)—**अर्मेन्तो; अर्गेन्तुम** (चाँदी)—**अर्जेन्तो; अन्तिकुउम्** (प्राचीन)—**अन्तिको; अमारुस्** (कटु)—**अमारो; मेई** (मेरा)—**मिओ; तुई** (तेरा)—**तुओ; सुई** (उसका)—**सुओ**। ध्वनि परिवर्तन के किसी नियम के अन्तर्गत इतावली के रूपों को लैटिन के आधार पर सिद्ध करना असंभव है, साथ ही दोनों भाषाओं के रूप मूलतः एक हैं इसमें भी सन्देह नहीं। इस भेद-अभेद की स्थिति का कारण यह है कि जिस बोली के आधार पर लैटिन का विकास हुआ, उसके समानान्तर ओकारान्त प्रवृत्ति वाली दूसरी बोली भी थी जिसके आधार पर इतालवी का विकास हुआ और इन दोनों प्राचीन बोलियों में निकट सम्पर्क के कारण शब्द भंडार में बड़ी समानता थी। संस्कृत में **गतः** आदि रूप मूलतः ब्रजभाषा या इतालवी के समान,

ओकारान्त नहीं होते। तर्कसंगत बात यह है कि संस्कृत में जहाँ **गतः** बदल कर **गतो** होता है, वहाँ वह किसी ऐसी भाषा के प्रभाव से होता है जिसमें ओकारान्त शब्दों के व्यवहार की प्रवृत्ति विद्यमान है। **बहन** और **बोन** के उदाहरण पर ध्यान दें तो **गतो** रूप मागधी प्रभाव से उत्पन्न विदित होगा। किन्तु **मागधी** भाषाओं में ऐसे ओकारान्त रूप नहीं होते जैसे ब्रजभाषा में होते हैं। **मेरो** के समानान्तर बँगला में **आमार** होगा, अवधी **हमार** के समान। इसलिए ब्रजभाषा के ओकारान्त रूपों का विकास मागधी प्रभाव से स्वतन्त्र मानना चाहिए, वैसे ही जैसे अवधी के उकारान्त रूपों का विकास स्वतन्त्र हुआ है। जिस जनपद में वृष्णि, अन्धक नाम के प्रसिद्ध गणसमाज पहले रहते थे, उसमें ओकारान्त रूपों का व्यवहार होता था, यह तर्कसंगत निष्कर्ष है। वह प्रवृत्ति ब्रजभाषा तथा अन्य पश्चिमी भारतीय भाषाओं में अब तक विद्यमान है।

राजस्थानी, गुजराती और ब्रज

राजस्थानी, गुजराती आदि में मूर्धन्य नासिक्य का व्यवहार वैसे ही होता है जैसे बाँगरू और पंजाबी में। राजस्थानी-गुजराती से ब्रजभाषा का गहरा सम्बन्ध है किन्तु ब्रजभाषा में **ण्** ध्वनि का नितान्त अभाव है, न वह साहित्यिक ब्रजभाषा में है, न आज की बोलचाल की ब्रजभाषा में। जो लोग शूरसेनी अपभ्रंश से ब्रजभाषा को उत्पन्न मानते हैं वे इस बात की कैफियत नहीं देते कि इस अपभ्रंश में **ण्** की भरमार है पर ब्रजभाषा से अकस्मात् उसका लोप कैसे हो गया। अपभ्रंश को पुरानी राजस्थानी और गुजराती मानने वाले विद्वान् भी अनेक हैं। अपभ्रंश का **ण्** राजस्थानी और गुजराती में ही नहीं, बाँगरू और पंजाबी में भी है, इसका कारण क्या है ? जिन्हें हम शूरसेनी समुदाय और कौरवी समुदाय कह चुके हैं, उन दोनों में मूर्धन्य नासिक्य का व्यवहार एक सामान्य प्रवृत्ति है। इनसे भिन्न कोसली और मागधी समुदायों की भाषाएँ दन्त्य या वर्त्स्य नासिक्य का व्यवहार ही करती हैं। केवल उड़िया में **ण्** का सीमित व्यवहार होता है। शूरसेन जनपद की प्राचीन भाषा में, गणसमाजों के युग की भाषा में, **ण्** का व्यवहार होता था या नहीं ? मेरा अनुमान है कि होता था। ब्रजभाषा से उसका लोप वैसे ही हुआ है जैसे मगही से **श्** का। यह **श्** मगध से हटकर बंगाल में सुरक्षित है, वैसे ही **ण्** ब्रज से हटकर राजस्थान और गुजरात में सुरक्षित है। इंडोयूरोपियन परिवार की भाषाओं से यहाँ भी एक उदाहरण दिया जा सकता है। नार्वे और स्वीडन की भाषाएँ जर्मन समुदाय के अन्तर्गत हैं। इन भाषाओं में **ण्** का व्यवहार होता है किन्तु जर्मन में नहीं होता। नार्वे और स्वीडन के कुछ जनसमुदाय पहले उत्तर इंगलैंड में आ बसे थे। इसका परिणाम यह है कि नार्थम्बरलैंड की भाषा में—यानी अंग्रेज़ी के उत्तरी रूप में—**ण्** का व्यवहार अब भी होता है पर जर्मन की तरह अंग्रेज़ी में उसका व्यवहार नहीं होता। ब्रज प्रदेश के पड़ोस में कोसल है। अवधी और ब्रजभाषा के क्रियारूपों का अध्ययन करने से विदित होता है कि इन दोनों भाषाओं में बड़ी गहरी व्याकरणगत समानता है,

इसलिए दोनों में ध्वनिगत समानता भी हो तो आश्चर्य न होना चाहिए। एक ओर ओकारान्त रूप ब्रजभाषा को अवधी से अलग करते हैं, दूसरी ओर **ण्** के स्थान पर **न्** का व्यवहार उसे अवधी से जोड़ता है। इस सन्दर्भ में ब्रजभाषा, बाँगरू की अपेक्षा, अवधी के अधिक समीप है।

अवधी, बाँगरू और ब्रज

अवधी में मूर्धन्य और तालव्य सकारों का अभाव है। संस्कृत से तद्भव रूप बनाते हुए ब्रजभाषा **श्** को **स्** में बदल देती है। ब्रजभाषा को **भाखा** भी कहा जाता था। **ष्** का **ख्** में बदलना मागधी प्रभाव के कारण है। मगही और मैथिली में एक भेद **ह** और **छ** वाली समापिका क्रिया के रूपों को लेकर है। मगही **ह** रूपवाले क्षेत्र में है और मैथिली **छ** वाले क्षेत्र में। उससे मिलता-जुलता भेद राजस्थानी और ब्रजभाषा में है। ब्रजभाषा में **छ** क्रिया का व्यवहार नहीं होता किन्तु राजस्थानी-गुजराती में उसका चलन खूब है। पड़ोस में **है** के अलावा बाँगरू का **सै** रूप भी प्रचलित है किन्तु ब्रजभाषा ने **ह** वाला रूप ही लिया है। मेरी समझ में इसका कारण भी अवधी का प्रभाव है। एक दूसरा उदाहरण **ब्** ध्वनि का लिया जा सकता है। पुरानी साहित्यिक ब्रजभाषा और आधुनिक बोलचाल की ब्रजभाषा दोनों में **ब्** की भरमार है। ब्रजप्रदेश की पुरानी गणभाषाओं में **ण्** के समान **व्** का व्यवहार भी होता रहा होगा, इस कारण गुजराती और राजस्थानी में इसका व्यवहार अब भी होता है। किन्तु ब्रजभाषा सर्वत्र संस्कृत शब्दों या पड़ोसी आर्य भाषाओं के शब्दों में जहाँ **व्** हो, वहाँ उसे **ब्** में नहीं बदलती। जिसे ब्रजभाषा कहते हैं, वह व्यवहारतः अनेक बोलियों का समुदाय है। हिन्दी **वह** का प्रतिरूप कई जगह **ग्वु** बोला जाता है। यह अवश्य ही उस भाषा की प्रवृत्ति है जिसमें कवर्गीय ध्वनियाँ प्रमुख थीं। **व्** का सीधा उच्चारण कठिन होने से उसके पहले सघोष कण्ठ्य ध्वनि जोड़ दी गई। इसी प्रकार **वह** का एक प्रतिरूप **ब्वा** भी है। एक लोककथा में इस तरह के प्रयोग हैं : **अब नट ब्वा डोरा कूं पकरि कैं ऊपर चढ़ि गयौ (ब्रज की लोक कहानियाँ,** पृष्ठ 33); **आप ब्वाइ राखि कैं कहा करौगे, ब्वाई बखत अपनौ चोला छोड़ि कैं राजा के चोला में जाइ घुस्यौ** (उप., पृष्ठ 34); **ब्वा साहूकार पै बुरौ समैयो आइगौ** (उप., पृष्ठ 158)। इस तरह के प्रयोग उन पुरानी भाषाओं की प्रवृत्ति के कारण हैं जिनमें कण्ठ्य की अपेक्षा ओष्ठ्य ध्वनियों का व्यवहार अधिक होता था। बँगला से ब्रजभाषा की भिन्नता ध्यान में रखनी चाहिए। शब्द का आदिस्थान छोड़कर ब्रजभाषा में **व्** और **य्** ध्वनियों का व्यवहार होता है।

राजस्थानी, पंजाबी और बाँगरू में **ल्** के अतिरिक्त मूर्धन्य पार्श्विक ध्वनि **ळ्** का व्यवहार भी होता है। यह ध्वनि मराठी तथा द्रविड़ भाषाओं में भी है। जैसे बाँगरू का एक शब्द **काळ**। यह हिन्दी में **काला** बोला जाएगा। सम्भव है, शूरसेन जनपद की पुरानी भाषा में यह ध्वनि भी रही हो। प्रसिद्ध है कि उत्तर-पश्चिमी भाषाएँ लकार प्रधान रही

हैं पर ब्रजभाषा, अवधी के समान, र् ध्वनि का व्यवहार अधिक करती है। **काळा** तो दूर, **काला** भी ब्रजभाषा में नहीं चलता, **कारो** रूप ही स्वीकृत है।

मेरा, मेरौ, मोर–इन तीनों रूपों में एक अन्तर यह है कि ब्रज **मेरौ**, बाँगरू **मेरा** के अन्तिम स्वर दीर्घ हैं, अवधी **मोर** का अन्तिम स्वर ह्रस्व है। सूरदास की ब्रजभाषा में, तथा आधुनिक ब्रजभाषा में भी, कुछ सर्वनाम, विशेषण और कृदन्त ऐसे हैं जिनका अन्तिम स्वर दीर्घ है, पर उनके अवधी प्रतिरूप का अन्तिम स्वर ह्रस्व होगा। **सूरसागर** में जो रूप आए हैं, उनमें से कुछ उदाहरण के लिए दिए जाते हैं। **तेरे, तिहारे, हमारे** सर्वनाम रूपों के अवधी रूप **तोर, हमार, तिहार** होंगे; **तेरा, हमारा, तुम्हारा** आदि हिन्दी रूप आकारान्त हैं। **आँधरो** जैसा विशेषण अवधी में **आँधर होगा। ऐसो** विशेषक अवधी में **अइस** होगा। **जातौ–जात; दयौ–दीन्ह, दीन्हेसि; बुढ़ानी–बुढ़ान, बुढ़ानि; हिरानी–हॅरान, हिरानि; ठाढ़ौ–ठाढ़;** यहाँ दोनों भाषाओं के ध्वनितंत्र का भेद देखा जा सकता है। अन्तिम स्वर **औ** हो चाहे **ई**, अवधी रूपों में वह ह्रस्व दिखाई देता है। **गई** रूप **गइ** बोला जाएगा और यही अब अवधी का स्त्रीलिंग कृदन्त **गै** है। इसी प्रकार **भई** के समानान्तर अवधी के **भइ** और **भै** रूप हैं। ब्रज और बाँगरू दीर्घ स्वरों की सामान्य प्रवृत्ति प्रदर्शित करती हैं। वर्तमानकालीन कृदन्त **देत** ब्रजभाषा में, अवधी के ही समान, ह्रस्व स्वरान्त है, हिन्दी में **देता** रूप होगा। ब्रजभाषा ने बाँगरू और अवधी, दोनों के ध्वनितंत्र की विशेषताएँ ग्रहण की हैं।

बाँगरू और ब्रजभाषा

बाँगरू और ब्रजभाषा में एक महत्त्वपूर्ण भेद तिङन्त और कृदन्त प्रयोगों को लेकर है। बोलचाल की बाँगरू में तिङन्त प्रयोगों की भरमार है, विशेषतः वर्तमानकाल के रूपों में, किन्तु बोलचाल की ब्रजभाषा में इनका अनुपात कम है। **ब्रज की लोक कहानियाँ** में तिङन्त रूपों के ऐसे उदाहरण हैं : **''सो बु खूब दूध पीबै''** (पृष्ठ 3); **''तेरे न्याँ मोइ कछूई नांय दीखै''** (पृष्ठ 12)। इनके विपरीत कृदन्त रूप बहुत हैं। **''कहूँ आदमी के अगार बइअर बैठि सकत्यै''** (पृष्ठ 10, अर्थात् बैठ सकती है); **''आजु कहा बातै जो बाहर जातौ''** (पृष्ठ 13, जाते हो) **''तोपै जो कछू होइ सो धरिदै नईं तो तोइ मारतिऊँ''** (पृष्ठ 56, **मारती हूँ**), **''एक अस्सी कोस जाँतिऐ औरु एक साठ कोस जाँतिऐ''** (पृष्ठ 58, **जाती है**), **''जाते हम पल्ली पारि पहुँचिबो चाहँतऐं''** (पृष्ठ 105, **चाहते हैं**) **''अब राज के बेटा ने पूछी कै यार अब मैं पूछे बिना नाउं मान सकतु''** (पृष्ठ 139, **मान सकता हूँ।**) डा. सत्येन्द्र द्वारा सम्पादित **ब्रज की लोक कहानियाँ** पुस्तक में अनेक स्थानों से लोक कथाएँ लेकर संग्रहीत की गई हैं। इससे कृदन्त प्रयोगों की व्यापकता का पता चलेगा। अवधी में वर्तमानकाल के रूपों में सर्वत्र अब **त** प्रत्यय वाले कृदन्तों का व्यवहार होता है यद्यपि जायसी और तुलसीदास की भाषा में ऐसे रूपों का अनुपात कम है। यदि स्वयं तुलसीदास की ब्रजभाषा की तुलना उनकी अवधी से की जाए तो

विदित होगा कि अवधी की अपेक्षा उनकी ब्रजभाषा में कृदन्त प्रयोगों की बहुलता है। इससे यह निष्कर्ष निकलता है कि कृदन्त रूपों के व्यवहार का एक प्रसार केन्द्र ब्रज क्षेत्र था। यह बात तब और पुष्ट होती है जब हम बाँगरू के वर्तमानकालिक क्रियारूप देखते हैं।

डा. जगदेवसिंह ने **ए डिस्क्रिप्टिव ग्रामर आफ बाँगरू** नाम से बाँगरू का जो व्याकरण लिखा है, उसमें इस तरह के उदाहरण मिलते हैं : **बाळक खेल्हैं** स–बालक खेलते हैं; **खूब जाणूँ सूँ**–खूब जानता हूँ; **राम पड्ढै सै**–राम पढ़ता है; **जाऊं जाऊं कहन्दा रहै सै**–जाऊँ जाऊँ कहता रहता है (कृदन्त विशेषण रूप में है, क्रियारूप में नहीं); **घोड़ा करड़ा भाजै सै**–घोड़ा तेज भागता है; **राम बैठ्या बैठ्या दूध पीबै सै**–राम बैठा-बैठा दूध पीता है; **मन्नै तिरणा आवै सै**–मुझे तैरना आता है; **कोए आया दिखै**–कोई आया दिखता है। जहाँ नकारात्मक वाक्य रचना होती है, वहाँ कृदन्त रूप का व्यवहार होता है यथा **राम न्हाइ कर्दा**–राम नहीं करता है। भूतकालीन रूपों में भी बाँगरू कृदन्त के बिना काम चलाती है। **राम घराँ जा था**–राम घर जाता था; **चाहवै था**–चाहता था; **मर्यामर्या करै था**–मरा मरा करता था। **था, गा, सै** तीनों के साथ तीनों कालों में तिङन्त रूपों का व्यवहार हो सकता है : **काटूं सूं, काटूं था, काटूँगा**। मानक हिन्दी में अब **काटूँगा** रूप ही स्वीकृत है। **काटूँ सू** और **काटूं था** की जगह कृदन्त वाले रूप **काटता हूँ, काटता था** चलते हैं। "कुत्ता सवनि के लत्तानु पकरि कैं खैंचै। परि काऊ की समझ में ब्वा की बात ई न आवै।" (**ब्रज की लोक कहानियाँ**, पृष्ठ 56)। यहाँ **खैंचै, आवै** भूतकाल का बोध कराते हैं। इनके बारे में कहा जा सकता है कि ये वास्तव में वर्तमानकाल के रूप हैं और भूतकाल के लिए उनका प्रयोग हुआ है। कृदन्त रूप, बाँगरू की अपेक्षा ब्रजभाषा में, अतीतकाल के लिए अधिक प्रयुक्त होते हैं। **बु नित्तदान पुन्न कियो करत्वो** (पृष्ठ 9, **करता था**); **वे जमुना जी की उल्ली पारि एक भाटि में रह्यौ करतए** (पृष्ठ 105, **रहा करते थे**); **परि ब्वा कौ मनु नाओ लगतु; ब्वा सहर में एक साहूकार रह्यौ करतो; साहूकार जब जाइकैं ब्वा में डुबकी लगाओ करतुओ, तौ ब्वा के हाथन में हीरा, पन्ना, जवाहिराति आइ जायौ करतुऐ** (पृष्ठ 55, **लगता था, करता था, करते थे**) । भविष्यकाल में **ग** चिह्न ही, कृदन्त प्रत्यय के समान, बदलता है; मूल क्रिया ब्रज और बाँगरू, दोनों में तिङन्त रहती है और यह तिङन्त रूप वर्तमानकाल का है। **जाहि** अर्थात् जाता है, **जाहि** से **जाइ**, और **जाय** रूप बने और **ग** जोड़ने पर **जायगा, जायगी** क्रिया रूप निर्मित हुए। **जाता है, जाती है** रूपों में वर्तमानकालिक कृदन्त लिंगभेद सूचित करता है, पुरुषभेद नहीं। **मैं जाता हूँ, तू जाता है**, यहाँ पुरुषभेद होने से **जाता** में कोई परिवर्तन नहीं हुआ। किन्तु मैं **जाऊँगा**, यहाँ **जाय** से काम न चलेगा। तिङन्त रूप है, पुरुषभेद सूचित करेगा।

क्रियार्थी संज्ञा के लिए ब्रजभाषा में **ब** वाले पूर्वी रूप प्रयुक्त होते हैं किन्तु इनकी पैठ बाँगरू क्षेत्र में नहीं हुई। यहाँ **न** वाले रूप का चलन है। **ऑह कहण लाग्या**–वह कहने लगा; **आज पड्ढण लागूंगा**–आज पढ़ने लगूँगा। ध्यान देने की बात है कि आधुनिक हिन्दी में कहना, पढ़ना आदि क्रियार्थी संज्ञा रूपों में दीर्घ स्वर होता है किन्तु

बाँगरू में अवधी का पुराना रूप **कहन, पढ़न** ही ह्रस्व स्वर के साथ प्रचलित है। केवल नासिक्य ध्वनि मूर्धन्य हो गई है। संयुक्त क्रियाओं में कृदन्त रूप का व्यवहार होता है। **सुणदे आए**–सुनते आए; **जागदा रह्या**–जागता रहा। बाँगरू में **त्** के स्थान पर **द्** का व्यवहार पंजाबी की उस प्रवृत्ति के कारण है जो दो स्वरों के बीच के अघोष स्पर्श व्यंजन को सघोष करती है। **रह्या** रूप राजस्थानी की याद दिलाता है। बाँगरू में **भर्या, मर्या, कर्या** आदि के साथ **हुया** रूप भी है। मानक हिन्दी में **य्**-विहीन रूपों का चलन है। **बूझण लाग्या, कहण लाग्या**–ये रूप **बूझने लगा, कहने लगा,** इस प्रकार स्वीकृत हुए हैं।

पुरानी ब्रजभाषा में **मैंने, तैंने** जैसे प्रयोग नहीं मिलते किन्तु आधुनिक ब्रजभाषा में इनका व्यवहार होता है। आश्चर्य की बात यह है कि **ने** चिह्न का व्यवहार कर्म कारक में खूब होता है। **मैंने इन हातन ते कबऊ काऊ कौ बुरौ न कीयौ (ब्रज की लोक कहानियाँ,** पृष्ठ 30); **कर्मदेव ने ऊ एक हात जोरि दीयौ** (उप. पृष्ठ 21)। यहाँ मानक हिन्दी के समान कर्ता कारक के लिए **ने** चिह्न का व्यवहार हुआ है किन्तु कर्म कारक में भी इसका व्यवहार स्वच्छन्दतापूर्वक होता है : **मैं राजा नें सात तारे भीतर मूँदि राखी हूँ** (उप., पृष्ठ 34), **नट चारि बार बतावै तौ नौकर कान लगाइकैं चार्‌यौ बातन नें सीखि लेय** (उप., पृष्ठ 34); **ब्वा नें बिराह्मनी ते कही कै न होय तौ इन छोरान्‌ नें कहूँ पढ़िबे करि आऊँ** (उप., पृष्ठ 40); **मैं याने गेर्‌यौ; सो राजा के हाली हमालीन्‌ ने मालूम भई** (उप., पृष्ठ 67)। अन्तिम उदाहरण में **ने** चिह्न का व्यवहार सम्प्रदान कारक के लिए हुआ है। जैसे मानक हिन्दी में **को** चिह्न का व्यवहार कर्म और सम्प्रदान दोनों कारकों के लिए होता है, वैसे ही यहाँ **ने** का व्यवहार हुआ है। इस चिह्न का कोई विशेष सम्बन्ध करण कारक से नहीं है। सम्बन्धक शब्दों के आधार पर जो प्रत्यय विकसित होते हैं, वे एक से अधिक कारकों के साथ प्रयुक्त होते देखे जाते हैं; वही स्थिति इस **ने** चिह्न की है। अवधी में इसका प्रवेश नहीं है, ब्रज और बाँगरू का वह सामान्य चिह्न है।

11

बाँगरू

कुरु जनपद

हिन्दी के लिए प्रसिद्ध है कि यह दिल्ली और मेरठ की भाषा है। ये दोनों शहर कुरु जनपद में हैं और इस जनपद की भाषा का दूसरा नाम बाँगरू है। बाँगरू वर्तमान हरियाणा राज्य के गाँवों में ही नहीं बोली जाती, वरन् उत्तर प्रदेश के कुछ उत्तरी भागों और दिल्ली के आसपास के गाँवों में भी बोली जाती है। दिल्ली, मेरठ और हरियाणा के नगरों में शिष्ट जनों की भाषा हिन्दी है और यह हिन्दी बाँगरू से भिन्न है। बाँगरू एक जनपद की भाषा है, हिन्दी पटना, उज्जैन और दिल्ली के विशाल त्रिकोण में बसने वाली जाति की भाषा है। जातीय भाषा का विकास वैसे ही नहीं होता जैसे किसी जनपदीय भाषा का होता है; कोई जनपदीय भाषा ज्यों की त्यों जातीय भाषा बन जाए, ऐसा नहीं होता। किसी जनपदीय भाषा को मुख्य आधार बनाकर कोई जातीय भाषा विकसित होती है किन्तु उसमें अन्य जनपदों से भाषा-तत्त्व आकर घुलमिल जाते हैं और आधार भाषा के रूप को काफी बदल देते हैं। इस तरह की प्रक्रिया हर जातीय भाषा के साथ घटित होती है। कलकत्ते की मानक बँगला या पुणे की मानक मराठी किसी जनपद में वहाँ की ग्रामीण भाषा के रूप में नहीं बोली जाती। न अब मानक अंग्रेज़ी ब्रिटेन के किसी जनपद की ग्रामीण बोली है। यह प्रक्रिया न समझकर कुछ लोग हिन्दी को कृत्रिम भाषा कहते हैं। यदि हिन्दी कृत्रिम है तो संसार की जितनी जातीय भाषाएँ हैं, वे सब कृत्रिम हैं। देहाती बोलियों से सम्पर्क, फिर भी उनसे अलगाव, जातीय भाषा की यह द्वन्द्वात्मक विशेषता है। देहाती बोलियों से तत्त्व लिए बिना यह भाषा विकसित नहीं हो सकती और किसी एक ही बोली से वह संपर्क बनाए रखे तो अनेक जनपदों में उसका प्रसार नहीं हो सकता। इसका यह अर्थ नहीं है कि विभिन्न जनपद, किसी अनुपात विशेष में, अपने भाषातत्त्व जातीय भाषा को देते हैं, फिर सर्वसम्मति से उसे अपनी मिलीजुली भाषा मान लेते हैं। व्यापार और संस्कृति के मुख्य केन्द्र किन जनपदों में हैं, उनका आपस में और अन्य जनपदों से कैसा सम्बन्ध है, इस पर जातीय भाषा के निर्माण में जनपदों की भूमिका निर्भर है। बारहवीं सदी के बाद व्यापार के प्रमुख केन्द्र उत्तर

पश्चिमी प्रदेशों में रहे, इनका प्रभाव पूर्व के क्षेत्रों पर पड़ा। जितना ही विशद जातीय भाषा का क्षेत्र होता है, उतना ही अधिक उसके स्थानीय रूपों की संख्या होती है। इसका कारण यह है कि एक केन्द्र से फैलने वाली जातीय भाषा को अन्य जनपद प्रभावित करते हैं। बनारस की हिन्दी आगरे की हिन्दी से भिन्न है; कारण यह कि बनारस की हिन्दी भोजपुरी से प्रभावित है और आगरे की हिन्दी ब्रजभाषा से। इसी तरह इस समय की दिल्ली की भाषा पंजाबी से प्रभावित है और इलाहाबाद की हिन्दी अवधी से प्रभावित है। जब यह जातीय भाषा अन्य जातीय क्षेत्रों में पहुँचती है तो वहाँ की ज़ातीय भाषाओं का प्रभाव ग्रहण करती है और अपने स्थानीय रूप बनाती है। इस तरह कलकत्ते की हिन्दी और बम्बई की हिन्दी का अपना अलग-अलग रूप है। और जब कलकत्ता-बम्बई बड़े शहर न बने थे, तब हैद्राबाद की हिन्दी का अपना दक्खिनी रूप निराला था। यहाँ बोलचाल के स्तर पर जो भाषा व्यवहार में आती है, उसकी चर्चा है। भाषा के लिखित रूप में जैसी समानता देखी जाती है, वैसी बोलचाल के स्तर पर भाषा में नहीं होती। नाटकों, उपन्यासों आदि में कभी-कभी लेखक इन रूपों का व्यवहार करते हैं।

हिन्दी कुरु जनपद की बाँगरू भाषा से भिन्न है, हिन्दी के विकास का विवेचन करते हुए यह तथ्य सदा ध्यान में रखना चाहिए। इसे ध्यान में न रखने पर भाषाविज्ञानी अपभ्रंश से सीधे आधुनिक भाषाओं की मंज़िल में पहुँच जाता है। हिन्दी के अतिरिक्त जिन लोगों ने बँगला आदि के विकास पर ग्रंथ लिखे हैं, उन्होंने आधुनिक बँगला के विकास की मंज़िल को बंगाल के विभिन्न जनपदों की भाषाओं के विकास की मंज़िल से अलग नहीं रक्खा। पर दोनों मंज़िलों में लम्बा फासला है। जनपदीय भाषाओं के उद्भव की मंज़िल जातीय भाषाओं के उद्भव की मंज़िल हो ही नहीं सकती। जब हम आधुनिक भाषाओं की बात करते हैं, तब सामान्यतः आशय जातीय भाषाओं से होता है और इनका विकास भी शताब्दियों तक चलता है। भारत में वैदिककाल गणसमाजों का युग है और वह उस युग का अन्तिम चरण है। जिस समय संस्कृत, पालि और प्राकृत साहित्य और धर्म तथा विभिन्न सामाजिक कार्यों का माध्यम बनी हुई हैं, उस समय गणसमाज विघटित हो रहे हैं, रक्त-सम्बन्ध के बदले वर्णाश्रम धर्म द्वारा व्यंजित नए श्रम-विभाजन के आधार पर नए जनपद संगठित हो रहे हैं। जिस समय अपभ्रंश साहित्य का माध्यम बनती है, उस समय जनपदीय भाषाएँ अपने विकास के अन्तिम चरण में पहुँच रही हैं। बारहवीं सदी के बाद, अपभ्रंश से भिन्न, जनपदीय भाषाएँ साहित्य में भी प्रतिष्ठित होने लगती हैं। यह जातीय भाषाओं के निर्माण का प्रथम चरण भी है। यद्यपि साहित्य में जनपदीय भाषाओं का व्यवहार होता है किन्तु ये भाषाएँ जनपदों तक सीमित नहीं रहतीं, अन्य जनपदों से भाषा-तत्त्व लेती हैं, वहाँ की भाषाओं को प्रभावित करती हैं। यही कारण है कि **रामचरितमानस** की भाषा में जनपदीय भाषा अवधी आधारभूत है किन्तु उसमें अन्य भाषाओं के तत्त्व आकर मिल गए हैं, केवल शब्द नहीं, रूपात्मक विशेषताएँ आकर मिल गई हैं। **रामचरितमानस** अवध के बाहर पढ़ा और समझा जाता था और तुलसीदास ने अवधी के अलावा ब्रजभाषा में भी काव्य लिखा। जातीय निर्माण

की प्रक्रिया के लिए यह सब महत्त्वपूर्ण कार्यवाही थी।

जिस बोली के आधार पर मानक हिन्दी का विकास हुआ है, वह कुरु जनपद की बाँगरू भाषा है। कुरु जनपद अपेक्षाकृत छोटा था, वर्तमान बाँगरू के क्षेत्र में हरियाणा के अलावा दिल्ली तथा उत्तर प्रदेश का काफी उत्तर-पश्चिमी भाग आ जाता है। मानक हिन्दी में और बाँगरू में काफी अन्तर है। इस अन्तर के कारण लोगों का यह कल्पना करना अस्वाभाविक नहीं है कि हिन्दी का आधार बाँगरू के अलावा और कोई बोली रही होगी। अनेक उर्दू के विद्वान् यह समझते रहे हैं कि दिल्ली की कोई अपनी बोली थी और उसी ने उर्दू का रूप धारण किया। पन्द्रहवीं सदी की दिल्ली एक छोटा-सा शहर थी और उसकी भाषा आसपास के गाँव की भाषा से बहुत भिन्न न हो सकती थी। प्रत्येक भाषा के समान बाँगरू भी अनेक बोलियों का समुदाय है पर ये सब बोलियाँ एक दूसरे से मिलती-जुलती हैं और उन्हें बाँगरू की संज्ञा दी जा सकती है। बाँगरू क्षेत्र की कोई ऐसी बोली नहीं है जिसे ज्यों का त्यों मानक हिन्दी का रूप माना जाए। इसलिए कुछ लोग हिन्दी को कृत्रिम भाषा भी मानते हैं। यह उदारता उन्हें उर्दू के प्रति भी दिखानी चाहिए क्योंकि बोलचाल की हिन्दी बाँगरू से जितना भिन्न है, उतना ही उर्दू भी है।

बाँगरू ने ब्रजभाषा के प्रभाव से हिन्दी रूप धारण किया

बाँगरू ने ब्रजभाषा के प्रभाव से हिन्दी रूप धारण किया। यह हिन्दी रूप बाँगरू क्षेत्र के उत्तर में पंजाब में भी काम में लाया गया, इसके अलावा हिन्दी प्रदेश में तथा हिन्दी प्रदेश के बाहर यह भाषा काफी बड़े क्षेत्र में लिखने और बोलने के काम आती थी। हैदराबाद की दक्खिनी वहाँ उत्तर से ही गई है। वह केवल साहित्य का माध्यम नहीं है वरन् बोलचाल का माध्यम भी है। उसका यह बोली रूप मानक हिन्दी-उर्दू से भिन्न है और बाँगरू से भी भिन्न है। उसमें राजस्थानी उतनी ही है जितनी बाँगरू के कुछ रूपों में। पर ब्रजभाषा का प्रभाव बाँगरू की अपेक्षा इस पर बहुत अधिक है। इससे यह अनुमान किया जा सकता है कि पन्द्रहवीं सदी के आसपास ब्रज के प्रभाव से हिन्दी ऐसा रूप धारण कर रही थी जो गाँवों की बाँगरू बोली से काफी भिन्न था और मानक हिन्दी के निकट था। आगरा और दिल्ली इस ब्रज प्रभावित बाँगरू के दो केन्द्र थे पर यह प्रभाव शहरों तक सीमित नहीं था। कुरु जनपद में ब्रज प्रभावित भाषा में या ब्रजभाषा में ही लिखे हुए दोहे, लोकगीत आदि प्रचलित थे। डा. कृष्णचन्द्र शर्मा ने ऐसे लोक-प्रचलित दोहों का एक संकलन **गामेल्लाभास** नाम से प्रकाशित किया है (लोकगीत प्रकाशन, मेरठ, 1976)। इसका पहला दोहा है :

गोविन्द गाढ़ी भीर मैं, मैं सुमरत हूँ तोय।
पत राखी पहलाद की, सोइ भरोसो मोय।।

यह दोहा आसानी से ब्रजभाषा का दोहा कहा जा सकता है। एक दूसरी मिसाल है :

हाय दई कैसी भई, अनचाहत को संग।
दीपक के भायें नहीं, जल जल मरे पतंग।

ऐसी अनेक दोहे कुरु जनपद में प्रचलित रहे हैं। कहीं-कहीं अवध के किसानों में प्रचलित उक्तियाँ भी वहाँ पहुँच गई हैं। उक्त पुस्तक में यह दोहा भी है :

आलस नींद किसानें नासे चोरें नासे खांसी।
आँखों लीबर बेसुए नासे तिरमिर नासे पांसी।

ठेठ बाँगरू का नमूना इस प्रकार है :

मैं के जाणूं थी अरी, न्युं फुटूटेंगे भाग।
कंट के मर ग्या रेल तें, दे ग्या मणें दुंहाग।

एक अन्य संकलन **लोक जीवन के स्वर** में डॉ. कृष्णचन्द्र ने जो गीत संकलित किए हैं, वे मानक हिन्दी के ही हैं, थोड़ा बहुत ब्रज का प्रभाव है। इस संकलन (कुरु लोक संस्थान, मेरठ, 1977) में एक गीत इस प्रकार है :

दौड़ी-दौड़ी समधन डोलै, पहन पैर में खंडुआ।
हौले-हौले जीमो बराती और परोसूं लड्डुआ।
रसीले तेरे दो नैना, मेरी समधन चतर सुजान।
दौड़ी-दौड़ी समधन डोलै, पहन हाथ में चूड़ी।
धीरे-धीरे जीमो बराती और परोसूं पूड़ी।
रसीले तेरे दो नैना।
दरवाजे पर दई बिलइया बारौठी पर घूँस।
कन्यादान में दई लोमड़ी जिसकी लम्बी पूँछ।
रसीले तेरे दो नैना।
चले बिदा हो अब हम समधन खुस राखे भगवान।
राम करै तेरे होय लाडली हम आवैं मेंहमान।
रसीले तेरे दो नैना।

इस संकलन में जिस भाषा के गीत हैं, वह अवश्य ऐसे गीतों के माध्यम से गाँवों में पहुँच गई है। यदि इस भाषा को भी कोई कृत्रिम कहे तो उसे मानना चाहिए कि कुरु जनपद के लोग अपने गीतों में कृत्रिम भाषा ही पसन्द करते हैं।

मूर्द्धन्य ध्वनियों का व्यवहार

बाँगरू की प्रमुख विशेषता उसमें मूर्धन्य ध्वनियों का व्यवहार है पर इनमें मूर्धन्य **ष्** नहीं है। इस तथ्य से पुनः इस धारणा की पुष्टि होती है कि सभी मूर्धन्य ध्वनियों का विकास एक ही केन्द्र से एकसाथ नहीं हुआ। मूर्धन्य ध्वनियों में प्रमुख है **ण्**। हरियाणा के एक ओर पहाड़ी बोलियाँ हैं जिनमें इस ध्वनि का व्यवहार होता है। उत्तर में पंजाब और पश्चिम में राजस्थान हैं। **ण्** ध्वनि पश्चिम में गुजरात, महाराष्ट्र और सिन्ध तक है किन्तु

सिन्धु नदी के पार ईरानी क्षेत्र में नहीं है। उत्तर में पंजाब में है किन्तु कश्मीर में नहीं है। इस प्रकार **ण्** ध्वनि का क्षेत्र उत्तर और पश्चिम में घिरा हुआ है। मध्य एशिया में उसका कोई केन्द्र नहीं है, इसीलिए उसे भारतीय ध्वनि मानना उचित है। हरियाणा के दक्षिण में ब्रज से लेकर असम तक बोलचाल के स्तर पर इस ध्वनि का व्यवहार नहीं होता। आर्य भाषाओं के प्रदेश में इसका व्यवहार-क्षेत्र सीमित है। निस्संदेह प्राचीन काल से अब तक इस ध्वनि के विकीरण का एक प्रमुख केन्द्र हरियाणा रहा है। यह ध्वनि बाँगरू को इतनी प्रिय है कि अंग्रेज़ी और फ़ारसी के तत्सम तद्भव भी—स्टेशन, लालटेन, दामन, फौरन—**ण्** के कारण बाँगरू रूप धारण करते हैं : **टेस्सण, लालूटण, दाम्मण, फोरण।** फिर **दिन, वन, पानी** आदि की नासिक्य ध्वनि को मूर्धन्य बनाकर बोलना स्वाभाविक ही है। हिन्दी में, और संस्कृत में भी, ऐसे शब्द कठिनाई से मिलेंगे जिनमें **न** और **ण्** का भेद अर्थ-विच्छेदक हो। डा. जगदेव सिंह ने बाँगरू भाषा का जो व्याकरण लिखा है, उसमें उन्होंने **कानी** और **काणी** शब्दों में अर्थ-भेद दिखाया है। कपड़े का किनारा तो है **कानी** और जिसे मानक हिन्दी में कानी कहेंगे, वह है **काणी।**

बाँगरू की एक विशेषता यह है कि समवर्गीय नासिक्य ध्वनि जोड़ने के सिद्धान्त की चिन्ता न करके वह दन्त्य **त्** के साथ भी **ण्** जोड़ती है यथा **उण्तीस।** उर्दू में इस ध्वनि का पूर्ण बहिष्कार है। साहित्य की पुरानी ब्रजभाषा में, बोलचाल की ब्रजभाषा के समान ही, उसका व्यवहार न होता था। मानक हिन्दी में इसका व्यवहार तत्सम शब्दों में ही होता है। बाँगरू संस्कृत शब्दों के **न्** को **ण्** में बदल कर उन्हें तद्भव बनाती है, मानक हिन्दी संस्कृत शब्दों के **ण्** को **न्** में बदलकर तद्भव बनाती है। संस्कृत **किरण** को **किरन** कहें तो वह मानक हिन्दी के लिए तद्भव है, संस्कृत **दिन** को **दिण** कहें तो वह बाँगरू के लिए तद्भव है।

मानक हिन्दी के समान बाँगरू में उत्क्षिप्त ध्वनि ड़् है। यह बहुधा **र्** और **ल्** का स्थान लेती है। इस प्रकार **कुर्ता** बाँगरू में **कुड़ता** है। हिन्दी में जो **कटोरा** है वह बाँगरू में **कटोड़ा** है।

भरा कटोड़ा दूध बिण बूरा पिया न जाय।
माई बाप की लाडली पिउ बिण रहा न जाय।

(**गामेल्लाभास**, पृष्ठ 27)

इसी प्रवृत्ति के कारण उर्दू का बाँगरू उच्चारण उड़दू है; उर्दू और बाँगरू में यह अन्तर है। उर्दू ही नहीं, **वर्दी उड़दी है, यारी** बदलकर **याड़ी** हो जाती है। हिन्दी में ड़् के साथ **र्** का संयोग अस्वाभाविक माना जाएगा। अवधी **कर्रा** बाँगरू में **कड़ा** है, हिन्दी में **कड़ा** काफी है। हिन्दी की ध्वनि-प्रकृति में **ण्** के पहले किसी अन्य टवर्गीय ध्वनि का व्यवहार कर्कश कहा जाएगा किन्तु बाँगरू में **कोठरी** के लिए **कोठड़ी** रूप स्वाभाविक है। **ड़्** के अतिरिक्त राजस्थानी और मराठी के समान बाँगरू में एक मूर्धन्य पार्श्विक **ळ्** भी है। हिन्दी के अनेक शब्दों में जहाँ **ल्** है, वहाँ बाँगरू में **ळ्** है जैसे **पीलिया—पीळिआ।** यह प्रवृत्ति **न्** को **ण्** में बदलने वाली प्रवृत्ति से मिलती-जुलती है। यह प्रवृत्ति इतनी प्रबल

है कि जो शब्द **ल्** से आरम्भ होता है, वह किसी दूसरे शब्द के बाद जल्दी से बोला जाए तो उसका आदिस्थानीय लकार भी मूर्धन्य हो जाता है। हिन्दी **पालागन या पालागों** बाँगरू में **पाळङ्गा** है। ये उदाहरण मैं डा. जगदेव सिंह की पुस्तक से ले रहा हूँ। यद्यपि **ल्** ध्वनि का मूर्धन्यीकरण होता है, फिर भी बाँगरू में **ल्** और **ळ्** अर्थविच्छेदक ध्वनियाँ हैं। **लाल** तो रंग के लिए है पर **लाळ** मुंह से बहने वाली **लार** के लिए है। हिन्दी में दो स्वरों के बीच **ड** का उच्चारण उत्क्षिप्त होगा। **जाडा** जैसा शब्द हिन्दी में सम्भव नहीं, **जाड़ा** ही बोला जाएगा, पर बाँगरू में हिन्दी **जाड़ा** के लिए **जाडा** है, **जाड़ा** एक घास है। हिन्दी का **मोड़** बाँगरू में वही अर्थ देता है पर एक शब्द **मोड** भी है जिसका अर्थ है साधू। बाँगरू में **ड्** और **ड़्** दो भिन्न ध्वनियाँ हैं, वैसे ही **ड्** और **ळ्** भी भिन्न ध्वनियाँ हैं। गोला या चक्र बाँगरू में **गोळा** है, **गोडा** का अर्थ है घुटना (अवधी का **गोड़**)। लाड़-प्यार के लिए **लाड** है, **लाळ** का अर्थ है लार। **ड्**, **ड़्**, **ळ्**—ऐसा भेद किसी द्रविड़ भाषा में नहीं है। इसलिए मूर्धन्यीकरण के प्रमुख केन्द्र के रूप में हरियाणा का दावा विचारणीय है। हिन्दी में मूर्धन्यीकरण का यह महत्त्व नहीं है, यह स्पष्ट ही है।

मूर्धन्य ध्वनियों की स्थिति मागधी समुदाय में ध्यान देने योग्य है। इस समुदाय में उड़िया एकमात्र भाषा है जिसमें **ण्** का व्यवहार होता है। बाँगरू के समान वह अनेक संस्कृत शब्दों के **न्** को **ण्** में बदलती हैं, **जन** और **वन** क्रमशः **जण** और **वण** बोले जाते हैं। मागधी क्षेत्र में इस **ण्** का प्रवेश कैसे हुआ, इसकी कोई व्याख्या नहीं की गई। ब्रज से लेकर बंगाल तक **न्** का राज्य है, फिर अकस्मात् एक छोटे प्रदेश में **ण्** का यह पुनः अवतरण। मागधी भाषाओं पर पश्चिम की भाषाओं का जो प्रभाव पड़ा है, उसका एक प्रमाण है यह **ण्**। **ण्** के साथ उड़िया में **ळ्** भी है और पुनः मागधी समुदाय की एकमात्र भाषा उड़िया ही है जिसमें यह ध्वनि मिलती है। बाँगरू की तरह उसमें **ल्** को **ळ्** में बदलने की प्रवृत्ति है। हिन्दी क्रिया निकलना के बाँगरू रूप में जैसे **ळ्** है, वैसे ही उड़िया में भी है। उड़िया में हिन्दी की क्रिया **निकलना है,** उसमें बाँगरू की **ळ्** ध्वनि भी है, केवल आदि वर्ण में **न्** को **ल्** में नहीं बदला गया; बाँगरू **लिकड़**, उड़िया **निकळ**, हिन्दी **निकल** ! डा. सुनीतिकुमार चाटुर्ज्या ने बँगला भाषा पर अपने ग्रंथ में बताया है कि उड़ियाभाषियों की **ल्** को मूर्धन्य करने की प्रवृत्ति अनेक बंगालियों के मनोरंजन का कारण होती है। हिन्दीभाषियों की तरह बंगाली भी **ळ्** को **ड़्** रूप में ग्रहण करते हैं। उड़िया जनों के उच्चारण की नकल करते हुए वे **कलकत्ता, गोपाल, बलराम,** को **कड़कत्ता, गोपाड़, बड़राम** कहते हैं। डा. गोलोक बिहारी धल ने **इन्डियन लिंग्विस्टिक्स** (1955) में उड़िया जनों के अंग्रेज़ी उच्चारण की ओर ध्यान दिलाया है। दो स्वरों के बीच में जहाँ **ड्** ध्वनि आती है, वहाँ वे उसका उच्चारण **ड़्** के समान करते हैं। इस प्रकार अंग्रेज़ी शब्द **हार्ड** (सख्त) **हाड़, रेडियो रेड़ियो, रोड रोड़** बोले जाते हैं। मानक हिन्दी बोलने वाले इस प्रकार अंग्रेज़ी शब्दों के तद्भव तो नहीं बनाते किन्तु दो स्वरों के बीच में जहाँ **ड्** आएगा, वहाँ वे उसका उच्चारण **ड़्** ही करेंगे। उड़िया में **ड्** के स्थान पर **ड़्** इसी प्रकृति के अनुरूप है।

बँगला और भोजपुरी में एक अन्तर यह है कि बँगला में ड़् की बहुलता है, भोजपुरी में उसकी अपेक्षाकृत न्यूनता है। मैथिली, मगही और अवधी में यह न्यूनता और भी अधिक है। डा. सुनीतिकुमार चाटुर्ज्या के अनुसार बंगाल की कुछ बोलियों में **चाटुर्ज्या** को **चाड़ज्जे** बोलते हैं। यहाँ **ट्** ने सघोष होकर **ड़** रूप धारण किया। हिन्दी शब्द **गुड्डी** परिवर्तित होकर **घुड़ी** बना। यहाँ **ड्** ने ड़् रूप धारण किया। हिन्दी **छोरा** बँगला में **छोंड़ा** हुआ। **बोरंग** एक प्रकार की तुरही है। वह **भड़ंग** रूप में सुनी जाती है। यहाँ **र्** ने ड़् रूप धारण किया। कहीं-कहीं **पतंग** को **फड़िड्** बोला जाता है। यहाँ **त्** ने मूर्धन्य होकर ड़् रूप धारण किया। बँगला में ड़् के अपेक्षाकृत अधिक प्रयोग का एक कारण यह है कि हिन्दी के जिन शब्दों में ढ़् ध्वनि है, उनमें बँगला महाप्राणता का लोप करके ड़् से काम लेती है। **आढ़त, अढ़ाई, काढ़ना, गढ़ना, चढ़ाई, ओढ़नी** जैसे शब्दों के बँगला प्रतिरूप **आड़त, आड़ाई, काड़ा, गड़ा, चड़ाइ, उड़्नी** हैं। कुछ बोलियों में **चण्डाल** और **भण्डार** के **चांड़ाल** और **भांड़ार** रूप हो जाते हैं। हिन्दी **ब्योरा** से मिलता-जुलता बँगला **बेओड़ा** का मूल रूप डा. चाटुर्ज्या के अनुसार **व्यापार** है। इसी प्रकार **संज्ञा** का पहला रूपान्तर **सान** हुआ और **सान** बदलकर **साड़**। बँगला में ड़् ध्वनि के अनेक स्रोत हैं। **कुल्हाड़ी** के लिए **कुड़ूल** शब्द है जिसका मूल रूप **कुठार** बताया गया है। मुर्दा के लिए **मड़ा** शब्द है। झुटपुटे के लिए बँगला शब्द **साँझुड़ा** राजस्थान की याद दिलाता है। बँगला में **ल्** की ही नहीं ड़् की भी बहुलता है; मैथिली-मगही में अवधी के समान **र्** की प्रधानता है। इस भिन्नता का कारण बँगला पर बाँगरू जैसी पश्चिमी भाषाओं का प्रभाव है।

मध्यवर्ती य्, व् का लोप

बाँगरू और बँगला में एक समानता **व्** ध्वनि के व्यवहार के बारे में है। बाँगरू मध्यवर्ती व् का लोप कर देती है; **गाड़ीवाला** बदलकर **गाड़ीआला** हो जाता है। लोप होने के बदले व् कभी उ स्वर में बदल जाता है। **जवाब, जवान** क्रमशः **जुआब, जुआन** बनते हैं। इससे मिलते-जुलते **व्**-सम्बन्धी परिवर्तन बँगला में होते हैं। आदिस्थानीय **व्** को उ में बदलकर कुछ शब्दों के रूपान्तर बिलकुल बँगला की तरह होते हैं : **वकील-उकील, वजीफा-उजीफा, वजीर-उजीर**। **बेवकूफ** के रूपान्तर **बेकूफ** में **व** का पूर्ण लोप होता है; **जानवर** के प्रतिरूप—**जनोर** में **व** का लोप आंशिक है। शब्द के अन्त में कभी-कभी **व** वर्ण का पूर्ण लोप होता है; **बनाव–बणा**। इससे मिलती-जुलती स्थिति **य** वर्ण की है; **जायगा, जायथा** क्रमशः **जा गा, जा था** बोले जाते हैं। नानक चंद शर्मा ने अपनी पुस्तक में आदि और मध्यस्थानीय **य्** के लोप के कुछ उदाहरण दिए हैं। **यतीम** और **यकीन** क्रमशः **अतीम** और **अकीन** हैं; **जायका, किफायत, फायदा** क्रमशः **जाका, किफात, फाद्दा** हैं। बाँगरू और बँगला दोनों में **व्-य्** ध्वनियों के लोप और रूपान्तरण की प्रवृत्ति है; यह समानता आकस्मिक नहीं हो सकती।

बँगला और बाँगरू में एक महत्त्वपूर्ण भेद दन्त्य **स्** को लेकर है। बँगला में **श्** की प्रधानता है; बाँगरू में **स्** की। अन्य भाषाओं में **स** क्रिया **ह** या **छ है**; यहाँ वह अपने मूल रूप में सुरक्षित है।

बाँगरू की एक विशेषता व्यंजनद्वित्व की बहुलता है। हिन्दी में जहाँ एक व्यंजन से काम चलता है, वहाँ बाँगरू में बहुधा दो दिखलाई देते हैं। नानक चन्द शर्मा की पुस्तक **हरियाणवी भाषा का उद्गम तथा विकास** (होश्यारपुर, 1968) में उर्दू शब्दों के बाँगरू रूपान्तर अत्यन्त शिक्षाप्रद हैं। **खालिस** पहले **निखालिस** बना, फिर **निखाल्लस। दोज़ख़–दोज्जक, नौकर–नोक्कर, खातिर–खात्तर, करामात–कराम्मत, नतीजा–नतीज्जा, अक्ल–इक्कल;** जो लोग समझते हैं कि संस्कृत की द्वित्व-वृत्ति संस्कृत का विशेष चिह्न है, वे बाँगरू की इस वृत्ति का अध्ययन करें। यह शक्तिशाली भाषा अपनी ध्वनि प्रकृति के अनुरूप संस्कृत और फ़ारसी दोनों से शब्द लेकर उनके तद्भव बनाती है।

एकार की प्रवृत्ति

बाँगरू एकार क्षेत्र की प्रमुख भाषा है। यहाँ हिन्दी **जो** (यदि) **जै** है, **तौ** का रूपान्तर **तै** है। **सस्ता, लठा, ढह पड़ेगा** क्रमशः **सॅस्ता, लॅठा, ढॅह पॅड़ेगा** बोले जाएँगे। बाँगरू आदिस्थानीय उकार-इकार का भी लोप जब-तब कर देती है। **मन्सी, पछाड़ी** के पूर्व रूप **मुंशी** और **पिछाड़ी** हैं। ब्रज अवधी से भिन्न **अइ-अउ** जैसे संयुक्त स्वर बाँगरू में नहीं हैं। मानक हिन्दी ने यह प्रवृत्ति बाँगरू से पाई है। बाँगरू में मानक हिन्दी के ए के स्थान पर बहुधा **ऐ** का उच्चारण होता है। बाँगरू के **सै, पॅड़ै** आदि मानक हिन्दी में **से, पड़े** हैं।

जिस भाषा में मूर्धन्यीकरण की प्रवृत्ति प्रबल हो, उसमें तालव्यीकरण की प्रवृत्ति भी हो, तो यह आश्चर्य की बात होगी। किन्तु ये दोनों प्रवृत्तियाँ बाँगरू में हैं। अन्तिम **आ** बहुधा **या** में बदलता है। **तन्या, भर्या, हट्या** क्रमशः **तना, भरा, हटा** के प्रतिरूप हैं। ऐसा तालव्यीकरण आदिस्थानीय वर्ण में भी होता है। **चार, शाबाश** क्रमशः **च्यार, स्याबास** बोले जाएँगे। ब्रज और बाँगरू दोनों में यह प्रवृत्ति है। डा. जगदेव सिंह ने उदाहरण रूप एक वाक्य दिया है : **कुत्या नै देखि क्यें गादड़ भाजदा हुआ**। यहाँ **कुत्ता, के, हुआ** में अ और ए के साथ **य्** का योगदान हुआ है। **भाजि ज्या** अर्थात् भाग जा, यहाँ **भाजि** तो ब्रजभाषा के समान है किन्तु **ज्या** में ब्रजभाषा से अधिक तालव्यीकरण है। **घोड़्यां** (घोड़े), **ताल्यां** (ताले) बहुवचनरूप पंजाबी से मिलते-जुलते हैं किन्तु **य्** का संयोग पंजाबी से भिन्न प्रकृति की सूचना देता है। इसी प्रकार कृदन्त रूप **खड़्या, तोड़्या, बैठ्या** आदि पंजाबी की अपेक्षा राजस्थानी से अधिक मिलते हैं।

डा. जगदेव सिंह के अनुसार बाँगरू में महाप्राण ध्वनियाँ पूरी शक्ति से उच्चरित नहीं होतीं। उनके बाद जब स्वर होता है, तब पूरी सुनाई देती हैं। **ह्** सघोष ध्वनि है। डा. जगदेव सिंह ने लिखा है कि बाँगरू में अघोष **ह्** का व्यवहार भी होता है यथा **गोह्**

(जो **घोष** का रूपान्तर है)। संस्कृत में विसर्गों का व्यवहार इसी प्रकार सघोष **ह्** के अघोष होने पर प्रचलित हुआ होगा। **ह्** के निकट जो अल्पप्राण स्पर्श ध्वनि हो, बाँगरू उसे **ह्** से मिलाकर नई महाप्राण ध्वनि भी बना लेती है। इस प्रकार **बहकाया** बदलकर हुआ **भुकाया**। **भतेरा** का पूर्व रूप था **बहुतेरा**। कहीं-कहीं वर्ण विपर्यय से आश्चर्यजनक परिवर्तन होते हैं; **भूजि दे** का मूल रूप है **बूझि दे**।

मानक हिन्दी और बाँगरू

बाँगरू की एक विशेषता, बलाघात की आवश्यकता के कारण, आदिस्थानीय स्वरों का ह्रस्व होना या लोप होना है। इस प्रकार **इक्यावन-इ के** बिना **क्यावन** बोला जाता है। **एगारह** के आधार पर बना हुआ **ग्यारह** इसी प्रवृत्ति का परिणाम है। **अचम्भा** को **चम्भा** कहना काफी है। **ठुआई** का अर्थ है **उठवाई**। **गूँठी** का मतलब है **अँगूठी**। **गया** इसी प्रवृत्ति के अनुसार **ग्या** बोला जाता है। **चौरासी** और **चौथाई** का आदि वर्ण ह्रस्व होकर **चुरासी, चुथाई** रूप निर्मित करता है। कहीं-कहीं आदि वर्ण अन्तिम वर्ण को अपने भीतर समेट लेता है जैसे **नाम** शब्द को **नां** कहना काफी है। **य्, व्, ह्, म्,** जैसी ध्वनियों में स्पर्श तत्त्व क्षीण है, इसलिए इनके साथ व्यंजन-मिश्रण, वर्ण-विपर्यय आदि के चमत्कार विशेष रूप से देखे जाते हैं। **बाण्ह** अर्थात् **बहिन, काण्ही** अर्थात् **कहानी, ल्हाज** अर्थात् **लिहाज, व्हाईजूह्याज** अर्थात् **हवाई जहाज;** निस्संदेह बाँगरू और मानक हिन्दी के ध्वनितंत्र में यथेष्ट अन्तर है।

बाँगरू के शब्दतंत्र में कुछ विशेषताएँ ध्यान देने योग्य हैं। वैदिक काल के **त्वन** और **त्वना** प्रत्ययों की तरह बाँगरू में भी **पण** और **पणा** दोनों तरह के प्रत्यय प्रयुक्त होते हैं, **लुचपण, अपणापण** और **भाईपणा, बाळकपणा**। वैदिक काल में ही अकारान्त और आकारान्त दो तरह के वैकल्पिक रूप प्रचलित थे, उसी तरह बाँगरू में क्रियाओं से एक तरह का संज्ञा-रूप बनेगा **मरण,** दूसरी तरह का बनेगा **धरणा**। मानक हिन्दी में **मरना, धरना** जैसे दीर्घ आकारान्त रूप ही स्वीकृत हैं किन्तु **मरन, धरन** जैसे ह्रस्व अकारान्त रूप अवधी और कनौजी में प्रयुक्त होते रहे हैं और बाँगरू के उत्तर में पंजाबी और कश्मीरी में भी प्रयुक्त होते हैं। बाँगरू में **आर** प्रत्यय जोड़ कर क्रिया में संज्ञा रूप बनाने की पद्धति है। **नचार**—नाचने वाला, **बुलार**—बोलने वाला, **खिल्हार**—खिलाड़ी, यहाँ वैदिक काल का वही **आर** प्रत्यय लगा है जो **कर्म्मार** में है। यह **कार** का रूपान्तर है। बाँगरू में एक तरह की वस्तुओं का समुदाय जताने के लिए कुछ अनोखे प्रत्यय हैं। डा. जगदेव सिंह के अनुसार एक है **ओड़**। **मखोड़**—मक्खियों का झुण्ड; **चमरोड़**—चमारों का समूह, **मटोड़**—मिट्टी का ढेर; यह **ओड़** वास्तव में **उड़** है। अकारान्त शब्दों के बाद आने से सन्धि का सामान्य नियम **अ** और **उ** को मिलाकर **ओ** कर देता है। **उड़** का पूर्व रूप **उर** था जो **पुर** का रूपान्तर है। **ग्राम, पुर, उर** ये तीनों शब्द मनुष्यों के निवास का अर्थ देने के अलावा बहुत्व की सूचना भी देते थे। डा. जगदेव सिंह ने एक अन्य

प्रत्यय **ईक** का उल्लेख किया है यथा **गडीक** अर्थात् गाड़ियों की पाँति। यह **क्** प्रत्यय है जो सम्बन्धकारक का चिह्न होने के अलावा बहुत्वसूचक भी है। **क** की यह दोहरी भूमिका भोजपुरी में भी देखी जाती है।

बाँगरू में चलने का अर्थ देने वाली **चाल** क्रिया है, मानक हिन्दी में **चाल** केवल संज्ञा रूप है। जौ की बाल के लिए **सिर्टा** शब्द है जिसका सम्बन्ध बोने, जन्म देने वाली प्राचीन **सि** अथवा **सु** क्रिया से है। कण्डे के लिए **अर्णा** और जंगल के लिए **रन,** दोनों **अरण्य** से सम्बद्ध हैं। खेत के लिए **क्यार केदार** का रूपान्तर है, मानक हिन्दी में केवल स्त्रीलिंग रूप **क्यारी** स्वीकृत है। आवाज लगाने के लिए **गोहा** शब्द **घोष** के आधार पर बना है और **गोहार** या **गुहार** रूप में बाँगरू क्षेत्र के बाहर भी प्राप्त है। बाँगरू का एक रोचक शब्द **माळ्ह** है जिसका अर्थ है शहद का छत्ता। यह उस समय की यादगार है जब **ध्** पहले अल्पप्राण हुआ, फिर **द्** **ल्** में परिवर्तित हुआ। ऐसा रूपान्तर मधु सूचक शब्दों में अन्यत्र भी पाया जाता है। बाँगरू में घुमन्तू लोगों के लिए **ओड** शब्द है। यह कहीं **वेड** क्रिया से जुड़ा हुआ है। बँगला में इसका रूपान्तर **बेड़** घूमने की क्रिया का अर्थ देता है। अवधी में गरीब घुमन्तू लोगों के लिए **बॅड़िया** शब्द है, वह इसी से सम्बद्ध है।

बाँगरू के विभक्ति-चिह्नों में **नै** बहुत महत्त्वपूर्ण है। मानक हिन्दी में कर्ता कारक के चिह्न **ने** का यही स्रोत है। मानक हिन्दी में इसका प्रयोग सीमित है किन्तु बाँगरू में इसके प्रयोग में बड़ी विविधता है। **घोड़े नै पाणी पिया,** यहाँ कर्ता कारक के साथ इसका व्यवहार हुआ है। (यह कर्ता कारक मूलतः करण होगा, इससे यहाँ बहस नहीं।) **उस नै बी आणा था** अर्थात् उसे भी आना था। यहाँ **नै** हिन्दी **को** का स्थान लेता है। इसी प्रकार : **मन्नै इब जाणा चाहिए**–मुझे अब जाना चाहिए। **राति नै रोज तारे लिकड़ैं सैं**–रात में रोज़ तारे निकलते हैं, यहाँ नै अधिकरण कारक के लिए है। **किसै नै आणा दिखै सै**–किसी का आना दिखाई देता है, हिन्दी में जहाँ सम्बन्धकारक का प्रयोग होगा, वहाँ **नै** है। **उरै नै**–वहाँ : यहाँ **नै** स्थानसूचक विशेषक के साथ जुड़ गया है। बाँगरू में एक प्राचीन कारक चिह्न **एँ** है जो एक से अधिक कारकों के साथ प्रयुक्त होता है। **जाएँ** अर्थात् जाने से, करण कारक; **झूठें**–झूठ में, **साचें** अर्थात् सच में, यहाँ अधिकरण है। एक ही चिह्न का अनेक कारकों में प्रयोग–पुरानी परम्परा है।

बाँगरू क्रियापद रचना में तिङन्त रूप अब भी काफी हैं। मानक हिन्दी के विपरीत एक तिङन्त रूप **काटूँ** से तीनों कालों के उत्तम पुरुष एकवचन रूप **काटूँ सूँ, काटूँ** था, **काटूँगा** बन जाते हैं। मानक हिन्दी से भिन्न बाँगरू में **सोन्दा, जागदा** आदि सघोष **द्** ध्वनि वाले कृदन्त रूप प्रयुक्त होते हैं। इनमें सानुनासिक और निरनुनासिक दोनों तरह के रूप हैं।

मानक हिन्दी और बाँगरू में अनेक भेद हैं। आधार भाषा बाँगरू है। ब्रज, अवधी के अलावा अन्य बोलियों का प्रभाव भी उस पर पड़ा है और इन अनेक प्रभावों को ग्रहण करके मानक हिन्दी ने अपना रूप स्थिर किया है।

12

पुरानी साहित्यिक हिन्दी और जनपदीय भाषाएँ

मानक हिन्दी की रूपरचना

ध्वनितंत्र के अलावा मानक हिन्दी की रूपरचना और अनेक शब्दों के प्रयोग पर ब्रजभाषा का प्रभाव स्पष्ट है, विशेष रूप से पुरानी हिंन्दी में। समस्त हिन्दी क्षेत्र में कर्म, सम्बन्ध आदि कारकों के साथ **क्** ध्वनि वाले चिह्नों का व्यवहार होता है। यह विशेषता बाँगरू में भी है और उसे पंजाबी से अलग करती है। ब्रजभाषा में **को** या **कौ** के अतिरिक्त कारक चिह्न **कूँ** का भी चलन है। यह चिह्न पुरानी हिन्दी में भी है। मुहम्मद अफ़ज़ल नाम के मेरठ निवासी कवि ने **बिकट कहानी–बारहमासा** नाम की कविता पुस्तक लिखी थी। उनका देहान्त 1625 ई. में हुआ था। उनकी भाषा सोलहवीं सदी की हिन्दी का नमूना है। डा. विद्यासागर और डा. मसूद हुसेन खाँ द्वारा सम्पादित यह पुस्तक हैदराबाद से 1967 में प्रकाशित हुई। इसमें **याद से हमकूं बिसारा,** इस तरह के प्रयोग मिलते हैं। शाह अफ़ज़ल के बारे में कहा जा सकता है कि वह कविता लिख रहे थे, इसलिए उन्होंने इस तरह का प्रयोग कर दिया है। पर इस तरह के प्रयोग ईसवी खाँ बहादुर की गद्य रचना **किस्सए मेहं अफ्रोज़ व दिलवर में भी हैं**। यह गद्य ग्रंथ मसूद हुसेन खाँ द्वारा सम्पादित होकर उस्मानिया विश्वविद्यालय के उर्दू विभाग की ओर से सन् 1966 में प्रकाशित हुआ। सम्पादक के अनुसार यह रचना अठारहवीं सदी से पूर्वार्द्ध की है। इस तरह दो सौ वर्ष तक हिन्दी में **कूँ** कारक चिह्न का प्रयोग होता रहा और उत्तर से वह दक्खिनी हिन्दी में भी पहुँचा, यथा–**अक्ल अच्छे तो अपस कूं होर दूसरे कूँ पछाने** (श्रीराम शर्मा : **दखिनी पद्य और गद्य,** पृष्ठ 409)। इसी तरह कारक-चिह्न सूं का प्रयोग है। इसके भी **सों, सौं** प्रतिरूप हैं पर इनका उद्भव मूल रूप **सन** से हुआ है। **रामचरितमानस** में इस **सन** का खूब प्रयोग हुआ है और कुछ क्षेत्रों की अवधी में इसका प्रयोग अब भी होता है। शाह अफ़ज़ल ने लिखा था : **अरे ऐ जोशियो तुम सांच बोलो। मिले मोसूं बदेसी स्याम कोलौं। अरे ऊधौ सुनौ यह दुख हमन सूं। कहौ टुक जाय परदेसी सजन सूं।** इसी तरह दक्खिनी हिन्दी में इसका प्रयोग होता था : **"यूं कहे तो उसके दिसने वज़ा सूं यां बी दिसता है"** (**दक्खिनी का पद्य और गद्य,** पृष्ठ 409)।

सर्वनामों में शाह अफ़ज़ल **तै** का प्रयोग करते हैं : **दिया परदेस सौं तैं गैर कूं राज। तैं** का व्यवहार ब्रजभाषा में होता ही है। शाह अफ़ज़ल के अतिरिक्त सौदा की भाषा में इसका प्रयोग मिलता है : **सौदा से गम गुसार का था दिल ये तैं लिया।** भारतेन्दु हरिश्चन्द्र के समय तक **तैं** रूप मानक हिन्दी से बहिष्कृत न हुआ था। **सत्य हरिश्चन्द्र** नाटक में उन्होंने लिखा था : **अरे दुष्ट ! तैं भूल गया; कल पृथ्वी किसको दान दी थी ?** आगरे की हिन्दी का अन्य पुरुष एकवचन सर्वनाम **विस** कभी हिन्दी-उर्दू का अपना खास रूप था। **विन** इसी का बहुवचन रूप है। **प्रेमसागर** (काशी संस्करण) की भूमिका में लल्लू जी लाल ने लिखा था : **विस का सार ले, यामनी भाषा छोड़, दिल्ली आगरे की खड़ी बोली में कह, नाम प्रेमसागर धरा।** भूमिका के बाद कथा के प्रारम्भिक अंश में उन्होंने लिखा : **विन्हें देख परीक्षित मन में कहने लगा।** सदल मिश्र ने इन रूपों का प्रयोग **नासिकेतोपाख्यान** में किया है : **और वेद की आज्ञा से सन्तान के लिए पत्नी सों भोग करना उचित है, नहीं तो विस विन क्या कभी क्रिया सिद्ध होती है और जिस-जिसके लाने को धर्म्मराज विन को बरजते हैं।** अंग्रेज़ों के पढ़ने के लिए सैण्डफोर्ड आर्नो ने हिन्दुस्तानी भाषा का एक व्याकरण लिखा था जिसमें डंकन, फोर्ब्स ने कुछ गद्यपाठ जोड़े थे। **ए ग्रामर औफ़ द हिन्दुस्तानी टंग** नाम की पुस्तक डंकन फोर्ब्स द्वारा परिवर्धित होकर लंदन से 1844 ई. में प्रकाशित हुई। इसके गद्यपाठ में इस तरह के वाक्य हैं : **विन की कुछ चिन्ता हो तो मुझसे टीप लिखवा लो; एक पहर के पीछे इससे घबरा के विसे पुकारा।**

पुरानी हिन्दी के बहुत से प्रयोग ग़ालिब के समय में उर्दू से निकाले गए, फिर हिन्दी में उनका चलन बन्द हुआ। कुछ रूप ऐसे हैं जिनका व्यवहार ग़ालिब की भाषा में किया गया है किन्तु मानक हिन्दी-उर्दू में उनका प्रयोग वर्जित हो गया है। इनमें अवधी का प्रश्नवाचक शब्द **काहे** है। हिन्दी में इसका स्थान **क्यों** ने ले लिया है। पुरानी ब्रजभाषा में **काहे** का प्रयोग होता था। आजकल ब्रजभाषा में भी **क्यौं** और **चौं** का जोर है। ग़ालिब ने लिखा था : **"मुझमें तुममें नामानिगारी काहे को है, मुकालमा है"** (17 सितम्बर 1858 का पत्र, श्रीराम शर्मा सम्पादित : **ग़ालिब के पत्र**)। इसी तरह सौदा ने लिखा था : **नज़र आ जाए है जैसी कि हिन्दुस्तान में सूरत। कभू काहे को ख़ल्क ऐसी हुई कनआन में सूरत।** इस शेर में जो **कभू** शब्द आया है, वह **कबहू** का रूपान्तर है। **कबही** से **कभी** रूप बना, **कभू** ब्रजभाषा के **हू** के आधार पर बना है। सौदा का यह प्रिय शब्द था : **ज्यूं गुंचा तू चमन में बन्दे कवाके खोले। फिर गुल से ऐ पियारे बुलबुल कभू न बोले। कबहू** और **कभू** की तरह पुरानी हिन्दी में **अजहूं** और **अझूं** रूपों का चलन था। शाह अफ़ज़ल ने **बिकट कहानी** में लिखा है : **अहद कर कर गए अजहूं न आए। अरी किन सौत ने टोने चलाए।** और—**दुहल रहलत का भादों ने बजाया। अझूं ला सांवरा परदेस छाया।** यह शाह अफ़ज़ल का निजी प्रयोग न था, इसका प्रमाण यह है कि दक्खिनी हिन्दी में भी इसका व्यवहार होता था : **ऐसे खुश बास के फूलां अझौं किसी बाग में नहीं खिले। ऐसे फूलां अझौं किसे नईं मिले। (दक्खिनी हिन्दी का पद्य और गद्य,** पृ. 406)।

ऊपर उद्धृत वाक्यों में जो **फूलां** बहुवचन रूप आया है, वह अवधी-ब्रजभाषा के **फूलन** का विकास है। **फूलन** जैसे शब्द से एक रूप बनेगा **फूलों** जैसे **सन** से **सों** रूप बना; दूसरा रूप बनेगा **फूलां**। उर्दू कविता में **मकान** का संक्षिप्त रूप **मकां**, पंजाबी और बाँगरू में लोक का बहुवचन **लोकां** किसी बाहरी प्रभाव के कारण नहीं हैं। **चन्द्र** जैसे **चाँद** बन जाता है वैसे ही **लोगन** या **लोकन** का उच्चारण **लोगां, लोकां** होगा। यह प्रवृत्ति तमिल भाषा में भी है। अन्य पुरुष एकवचन सर्वनाम **अवन्** बोलचाल में **अवाँ** हो जाता है। हिन्दी में **पुस्तकों, बालकों, लोगों** आदि जो बहुवचन रूप प्रयुक्त होते हैं, वे अवधी और ब्रजभाषा के **बालकन, पुस्तकन** जैसे रूपों से बने हैं।

क्रियार्थी संज्ञा के रूप में भी पुरानी अवधी में, और आजकल कनौजी में **न** प्रत्यय जोड़ा जाता है। उदाहरण के लिए **निकस** क्रिया मूल में **न** जोड़ने से क्रियार्थी संज्ञा रूप **निकसन** बनेगा। नज़ीर अकबराबादी ने **जन्म कन्हैयाजी** नाम की कविता में लिखा था : **इक आन न निकसन पावें ये फिर उन सबको ये हुक्म दिया**। लल्लूजी लाल के लिए ऐसे प्रयोग स्वाभाविक थे। उन्होंने **प्रेमसागर** में लिखा है : **इससे आपकी आज्ञा ले प्रसेन और मणि के ढूँढ़न को जाते हैं**। (खेमराज श्रीकृष्णदास संस्करण, पृष्ठ 188)। मानक हिन्दी क्रियार्थी संज्ञा के लिए **ना** प्रत्यय जोड़ती है। **ढूंढन** और **ढूँढ़न** में वैसा ही अन्तर है जैसा **तोर** और **तेरा** या **जात** और **जाता** में है अथवा वैदिक **एन** और **एना** में है। मूलतः मानक हिन्दी में क्रियार्थी संज्ञा बनाने की प्रक्रिया वही है जो पुरानी अवधी और वर्तमान कनौजी में है।

पूर्वकालिक क्रिया रूप बनाने में अवधी और ब्रजभाषा क्रिया में **आय** प्रत्यय जोड़ती हैं जैसे **नव** क्रिया से पूर्वकालिक रूप **नवाय** बनाया। नाम शब्दों में यही प्रत्यय जोड़कर क्रिया बना लेते हैं। नज़ीर ने **महादेव जी ब्याह** कविता में लिखा : **पहले नावँ गनेस का लीजे सीस नवाय। जासे कारज सिद्ध हों सदा मुहूरत लाय**। नज़ीर ने नाम शब्दों से जो क्रिया रूप बनाए हैं, उनकी एक अच्छी मिसाल **चुँधिआय** शब्द है। **सफ़रे आख़िरत की तैयारी** में उन्होंने लिखा था : **सर काँपा चाँदी बाल हुए मुँह पीला पलकें आन झुकीं। कद टेढ़ा कान हुए बहरे और आँखें भी चुँधिआय गईं**। मानक हिन्दी-उर्दू में अब ऐसे रूपों का व्यवहार नहीं होता किन्तु पूर्वकालिक क्रिया-रूपों में पहले जो **आय** प्रत्यय लगता था, उसी के **य** का लोप होने पर मानक हिन्दी का **आ** प्रत्यय बना है यथा **पढ़ाकर** मूलतः **पढ़ायकर** रूप था।

कहियो, आइयो जैसे ओकारान्त रूप ठेठ ब्रजभाषा के हैं। पुरानी हिन्दी में इनका व्यवहार होता था। शाह अफ़ज़ल ने लिखा था : **तुम्हीं टुक कर पकड़ समझाय कहियो। पगन पर सीस धर कर लाय कहियो**। पुरानी हिन्दी ही क्या, दिल्ली की हिन्दी में इन रूपों का व्यवहार अब भी होता है, यद्यपि वैसा व्यवहार दिल्ली की मानक भाषा में स्वीकृत नहीं है। आगरे के बहुत से कारीगर दिल्ली में जा बसे थे। इनकी बोली, कारखानों में इनके काम करने से, **करखनूदारी** कहलाती है। यह भी खड़ी बोली है पर उस तरह की है जिस तरह की आगरे की अपनी खड़ी बोली है। जनपदीय भाषाओं के

परस्पर सम्पर्क से कैसे नए रूप उभरते हैं, इसकी मिसालें दिल्ली की इस बोली में बहुत हैं। गोकुलचन्द नारंग ने इस बोली पर एक सुन्दर पुस्तक लिखी है : **करखन्दारी डायलेक्ट ऑफ़ डेल्ही उर्दू** (दिल्ली, 1961)। इसमें उन्होंने यह दिखाया है कि टकसाली उर्दू दिल्ली के कारीगारों की इस बोली से दूर होती चली गई है, फिर भी "इस बोली के वे रूप जो आज की साहित्यिक उर्दू में पुराने पड़ चुके हैं, पुरानी उर्दू में बने हुए हैं।" (पृष्ठ 67)। इस बोली में **जाइयो, लीजियो** आदि ओकारान्त रूपों का प्रयोग खूब होता है और गोकुलचन्द नारंग ने स्वीकार किया है कि यह स्पष्ट ही ब्रजभाषा के प्रभाव के कारण है। ब्रजभाषा का यह प्रभाव दिल्ली के अपढ़ कारीगरों में साहित्य के माध्यम से न पहुँचा था। ग़ालिब और मीर की तरह ये कारीगर आगरे से दिल्ली गए और अपने साथ ब्रज का प्रभाव ले गए। **क़िस्सए मेह अफ़्रोज़** की भूमिका में मसूद हुसेन ख़ाँ ने इस बोली को याद किया है। उन्होंने लिखा है : "अमीर ख़ुसरोकालीन खड़ी बोली का स्वरूप दकनी हिन्दी-उर्दू में मिलता है और इसका ब्रजमिश्रित स्वरूप हमें जहाँगीर के समय के एक लेखक 'अफज़ल' की कृति 'बिकट कहानी' में मिलता है। क़िस्से की भाषा तत्कालीन प्रचलित जनभाषा का रूप है। अतः उस समय की भाषाविषयक सभी विशेषताएँ इसमें उपलब्ध होती हैं जिनमें से कुछ दिल्ली की वर्तमान करख़न्दारी भाषा में भी पाई जाती हैं।" मसूद हुसेन ख़ाँ ने **क़िस्सए मेह अफ़्रोज़** की भाषा को एक ओर "अमीर खुसरो के काल की पंजाबी और हरयानी से प्रभावित खड़ी बोली से भिन्न" बताया है, दूसरी ओर उसे "अकबर और जहाँगीर के काल की ब्रजमिश्रित भाषा से" पृथक् बताया है। ऐसी भाषा से उन्होंने करखन्दारी भाषा की समानता दिखाई है। वास्तव में करखन्दारी बोली ब्रजभाषा का गहरा प्रभाव लिए है। **क़िस्सए मेह अफ़्रोज़** की भाषा पर भी ब्रज का प्रभाव है जैसे जहाँ-तहाँ **ही** के स्थान पर **हू** का व्यवहार। जैसे **कबहू**, वैसे ही **कदहू : अकसाम अकसाम तरह के ऐसे फूल हैं कि उन्होंने कदहू नहीं देखे थे।** (पृष्ठ 9)। मानक हिन्दी के **आगे** के बदले ईसवी ख़ाँ **आगूँ** लिखते हैं : **इस नहर में से पानी पी लीजिए तब आगूँ चलिए** (पृष्ठ 8)। ब्रजभाषा का **कूँ** भी इस गद्य पुस्तक में निरन्तर प्रयुक्त हुआ है : **तो दिलवर उसकी पेशवाई कूँ आवती है; दिलवर जोश से गुलरुख़ कूँ मिलती है; सो बादशाहज़ादे कूँ देखा।** (पृष्ठ 52)। अवधी और ब्रज का **काहे** यहाँ भी है : **चुग़ल काहे से हैं कि दिल की जो बात होहे सो ये कह देती हैं।** (पृष्ठ 53)। सर्वनामों में **तैं** का प्रयोग : **तैं अपनी बादशाहत व अपने ऊपर जो रहम नहीं करता** (पृष्ठ 3); और उस के स्थान पर **तिस** का प्रयोग : **तिस से मालूम होता है कि मेरे जो गुनाह हैं तिस के ऊपर खुदा ताअला ने नजर की है** (पृष्ठ 2)। ब्रज प्रदेश की हिन्दी का अन्य पुरुष एकवचन सर्वनाम रूप **विस : तो विस के भेटने के स्वाद कूँ जीभ कहाँ पहुँचती है कि बयान करे।** (पृष्ठ 55)। **केती, एता, कितेक** जैसे रूप पुरानी हिन्दी में ब्रजभाषा से आए थे : **कितेक दिनों में, साअते नेक में बादशाह के बेटा हुआ** (पृष्ठ 4); **बादशाहज़ादा एता खूबसूरत है कि जब कोई इसके ताईं देखता है तब महब हो जाता है** (पृष्ठ 6); **केती मुद्दत मेरे ताईं इसी तलाश में गुजरी थी लेकिन परीज़ाद में**

ऐसा कोई न मिला (पृष्ठ 67)। पूर्वकालिक रूपों में **य** अथवा **ए** का प्रयोग लल्लू जी लाल की याद दिलाता है : **वह जानवर वहाँ से उड़कर और जग्गा जाए बैठा।** (पृष्ठ 7)। **बाग़ में अन्दर जाए के देखते हैं तो चादरें पड़ती हैं** (उप.) ईसवी खाँ **आवता, आवते** क्रियारूप का व्यवहार वैसे ही करते हैं जैसे पहले ब्रजभाषा के कवि करते थे : **आवत जात पनहियाँ टूटीं, बिसरि गयो हरि नाम; रसरी आवत जात ते सिल पर होत निसान।**

पुरानी हिन्दी पर ब्रजभाषा का प्रभाव

पुरानी हिन्दी पर ब्रजभाषा का प्रभाव अनेक स्तरों पर है। उसके रूपतंत्र का निर्माण ब्रजभाषा के प्रभाव से हुआ है। कहीं-कहीं पुराने रूप बदल गए हैं, **जायके** की जगह **जाकर या जाके** हो गया है, **तैं** की जगह **तू** का चलन हुआ है। किन्तु ध्वनितंत्र पर जो प्रभाव पड़ा था, वह बहुत कुछ सुरक्षित है। पुरानी हिन्दी में फ़ारसी शब्दों के जो तद्भव रूप बने थे, वे मानक भाषा से अधिकतर निकाल दिए गए हैं किन्तु बोलचाल में **अकलवंद, तकादा, वखत** दिल्ली के कारीगर अब भी बोलते हैं। यदि मानक हिन्दी के ध्वनितंत्र की तुलना एक ओर पंजाबी के ध्वनितंत्र से की जाए और दूसरी ओर ब्रजभाषा के ध्वनितंत्र से, तो इस बारे में तनिक भी सन्देह न रहेगा कि मानक हिन्दी का ध्वनितंत्र पंजाबी की अपेक्षा ब्रजभाषा के ध्वनितंत्र के अधिक समीप है। पंजाबी क्या, बाँगरू का ध्वनितंत्र भी मानक हिन्दी के ध्वनितंत्र से दूर पड़ गया है। केवल एक बात में ब्रजभाषा और पंजाबी मिलती हैं; दोनों में मध्यवर्ती **ह्** के लोप की प्रवृत्ति है। इस प्रकार समापिका क्रिया **है ऐ** अथवा **ए** रूप में बोली जाती है। महाप्राणता का ऐसा लोप बाँगरू में भी नहीं है। आगरे की हिन्दी में **क्या कर रहा है,** यह वाक्य यों बोला और सुना जाता है : **क्या कर् रिया ऐ।** इसी तरह ब्रज में : **का कर् रओ ऐ।** मानक हिन्दी ने इस प्रकार **ह्** का लोप स्वीकार नहीं किया। ब्रजभाषा प्रभावित पुरानी हिन्दी के अनेक रूप मानक हिन्दी से निकाल दिए गए हैं पर बोलचाल की हिन्दी में उनका प्रयोग बहुत जगह अब भी होता है। इनमें एक क्रियारूप **भया, भई, भए** है। शाह अफ़ज़ल ने **बिकट कहानी** में इसका प्रयोग किया है : **भई मुझ सेज बिन पिउ नागिनी रे। सतावे दूसरे नित चाँदनी रे।** यह रूप दिल्ली की हिन्दी में प्रयुक्त होता था, इसका प्रमाण यह है कि शाह आलम द्वितीय ने अपनी हिन्दी कविता में इसका प्रयोग किया है : **आज आनन्द भयो सभी के मन शाहे आलम को सब मिल चलो दें असीस** (**नादिरातेशाही,** सम्पादक इम्तियाज अली खाँ अर्शी, रामपुर, 1944 ई. पृष्ठ 90)। यह क्रियारूप अवध के प्रमुख हिन्दी केन्द्र, नवाबों की पुरानी राजधानी, लखनऊ में अब भी प्रयुक्त होता है। इसका प्रमाण यह है कि अमृतलाल नागर के कथापात्र इसका व्यवहार करते हैं। **अरे क्या भया बहू ? बहुआ जाड़े में झुरझुरती हुई आई; ऊपर से लाले का लिहाफ बोला–अड़े क्या भया ? गुबिन्दे की बहू ने बाहर झाँक कर पूछा–चाची**

क्या भया ? (**बूँद और समुद्र**, अध्याय 6)। ये सब पात्र लखनऊ के हैं, स्त्री और पुरुष दोनों **भया** रूप का व्यवहार करते हैं। लखनऊ में कई तरह की हिन्दी बोली जाती है, उसमें एक यह **भया** वाली हिन्दी भी है। लखनऊ अवध जनपद में है। अवधी के क्षेत्र में जो हिन्दी बोली जा रही है, उसका एक रूप ब्रजभाषा के पुराने शब्द अब भी अपनाए हुए हैं। ऐसा गहरा नाता ब्रजभाषा, अवधी और खड़ी बोली का है।

दक्खिनी रूप

पुरानी हिन्दी का एक रूप दक्खिनी का है। यह दक्खिनी हिन्दी ब्रजभाषा का प्रभाव लिए हुए है। इस भाषा के पुराने नमूने बारहवीं सदी से मिलने लगते हैं। इससे यह तथ्य सिद्ध होता है कि बारहवीं सदी में ब्रजभाषा खड़ी बोली को प्रभावित कर रही थी और इससे पहले भी प्रभावित करती आई थी। दक्खिनी हिन्दी के जो पुराने-से-पुराने नमूने हैं, उनकी भाषा का ध्वनितंत्र न तो बाँगरू का है, न पंजाबी या राजस्थानी का। उसका ध्वनितंत्र ब्रजभाषा से काफी प्रभावित हो चुका है। तुर्क आक्रमणों से पहले यहाँ जनपदों का अलगाव खत्म होने लगा था और ब्रजभाषा बाँगरू को प्रभावित करने लगी थी। एक बात असंदिग्ध है कि चाहे पुरानी हिन्दी हो चाहे आधुनिक, चाहे मानक हिन्दी हो चाहे उसका कोई स्थानीय रूप, वह कुरु जनपद की भाषा बाँगरू से काफी भिन्न है और इस भिन्नता का मुख्य कारण ब्रजभाषा का प्रभाव है। मानक हिन्दी और बाँगरू दोनों के रूपतंत्र का विकास ब्रजभाषा के प्रभाव से हुआ और यह ब्रजभाषा पुरानी अवधी का प्रभाव आत्मसात् किए हुए है। आधुनिक अवधी का रूपतंत्र कई बातों में ब्रजभाषा से प्रभावित है और मानक हिन्दी से मिलता-जुलता है। हिन्दी प्रदेश का पूर्वी क्षेत्र साहित्यिक हिन्दी का मुख्य क्षेत्र रहा है, इसलिए पूर्वी जनपदीय भाषाओं का प्रभाव हिन्दी के स्थानीय रूपों पर ही नहीं, उसके मानक रूप पर भी पड़ा है। ऐसे प्रभाव का एक उदाहरण मानक् हिन्दी में मध्यवर्ती **ह्** ध्वनि की महाप्राणता की रक्षा है। इस प्रकार जनपदीय भाषाओं के सम्पर्क से जातीय भाषा की पेचीदा प्रक्रिया सम्पन्न होती है। शूरसेनी अपभ्रंश से ब्रज का सम्बन्ध जोड़ कर, किसी कल्पित कौरवी अपभ्रंश से बाँगरू का सम्बन्ध जोड़ कर, भाषायी विकास-प्रक्रिया की व्याख्या नहीं की जा सकती।

डा. माताप्रसाद गुप्त ने **कुतुबशतक और उसकी हिन्दुई** नाम की पुस्तक सम्पादित की थी जो 1967 में भारतीय ज्ञानपीठ से प्रकाशित हुई थी। डा. गुप्त के अनुसार **कुतुबशतक** की रचना पन्द्रहवीं सदी के अन्त में या सोलहवीं सदी के आरम्भ में हुई थी। इसकी भाषा अनेक दृष्टियों से महत्त्वपूर्ण है। अनेक जनपदों के रूप कैसे आपस में घुल-मिल रहे थे और आधुनिक हिन्दी के रूपों के विकास में इनकी भूमिका कितनी महत्त्वपूर्ण है, इन बातों का पता **कुतुबशतक** की भाषा के विश्लेषण से चलता है। विशेष रूप से अवधी के रूप पहले उत्तर-पश्चिमी प्रदेशों तक फैले हुए थे, इसका ज्ञान होता

है, ब्रजभाषा के रूपों का प्रभाव और प्रसार तो यहाँ है ही। इसके साथ ही कुछ बाँगरू या पंजाबी के रूप भी हैं, जो अब मानक हिन्दी में प्रयुक्त नहीं होते। **कुतुबशतक** की भाषा में कुछ अन्य ऐसे रूप हैं जो अब प्रयुक्त नहीं होते या कम होते हैं किन्तु जो भाषायी विकास को समझने में सहायक होते हैं।

सबसे पहले उत्तम पुरुष एकवचन सर्वनाम को लें। एक रूप है **हूँ**। यह रूप ब्रजभाषा में अब भी प्रयुक्त होता है किन्तु मानक हिन्दी में उसका व्यवहार नहीं होता। अन्य रूप है **मइ, मइँ**। यह रूप ही मानक हिन्दी का **मैं** है। जो लोग **मैं** का सम्बन्ध **मया** से जोड़ते हैं, वे **मइ** रूप पर ध्यान दें। यदि संस्कृत के किसी मिलते-जुलते रूप को ही आधार बनाना है तो अधिकरण कारक के एकवचन रूप **मयि** को आधार क्यों न माना जाए ? सम्बन्धकारक में **मेरा** के साथ **मो** रूप भी है। **मे, मो, मइ,** ये सभी रूप एक ही आधारभूत रूप **मध** से विकसित सिद्ध किए जा सकते हैं। जहाँ **ध्** का तालव्यीकरण हुआ है, वहाँ कुतुबशतक में **मुझइ** जैसे रूप मिलते हैं। आधार रूप है **मुझ;** इसमें **इ** विभक्ति चिह्न जोड़ा गया है। अवधी का विभक्ति चिह्न **हि** उत्तर पश्चिमी प्रदेशों में महाप्राणता खोकर **इ** रह गया है। पुराने रूप **मुझइ** से मानक हिन्दी के **मुझे** का विकास हुआ है। पुरानी हिन्दी में जो **अइ,** अउ संयुक्त स्वर मिलते हैं, वे किसी लिपिक द्वारा प्रमादवश नहीं लिखे गए। वैदिक काल से प्रायः सोलहवीं सदी तक इन संयुक्त स्वरों का व्यवहार, कोसल और ब्रज से उत्तर पश्चिम में, अनेक जनपदों में होता था। **अइ, अउ** के स्थान पर दूसरी तरह के संयुक्त स्वरों **ऐ, औ** का व्यवहार अपेक्षाकृत आधुनिक है। यह उत्तर पश्चिमी प्रभाव है जो **ब्रज** तथा अवधी में पुराने संयुक्त स्वरों को पूरी तरह विस्थापित नहीं कर पाया।

दूरस्थित वस्तु की ओर संकेत करने वाला सर्वनाम **सो** बहुत दिलचस्प है। **सो** रूप हिन्दी में अब भी बोला जाता है। **से** रूप बँगला में प्रचलित है। **मध** के समान यहाँ भी मूल रूप **सध** मानें तो कोसली का एक रूप **सा** होना चाहिए। यह रूप यहाँ मिलता है। **जादे जा दिन अग्गला साहिब सा दिन रूप** (जादे यानी शाहजादे का जो अगला दिन अर्थात् जवानी का समय है, वही साहिबा के रूप का समय है।) **सा** के साथ **जा** रूप भी विद्यमान है। मानक हिन्दी में **जो,** बँगला में **जे** का व्यवहार होता है। मध्यवर्ती क्षेत्र का **जा** रूप यहाँ है। **मध** और **सध** के समान एक शब्द **यध** था; उससे **जा, जो, जे** रूप बने।

निकटवर्ती वस्तु के लिए **इह** सर्वनाम का मूल रूप **इध** होना चाहिए। इसी का परिवर्तित रूप **यह** हिन्दी का मानक रूप है। **ह्** का लोप होने पर **ये** रूप बहुवचन के लिए प्रयुक्त होता है। दूरस्थ वस्तु के लिए **ओह** रूप है। प्रथम वर्ण ओकार अवश्य ही ह्रस्व था और इसी का परिवर्तित रूप **वह** मानक हिन्दी में प्रयुक्त होता है। बोलचाल में **वो** रूप प्रचलित है, एकवचन और बहुवचन दोनों के लिए। हिन्दी में **वे** रूप बहुवचन के लिए सुरक्षित है। पूर्वरूप हुआ **अध**। इसका पूर्वी रूप होगा **ऑध**। इस प्रकार मानक हिन्दी का सर्वनाम रूप **वह** पूर्वी जनपदों की देन है। **उस तिस** जैसे रूपों का आधार

उध, तिध जैसे रूप हैं। अवधी का **ताहि** रूप कर्मकारक के लिए **कुतुबशतक** में भी प्रयुक्त हुआ है। इसमें **हि** विभक्ति चिह्न है और **ता** आधारभूत सर्वनाम है। **सा, जा** के समान **ता तध** का रूपान्तर है।

कारक रचना के सन्दर्भ में कर्ता और कर्म कारकों में अनेक स्थानों पर अवधी के समान उकारान्त रूपों का प्रयोग हुआ है यथा **ओही हालु**। बहुवचन रूपों में **सज्जणां** जैसे रूप बाँगरू और पंजाबी का प्रभाव व्यंजित करते हैं। कर्म कारक के लिए **कुँ** का प्रयोग **कुतुबशतक** में हुआ है, ब्रजभाषा में अब भी होता है, दक्खिनी हिन्दी में भी इसका व्यवहार हुआ है। इसी के जोड़ के **सुँ, सूँ, सौं** करण कारक के लिए प्रयुक्त होने वाले विभक्ति चिह्न हैं। अधिकरण में **इ** और **अइ** वाले रूप मिलते हैं : **कर्मार, दरबारि, हत्थइ, कण्ठइ**। यह वही विभक्ति चिह्न हैं जो संस्कृत में एकार रूप में प्राप्त हैं। अधिकरण के लिए **महि, महिं, मइ, मै, मि** सम्बन्धक रूप भी प्रयुक्त हुए हैं। इन सबका आधारभूत रूप **मध** हो सकता है। कोई कहे कि **मध** सर्वनाम है तो सर्वनाम और विभक्ति चिह्नों की सामान्य रचना प्रक्रिया याद कर लेनी चाहिए।

कुतुबशतक की भाषा की क्रियापद-रचना में अवधी रूपों की भूमिका ध्यान देने योग्य है। भविष्य काल का एक रूप है **करहिगा**। अन्य पुरुष एकवचन के वर्तमान कालिक रूप **करहि** में **गा** चिह्न जोड़ा गया है। **करहि** अवधी का वर्तमान काल का रूप है। महाप्राणता का लोप होने पर **हि** के स्थान पर **इ** रह जाता है। **कुतुबशतक** में **करहिगा** के समानान्तर **करइगा** जैसे रूप भी हैं। यह **करइ** मानक हिन्दी का **करे** है। **करइगा** से **करेगा** रूप का विकास हुआ है। **वह करे है, वह क्या करे, वह करेगा,** हिन्दी के इन विभिन्न रूपों में **करे** का आधार सर्वत्र अवधी का **करहि** है। **गा** चिह्न जोड़ने से मानक हिन्दी का बोध होता है किन्तु **कुतुबशतक** में गा-विहीन भविष्यकालीन रूप भी है यथा **सोई लज्जा रक्खिहइ जादे साहि नसीब**। यहाँ **रक्खिहइ** में अवधी का कालवाचक चिह्न **हइ,** पूर्वरूप **हहि,** लगा हुआ है। इससे अवधी रूपों के प्रसार का अनुमान हो सकता है। भविष्य काल के लिए ही अन्य पुरुष के बहुवचन रूप **कहइँगे** में **कहइँ** का पूर्व रूप **कहहिं** है। यही अब मानक हिन्दी का **कहेंगे** रूप है। मध्यम पुरुष के लिए **देहुगे** जैसे रूप में अवधी का **देहु** स्पष्ट है। आज्ञा रूपों में **ध्यावहु, ल्यावहु, दिखावहु** पुनः अवधी के रूप हैं और वे उत्तर पश्चिमी प्रदेशों में कैसे बदल रहे थे, इसके प्रमाण भी **कुतुबशतक** में हैं। **करउ** जैसे रूप में महाप्राण ध्वनि का लोप हो गया है और जिलाओ जैसे रूप में संयुक्त स्वर **अउ** के स्थान पर ओकार का व्यवहार हुआ है। मानक हिन्दी में ये ओकार वाले रूप ही स्वीकृत हैं। वर्तमान काल में उत्तम पुरुष एकवचन के तिङन्त रूप हैं **जाणुं, जाणउँ**। इनका आधार **जानहुँ** जैसा अवधी रूप है। मानक हिन्दी में जब कहते हैं **मैं क्या जानूँ,** तब पूर्वरूप **जानहुँ** के संक्षिप्त रूपान्तर का ही व्यवहार करते हैं। **कुतुबशतक** में अन्य पुरुष एकवचन के वर्तमानकालिक रूप **होइ, देखइ, बखाणइ** आदि अवधी के समान हैं। पुरानी अवधी के समान **कुतुबशतक** की खड़ी बोली में तिङन्त रूपों का व्यवहार काफी होता है किन्तु कृदन्त रूपों को आधार बनाकर क्रियापद-रचना

भी होने लगी है यथा **जाणता हइ, जाणता हूँ**। भूतकाल के लिए **गया, धाया,** आया आदि कृदन्त रूपों का व्यवहार सामान्य है। **लेट्या, कह्या, जाण्या** जैसे रूप बाँगरू की देन हैं जो अब मानक हिन्दी में स्वीकृत नहीं हैं। महत्त्वपूर्ण रूप **लीन्हा, लिन्न, लीना** आदि हैं। अवधी के **दीन्ह, लीन्ह** जैसे रूप इनका आधार हैं और इनका **न्ह न्ध** का विकास है। वर्तमानकालिक कृदन्त **करत, होत, देखत** आदि ब्रज अवधी के समान प्रयुक्त हुए हैं। क्रियार्थी संज्ञा रूपों में एक ओर **ना** वाले **फेरणा, मारणा** जैसे रूप हैं, दूसरी ओर **ब** वाले **फेरिबे** जैसे रूप हैं जो ब्रजभाषा में प्रयुक्त होते हैं। आज्ञा रूपों में **धरि, हेरि, देखि, फेरि** आदि ब्रज क्षेत्र में प्रचलित रूपों के समान हैं।

कबीर और कुतुबशतक की भाषा

गुरु ग्रंथ साहिब में जो कबीर के पद दिए हुए हैं, उनकी भाषा में कुछ वैसी ही विशेषताएँ हैं जैसी **कुतुबशतक** की भाषा में हैं। इनके अध्ययन से हिन्दी के रूपों के विकास को समझने में सहायता मिलेगी। (शिरोमणि गुरुद्वारा प्रबंधक कमेटी, अमृतसर द्वारा 1951 में प्रकाशित श्री **गुरु ग्रंथ साहिब** से यहाँ उद्धरण दिए गए हैं।) एक पद है : **हरि जसु सुनहि न हरि गुन गावहि। बातन ही असमानु गिरावहि। ऐसे लोगन सिउ किआ कहीऐ। जो प्रभ की ए भगति ते बाहज तिन ते सदा डराने रहीऐ। आपि न देहि चुरू भरि पानी। तिह निन्दहि जिह गंगा पानी। बैठत उठत कुटिलता चालहि। आप गए अउरन हू घालहि। छाडि कुचरचा आन न जानहि। ब्रह्मा हू को कहिओ न मानहि। आप गए अउरन हू खोवहि। आगि लगाइ मंदर मै सोवहि। अवरन हसत आपि हहि कांने। तिनकउ देखि कबीर लजाने।** (पृष्ठ 332)। इस पद में सबसे पहले **जसु, असमानु** जैसे उकारान्त रूपों पर ध्यान देना चाहिए। ऐसे रूप कबीर तथा अन्य सन्तों की भाषा में काफी हैं और पंजाब में जो हिन्दी गद्य लिखा गया था, उसमें भी मिलते हैं। इसके बाद क्रिया के **हि** वाले रूपों पर ध्यान देना चाहिए। **हि** पर अनुस्वार का चिह्न नहीं है किन्तु हैं ये सब बहुवचन के रूप। यह मान लेना चाहिए कि अन्तिम स्वर का उच्चारण अनुनासिक होता था। इनमें एक रूप **हहि** भी है। अनुस्वारयुक्त **हहिं** का रूपान्तर **हैं** मानक हिन्दी में प्रयुक्त होता है। पूर्वकालिक कृदन्त **छाडि,** वर्तमानकालिक कृदन्त **बैठत, उठत,** सर्वनाम रूप **जिह, तिह,** संज्ञा के बहुवचन रूप, यथा **लोगन,** अवधी रूपों के व्यापक व्यवहार की ओर संकेत करते हैं। इस पद की छन्द-रचना और शब्द-योजना पर भी अवधी लोककाव्य का प्रभाव झलकता है।

कबीर के पदों की भाषा में बहुत जगह **हू** वाले रूप हैं, इनके साथ क्रिया पदों के वैकल्पिक रूप भी हैं जिनमें इस महाप्राण ध्वनि का लोप हो गया है। वर्तमान काल के अन्य पुरुष एकवचन रूपों में इस तरह के उदाहरण हैं। **साधू सुख पावहि कलि सागर** (पृष्ठ 324)। भविष्य काल के रूपों में यह प्रक्रिया और भी अधिक स्पष्ट देखी जा सकती है। **तब जानहुगे जब उघरैगो पाज** (पृष्ठ 324)। **जानहुगे** आगे चलकर **जानोगे**

बना। **कहत कबीर सुनहु** मन **मेरे। इही हवाल होहिगे तेरे।** (पृष्ठ 330)। **सुनहु** का रूपान्तर **सुनो** प्रचलित हुआ और **होहिंगे** से **होयँगे,** फिर **होंगे** रूप बना। **ग** भविष्य काल का चिह्न है और उत्तर पश्चिमी भाषाओं की विशेषता है। **गुरु ग्रंथ साहिब में ग-विहीन** विशुद्ध अवधी रूप भी है। **कहन कहावन नह पतिअईहै तउ मनु मानै जाते हउ मै जईहै।** (पृष्ठ 325)। यहाँ **पतिअईहै,** जईहै अवधी के भविष्यकालीन रूप हैं। कबीर की भाषा में, यहाँ तथा अन्यत्र भी जो उनकी रचनाएँ मिलती हैं उनमें, खड़ी बोली के रूप काफी हैं, ब्रज के हैं, अवधी के हैं, भोजपुरी के रूप अपेक्षाकृत कम हैं। आज्ञा रूप **कहहु, सुनहु, गावहु** आदि के साथ **जानउ, पहिरावउ** आदि महाप्राण ध्वनिहीन रूप भी हैं। वर्तमान काल के मध्यम पुरुष रूप अवधी के समान इस प्रकार हैं : **जब नहीं चीनसि आतम राम।** (पृष्ठ 324)। कहीं-कहीं भविष्य काल के लिए इसी रूप का प्रयोग हुआ है—**बिनु बैराग न छूटसि माइआ।** (पृष्ठ 329)।

सर्वनामों में **जासु, जिसु, तिसु, इसु** ध्यान देने योग्य हैं। दिल्ली के पुराने शायर किसी के स्थान पर **किसू** रूप का प्रयोग अक्सर करते थे। **जासु तासु** के समान ये अवधी के उकारान्त रूप हैं। एक जगह **तुझहि** का प्रयोग मिलता है—**चलु रे बेकुण्ठ तुझहि ले तारउ** (पृष्ठ 329)। यहाँ **तुझ** में कर्मकारक का चिह्न **हि** लगा है और इस **तुझहि** से **तुझे** का विकास हुआ है। कबीर के पदों में **एकु, करमु, गिआनु, निरमलु, संसारु, नूरु, अलहु** आदि उकारान्त अवधी रूप भरे पड़े हैं। **कुतुबशतक** के समान यहाँ भी बहुत जगह संयुक्त स्वरों का व्यवहार हुआ है यथा **जउ,** जिसका वर्तमान रूप **जो** है।

नामदेव की भाषा

महाराष्ट्र के सन्त नामदेव ने जो हिन्दी पद रचे थे, उनमें भी **ह्** वाले रूप मिलते हैं। एक नामदेव पंजाब में भी थे और इस बात को लेकर विवाद हो सकता है कि कौन से पद किस नामदेव के हैं। किन्तु महाराष्ट्र में किसी भी नामदेव के हिन्दी पद मिलें, इसमें सन्देह नहीं कि उनमें भाषा-सम्बन्धी विशेषताएँ वैसी ही हैं जैसी **कुतुबशतक** में हैं, **गुरु ग्रंथ साहिब** में दिए हुए कबीर के पदों में हैं। ऐसी कुछ विशेषताएँ **रामचरितमानस** की क्रियापद रचना में हैं। इससे सिद्ध होता है कि व्यापक पैमाने पर हिन्दी जनपदीय भाषाओं के तत्त्वों का मिश्रण हो रहा था और वे खड़ी बोली को प्रभावित कर रही थीं। डा. भगीरथ मिश्र ने पूना विश्वविद्यालय से जो **सन्त नामदेव की हिन्दी पदावली** (1964) प्रकाशित की है, उसमें उन्होंने लिखा है : "नामदेव की भाषा मूलतः ब्रज है और उस पर पंजाबी, राजस्थानी, रेखता और मराठी का प्रभाव है। बहुत से शब्द जनपदीय बोलियों से भी लिए गए हैं।" (पृष्ठ 40)। नामदेव कहते हैं : **बालू के मन्दिर बिनसि जांहिगे** (पृष्ठ 41), यहाँ **जांहिगे** खड़ी बोली का रूप है, अवधी रूप **जाहिं** में **गे** जोड़ कर बनाया गया है। इसी पद में कहते हैं : **कोटि उपाइ जु करही रे नर,** और **आंब बबूल**

न फलही रे नर। यहाँ **फलही** और **करही–गे** के बिना—अवधी के विशुद्ध भविष्यकालीन रूप हैं। इसी पद में **रतन न मिलहिं उधारे रे नर,** यहाँ **मिलहिं** वर्तमान काल के अन्य पुरुष का बहुवचन रूप है। पुनः इसी पद में : **झूठे करहु पसारा रे नर,** यहाँ **करहु** वर्तमान काल के मध्यम पुरुष का बहुवचन रूप है। ऐसा ही रूप आदेश के लिए भी प्रयुक्त होता है, **चेतहु रे चेतनहार** (पृष्ठ 39)। **जाइगी** (पृष्ठ 7), **कहेंगे** (पृष्ठ 8), **आइये न जाइये** (पृष्ठ 13), **मुख बेद पुरान पढ़ता** (पृष्ठ 28), ऐसे खड़ी बोली के रूप भी हैं। एक पद यों आरम्भ होता है : **काहे रे मन भूला फिरई। चेति न राम चरन चित धरही** (पृष्ठ 35)। यहाँ **धरही** अवधी का वर्तमानकालिक अन्य पुरुष, एकवचन रूप है। स्पष्ट ही पहली पंक्ति के पाठ में **फिरई** के स्थान पर **फिरही** पढ़ना उचित है। अवधी के इस एकवचन रूप के समानान्तर वर्तमान काल में ही अन्य पुरुष के बहुवचन रूप **जाहिं खाहिं** हैं : **कांइरे मन विषिया बन जाहिं। देखत ही ठग मूली खाहिं।** (पृष्ठ 27)। अवधी रूप पुरानी हिन्दी कविता में हैं, इसके साथ वे पुराने हिन्दी गद्य में भी मिलते हैं।

गुरुमुखी लिपि में हिन्दी गद्य

पंजाब विश्वविद्यालय के गोविन्दनाथ राज गुरु ने **गुरुमुखी लिपि में हिन्दी गद्य** (राजकमल, सन 1969) नाम की महत्त्वपूर्ण पुस्तक लिखी है। इसमें उन्होंने सत्रहवीं, अठारहवीं और उन्नीसवीं सदियों के गद्य लेखकों का परिचय दिया है और उनके गद्य के नमूने दिए हैं। इसके अतिरिक्त उन्होंने **हरि जी सोढी कृत गोसटि गुरु मिंहरिवानु** भी सम्पादित की है। यह पुस्तक पंजाब विश्वविद्यालय द्वारा सन् 1974 में प्रकाशित हुई थी। पंजाब में हिन्दी का जो पुराना गद्य प्राप्त है, उस पर उन्होंने कुछ अन्य निबन्ध भी लिखे हैं। यह सारी सामग्री हिन्दी गद्य के विकास तथा हिन्दी भाषा के मानक स्वरूप के विकास को समझने में सहायक है। सबसे अधिक इस पुराने गद्य का महत्त्व इस बात में है कि इससे विभिन्न जनपदों की भाषाओं के परस्पर सम्पर्क का प्रमाण मिलता है। इस सम्पर्क के फलस्वरूप एक ऐसी भाषा का व्यवहार साहित्यिक और सांस्कृतिक कार्यों के लिए होने लगा था जिसमें बहुत से रूप अवधी और ब्रज के हैं। जो परिणाम पद्य की भाषा के अध्ययन से जनपदीय सम्पर्क के बारे में निकाले जा सकते हैं, उन सबकी पुष्टि इस गद्य के विश्लेषण से होती है। जिन लोगों को **गुरु ग्रंथ साहिब** में कबीर आदि सन्तों के दिए हुए पदों की भाषा के बारे में सन्देह हो, उन्हें इस गद्य का अध्ययन करना चाहिए। वर्तनी की अनेक विशेषताएँ दोनों में समान हैं, यह स्वाभाविक है क्योंकि लिपि गुरुमुखी है और लिपि-क्षेत्र पंजाब है। महत्त्वपूर्ण समानता है गद्य और पद्य की भाषा में संरचना की दृष्टि से। यदि यह संरचना आधुनिक पंजाबी या बाँगरू के रूप दिखलाती तो उसका इतना महत्त्व न होता। यहाँ खड़ी बोली का जो रूप है, वह पंजाबी से तो भिन्न है ही, बाँगरू से भी काफी भिन्न है। वह ब्रज से-प्रभावित है किन्तु उसमें ब्रजभाषा की संरचना नहीं है। उसमें अवधी के वे रूप हैं जो कोसल से पूर्व और पश्चिम की अनेक भाषाओं

में मिलते हैं। इस गद्य में पंजाबी के भी अनेक रूप हैं जो अब मानक हिन्दी में स्वीकृत नहीं हैं। सत्रहवीं सदी तक, गद्य के माध्यम के रूप में, आधुनिक हिन्दी का ऐसा रूप बन चुका था जिसमें अनेक जनपदीय भाषाओं के तत्त्व थे किन्तु जो—बाँगरू समेत—जनपदीय भाषाओं से भिन्न था।

गुरुमुखी लिपि में हिन्दी गद्य पुस्तक में जो सबसे पुराना उद्धरण है, वह मिहरिवानु कृत **सचुषंड पोथी** का है। इसमें कुछ बातें जो अत्यन्त रोचक हैं, उनमें सर्वप्रथम हैं हिन्दी अकार के स्थान पर बहुत जगह एकार का प्रयोग। मेरी इस पुस्तक में—अर्थात् **भारत के प्राचीन भाषा परिवार और हिन्दी में**—अनेक बार यह बात कही गई है कि उत्तर-पश्चिमी क्षेत्र में अकार के स्थान पर एकार बोलने की प्रवृत्ति है। यह प्रवृत्ति इस क्षेत्र में आज भी देखी जा सकती है किन्तु प्राकृत परम्परा में इस प्रवृत्ति को अर्धमागधी के साथ ऐसा जोड़ा गया है कि ऐतिहासिक भाषाविज्ञान में एक अनावश्यक उलझन पैदा कर दी गई है। यह प्रवृत्ति जहाँ पूर्वी भाषाओं में मिलती है, वहाँ वह उत्तर-पश्चिमी प्रभाव का परिणाम है। **सचुषंड पोथी** में एकार वृत्ति के अनेक उदाहरण हैं : **गोसटी राजे जनक की; त्रेते जुग महि राजा जनकु हुआ; अठे पहर सिमरनि धिआनि महि रहै; धरमसाला राजे जनक कीआं चलहिं सैंसार के विषे; तब गुरु बाबे नानक जी कहिआ।** यहाँ **राजा, त्रेता, अठ** (आठ), **संसार, बाबा,** ये शब्द एकार से लिखे गए हैं। यह एकार शब्द के आदि और अन्त में, दोनों जगह आता है। इन रूपों के साथ **जि** और **सि** सर्वनाम तुलनीय हैं। वास्तव में ये एकारान्त रूप हैं, **जि** और **सि** उनके रूपान्तर हैं। ब्रजभाषा में **जि** का प्रयोग अब भी होता है। बँगला में **जे** और **से** रूपों का चलन है जो वास्तव में उत्तर-पश्चिमी हैं—हिन्दी में **जो** और **सो** का व्यवहार होता है और ये रूप मूलतः मागधी हैं। **सचुषंड पोथी** में लिखा है : **कपड़े की धरमसाला चलै जि नागा होइ सि पहिरै।** यहाँ **जि** और **सि** के मूल रूप **जे** और **से** हैं।

दूसरी बात जो ध्यान देने की है वह उकारान्त रूपों का व्यवहार है : **नामु दानु इसनानु सीलु संजमु कमावै राजा जनकु।** इस तरह के उकारान्त रूप **गुरु ग्रंथ साहिब** में उद्धृत किए हुए पदों में भी हैं। तीसरी ध्यान देने की बात यह है कि **कुतुबशतक** में जैसे ब्रज के प्रभाव से अनेक शब्द इकारान्त हैं, वैसे रूप यहाँ हैं। **तब, बस, पास** जैसे शब्द **तबि, बसि, पासि** लिखे गए हैं। एक जगह **जनक** को भी **जनकि** लिखा गया है : **तबि जनकि भगति कहिआ।** कारक चिह्नों में **सौं, कु** आदि का व्यवहार ब्रजभाषा के अनुरूप है। आदेश के लिए क्रिया का इकारान्त रूप मिलता है : **जिउ जान्हु तिउ करि; तब गुरु बाबेनानक जी कहिआ जि सुनि हो मुला मैं किसु साथि बोलिउँ।** (**सुनि हो मुला** अर्थात् हे मुल्ला, सुन।) **सचुषंड पोथी** में क्रिया के कृदन्त-रूप काफी हैं जैसे आधुनिक हिन्दी में प्रयुक्त होते हैं : **होता है, रहते हैं, करती है, आवते हैं।** इनके साथ कहीं-कहीं बाँगरू और पंजाबी के सघोष ध्वनि वाले कृदन्त-रूप **फिरदा है, करदा है** अथवा अघोष ध्वनि वाले **कीती** है जैसे रूप मिलते हैं। आश्चर्य की बात है कि यहाँ वर्तमान काल के तिङन्त रूप समापिका क्रिया के बिना काफी प्रयुक्त हुए हैं। **रहै, करै,**

कमावै, पीवै, पहिरै जैसे प्रयोग अनेक जनपदों में देखने को मिलते हैं। ये रूप वास्तव में **करहि–करइ–करै** इस क्रम से बने हैं। बहुवचन में **हि** वाले रूप अधिक सुरक्षित हैं। **धरमसाला राजे जनक कीआँ चलहिं**–यहाँ **चलहिं** वर्तमान काल का अन्य पुरुष बहुवचन रूप है। इसी के आगे वाक्य है : **पाणी की धरमसाला चलैं**। यहाँ **चलहिं** का रूपान्तर **चलैं** प्रयुक्त है। **तिसु के तूं निकटि न आइअहु** (आयहु)–यहाँ महाप्राण-ध्वनि-युक्त-अवधी का आदेशात्मक क्रिया-रूप प्रयुक्त हुआ है। इसी प्रकार : **जिउँ जाणहु तिउ करि**–इस वाक्य में **जाणहु** वर्तमान काल का मध्यम पुरुष बहुवचन रूप है। **नानक का पंथु चलावउँगा**–यहाँ **चलावहुं** रूप में **ह्** का लोप हुआ है और **ग** प्रत्यय जोड़ा गया है। इसी प्रकार **देउँगा** पहले **देहुँगा** था। इससे **दूँगा** मानक रूप का विकास हुआ है। **हउँ एहा बात पंडित पूछता हउँ**–यहाँ पहला **हउँ** सर्वनाम है, ब्रजभाषा के **हौं, हूं** इसी के रूपान्तर हैं, दूसरा **हउँ** क्रिया है। इसका पूर्वरूप **हहुँ** था। मानक हिन्दी का **हूँ** इससे विकसित हुआ है। एक दिलचस्प क्रिया रूप **हैनि** है। **सि एहु भी पछावै कि निआई हैनि;** रूप जोबनु **जि है सि एहि भी पछावे की निआई हैनि। हैं** का पूर्वरूप है **हैनि**। पादटिप्पणी में सम्पादक ने लिखा है : "हैं। पंजाबी।" **स** क्रिया के **सै** रूप में बहुवचन के लिए **नि** जोड़ा गया, इस प्रकार **सैनि** से **हैनि** और **हैनि** से **हैं** का विकास हुआ।

हैन और **हैनि** रूप **गोसटि गुरु मिहरिवानु** में भी हैं : **तबि ना किछु उइ बादरि अकामि महि अबि आए हैन। सहिजे ही आए सहिजे ही उठ गए हैनि। तैसे ही परमेसुर के भगति आगिआ पाई करि सहिजे आवते हैनि अरु सहिजे ही उठि जाते हैनि।** (पृष्ठ 172)। क्रियारूपों में **पावहिंगे, करहिंगे** (पृष्ठ 173) जैसे रूपों में वर्तमानकालिक **हि** वाला तिङन्त रूप विद्यमान है। **होइगा** (पृष्ठ 174) **होहिगा** का रूपान्तर है। **बोलहु भाई वाहु गुरु नानक** (पृष्ठ 169), **एसु बालके का नामु मनोहरि दासु रांखहु** (पृष्ठ 174), **तुसी एस के आगे टहल करहु** (पृष्ठ 176), **सुनहु भाई संतहु** (पृष्ठ 181), यहाँ क्रिया के आज्ञार्थ रूप अवधी के समान हैं। उकारान्त रूप **इसनानु, फलु, लोकु, बिगसमानु, बलु, रंगु, बहुतु, दिनु, जिसु** (पृष्ठ 183) भरे पड़े हैं। **जे** और **से** सर्वनाम भी दर्शनीय हैं : **अरु साधि जनि जेहैं से जंगम तीरथ चैतनु रूपु हैं।** (पृष्ठ 185)।

गुरुमुखी लिपि में हिन्दी गद्य पुस्तक में अठारहवीं सदी के गद्य का नमूना **पंचासत उपनिषद भाषा** से लिया गया है। इसमें मानक हिन्दी के दीर्घ अकारान्त वर्तमानकालिक कृदन्तों के स्थान पर ब्रजभाषा के समान ह्रस्व अकारान्त रूपों का व्यवहार हुआ है। **अंगीकार करत है; कहिलावत है; प्रापत होत है; प्रापति करत है; दूर होत है; जीवत है; उचार होत है; अगनि निकसत है**–कहीं-कहीं **सूरज पूरब दिशा सों निकसता है**–आकारान्त रूप भी हैं। ब्रजभाषा का प्रभाव **कहियतु** जैसे रूप के प्रयोग में देखा जा सकता है; **ताको प्रणव कहीअतु है; ताको अपान कहिअतु है। भया** और **भए** की भरमार है : **पुनह मन प्रकट भया। अर करम इन्द्रै उतपत भए। अर भूताकास उतपत भया। अर पवन उतपत भई। अर अगन प्रकट भया। अर अप की उतपत भई।** (पृष्ठ 272)। ये और इस तरह के अनेक वाक्य एक साथ आए हैं।

अठारहवीं सदी की एक पुस्तक **विहंगमवाणी** में **गे** के साथ न वाले कृदन्त का प्रयोग ध्यान देने योग्य है : **उतरनगे; लगनगे; अराधनगे; चढनगे; होवनगे** (पृष्ठ 297)। यह कृदन्त रूप पुरानी अवधी का है, कनौजी में अब भी प्रयुक्त होता है। इसी पुस्तक में **ग** वाले दो रूप और हैं : **होग, होगु : मुकति तदे पवित्र होग जां तेरी दिसटि होगु।** (पृष्ठ 297)। यह **ग** कृदन्त प्रत्यय है और अकारान्त भी रहा होगा, **गा** उसका वैकल्पिक रूप है। गद्य पुस्तक के रूप वर्तनी-सम्बन्धी भूल के कारण नहीं हैं, इसका प्रमाण यह है कि **श्री गुरु ग्रंथ साहिब** में दिए गए कबीर के पद में भी ऐसे रूप हैं : **नगन फिरत जो पाईऐ जोगु। बन का मिरगु मुकति सभु होगु।** (पृष्ठ 324)। यह कृदन्त प्रत्यय तमिल में खूब प्रयुक्त होता है यद्यपि उसका सम्बन्ध भविष्यकाल से निश्चित नहीं है। **गा** उसी का कौरवी प्रतिरूप है।

ब्रजभाषा का प्रभाव उन्नीसवीं सदी के गद्य में भी दिखाई देता है। गोविन्द नाथ राजगुरु ने उस सदी के अख़बारों से जो उद्धरण दिए हैं, उनमें इस तरह के प्रयोग हैं : **मुकाबला करते भये** (पृष्ठ 305); **वरषा जोर साथ होती भई** (पृष्ठ 306)। क्रिया के वर्तमानकालिक ह् वाले रूप उन्नीसवीं सदी में भी प्रयुक्त होते थे। पंजाब में महाप्राण ध्वनियों का लोप होता है। ऐसे क्रिया-रूपों का व्यवहार साहित्यिक प्रभाव के कारण हो सकता है। **स्री मुषवाक्य सिधांत ज्योति** में ऐसे उदाहरण हैं : **बुझाई देहि; सोजन सचे पावहि मोष दुआरि।** (पृष्ठ 317)। कहीं-कहीं साहित्यिक प्रभाव से हटकर वर्तनी में बोलचाल के रूप अपनाए गए हैं। सत्रहवीं सदी की **सिंघासनबत्तीसी** में ऐसे रूप हैं : **अर राजा उस ऊप्र ऐसा मोहुति भइआ; प्र मेरा मन राणी ऐसा बस कीआ है; जो एक कागदु प्र मूरति राणी की लिषाई करि आपणे पास रषो।** (पृष्ठ 255)। यहाँ **ऊपर** और **पर** संक्षिप्त होकर **उप्र** और **प्र** हो गए हैं। यह पंजाब की बहुत पुरानी प्रवृत्ति है और संस्कृत के कुछ रूपों की व्याख्या इसके आधार पर हो सकती है। पंजाब के हिन्दी गद्य में अनेक जनपदीय रूप मिलते हैं। अठारहवीं सदी की पुस्तक **आरती टीका** में अधिकरण कारक के लिए **मों** का प्रयोग हुआ है : **इही बात तेरे मों खोटी है; इसका मन जगत पदारथों मों लगा है।** (पृष्ठ 287)। **मों** का पूर्वरूप **महँ** है। इससे उत्तर-पश्चिमी प्रवृत्ति के अनुसार **में** रूप बनता है, **मों** मागधी प्रवृत्ति का द्योतक है। पहले वाक्य में **इही** मानक हिन्दी के **यही** का पूर्व रूप है। इसी प्रकार **सचुषण्ड पोथी** में **ईहा, ऊहा, ऊहां** मानक हिन्दी के **यहाँ, वहाँ** के पूर्व रूप हैं। **उहु** और **इह** हिन्दी के **वह यह** के पूर्व रूप हैं। ये रूप भी उसी **सचुषण्ड पोथी** में हैं। **विहंगम वाणी** में एक महत्त्वपूर्ण रूप है **तुध**; यह **तुझ** का मूल रूप है। **षट दरसन तां पवित्र होवनगे जां तुध नूं धिआवनगे।** (पृष्ठ 297)।

इस प्रकार पंजाब में सत्रहवीं से उन्नीसवीं सदी तक हिन्दी गद्य के जो नमूने मिले, वे हिन्दी भाषा के स्वरूप विकास की दृष्टि से अत्यन्त महत्त्वपूर्ण हैं। एक ओर इनसे ज्ञात होता है कि गद्य के लिए खड़ी बोली बहुत बड़े क्षेत्र में प्रयुक्त होने लगी थी, दूसरी ओर इनसे यह भी पता चलता है कि विभिन्न जनपदों के रूप घुल-मिल रहे थे और

भाषा के मानक रूपों के स्थिर होने की प्रक्रिया बहुत लम्बी थी। सोलहवीं सदी में व्यापार के विकास के साथ जनपदीय भाषाओं की संपर्क-प्रक्रिया और तेज़ हुई। पंजाब के गद्य में ऐसे संरचना-तत्त्व, शब्दों के ऐसे रूप, मिलते हैं जो अब मानक भाषा में प्रयुक्त नहीं होते। इन तत्त्वों और रूपों का अध्ययन और विश्लेषण सरल कार्य नहीं है पर इसके बिना भाषा के विकास का विवेचन भी नहीं किया जा सकता।

13

पंजाबी, बाँगरू और हिन्दी

पंजाबी और बाँगरू

पंजाबी और बाँगरू में अनेक प्रकार की समानताएँ हैं और कुछ महत्त्वपूर्ण बातों में भिन्नता है। बाँगरू के समान पंजाबी **ण्**-क्षेत्र की भाषा है, बाँगरू के समान पंजाबी में **ड़्, ळ्, ड़्** की ध्वनियाँ हैं। बाँगरू के समान पंजाबी में व्यंजन द्वित्व की बहुलता है, दीर्घ स्वर के बाद भी दो व्यंजन आ सकते हैं। बाँगरू और पंजाबी में एक महत्त्वपूर्ण भेद यह है कि दन्त्य **स्** के अतिरिक्त पंजाबी में **श्** का व्यवहार भी काफी होता है। शब्दों की आवृत्ति करते समय **किताब-शिताब, घोड़ा-शोड़ा** कहना सामान्य है। (यहाँ जो भी उदाहरण दिए जा रहे हैं वे कमिंग्स, बैली और न्यूटन की **पंजाबी मैनुअल ऐन्ड ग्रामर्स** पटियाला, तथा ग्रियर्सन की लिंग्विस्टिक सर्वे से लिए गए हैं।) **श्** के व्यवहार के अलावा कुछ शब्द ऐसे हैं जिनमें हिन्दी रूपों के **छ्** के बदले **श्** का व्यवहार होता है। **पूँछ के लिए पूशल, पीछे के लिए पिंशा,** पुरानी **गच्छ** क्रिया के लिए कुछ बोलियों में **गश्** का व्यवहार पंजाबी क्षेत्र की विशेषता है। यह धारणा सही नहीं है कि **छ्** के अशुद्ध उच्चारण से ऐसे शब्दों में **श्** का व्यवहार होता है। वास्तव में **पृच्छति** और **प्रश्न,** इन दो सम्बद्ध रूपों में दूसरे रूप का **श्** ही मूल ध्वनि है। कुरु जनपद से लेकर मिथिला तक जनपदीय भाषाओं में तालव्य **श्** का अभाव है। यह **श्** एक छोर पर पंजाब में है और फिर दूसरे छोर पर बंगाल में है। बीच में दन्त्य **स्** का विशाल क्षेत्र है। दन्त्य **स्** एक ओर असम में संघर्षी **ख्** में बदलता है जो ध्वनि **ह्** के बहुत निकट है, दूसरी ओर पंजाब, कश्मीर, राजस्थान, गुजरात आदि के उत्तरी और पश्चिमी प्रदेशों में **स्** को **ह्** में बदलने की शक्तिशाली प्रवृत्ति है। बाँगरू से लेकर मिथिला तक तालव्य **श्** तो शिक्षित जनों द्वारा तत्सम शब्दों में ही प्रयुक्त होता है किन्तु **स्** के परिवर्तित रूप **ह्** का व्यवहार हिन्दी क्षेत्र के सैकड़ों जनपदीय शब्दों में होता है। कुरु जनपद की अपेक्षा इस प्रवृत्ति का प्रभाव पंजाब में अधिक है। **बीस** के लिए **वीह, सब** के लिए **हब्बा** इसके उदाहरण हैं। **स** क्रिया बाँगरू में प्रचलित है किन्तु पंजाबी में, कम से कम वर्तमान काल के लिए, **ह** क्रिया का ही व्यवहार होता है। साथ ही बाँगरू की अपेक्षा पंजाबी में **ह्** का लोप भी अधिक होता

है। मानक हिन्दी के विपरीत है के प्रतिरूप हे का उच्चारण पंजाबी में **ए** होता है। ह् के अतिरिक्त सभी महाप्राण ध्वनियों को अल्पप्राण बोलने की प्रवृत्ति पंजाबी में है। **भ्राता** से **भ्रा** और फिर केवल **प्रा** : भाव के लिए **भा,** फिर केवल **पा** : ढाई के लिए **टाई, झज्झर** के लिए **चज्जर** इस प्रवृत्ति के द्योतक हैं। महाप्राणता के लोप का बोध एक विशेष प्रकार की स्वरतान से करा दिया जाता है। महाप्राणता का तो लोप होता है, पंजाबी में सघोषता जोड़ दी जाती है। **पंज** और **आब** जितना फ़ारसी हैं, उतना ही पंजाबी हैं।

बाँगरू के समान पंजाबी में ट-वर्गीय ध्वनियों का व्यवहार काफी होता है। किन्तु पंजाब में कुछ ऐसे क्षेत्र हैं जिनमें **ब्** के स्थान पर **ड्** ही बोला जाएगा। ग्रियर्सन के ग्रंथ में पश्चिमी पंजाब की मुल्तानी आदि बोलियों के लिए बताया गया है कि यहाँ **देख** क्रिया के लिए **डेख** रूप है, संख्यावाचक **दो** यहाँ **डू** है, मानक पंजाबी का **दित्ता** यहाँ **डित्ता** बोला जाता है। पर **द्** ही **ड्** में नहीं बदलता, **स्** भी **ठ्** में बदलता है। **नस्** माने भागना, इसका कृदन्त रूप **नठा** है। **त्रस्** का रूपान्तर **त्रह्** (डरना) है, इसका कृदन्त **त्रठा** है जिससे मूल क्रिया **त्रस्** का अनुमान होता है। हिन्दी की सामान्य क्रिया **बैठना** का **ठ्** बँगला और पुरानी मैथिली में **स्** ही है; **बैठना** रूप उत्तर-पश्चिमी प्रभाव का परिणाम है। खड़े होने के लिए यहाँ **खड़** क्रिया है। यद्यपि **खड़** स्वयं कृदन्त है, पर उसे सामान्य क्रिया मानकर उससे पुनः **खड़ोता** रूप बनाया गया है। संस्कृत में **स्था, ब्रजभाषा, अवधी** आदि में **ठाढ़** रूप **खड़** क्रिया से भिन्न हैं। **स्कध** से **खड़** रूप बनेगा; **ध–द–ड–ड़** यह प्रक्रिया **पूरी** होगी। **खड़े होना** उत्तरी-पश्चिमी क्षेत्र की विशेष क्रिया है। हिन्दी का **नन्हे** यहाँ **नंढे**-है जिससे इसके पूर्व रूप **नन्धे** का अनुमान होता है। पंजाबी में सम्बन्ध-कारक का चिह्न **दा** है किन्तु मूर्धन्यीकरण का प्रभाव इतना अधिक है कि सर्वनामों में **दा** के स्थान पर **डा** का व्यवहार होता है जैसे कि मानक पंजाबी में **साड्डा** (हमारा)। अन्य बोलियों में **मडा** (मेरा), **तंडा** (तेरा), **तुसाडा** या **तुहाडा** (तुम्हारा) में **दा** का परिवर्तित रूप **डा** प्रयुक्त हुआ है। ग्रियर्सन के ग्रंथ में मुल्तानी और थली बोलियों से जो उदाहरण दिए गए हैं, उनसे लगता है कि यहाँ **द्** के स्थान पर **ड्** ही बोला जाता है। जैसे असमिया में **त्** के स्थान पर **ट्** बोला जाता है। **दादा, दाल, दिहाड़ा** (दिन), **देहूँ** (सूर्य), **दाह** (दस), **इद्दे** (यहाँ), **उद्दे** (वहाँ), ये सब शाहपुर की दोआबी में प्रचलित रूप हैं। इनके बदले थली में **डाडा, डाल, डिहाड़ा, डेहूँ, डाह, इड्डे, उड्डे** रूप हैं। इस तरह की प्रवृत्ति सौराष्ट्र में भी है। हिन्दी क्षेत्र के पूर्व में असम, पश्चिम में सौराष्ट्र और उत्तर की ओर पश्चिमी पंजाब, ट्, ठ्, ड्, ढ् ध्वनियों के मुख्य केन्द्र हैं। दोनों ओर का गहरा प्रभाव हिन्दी क्षेत्र पर पड़ा है। किन्तु हिन्दी क्षेत्र में त-वर्गीय ध्वनियाँ अधिकतर सुरक्षित हैं। जहाँ **ट्** ने **त्** का स्थान लिया है, वहाँ कभी-कभी दोनों ध्वनियों से शब्द बनाकर उन्हें भिन्न अर्थ दिया जाता है जैसे **टूटना** और **तोड़ना**। यह उल्लेखनीय है कि द्रविड़ भाषाओं के क्षेत्र में कोई भी ऐसी बोली नहीं है जिसमें **ट्** और **ड्** का ही व्यवहार होता हो, **त्** और **द्** के लिए गुंजाइश ही न हो।

हिन्दी के **अगाड़ी-पिछाड़ी** शब्दों के प्रतिरूप **अगेरे-पिछेरे** भी पंजाब की बोलियों में

हैं। हर जगह हिन्दी की अपेक्षा पंजाबी में मूर्धन्य ध्वनियों का व्यवहार अधिक होता हो, ऐसा नहीं है। **अधिक** के लिए **वधीक** के व्यवहार में, हिन्दी **बढ़ना** को देखते, **ध्** सुरक्षित है। पंजाब के उत्तर में बन्नू और मियाँवाली की बोली में भी मूर्धन्यीकरण की प्रवृत्ति है। मानक पंजाबी के **दस्स** (कहना) का **डस्स** रूप यहाँ प्रचलित है। यहाँ कालसूचक अव्यय जब-तब के लिए **जढा, तढा** दो रूप हैं। स्पष्ट ही इनका सम्बन्ध **यदा, तदा** से है किन्तु **यदा, तदा** के मूल रूप **यधा, तधा** थे, जिनसे **यथा, तथा** रूप भी बनते हैं, इसकी पुष्टि **जढा, तढा** से होती है। यह क्षेत्र सघोष महाप्राण ध्वनियों का व्यवहार कम ही करता है। **ढ** वाले रूप अतिरिक्त महाप्राणता के संयोग से नहीं बने। **यदा-तदा** में ही **धा** की महाप्राणता का लोप हुआ है।

पंजाबी में **प्-ब्** को **व्** में बदलने की प्रवृत्ति भी काम करती रही है। मानक हिन्दी का **भी** पहले महाप्राणता खोकर **बी** बनता है, फिर स्पर्श तत्त्व खोकर **वी** रह जाता है। संस्कृत की **प्रेक्ष्** क्रिया हिन्दी में तो **पेख** है किन्तु पंजाबी में **वेख** है। यहाँ **क्ष** ध्वनि, बँगला के समान **ख्** में बदलती है। कुछ अन्य शब्द भी हैं जहाँ इसी प्रकार **क्ष्** के स्थान पर **क्ख्** या **ख्** का व्यवहार हुआ है। इनमें एक महत्त्वपूर्ण शब्द **तरखाण** है जो **तक्षन्** का रूपान्तर है। बाँगरू में मूर्धन्यीकरण के साथ तालव्यीकरण की प्रवृत्ति भी है। एक सीमा तक यह स्थिति पंजाबी में भी है। जाने के लिए **वञ्ज्** क्रिया पश्चिमी पंजाब में काफी प्रयुक्त होती है। **वा, वर्, वन्,** एक ही क्रिया के तीन रूप हैं; इनमें **वन्** का कृदन्त रूप **वन्दि** है। इकार में **य्** का स्पर्श होने से **द्** ध्वनि **ज्** में परिवर्तित हुई। **ज्** का लोप करके यह क्रिया **वञ्** रूप में भी बोली जाती है।

पंजाबी में तीन स्वरतान

पंजाबी की सबसे महत्त्वपूर्ण विशेषता उसके कुछ शब्दों में स्वरतानों का व्यवहार है। इनका विवरण **इंडियन लिंग्विस्टिक्स** (जून 1957) में **कालीचरण बहल ने टोन्स इन पंजाबी** निबन्ध में दिया है। अमृतसर के आसपास की पंजाबी को उन्होंने आधार बनाया है। उनका कहना है कि पंजाबी शब्दों में बलाघात का महत्त्व नहीं होता किन्तु स्वर-तान अर्थ-विच्छेदक होती है। उन्होंने तीन तरह की स्वरतानें मानी हैं, गिरती, उठती और समतल। तीन स्वरतानों के अनुसार **पाल्ला** शब्द के तीन अर्थ होते हैं—ठंढ, भाला, घमंडी। इसी प्रकार **चा** शब्द के तीन अर्थ हैं, चार, शर्मीलापन, चाय। **टाँग** के तीन अर्थ हैं, टाँगना, ढँग और टाँग यानी पैर। महाप्राणता की क्षतिपूर्ति स्वरतानों से होती है और प्रथम वर्ण का जो स्वर मूलतः ह्रस्व था वह सुनने में दीर्घ जान पड़ता है। इससे विदित होता है कि पंजाबी में सर्वत्र स्वर की ह्रस्वता या दीर्घता अर्थविच्छेदक नहीं होती। कालीचरण बहल ने जो उदाहरण दिए हैं, उनमें अनेक ऐसे शब्द हैं, जिनके मूल रूप में सघोष महाप्राण ध्वनि थी। महाप्राणता के लोप के कारण स्वर के साथ कोई न कोई तान जुड़ जाती है। बेली ने **पंजाबी मैनुअल ऐन्ड ग्रामर्स** में लिखा है कि **ह्** के कारण

अनेक शब्दों में स्वर का स्तर बदलता है, **ह्** बोला नहीं जाता वरन् स्वरतान निश्चित करने के लिए होता है। उक्त पुस्तक में कहा गया है कि यह स्थिति चीनी भाषा में स्वरतानों की स्थिति से मिलती-जुलती है। यह सम्भव है कि पंजाबी पर नाग भाषाओं का प्रभाव पड़ा हो। नाग भाषाओं में स्वर की दीर्घता महत्त्वपूर्ण नहीं होती, स्वरतान अर्थ-विच्छेदक होती है। पंजाबी में स्वरतानों का व्यवहार बहुत सीमित है। इसकी तुलना में वैदिक भाषा में स्वरतानों का व्यवहार अधिक होता था पर ये स्वरतानें संगीतात्मक थीं, अर्थविच्छेदक नहीं। पंजाबी की स्वरतानें उनसे सम्बद्ध प्रतीत नहीं होतीं। बाँगरू और पंजाबी में स्वरतान सम्बन्धी अन्तर महत्त्वपूर्ण है। एक रोचक तथ्य यह है कि जिन शब्दों के मूल रूप में सघोष महाप्राण ध्वनि थी, वहाँ तो सघोषता और महाप्राणता का लोप होने पर स्वरतान का व्यवहार होता है, किन्तु जहाँ **ब्** के साथ **ह्** दिखाई दिया, वहाँ पंजाबी दोनों को मिलाकर नई सघोष महाप्राण ध्वनि बना लेती है यथा बहन का पंजाबी रूप **भैंण** काफी प्रसिद्ध है।

पश्चिमी पंजाबी

ग्रियर्सन ने पश्चिमी पंजाबी और पड़ोसी भाषाओं की एक विशेषता क्रिया के साथ सर्वनाम जोड़ने की पद्धति मानी है। यह पद्धति किसी एक भाषा-परिवार तक सीमित नहीं है और उसे हिन्दी आदिभाषाओं से अलग पश्चिमी पंजाबी को एक विशेष वर्ग में रखने का आधार नहीं बनाया जा सकता। यह पद्धति एक विशेष प्रकार के वाक्यतंत्र की देन है। उस वाक्यतंत्र में क्रिया पहले आती है, कर्ता उसके बाद। इसके विपरीत एक दूसरी तरह का वाक्यतंत्र है जिसमें कर्ता पहले आता है और क्रिया बाद में आती है। **अहम् पठामि** से लेकर **मैं पढ़ता हूँ** तक आर्य भाषाओं के वाक्यतंत्र में दोनों पद्धतियों का समन्वय दिखाई देता है। **पठामि** केवल उत्तम पुरुष एकवचन के साथ प्रयुक्त होगा; अतः अतिरिक्त कर्ता **अहम्** अनावश्यक है। **पढ़ता हूँ** का **हूँ** उत्तम पुरुष एकवचन की सूचना देता है, **मैं** अनावश्यक है। किन्तु दोनों वाक्यों में **अहम्** और **मैं** का प्रयोग उचित माना गया है। ऐसे वाक्यतंत्र में, जिसमें विधेय पहले आता था, दूसरी तरह का वाक्यतंत्र घुल-मिल गया है, जिसमें उद्देश्य पहले आता था। ग्रियर्सन ने अपने भाषा सर्वेक्षण ग्रंथ के आठवें खंड के पहले भाग में सिन्धी और लहँदा (पश्चिमी पंजाबी) का विवेचन किया है। इसमें उन्होंने लहँदा और उससे सम्बन्धित जिन बोलियों का विवेचन किया है, उनमें क्रियारूप ऐसे हैं जो अपने सर्वनाम-चिह्न द्वारा कर्त्ता के पुरुष और वचन की सूचना देते हैं, फिर भी वाक्य के आरम्भ में अलग से कर्त्ता प्रयुक्त होता है।

एक वाक्य है : **मैं गिउस**–मैं गया (पृष्ठ 365) यहाँ **गिउस** क्रियारूप उत्तम पुरुष एकवचन के लिए सुरक्षित है, फिर भी उसके पहले कर्ता **मैं** विद्यमान है। **मैं हम्**–मैं था; यहाँ क्रियारूप **हम्** कर्ता **मैं** की सूचना देता है, फिर भी कर्ता **मैं** अलग से विद्यमान है। **उस नू होश आइउस**–इस वाक्य का अनुवाद ग्रियर्सन ने इस प्रकार किया है : उसको

होश आया उसको (पृष्ठ 282)। जो सर्वनाम सम्प्रदान कारक में प्रयुक्त हुआ है, वही क्रिया के साथ है। क्रिया के साथ अन्य पुरुष एकवचन की सूचना देने वाला यह सर्वनाम अनावश्यक है क्योंकि **होश,** अलग से कर्ता रूप में ही, विद्यमान है। जब हम कहते हैं **होश आया,** तब **आया** को अनावश्यक सर्वनाम के बन्धन से मुक्त कर देते हैं। किन्तु पश्चिमी पंजाब की बोलियों के **गिउस** और **आइउस** रूपों से तुलना कीजिए बघेली के रूपों की। धीरेन्द्र वर्मा की **ग्रामीण हिन्दी** में बघेली का एक वाक्य है : **पछारी ऐसन भइस कि बैपारी कौनऊ बात में राजा के ढिगा कसूर में झुक गइस।** अवध की अवधी में **भइस** और **गइस** की जगह **भा** और **गा** रूप होंगे, **भइस** और **गइस** अवधी के पुराने रूप हैं जो बघेली में सुरक्षित हैं।

ग्रियर्सन के उदाहरणों से एक महत्त्वपूर्ण निष्कर्ष यह निकलता है कि अन्य पुरुष सर्वनाम का एकवचन रूप **स** उत्तर-पश्चिमी क्षेत्र में खूब प्रयुक्त होता है। **आखेआसु**–उसने कहा; **पुच्छेआस**–उसने पूछा; **तक्केआसु**–उसने देखा; **छोड़ेस**–उसने छोड़ा। कहीं **स** है तो कहीं **सु** और कहीं उससे थोड़ा भिन्न **उस**। यह सर्वनाम रूप उत्तम पुरुष के लिए भी प्रयुक्त होता है यथा **मैं गिउस** वाक्य में। या तो एक ही सर्वनाम अनेक पुरुषों के लिए प्रयुक्त होता है या फिर उत्तम पुरुष वाले **स** का स्रोत कोई दूसरा है। संस्कृत के **अस्मद्** में **अस्** उत्तम पुरुष सर्वनाम का एकवचन रूप है। **अहम्, अदम्** जैसे रूपों से यह निष्कर्ष निकलता है कि **अस्** का आधार **अध** है। पंजाबी का **असीं** या **अस्सीं** उत्तम पुरुष का बहुवचन रूप उसी **अस्** से सम्बद्ध है जिसका आधार **अध** था। होने के लिए **आस अस्** क्रिया भी थी; इस कारण इस क्रिया के रूप और सर्वनाम रूप कहीं-कहीं बिलकुल एक-से होते हैं। **अस्** की प्रतिरूप **आस्** क्रिया का **आह** रूपान्तर पश्चिमी पंजाब में प्रचलित है। उत्तम पुरुष एकवचन में इसके दो भूतकालिक रूप हैं : **आहिस** और **आहिम** (पृष्ठ 386)। यहाँ **आहिस** का **स अस्मद्** के **अस्** का अवशेष है और **आहिम का म मद्** का। लहँदा क्षेत्र में मानक हिन्दी का **मैं सर्वनाम** व्यापक रूप से प्रयुक्त होता है। यह **मध** का रूपान्तर है, इसका प्रमाण यह है कि यहाँ उसका वैकल्पिक रूप **मा** भी प्रचलित है। **मया** से चाहे **मैं** सिद्ध कर लीजिए चाहे **मा,** उससे दोनों रूप सिद्ध नहीं हो सकते। किन्तु **मध** को मूल रूप मानने से उसके रूपान्तर **मै** और **मा** दोनों सिद्ध होते हैं, कोसली वृत्ति से **मा,** और कौरवी वृत्ति से **मै**। पंजाब की एक बोली में **ह** क्रिया के **हम, हाउम, हाइम हाउस** अनेक वैकल्पिक रूप उत्तम पुरुष एकवचन के लिए हैं। यहाँ भी **म** और **स** चिह्नों का वैसा ही वैकल्पिक प्रयोग दिखाई देता है। अन्य पुरुष के बहुवचन रूप **आहिम** (पृ. 304) से अवधी के **हम आहिन** और **वी आहीं** रूप तुलनीय हैं।

भविष्य काल में सभी पुरुषों के क्रिया-रूपों में **स** चिह्न दिखाई देता है। **मारे साँ, मारे सें, मारे सी**–उत्तम, मध्यम और अन्य पुरुष के एकवचन रूप हैं। यहाँ **स** भविष्य काल की सूचना देता है, कर्ता सर्वनाम की नहीं।

लहँदा क्षेत्र में कृदन्तों का प्रयोग काफी शिक्षाप्रद है। **गाँ डिट्ठीम**—गाय मेरे द्वारा देखी गई (पृ. 270)। यहाँ कृदन्त कर्मवाच्य है और कर्ता सर्वनाम-चिह्न द्वारा सूचित है। **उस मारे अम**—मैं उसके द्वारा पिटा (पृ. 270)। हिन्दी में जब हम कहते हैं : **मैंने मारा,** तब ग्रियर्सन आदि कहते हैं, यह कर्मवाच्य प्रयोग है और **मैंने** का अर्थ है—मेरा द्वारा। किन्तु **उस मारे अम** में कर्ता **उस** के साथ करण कारक का कोई चिह्न नहीं है। अब इसके साथ दिया हुआ एक और वाक्य देखें : **उसनूं मारे अम**—मैंने उसे मारा। यहाँ उसके साथ कर्म कारक का **नूं** चिह्न लगा है। कर्ता की अलग से आवश्यकता नहीं है क्योंकि क्रिया के **अम** चिह्न से काम चल जाता है। **उस मारे अम,** इस वाक्य में **अम** कर्म की सूचना देता है किन्तु **उसनूं मारे अम**—मैंने उसे मारा, यहाँ **अम** कर्ता की सूचना देता है। एक ही सर्वनाम रूप कर्ता और कर्म की सूचना दे सकता है। क्रिया के साथ जो सर्वनाम चिह्न लगता है, वह कर्ता ही नहीं, कर्म की भी सूचना दे सकता है, यह स्थिति यहाँ आंशिक रूप में झलकती है। इसका पूर्ण प्रसार मगही और मैथिली भाषाओं में है। लहँदा क्षेत्र की बोलियों में हिन्दी के समान जाना का अर्थ देने वाली क्रिया को कृदन्त में जोड़कर कर्मवाच्य बनाते हैं। **मरी वासाँ**—मारा जाऊँगा; **मरी गा ए**—वे मारे गए (पृष्ठ 266)। **कन्दाईं**—मैं कर रहा हूँ या मैं करूँगा (पृष्ठ 389), यहाँ कृदन्त **कन्द** में सर्वनाम चिह्न जोड़ा गया है। कृदन्त रूप मूलतः किसी काल की सूचना न देते थे, अतः **कन्दाईं** से वर्तमान और भविष्य दोनों कालों का बोध होता है। कृदन्त रूपों के साथ सर्वनाम-चिह्न जोड़ने की प्रवृत्ति मागधी भाषाओं की याद दिलाती है। **करदित्तुस**—उसने कर दिया (पृष्ठ 282), यहाँ **दित्त** कृदन्त में सर्वनाम-चिह्न जोड़ा गया है। पर ऐसा सर्वत्र नहीं होता। हिन्दी में समान कृदन्त-रूप सर्वनाम-चिह्नों से मुक्त भी होते हैं। **दित्ता, दितड़ा,** दोनों का अर्थ है उसने दिया। हिन्दी के समान **करिये**—हम करें, **खाविये**—हम खाएँ जैसे रूपों का चलन भी है (पृष्ठ 281)। **आखिया**—कहा, **गिया**—गया रूप हिन्दी से मिलते-जुलते हैं। बैठने के लिए **बाह** क्रिया है। इसका भूतकालिक कृदन्त बइठा, **बैठा** है (पृष्ठ 305)। यही कृदन्त रूप हिन्दी में सामान्य क्रिया का काम देता है।

ध्वनि-परिवर्तन के कारण भाषा में जो वैकल्पिक रूप मिलते हैं उन्हें नया अर्थ देकर लहँदा क्षेत्र की बोलियाँ अर्थ-विस्तार करती हैं। **पीस** और **पीह** एक ही क्रिया के दो वैकल्पिक रूप हैं। **स** के **ह** में बदलने से **पीह** रूप भी प्राप्त हो गया और **पीस** का अस्तित्व मिटा नहीं। दो तरह की ध्वनि-प्रकृतियाँ एक साथ काम करती रहीं। तब **पीह** कर्तृवाच्य हो गया और **पीस** कर्मवाच्य। **डोह**—दुहना, **डुभ**—दुहा जाना (**दुग्ध** का प्रतिरूप **दुब्भ** भी प्रचलित रहा होगा; **डोह** के **ह** का पूर्व रूप यहाँ **भ** था) : **सी**—सीना, **सीप**—सिया जाना (मूल क्रिया **सी** में वहाँ भी प-वर्गीय कृदन्त चिह्न लगाकर सीप रूप बनाया गया।) : **ता**—गर्माना, **तप**—गर्माया जाना (यहाँ मूल क्रिया **त, ता** हो सकती है।) **रूस** क्रिया से **रूठा** (पृ. 344), **बैठा** की तरह, हिन्दी **रूठा** की रचना को उजागर करता है। लहँदा में **नस**—भागना से **नठा, त्रह** (मूलतः **त्रस्**—डरना) से **त्रठा,** यह प्रवृत्ति यहाँ काफी

व्यापक है। एक क्रिया है **वत्त**—घूमना जो **वर्त्** का रूपान्तर है। **वर्त्**—स्वयं मूलतः **वर्** क्रिया का कृदन्त रूप **वर्त** है। **वत्त** का भूतकालिक कृदन्त यहाँ **वदा** है (पृष्ठ 345)। अवश्य ही **वर्त** में रेफ-संसर्ग के कारण **वदा** का एक रूप **वडा** भी रहा होगा। इसका कौरवी रूप होगा **बेड़ा**। बँगला के **बेड़ाच्चे** (घूमता है) में वही कृदन्त रूप बेड़ मूल क्रिया का काम करता है और अवध में घुमन्तू लोगों के लिए प्रयुक्त **बँड़िया** शब्द इसी के आधार पर बना है।

लहँदा क्षेत्र में क्रियार्थी संज्ञा रूप **ना-णा** और **न-ण,** दोनों प्रत्ययों के साथ बनता है। **कहणा** और **कहुण** दोनों रूप मिलेंगे। एक कृदन्त रूप है पूर्वकालिक क्रियाओं का : **घिन्न** (लेकर) (पृष्ठ 331)। अवधी के **दीन्ह, कीन्ह** की तरह **घिन्न** का पूर्व रूप **घिन्ह** था और **घिन्ह** का पूर्व रूप **घिन्ध** था।

यद्यपि लहँदा में कृदन्त रूपों का काफी व्यवहार होता है, फिर भी अनेक बोलियों में तिङन्त रूप अब भी प्रयुक्त होते हैं यथा वर्तमान काल में : **मारे**—मारता है। (पृष्ठ 306)। **मारहि—मारइ—मारै—मारे,** विकास की यह शृंखला है। मुल्तान में **कराहीं** पूर्वकालिक क्रिया रूप के 'कर' का अर्थ देता है। **खा कराहीं**—खा कर (पृष्ठ 330)। यह **कराहीं** वर्तमान काल का अन्य पुरुष रूप है जो पूर्वकालिक रूप के लिए प्रयुक्त होता है। लहँदा क्षेत्र में **स** सर्वनाम का व्यवहार तो काफी होता है किन्तु **स** क्रिया का **ह** रूप ही यहाँ अधिक प्रचलित है। **हम, हाँवे, हा** उत्तम, मध्यम और अन्य पुरुष के वर्तमानकालिक एकवचन रूप हैं। **हा** का स्त्रीलिंग रूप **हाइ** है : कृदन्त-प्रभाव से क्रिया रूप में विशेषण के समान लिंगभेद किया गया है। अतीत काल के लिए रूप है : **झेरा क़ीतस**—उसने झगड़ा किया (पृष्ठ 379)। यहाँ **कीत** भूतकालिक कृदन्त है जिसमें अन्य पुरुष का सर्वनाम-चिह्न जोड़कर क्रिया-रूप बनाया गया है। अवधी **कीन्हॅसि** (भूतकाल, अन्य पुरुष, एकवचन) और **कीतस** की संरचना का ढंग एक ही है, भूतकालिक कृदन्त में सर्वनाम-चिह्न को जोड़ना। यही कृदन्त-रूपों का तिङन्तीकरण है। लहँदा की एक विशेषता निषेधात्मक भाव से **ह** क्रिया का व्यवहार है। मैं नहीं हूँ—**नी म्ही,** हम नहीं हैं—**निहसे, निस्से;** तू नहीं है—**नी हवी, नेही;** तुम नहीं हो—**नी हवे, ने हे;** वह नहीं है—**नी हसी, न इह, नहीं;** वे नहीं हैं—**निन्ने हँ ने** हनू। (पृष्ठ 304) यहाँ निषेधात्मक प्रत्यय **नी** या **ना** में **ह** क्रिया ज़ोड़ कर ये रूप बनाए गए हैं। ऊपर अन्य पुरुष एकवचन रूप **नहीं** हिन्दी के **नहीं** से बिल्कुल मिलता है। हिन्दी का यह निषेधात्मक अव्यय इसी प्रकार **ह** क्रिया के आधार पर बना होगा।

पूर्वकालिक क्रिया का एक रूप विचित्र है। इसके अन्त में **ड़** प्रत्यय लगा रहता है। **निकलीड़**—निकल कर (पृष्ठ 281)। यह **ड़ र** का रूपान्तर है और **र कर** का अवशेष है। **निकलीड़** का पूर्वरूप होगा **निकलि कर**। क्रिया के ऐसे पूर्वकालिक रूप जिनमें **र** लगा हो, राजस्थानी क्षेत्र में बहुत मिलते हैं। वही **र** यहाँ बाँगरू प्रभाव से **ड़** हो गया है। सामान्यतः लहँदा में क्रिया के पूर्वकालिक रूप हिन्दी के समान बनते हैं, यथा **वञ्ज के**—जाकर (पृष्ठ 282)।

लहँदा के सर्वनाम रूप ऐतिहासिक दृष्टि से महत्त्वपूर्ण हैं। पहले उत्तम पुरुष एकवचन के रूप देखें। हमारा के लिए **अस्साडा,** तुम्हारा के लिए **तुसाडा या तुहाडा** के समान मेरा के लिए **माहड़ा रूप** भी है। (पृष्ठ 571)। जैसे **अस्साडा में अस्सा, तुसाडा** में **तुसा** आधार शब्द हैं, वैसे ही **माहड़ा** का आधार शब्द **माह** है। इसी का कर्म-सम्प्रदान रूप **माहक** अथवा **माहको** है। अब इसमें सन्देह न रहना चाहिए कि उत्तर-पश्चिमी आर्य भाषा-क्षेत्र में किसी समय **मध** जैसे सर्वनाम रूप का व्यवहार होता था। **मह, मद, मस** इसी के रूपान्तर होंगे। मध्यम पुरुष के एकवचन करण-कारक का रूप **तुध** दिया है (पृष्ठ 571)। इस **तुध** से **तुझ** वाला रूप मिला, वैसे ही **मुध** से **मुझ** रूप मिलेगा। **मुध, मध, माध** वैकल्पिक रूप थे जो विभिन्न कारकों के आधार बने। **तुध** के साथ सम्बन्धकारक में मध्यम पुरुष सर्वनाम का एकवचन रूप **तोहड़ा** है। (पृष्ठ 571) जो मागधी भाषाओं के **तोहर, तोहार** से तुलनीय है। दोनों का ही आधार **तध** या **तॉध** सर्वनाम होगा। प्रश्नवाचक सर्वनाम का भी **कध** जैसा रूप प्रचलित था, यह **काहड़ा** (किसका) से प्रमाणित है। (पृष्ठ 571); भोजपुरी में भी **केह** जैसे सर्वनाम रूप का चलन है। लहँदा की अनेक बोलियों में **मेरा, तेरा** जैसे रूप प्रचलित हैं (पृष्ठ 259)। इनसे विदित होता है कि **मध–मह से मे** और **तध–तह** से **ते** रूपों का विकास भी हुआ था। जैसे **माहड़ा-काहड़ा** वाली बोली में क्या के लिए प्रश्नवाचक सर्वनाम **के** है (पृष्ठ 571), वैसे ही **मेरा-तेरा** वाली बोली में उत्तम पुरुष सर्वनाम का एकवचन रूप **मां** भी है (पृष्ठ 259)। **मे** और **मां** दोनों रूप **मह** से बने हैं जिसका आधार **मध** है। यहाँ एकार, ओकार और आकार वाली तीनों तरह की ध्वनि-पद्धतियाँ घुलती-मिलती दिखाई देती हैं। सम्प्रदान-कर्मकारक का चिह्न **को** है, **क** भी है (पृष्ठ 571)। **खलो रेहा**–खड़ा रहा (पृष्ठ 282)–इस ओकार-एकार मिश्रण का अच्छा उदाहरण है। सुदूर कोहाट में हिन्दी **पहले** का प्रतिरूप **पेलो** (पृष्ठ 465) दूर-दूर तक हिन्दी जनपदों के भाषा तत्त्वों का प्रसार सिद्ध करता है।

मध्यम पुरुष के लिए **ने, निहे** (पृष्ठ 303) सर्वनाम प्रत्यय के रूप में प्रयुक्त होते हैं। **घर ने** अर्थात् तुम्हारा घर। **मारेआने**–तुमने मारा। **केहड़ा शाहुर निहे**–तुम्हारा गाँव कौन-सा है (पृष्ठ 303) इस **ने, निहे** सर्वनाम रूप का आधार भी **नध** जैसा रूप होगा। संस्कृत **नः** उत्तम पुरुष के लिए प्रयुक्त होने वाला रूप है। दोनों परस्पर सम्बद्ध होने चाहिए। कुछ बोलियों में **ने** रूप केवल अन्य पुरुष के लिए प्रयुक्त होता है (पृष्ठ 303)। एक ही सर्वनाम-रूप अनेक पुरुषों के लिए प्रयुक्त हो सकता है; विभिन्न बोलियाँ कहीं उत्तम पुरुष, कहीं मध्यम पुरुष, कहीं अन्य पुरुष से उसे सम्बद्ध कर लेती हैं, कहीं यह सम्बद्धता एक से अधिक पुरुषों के साथ बनी रहती है।

मध्यम पुरुष सर्वनाम का एकवचन रूप **थूं** भी यहाँ मिलता है (पृष्ठ 378)। या तो **तूं** में अतिरिक्त महाप्राणता के संयोग से यह रूप बना है अथवा यह उस **ध्वम्** का रूपान्तर है जो कुछ संस्कृत क्रिया रूपों के अन्त में दिखाई देता है। दूसरी स्थिति में **त्वम्, तूं, थूं** उसी मूल रूप **ध्वम्** के विकास माने जाएँगे। हिन्दी **तू** के अंग्रेज़ी प्रतिरूप

दाउ में प्रथम वर्ण की सघोष ध्वनि मूल रूप के **ध्** के कारण हो सकती है।

अन्य पुरुष सर्वनाम के एकवचन रूप **सु** और **स** व्यापक रूप से प्रचलित थे, इसका प्रमाण **आखेआसु**—उसने कहा, **पुच्छेआस**—उसने पूछा (पृष्ठ 513) जैसे क्रिया रूपों से मिलता है। **स** के **ह** में परिवर्तित होने पर **ह** वाले रूपों का चलन भी बड़े पैमाने पर हुआ। **हे, हत,** अन्य पुरुष सर्वनाम के एकवचन रूप हैं (पृष्ठ 378)। **हे** सीधा **से** का रूपान्तर है। **हत सध** का विकास है। **सध** के रूपान्तर **हह, अह, ऑह** भी हो सकते हैं। **ऑह** की व्युत्पत्ति जो भी हो, इसका व्यवहार बड़े पैमाने पर होता था। **माहड़ा-तोहड़ा** वाली बोली में **ओह** भी है (पृष्ठ 571); इसी का पूर्वरूप **ऑस** पंजाबी के अन्य क्षेत्रों में प्रयुक्त होता है। **ऑह** रूप भोजपुरी में भी है। मानक हिन्दी में इसका रूपान्तर **वह** स्वीकृत है। **ऑस** का प्रतिरूप **उस** हिन्दी में प्रचलित है। एक उदाहरण में **सुसको** (उसको) रूप भी है (पृष्ठ 573)। यदि यह उदाहरण सही है तो **उस** का पूर्वरूप **सुस** होगा और इस **सुस** का मूल रूप **सुध** होगा। ऊपर जहाँ **केहड़ा** रूप का उल्लेख है वहाँ उसके समानान्तर **जेहड़ा** रूप भी ध्यान देने योग्य है (पृष्ठ 303), अन्य बोली में **केढ़ा, जोढ़ा** रूप हैं (पृष्ठ 303)। हर सर्वनाम रूप में किसी न किसी प्रकार **ध** के अवशेष दिखाई देते हैं। इसका एक रूपान्तर **ह** है अन्य रूपान्तर **स** (ध—द—ज—ज़—स)। यह **ध** सर्वनामों के साथ जुड़कर नए सर्वनाम बनाता है और व्यक्ति, स्थान, काल आदि की सूचना देता है।

लहँदा क्षेत्र के अनेक शब्द ऐतिहासिक दृष्टि से महत्त्व के हैं। इनमें एक शब्द है समय सूचक **तोड़ी। पंजाबी मैनुअल ऐण्ड ग्रामर** पुस्तक में **तोड़ी** और **ताड़ी** (इस समय तक) रूप दिए गए हैं। ये रूप अनेक काल-सूचक द्रविड़ शब्दों में मिलते हैं और आगरे की बोली में **ई तोड़ी** (इस समय तक) जैसे रूपों का चलन है। जलने के लिए **सड़ना** पुनः द्रविड़ भाषाओं की **सुळ्** क्रिया की याद दिलाता है। **जदों, तदों, ओदों** (तब) में **ज, त, ओ** सर्वनाम-चिह्न हैं जिनके संयोग से ये समयसूचक शब्द बने हैं। **अजे** का अर्थ है अभी तक। यह स्पष्ट ही **अद्य** के आधार पर बना है और निकट समय की सूचना देता है। स्वयं **अद्य** में **द्य** दिवससूचक है और **अ** सर्वनाम है।

उत्ते, उत्ताँ, उत (ऊपर) संस्कृत उत्तर के **उत्** की व्याख्या करते हैं। तीन चौथाई के लिए **मुन्ना** शब्द तमिल **मुन्** (तीन) के आधार पर बना है। इसी प्रकार तमिल **मुद्** (प्रथम) से **मुदों** (आरम्भ से) सम्बद्ध है। यहाँ काटने के लिए **वर्ध्** क्रिया के रूपान्तर **वट्ठ** का व्यवहार होता है। हिन्दी में यह क्रिया संज्ञा रूप **बढ़ई** में रह गई है। **टोल** शब्द का एक अर्थ है इकट्ठा करना। हिन्दी **टोला** इसका प्रतिरूप है। इसी प्रकार **खेल** शब्द पुर के अर्थ में, गाँव और शहरों के नाम के साथ आता है जैसे **ईसा खेल, भंगी खेल**। यह मूलतः **सेत** का विकास है जिसका अर्थ था जोती हुई भूमि, आवास भूमि।

बलूचिस्तान में खेत्रान नाम का एक कबीला रहता है। ग्रियर्सन ने लिखा है कि इस कबीले के लोग सम्भवतः पठान थे जिन्हें अकबर ने बलूचिस्तान में खदेड़ दिया था। इनकी बोली खेत्रानकी कहलाती है। इसमें बहुत से शब्द ठेठ हिन्दी जनपदीय रूपों की

याद दिलाते हैं। **सौंह** ब्रज का अपना शब्द है। **घींच** का प्रतिरूप यहाँ **गिची** प्रचलित है और घुटने के लिए **गोडे** शब्द है। मक्का को **मकाही** बोलते हैं। **घींच, गोड़, मकई** अवध की याद दिलाते हैं। देखने के लिए **लखन** पुराना सुपरिचित शब्द है। बहुत्वसूचक **घन्ने घने** का रूपान्तर है। **नाभि** के लिए **नारा** अनेक जनपदों में प्रचलित है यद्यपि इस अर्थ में उसका व्यवहार मानक हिन्दी में नहीं होता। लोमड़ी **लूंबर** है; यह रूप अवध में प्रचलित है।

हिन्दी और पंजाबी

हिन्दी और पंजाबी का आपसी सम्बन्ध जानने के लिए, इनके मानक रूप छोड़कर, दोनों की बोलियों पर ध्यान देना आवश्यक है। मानक भाषाओं में जितना अन्तर दिखाई देता है, उतना बोलियों में नहीं है। सैकड़ों शब्द, शब्द-भंडार के मूल अंश, सर्वनाम, कारक-चिह्न, क्रियापद-रचमा-तत्त्व बहुत मिलते-जुलते हैं और कहीं-कहीं बिल्कुल एक से हैं। पंजाबी क्षेत्र के ऐसे रूप किसी एक हिन्दी जनपद के नहीं हैं; उनका सम्बन्ध अनेक जनपदों से है और यह सम्बन्ध पंजाब की सीमाएँ पार करके पठानों और बलूचियों के देश तक पहुँचता है। पठान अंग्रेज़ों से लड़े और मुगलों से लड़े। तुर्कों की तुलना में उन्होंने भारतीय भाषाओं की बहुत बड़ी सेवा की है। ग्रियर्सन ने अकबर से पठानों के संघर्ष की सम्भावना का उल्लेख किया है। अंग्रेज़ों के विरुद्ध जो पठान लड़े और हिन्दुस्तानियों के साथ मिलकर लड़े, उसमें सम्भावना का प्रश्न नहीं है, वह एक ऐतिहासिक तथ्य है और यह तथ्य बीसवीं सदी का नहीं है। 1857 के महान् संग्राम से कुछ वर्ष पहले हिन्दी प्रदेश में जो अंग्रेज़-विरोधी अभियान शुरू हुआ था, उसका प्रभाव हज़ारा के पश्चिम में तनावल पर्वतमाला में रहने वाले पठानों पर पड़ा था। इसके बारे में ग्रियर्सन ने लिखा है कि ये तनावली पठान 1853 ई. में हिन्दुस्तानी जेहादियों से मिल गए और दोनों ने अंग्रेज़ों पर हमला किया। "शायद इन लोगों का आपसी सम्पर्क और पहले से चला आ रहा था और इसी कारण उनकी भाषा में जहाँ-तहाँ हिन्दुस्तानी रूप दिखाई देते हैं।" (पृष्ठ 570)।

निस्सन्देह हिन्दियों और पठानों का सम्पर्क बहुत पुराना था। अंग्रेज़ी राज में, और उससे पहले, इस सम्पर्क के कारण हिन्दी भाषा के बहुत से रूप वहाँ की भाषा में घुल-मिल गए। पठानों के देश की तुलना में पंजाब हिन्दी क्षेत्र के और भी निकट है। इसलिए यह बिल्कुल स्वाभाविक है कि हिन्दी क्षेत्र की बोलियों के बहुत से रूप पंजाबी क्षेत्र की बोलियों में मिलें। हिन्दी तथा हिन्दी प्रदेश की बोलियों को अलग रखकर पंजाब की भाषायी स्थिति और मानक पंजाबी के विकास का विवेचन नहीं किया जा सकता।

14

राजस्थानी और मालवी

राजस्थानी क्षेत्र की विशेष ध्वनियाँ

हिन्दी क्षेत्र के पश्चिम में राजस्थानी का विशाल क्षेत्र है जो एक ओर बाँगरू और पंजाबी को छूता है तो दूसरी ओर सिन्धी, गुजराती और मराठी को छूता है। मराठी की तुलना में इस क्षेत्र की बोलियों का सम्बन्ध सिन्ध और गुजरात की बोलियों से अधिक है। हिन्दी क्षेत्र की बोलियों में इनका सम्बन्ध ब्रज और बाँगरू से विशेष है। यद्यपि मानक पंजाबी के समान मानक राजस्थानी का विकास नहीं हुआ पर बोलियों के स्तर पर राजस्थान और पंजाब की भाषायी स्थिति मिलती-जुलती है, हिन्दी क्षेत्र की बोलियों से इस स्थिति का सम्बन्ध भी मिलता-जुलता है।

राजस्थान मूर्धन्य ध्वनियों का क्षेत्र है। ट-वर्गीय ध्वनियों के अतिरिक्त यहाँ **ळ्, ड़्**, और **ण्** का व्यवहार भी होता है। गुजरात में ऐसे क्षेत्र हैं जहाँ त-वर्ग का अभाव है, केवल ट-वर्ग की ध्वनियाँ प्रयुक्त होती हैं। सम्भवतः ऐसा क्षेत्र राजस्थान में भी था। नेपाल के तराई में जो थारू लोग रहते हैं, वे राजस्थान से आए बताए जाते हैं। उनकी भाषा में ट्, ठ्, ड् आदि ध्वनियाँ हैं, **त्, थ्, द्** का अभाव है। उनके आसपास कोई ऐसा भाषायी परिवेश नहीं है जो उन्हें **त्** के बदले **ट्** कहने पर बाध्य करता। **इंडियन लिंग्विस्टिक्स** (खंड 1-4, 1931—34) में डा. बाबूराम सक्सेना ने थारू लोगों की भाषा पर एक लेख लिखा था। इसमें उन्होंने बताया था कि इस भाषा की सबसे बड़ी विशेषता **त्, थ्, द्, ध्** के स्थान पर **ट्, ठ्, ड्, ढ्** का व्यवहार है। डा. बाबूराम सक्सेना ने थारू लोगों के बीच में रहकर और उनकी भाषा सुनकर यह बात लिखी थी। उन्होंने इस बात पर आश्चर्य प्रकट किया था कि ग्रियर्सन ने अपने सर्वेक्षण-ग्रंथ में इस महत्त्वपूर्ण तथ्य का उल्लेख नहीं किया। ट-वर्गीय ध्वनियों के उच्चारण में अवधी बोलने वालों की जीभ प्रतिवेष्टित होती है या नहीं, उनके द्वारा उच्चारित ये ध्वनियाँ मूर्धन्य हैं या वर्त्स्य हैं, थारू लोगों के ट्, ठ्, ड् से वे कितना भिन्न हैं, ये प्रश्न गौण हैं। मुख्य बात यह है कि असम और सौराष्ट्र के अलावा थारू लोगों का भाषा-क्षेत्र ऐसा है जहाँ ध्वनियों की एक ही शृंखला है; त-वर्गीय और ट-वर्गीय ध्वनियों में अर्थविच्छेदक भेद हिन्दी क्षेत्र में हैं,

इन भाषाओं के क्षेत्र में नहीं। राजस्थान और गुजरात में सर्वत्र किसी समय केवल ट-वर्गीय ध्वनियाँ रही हों, त-वर्गीय नहीं, यह आवश्यक नहीं है। किन्तु वहाँ कुछ क्षेत्र ऐसे थे, यह विश्वसनीय है। इस आधार पर अनुमान किया जा सकता है कि ट-वर्गीय ध्वनियाँ हिन्दी क्षेत्र में उधर से पहुँची हैं और त-वर्गीय ध्वनियाँ उधर के क्षेत्रों में हिन्दी प्रदेश से पहुँची हैं। त्-ट् वाला भेद बहुत पुराना है, यह बात यूरुप की त-वर्गीय लैटिन समुदाय तथा स्लाव समुदाय की भाषाओं को देखकर समझी जा सकती है। उत्तरी यूरुप की जर्मन समुदाय की भाषाओं में ट-वर्गीय ध्वनियों की प्रधानता है जैसे कि अंग्रेज़ी में। अंग्रेज़ी में जहाँ-तहाँ **ड्** और **द्** का भेद तो दिखाई देता है जैसे **डॅन,** (गुफा) और **दॅन्** (तब), पर ऐसा भेद **त्** और **ट्** में नहीं है। अंग्रेज़ी में **त्** ध्वनि का पूर्ण अभाव है। उधर रूसी, इतालवी आदि भाषाओं में ट-वर्गीय ध्वनियों का पूर्ण अभाव है।

भारत की अधिकांश भाषाओं में **त्** और **ट्** अर्थ-विच्छेदक ध्वनियाँ बन गई हैं। यह बात आर्य भाषाओं और द्रविड़ भाषाओं, दोनों पर लागू होती है। इसका कारण भारत के त-वर्गीय और ट-वर्गीय क्षेत्रों की भाषाओं का गहरा आपसी सम्पर्क है जैसा सम्पर्क यूरुप के ऐसे क्षेत्रों की भाषाओं में कायम नहीं हो सका।

राजस्थानी क्षेत्र की बोलियों की एक विशेषता **स्** के स्थान पर **ह्** बोलने की प्रवृत्ति है। यह प्रवृत्ति गुजरात में और भी बलवती है और अंशतः पंजाब में है। यह प्रवृत्ति अत्यन्त प्राचीन और अत्यंत व्यापक है; वैदिक काल से लेकर अब तक वह आर्य भाषाओं को प्रभावित करती रही है। यह प्रवृत्ति किसी भी ज्ञात आर्येतर परिवार की नहीं है। ध्यान देने की बात है कि असम में जैसे केवल **ट्, ठ्, ड्** हैं, वैसे ही वहाँ **स्** के स्थान पर केवल **ख्** है जिसका उच्चारण **ह्** के बहुत निकट है। यह बहुत सम्भव है कि राजस्थान, गुजरात और पड़ोसी प्रदेशों में किसी समय दन्त्य **स्** का पूर्ण अभाव था, वहाँ केवल **ह्** ध्वनि का आधिपत्य था। यदि ऐसी स्थिति रही हो तो मानना होगा कि ऐसे क्षेत्रों में **स्** ध्वनि मध्य देश से पहुँची है। ट-वर्गीय ध्वनियों और इस संघर्षी काकल्य **ह्** ध्वनि में कहीं पुराना आपसी सम्बन्ध रहा है। यद्यपि राजस्थान, गुजरात आदि में **ह्**-लोप की प्रवृत्ति व्यापक है पर यह प्रवृत्ति बाद की जान पड़ती है। **स्** के स्थान पर **ह्** का व्यवहार व्यापक रूप से होता था, इसके बाद ही उसके लोप का अवसर आया। जो **ट्, ठ्, ड्, ढ्** के विशेष क्षेत्र हैं, वे **ह्-ख्** के भी विशेष क्षेत्र हैं।

राजस्थानी बोलियों की एक विशेषता **च्** के स्थान पर संघर्षी **च़्** का व्यवहार है। यह संघर्षी ध्वनि बहुत लोगों को सुनने में **स्** जैसी प्रतीत होती है किन्तु वास्तव में उससे भिन्न है। एक अन्य क्षेत्र जहाँ इसका व्यापक व्यवहार होता है असम है। असम में संघर्षी **च़्** के साथ संघर्षी **ज़्** ध्वनि भी है, मराठी और बँगला (पूर्वी बंगाल) में है। मराठी में **च़्** और **ज़्** के अलावा **च्** और **ज्** का व्यवहार भी होता है। पुनः यह कल्पना करनी होगी कि **च़्** और **ज़्** जैसी संघर्षी ध्वनियों के कोई विशिष्ट क्षेत्र थे जिन्होंने अन्य क्षेत्रों को भी प्रभावित किया। सम्भव है **च्, ज्** जैसी स्पर्श अथवा स्पर्श-संघर्षी ध्वनियाँ हिन्दी क्षेत्र से पश्चिम की ओर गई हों। मराठी की एक विशेषता यह है कि **च्** और **ज्** के

अलावा महाप्राण **छ्** और **झ्** ध्वनियों का भी संघर्षी उच्चारण होता है यद्यपि इन्होंने समरूप स्पर्श ध्वनियों को विस्थापित नहीं किया। मराठी में ट-वर्गीय ध्वनियों के साथ **ळ्** और **ण्** की प्रधानता भी है।

राजस्थानी क्षेत्र में एक ओर **स्** को **ह्** बोलने की प्रवृत्ति है, दूसरी ओर किसी समय वहाँ **स्** को **छ्** बोलने की प्रवृत्ति भी थी। **स** क्रिया के **ह** वाले रूप पश्चिमी राजस्थान में अधिक हैं और **छ** वाले रूप पूर्वी राजस्थान में। मारवाड़ी में **हूँ, है, हाँ, हो, हा** जैसे रूप हैं, जयपुरी में **छूं, छे, छाँ, छो, छा** जैसे रूप हैं। कुछ बोलियों में **ह** और **स** वाले रूप घुल-मिल जाते हैं। ग्रियर्सन ने सर्वेक्षण-ग्रंथ के नवें खंड के दूसरे भाग में जिन भाषाओं के उदाहरण दिए हैं, उनमें मेवाती **हूँ, है** आदि के साथ **सूं, से, सो, सा** का व्यवहार भी करती है। इसमें सन्देह नहीं कि **स** वाले रूप पुराने हैं। पर यह **स-छ** वाला समीकरण पड़ोसी गुजरात के अलावा मैथिली और बँगला में भी है, नेपाली तथा अनेक पहाड़ी भाषाओं में है। इससे हम कल्पना करते हैं कि किसी समय ऐसे क्षेत्र थे जो **स्** के स्थान पर **छ्** का ही व्यवहार करते थे। **श्** के स्थान पर **छ्** का व्यवहार संस्कृत के अनेक रूपों को प्रभावित कर सका था जैसा कि **प्रश्न** और **पृच्छति** के उदाहरण से ज्ञात होता है। बँगला में एक ओर दन्त्य **स्** को तालव्य करने की प्रवृत्ति है, दूसरी ओर साधारण बोलचाल के स्तर पर **स्** को **छ्** कहने की प्रवृत्ति भी है यथा **मुसलमान** का **मुछौल्मान** रूप।

राजस्थान की बोलियों में **स्** के स्थान पर **छ्-ह्** का व्यवहार आश्चर्यजनक नहीं है किन्तु **थ्** के स्थान पर **ह्-छ्** का व्यवहार आश्चर्यजनक है। एक जगह हिन्दी के समान **आई थी** है, तो दूसरी जगह **आई ही** और तीसरी जगह **आई छी** बोला जाता है। डा. कैलाशचन्द्र अग्रवाल ने **शेखावटी बोली का वर्णनात्मक अध्ययन** (लखनऊ, 1964) में जो उदाहरण दिए हैं, उनसे यही सिद्ध होता है। चिढ़ावा जिला झुंझुनू में **आई थी,** सीकर में **आई ही** चलेगा किन्तु जिला सीकर के ही अंतर्गत नीम का थाना में **आई छी** बोलेंगे। इससे ये अनुमान होता है कि **छ्** ध्वनि केवल **स्** के लिए नहीं वरन् **थ्** के लिए भी कभी प्रयुक्त होती थी। संघर्षी ध्वनियों का चलन यहाँ अधिक रहा होगा, स्पर्श ध्वनियों का कम।

राजस्थानी क्षेत्र की बोलियों की एक विशेषता **अइ, अउ** संयुक्त ध्वनियों के स्थान पर **ऐ, औ** का व्यवहार है। (यदि कोई कहे कि **ऐ, ओ** भी संयुक्त ध्वनियाँ हैं तो मैं कहूँगा कि पुरानी संयुक्त ध्वनियों के स्थान पर इन नई संयुक्त ध्वनियों के चलन की प्रवृत्ति है।) ब्रज से पूर्व की ओर पुरानी संयुक्त ध्वनियाँ अब भी काफी प्रयुक्त होती हैं। मानक हिन्दी में उनका व्यवहार केवल तत्सम रूपों में होता है। समस्त उत्तर-पश्चिमी क्षेत्र में एकार, ओकार का एक विशेष क्षेत्र अवश्य रहा होगा और सम्भव है कि यह क्षेत्र राजस्थान हो। वहाँ की अनेक बोलियों में ऐकार औकार को भी एकार ओकारवत् बोलने की प्रवृत्ति है। हिन्दी में कहइ—कहै—कहे जैसा विकास इसी प्रवृत्ति का परिणाम है।

राजस्थान की बोलियों और हिन्दी क्षेत्र की बोलियों के कारक-चिह्नों में बहुत बड़ी समानता है। मारवाड़ी में **र** वाले विभक्ति चिह्न हैं तो अन्य बोलियों में **क** वाले। डा. कैलाशचन्द्र अग्रवाल की शेखावटी बोली वाली पुस्तक में जितने उदाहरण हैं, उनमें संज्ञा के साथ र वाले विभक्ति चिह्नों के प्रयोग के उदाहरण हैं ही नहीं। ये नौकर किस सेठ के हैं, यह वाक्य चिड़ावा की बोली में इस प्रकार है : **यै नोकर कैं सेठ का है;** सीकर नगर की बोली में **यै नोकर की सेठ का है;** फतहपुर, ज़िला सीकर की बोली में : **यै नौकर कीं सेठ का है;** नीम का थाना, ज़िला सीकर की बोली में : **यै नोकर कुण सा सेठ का छै;** जयपुर नगर की बोली में : **यै नोकर किस्या सेठ का छै।** इन उदाहरणों से राजस्थान में **क** विभक्ति-चिह्न के प्रसार का अनुमान किया जा सकता है। **में, पर, से** आदि चिह्न थोड़े से हेर-फेर से प्रयुक्त होते हैं। कर्म कारक के लिए **नैं** का प्रयोग बाँगरू के समान है। मानक हिन्दी के विपरीत कर्ता कारक के साथ यहाँ ने का व्यवहार अनिवार्य नहीं है। मेरी कलम किसने चुरा ली, इस वाक्य को चिड़ावा, सीकर नगर, फतहपुर, जयपुर नगर आदि की बोलियों में **ने** के बिना ही कहा जाएगा। किसने चुरा ली के लिए **कुण चोर ली** या **कुण चोरी** कहना काफी है। **कुण** करण कारक नहीं है, यह ध्यान देने की बात है। राजस्थान की बोलियों में एक विशेषता यह है कि अनेक स्थानों में सर्वनाम के साथ भी **को, कै, की** आदि चिह्न लगते हैं। हिन्दी में **हमारा आँगन, हमारी जेब, हमारे साथ** आदि रूपों में **हम के** साथ **र** प्रत्यय ही लगता है किन्तु जयपुरी में **म्हांको चौक, म्हांकी जेब, म्हांकी साथ** जैसे प्रयोग होंगे। जयपुरी में **म्हारी, म्हारा** रूप भी प्रयुक्त होते हैं किन्तु हिन्दी क्षेत्र से भिन्न यहाँ सर्वनाम के साथ **क** प्रत्यय भी लगता है। यह स्थिति, राजस्थानी से मिलती-जुलती, कुछ अन्य बोलियों में भी है।

राजस्थानी बोलियों की क्रियापद-रचना में विभिन्न प्रवृत्तियाँ घुल-मिल गई हैं। वर्तमान काल के रूपों में **चळतो हो, चळइ हो** उत्तम पुरुष एकवचन के रूप हैं। ग्रियर्सन द्वारा दिए हुए मारवाड़ी के इन उदाहरणों में पहला कृदन्त है, दूसरा तिङन्त है। राजस्थानी भाषा की पुरानी पुस्तक **क्रिसन-रुकमणी-री वेलि** (सम्पादक नरोत्तमदास स्वामी, आगरा 1971) की भूमिका में सम्पादक ने ठीक लिखा है कि डिंगल का मूलाधार मारवाड़ी ही है। इस पुस्तक की भाषा अर्थात् मारवाड़ी के उदाहरणों में अन्य पुरुष के तिङन्त रूप इस प्रकार हैं : **सूझइ, होवइ, समाइ, जाइ** अवधी के **सूझहि, होवहि** आदि रूप हैं। अवधी में **ह्**-युक्त और **ह्**-विहीन दोनों तरह के रूप मिलते हैं। मध्यम पुरुष बहुवचन के रूप **कहउ, वंछउ** आदि अवधी के **कहहु वंछहु** के रूपान्तर हैं। उत्तम पुरुष एकवचन के **सकूँ, कहूँ** हिन्दी रूपों से मिलते हैं और **सकहुँ, कहहुँ** के आधार पर बने हैं। पुरानी साहित्यिक भाषा में बहुत से परम्परागत रूपों का चलन था जिन्हें उस समय की बोलचाल के रूप मानना भ्रामक होगा। **क्रिसन-रुकमणी-री वेलि** में वर्तमान काल के अन्य पुरुष रूप **राजति, कहति, भवति, रहन्ति, गायन्ति, बोलन्ति** आदि इसी कोटि के साहित्यिक प्रयोग हैं।

ग्रियर्सन द्वारा दिए गए उदाहरणों में कुछ भूतकालीन रूप ऐसे हैं जिनमें कृदन्त के बाद सर्वनाम-चिह्न जोड़ा गया है। **राणी पूछसि**—रानी ने पूछा; **आप बिचारीअस**—उसने आप विचार किया। ग्रियर्सन ने ठीक लिखा है कि यहाँ **अस** केवल ज़ोर देने के लिए है (लिंग्विस्टिक सर्वे, खंड 9, भाग 2, पृष्ठ 35), कारण यह कि सर्वनाम-चिह्न कर्ता का अवशेष मात्र है, कर्ता—अलग से—क्रिया से पहले आ चुका है। अधिकतर भूतकाल के लिए राजस्थान की बोलियों में कृदन्तों का व्यवहार हिन्दी बोलियों के समान होता है यथा खिला पिला दिया सीकर नगर की बोली में होगा **खुया पिया दिया।** वास्तव में राजस्थानी के कृदन्त रूप—पंजाबी ही नहीं, बाँगरू की तुलना में भी—मानक हिन्दी के रूपों से अधिक मिलते हैं। राजस्थानी के ओकारान्त रूप ब्रजभाषा के प्रभाव से बने हैं। मैं खोल रहा हूँ की जगह **मैं खोल रयो हूँ** ब्रजभाषा के अनुरूप है; साथ ही बाँगरू के समान वर्तमान काल में तिङन्त रूपों का व्यवहार—**पड़े है, जावै है** आदि— व्यापक रूप से होता है। इन्हीं तिङन्त रूपों के आधार पर **जावैगो, होवैगो** आदि भविष्यकालिक रूप बने हैं, यह तथ्य मानक हिन्दी के **जायगा, होगा** की अपेक्षा राजस्थानी रूपों में और भी स्पष्ट है। राजस्थानी में भविष्य के लिए **होसी, जासी** आदि **स्**-मूलक भविष्यकालिक रूप भी प्रचलित हैं। भोजपुरी के समान **ल** वाले कृदन्त रूप यहाँ एक से अधिक कालों के लिए प्रयुक्त होते हैं। भोजपुरी में इनका अधिकतर प्रयोग भूतकाल के लिए होता है किन्तु राजस्थानी में इनका प्रयोग अधिकतर भविष्य काल के लिए होता है। **ग, स, ल,** इन तीन चिह्नों के आधार पर राजस्थानी में भविष्य के रूप बनते हैं। क्रियार्थी संज्ञा के लिए **देखबा** जैसे **ब** वाले रूप अवधी और ब्रजभाषा के अनुरूप हैं, दूसरी ओर **न** (**णो, णु**) वाले रूपों का चलन भी यहाँ है। ऐसा प्रतीत होता है कि मध्य देश पर बाह्य आक्रमणों के समय अनेक जनपदों के लोग भाग कर राजस्थान गए और अपने साथ अपनी बोलियों की विशेषताएँ ले गए; इसलिए वहाँ भाषा-संरचना के हर स्तर पर रूपों की ऐसी विविधता दिखाई देती है।

पूर्वकालिक क्रिया के **र**-वाले रूप रोचक और महत्त्वपूर्ण हैं। ग्रियर्सन ने **कर्योर** (कर के) का विश्लेषण किया है कि यह **कर्यो** तथा **अर** के संयोग से बना है (पृष्ठ 34)। मेरी समझ में यह विश्लेषण सही है और यह **अर कर** का रूपान्तर है। यही अर्थ व्यक्त करने वाला **करर** रूप भी है जहाँ **कर** के बाद दूसरा **र** जोड़ा गया है। **कर** के इस रूपान्तर से सर्वनाम रूपों की रचना समझ में आती है। **म्हांका** और **म्हांरा,** दोनों में सर्वनाम के बाद मूलतः **कर** जोड़ा गया है। उसका एक रूपान्तर हुआ **का,** दूसरा रूपान्तर हुआ **कर** जिसका **अर** शेष रह गया। यह वही प्रवृत्ति है जिसने **कर्म्मकार** को बदल कर वैदिक **कर्म्मार** रूप दिया था। सर्वनामों के अतिरिक्त संज्ञा शब्दों के साथ जहाँ **क** या **र** जोड़ा जाता है, वहाँ भी इसी **कर** के आधार पर ये चिह्न बने हैं। सम्बन्धकारक के अतिरिक्त कर्म-सम्प्रदान में **को, के** के साथ **रे** आदि का व्यवहार भी इसी कारण होता है। जहाँ कोई विभक्ति चिह्न **क्** ध्वनि वाला है, वहाँ उसका प्रतिरूप **र्** ध्वनि वाला अवश्य है। मानक बँगला में सम्बन्धकारक के लिए **क्**-मूलक विभक्ति चिह्न का व्यवहार नहीं होता

किन्तु कर्म-सम्प्रदान के लिए **रे** और **के** दोनों का व्यवहार होता है। यही स्थिति राजस्थानी रूपों की है। मूल रूप **क्**-वाले हैं; **कर, केर** आदि रूप अवधी, भोजपुरी में प्रयुक्त होते हैं। हिन्दी क्षेत्र के पूर्वी पश्चिमी सीमान्तों पर ऐसी ध्वनि-प्रवृत्तियाँ शक्तिशाली रही हैं जो **क्** को संघर्षी रूप देकर उसका लोप करती रही हैं। हिन्दी क्षेत्र में **र्** वाले विभक्ति-चिह्न सर्वनामों तक सीमित हैं, इनका अधिक प्रसार बँगला और राजस्थानी आदि में है। अंग्रेज़ी जैसी भाषाओं में जहाँ-तहाँ सर्वनाम रूपों में **र्** का व्यवहार होता है किन्तु **क्** वाले मूल रूपों का सफाया हो गया है।

राजस्थानी, मालवी और हिन्दी

ग्रियर्सन ने राजस्थानी बोलियों के अन्तर्गत मालवी पर भी विचार किया है। यह बोली हिन्दी के अधिक निकट है या राजस्थानी और गुजराती के, इस विषय पर यहाँ विवाद अनावश्यक है। एक रोचक तथ्य यह है कि मारवाड़ी के समान गुजराती में **र** वाले सर्वनाम रूप हैं। ग्रियर्सन ने मारवाड़ी **म्हांरो** का गुजराती प्रतिरूप **मारो** (एकवचन) या **आमारो** (बहुवचन) दिया है। यद्यपि गुजराती में संज्ञा शब्दों के साथ **न**-वाला कारक-चिह्न व्यापक रूप से प्रयुक्त होता है किन्तु सर्वनामों में **आप** के साथ ही इसका संयोग दिखाई देता है। गुजराती **आपणों** के समान मालवी में भी **आपणों** रूप है किन्तु मालवी में **म्हांणो** भी है। अपना जैसे रूपों में कारक चिह्न, सभी आर्य भाषाओं में, **न** या **ण** है। यह इस बात का सूचक है कि सर्वनाम रूपों का प्रसार कुछ निश्चित केन्द्रों से हुआ है। सम्भव है, **अपना** जैसे रूप का प्रसार मालवा से हुआ हो, **म्हांरो** आदि का प्रसार राजस्थान से हुआ हो, **क**-वाले रूपों का प्रसार मध्यदेश से हुआ हो। जयपुरी में **म्हांकी** जैसा रूप अब भी प्रचलित है यद्यपि हिन्दी क्षेत्र में ऐसे रूप का अभाव है। **मालवी–एक भाषाशास्त्रीय अध्ययन** (जयपुर, 1960) में डा. चिन्तामणि उपाध्याय ने उत्तमपुरुष सर्वनाम के जो रूप दिए हैं, उनमें जयपुरी के समान **क**-वाले रूप भी हैं। **म्हके**–मुझे, **त्हके**–तुझे। हमें के लिए **हमके** रूप भी आया है। इसी प्रकार पड़ोस की राँगड़ी बोली में मध्यम पुरुष सर्वनाम के एकवचन रूप कर्म कारक में हैं **मवे, म्हके**। ग्रियर्सन ने **म्हाणों** रूप मालवी के अन्तर्गत भी दिया है, डा. उपाध्याय ने राँगड़ी के अन्तर्गत दिखाया है।

यहाँ मालवी की कुछ अन्य विशेषताओं का उल्लेख भी उचित होगा। इसमें उन्नीस, उन्तालिस, उन्चास, उन्यासी के लिए **गुन्नीस, गुन्चालिस, गुन्पचास, गुन्यासी** जैसे रूपों का चलन है। यहाँ **ग्** व्यंजन मूलतः **उ** के पहले नहीं जोड़ा गया वरन् उसके रूपान्तर **वु** के पहले जोड़ा गया है। **उन्नीस** आदि शब्दों का उच्चारण **वुन्नीस** जैसा कहीं होता होगा; अर्धस्वर **व्** के उच्चारण को सुगम बनाने के लिए उसके पहले **ग्** व्यंजन वैसे ही जोड़ा गया जैसे ब्रजक्षेत्र में **वु** सर्वनाम में **ग्** जोड़कर कई जगह **ग्वु** बोलते हैं।

मालवी और राँगड़ी दोनों में **ऐ, औ** के स्थान पर **ए, ओ** के व्यवहार की प्रवृत्ति है। उत्तम पुरुष सर्वनाम का एकवचन रूप **में** है। रहता था **रेता था** (बहुवचन) हो।

जाएगा। ह् के लोप की प्रवृत्ति प्रबल है। **रहवा, कहवा** के रूपान्तर **रेवा, केवा** (क्रियार्थी संज्ञा रूप) होंगे। राँगड़ी में **ने** चिह्न का व्यवहार पूर्वकालिक क्रिया के लिए भी होता है यथा **बठी ने** –बैठ कर। मालवी में हिन्दी **हि** के समान **ज** का व्यवहार अर्थ पर ज़ोर देने के लिए होता है। **यांज**–यहाँ ही, **अपणाज**–अपना ही; यही दक्खिनी हिन्दी का **च** है जो अर्थ पर जोर देने के लिए प्रयुक्त होता है। डा. उपाध्याय ने "हलन्त **च** और **ज** आदि को शब्द के अन्त में" जोड़ने की बात लिखी है (पृष्ठ 83) किन्तु उन्होंने **च** जोड़ने के उदाहरण नहीं दिए।

मालवी की शब्द-रचना में सर्वनामों से बने स्थान-सूचक विशेषक उल्लेखनीय हैं। **अनांग**–इधर; **कनांग**–किधर; **पेलांग**–उस ओर; **जनांग**–जिधर; **उनांग**–उधर; इन सभी रूपों में **ग** स्थानसूचक चिह्न है, तमिल **इङ्ग** (यहाँ) के **ग** के समान। यह **ग** मूलतः **घ** है जैसे कि बाँगरू के **इंघे** और अवधी के **इँघे** रूपों में।

राजस्थानी, मालवी आदि की अनेक प्रवृत्तियाँ मध्यदेश की भाषाओं को प्रभावित करती रही हैं; साथ ही इनमें मध्यदेशीय भाषाओं के अनेक तत्त्व घुलमिल गए हैं। राजस्थान, पंजाब और बंगाल, इन तीनों प्रदेशों की भाषायी स्थिति में एक समानता है; वह यह कि यहाँ मध्यदेश के अनेक जनपदीय भाषा-तत्त्व एक साथ मिलते हैं। ये तीनों प्रदेश हिन्दी क्षेत्र के परिवृत्त में हैं, मूल हिन्दी क्षेत्र को घेरे हुए हैं, अतः उनमें विभिन्न जनपदीय तत्त्वों का मिलना स्वाभाविक है। पूर्व में मगध, उत्तर में कुरु जनपद, मध्य में कोसल और ब्रज, उक्त जनपदीय तत्त्वों के प्रसार के मुख्य केन्द्र हैं। आगे (तीसरे खंड में) हम देखेंगे कि हिन्दी परिवृत्त की भाषाओं पर–मध्यदेश को घेरने वाले आर्य-भाषा-क्षेत्र पर–द्रविड़ आदि आर्येतर भाषाओं का प्रभाव भी सर्वाधिक है।

15

आधुनिक आर्यभाषाओं का वर्गीकरण और हिन्दी

आधुनिक आर्यभाषाएँ

आधुनिक आर्य भाषाओं का विकास समझने के लिए यह जानना ज़रूरी है कि संस्कृत, विकास की अनेक मंज़िलें पार करके, वह रूप प्राप्त कर सकी है जो भारत के प्राचीनतम ग्रंथों में मिलता है। ये विकास की मंज़िलें किसी भाषा का ऐसा एकान्त विकास नहीं है जिससे भाषायी परिवेश अथवा अन्य भाषाओं से सम्पर्क न रहा हो। यहाँ परिवेश और अन्य भाषाओं में द्रविड़, कोल, नाग भाषाओं की बात नहीं कही जा रही, आशय उन भाषाओं से है जिन्हें अन्य गण-समाज बोलते थे, जिन्हें उतने ही विश्वास से आर्य कहा जा सकता है जितने विश्वास से संस्कृत बोलने वालों को। इसका अर्थ यह हुआ कि संस्कृत के विकास की मंज़िलें किसी एक केन्द्रीय भाषा से अन्य गण-भाषाओं के सम्पर्क का प्रमाण भी हैं। इन मंज़िलों से हमारी दिलचस्पी इसलिए है कि केन्द्रीय भाषा से अलग वे अन्य भाषा-तत्त्व, संस्कृत का रूप स्थिर होने के बाद, समाप्त नहीं हो गए। केन्द्रीय भाषा की मूल विशेषताएँ भी समाप्त नहीं हुईं। परस्पर सम्पर्क और विकास की वह प्रक्रिया आगे भी भाषाओं का रूप निर्धारित करती रही।

यदि आधुनिक आर्य भाषाएँ सुलभ न हों, इंडोयूरोपियन परिवार की भाषा सामग्री प्राप्त न हो, तो भी केवल संस्कृत के आधार पर उसके विकास की कुछ मंज़िलों का ज्ञान हो सकता है। इन मंज़िलों की पहचान के लिए संस्कृत के ध्वनितंत्र का **ण्** तत्त्व सबसे महत्त्वपूर्ण है। संस्कृत में यह ध्वनि पहले से थी या बाद की मंज़िलों में आई, इसकी सीधी कसौटी यह है कि हम संस्कृत की क्रियाओं में इस ध्वनि की भूमिका देखें। संस्कृत का काफी शब्द-भंडार क्रियाओं के आधार पर रचा गया है; इस कसौटी से केवल क्रियाओं में नहीं, अधिकांश शब्द-भंडार में इस ध्वनि की भूमिका का ज्ञान हो जाएगा। संस्कृत क्रियाओं पर इस दृष्टि से विचार करने से ज्ञात होता है कि इनकी रचना में **ण्** की भूमिका नगण्य है। पर संस्कृत में **ण्** वाले रूपों की भरमार है। इसका कारण यह है कि विशेष प्रकार के ध्वनि-परिवेश में मूर्धन्य **ण्** दन्त्य **न्** का स्थान लेता है। संस्कृत मूलतः उस क्षेत्र की भाषा है जिसमें केवल दन्त्य **न्** का व्यवहार होता था; इस भाषा

पर एक ऐसी गणभाषा का प्रभाव पड़ा जिसमें **ण्** ही प्रमुख नासिक्य ध्वनि थी। अब आधुनिक आर्य भाषाओं को देखें तो विदित होगा कि बोलचाल के स्तर पर यह **ण्** और **न्** वाला भेद आज भी विद्यमान है। बाँगरू, पंजाबी, राजस्थानी आदि भाषाएँ **ण्**-प्रधान समुदाय की हैं, इधर ब्रज से लेकर बँगला और असमिया तक दन्त्य **न्** की प्रधानता है। इससे निष्कर्ष यह निकलता है कि जिस भाषा-समुदाय में दन्त्य **न्** की प्रधानता है, उससे संस्कृत के मूल रूप का गहरा सम्बन्ध रहा है।

इसी प्रकार **ट्, ठ्, ड्, ढ्** ध्वनियों के बारे में कहा जा सकता है कि ये मूल संस्कृत की ध्वनियाँ नहीं हैं। भारत में ऐसे भाषा-केन्द्र हैं जिनमें त-वर्ग के बदले ट-वर्ग की ध्वनियों का ही व्यवहार होता है या उनकी प्रधानता है। (यहाँ ट-वर्ग में **ण्** के अतिरिक्त अन्य ध्वनियों पर ही विचार करना है।) **ट्, ड्** वाले क्षेत्र असम, सौराष्ट्र, सिन्ध और पश्चिमी पंजाब में हैं। इस समुदाय की प्राचीन भाषाओं ने संस्कृत को कभी इतना प्रभावित किया था कि कृदन्त रूपों में जहाँ भी सकार आया, **त्** बदल कर **ट्** हुआ और सकार दन्त्य अथवा तालव्य से बदल कर मूर्धन्य हुआ। **नश्यति** में **नश्** क्रिया तालव्य **श्** वाली है किन्तु **नष्ट** में **ट्** के संयोग से तालव्य **श्** का मूर्धन्यीकरण हुआ। यदि संस्कृत सर्वनामों, उपसर्गों आदि पर ध्यान दिया जाए तो विदित होगा कि **श्, ष्** की अपेक्षा दन्त्य **स्** की भूमिका ही प्रधान है। इसी प्रकार **ल्** की तुलना में **र्** की भूमिका प्रमुख है। ब्रज से लेकर मिथिला तक दन्त्य **स्** की प्रधानता है और **ल्** की अपेक्षा **र्** का व्यवहार भी अधिक होता है। इसलिए यह धारणा बनती है कि संस्कृत अपने मूल रूप में मध्यदेश की भाषा है।

संस्कृत के वाक्यतंत्र में दो बातें बहुत स्पष्ट दिखाई देती हैं। एक तरह का वाक्यतंत्र वह है जिसमें विधेय की प्रधानता है, उद्देश्य बाद में आता है। इस वाक्यतंत्र के कारण क्रियापद-रचना इस प्रकार होती है कि क्रिया पहले आती है और उसके बाद सर्वनाम-चिह्न उससे संयुक्त होकर कर्ता की ओर संकेत करता है। इसके विपरीत दूसरा वाक्यतंत्र वह है जो उद्देश्य को प्रधानता देता है और वाक्य में उसके बाद विधेय को स्थान देता है। इस पद्धति में सर्वनाम-चिह्न का कर्तावाला महत्त्व समाप्त हो जाता है; वह क्रिया की अवस्था, कालभेद, पुरुषभेद आदि सूचित करने लगता है। इस कारण **पठामि** रूप में कर्ता का उल्लेख होने पर भी **अहम् पठामि** कहने का चलन हुआ। आधुनिक आर्य भाषाओं में मगही, मैथिली और अंशतः अवधी में सर्वनाम-चिह्नों का पुराना महत्त्व अब भी सुरक्षित है। दूसरी प्रवृत्ति का एक परिणाम यह हुआ कि तिङन्त रूपों की अपेक्षा कृदन्त रूपों का व्यवहार अधिक होने लगा। कृन्दत रूप सर्वनाम-चिह्नों से मुक्त रखे जा सकते थे। उनका व्यवहार उद्देश्य-प्रधान वाक्यतंत्र के अधिक अनुरूप था। प्रसिद्ध था कि संस्कृत का व्यवहार करने वालों में उदीच्यजन कृदन्त-प्रिय हैं। तात्पर्य यह कि मध्यदेश और पूर्व के लोग तिङन्त रूप का व्यवहार अधिक करते थे। आधुनिक आर्य भाषाओं के विवेचन से पता चलता है कि कृदन्तों का व्यवहार ब्रज, पंजाबी, मराठी जैसी उत्तर-पश्चिमी भाषाओं की विशेषता है। जिन क्षेत्रों में तिङन्त पद्धति की प्रधानता थी,

उनमें जब कृदन्त पहुँचे, तब उनका भी तिङन्तीकरण हुआ अर्थात् सर्वनाम-चिह्नों के साथ वे फिर बाँध दिए गए। आधुनिक आर्य भाषाओं का सारा विकास इस तिङन्त-कृदन्त सम्पर्क का परिणाम है और यह दो तरह के वाक्यतंत्रों का सम्पर्क है। संस्कृत के प्राचीनतम रूपों में तिङन्त पद्धति की प्रधानता है। अतः इससे पुनः उपर्युक्त निष्कर्ष की पुष्टि होती है कि संस्कृत अपने मूल रूप में मध्यदेश की भाषा है। तिङन्त रूपों के साथ कारक रचना की विशेषता जुड़ी हुई है। दोनों में सर्वनामों की भूमिका प्रमुख है। यह स्वाभाविक था कि जब क्रियापद-रचना में सर्वनामों का महत्त्व कम हुआ, तब वह कारक रचना में भी कम हुआ। सर्वनाम-चिह्न संज्ञा के साथ जुड़कर उसे जो निश्चयात्मकता प्रदान करते थे, वह बात गौण हो गई; वे सम्बन्धकों का काम करने लगे, एक कारक से दूसरे कारक का भेद बताने लगे। पर यह भेद रूपात्मक था। कार्य की दृष्टि से एक ही कारक-चिह्न अनेक कारकों की भूमिका निबाहता था। जैसे-जैसे कृदन्त क्रियारूप सर्वनाम-चिह्नों से स्वतंत्र हुए, वैसे-वैसे संज्ञा रूप भी सर्वनाम-चिह्नों से स्वतंत्र होकर अलग से सम्बन्धकों का प्रयोग अधिकाधिक करने लगे। स्पष्ट है कि ये प्रवृत्तियाँ आधुनिक आर्य भाषाओं के विकास में पूर्णतः प्रतिफलित होती हैं। इस विकास का विवेचन तभी सम्भव है जब हम संस्कृत के विकास को ध्यान में रखें, उसमें निहित विभिन्न प्रवृत्तियों को पहचानें।

ग्रियर्सन का सर्वेक्षण

अपने सर्वेक्षण-ग्रंथ में ग्रियर्सन ने आर्यों के दो अभियान माने थे, एक अभियान के आर्य मध्यदेश अथवा भीतरी वृत्त में बस गए और दूसरे अभियान के आर्य मध्यदेश के उत्तर, पश्चिम और पूर्व में बस गए। ये सब बाहरी वृत्त के आर्य हुए। ऊपर मैंने जो बातें कही हैं, उनसे कुछ लोगों को भ्रम हो सकता है कि मैंने ग्रियर्सन वाली बातें दोहराई हैं। इसलिए यहाँ ग्रियर्सन की स्थापनाओं पर विचार कर लेना आवश्यक है। 1880 ई. में हॉएर्नले ने आर्य भाषाओं पर अपनी तुलनात्मक व्याकरण-पुस्तक लिखी। आधुनिक आर्य भाषाओं की विविधता पर ध्यान देते हुए उन्होंने यह प्रतिपादित किया कि भारत में आर्य आक्रमणकारियों के दो अभियान हुए। पहले अभियान के आर्य पंजाब और मध्यदेश में आकर बस गए; दूसरे अभियान के आर्यों ने इन्हें खदेड़ दिया और ये लोग पूर्व, पश्चिम और दक्षिण में जा बसे। ग्रियर्सन ने इसी अभियान कथा को आधार बनाया है। उन्होंने कहा कि उक्त सिद्धान्त सही हो तो मध्यदेश के लोग वहाँ बाद में आकर बसे, और सही न हो तो बाहरी वृत्त वाले बाद को आकर बसे। ग्रियर्सन के लिए यह बात अधिक महत्त्वपूर्ण नहीं है कि कौन पहले आया, कौन बाद को किन्तु आर्यों के दो वृत्त हैं, यह बात यह निश्चित मानते थे। सर्वेक्षण-ग्रंथ के प्रथम खंड में उन्होंने लिखा कि आधुनिक आर्य भाषाओं के दो मुख्य भाग हैं। एक भाग की भाषाएँ उस प्रदेश में बोली जाती हैं जो प्राचीन काल में मध्यदेश कहलाता था। दूसरा भाग उन भाषाओं का है जो इसे

तीनों ओर से घेरे हुए हैं। यह दूसरा भाग पश्चिमी पंजाब, सिन्ध, महाराष्ट्र से मध्य भारत होता हुआ उड़ीसा, बिहार, बंगाल और असम को अपने भीतर समेट लेता है। पश्चिमी छोर पर गुजराती इस वृत्त को तोड़ देती है। ग्रियर्सन का कहना था कि मथुरा से आने वाले मध्यदेश के लोगों ने गुजरात पर विजय प्राप्त की थी और भारत का यही एक भाग है जहाँ आर्य भाषाओं की भीतरी शाखा बाहरी शाखा का परकोटा तोड़ डालती है।

दोनों वृत्तों की पहचान के लिए उन्होंने दन्त्य **स्** को लिया है। भीतरी शाखा दन्त्य **स्** की रक्षा करती है किन्तु बाहरी शाखा ईरानी समुदाय के समान इस ध्वनि का स्पष्ट उच्चारण नहीं कर पाती। पूर्वी छोर पर दन्त्य **स्** तालव्य हो गया और यह प्रवृत्ति महाराष्ट्र में भी है किन्तु पूर्वी बंगाल और असम में उसका उच्चारण **ख** के समान होने लगा। उत्तर-पश्चिमी सीमान्त प्रदेश और कश्मीर में विशुद्ध **ह्** का व्यवहार होने लगा।

ग्रियर्सन ने बिहार को बाहरी शाखा में गिना है किन्तु मगही, मैथिली और भोजपुरी में दन्त्य **स्** की ही प्रधानता है। उन्होंने **स्**-प्रधान, **श्**-प्रधान और **ख्**-या **ह्**-प्रधान समुदायों को मिलाकर एक कर दिया है। उनके विवेचन में दन्त्य **स्** और उसके रूपान्तरों में भेद अवश्य किया गया है और निस्संदेह यह भेद महत्त्वपूर्ण है किन्तु उन्होंने यह नहीं बताया कि इस **स्** का रूपान्तर करने वालों के कोई अपने शब्द भी संस्कृत में या बाद की भाषाओं में थे या नहीं। इस प्रश्न पर विचार न करने से संस्कृत की मूल ध्वनि-प्रकृति में जो परिवर्तन हुए, उसका विवेचन वे नहीं कर सके; यूरुप की भाषाओं से ऐसे परिवर्तनों का सम्बन्ध हो सकता है, यह बात उनके लिए कल्पनातीत थी। फलतः संस्कृत के विकास में मध्यदेश की भाषा की भूमिका भी वह नहीं पहचान पाए। यदि बाहरी वृत्त के लोग मध्यदेश में आकर बस गए थे तो उन्होंने, खदेड़े जाने पर भी, अपने शब्द-भंडार का बहुत-सा अंश नए विजेताओं के लिए छोड़ा होगा। यह अंश कौन-सा है ? यदि वे खदेड़े नहीं गए और बाहरी वृत्त में आकर बस गए, तब इनके **श्, ख्, ह्** ध्वनियों वाले अपने स्वतंत्र शब्द होने चाहिए, दन्त्य **स्**-वाले शब्दों के रूपान्तर मात्र नहीं। पर प्रतीत यह होता है कि **ह्** और **ख्** ध्वनियों वाले इनके कोई ऐसे अपने शब्द नहीं हैं जो मध्यदेश में **स्** ध्वनि के साथ प्राप्त न हों। अधिकांश शब्द वे हैं जहाँ दन्त्य **स्** का रूपान्तर किया गया है। इससे सिद्ध यह होता है कि **स्** ध्वनि वाले मध्यदेशीय शब्द ही **ह्-ख्** क्षेत्रों में पहुँचे हैं। यह मध्यदेशीय भाषा की निर्णायक भूमिका का प्रमाण है, दो आर्य अभियानों का नहीं। साथ ही मध्यदेश में **श्** ध्वनि वाले शब्दों को **स्** ध्वनि के साथ बोला जाता है। किसी शब्द में दन्त्य **स्** है, इसलिए वह मूल रूप होगा ही, ऐसा सोचना भ्रामक होगा। इसलिए ग्रियर्सन ने जो दन्त्य **स्** और उसके रूपान्तर की विभाजन रेखा खींची है, वह भाषाओं का विकास समझने में बहुत सहायक नहीं होती।

इसके बाद वह भाषा की संरचना पर विचार करते हुए कहते हैं कि भीतरी वृत्त में संज्ञा शब्दों का रूप-विकार पहले संश्लिष्ट था, आगे चलकर विश्लिष्ट हो गया और कारक-चिह्नों के बदले सहायक शब्दों का व्यवहार होने लगा जैसे हिन्दी में **क, को, से**

आदि का व्यवहार होता है। बाहरी वृत्त की भाषाएँ भी पहले संश्लिष्ट थीं, फिर उन्होंने भी विश्लिष्ट मंज़िल पार की। कुछ भाषाएँ उसे पार करती हुई अभी देखी जाती हैं जैसे सिन्धी और कश्मीरी। इस तरह की भाषाएँ सहायक शब्दों को समेट कर स्वयं को पुनः संश्लिष्ट बना रही हैं यथा बँगला में सम्बन्धकारक का **एर** प्रत्यय; यानी **राम का** कहो तो विश्लिष्ट रूप है और **रामेर** कहो तो संश्लिष्ट है।

जहाँ तक रूपतंत्र का सम्बन्ध है, ग्रियर्सन के विवेचन से सिद्ध है कि इन दोनों वृत्तों में कोई मौलिक अन्तर नहीं है। दोनों समुदायों की भाषाएँ पहले संश्लिष्ट थीं, बाद को अश्लिष्ट हुईं। एक समुदाय फिर संश्लिष्ट होने लगा, दूसरा अभी नहीं हुआ। जहाँ तक मूल आर्य भाषाओं के दो समुदायों का प्रश्न है, वहाँ दोनों में कोई अन्तर नहीं, संश्लिष्ट और विश्लिष्ट वाला भेद उन्हें दो भाषाओं में बाँटने का आधार नहीं हो सकता क्योंकि ग्रियर्सन के अनुसार आरम्भ में दोनों ही संश्लिष्ट थीं। पर आधुनिक काल में एक संश्लिष्ट हो गया, दूसरा नहीं हुआ, इसका प्रमाण क्या है ? **राम का** तो विश्लिष्ट है और **रामेर** संश्लिष्ट है किन्तु बँगला में जहाँ **राम के** कहा जाएगा और हिन्दी में **राम को** कहा जाएगा वहाँ यह भेद कैसे करेंगे ? या तो दोनों संश्लिष्ट हैं या दोनों विश्लिष्ट हैं।

इसके बाद ग्रियर्सन ने क्रियापद-रचना पर विचार किया है। उनका कहना है कि संस्कृत का पुराना वर्तमानकालिक क्रियारूप प्रत्येक आधुनिक आर्य भाषा में, थोड़े से ध्वनिपरिवर्तन और अर्थपरिवर्तन के साथ, प्रचलित है। यदि यह बात सही है तो इससे पुनः दो शाखाओं वाली बात निराधार सिद्ध होती है। वर्तमानकालिक क्रियारूप की व्यापकता पुनः मध्यदेश की निर्णायक भूमिका सिद्ध करती है, आर्यों के दो अभियान नहीं। भविष्यकाल के लिए कहा है कि पुराना संस्कृत रूप जहाँ-तहाँ बचा है, और वह पश्चिम में ही अधिक बचा है। अन्य आधुनिक भाषाएँ संस्कृत के भविष्यकालिक कर्मवाच्य कृदन्त के आधार पर भविष्यकालिक क्रियापद-रचना करती हैं। इससे कुछ पता नहीं चलता कि भविष्य काल को लेकर पहले कोई विभाजन था या नहीं। अतीत काल को लेकर ग्रियर्सन अधिक विश्वास से कहते हैं कि आधुनिक भारतीय आर्य भाषाएँ यह स्पष्ट दिखलाती हैं कि बाहरी उपशाखा संस्कृत की ऐसी बोली या बोलियों से निकली है जो कर्मवाच्य कृदन्त के साथ मुक्तरूप से सर्वनाम-चिह्नों का व्यवहार करती थीं; भीतरी उपशाखा में ऐसे सर्वनाम चिह्नों वाले रूपों का अभाव था।

यहाँ ग्रियर्सन ने तिङन्त और कृदन्त पद्धतियों का भेद महत्त्वपूर्ण न मानकर सर्वत्र कृदन्तों का व्यवहार देखा है। अन्तर केवल इतना है कि एक शाखा में सर्वनाम-चिह्न लगते थे और दूसरे में न लगते थे। सर्वनाम-चिह्नों की भूमिका तिङन्त और कृदन्त दोनों तरह के रूपों को ध्यान में रखकर ही समझी जा सकती है पर ग्रियर्सन ने उस पर केवल भूतकालिक कृदन्त के सन्दर्भ में विचार किया है। आधुनिक काल में **मैंने मारा** और **आमि मारिलाम** का भेद देखकर ग्रियर्सन कल्पना करते हैं कि ऐसा भेद पहले भी था। किन्तु सैकड़ों साल तक एक दूसरे के साथ रहने के कारण जनपदीय भाषाएँ एक दूसरे

को प्रभावित करती रही हैं और उनके भाषा-तत्त्व बदलते रहे हैं। कृदन्त रूप पश्चिम से पूर्व की ओर गए हैं। पूर्व की ज़बर्दस्त तिङन्त प्रकृति के कारण नए आने वाले कृदन्तों को फिर तिङन्त रूप दिया गया है। इससे जिस प्रक्रिया की प्राचीनता और व्यापकता सिद्ध होती है, वह तिङन्तीकरण की है। इस तिङन्त-पद्धति की आधारभूमि पुनः मध्यदेश है। भूतकालिक तिङन्त पहले संस्कृत में प्रयुक्त होता था, यह निश्चित है। संस्कृत में ही भूतकालिक कृदन्त का व्यवहार हुआ, यह भी निश्चित है। ग्रियर्सन अपनी कल्पित शाखाओं को निरन्तर एक दूसरे की सीमाएँ लाँघते देखते हैं। सीमाएँ लाँघने के साथ वे एक आर्य समुदाय द्वारा दूसरे आर्य समुदाय के पराजित किए जाने की कल्पना करते हैं। उन्होंने एक दरद क्षेत्र अलग कल्पित किया। उसमें भीतरी शाखा की विशेषताएँ मिलती हैं, इसलिए कल्पना की कि इस क्षेत्र को भीतरी शाखा के आर्यों ने जीता होगा। लिखा है कि सरहिन्द के पश्चिम में जो भूमि है, उस पर अंशतः दरद कबीले और अंशतः बाहरी शाखा के लोग रहते थे। इसे भीतरी शाखा वालों ने जीता, आत्मसात् किया और उनकी भाषा पहले के निवासियों की भाषा के स्थान पर जम गई जैसे कि हिन्दुस्तानी भाषा पंजाबी को हटाकर वहाँ जम रही है। पंजाबी के लिए उन्होंने लिखा है कि वह भीतरी शाखा की भाषा है जिसमें दरद या बाहरी शाखा के कुछ तत्त्व रह गए हैं।

ग्रियर्सन के विवेचन से बाहरी और भीतरी शाखाओं का भेद सिद्ध नहीं होता। भारत की प्राचीन आर्य गण भाषाओं के जो अनेक समुदाय हैं, ये समुदाय जो एक दूसरे को प्रभावित करके विभिन्न आर्य भाषाओं के विकास में सहायक हुए, इसकी कल्पना ग्रियर्सन के विवेचन में नहीं है। भीतरी शाखा वाले पहले बाहरी शाखा वालों को हटाकर जम गए, फिर बाहरी शाखा वालों को दबोचते चले गए। यह मध्यदेशीय भाषाओं के प्रभाव की स्वीकृति है, इससे विजय अभियानों की कथा प्रमाणित नहीं होती। उनके विवेचन का सकारात्मक पक्ष यह है कि वह प्राचीन भाषाओं की गतिविधि जानने के लिए आधुनिक भाषाओं का सहारा लेते हैं। यह पद्धति वह यान्त्रिक ढंग से लागू न करते तो कुछ अच्छे परिणाम निकलते। फिर भी आधुनिक भाषाओं पर ध्यान देने के कारण ग्रियर्सन के सामने एक तथ्य निरन्तर स्पष्ट होता गया है, वह है मध्यदेशीय भाषातत्त्वों का दूर-दूर तक प्रसार।

सर्वेक्षण-ग्रंथ के नवें खंड के पहले भाग में उन्होंने मथुरा और कनौज की बीच की भूमि को भाषायी तत्त्वों के प्रसार की केन्द्र-भूमि माना है। उन्होंने लिखा है कि पश्चिमी पंजाब की तरह पूर्वी पंजाब में भी लहँदा जैसी भाषा बोली जाती थी। उन्होंने इसका कोई प्रमाण नहीं दिया। उनके अनुसार वर्तमान भाषायी स्थिति से विदित होता है कि हिन्दुस्तानी भाषा का एक पुराना रूप समूचे पूर्वी पंजाब पर फैल गया। पुरानी लहँदा भाषा के ऊपर यह रूप छा गया या उसे हटाकर वह वहाँ जम गया। उसका प्रभाव और भी उत्तर की ओर फैला। झेलम-चनाब तथा सिन्धु के बीच मरुभूमि ने इसका प्रसार रोका। राजपूताना में भी मरुभूमि ने ही केन्द्रीय भाषा के इस बढ़ते हुए ज्वार को रोका। दोनों ही मरुस्थलों के पश्चिम में लहँदा और सिन्धी बाहरी शाखा की दो विशुद्ध भाषाएँ

मिलती हैं। दुर्भाग्य से मरुस्थल का चक्कर काटकर कहीं-कहीं केन्द्रीय भाषाएँ उत्तर-पश्चिम की ओर बढ़ती गईं। ग्रियर्सन ने अपने ग्रंथ के आठवें खंड के पहले भाग में सिन्धी की चर्चा करते हुए लिखा है कि बलोची ईरानी भाषा है, सिन्धी से ही दूर का रिश्ता है पर उसमें मारवाड़ी भाषा यांत्रिक रूप से मिल गई है। अब राजस्थानी को देखिए। राजस्थानी बाहरी शाखा की भाषा है। इसके ऊपर केन्द्रीय समुदाय की भाषा पश्चिमी हिन्दी फैलती चली गई; अब राजस्थानी में उस पुरानी शाखा के अवशेष मात्र रह गए हैं। महाभारत के पंचालों का स्मरण करते हुए ग्रियर्सन ने लिखा है कि इन्होंने भारत में पहले प्रवेश किया था। भीतरी शाखा के लोग प्रबल हुए और इन्हें ठेलते चले गए। प्राचीन पंचालों के समय से लेकर बारहवीं सदी के राठौरों तक कनौज के लोग गुजरात की ओर बढ़ते रहे, विजय पर विजय प्राप्त करते रहे। मथुरा के यादवों ने गुजरात पर अधिकार किया। गंगा-जमुना के दोआब से लेकर गुजरात तक जो आर्य पहले से बसे हुए थे, उन्हें या तो हटा दिया गया था या फिर आत्मसात् कर लिया गया।

हिन्दी की यह विजयगाथा काफी गौरवपूर्ण है, कमी केवल एक है कि भारत में ऐसे अभियानों से भाषाओं का स्वरूप नहीं बदला। तुर्क अभियान अपेक्षाकृत बाद के थे। ग्रियर्सन जानते थे कि इनसे भाषाओं के रूप में कोई मौलिक परिवर्तन नहीं हुआ। सर्वेक्षण-ग्रंथ के आठवें खंड के पहले भाग में उन्होंने लिखा था : "प्राचीनतम काल से भारतीय आर्य भाषाओं का उत्तर-पश्चिमी क्षेत्र अनेक बार विदेशी प्रभाव से आक्रान्त हुआ है किन्तु यह अद्भुत है कि इससे जनता की भाषा इतना कम प्रभावित हुई है।" (पृष्ठ 3)। आक्रमण चाहे देशी हों चाहे विदेशी, जनपदों की भूमि से बँधे हुए किसान कुल मिलाकर अपनी भाषा-सम्पत्ति की रक्षा करते रहे हैं। हिन्दी क्षेत्र की जनपदीय भाषाओं के प्रभाव के कारण मुख्यतः सांस्कृतिक हैं, उसके बाद आर्थिक, राजनीतिक।

डॉ. सुनीतिकुमार चाटुर्ज्या

डा. चाटुर्ज्या ने ग्रियर्सन का दो आर्य समुदायों वाला सिद्धान्त अमान्य करते हुए भी अप्रत्यक्ष रूप से उसका समर्थन किया है। पश्चिमी पंजाबी, सिन्धी आदि भाषाओं में सर्वनाम-चिह्नों के प्रयोग की बात करने के बाद वे पूर्वी भाषाओं में भी उनके प्रयोग की बात करते हैं किन्तु दोनों समुदायों के प्रयोग स्वतंत्र ठहराते हैं। उन्होंने लिखा है कि पश्चिमी भाषाओं में सर्वनाम-प्रत्ययों का व्यवहार उनका विशिष्ट विकास है, प्राचीन आर्यभाषा अथवा मध्य और आधुनिक आर्य भाषाओं में वैसा कुछ नहीं है। मागधी क्षेत्र के लिए कहते हैं कि यहाँ की बोलियों के प्रत्येक समुदाय में स्वतंत्र विकास हुआ है। मैथिली और मगही में सर्वनाम-प्रत्ययों की विविधता अन्य आर्य भाषाओं की अपेक्षा सर्वाधिक है। क्रिया के बाद सर्वनाम जोड़ने की प्रवृत्ति को उन्होंने कुछ बोलियों के लिए कोल प्रभाव का और अन्य बोलियों के लिए द्रविड़ प्रभाव का परिणाम माना है। जब बहुत जगह एक से स्वतंत्र प्रयोग दिखाई दें, तब यह अनुमान सरलता से होता है कि

वे परस्पर सम्बद्ध हैं। डा. चाटुर्ज्या ने क्रियापदों के अलावा पंजाबी और सिन्धी से संज्ञा शब्दों के बाद सर्वनाम-चिह्न जोड़ने के उदाहरण दिए हैं। पश्चिमी पंजाबी **घरमू**—मेरा घर, सिन्धी **पिउमे**—मेरे पिता। आगे उन्होंने असमिया से उदाहरण दिए हैं : **बोपाइ**—मेरा बाप, **बापा**—तुम्हारा बाप, **बापेक**—उसका बाप। संज्ञा शब्दों में सर्वनाम-चिह्न उतने बड़े पैमाने पर असमिया में न जोड़े जाते हों जितने बड़े पैमाने पर सिन्धी में जोड़े जाते हैं पर वे जोड़े तो जाते हैं। इसी प्रकार क्रिया के बाद सर्वनाम-चिह्नों का जैसा बहुल प्रयोग मगही और मैथिली में है, वैसा पश्चिमी भाषाओं में नहीं है पर वैसा प्रयोग है वहाँ अवश्य। सर्वनाम-चिह्न जोड़ने की यह प्रवृत्ति भारतीय और अभारतीय अनेक भाषा-परिवारों में है; इसलिए एक भाषायी क्षेत्र के आधार पर विविध परिवारों की इस सामान्य विशेषता पर विचार करना आवश्यक है। उस तरह विचार करने से स्वतंत्र विकास की बात कट जाती है। यह प्रवृत्ति किसी एक केन्द्र से प्रसारित हुई है। डा. चाटुर्ज्या का मत है कि संस्कृत में सर्वनाम-प्रत्ययों का व्यवहार न होता था। यह मत आश्चर्यजनक है क्योंकि **पठामि** जैसे रूपों में सर्वनाम-चिह्न स्पष्ट दिखाई देते हैं।

बंगाल की कई बोलियों में क्रिया के साथ सर्वनाम-चिह्न जोड़कर क्रियापद रचना होती है। ग्रियर्सन ने उत्तरी बंगाल से ऐसे उदाहरण दिए हैं : **बोलिम**—मैं कहूँगा **पाम**—मैं पाऊँगा; **जाम**—मैं जाऊँगा। पूर्वी मालदा की बोली से मिलते-जुलते उदाहरण दिए हैं : **पामु**—मैं पाऊँगा, **जामु**—मैं जाऊँगा, **कर्मु**—मैं करूँगा। इन रूपों में कृदन्त के बाद नहीं, मूल क्रिया के बाद सर्वनाम-चिह्न लगाया गया है। अंग्रेज़ी में इनका अनुवाद करते हुए इन्हें भविष्य काल का रूप बताया गया है। वास्तव में ये रूप कालभेद से परे हैं; वे केवल क्रिया की अवस्था सूचित करते हैं। बंगाल की जिन बोलियों में भविष्यसूचक **ब** प्रत्यय लगने लगा, उनमें भी, उस चिह्न के बाद, बहुधा सर्वनाम-प्रत्यय जोड़े जाते हैं यथा मैमनसिंह की बोली में : **पाइबाम**—मैं पाऊँगा, **जाइबाम**—मैं जाऊँगा। यहाँ **ब** प्रत्यय का कोई विशेष सम्बन्ध भविष्य काल से नहीं है, न इसका सम्बन्ध संस्कृत प्रत्यय **तव्य** से है। इसका उपयोग कृदन्त रूप बनाने के लिए वैसे ही होता है जैसे **ग** प्रत्यय का।

भूतकालिक कृदन्तों के प्रसंग में डा. चाटुर्ज्या ने ग्रियर्सन का दो वृत्तों वाला सिद्धान्त पुनः अंशतः स्वीकार किया है। उन्होंने लिखा है कि आधुनिक आर्य भाषाओं को सकर्मक क्रियाओं का भूतकालिक कर्मवाच्य कृदन्त किसी न किसी अपभ्रंश से मिला है। लहँदा, सिन्धी, गुजराती, राजस्थानी और मराठी में उसका चलन बना हुआ है किन्तु पूर्वी हिन्दी और मागधी भाषाओं ने कर्मवाच्य रूप बिल्कुल छोड़ दिया है और कर्तृवाच्य रूप का विकास किया है, उन्होंने कर्मवाच्य कृदन्त को विशेषण से बदल कर क्रिया बना लिया है और उसमें अन्य पुरुष के लिए सर्वनाम-चिह्न जोड़े हैं। लहँदा और सिन्धी भी सर्वनाम-चिह्न जोड़ती हैं किन्तु क्रिया, कर्म के अनुरूप, लिंग-वचन-भेद सूचित करती है। पश्चिमी हिन्दी को लहँदा के अनुरूप बतलाते हुए उन्होंने कहा है कि आधुनिक आर्य भाषाओं को दो समुदायों में बाँटा जा सकता है, पूर्वी अथवा कर्तरि प्रयोगवादी और पश्चिमी अथवा कर्मणि प्रयोगवादी।

पूर्वी भाषाओं में कर्मवाच्य कृदन्त कर्तरिवत् प्रयुक्त होते हैं, यह बात ग्रियर्सन ने भी कही थी। डा. चाटुर्ज्या ने पश्चिमी हिन्दी को लहँदा, मराठी, गुजराती आदि के साथ रखा है पर उन्होंने माना है कि **मैंने मारा** जैसा कर्मवाच्य से मुक्त प्रयोग पश्चिमी भाषाओं में है, पूर्व की भाषाओं में नहीं है। जिन पश्चिमी भाषाओं में ऐसा मुक्त प्रयोग है, उनमें लहँदा, मराठी आदि नहीं है। इस प्रकार ग्रियर्सन की स्थापना कि अतीतकालिक कृदन्त का कर्मयुक्त प्रयोग हिन्दी में है, बाहरी वृत्त की पश्चिमी और पूर्वी भाषाओं में नहीं है, डा. चाटुर्ज्या के विवेचन से पुष्ट ही होती है। आगे उन्होंने लिखा है : "यह अनुमान किया जा सकता है कि जो बोलियाँ उत्तर-पश्चिमी और पूर्वी समुदायों की स्रोत थीं, उनमें ऐसी विशेषताएँ थीं जो मध्यदेश की भाषा को जन्म देने वाली बोलियों में नहीं थी। पर इससे यह कल्पना नहीं की जा सकती कि प्राचीनतम काल में दो स्वतंत्र समुदाय थे क्योंकि यह भी दिखाया जा सकता है कि उत्तर-पश्चिमी और मध्यदेशीय बोलियों में कई जगह समानता है जबकि पूर्वी समुदाय की बोलियाँ उनसे भिन्न हैं। भारतीय आर्य भाषा की पुरानी मंज़िलों के जो प्रमाण हैं, वे इस कल्पना के विपरीत हैं।" (पृष्ठ 168)। यहाँ डा. चाटुर्ज्या ने प्राचीनतम काल को छोड़ कर बाद के लिए दो वृत्तों वाला सिद्धान्त अंशतः स्वीकार किया है। अन्यत्र उन्होंने लिखा है कि पूर्वी भाषा-समुदाय पश्चिमी समुदाय की भाषाओं से ध्वनितंत्र में बहुत भिन्न था और अंशतः रूपतंत्र में भी भिन्न था। यह सारा भेद उन्होंने प्राकृतों के आधार पर बताया है जिन्हें वह कृत्रिम भी कहते हैं। संस्कृत को भी वह कृत्रिम भाषा मानते हैं। फिर पूर्वी भाषाओं को उन्होंने पश्चिमी समुदाय से किस आधार पर अलग किया है, यह स्पष्ट नहीं होता। उनके विचार से बिहार में पंजाब के आर्यों ने उपनिवेश स्थापित किए; इन पश्चिमी आर्यों ने आर्य बोलियों की शुद्धता की अधिक रक्षा की। आर्यावर्त के केन्द्रीय भाग में सामान्य जनता प्राकृत बोलती थी किन्तु ब्राह्मण और क्षत्रिय भाषा को शुद्ध बनाए रखने का प्रयत्न कर रहे थे। ये ब्राह्मण-क्षत्रिय 'मध्यदेशीय आर्यरक्त' के थे। (पृष्ठ 49)। डा. चाटुर्ज्या मध्यदेश की आर्य भाषा को आदर्श शुद्ध भाषा मानते हैं, उसका सम्बन्ध शुद्ध आर्यरक्त से जोड़ते हैं, साथ ही यह भी कहना चाहते हैं कि मध्यदेश की भाषा का विशेष सम्बन्ध संस्कृत से नहीं है। वह मागधी भाषाओं को मध्यदेशीय भाषा केन्द्र से स्वतंत्र दिखाना चाहते हैं, साथ ही इस केन्द्र की भूमिका स्वीकार करने में कठिनाई अनुभव करते हैं। बँगला, असमिया और उड़िया को तो इस केन्द्र से अलग रखते ही हैं, वह भरसक भोजपुरी, मगही और मैथिली को भी यथासम्भव मध्यदेशीय प्रभाव से मुक्त दिखाना चाहते हैं। किन्तु मध्यदेशीय भाषा-केन्द्र के बिना भोजपुरी और मैथिली की तो बात ही क्या, बँगला का विकास भी समझ में नहीं आ सकता। डा. चाटुर्ज्या ने भाषा की शुद्धता और आर्यरक्त की शुद्धता के जो सिद्धान्त प्रतिपादित किए हैं, उनका भाषायी यथार्थ से कोई सम्बन्ध नहीं है।

मान लीजिए पंजाब के आर्यों ने बिहार में जाकर अपने उपनिवेश बसाए। पंजाब में ये आर्य मूर्धन्य **ण्** का प्रचुर प्रयोग करते हैं। वहाँ तो आर्येतर जन थे, वे भी इस

ध्वनि का बखूबी उच्चारण करने लगे। किन्तु बिहार में न तो उच्च वर्ग ने, और न निम्न वर्ग ने, बोलचाल के स्तर पर इस ध्वनि को स्वीकार किया। जब ये पंजाबी आर्य बिहारी बन गए और बिहार से बंगाल पहुँच कर बंगाली हो गए, तब भी उस मूर्धन्य नासिक्य ध्वनि का उद्धार न हुआ। पड़ोस में उड़ीसा के लोग, बोलचाल के स्तर पर, इस ध्वनि का व्यवहार करते हैं। क्या इससे यह निष्कर्ष निकाला जाए कि उड़ीसा में पहुँचने वाले आर्य कुछ ज़्यादा पंजाबी थे और बंगाल में पहुँचने वाले आर्य, बिहार में बसने के कारण, अपना पंजाबीपन खो चुके थे ? पर जिस मध्यदेश की इतनी चर्चा है, उसमें इस ध्वनि का व्यवहार क्यों नहीं होता ? राजस्थान की मरुभूमि और पहाड़ों पर रहने वाले सामान्य जन इस ध्वनि का उच्चारण मज़े में करते हैं और मध्यदेश का सामान्य जन कहना चाहता है **गणेश** तो सुनाई देता है **गड़ेस**। भाषा के सभी तत्त्व परिवर्तनशील हैं किन्तु कुछ तत्त्व अधिक परिवर्तनशील हैं, कुछ कम। इनमें भाषा की ध्वनि-प्रकृति अत्यन्त महत्त्वपूर्ण है। राजस्थान, पश्चिमी पंजाब, सिन्ध संस्कृत भाषा के केन्द्र नहीं रहे पर यहाँ **ण्** ध्वनि की प्रचुरता है। आधुनिक बँगला में तत्सम रूपों की भरमार है किन्तु शिक्षित बंगाली भी दन्त्य **स्** को **श्** ही बोलते हैं। इससे सिद्ध यह होता है कि उनके लिए भाषा की ध्वनि-प्रकृति का महत्त्व सर्वोपरि है। बाँगरू और ब्रज-कोसल के बीच **ण्** और **न्** का भेद पुराना है, यह संस्कृत के ही मूल शब्द-भंडार, उसकी धातुओं के विवेचन से सिद्ध हो जाता है। अवधी क्षेत्र के पूर्व में मागधी समुदाय की सारी भाषाएँ ह्रस्व अकार का उच्चारण वृत्ताकार करती हैं। ऐसा उच्चारण अवधी ब्रज, बाँगरू आदि में नहीं है। द्रविड़ प्रभाव के बारे में डा. चाटुर्ज्या ने बहुत कुछ लिखा है और दूसरों ने भी काफी लिखा है। किन्तु ऐसा वृत्ताकार उच्चारण न तो द्रविड़ भाषाओं में है, न कोल आदि अन्य आर्येतर भाषा-समुदायों में। मान लीजिए, बिहार और बंगाल की अधिकांश जनता द्रविड़ थी। वहाँ पंजाबी आर्यों ने उपनिवेश बनाए। बिहार और बंगाल में न द्रविड़ों का अकार चला न पंजाबियों का, यह तीसरा वृत्ताकार रूप कहाँ से आ गया ? और ऐसा आया कि उसने उपनिवेशित आर्यों और विजित द्रविड़ों दोनों के अकार को निराकार कर दिया। मानना होगा कि यह वृत्ताकार अकारवाद न तो द्रविड़ों की देन है न पंजाबी आर्यों की देन है वरन् पूर्वी भाषासमुदाय की अपनी सामान्य विशेषता है।

चाटुर्ज्या की मान्यताएँ

डा. सुनीतिकुमार चाटुर्ज्या ने ग्रियर्सन की दो शाखाओं वाली धारणा का खंडन किया है। बँगला भाषा के उद्‌भव और विकास वाले ग्रंथ में उन्होंने लिखा है कि मध्यदेश की आर्य भाषा में कोई ऐसा परम आर्यत्व नहीं है कि उसे संस्कृत का निकटतम सम्बन्धी माना जाए। डा. चाटुर्ज्या बँगला भाषा को मागधी अपभ्रंश से उत्पन्न मानते हैं। यदि मागधी भाषा-समुदाय को बाहरी शाखा के अन्तर्गत माना जाए तो स्वभावतः मध्यदेशीय भाषा-समुदाय संस्कृत के अधिक निकट ठहरेगा। यह निकटता डा. चाटुर्ज्या को स्वीकार

नहीं है पर इसके खंडन के लिए उनके पास कोई पुष्ट तर्क नहीं है। नृतत्वशास्त्र का सहारा लेते हुए उन्होंने कहा है कि लहँदा और सिन्धी बोलने वाले लोग पूर्व के लोगों से भिन्न हैं किन्तु वे मध्यदेश के लोगों से, या कम से कम वहाँ के उच्च वर्ग के लोगों से, मिलते-जुलते हैं।

डा. चाटुर्ज्या ने आर्य भाषाओं के सम्बन्ध में अनेक महत्त्वपूर्ण बातें कही हैं जिन्हें वे अपने विवेचन का आधार नहीं बनाते। घूम-फिरकर वे ग्रियर्सन के ही मूल सूत्र दोहराते हैं। उन मूल सूत्रों से भिन्न डा. चाटुर्ज्या की कुछ महत्त्वपूर्ण स्थापनाएँ इस प्रकार हैं। भारत में आने वाली आर्य भाषा समरूप या परिनिष्ठित नहीं थी। वह अनेक कबीलों की बोलियों का समुदाय थी। इनमें से एक बोली या बोली समुदाय वेदों में है। अन्य बोलियाँ बदलकर कोई न कोई आधुनिक आर्य भाषा या बोली बनीं। प्राचीन आर्य बोलियों की विशेषताएँ क्या थीं, इनका आपसी सम्बन्ध क्या था, वे किन प्रदेशों में बोली जाती थीं, इन समस्याओं का समाधान, डा. चाटुर्ज्या के अनुसार, शायद कभी न होगा। आधुनिक आर्य भाषाओं के रूप इस कार्य में विशेष स ायक सिद्ध नहीं होते। प्राकृत और अपभ्रंश साहित्यिक भाषाएँ हैं और बहुत हद तक कृत्रिम भाषाएँ हैं; प्राकृत के वैयाकरणों का सदा भरोसा नहीं किया जा सकता। बंगाल, असम, उड़ीसा और बिहार का भाषा-समुदाय भारतीय आर्य भाषा के किसी ऐसे प्राचीन रूप से उत्पन्न हुआ होगा जो उत्तर भारत के पूर्वी भाग में प्रचलित रहा होगा।

इन स्थापनाओं में आर्यों की भारत विजय की आधारभूत भावना निहित है। इसे छोड़ दें तो अनेक गणभाषाओं की कल्पना सार्थक है। वैदिक भाषा में अनेक गणभाषाओं के तत्त्व समाहित हैं, उनकी छानबीन की जा सकती है। संस्कृत के विकास की मंज़िलों के चिह्न उस भाषा में सुरक्षित हैं, यह बात ध्यान में रखनी चाहिए। प्राकृतें कृत्रिभ हैं, यह सही है पर उनमें अनेक भाषा तत्त्व ऐसे आए हैं जिनका आधार संस्कृत नहीं है। अपभ्रंश का ध्वनितंत्र बहुत कुछ प्राकृतों का है पर इसमें देशी भाषाओं के तत्त्व बहुत हैं। यदि इस अपभ्रंश को पुरानी बँगला न कहा जाए तो उसके विश्लेषण से देशी भाषाओं की स्थिति का कुछ पता चल सकता है। पर यह अपभ्रंश-काल आदिम गण-भाषा-काल से हज़ारों साल बाद का है। अपभ्रंश की तुलना में जनपदीय भाषाओं से अधिक सहायता मिलती है। जैसे डा. चाटुर्ज्या ने प्राचीन काल में परिनिष्ठित आर्य भाषा के बदले गण भाषाओं की हकीकत को उभारा है, उसी प्रकार आधुनिक आर्य भाषाओं के परिनिष्ठित रूप के बदले जनपदीय भाषाओं पर ध्यान देना अधिक आवश्यक है। अपने ग्रंथ के पृष्ठ 432 पर उन्होंने माना है कि बँगला भाषा की विभिन्न बोलियों के ध्वनितंत्र का अध्ययन सम्भव नहीं हुआ किन्तु बँगला भाषा के विकास के विस्तृत और पूर्ण अध्ययन के लिए बोलियों का तुलनात्मक विवेचन आवश्यक होगा। यहाँ जो बात बँगला भाषा के लिए कही गई है, वह बात अन्य आर्य भाषाओं के लिए भी कही जा सकती है, और जो बात ध्वनितंत्र के लिए कही गई है, वह रूपतंत्र और वाक्यतंत्र के लिए भी कही जा सकती है। जनपदीय बोलियों का अध्ययन केवल परिनिष्ठित भाषा का विकास समझने

के लिए आवश्यक नहीं है वरन् उससे भाषा के पूर्वरूपों का ज्ञान भी हो सकता है। डा. चाटुर्ज्या पुरानी गण भाषाओं के बदलने और आधुनिक आर्य भाषाओं के बनने की बात कहते हैं पर गणभाषाओं के बाद जनपदीय भाषाओं की मंज़िल आती है, आधुनिक जातीय भाषाओं की मंज़िल उसके बाद की है। इस संदर्भ में उन्होंने ग्रियर्सन के सर्वेक्षण-ग्रंथ की खामियों की ओर संकेत किया है। सर्वेक्षण कार्य के लिए प्रशिक्षित कार्यकर्ता चाहिए और उन्हें बोलियों से सुपरिचित होना चाहिए। यह आलोचना सही है पर भारत में भाषाविज्ञान की जैसी उपेक्षा है, उससे अभी अगले पचास साल तक नए सर्वेक्षण की कोई सम्भावना दिखाई नहीं देती। ग्रियर्सन के कार्य का यही युगान्तरकारी महत्त्व है कि लाख कमियाँ होते हुए वह अपने ढंग का अनूठा कार्य है, भारत सरकार को नए सिरे से सर्वेक्षण कराने की बात अभी सूझी नहीं है।

ब्रजभाषा और हिन्दी

ब्रजभाषा और हिन्दी का गहरा सम्बन्ध है पर ब्रजभाषा बहुत से शब्दों को ओकारान्त रूपों में प्रयुक्त करती है और यह प्रवृत्ति राजस्थान पार करती हुई गुजरात और सिन्ध तक पहुँच गई है। इसलिए यह मानना होगा कि एक भाषा-समुदाय ऐसा रहा है जो अनेक शब्दों का ओकारान्त उच्चारण करता था। इस समुदाय के दो भाग हो जाते हैं : एक **न्** ध्वनि वाली भाषाओं का, दूसरा **ण्** ध्वनि वाली भाषाओं का। और यह **ण्** ध्वनि आकारान्त क्षेत्र में भी है। यह स्थिति वैसी ही है जैसी मागधी समुदाय में; भोजपुरी, मैथिली और मगही तो दन्त्य **स्** वाली भाषाएँ हैं, बँगला **श्** वाली और असमिया **ख़्** वाली। उधर उड़िया हिन्दी बोलियों के समान दन्त्य **स्** वाली भाषा है। **स्, श्, ख़्** वाली तीनों प्रवृत्तियाँ प्राचीन हैं। वृत्ताकार अकार वाली प्रवृत्ति भी प्राचीन है। **ण्** वाली प्रवृत्ति प्राचीन है, शब्दों को ओकारान्त रूप देने की प्रवृत्ति प्राचीन है, **ण्** से भिन्न **न्** के लिए आग्रह भी प्राचीन है। इस प्रकार ध्वनितंत्र की मूल विशेषताओं को प्राचीन मानते हुए यदि वृत्त खींचे जाएँ तो बहुत से वृत्त बनेंगे और वे एक दूसरे की परिधि काटेंगे। इससे भाषायी विकास की पेचीदगी समझी जा सकती है। फिर भी वृत्ताकार अकार का पूरा क्षेत्र दिखाई देता है। इससे मिलता-जुलता वृत्ताकार उच्चारण महाराष्ट्र, राजस्थान और पंजाब की सीमाओं पर कहीं-कहीं सुनाई देता है यद्यपि मुख्य क्षेत्र पूर्व में है। इसी तरह उत्तर-पश्चिम में **ण्** वाला क्षेत्र है, पूर्व में उड़िया पर उसकी छाया भर है। वृत्ताकार अकार वाले क्षेत्र तथा **ण्** ध्वनि वाले क्षेत्र के बीच दन्त्य **न्** और **स्** का क्षेत्र है। इस तरह के तीन क्षेत्र न तो संस्कृत की देन हैं, न प्राकृतों की, न अपभ्रंश की, न द्रविड़ों की, न कोलों और नागों की। कम से कम ये तीन प्राचीन आर्य भाषा समुदाय थे, इसमें सन्देह नहीं रह जाता। इनमें से प्रत्येक के अन्तर्गत भिन्न विशेषताओं वाले अनेक भाषा वर्ग हैं, यह भी मानना होगा। ग्रियर्सन ने एक निहायत उलझी हुई स्थिति को बहुत सरल बनाकर प्रस्तुत किया था।

विशेष ध्वनियों के केन्द्र

भारत में ऐसे केन्द्र हैं जो **त्** और **द्** के स्थान पर **ट्** और **ड्** का व्यवहार करते हैं। ऐसे केन्द्र ईरान में नहीं हैं। द्रविड़ भाषाओं को शब्द के आदि स्थान में **ट्** और **ड्** का व्यवहार करने से बड़ी अरुचि है। आर्य भाषाओं में सैकड़ों शब्द इन्हें आदि स्थान देते हैं। **ट्** और **ड्** वाले नवीन और प्राचीन केन्द्रों को आर्य भाषा-केन्द्र मानने का उतना ही पुष्ट कारण है जितना **त्** और **द्**-प्रधान ईरान को आर्य-भाषा-क्षेत्र मानने का। फिर बहुत से शब्दों में **स्** ध्वनि बदल कर महाप्राण ध्वनि बनती है। ऐसा परिवर्तन वैदिक भाषा में होता है, आधुनिक भाषाओं के पुराने शब्दों में ही नहीं नए उधार लिए हुए शब्दों में भी होता है। अवध में बहुत जगह **मस्जिद** को लोग **महजिदि** कहते हैं। (इसकी विपरीत प्रक्रिया भी घटित होती है। डा. विश्वनाथ प्रसाद ने भोजपुरी पर अपने शोधग्रंथ में बताया है कि कुछ भोजपुरी जन **मॅहतर** को **मॅस्तर** बोलते हैं, वैसे ही जैसे संस्कृत के विसर्ग विशेष ध्वनि-परिवेश में **स्** रूप धारण करते हैं।) यह **स्-ह्** वाला परिवर्तन ईरान में विशेष घटित हुआ था, इसलिए उसके आर्य होने में कोई सन्देह नहीं है। इस प्रकार केवल ध्वनि-प्रकृति के आधार पर आर्य गण भाषाओं के कम से कम पाँच विभाग दिखाई देने लगते हैं। दो वृत्तों से काम नहीं चलने का !

यह ध्यान देने की बात है कि पंजाब से ऊपर कश्मीर **ण्** क्षेत्र से बाहर है; उधर बँगला, असमिया आदि का वृत्ताकार अकार तिब्बती और बर्मी भाषा-समुदायों से घिरा हुआ है और इन समुदायों में वैसे अकार का अभाव है। इससे निष्कर्ष यह निकलता है कि भारतीय आर्य भाषाओं के विकास को समझने के लिए सबसे पहले भारतीय आर्य भाषा-केन्द्रों पर ही ध्यान देना उचित है। इन केन्द्रों का अनुमान आधुनिक आर्य भाषाओं के अध्ययन से ही होता है।

क्रियापद-रचना और संख्यावाचक रूप

ध्वनि-प्रकृति के अलावा भाषा की संरचना में क्रियापद-रचना का विवेचन पुराने गण-भाषा-समुदायों को पहचानने में सहायक होता है। मध्यदेशीय भाषाएँ तिङन्त प्रधान थीं। यह प्रवृत्ति किसी न किसी रूप में, न्यूनाधिक मात्रा में, प्रत्येक आर्य भाषा में है। यह प्रवृत्ति मागधी भाषा-समुदाय में ऐसी बद्धमूल रही है कि उधर जब कृदन्तों का प्रसार हुआ, तब उस समुदाय की भाषाओं ने इन्हें भी तिङन्त बाना पहनाया। इस प्रकार वाक्यतंत्र अथवा रूपतंत्र की दृष्टि से आर्य गण भाषाओं के कम से कम दो समुदाय दिखलाई देते हैं। इनमें कृदन्तों का केन्द्र उत्तर-पश्चिमी क्षेत्रों में था।

भाषा-संरचना के कुछ तत्त्व अमूर्तरूप से बोलने वालों के मन में जड़ जमाए रहते हैं। **बाईस, बत्तीस, बयालिस** में इकाई पहले या दहाई, यह वाक्यतंत्र की विशेषता पर निर्भर है। इसे भाषा की भाव प्रकृति कह सकते हैं। कश्मीरी समेत समस्त आधुनिक आर्य भाषाएँ संस्कृत की तरह इकाई पहले और दहाई बाद को, यह क्रम रखती हैं। इससे

भिन्न द्रविड़ भाषाओं में दहाई पहले और इकाई बाद को आती है। कश्मीरी की पड़ोसी भाषा फ़ारसी में संख्यासूचक शब्दों का द्रविड़ क्रम चलता है, कश्मीरी में आर्य भाषाओं वाला। भाव-प्रकृति के स्तर पर ऐसी अनेक विशेषताएँ हैं जिनसे नई और पुरानी आर्य भाषाएँ एक ही सूत्र में गुँथी हुई दिखाई देती हैं। भाषाओं के विकास का अध्ययन करते हुए उनकी विशेषताओं की भिन्नता और समानता, दोनों पर ही ध्यान देना उचित है। कुछ विशेषताओं के कारण सभी आर्य भाषाओं को एक ही समुदाय में रखना उचित है; अन्य विशेषताओं के कारण उनके बहुत से वर्ग-उपवर्ग बन जाते हैं।

जनपदीय भाषाओं का उभरना

भारत में आधुनिक आर्य भाषाओं का निर्माण एक-सी परिस्थितियों में नहीं हुआ। हिन्दी प्रदेश में पहले कोसल की भूमिका प्रमुख थी। कोसल समुदाय की भाषाएँ संस्कृत का आधार थीं। फिर इस आधार पर कुरु जनपद का ज़बर्दस्त प्रभाव पड़ा। बौद्धकाल में प्राचीन कोसली जनसंपर्क का माध्यम बनी; कान्यकुब्ज साम्राज्य के विघटन के बाद कुरु और शूरसेन जनपदों की भाषाएँ फिर उभर कर सामने आईं।

बँगला भाषा-क्षेत्र की विशेषता यह है कि वहाँ की जनपदीय बोलियों में हिन्दी-क्षेत्र की बोलियों के रूप पहुँचे हैं और परिनिष्ठित बँगला के समानान्तर अब भी अपना अस्तित्व बनाए हुए हैं। इनमें से अनेक तत्त्वों ने परिनिष्ठित बँगला को भी प्रभावित किया है। आदि आर्यभाषा, मध्य आर्यभाषा, प्राचीन बँगला, मध्यकालीन बँगला, आधुनिक बँगला, इस सारे ऊहापोह में एक केन्द्रीय तत्त्व आँखों से ओझल हो जाता है। वह केन्द्रीय तत्त्व यह है कि बँगला भाषा बोलने वालों में एक बहुत बड़ा हिस्सा उन लोगों का है जो पश्चिम से जाकर वहाँ बस गए और अपनी बोलियों की कुछ न कुछ विशेषता बनाए रहे। भविष्यकाल के लिए **ग** का प्रयोग खड़ी बोली क्षेत्र की विशेषता है। अवधी क्षेत्र में कहीं भी **ग** वाले रूप अवधी में घुलते-मिलते न दिखाई देंगे किन्तु बँगला में **ब** और **ग** वाले रूप एक साथ प्रयुक्त होते दिखाई देंगे। डा. चाटुर्ज्या ने **आमरा करिगा, आमरा करिगे, तोरा करगा, तोरा करिगे, तोरा करिसगा** जैसे रूप दिए हैं। पुरानी बँगला में **तुमि खाओगा** जैसे रूप मिलते हैं। केरी ने उन्नीसवीं सदी के आरम्भ की बँगला के उदाहरणों में ऐसे रूप दिए थे : **उनिओ सामग्री आयोजन करूनूगा**—वह भी सामग्री का आयोजन करें। कुछ बोलियों में क्रिया के पूर्वकालिक रूप **र** प्रत्यय जोड़कर बनते हैं और उसके बाद वर्तमान काल के लिए **ग** जोड़ा जाता है : **जारगा**—वह जाता है।

पूर्वकालिक क्रिया का यह **र** सीधे पश्चिम से आया है। डा. चाटुर्ज्या ने मारवाड़ी के **हूयार**—होकर, **मारर**—मारकर, जयपुरी और मेवाती के **होर**—होकर रूप दिए हैं। **कर** के **क्** का लोप होने पर ऐसे रूप बने हैं। बंगाल की बोलियों में **खाइआर**—खाकर, **जाइयार**—जाकर जैसे रूप हैं। इसे स्वतंत्र विकास कहना कठिन होगा। बँगला में **चलियाछे**—चला है, इस तरह की क्रियापद-रचना बाँगरू के **कह्या, चल्या** जैसे रूपों के

आधार पर हुई है। डा. चाटुर्ज्या ने बाँगरू का स्पष्ट उल्लेख किया है। खड़ी बोली क्षेत्र में सम्बन्धकारक का चिह्न **का** है किन्तु ब्रजभाषा क्षेत्र में इसका रूप **को** है। डा. चाटुर्ज्या ने इस **को** का व्यवहार सर्वनामों के साथ होते दिखाया है, इतना ही अन्तर है कि **को** के स्थान पर सघोष रूप **गो** का व्यवहार होता है : **आमागो**—हमारा, **तोमागो**—तुम्हारा। कुछ बोलियों में सम्बन्धकारक के रूप **मोर, तोर** के बाद यह अतिरिक्त **गो** जोड़ा जाता है : **मोरगो**—मेरा, **तोरगो**—तेरा।

बंगाल की कुछ बोलियों में क्रिया रूप के बाद **क** जोड़ने की प्रवृत्ति है : **तुमि दिलेक**—तुमने दिया; **से चलबेक्**—वह चला। यह प्रवृत्ति भोजपुरी और मैथिली बोलियों में है। डा. उदयनारायण तिवारी की **भोजपुरी भाषा और साहित्य** पुस्तक में इस तरह के उदाहरण हैं। **बनिया जात रहलक**—बनिया जाता था; **बाघ कहलक**—बाघ ने कहा; **बनिया जाएक लागलक**—बनिया जाने लगा। डा. विश्वनाथ प्रसाद ने मानभूम और धलभूम के भाषा-सर्वेक्षण वाली पुस्तक में पुरुलिया की मैथिली का ज़ो नमूना दिया है, उसमें ऐसे उदाहरण हैं : **उ आदमी कहलक**—वह आदमी बोला; **लड़का खूब खनलक**—लड़के ने खूब खोदा। इसमें सन्देह नहीं रह जाता कि बंगाल की बोलियों में **दिलेक, चलबेक** जैसे प्रयोग भोजपुरी और मैथिली प्रभाव के कारण हैं। पुरानी बँगला में ऐसे अतीत कालीन क्रिया रूप थे : **आछिला हों**—मैं था; **आयिला हों**—मैं आया हूँ। मैं **आवा हौं** (या **हऊँ**), यह अवधी वाक्य हुआ; इसी के अनुरूप बँगला में **आइला हों**—मैं आया हूँ, **गेला हों**—मैं गया हूँ।

बँगला में क्रियार्थी संज्ञा रूप **न** और **ना** दोनों प्रत्ययों के साथ बनते हैं। डा. चाटुर्ज्या ने **आमा के देखन जाय** जैसे रूप दिए हैं जो पुरानी बँगला में बहुत प्रचलित थे। डा. चाटुर्ज्या ने इस सन्दर्भ में तुलसीदास के ऐसे प्रयोगों का स्मरण उचित ही किया है। हिन्दी के समान बँगला में **आना** जैसे क्रियार्थी संज्ञा रूप का व्यवहार भी होता है। **आना गोना** हिन्दी के आना जाना के ही समान हैं। यहाँ भी डा. चाटुर्ज्या ने हिन्दी रूपों का स्मरण उचित किया है। अवधी में भूतकालिक कृदन्त रूप जैसे **न** प्रत्यय के साथ बनते हैं, वैसे पुरानी बँगला में भी मिलते हैं। **शुखान**—सूखा हुआ, अवधी **सुखान; हारान**—खोया हुआ, अवधी **हॅरान।**

बँगला के अनेक प्रयोग हिन्दी क्षेत्र के प्रयोगों की याद दिलाते हैं। पुरानी बँगला में **लागेली आगि** अवधी के **आगि लागि** का रूपान्तर है। क्रिया रूप में स्त्रीलिंगसूचक **इ** चिह्न बँगला की प्रकृति के अनुरूप नहीं है। हिन्दी में जैसे **बताना** और **बतलाना** दो तरह के रूप हैं, वैसे ही बँगला में **बातलान** जैसे रूप हैं। बोलचाल में **दिलाना** का प्रतिरूप **दॅलाना** प्रचलित है। हिन्दी प्रेरणार्थक क्रियाओं में जैसे **कराना** जोड़ा जाता है, वैसे ही बँगला में **स्नान करान, पान करान** आदि का प्रयोग है। **देखादेखि, मारामारि** हिन्दी के **देखादेखी, मारामारी** के समान हैं। **आग बाड़ान** अर्थात् आगे बढ़ना, **बके जाओया** अर्थात् बके जाना हिन्दी मुहावरे हैं। कहीं-कहीं सर्वनाम रूप बिल्कुल हिन्दी के हैं यथा **आमि** के स्थान पर उत्तरी बंगाल में **हम** का व्यवहार। अवधी में जैसे **लगे** (हमरे लगे—हमारे

पास) का व्यवहार होता है, वैसे ही बंगाल की कुछ बोलियों में **संगे** और **साथे** के साथ लगे का व्यवहार भी होता है। ग्रियर्सन ने मानभूम की बोली में **तक** का प्रयोग दिखाया है : **लदी तक्क**—नदी तक। यहाँ की बोली में **न** के स्थान पर **ल** बोलने की प्रवृत्ति है, साथ ही भोजपुरी क्षेत्र के समान क्रिया में **क** जोड़ने की प्रवृत्ति है : **सुधालेक**—पूछा, **होलेक**—हुआ। यहाँ की बोली का एक मुहावरा **आँधाइ गेना—अघायगा** ठेठ अवधी मुहावरे का प्रतिरूप है। एक महत्त्वपूर्ण तथ्य यह है कि पूर्वी बंगाल की बोलियों में, जिन बहुत से पुराने शब्दों में **स्** था, उनमें तो उसका उच्चारण **ह्** होता है किन्तु, ग्रियर्सन के सर्वेक्षण के अनुसार, जो हिन्दी के नए शब्द वहाँ पहुँचे हैं, उनमें **स्** ध्वनि बनी रहती है। इसका अर्थ यह हुआ कि हिन्दी ध्वनितंत्र बंगाल की कुछ बोलियों को प्रभावित करने लगा है। सरकार को वहाँ सारकर कहते हैं, हारकर नहीं।

बंगाल की एक बोली **हजोंग** है। इसे बोलने वाले तिब्बती-बर्मी परिवार के कहे जाते हैं। ये लोग अब बँगला बोलते हैं। भविष्य काल के लिए **मारिब** जैसे रूपों के साथ **करंग**—करूँगा भी बोलते हैं। ग्रियर्सन ने **ग** को तिब्बती-बर्मी प्रत्यय कहा है। यह प्रत्यय हिन्दी क्षेत्र का परिचित प्रत्यय है, पुरानी बँगला तथा बँगाल की आधुनिक बोलियों में उसका व्यवहार होता है। हिन्दी क्षेत्र से बँगला का ऐसा ही सम्बन्ध है।

एक आदि आर्य भाषा के बदले यहाँ अनेक आर्य भाषा केन्द्रों का सिद्धान्त प्रतिपादित किया गया है। यह सिद्धान्त संस्कृत के विवेचन से पुष्ट होता है और संस्कृत के विकास को समझने में सहायक होता है; वह आधुनिक आर्य भाषाओं के विवेचन से पुष्ट होता है और उनके विकास को समझने में सहायक होता है। किसी भी भाषा-परिवार का निर्माण होत-होते होता है और उसमें यह अनेक केन्द्रों की भूमिका अनिवार्य होती है। बहुकेन्द्रीयता कोई ऐसा प्रपंच नहीं है जो भाषायी विकास की किसी एक मंज़िल में सक्रिय रहे, फिर निष्क्रिय हो जाए। आर्य भाषा परिवार के निर्माण में अनेक प्राचीन भाषा केन्द्रों का योगदान रहा है; इनमें मध्यदेश के भाषा-केन्द्रों की भूमिका निर्णायक रही है। इंडोयूरोपियन भाषा परिवार के निर्माण में अनेक केन्द्रों का योगदान रहा है, इनमें आर्य भाषा परिवार का योगदान निर्णायक है। जिन्हें इंडोयूरोपियन परिवार की शाखाएँ कहते हैं, वे वास्तव में स्वतंत्र केन्द्र हैं जो परस्पर सम्पर्क से एक परिवार के अन्तर्गत सिमट आए हैं। इस सारी प्रक्रिया में अन्य भाषा-परिवारों की भूमिका उपेक्षणीय नहीं है।

भारत की भाषायी स्थिति की विशेषता यह है कि प्राचीन और नवीन भाषाओं को एक साथ देखने पर विभिन्न केन्द्र आसानी से पहचान में आ जाते हैं; इनकी कार्य-परिधि बदलती रहती है, फिर भी विच्छिन्न प्रवाह में इनकी अविच्छिन्न अस्मिता का बोध कठिन नहीं है। मगध, कोसल, शूरसेन और कुरुजनपद प्रमुख आर्य भाषा केन्द्र हैं और प्राचीनकाल से सक्रिय रहे हैं। संस्कृत की संरचना में जो विशेषताएँ आकस्मिक और परस्पर विरोधी जान पड़ती हैं, वे इन जनपदों के भाषायी केन्द्रों को ध्यान में रखने से सहज विकास और परस्पर सम्पर्क का परिणाम सिद्ध होती हैं। मानक हिन्दी का विकास

विभिन्न जनपदीय भाषाओं से अलगाव की स्थिति में नहीं हुआ, अन्तर्जनपदीय सम्पर्क इस विकास की आधारभूमि है। प्राचीन आर्य भाषा केन्द्रों से हिन्दी का सम्बन्ध पहचानने में जनपदीय भाषाओं से बड़ी सहायता मिलती है। कारण यह कि उन प्राचीन केन्द्रों से इन जनपदों का सम्बन्ध पूरी तरह टूटा नहीं है। जनपदीय भाषाओं और प्राचीन केन्द्रों के सम्बन्ध की पुष्टि वैदिक भाषा और संस्कृत के विश्लेषण से होती है, उसमें पालि और प्राकृतों का विवेचन अंशतः सहायक होता है, इनका महत्त्व वैदिक भाषा की तुलना में अति साधारण है। हिन्दी जनपदों की भाषाओं की तुलना में इनका महत्त्व और भी कम है। जनपदीय भाषाओं से तुलना करते ही यह तथ्य उभर कर सामने आता है कि प्राकृतों के आधार पर भाषायी विकास की व्याख्या नहीं की जा सकती। इनकी अपेक्षा अपभ्रंश में देशी भाषा तत्त्व अधिक हैं यद्यपि लोकभाषा वह भी नहीं थी।

जनपदीय भाषाओं के विवेचन से ज्ञात होता है कि इनका ध्वनितंत्र कुछ बातों में संस्कृत की अपेक्षा प्राचीन मध्यदेशीय भाषाओं के ध्वनितंत्र के अनुरूप अधिक है। मध्यदेशीय भाषाओं का यह ध्वनितंत्र ही संस्कृत की आधारभूत भाषा—या भाषाओं—का ध्वनितंत्र है। इसमें दन्त्य **स्** की प्रधानता थी, **ण्** का अभाव था और **अ** स्वर का उच्चारण ऐकार-औकारवत् न होता था। मध्यदेशीय गणभाषाओं के रूपतंत्र की विशेषता सर्वनामों के आधार पर देश-काल सूचक सम्बन्धकों और कारक चिह्नों की रचना थी; इसी के अनुरूप सर्वनामों की सहायता से क्रियापद-रचना की जाती थी। भाषा की संश्लिष्ट प्रकृति का यही आधार है। इससे भिन्न सर्वनाम-मुक्त कारक-क्रियापद-रचना की प्रवृत्ति भी सक्रिय थी और भाषाओं की विश्लिष्ट प्रकृति का वह प्रधान कारण है।

आगे हम देखेंगे कि आर्यभाषा केन्द्रों के बारे में जो बातें यहाँ कही गई हैं, वे इंडोयूरोपियन परिवार के विवेचन में सहायक होती हैं और उस परिवार के विवेचन से उनकी पुष्टि होती है।

●●●